A MEMOIR OF RALPH WALDO EMERSON

拉尔夫·爱默生传

[美]詹姆斯·埃利奥特·科伯特 —— 著　　孔 谧 —— 译

图书在版编目（CIP）数据

拉尔夫·爱默生传 /（美）詹姆斯·埃利奥特·科伯特著；孔谧译 .—北京：中央编译出版社，2024.1

ISBN 978-7-5117-4538-5

Ⅰ.①拉… Ⅱ.①詹… ②孔… Ⅲ.①爱默生（Emerson, Ralph Waldo 1803—1882）—传记 Ⅳ.① B712.41

中国国家版本馆 CIP 数据核字（2023）第 204263 号

拉尔夫·爱默生传

图书策划	张远航
责任编辑	周孟颖
责任印制	李 颖
出版发行	中央编译出版社
网　　址	www.cctpcm.com
地　　址	北京市海淀区北四环西路 69 号（100080）
电　　话	（010）55627391（总编室）　（010）55627116（编辑室） （010）55627320（发行部）　（010）55627377（新技术部）
经　　销	全国新华书店
印　　刷	北京建宏印刷有限公司
开　　本	880 毫米 ×1230 毫米　1/32
字　　数	587 千字
印　　张	26.5
版　　次	2024 年 1 月第 1 版
印　　次	2024 年 1 月第 1 次印刷
定　　价	138.00 元

新浪微博：@中央编译出版社　微　信：中央编译出版社（ID: cctphome）
淘宝店铺：中央编译出版社直销店（http://shop108367160.taobao.com）
　　　　　（010）55627331

本社常年法律顾问：北京市吴栾赵阎律师事务所律师　闫军　梁勤
凡有印装质量问题，本社负责调换。电话：（010）55627320

序

我写这本书的目的,是为了让读者与朋友们更加深入地了解爱默生的外在与内在形象,在他们原有印象的基础之上加深对爱默生的了解,而不是为了强行添加一些让大家感到陌生的爱默生形象,也是为了从更广阔的范畴去阐述爱默生及其所处的环境以及世界的关系。爱默生生前曾委托我这样做,他的家人也希望我能写一本有关爱默生的传记,他们为我提供了许多爱默生生前尚未出版的文稿(其中包括爱默生与很多名人之间的通信,这些信件内容都是首次对外人公开的。对此,我要表示衷心的感谢),还有很多早年认识爱默生与了解他家庭生活的人提供的各种信息。我写本书的目的,就是想利用这些机会,用更为翔实的资料对爱默生的人生进行评估,同时不插入任何超乎事实理解范畴之外的评论。我所阐述的内容,其实绝大部分都来自爱默生的日记、通信内容,或是从与他同时代的其他人的回忆录中收集过来的。但是有些内容可能会给读者留下这样的印象:在本书的某些地方,我僭越了这条规则。

我发现这些信件的价值远远低于我的预期。爱默生在谈到自己的时候，这样说："自己从来都不是撰写书信类的高手。"他很难通过书信将自己某个时期或是某种状态下的情感直接表达出来，他总是要对这些情感进行筛选或是试验之后，才会将这些情感的状态写下来。对爱默生而言，写信始终是一件苦差事，而这个过程中所感受到的苦累，让他在所写的信件里无法直接将自己的个性展现出来——当然，我这里所说的个性，完全是指爱默生的个性，而绝非笔者的个性。同样的情况甚至也出现在爱默生的日记里。其日记记录的内容包括从他的大学时光一直延续到他人生最后的尽头；相对于爱默生公开发表的文章而言，阅读这些日记也无法将我们与他的关系拉近一些。因此，我不得不对这些日记的内容进行分割或是重新安排——当然，我情非所愿——我通常需要用自己的语言去表达爱默生的观点，而不是简单地让爱默生通过他的日记来讲述他的故事。

但是，如果我无法获得这些内部信息，无法对爱默生的人生进行细致入微的观察，或是无法在我们已知的爱默生原有形象的基础上获得更重要的了解，那么我在创作本书时将无法自由发挥，也无法避免那些想要成为公众老师的自传作家所感受到的最大尴尬——我的意思是，我们应该明白教导与品格之间的差异性。当爱默生在日记里对一位朋友进行评价的时候，表示任何人都不敢将自己在任何一个小时的想法全部写下来。他写道："难道这很糟糕吗？我认为，对于一位比我更差或是更缺乏智慧的人来说，我不应该掩盖自己的心思。但是，对于那些比我更有智慧或是更有美德的人来说，或是那些比我更有智慧与更有善心的人来说，我也找不到任何紧闭心扉的理由。"爱默生说得没错，当他这样做的时候，他受益匪浅。

爱默生很多耗费了他许多心血与时间的演说，到现在尚未出版的，我根据我所了解的目录将其列举在本书最后的附录中，并对绝大多数的演说稿内容进行了简短概括。就目前来说，是否要出版这些演说稿依然没有一个定论。我个人的看法是，爱默生的演说中有许多具有极高价值的论述，所以应该出版。

本书开篇那幅爱默生的雕版肖像的作者是威廉·赫伯特·罗林斯博士，是其根据著名摄影师霍斯1856年为爱默生拍的肖像照片所制。霍斯看到这幅雕版作品时不无感慨地说："这是最能生动再现爱默生形象的雕版作品了。"

詹姆斯·埃利奥特·科伯特

1887年5月

拉尔夫·沃尔多·爱默生(1803—1882)

目录
Contents

第一章　童年时期　　//001

第二章　大学生涯　　//053

第三章　前往南方的旅行　　//109

第四章　婚　姻　　//159

第五章　欧洲见闻　　//190

第六章　定居康科德　　//235

第七章　超验主义　　//278

第八章　康科德的生活　　//301

第九章　宗　教　　//335

第十章　朋　友　　//383

第十一章　《日晷》杂志　　//416

第十二章　改　革　　//453

第十三章　演　说　　//489

第十四章　再赴英法　　//533

第十五章　前往西部　　//603

第十六章　哈佛大学　//651

第十七章　三赴欧洲　//693

附录

附录 A　爱默生在波士顿第二教堂写给教众们的一封信　//723

附录 B　爱默生与亨利·韦尔牧师就爱默生在
　　　　神学院演说的信件往来　//726

附录 C　韦尔与爱默生的一封信　//729

附录 D　爱默生给美国总统马丁·范布伦的一封信　//732

附录 E　爱默生与1872年7月大火之后给他捐款
　　　　重建房子的朋友的信件往来　//737

附录 F　爱默生公开演说目录　//743

第一章
童年时期

1803—1817

1808年7月17日,星期天,波士顿第一教堂的威廉·爱默生二世牧师就关于放弃之前在城镇中心的教堂,而选择在郊区那个"更为宽敞与方便"的教堂一事,对教众发表演说。他表示,他们这样做,绝对没有违背耶稣基督的戒律,因为"将原先那座位于喧嚣城镇中心与集市大街的教堂,迁移到远离城镇商业与娱乐中心的地方是正确的"。在接下来的星期四,当宗教仪式第一次在全新的教堂里举行的时候,他提醒教众,要感谢"在之前那座古老且衰败的教堂里礼拜",也要为拥有这座宽敞、充满美感的全新教堂而心存感激。他说:"在这座人口密集的城市里,有这样一个安静舒适的环境来礼拜我们的上帝,这是一件值得感恩的事情。"①

---

① 出自威廉·爱默生二世牧师的《波士顿第一教堂的历史简略》一书,1812年在波士顿出版。

第一教堂不仅是波士顿地区历史最古老的教堂，甚至要比这座城镇本身还要古老。因为这座教堂是在之前的查尔斯镇上建立起来的，当时这里还覆盖在一片树丛的阴影下，这是发生在温斯罗普与他的同伴穿越河流之前的事情了。他们在来到这座建筑的第三天就离开了。1713年，当这座教堂建立起来的时候，波尔特会长①就表示，这是新英格兰地区造价成本最高且最为精美的教堂。当时这座教堂坐落在玉米山（也就是现在的华盛顿大街），现在这里耸立着罗杰斯大楼，在距离州立大街不远的街角处。但是，随着城镇的不断发展，玉米山地区的人口越来越多，变得越来越喧闹。到了1808年，这座老砖建筑的所有者（当时人们就是这样称呼这座教堂的）接受本杰明·乔伊先生的提议，准备建造一座全新的教堂与牧师住所，并且还要在夏天大街的教区土地上建造三座砖制的住所。作为回报，他得到玉米山地区原先教堂的所有权以及13500美元的现金。

古老的教区房子是复折屋顶的木制建筑，耸立在这片土地的中央（其覆盖范围一英亩左右），其所有权属于教堂，但"坐落（按照1680年理查德·霍林斯黑德与他的妻子安的话来说）在波士顿镇的南端"，也就是在夏日大街上。现在，这里已经成为昌西大街的一个街角，距离教堂半英里路左右。

这座充满乡村气息的房子就坐落在大街的后面，一直延伸到现在的埃文大街，附近有一座果园与花园。在昔日大街的两旁种植着一排排的榆树与伦巴第白杨树。拉尔夫·沃尔多·爱默生是威廉·爱默生二世与鲁斯（哈斯金斯）·爱默生的第四个孩子，他是家里的第

---

① 出自《新英格兰人》一书，1883年5月出版。

1875年的波士顿第一教堂

现今的波士顿第一教堂

三个男孩子，出生时间是 1803 年 5 月 25 日。

时至今日，那些想在同一个地方找寻"隐居的安静感觉"的人会发现，这里与华盛顿大街其实没有什么区别。如果不是有多年前对这里的记忆，人们很难单靠印象便想象出当时这里已经有了一排排遮蔽着天空的仓库建筑，交通繁忙，川流不息。在这片繁忙喧嚣当中，是一大片开阔的花园与牧场。这里夏天阴凉，冬天则阳光明媚。爱默生的童年时光就是在这里度过的。"在 1815 年前（德雷克[①]说），夏日大街有一个面积为两英亩的牧场，经常可以听到牛铃发出来的叮当响声。在这一带附近，盖尔、柯芬思、罗素、巴雷尔、莱德斯、普雷勒斯等人的房子，就隐藏在果园与花园当中。这些热情好客的人家会用自制的苹果酒或是自制的奶油招待来客。"

爱默生在 1872 年 5 月 26 日的日记中写道：

> 昨天是我 69 岁生日，我要到夏日大街上办点事。虽然这里距离我当年出生的地方非常近，但我来到这条大街的时候，内心还是感到了一些疑惑。当我看到"金斯顿大街"的路牌之后，我感到非常惊讶。我发现这里的花岗岩房屋根本没有透露出一丝奈斯·戈达德农场以及长长的木制栅栏的气息。同时，在距离我出生地非常近的昌西大街的角落里，我也同样感受不到之前的感觉。我突然想到一点，应该只有少数一些活着的人，对这座人口迅速增加的城市的过去有一定的了解。因为当

[①] 出自萨缪尔·亚当斯·德雷克的《波士顿古老的地标与历史人物》一书，1873 年在波士顿出版。

第一章
童年时期

我读到玛丽姑姑①的手稿时,发现她对过去贵族的品格以及生活品位有着强烈的认知。我在年轻时期乃至壮年时期能够在这里听到她曾在信中所说的这一切。

玛丽姑姑

即便当我在20年之后回想起来的时候,这条夏日大街仍然是孩子们游玩的天堂。中午休息时与每个假日的下午,我们都会进行"捉迷藏"的游戏。这里有开阔的土地、栅栏与大道,有错综复杂的小屋与木制房屋,有被废弃的谷仓,有开阔的大门以及许久没有人触碰过的干草堆。这里甚至还有一个池塘。冬天的时候,初学滑冰的人甚至会穿上冰鞋在这里试着练习滑冰。这里距离咸水河流也很近,孩子们可以在码头上捉到比目鱼与鳕鱼。在附近不远的平民居住地带,我们可以看到一个个开阔的运动场所。

但是,爱默生对这些都一无所知。他后来跟我说,他小时候根本没有雪橇,也从来没有胆量去滑雪橇,因为他害怕"那个名为圆点的地方"——来自风车角与南角的粗鲁男孩儿总是会来这里找茬,他们沿着夏日大街来到普通民众居住的地方,然后会在那里与来自城市西边地区的男孩儿打架。母亲之前警告他,不要与大街上那些粗鲁的男孩儿产生矛盾,因此他经常只是站在家门口,想要看

---

① 玛丽姑姑,即玛丽·穆迪·爱默生(Mary Moody Emerson,1774—1863),美国作家和日记作家,拉尔夫·爱默生的姑姑和启蒙老师。

司各特

威廉·亨利·弗内斯牧师

看那些粗鲁的男孩儿是什么样子。

在爱默生的日记里,有一些内容是讲述当他还是一个"圆胖男孩儿,在昌西大街上转动轮圈,在拉丁学校朗诵着从司各特到坎贝尔的诗歌"的事情。但是,我没有发现可以证明爱默生进行这些玩耍或是体型圆胖的证据。"从小到大,我们都是在一起的,"威廉·亨利·弗内斯牧师在对爱默生的一些回忆里谈到这点,他的回忆也证实了我的想法,"但是,我只能想到爱默生小时候玩耍的一个情景,那是在我母亲房间的地板上。我认为爱默生小时候根本没有参加其他男孩儿的游戏,这不是因为他的身体从小比较孱弱,而只是因为在他很小的时候,他的思想就沉浸在一个更高的层次。关于这方面,我最深的一个印象就是,在他很小的时候,当他沉浸在阅读书籍的时候,其他的小朋友都会逐渐离开。我还记得,当我第一次认识他的时候,他当时尚未产生对文学方面的追求。"

鲁夫斯·达维斯是爱默生在拉丁学校的同学,他将爱默生描述成"穿着蓝色花布衣服,一脸高深的男孩形象——相比于其他同学给我留下的印象,他在我的脑海里留下了极为深刻的印象。我认识他之后,我就喜欢上了这个同学,我也不知道其中的原因,我只是觉得他身上散发出一种天使般的感觉,而且这种感觉是那么的强烈"。

爱默生的这种早熟心理,很自然让他喜欢与比他年长的人交流,而不是与他的同龄人交流。1839年,他在日记中这样写道:

> 在我13岁的时候,我的舅舅萨缪尔·里普利某天这样问我:"拉尔夫,为什么其他的男孩儿都不想跟你玩,并且总是跟你吵架,而成年人却都很喜欢你呢?"现在,我已经36岁了,我觉得这件事应该反过来看:年长的人对我怀着猜疑的态度,并不喜欢与我交流,而年轻人则更加喜欢与我交流。

也许,爱默生给出的这种解释,是源于他脑海里某种高尚的想法——正如弗内斯在上文所说的,爱默生的心灵似乎总是停留在一个较高的层次——有时,爱德华与查尔斯也会产生这样的想法,他们错误地认为这是因为爱默生的自傲导致的。事实上,爱默生给人的这种印象,是完全超脱于他本人的自我参照的。爱默生说:"我的祖父威廉在某个周六与他的父亲一起步行前往教堂,他的父亲这样问他:'威廉,你走路时给人的感觉,好像整个世界都对不起你。'对此,我的祖父回答说:'父亲,我并没有这样的感觉。'祖父威廉在回答他父亲的时候，显得那么的谦卑。这是我在家族历史上找到的一段有趣的逸事，这让我产生了一些共鸣。"

本杰明·乔伊建议新建教堂，其实是一些地产所有者提出来的。其中一人是本杰明·奥斯丁，他在下面这首小诗中就表达了这样的情感：

老砖屋，再见了！再见了，老砖屋！
你买来了牧师，卖掉了你的大钟。

上面有关牧师的讥讽涉及另一次谈判，这次谈判的结果最后让威廉·爱默生二世牧师从哈佛镇调到了他一开始居住的波士顿。

威廉·爱默生二世的血管流淌着许多"祖辈牧师"与精神指引者的血液，这可以追溯到他那些来到美国殖民地最初期的祖先身上。他们不是那种"处于昏睡状态下"的人，正如詹姆斯先生在回想起爱默生时所说的，他身上有着祖辈不断进化的优秀品质，有一种充满英雄气概的热情，一种对人生最具价值的事情的清晰的认知。在他的祖辈上，其中一条血脉源于皮特·巴尔克利，一位来自英格兰贝德福德郡的伍德希尔或是奥德尔地区的教区牧师，他后来在剑桥大学圣约翰学院就读——他来自一个具有悠久历史的家族，有着许多财产。但是，他最后因为宗教意见分歧而不得不保持缄默，在1634年渡过大西洋，来到了新英格兰地区。他与西蒙·维拉德上校一起砍伐森林，最终定居在穆斯克塔德地区（他们后来将之改名为康科德）。作为这一地区文明的先驱者，他们在这里耗尽了大部分财富。"他被当地民众视为父亲、预言家与可以提供建议

第一章
童年时期

西蒙·维拉德上校

的人,受到全国各地牧师的敬重。"他的《福音契约论》是新英格兰地区一开始出版的少数书籍之一,直到现在还有一定的影响力。按照他的说法,教堂应该建立在预言家与使徒的基础之上,"不应该以他们的身份去进行分类,而应该按照他们所持的信仰去进行衡量"——这样一种情感在200年之后,终于在他的后代在神性教会上的布道演说中得到了呼应。

巴尔克利的孙女伊丽莎白·巴尔克利嫁给了约瑟夫·爱默生牧师,他是门敦地区具有开创精神的牧师。当他所居住的村庄被印第安人毁灭的时候,他死里逃生。他们的儿子爱德华,"在纽波利的第一教堂担任过一段时间的执事",后来娶了科尼列厄斯·沃尔多的女儿丽贝卡(丽贝卡的一个后代说),"我们的家族终于有了一个不错的姓氏"。他们的儿子是摩尔登地区的约瑟夫·爱默生牧师(1717年从哈佛学院毕业),是一位研究历史的学者。他的孙女玛丽·穆迪·爱默生这样说:

> 他是这个国家最伟大的学生,留下了在那个时代规模较大的图书馆。他喜欢阅读《伊利亚特》这本书。他表示,当他一想到书中读到的人物与城市都已不复存在的时候,就会感到非常难过。要不是因为我的祖母,我的父亲可能早已经因为难产

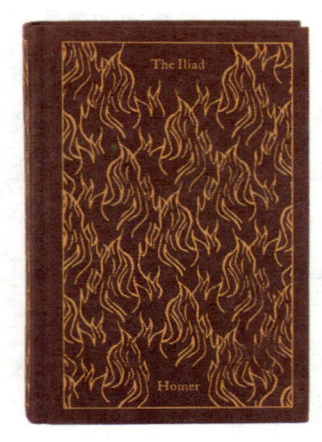

《伊利亚特》

而丢掉了性命,因为我的祖父认为自己绝对不能离开本职工作。最后,他们与孩子定居下来了,每天都要学习宗教知识或是接受教义问答书的学习,年龄最大的一个孩子坐在一边,最小的孩子则坐在另一边,中间则坐着老二。对当时的孩子们来说,他们唯一的室外活动就是干农活。但即便是这样的生活,还是让人心怀怨恨。一天下午,当其中一个孩子在鼓捣干草的时候,祖父从窗边看到了他,大声对他说:"比利,比利,你这是在浪费你的宝贵时间,快点回来看书吧。"但是,祖母则说:"不行,干点农活对他是有益的,他已经看了足够多的书了。"他们都相信贫穷会带来积极的影响,不愿意与在托普斯菲尔德的约翰叔叔有任何关联,因为托普斯菲尔德拥有大片土地,过着富裕的生活。我的祖父每天晚上都在祈祷,希望他的后代永远都不要成为富人。我的父亲大学毕业后,在洛克斯布里教学,后来前往康科德进行布道,并在这里定居下来。他娶了菲比·布利斯为妻子。她的母亲是菲比·沃克。我之前听说过这个女性,但从来没有见过,她似乎从来不会因为苦难而被打倒。我的母亲指责她冷血,因为当她的丈夫死在家里的时候,她依然还要坚持去教堂礼拜。但是,她对另外一个世界似乎非常着迷。

玛丽·爱默生表示，她的父亲是来自康科德的威廉·爱默生，他是独立战争时期的爱国牧师，他的父亲是摩尔登地区学者约瑟夫，他的母亲玛丽·穆迪是萨缪尔·穆迪牧师的女儿。穆迪牧师是一个对教条与实践有着超验主义热情的人。爱默生在他早年的演说中表示，"在缅因州的每个城镇，你们仍然可以听到有关亚加曼提克山地区的穆迪牧师所做出的善举。当一些教区牧师因为穆迪尖刻的布道演说而感到不满之后，他们会选择离开教会。此时，穆迪牧师就会大声地说：'你们这些不知感恩的罪者，快点给我回来！'当那些牧师逐渐养成了不良的习惯，喜欢在周六晚上前往酒馆喝酒的时候，勇敢的穆迪牧师就会跟在他们后面，一把抓住这些牧师的脖子，将他们拉到酒馆之外，然后送他们回家，一路上还跟他们讲许多发人深省的警告话语。在那个时候，穆迪牧师的做法是将仁慈与热情结合在一起的。他教导他们广为布施，不浪费任何一点食物"。穆迪牧师甚至将妻子放在他床边的唯一一双鞋子，送给了那位在寒冷结霜的早晨赤脚来到他家的可怜女人。当他的妻子想办法控制丈夫这种乐善好施的行为时——因为她知道自己的丈夫根本没有足够的财力去支撑这样的善心行为——就给丈夫做了一个很难打开的钱包。但是，穆迪牧师最后将整个钱包都送给了下一位前来向他寻求帮助的人。

萨缪尔·穆迪牧师有两个女婿，他们分别是来自摩尔登地区的约瑟夫·爱默生与来自康科德的丹尼尔·布利斯，这两人都是怀特菲尔德的著名支持者。当穆迪牧师在1734年来到后，两人就邀请他立即前往他们的布道讲台，他们认为穆迪牧师会支持他们有关圣灵精神的布道方向。

霍桑

来自康科德的威廉·爱默生（1761年从哈佛大学毕业）是这座古物的建造者。当时，前来道贺的人就有霍桑①的父亲。当英国军队在1775年4月19日来到这里的时候，他记录了发生在桥梁附近的一场小规模战斗。后来，他的孙子将这部分内容收录在《康科德历史故事》一书的附录里面。他与他来自佩伯勒尔地区的兄弟约瑟夫·爱默生，在独立战争爆发前②就已经是积极的爱国主义者。他曾对很多教众发表布道演说，勉励他们要随时准备好服从军队纪律，向他们保证一点，他们对侵略者的抵抗，完全符合宗教层面上的教义，会让"汉诺威的教堂散发出无与伦比的光彩"。1776年8月，他离开康科德，成为驻守在泰孔德罗加地区军队的随军牧师，但几个月后死于露营热病。

威廉·爱默生的妻子是菲比·布利斯（他后来在信件里曾将她昵称为"我的菲比鸟"），她是丹尼尔·布利斯的女儿。丹尼尔·布利斯是他在康科德布道演说牧师中的前辈——作为女婿，他曾在自己岳父的墓碑上刻上了"有着火一般的热情"的字眼。沙图克曾

---

① 霍桑（Nathaniel Hawthorne, 1804—1864），是美国心理分析小说的开创者，也是美国文学史上首位写作短篇小说的作家，被称为美国19世纪最伟大的浪漫主义小说家，代表作为《红字》。
② 据说，他们的热情让他们甚至违背了当时普遍存在的孝道，他们指责母亲当时喝茶的行为，而在当时喝茶是被民众普遍接受的一种生活方式。

说，丹尼尔·布利斯牧师引入了一种全新的布道演说方式，这种方式"充满着激情、无畏、客观与热情"，这让他与当时流行的不温不火的阿迷纽派教义产生了激烈的冲突。

虽然威廉·爱默生在33岁的时候去世了，但留下了自己的人生痕迹，他是一位狂热的爱国主义者，也是那个时代爱国运动的主要领袖之一，同时还是一名经验丰富的布道牧师。他的女儿玛丽·爱默生就曾说："当他经过古老教堂的时候，会这样说：'在那里，我首先听到了流畅的布道演说。'"事实上，威廉·爱默生在布道演说过程中，以优雅的声调朗诵圣歌而闻名，他似乎拥有着他父亲那种对文学方面的追求与品位。他在前往军营的路上给妻子写信的时候，在里面附上了几首诗，并且这样说："在我看来，我不敢肯定众人说的就是正确的。我应该成为一名优秀的诗人。我认为一名优秀的打油诗诗人应该是值得赞扬的。如果这是唯一能够满足我的虚荣心与满足孩子们的话，那么你也必须要努力地这样想。"

威廉·爱默生的儿子威廉·爱默生二世与女儿玛丽·爱默生对文学方面的追求显然是从父亲身上遗传下来的。兄妹二人的父亲去世之后，他们的母亲改嫁给了伊斯拉·里普利牧师。于是，他们与里普利家先前的孩子们一起在康科德的教区住宅里生活。威廉·爱默生二世很小的时候就开始自力更生了。他上完了普通中学的课程，在1789年进入了哈佛学院就读，并在这里从事一些管理学校的工作。之后，他在剑桥大学继续学习了几个月的神学，最后获准发表布道演说。23岁的时候，他被任命为哈佛地区的牧师，该地距离康科德只有12英里。据说，他对于牧师这个职业并没有什么偏好，但他最后听从了继父里普利牧师的建议。因为继父告诉他，他母亲最大的心愿就是希望他能够成为一名牧师。至少，对他来说，隐居的乡村生活不会给他的内心带来多少安慰，因此他必须要向前看。他在给一位朋友的信件里写道："置身于这样的环境，我显然是受到了限制，让我无法在此时此刻感受到内心的满足。这种隐居生活让我无法与形形色色的人打交道。但是，我认为，从整个宇宙来看，哈佛还是一个不错的地方。"

事实上，他并没有完全切断与外界的联系，因为他受到了布罗姆菲尔德斯[①]、斯夸尔·金博尔、格罗斯温纳女士以及其他人的热心帮助，他与这些人培养了良好的关系。他似乎找到了与他一样对音乐感兴趣的人，因为他之前一直在心底里谴责自己将太多时间花在唱歌与弹奏古提琴上。我认为，古提琴这种乐器并不适合单独演奏。但是，也许他们当时不会经常谈论有关书籍的问题——很少有人与他谈论从英国那边引入的文学作品或是科学著作。加上他的薪水较少，因此他"没有钱去购买一匹马"——在那个时代，这种状况给他与其他牧师进行交流带来了巨大的物质障碍。最后，他决定改变自己在社交层面上一贯的做法。他认为，这样做会让自己有可能忘记身穿牧师服装所带来的举止约束。在一篇日记里，他提醒自己"在对待帽子方面要更加自由，但在行为上却要更加谨慎"。其

[①] 若是从英国的社会环境来看，布罗姆菲尔德斯先生并不是哈佛地区的大地主。昆西女士的日记中对他的评价，似乎表明在 19 世纪初期阶段，英国地主阶级的一些特征在新英格兰地区依然是普遍存在的。"布罗姆菲尔德斯先生以他所处的环境，让来自艾迪生的昆西女士想到了科弗利地区的罗杰先生在《旁观者》杂志上的描述。在她看来，她有必要去拜访一下这位受人尊敬的骑士——特别是在周六的时候，当他穿上了红色的牧师长袍，戴着假发，头顶上还戴着一顶翘起的帽子，身旁还有他的黑人奴仆奥特罗。他引着她沿着两旁种植着榆树的古老街道穿行，经过墓地，来到了村庄的尽头。一路上，他获得了许多行人表现出来的敬意与致意。在礼拜服务结束的时候，教堂里面的人都坐在靠背长凳上，直到布罗姆菲尔德斯先生与他的客人沿着宽敞的走道经过。"（《伊莉莎·S.M. 昆西女士回忆录》，1861 年在波士顿出版）

中一些内容可以从他写给格罗斯温纳女士——这位哈佛教区前任牧师的遗孀——的信件里得知。当时，他正在考虑接受邀请前往那里。这封信也许能够将这位年轻的牧师的心迹表露出来。

1792 年 1 月 28 日，康科德

尊敬的女士：

　　人生真是多波折啊！在茫茫人世里，有太多的不确定因素，有太多的变化。在哈佛读书的时候，我感觉时光似箭一般飞逝。在那里，我每天都能感受到生活的丰富与美好。虽然，当时每天的大部分时间都用于严肃认真的学习，但是每天晚上的许多欢愉的时光还是陪伴着我们。然而，当我离开了你们这些人带给我的欢乐之后，我很快就发现，在离开哈佛的清晨，我发现内心世界里仿佛一下子笼罩着疑惑的阴云，这些阴郁的想法一直悬在我的脑海里，无法抹去。从那之后，我感觉似乎无法控制自己的人生，总是被别人所谓的良言与建议所蒙蔽。在接下来的周六里，我沿着之前没人走过的道路穿越森林与翻越常年积雪的高山之后，终于回到了纽波利。晚上，我在一个没有柴火点燃的寒冷房间里吃晚饭，梦想着自己能够在一张舒适的床上睡觉！关于这方面，我真的不想多说什么，因为这带给我的只有痛苦的回忆。我感觉自己压在床上的重量甚至比不上一粒胡桃。我想象着如果是一粒胡桃说不定都会将这张床压倒。在第二天清晨醒来时，我感觉自己就要冷死了。我出发前往教堂，一路上看到了形形色色的乞丐，有年老的乞丐，有身体残疾的乞丐。当我来到布道讲台的时候,我似乎看不到台下的听众在做些什么。在走廊里,没有人走上前与我交谈。这种感觉就好像我站在了证人席上。当我站在那里的时候,我感觉到自己似乎在不断地抓着一张刚好能够到我腋窝位置的软垫。我就是借着眼睛的余光,看到了窗户外面那堵废弃的墙壁旁边站着许多人。当时,我想要努力地表达自己的观点,就像《圣经》里的约拿①那样,似乎站在相隔甚远的地方宣扬着法律所带来的威慑作用。周二与周三,我都是在寒冷中度过的。这是之前约好的日子(因为这天在里普利牧师的康科德教堂里要举行一些宗教仪式)。看吧,猛烈的北风与漫天的大雪似乎在较劲,将我内心的喜悦全部浇灭,让我在返回的路上遭遇了诸多的不便。不仅如此,在回程路上雇用马匹与马车,使我身上的钱全都花光了。但是,亲爱的女士,你说过,当我回来的时候就要告知你一声。至于我是以怎样的方式回来的,请不要多问。亲爱的格罗斯温

《约拿》,米开朗基罗作品

---

① 约拿(公元前800—公元前740),先知,迦特希弗人,亚米太的儿子。约拿先知曾接到上帝(即神)的命令,要他到尼尼微城传警告,约拿先知抗命逃往他施(Tarshish)。后来尼尼微人陷在自大与恶之中,最后亡于巴比伦国。

纳女士,目前的情况是这样的:我将会回到哈佛,我不会再沉湎于定居在纽波利这种虚无缥缈的希望了,无论那里的环境多么的舒适。那里的民众在观点上存在着惊人的分歧,他们都是世故且圆滑的人。他们不希望我们在纽波利点燃美好的圣火。他们将圣火留在哈佛。是的,女士,他们会让我拥有接触这些圣火的机会吗?我认为,每个月30捆木柴就能让我舒适地度过冬天。但是,我无法想象自己被掩埋的情景。当然,一个人无论是在哈佛、纽波利还是在其他地方,一天都是可以花很多时间去阅读的。亲爱的女士,简而言之,我的心灵就像这些天的空气,正在被飘忽不定的大风撕扯着。我也不知道自己应该怎么思考,不知道应该思考些什么。

最后,他还是决定留在哈佛。一开始,每年的固定薪水是333美元——即便是在那个时代,这钱也不算很多,再加上当时通货膨胀的原因,这些钱的实际购买力大打折扣。我认为,他当时的住房不需要支付租金,他所获得的"恩惠"也许是源于比较富有的教区牧师的资助——其中包括斯夸尔·金博尔送来的一个猪腿,布罗姆菲尔德斯送来的一大捆木材,还有"不是担任牧师职位"的格罗斯温纳女士的资助——再加上诸如主持婚礼所得到的一些报酬,这应该能够占到他总薪水的一半左右。在这样艰苦的条件下,对于想要将四分之一的收入用于购买书籍的人来说,这些薪水还是太少了。因此,他觉得绝对"不能结婚或是建造房屋"。尽管如此,我在他于1796年6月的一篇日记里看到了这样的内容:"我与鲁斯·哈斯金斯女士一起骑马外出,与她谈论了有关结婚的事宜。"在同年10

月 25 日的一篇日记里，他写道："我要娶善良可爱的鲁斯·哈斯金斯女士为妻子，她是波士顿哈里森大街的约翰·哈斯金斯的第五个女儿。"然后，他将哈斯金斯女士带到了他几个月前购买的一个农场。

虽然我没有发现他的妻子给他带来任何直接的财富，但在此之后，他在日记里就再也没有提到抱怨贫穷、内心的忧虑、债务，或是因维持自己拮据的生活而感觉压力沉重的话了。他还在日记里表示，"要在哈佛或是其他地方努力过上更好的生活"。他似乎能够预见到自己日后的生活可以摆脱这样的压力。"我们过着贫穷的生活，忍受着寒冷，只能吃一点肉。但是，感谢上帝，我们有足够的勇气去面对这一切。"

这绝不是一种掉以轻心所表现出来的勇气。他向来是小心谨慎且做事有条理的人，非常注重做事的顺序，虽然贫穷，但在购买书籍方面却是出手阔绰。他的内心始终有一种不可战胜的乐观精神，这种乐观精神让他觉得，真正的不幸肯定不会降落在自己头上。多年之后，在他的人生行将走到尽头之际，他依然用愉悦的笔调给里普利博士写信，谈论医生对他病情一筹莫展的情况。他在信中说："你一定要认为我会好转的，因为我在回信时还像之前那样表达出诸多模糊的思想。在我的人生里，这种模糊多变的心态似乎贯穿其中。"

与此同时，他没有袖手旁观，静候天意的安排。相反，他勇敢地承担起了自己应该去承担的一切。他卖掉了古提琴，接受住宿生，管理学校，并且亲自打理农场上的事务。在经过许多挫折，甚至是在"镇民大会上遭受辱骂"之后，他最后还是说服了教会，要求增加 250 美元的薪水。事实上，增加之后的薪水也仅仅与之前一开始的年薪的购买力相差无几。在1799年春天，他终于出现在波士顿第一教堂委员会上。他受邀前往那里发表布道演说，还要在历史悠久的炮兵连的优秀军官面前，这样庄重的场合发表年度布道演说。一周之后，教堂委员会表示要他离开波士顿，同时写信给哈佛那边的教会，要求他们取消与他的合约。在信件里，教会委员会声称，这是因为"那些有学识的人、聪明的人或是邪恶的人，对神圣的宗教发动了让人惊恐的攻击，特别是在人口密集城市与沿海城市，因此我们希望能够找到一些更加著名的教职人员到那些地方，通过他们的演说说服那些民众，让他们回归到之前友善的行为当中"。哈佛教会通过镇民大会组建的一个委员会进行回复，表明这样做即便不是史无前例的，也是全新的做法，并且认为他们应该因为租用教堂座位不断获得上涨的租金，从而获得1300美元的补偿。威廉·爱默生二世在他的日记里写道："在经过了一个夏天的谈判之后，哈佛委员会最终获得了1000美元的补偿，放我走了。"在这年9月15日，他发表了告别的布道演说，并在22日到老砖教堂履行自己的牧师职责。

对牧师的布道演说的评价标准，要看这对听众产生的影响。威廉·爱默生二世通过布道演说实现了这样的改变。也许，相比于我们对他在炮兵连年度演说稿所获得的感受，我们最好还是看看他的同龄人对他的评价。约瑟夫·史蒂文斯·布克敏斯特牧师在威廉·爱默生二世的追思布道演说中，这样评价他："他在进行布道演说时，给人一种倾听天使声音的感觉，他的演说风格是那么的合理，树立了一个非常好的榜样，这让他的继任者克拉克感到非常头痛。因为要想达到爱默生的标准，这实在是有点难。"从未缺席过炮兵连选

约瑟夫·史蒂文斯·布克敏斯特牧师

举布道演说或是周四演说的约翰·皮尔斯牧师则说："威廉·爱默生二世是一位杰出的布道演说家，他有着音乐般的声音，他在演说中是那么的健谈，观点是那么的鲜明，一切都显得那么的顺其自然。他在发表祈祷词的时候，是那么的流畅，但他的演说对于普通的信众来说则有点高深。显然，他事先为演说内容进行了一番思考，最后以较为清晰的方式呈献给听众。他无法忍受当时流行的一些时尚，不能容忍那种散漫敷衍的写作方式。有时，他会在演说中使用一些不常见的词语，但他这样做只是希望演说能够变得更加经典一些而已。"

各方都称赞他在布道演说时对声音的把控以及朗读文章的技巧。在这项特殊的任务取得成功之后，他被调到了第一教堂，想办法面对宗教领域出现日渐松弛等问题。之所以会出现这样的问题，是因为当时人们对真正的宗教崇拜是应该更加严谨地遵循正统的方式，还是进一步放宽对正统礼拜方式的要求，存在着不一样的观点。关于应该支持哪一方的观点，还有应该以怎样的方式去展现信条，这是很难完全调和的。皮尔斯牧师就曾用不客气的口气说威廉·爱默生二世在这方面存在着"自由主义"的倾向，而查尔斯·罗威尔牧师则认为，威廉·爱默生二世在这方面的观点与他的一些同胞一样，并不是非常极端。1806年，当他还在波士顿担任牧师的时候，他写信给自己在华盛顿的同母异父兄弟萨缪尔·里普利。在信中,他明确表示自己不是坚持形式主义或是教条主义的人。

查尔斯·罗威尔牧师

如果我没有离开哈佛,前往波士顿的话,我的想法是前往华盛顿,我可以到那里成立一间完全基于教会原则的教堂。在这所教堂里,我们不会有任何关于信仰、圣约的成文规定,也不会有对任何宗教刊物征订的强制要求,绝对不会将一些硬性条件视为接受圣餐仪式的前提条件。我的想法就是成立一间全新的教堂,让所有基督徒都能够按照他们的方式去信仰上帝,信众只需要在忏悔的时候才需要说出自己的心声。

关于威廉·爱默生二世的个人形象,罗威尔博士曾这样说:"他是一个英俊的人,身材魁梧,有着慈善的面容,脸颊的颜色有点浅。他的举止优雅、从容,具有绅士品格。他是一个诚实之人,经常会用果敢与肯定的口气来表达自己的观点,从来不会以粗鲁或是庸俗的方式说话。"

威廉·爱默生二世接受了邀请,回到了第一教堂。第一教堂一致同意"因为他做出的努力与贡献,每周可以获得14美元的薪水,还能免费住在教区住宅,每月20捆木柴的待遇"。后来,这样的待遇不断提高,截至1809年,这个待遇最终固定在每周25美元,每月30捆木柴。正如我之前所说的,这个教区住宅连接着一座花园,威廉·爱默生二世就在那里种植马铃薯、甜玉米、豌豆等作物，正如他之前在哈佛教区工作时那样。

要是按照现在的标准去进行衡量的话，威廉·爱默生二世在波士顿所领取的薪水是微薄的，不过这已让他渐渐能够过上一种自由的生活，甚至能渐渐还清之前所欠下的一些债务。当然，他也没有任何积蓄可以迎接未来的风雨。在这里，他与许多人形成了良好的关系——"在外面吃饭"与"与人交谈"成为经常的事情，这些内容在他日记出现的频率越来越高。有时，他也会抱怨这样的应酬占据了他太多的时间与精力。但是，渴盼能够与别人进行友好交流的念头是那么的强烈，而这座规模不大的城市恰好又提供了这样的机会。早期移民所带来的一些学者此时基本上都已经去世了，但是这些人的后代对文学依然有着强烈的爱好与兴趣，并且感觉需要将自身的观点表达出来。当时，马萨诸塞州历史协会才刚刚成立没多

马萨诸塞州历史协会

久，该协会鼓励"成立一份名为《美国阿波罗》的周报，让各方面的学者能够就他们对这个国家的自然、政治与宗教历史等方面发表自己的观点"。威廉·爱默生二世是该协会积极活跃的成员，与此同时，他还"经常与生理协会的成员进行交流"——并且于1801年12月10日在詹姆斯·杰克逊的家里，主持了第一届的生理协会会议。

"4月9日，在哲学协会发表演说之前，我打翻了两个药瓶。"他在1803年的日记里写道，"哲学协会取得了惊人的发展。感谢上帝，我脑海里的想法终于变成了现实，并且将会变得越来越好"。

不过，威廉·爱默生二世在文学方面主要的精力，还是集中投入到《月度选集》杂志上，波士顿图书馆也应运而生。1804年，他负责《月度选集》的编辑工作。6个月后，他召集了自己的16个朋友，创建了诗集俱乐部，约定每周见面一次，共同谈论适合刊登在

波士顿图书馆

约翰·斯尔维斯特·约翰·加迪纳

杂志上的文稿（当然，他们会聚在一起吃一顿便饭）。约翰·斯尔维斯特·约翰·加迪纳，这位三一教堂的牧师，担任首任会长，威廉·爱默生二世则担任副会长。参加这个俱乐部的成员在情感上都是持自由主义精神的，但他们都是杰出的联邦主义者。李女士在关于布克敏斯特的回忆录里，就曾讲述过波士顿地区的女士无法受邀参加晚上的选集活动，因为那里的情形，会破坏那些平日里看起来最可亲的绅士在女士心目中的形象。昆西会长曾说，这个协会维持了6年左右，始终保持着良好的声誉，出版了10本八开本的书，为那个时期的文学发展做出了重要的贡献。事实也的确如此。因为这些书的作者包括相当一部分比例的学者，其中包括忙碌的律师、医生、商人，等等。我们可以在这些文章里找到诸如贾奇·帕尔森、丹尼尔·韦伯斯特、雅各布·比奇洛、约翰·柯林斯·沃伦博士、詹姆斯·杰克逊博士、詹姆斯·铂金斯、约瑟夫·斯托里诗人、约翰·昆西·亚当斯[1]等人的作品，我们还能发现来自不同信仰的学者与文学爱好者的文章，其中就包括担任罗马天主教教会主教的舍沃罗斯的文章。《月度选集》在宗教层面上的基调是非常自由的，但在政治与文学层面上则显得比较保守。其中一位投稿者说"这样做是为了消除美国出版界存在的腐败因子，

---

[1] 约翰·昆西·亚当斯（John Quincy Adams，1767—1848），美国第六任总统（1825—1829）。他是第二任总统约翰·亚当斯及第一夫人爱比盖尔·亚当斯的长子。

第一章
童年时期

丹尼尔·韦伯斯特

雅各布·比奇洛

约翰·柯林斯·沃伦博士

约瑟夫·斯托里

约翰·昆西·亚当斯

舍沃罗斯

铲除一切造成混乱的根源"，同时坚定地反对英国当时出现的全新诗歌学派。当时的司各特受到了他们热烈的欢迎，在他的作品再版之前，往往会出现一些他的作品的节选内容。但是，他们认为柯勒律治与加德纳博士的诗歌适合"愚蠢"这个绰号，并且用"充满愚蠢的怨恨"来评价罗伯特·骚塞①。

罗伯特·骚塞

具有长久影响的是，在威廉·爱默生二世的指示下，该俱乐部对很多书籍进行了收集整理，逐渐发展成波士顿图书馆。在哈佛教区时期，他就已经创建了一个图书馆，而作为当时的图书管理员，他以非常认真的态度对待这份工作。当全新的教堂在昌西地区建立起来之后，他说服了教会在教堂法衣室里成立一个神学图书馆。

随着他的社交圈子不断扩大，加上他积极参与文学活动，他的名声渐渐扩散开来。他获得的公众荣誉很自然地让新英格兰地区的一些贵族愿意接近他，这些所谓的贵族除了他们所具有的财富或是政治地位之外，还有着悠久的尊贵历史。在 1802 年的国庆日，他是当天的演说人之一。1803 年，他以牧师的身份在州参议院发表演说，并在历史悠久的炮兵连布道演说会上进行主题演说。之后，他还监督哈佛学院的建造情况，成为许多重要场合的嘉宾。除了参加这些重要活动之外，他还经常与这些人远足到港口，或是一起前往城堡

---

① 罗伯特·骚塞（Robert Southey，1774—1843），英国作家，湖畔派诗人之一，"消极浪漫主义"诗人。

观看，有时甚至前往罗威尔岛玩一场套环游戏。

他的妹妹玛丽·穆迪·爱默生也遗传了爱默生家族的传统——她在文学品位方面与哥哥存在着共鸣，也会为《月度选集》撰写文章，还会时不时前往他在波士顿的家里做客，因为她"想要听听男人们都是怎么说的"。不过，她在给威廉·爱默生二世的信件里，曾不止一次警告他"对时尚或是名声的屈服，这必然会对长久追求简朴、理智与忠诚造成障碍"。她担心"闷热的空气与城镇的奢华生活，会让天才之光变得黯淡"，她表示"现在的世界对你来说实在太好了，因此这很难是真实的"。玛丽说的没错，当时的爱默生的确生活在一个"富足且美好的世界里"。爱默生二世在日记里这样写道："我感觉自己在这个世界上获得了许多美好的东西，感觉非常幸福。我拥有很多不错的朋友，还有很多值得让人欣慰的事情。"

接着，爱默生二世的人生就出现了阴影，他的两个孩子接连去世（菲比·里普利出生在哈佛，1800年死于波士顿；约翰·克拉克在1807年去世）。直到1811年春天，他已经在第一教堂担任了12年的牧师，"他的身体日渐消瘦"，在徒劳地挣扎了几个月之后，最后在42岁的时候英年早逝（1811年5月12日去世[1]）。

去世前，他在写给妹妹玛丽的一封信里这样说：

> 对于我的妻子与孩子来说，我在这个世界上的时间已经不多了。在我命不久矣的情况下，只有上帝才知道我还能撑多久。我担心孩子们接受教育的问题。但在我即将离去的时候，

---

[1] 威廉·爱默生二世在炮兵连的朋友们身穿戎装参加了他的葬礼，盛大的军乐队为他送行。

> 我的内心并没有堆满忧愁。你知道，我们的家族一直以来都没有像普通人家那样，为自身以及家庭生计进行过认真的思考。

对爱默生二世的遗孀来说，这的确是个沉重的负担。因为她当时没有其他的经济来源，膝下的6个孩子全都在10岁以下。除了上面提到的两个已经夭折的孩子之外，还有在1801年出生的威廉，1803年5月25日出生的拉尔夫·沃尔多。关于沃尔多出生这件事，出现在他父亲当年所写的日记中。

> 普菲在选举日布道演说中的表现受到了热烈的欢迎。就在这天，当我与斯特朗州长共进晚餐的时候，我的儿子拉尔夫·沃尔多出生了。母子平安。

之后，他们的三个儿子——爱德华·布利斯（1805年出生）、罗伯特·伯克里（1807年出生）、查尔斯·昌西（1808年出生）先后出生，还有一个女儿玛丽·卡洛琳（1811年出生，1814年去世）。

在爱默生二世去世后，第一教堂履行了自身的职责：在接下来的半年里继续给逝去的爱默生二世支付薪水，并通过投票表决，决定在接下来的7年时间里，每年给他们一家支付500美元，同时还让他们在接下来的一年半时间里继续免费住在教区住宅里，除非教区因为其他事情需要用到这所住宅。事实上，爱默生二世的遗孀在这所教区住宅里居住了超过三年的时间。

在教会的资助以及偶尔来自那些"善意朋友"的帮助下，她得以勉强在波士顿维持着这个家，直到孩子们都长大成人能够赚钱养活自己。她想在一个租金更廉价的地方住，但孩子们必须要接受良好的教育。"他们天生就要接受良好的教育。"他们的姑姑玛丽这样说。在孩子的母亲看来，至少要有一两个孩子以后要成为牧师，因此他们必须要在拉丁学校读书，之后再去哈佛学院读书。最后，她通过艰苦的努力，终于实现了这些目标。她将寄宿生带到自己家里，每天早起晚睡，做许多繁重的工作。孩子们渐渐长大之后，他们也会帮助母亲做一些工作。再加上玛丽·爱默生有时也会给予一些帮助，她们得以将社会上很多不良风气都拒之门外。当这些家庭困难都远去的几年之后，大儿子威廉在写给母亲的一封信里这样说：

> 当时，我们的家庭环境是，只要家里任何一个人生病了，那么家庭的经济压力就会陡增，让我们陷入几乎真正意义上的绝境。幸运的是，我们从来没有陷入过这样的困境。

正是在这个伟大的母亲多年来不懈的努力下——通过节俭的生活，才让她在不同层面上给孩子们的成长留下了深刻的印记。里普利女士一家的朋友某天来到他们家，发现他们竟然没有东西吃。爱默生夫人正在讲述一些具有无比忍耐力的英雄故事，安慰孩子们饥饿的肚子。拉尔夫（当时的人都这样叫他）与爱德华只有一件厚重大衣，他们外出的时候只能轮流穿，因此他们经常会被其他庸俗的同学耻笑："今天又轮到谁穿那件大衣啊？"

孩子们都非常用功地学习，他们几乎没有机会去玩耍或是玩任何游戏。当然，对他们那位杰出的母亲而言，孩子们是需要娱乐

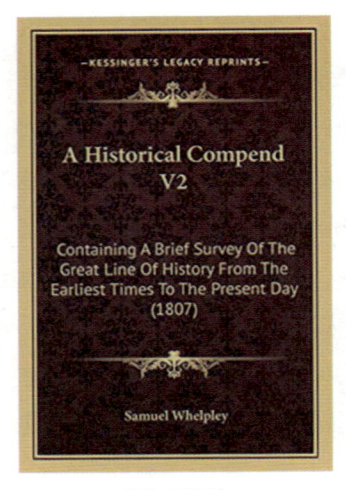

《历史概略》

的。如果孩子们有空闲的时间，那么他们最好还是用在娱乐上面。她认为，孩子们应该阅读一些积极向上的书籍，比如维尔普利的《历史概略》或是杰布的布道演说，甚至是罗琳与罗伯森的作品。在当时那样的外部环境下，她必须给孩子们的智趣增加养分。在爱默生二世生前，无论他多么忙碌，都绝对不会忽视教育孩子的事情。一次，他到其他城市出差时，曾写信给妻子说：

威廉（当时只有5岁）之前在我面前背书，他现在也可以在你面前背书了。如果你有空闲时间认真听的话，你可以在早餐前听他背诵一句符合英语语法的句子。当然，要说还有谁要在场的话，我认为拉尔夫（当时只有3岁）应该在场。

爱默生二世希望约翰·克拉克（当时已经7岁了）能够复述艾迪生、莎士比亚、弥尔顿与蒲柏①等人作品的一些段落。

他们的姑姑玛丽·穆迪·爱默生延续了这样的传统。玛丽是一位优秀的女性，她的侄子曾对她进行过一番评价②。当然，侄子的

---

① 亚历山大·蒲柏（Alexander Pope，1688—1744），英国诗人，代表作有《批评论》与《道德论文集》。
② 出自《选集》第373页，有关爱默生的写作内容一般都是以河畔出版社的版本为准。

第一章
童年时期

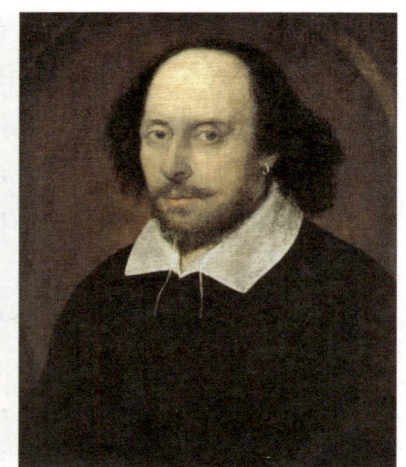

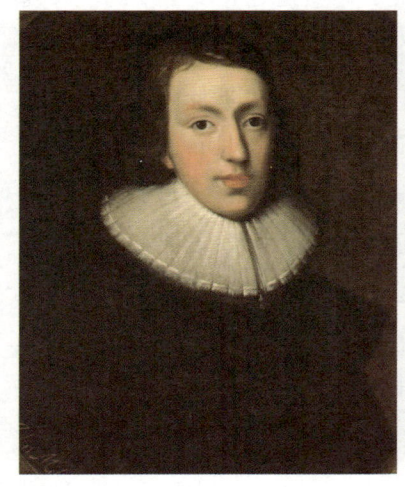

艾迪生

莎士比亚

弥尔顿

蒲柏

评价显然充满了对她极为崇高的敬意。她将穆迪家族的热情与冲动以及清教徒的活力融合起来，这让她对现代思想有着敏锐的觉察能力。在爱默生后来的一些信件里，当玛丽姑姑与他就他的"更高的空灵思想"进行辩论的时候，或是姑姑不想见到他的时候，或是甚至不愿意去他所在的城镇看他的时候，爱默生这样写道：

> 将我的爱意与荣耀赐给她。在我的家里，她必须要占据一个神圣的位置。我没有时间沉湎于诗歌或是哲学，因为我知道这些东西。但我的姑姑不是以天才的身份进入的。

玛丽是一个非常古怪的"圣人"，她对信仰的狂热要超过对作品本身的热度，这让她成为一个难以相处的人。她将自己的侄子当成偶像一样崇拜，对他们的期望没有设定边界，只是在一定距离之外才展现出她对他们的爱意。但是，即便是她表现出来的些许爱意，也会在她看到侄子们表现出的软弱之后变成极为严厉的斥责。专横的性格让她无法容忍不同的意见，即便她在心底暗地里支持这样的观点。这让她成为非常难以相处的人，也让她自己感到非常不自在。爱默生曾这样评价她："她每天都在践踏着寻常人所珍视的人性。每天晚上，这样的想法就像鬼魂那样冒出来，折磨着她。"她曾这样评价自己："我喜欢成为社会上的一个麻烦。"但是，她看待问题的真诚与习惯性的观点，对任何具有价值的事务的敏感看法，让她对侄子们的人生产生了重要的影响。

"即便如此，虽然我们嘲笑她、违背她，或是怜悯她一时的冲动，我们都为她所具有的洞察力、判断力、良知以及对诗意与理智的看法所折服。"

"我认为,新英格兰地区内部的宗教历史,可以通过这个家族的历史得到更加真实地呈现:玛丽·穆迪·爱默生与她的侄子们的形象,主要是与查尔斯之间的形象。对玛丽来说,人生的重点就在于新英格兰地区的全新思想与古老思想的冲突。在这片土地上,那些富有的继承者按照古老的思想将古老的宗教移植到了这片土地上,她以奇怪的方式将充满激情的忠诚与致命的洞察力、对哲学的热爱以及对言语的不耐烦结合起来,从而变成一个宗教怀疑论者。她的双手牢牢抓住过去那代人的信仰,认为这是物理世界与形而上世界的善意与希望的守护神。无论面对什么人,无论在什么场合,特别是在面对那些让她感到希望与骄傲的侄子,她以诗意的方式赞扬这种值得崇拜的加尔文主义①。但她之前一直对此持一种怀疑与否定态度。我们也不知道,她对侄子们天生就适应或是促进全新思想的发展的行为,是感到骄傲还是感到遗憾。她让我想起了司各特的《阿伯特》作品中那位热情主义者玛格丽特·格雷姆,她将自己的热情灌输给年轻人洛兰,希望他对罗马教会充满热情——只是我们这个玛格丽特在热爱的时候,内心也充满了疑惑。弥尔顿与杨格所处的时代,就是最能代表她内心想法的时代。他们为弥尔顿感到骄傲,但我认为他们所持的宗教始终没有像'夜思'给人那么忠诚的形象。玛丽·穆迪·爱默生身上这些复杂的品格给她的希望带来了全新的方向,让她希望自己的侄子能够接受神学教育,从小就学会摒弃那些前人坚守的狭隘与错误的观念。在她看来,这就是普罗米

---

① 加尔文主义,是16世纪法国宗教改革家、神学家约翰·加尔文毕生的许多主张和实践及其教派其他人的主张和实践的统称。

修斯带给人类的福音。她厌恶那些贫穷、粗俗与没有诗意的人，始终表现出自己对那些人的轻视与不满之情。"

从爱默生这些孩子的童年时期开始，玛丽姑姑怀抱着清教徒的良知。无论玛丽姑姑在他们身边，还是通过书信交流，他们都可以感知这点。当地人反感玛丽姑姑，她的言论让她不得不归隐到乡村时，她依然不断要求自己超越清教的限制。关于这方面，她只能允许自己去赞美自己。显然，

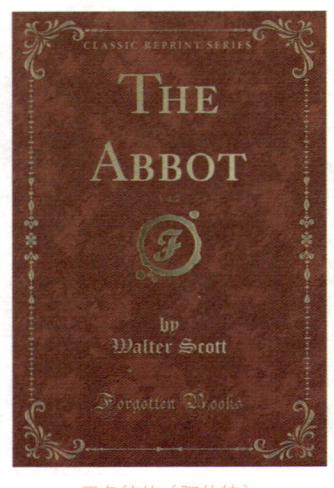

司各特的《阿伯特》

玛丽姑姑的人生中所经历的种种冲突，在某种程度上传递到了她的侄子身上。她对侄子们的期望是超越世俗的成功，她会嘲笑侄子们身上表露出"任何对名声无谓追求"以及"对社会怜悯心的过分敏感"，但是，正如她的哥哥威廉生前觉得自己不得不要告诫她一样，她绝对不是一个"没有家族荣誉感的人"。她认为，"我的名声可以不为世人所知。但是，你的亲人单纯拥有好丈夫、好妻子、好邻居与好朋友是不够的，他们必须要被称为拉比或是神父"。

她内心的希望是，自己这些亲爱的侄子能够成为具有智慧、学识、诗意与演说能力的人，能够成为世人尊敬的人，成为波士顿地区受欢迎的人。她希望他们能够勇敢地承担起追求这一高目标的责任。"他们天生就要成为与众不同的人，这是毫无疑问的。但是，他们必须要做出足够的牺牲，才能配得上在宗教的祭坛上演说的资格。"

与此同时，她对尘世与宗教世界追求完美所给出的建议，给侄子们的身心带来了巨大的压力。在她的两个大侄子身上，这种压力因为某种泰然自若的心态以及他们的父亲所说的"多变"的性情得到缓解（至少，对拉尔夫来说是这样）。后来，当拉尔夫上大学的时候，就曾表示"这样一种愚蠢的状态"——我们可以称之为幽默状态——是一种他将自己与个人印象剥离出来的情感，让他仿佛能够站在旁观者的角度去看待问题。也许，在拉尔夫这个例子里，逃避人群过着隐居的生活，再加上青少年时期的艰苦生活，这可能会抑制他想要追求的东西。在他早年的一篇日记里，他这样写道："这是我在智力发展方面犯下的主要过错。"无论怎样，拉尔夫似乎是这样认为的。对爱德华与查尔斯来说，他们并不需要自身这样的专注力。"贫穷、生计与苦行的生活就像不可摧毁的铁链"（拉尔夫后来在一篇名为《家庭生活》的文章里这样写道），再加上"我对当时的文学氛围缺乏了解所带来的恐惧感"造成了这样的局面。弗内斯博士[①]发现，这样的成长经历会让他们之前就已经很严重的疾病变得越来越严重。在拉尔夫身上，这样的缺陷以另一种方式呈现出来。由于缺乏在"童年阶段接受的教育，以及在操场、打架、嬉戏、商业或是政治层面上的教育"——这让他无法得到共济会成立的机构的帮助——显然，这是拉尔夫为了避免与人接触提出的一个夸张借口，这使他在日后在与人正常交往方面需要克服诸多障碍。

　　不管怎样，他们都需要依靠自己，原因是那个时代朴素的家庭生活。在他们的印象里，父亲始终是以友善与慈爱的形象出现

[①] 弗内斯博士（William Henry Furness，1802—1896），美国神学家、社会改革家、废奴主义者，拉尔夫·爱默生的校友及朋友。

的，但是拉尔夫对父亲的主要印象，则是"他在社交场合上是一位绅士，但对孩子们的管教却非常严厉。有两三次，他甚至逼迫我在一些码头或是浴场里游泳，这让我的内心充满了死亡的恐惧。我依然还记得自己在大海里游泳时所感受到的恐惧。某天，当我听到父亲要求我接受一次全新的洗礼，我只能徒劳地在内心里拼命挣扎"。

即便是他的母亲，这位最为慈爱的母亲，也曾经让她的孩子们感受不到任何慈爱。当拉尔夫与父亲在某个假日外出游玩，直到太阳下山才回家的时候，他们惊讶地发现，当他们回来的时候，母亲经常用无比惊讶的声音说："我的孩子啊，我这一天都因为看不到你们而心如刀割！"拉尔夫后来写道："在母亲给予我的关爱下，我上床睡觉了。"

下面这封信是拉尔夫在10岁的时候写给他的玛丽姑姑的，信中的内容描述了他那个阶段的生活情况：

1813年4月16日，波士顿

亲爱的姑姑：

收到你充满善意的来信，我感到非常开心。现在，我跟你讲述一下我平常一天的生活情况吧，这应该就是你在来信中所说的让我讲讲平时都干了什么的意思吧。我将4月9日星期五这天的情况告诉你。我平时都是很早起床的，时间大约是5点55分。接着，我帮哥哥威廉生火。之后，我整理好桌子，为祈祷做好准备。我在6点15分去叫醒母亲。在你离开我们家之前，我们也是这样做的。我必须要向你坦诚一点，当哥哥比我懂得更多的时候，这通常会让我内心的某个角落产生愤怒的情绪。有时，我认为哥哥是以不正当的方式获得了比我更多的知识。之后，我们吃早餐。早餐之后，我在7点15分到8点左右，要么是玩一会儿，要么是读会儿书。我认为自己还是喜欢玩耍多一些。8点，我要去学校读书，我希望自己能够在学校里学习到比昨天更多的知识。那天，我阅读了一本名叫《维吉尔》的书，我们班的学生甚至与那些比我们早一年来到拉丁学校读书的学生一起学习。上完课之后，我会前往韦伯先生开设的私人学校学习。我在这所私人学校学习写作与数学计算。一般情况下，我在这里的学习时间是从上午11点到下午1点。之后，我回家吃午饭。在下午2点左右，我继续在拉丁学校上课，除了接着学习上午所学的内容，我们还学习了语法。放学回家后，如果母亲有什么要求的话，我会帮她做一些跑腿的家务活。接着，我会收集一些木材，放到煮早餐的厨房里。这之后，就是玩耍与吃晚饭的时间了。在吃完晚饭之后，我们唱一些圣歌或是看一些《圣经》的章节，我们轮流阅读罗琳的诗歌，就像你还没有离开我们家之前那样子。我们睡觉的时间是不固定的。我一般是在8点之后上床睡觉的。躺在床上的时候，我会在心底进行一番虔诚的祈祷，接着闭上眼睛沉入梦乡。这就算结束了我一天的工作……之前，我寄了一封信给在波特兰的你，不过我认为你可能没有收到那封信，因为你在给母亲的信件里没有提到这件事。将我的爱意传递给哈斯金斯姑姑与里普利姑姑，还有罗伯特、查尔斯以及我所有的堂弟堂妹们。我希望你一有机会就给我回信。请相信我，我始终是忠于您的侄子。

拉尔夫·沃尔多·爱默生

但是，我们绝对不能因此认为，爱默生一家过得艰苦，他们就是过着暗无天日的生活。爱默生的母亲所具有的那种恬静的心态，这是任何艰苦环境都无法侵袭的。"她的心智与她的品格，"N. L. 弗罗辛厄姆博士①曾说，"可以说处于一个高层次的状态，她的品格让整个家庭充满着一种温馨、优雅与安静端庄的状态。她说话的时候总是显得那么合理与友善，似乎她的话就是教育孩子们最好的箴言。她始终面带微笑，这对孩子们是一种奖赏。她那双明亮的眼睛是任何黑暗岁月都无法将其光芒夺走的。这些都将会给她的孩子们留下永久的印象。"玛丽·爱默生这样评价自己，"始终对于美好事物中的缺点不能容忍"，她是这样评价自己的兄嫂的：

当她成长的时候，我就知道她是不需要与任何人进行比较的。在接下来的几年里，我继续观察着

N. L. 弗罗辛厄姆博士

---

① N. L. 弗罗辛厄姆博士（Nathaniel Langdon Frothingham，1793—1870），美国诗人、作家，论派牧师。

她，思索着她的形象、言语、行动。可以说，她是最为睿智、最为健康与最为纯洁的人……在一个全新的环境下（指她结婚之后），面对任何考验品格的时候，她始终都能够以充满尊严、坚定与常识的方式去面对，这是我非常尊敬的。她理应获得比她丈夫更大的影响力。在收留寄宿生的事情上，我所能说的就是，这对她并不算什么考验。

在严厉的玛丽姑姑看来，哥哥家里那些年轻侄子展现出了过分强烈的青春气息。他们的欢笑与表现出来的轻浮，都是她所担心的。"孩子们的表现甚至对他们的母亲产生了足够大的影响，这让她经常成为愚蠢的代名词。"他们的堂弟乔治·巴雷尔·爱默生后来在这里成了家，这发生在爱默生一家离开波士顿之前。乔治·爱默生这样说[1]：

> 在这些堂哥当中，我认识威廉的时间最久，对他也最了解。他是最喜欢读书的人，他朗诵诗歌时候的声音是我听过最悦耳的。他是一位让人愉悦的谈话者。拉尔夫·爱默生是我所认识与尊敬的，现在世人都与我一样非常尊敬他。爱德华·布利斯是最为谦虚和善的人，也是最为优雅的演说者，受到所有人的喜爱。查尔斯·昌西是一个聪明的人，做事合理，希望出人头地，并且相信自己能够做到。可以说，这是一个非常优秀的家庭。

---

[1] 出自《一个老教师的回忆》，1878年波士顿出版。

上面所提到的"家庭生活"段落，清晰地展现了他们对家庭生活圈的回忆。我在下面再加入其中的一些段落：

> 在这个低矮的屋檐下，谁没有看到这些朝气蓬勃的男孩儿们在做家务活的时候神采奕奕呢？他们都忙着在客厅里复习明天的功课，想方设法利用一些时间去多阅读一些章节，或是阅读一些他们父母不允许他们阅读的书籍——当他们在阅读普鲁塔克①与戈德史密斯等人的作品时，他们的内心是多么的兴奋啊！这样的精神食粮仿佛让他们每个人都感到高兴，无论是在学校的操场散步，在谷仓或是木屋里干活，他们身上总是带着一些诗歌文章。有时，他们甚至会模仿演说者的口气进行朗诵。他们在周六的教堂认真聆听着年轻牧师的演说，学习他们的演说技巧，然后在家里忠实地进行复述，直到他们感到身心疲惫。这让他们的妹妹感到由衷的敬佩。当他们在读完翻译版本或是完成了某个主题书籍的阅读之后，文学所带来的虚荣感，会让他们第一次感受到那种只有自己才能体会的快乐。这样的感觉仿佛让他们坐在房屋屋顶。他们明

普鲁塔克

---

① 普鲁塔克（Plutarchus，约46—120），罗马帝国时代的希腊作家、哲学家、历史学家，以《希腊罗马英豪列传》一书闻名后世。

第一章
童年时期

白要对麦克雷迪、布斯、肯布尔或是其他著名演说家的不同表达方式进行比较,并且以此为乐。当他们在上学或是干活之后重新见面,他们那种为见到对方的喜悦情感是显而易见的。在他们彼此为自己的事情努力的时候,他们会抓住所能利用的机会去储备知识,培养

戈德史密斯

自己的人生远见,充分利用别人的想象与已有的成果。当他们聚在一起玩耍的时候,他们会情不自禁地将自己所收获的心灵宝库分享出来,这给他们带来了难以言喻的满足感。到底是什么铁环让他们一家人始终这么齐心协力呢?正是贫穷、生计与艰苦生活的铁环,让他们在人生早年避免像其他男孩儿那样沉湎于感官刺激,指引着他们沿着安全正确的轨道去做事情,让他们成为追求真善美的人。唉,那些不懂得从书籍、自然或是人类身上汲取养分的人,目光是多么的短浅啊!他们有幸知道自己的优点,为自己在成长时期获得父母温和的管教而感到高兴,他们为那些盲目追求名贵服装、出入工具或是前往戏院等做法的人感到悲哀,因为这种过早给予的自由与沉迷行为让别人陷入了悲剧。如果他们像那些孩子那样,从小就含着金钥匙

出生的话，那么他们肯定会为自己感到悲哀的！天使始终站在他们这一边，让他们用年轻人的汗水去编织人生的花环，让他们明白，只有努力、艰苦、真理与共同的信念才能让他们不断前行。

在这本书的另一个段落里，谈到了孩子们阅读柏拉图的内容，其中还讲到孩子们在寒冷的冬天，用长袍盖住了下巴，在散发出木头气味的房间里阅读文章。对孩子们来说，这显然是他们人生的一种有趣的经历。当然，这不大可能是说爱德华的，因为他那时候还非常小。

可以说，拉尔夫的学习生涯始于他3岁左右。在那个时代，这么小的年龄就开始学习，是很平常的，因为当时的教室类似于托儿所。1806年3月9日，拉尔夫的母亲这样写道："威廉与拉尔夫再次前往怀特维尔女士的学校。"这所学校位于牧师住所附近的夏日大街。5月17日，拉尔夫的父亲在日记中写道："拉尔夫的阅读能力不是很好。"弗内斯博士还记得，拉尔夫那时候是在南希·迪克森女士的管教下。之后，拉尔夫去了罗森·里昂开办的学校。里昂是一位"严厉的老师，他的尺子与牛皮鞭有时会起到很好的作用"，拉尔夫当时的同学萨缪尔·布拉德福德[①]后来说。爱默生在将近70年后这样写道："当时，我们三个小学生一致同意，以后绝对不要变老，至少对彼此来说是这样。"

1813年，爱默生进入了拉丁学校就读。按照他后来的说法，当

[①] 出自《布拉德福德回忆录》（私人印刷），1880年在费城出版。

学校重建的时候，他们经常要在不同的地方读书。一开始是在密尔池塘附近（后来被填埋了，现在成为干草市场与连接着南北马尔金大街的相邻地方），这个地方有很多海鸟在平地上尖叫。接着，他们就搬到了彭伯顿山的一间小阁楼里。没过多久，本杰明·阿普索普·古尔德就成为校长。据爱默生的回忆，"他是一位非常优秀的校长，喜欢与优秀的学者交往，经常鼓励学生们要追求自己的梦想。在1814年的一天，古尔德校长对全校师生说，英国即将派舰队前往波士顿港口，因此男生要停课一天，前去诺德岛帮忙建造防御工事。每个有能力的男生都愿意在第二天9点来到汉诺威大街的街角，那里有一艘船正在等着他们，将他们送到那座小岛上。可以说，整个学校的男生都去了。我也去了，但我必须要坦诚一点，我记不清我与同学们的行为是否真的起到什么作用。古尔德在他担任校长的第一年，就鼓励学生们要在学校成立一所图书馆，这件事很快就开展了。我经常记得他身上的一种美德，就是他经常提醒我们要用心去阅读《荷马史诗》。我认为，当时没有几个学生会将他的话听进去，很多学生都是只会背诵，却不知其中的意思。古尔德校长非常重视演

本杰明·阿普索普·古尔德

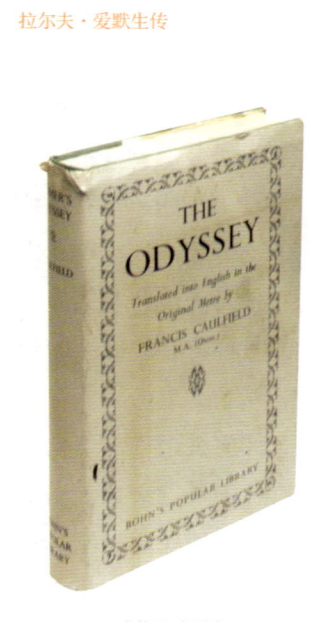

说能力。周六早上,他要求学生练习演说能力。现任华盛顿地区法官的爱德华·格里利·罗林,就是当时演说能力最好的学生"。

当我请求罗林法官回想当年的爱默生时,他友善地回答说:"我对当年的记忆,可能对你没有什么帮助。当时的爱默生是一个非常优秀的学生,因为他学习非常刻苦,但与其他学生相比,他显得并不突出。他当时创作出来的诗歌就非常优雅,已经具备一定的水平。我认为,这肯定为他日后在大学的表现打下了基础。在学校的时候,他似乎在表达方面有着一定的天赋,并在他之后的大学生涯里将这样的天赋发挥得淋漓尽致。无论是在学校还是在后来的大学,他那种温和与友善的待人方式,都受到了所有人的尊敬。但是,他可能不太喜欢表现自己,因此他在学校的知名度不是太高……他的体质不是很好,因此他不是运动场上的佼佼者。但是,我记得他并不是一个不愿意玩耍或是追求单纯乐趣的人……我对他最为清晰的印象,就是他似乎是一个没有什么缺点的人,这可能为他日后在品格与智慧方面的发展打下坚实的基础。"

弗内斯博士说:"当时,我们都在波士顿的拉丁学校就读。每天上午11点到12点,我们都会前往由韦伯先生所开办的私人学校,这所学校是专门教授语法学习的学校。在离开公立学校之后,

《荷马史诗》

韦伯还带着几个学生,这些学生主要是向他学习语法知识的①。拉尔夫与我经常坐在一起。我还记得,当时我看见他在一个习字帖上练字,看上去非常用功,似乎他要将自己想要说出来的话都用笔表达出来。但是,感谢上帝,他没有浪费自己的天赋。一开始,他似乎没有展现出任何一方面的天赋,但他所拥有的却是纯粹的天才,是那种各种才华叠加起来之后呈现出来的简朴状态。在那时,他就已经开始为美国在1812年海战的胜利创作诗歌了。他还会就一些历史或是爱情话题写一些诗歌——我现在不记得他当时是不是想要创作一首名为《福尔图斯》的史诗。我现在还隐约记得②,他曾经表达过这样的想法。我认为,拉尔夫这样做,是为了表达对我送给他一些图画的感激之情。拉尔夫对我提出的意见非常重视。在拉丁学校里,他最喜欢朗诵的课文是《希望的愉悦》《华沙最后的勇士》等。现在回想起来,他背诵这些文章的声音就像电话声音那样,依然在我的耳畔回荡。"

在拉丁学校的最后一年里,拉尔夫不止一次在公开日上展示自己的"原创诗歌",其中一些诗歌还有他所预想的"主题"。拉尔夫的表现让古尔德感到很高兴,他将拉尔夫的这些诗歌拿到学校委员会③给大家看。弗内斯博士说:"那个时代也许会被后来人称为追求辞赋的时代。当时,我们这些小男孩都会因为偶尔说出了

---

① 爱默生记得,他在中午的这段时间里,有时会旷课的,而旷课的惩罚结果就是不能喝水与吃东西。
② 按照弗内斯博士的回忆,《福尔图斯》这首诗歌的手稿现在还保存着,在比菲尔德地区的丹尼尔·诺耶斯牧师手中。
③ 在这些文稿中(很多关于天文学的文章),我发现爱默生的文章的确在其中。一天晚上,当爱默生路过波士顿教堂,来到了一片空旷的地带时,天上点点繁星给他留下了深刻的印象,他决定在下一次的学校诗歌比赛讨论与天文有关的话题。

一段不错的话或是写出了一篇不错的演说稿，感到欣喜若狂。在我们眼中，当时的埃弗里特、约翰与爱德华等同学，简直就是我们心目中的偶像。我还记得，拉尔夫曾经告诉威廉与同学约翰·埃弗里特打架之后又重归于好的事情。拉尔夫引用了埃弗里特说过的一段话——'关于步枪，小孩子是厌恶的，但男孩儿则喜欢赞美它'，以及 N.L. 弗罗辛厄姆牧师在布道演说中的一段话。当时的弗罗辛厄姆牧师是第一教堂里的年轻牧师。弗罗辛厄姆提出了这样的观点，即人类'来到这个世界上，就受到了各种遗传因素的限制，忍受着造物主对他们大脑的控制'。在我们看来，这些话的确是高深莫测的。我认为自己之所以还记得这件事，就是因为拉尔夫说这句话的口气给我留下了深刻的印象。"

在这个阶段，拉尔夫还创作了几首诗歌。也许，他最喜欢的一首诗歌是库克翻译的一首维吉尔的诗歌。总的来说，他喜欢的诗歌都是押韵的，同时诗歌的内容没有明显针对任何特定主体。在他的兄弟当中，拉尔夫创作押韵诗歌的能力，让他感到自豪。当他们几兄弟不在一起的时候，他们经常要求拉尔夫创作一些押韵诗歌。拉尔夫在写信给身在安多弗菲利普学院的爱德华时，经常会在信中写入一些短诗篇。比如：

> 某天，当我磨刀子的时候，我开始哼唱这首诗歌：
> 门农的竖琴，弹奏出美妙的音乐。
> 　但是，我并不认为，磨刀子时发出的尖锐声响，可以与弹奏竖琴发出的美妙声音相媲美。
> 　磨刀子发出的美妙声音，就像一堆和谐的沙子，

在诗人那双粗糙之手的砥砺下，
迅速沿着磨刀石上面划过，
发出悦耳的声响，让游吟诗人的内心感到满足。

1814年，英国舰队将沿海贸易的路线封锁了，波士顿地区的物价不断上涨——每桶面粉的价格飙升到了17美元，大米与肉类的价格也以同样比例出现了上涨——拉尔夫一家不得不搬到康科德，在里普利那里度过这一年。在局势出现缓和的时候，拉尔夫在给当时上大学的哥哥威廉写信时，这样写道：

1815年2月24日，康科德

亲爱的哥哥：

从上次见到你到现在，情况真是出现了巨大的变化，而这样的变化是多么让人感到喜悦啊！就在不久前，战争的呼声似乎在各地蔓延，但现在和平的鼓声似乎乘坐着金翅膀飞在天空，战争的阴云被驱散了，胜利的歌声在回荡。

当战争没有打响的消息传到这个地方，每个人的脸上都露出了微笑，大家的内心都充满了喜悦。在这个月的22日，法庭大楼尖塔上的灯火被点燃了，将整座建筑都照亮了。当我过去看你的时候，你还没有将《西塞罗演说词》的书籍整理好。我希望你一有机会就将那些书籍寄给我。今天，我看完了一本名叫《精选诗集》的书。

亲爱的威廉，让我以一首韵律诗来结束吧！因为我认为，你已经很疲惫了。

除此之外,我们很快就能听到祈祷的钟声了——再见吧!

永远忠诚于你的
拉尔夫

在康科德读书期间,拉尔夫在写作中表现出来的押韵能力渐渐显露出来了。当他要离开的时候,别人要求他爬上一个木桶,然后让他朗读自己原创的诗歌向所有同学道别。他就会像个孩子那样,将自己所能记住的片段内容背诵出来:

我站起来,与你们道别,
我的同学们,我亲爱的老师们,再见了。

每当想起自己的弟弟不愿意待在学校的事情,拉尔夫就会感到非常有趣。

我的弟弟,年纪比较小,
他第一次来到学校,对学习环境仍感陌生。
他能在这里接受正规教育,
将脑海里所有愚蠢的思想都赶走。

这首诗歌的最后两行,是拉尔夫最喜欢的。

在回到波士顿之后,他们在培根大街找到了一处住所,这里靠近波士顿图书馆，一位即将要出发前往欧洲的房东将其租借给拉尔夫的母亲。这所房子前面的庭院较大，甚至可以养一只羊，这只羊是里普利从康科德那里带来的。爱默生还记得以前将羊赶到牧场吃草。当时的爱德华上了寄宿学校。拉尔夫在写给爱德华的一封信里这样说：

母亲说，你在寄宿学校的前几周，可能会感觉到生活比较沉闷。我认为，你肯定希望我能够以诗意的方式去看待这个问题。这样的感觉，就像从地下室看到庭院，然后看到自己的未来。

在堆满木板、尘土与垃圾的地方，

右边耸立着一座三柱门，

左边似乎是一座州立监狱，

探出头，可以看到无限的远方，

还有五个高高的烟囱露出它们高傲的头颅。

我认为，这就是谷仓墓地的大门，而那座监狱则是代表着科特大街的郡监狱。

玛丽姑姑给你的唯一建议，就是你要做一个勇敢的人。也就是说，你不要被想家的念头所影响。我已经开始在撒勒斯女士那里学习《忒勒马科斯历险记》[①]了。在家里，我则阅读普利斯特里[②]所写的《历史的文稿》。母亲认为你最好还是借

---

① 《忒勒马科斯历险记》，法国散文家费内隆所创作的一本书。
② 普利斯特里（Joseph Priestley，1733—1804），英国自然哲学家、化学家、牧师、教育家和自由政治理论家。出版过150部以上的著作，对气体特别是氧气的早期研究做出过重要贡献，但由于他坚持燃素说的理论，未能成为化学革命的先驱者。

《卡尔十二世》这本书看看，或是阅读其他历史书籍，这会让你在学习之余得到巨大的乐趣。但是，根据你之前的说法，即便是一些胡话，如果用诗歌的外衣包装起来的话，也会显得那么美妙。我认为，我还是勉为其难，为你写一首吧：

以前，两个兄弟攀登一座高耸入云的山峰，
他们分别是命运多舛的杰克与身体羸弱的吉尔，
从灵感的海洋里攫取一小部分，
然后提着满装着灵感之水的木桶。
唉！在混沌的迷糊当中，
我已经忘记了接下来该怎么写了。

普利斯特里

忠诚于你的
拉尔夫

1817年10月1日，拉尔夫写道：

你知道，下个周五，我的大学生涯就要开始了。若承天意，我希望自己能够怀着坚定的决心，努力去追求真正的知识，让我在大学的同学中表现得更好一些，让我日后能够成为一个有用的人。贝琪姑姑对我选择的大学感到很伤心。她说，

第一章
童年时期

卡尔十二世

我不应该去剑桥，而应该学习与宗教相关的知识——你也知道她这样想的原因。我认为，相比于我去安多弗学习宗教知识，还不如到剑桥那里学习，这能让我日后成为一名更加优秀的牧师。贝琪姑姑认为，我在布朗大学上学，肯定要比当时已经充斥着自由主义的剑桥地区的大学更好一些。

第二章
大学生涯

1817—1824

1817年8月,爱默生进入哈佛学院就读。当时,家人原本想让他迟点上大学的,因为他们家的经济状况在那时候陷入了最低谷——但是,爱默生从古尔德那里得到了保证,说他可以成为"校长优待生",还能获得其他方面的"减免"。最后,爱默生对母亲说:"我以优异的成绩通过了入学考试,并不需要像其他学生那样,被学校方面告诫需要以后要加把劲。"

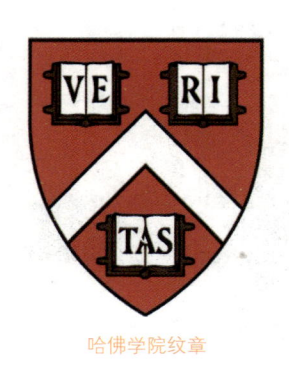

所谓的"校长优待生"是指负责召集犯下过错的学生的信使,同时还向学生宣布学校管理条例的人。爱默生可以出入校长所在的那栋大楼——这栋大楼现在被称为沃德斯沃斯大楼。爱默生的房间(现在是会计员的办公室)与校长办公室是相邻的。在埃利奥特校长的帮忙下,爱默生还获得了一些打杂的任务,这让他可以减少在学校就读期间四

哈佛学院纹章

沃德斯沃斯大楼

哈佛大学最古老的建筑——马萨诸塞学堂

分之三的费用。在学校的官方记录里，没有关于此的进一步介绍了。但在爱默生给他仍在肯纳邦克教书的威廉的信件里，表明他得到了类似于奖学金之类的帮助。

1819年2月14日，剑桥

亲爱的威廉：

你谈到了母亲目前所面临的经济困境。虽然家里的经济条件比较拮据，但是也没有完全陷入让人绝望的境地。现在，母亲在很大程度上依赖于你给予的帮助……就在昨天，我从沃尔瑟姆那里获得了20美元，这是没有将你的3.5美元计算在内的。之前，那些"匿名朋友"每个季度寄来的10美元的行为，已经连续两个季度都没有出现了，这也证明了母亲对布拉德福德治安官的看法是正确的。在1月初的时候，执事就将一封含有20美元的信寄给了母亲……至于剑桥这边的情况，校长目前不在，一切都听从教务主任的……难道你不想到华盛顿看看两位校长参加的会议情况吗？人们似乎认为，我们的校长不仅追求文学方面的成就，更追求世俗层面上的成就。与埃利奥特校长相比，门罗总统似乎只

埃利奥特校长

门罗

是比农夫更好一些。

2月15日

今天早上，我得到了一个重要的消息，我被任命为服务生。我在借阅图书馆里等待了一会儿，真希望自己能够赚一些钱，虽然我可能不是很喜欢这样的工作，当然，你能轻易地了解我这样的想法……今天，我们开始了这个学期的学习。早上是语言课，中午是法学课，下午是代数课……我想要写信给约翰逊……

4月1日

你的来信让很多人脸上都露出了笑容。当我在周六怀着谦卑的心回家，将自己的积蓄带到银行，想要兑现的时候，我认为自己似乎要比平时高出6英寸。母亲与姑姑都担心，你没有足够的钱来维持自己的生活，情况真是这样吗？我跟你说，我前几个月一直都在担任服务生，现在我也是。你不明白我为什么在第一个季度就获得这样的任命：情况是这样的，因为我当时并没有提出这样的申请，这完全是因为我当时的无知所导致的。之后，当我去申请的时候，校长也显得非常大度——他告诉我，我已经长大成人了，表示希望我应该在智力与身体层面上都不断地成长。他对我说，当我下一期的账单出来的时候，就直接将账单递给他。在我进入大学之前，我从未获得过这样的索顿斯托尔奖励……我所写的《威廉一世》评论文章获得了两颗星,要知道我们班上只有6个人获得了这样的评价。我讨厌数学……至于鲍登最佳论文奖,我对自己今天是否应该争取持怀疑态度。虽然我阅读了包斯威尔①的作品,但我还没有读完约翰逊博士②一半的作品。难道你不认为我应该在未来的一年里写有关苏格拉底品格的文章吗?

约翰逊博士

4月23日

今天,我拿着账单找到了校长,他递给我一张64美元的银行存票,说这是斯顿斯托尔奖励的一部分,并说我在六月份还能得到更多。政府刚刚制定了全新的法律,禁止任何学生前往戏院,初犯者要被处以10美元的罚金,若是重犯的话还会有更多的处罚。现在,我已经读到了包斯威尔第二卷的内容了,读到了斯宾塞的《仙后》第三卷。阅读这些书让我的内心感到无比愉悦(我用了一个女生常用的词语)……

---

① 包斯威尔(James Boswell,1740—1795),英国著名自传作家。代表作有《约翰逊传》等。
② 约翰逊博士(Samuel Johnson,1709—1784),英国作家、文学评论家、散文家和诗人。代表作有《约翰逊字典》等。

柯克兰校长

按照埃尔德·潘恩给第一教堂的馈赠,"每年给予贫穷的学生或是教堂执事认为适合的学生 10 美元的补助"的规定,爱默生也能从中受益。

在大一的最后阶段,爱默生成为柯克兰校长侄子萨缪尔·柯克兰·罗斯洛普的私人教师,罗斯洛普比爱默生小两岁,当时正在为上大学做准备。罗斯洛普后来跟我说,爱默生虽然不是一个非常严格的老师——但在帮助他以认真严肃的态度面对大学生活,在更好地面对人生方面,给予了许多重要的指引。当爱默生教完了必要的课程之后,他会与罗斯洛普进行长时间的交谈——有时,他显得比较严肃,有时则是比较幽默,但从来不会指责拉丁学校、波士顿社会,不会贬低上大学接受教育的好处。有时,爱默生还会向他介绍除了正统书籍之外的其他书籍,特别是诗歌方面的。在行为与秉性方面,爱默生与他 14 岁的时候没有什么区别,依然是那么友善、可亲与克制,在获得别人的赞扬或是同情的时候,总是不动声色。当然,他愿意将自己所创作的诗歌拿出来给别人看,至于别人的评价是好是差,这对他似乎没有什么关系。按照罗斯洛普的说法,爱默生似乎站在一个城楼上,然后透过一个小孔看待着世间的一切事物①。

在下一学年开始的时候,柯克兰校长对年轻的罗斯洛普说,让

---

① "如果你想的话,我依然可以透过旧木桶的小孔去观察。无论我是否需要去观察,我都需要睁大双眼去看。"出自《给玛丽·穆迪·爱默生的信件》,1858 年 1 月 27 日出版。

爱默生辅导他的学习这项工作，影响了爱默生的学习。因此，柯克兰校长帮罗斯洛普请了另一个私人老师。

无论是在当时还是之后几年的学习里，爱默生都没有像老师希望的那样，全身心投入到大学学习当中，古尔德对此发出了一些抱怨。爱默生这样说："当他的学生来到剑桥上学之后，古尔德老师没有忘记他的学生。他过来我的宿舍看望我一两次，就我如何提高学习成绩给予了一些建议。因为无论是在当时还是现在，我在数学方面简直是一个无比愚蠢的人。"①

无论是在当时还是接下来很长一段时间里，哈佛学院就其教育方式而言，都还是停留在教育高中生的阶段。当时到哈佛学院就读的学生也几乎都尚未成年。学校的目标也只是教给学生一些书本上的知识，而没有注重学生思想层面上的提升，没有去引导学生挖掘自身的潜能。当时哈佛学院的教育可以用"背诵"一词去概括，因为学生的很多学习都是需要以背诵的方式去完成的。当然，也有一些老师的教育方式是例外的：现代语言教授乔治·蒂克纳②与希腊学教授爱德华·埃弗里特③，他们将欧洲一些高等学府的教育方法引入到了这所学校，他们（特别是蒂克纳教授）着力将这些教育体系

爱德华·埃弗里特

---

① 这是爱默生 1876 年在拉丁学校集会上的发言。《波士顿晚报》在当年 11 月 9 日刊登出来。
② 乔治·蒂克纳（George Ticknor，1791—1871），美国学者、西班牙文学历史研究者和专家。
③ 爱德华·埃弗里特（Edward Everett，1794—1865），美国政治家，波士顿人，曾任马萨诸塞州州长、哈佛大学校长和美国国务卿。

爱德华·特里尔·钱宁

引入进来。爱默生非常喜欢上他们的课程，他每次上课的时候都会做许多笔记。他会在教授的指引下，阅读某些方面的书籍。爱默生还对道德哲学教授李维·弗里斯比教授的教育方式非常感兴趣。在爱德华·特里尔·钱宁①教授的指导下，他对英文创作产生了兴趣。他在大学最早的一个笔记本（从他大三开始，在钱宁教授到这里任教之后）就写满了许多关于校园"主题"的文章草稿。爱默生两次获得了鲍登最佳论文奖，其中一次是因为一篇关于苏格拉底品格的文章，另一次是关于伦理哲学现状的文章。他还获得了博伊尔斯顿演说奖，奖金是30美元。他将这30美元带回家，希望给母亲买一条围巾或是其他的生活用品，但却被母亲责备说，这些钱应该去偿还面包店的账单。爱默生勉强通过了其他学科的考试（数学除外），虽然成绩不是很好，但他最终的成绩还是排在班上的中游水平。

显然，校长柯克兰与古尔德都看到了爱默生在文学方面的天赋以及他温顺的秉性，都希望他能够将更多的精力投入到学习当中。爱默生本人似乎对自己也抱着这样的期望。但是，我们不禁会认为，无论是在哪一种教育体系下，爱默生都不是那种完全死读书的人，因为这根本不是他的天性。多年之后，爱默生说自己永远

---

① 爱德华·特里尔·钱宁（Edward Tyrrel Channing，1790—1856），美国修辞学家，哈佛大学教授。

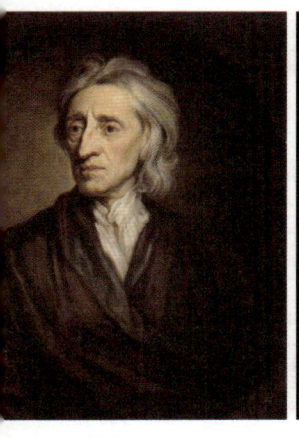

洛克　　　　　　　　　斯图瓦特　　　　　　　　帕里

不会按照别人的想法去做事，永远不会试图这样去做。他的姑姑玛丽·爱默生一直在注视着他的发展，在给他的一封信里这样写道："当校长看到你所写的关于苏格拉底的文章，他问道，为什么你不能努力成为一个类似于洛克、斯图瓦特或是帕里那样的学者呢？"事实上，爱默生表现出来的温顺态度，掩盖了他已经日渐成熟的心智。在那个阶段，这种成熟的心智在爱默生身上只是以自力更生与心满意足的方式呈现出来，他需要继续等待，直到他看清楚自己的未来。

在大学行将结束的时候，爱默生认为他在大学所接受的教育对他来说没有什么用处，无法从中获取更多的知识养分。于是，他有时会利用上课时间前往其他农场旅行，虽然他对此心存顾虑。在他后来的一篇日记里，谈到了"遗传的本能让我天生就没有数学方面的天赋，因此我对需要分析能力的几何学无能为力。但是，我晚上可以在阅读乔叟①、蒙田②、普鲁塔克与柏拉图等人的作品中得到心灵的安慰"。"作为学生,我为自己未能完成老师交代的学习任务而感到抱歉,虽然我已经很努力地强迫自己去学习了,但内心强大的本能让我更想去阅读奥特维③与马辛杰④等人的作品,或是更希望在上课时间前往奥本山那里散步。这个可怜的男孩没有感谢上帝给予的机会,选择轻视数学老师的教导,躲在许多老师的背后,这必将让他为原本纯粹的乐趣做出长久的忏悔。"

爱默生以自己的方式非常勤奋地学习。他隐约地感觉到,表达能力要比单纯接受语言学或是科学层面上的培训更加重要。除了他在大学时期获得论文奖的文章之外,我还在他的笔记本里找到了"可以用于诗歌创作的段落",里面包括很多引言,这些内容主要关于表达的方式,一些他在阅读中觉得震撼人心的段落,同时还有玛丽姑姑在回信中的一些段落,因为他非常欣赏玛丽姑姑的写作风格。在这些笔记本的最后位置,他这样写道:"我认为,这样做对于提高我的写作能力是至关重要的。这样做并没有影响到我去做其他事情,同时为我在人生的不同阶段对不同的主题进行写作,提供了巨大的帮助。这没有局限我后来进行文学创作的能量。当我这样做的时候,我已经完成了一首将近260行的诗歌,并且完成了关于苏格拉底品格的论文。这让我避免陷入了许多空虚的时刻,丰富了我的语言知识,为日后的发挥打下了基础。我当时这样做,就是为了

---

① 乔叟(Geoffrey Chaucer,1343—1400),英国中世纪作家、诗人、哲学家和天文学家。代表作有《坎特伯雷故事集》等。
② 蒙田(Michel de Montaigne,1533—1592),法国文艺复兴后期,16世纪人文主义思想家、作家、哲学家。代表作有《随笔集》等。
③ 奥特维(Thomas Otway,1652—1685),英国戏剧家。
④ 马辛杰(Philip Massinger,1583—1640),英国戏剧家。

第二章
大学生涯

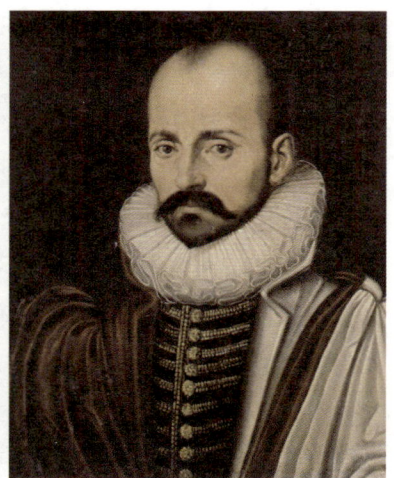

乔叟

蒙田

奥特维

马辛杰

给日后的追求打下基础，同时保留一些有用的资料。"

毋庸置疑，爱默生所追求的事业是成为牧师，可以站在教堂讲台上发表布道演说。但是，爱默生的笔记本里除了道德层面上的思考，还包括他在进行广泛阅读时所收录的一些内容，其中就包括一些历史著作、回忆录以及较为著名的英国期刊内容。在那个时代，人们对诗歌有很多的批评，对于"华兹华斯①与柯勒律治②所进行的实验"持着一种怀疑的态度，人们普遍认为，他们这样做不仅不会收获荣誉与名声，反而会招致世人的嘲笑。这不是因为他们缺乏诗歌创作的天赋，而是因为他们缺乏一种自然的本性，喜欢将简朴的精神表现得过分明显，给人一种矫揉造作的感觉。与此同时，人们

华兹华斯　　　　　　　　　　　柯勒律治

---

① 华兹华斯（William Wordsworth，1770—1850），英国浪漫主义诗人，曾当上桂冠诗人，代表作有《抒情歌谣集》等。
② 塞缪尔·泰勒·柯勒律治（Samuel Taylor Coleridge，1772—1834），英国诗人、评论家，英国浪漫主义文学奠基人之一，代表作有《文学传记》等。

赞美巴罗诗人与本·琼森的诗歌是具有"怀旧与生命力的"。

爱默生的几个同学都回忆了他当时的情况。在 1880 年 5 月 22 日出版的《波士顿文学世界》杂志上，W. B. 希尔谈论了一些较为有趣的细节。他对我说，这些都是他的叔叔——爱默生当年的同学约翰·博伊顿·希尔跟他说的。

1817 年，当柯克兰成为哈佛学院的校长时，爱默生这位"校长的优待生"还只是一个消瘦与体魄不佳的年轻人，他的年龄比班上绝大多数同学要小，他当时是比较敏感的，性格内向。虽然，他有一个哥哥（威廉）在高年级读书，有时会跟他讲解一下如何融入大学生活的方法。但即便如此，爱默生与同学们认识的过程还是相对缓慢的。那些喜欢捣蛋的学生在一开始欢迎新来同学的方式，让他比较反感。他同样对自己的宿舍距离校长办公室比较近深感不满。不过，他所在班级的其他较为勤奋的学生开始慢慢与他交往，这些学生发现他是一个具有非凡思想的人，并且阅读非常广泛。他们发现爱默生了解的知识并不局限于当时的教科书，而是延伸到文学领域。他们发现，爱默生已经研究过英国早期的戏剧家与诗人，当时正在专注地阅读蒙田的作品，他几乎对莎士比亚的作品了如指掌。在他上大二的时候，他开始成为一个规模较小的读书俱乐部的重要人物。该俱乐部是爱德华·肯特①创建的，他后来当选缅因州州长。当时，这个俱乐部的成员还包括萨勒姆地区的查尔

---

① 爱德华·肯特（Edward Kent, 1802—1877），美国政治家、缅因州州长。

斯·W.厄珀姆①，埃克塞特地区的D.W.戈勒姆博士等人。这个俱乐部会购买一些英文评论期刊，其中就包括《北美评论》杂志——当时，这本杂志的经营状况并不好。当时的大学图书馆都没有购买这样的杂志。那些家境较为殷实的俱乐部会员购买了这些书，特别是在他们购买到司各特的小说之后，都会在俱乐部成员会面时大声朗诵。在诗歌层面上，爱默生同样展现出了自身的才华。他似乎在针对校园发生的一些事情创作讽刺文章方面，或是在喜庆场合下创作应景的颂歌方面，有着独特的天赋。当时，他被推举为在毕业纪念日创作诗歌的人，他所创作的诗歌也要比其他人的期望来得更好。他所在的班一共有59人，他在班上的最终成绩排在了29名。在某次会议上，他被要求对约翰·诺克斯②、威廉·潘恩③与约翰·韦斯利④的品格进行分析。那时，他没有入选美国优秀大学生荣

查尔斯·W.厄珀姆

---

① 查尔斯·W.厄珀姆（Charles Wentworth Upham，1802—1875），美国政治家、美国众议院议员。
② 约翰·诺克斯（John Knox，1514—1572），苏格兰基督教加尔文派牧师，苏格兰宗教改革领导人。
③ 威廉·潘恩（William Penn，1644—1718），英国房地产企业家、哲学家，宾夕法尼亚英属殖民地的创始人。他推崇民主和宗教自由，在他的领导下，费城进行了规划和建设。
④ 约翰·韦斯利（John Wesley，1703—1791），英国国教（圣公会）神职人员和基督教神学家，卫理宗的创始者。他所建立的循道会跨及英格兰、苏格兰、威尔士和爱尔兰四个地区，带动了英国福音派的大复兴。

约翰·诺克斯 　　　　　　　　　威廉·潘恩 　　　　　　　　　约翰·韦斯利

誉组织,直到毕业多年后,他才进入这个组织。在大一结束的时候,爱默生不得不离开他在校长办公室附近的宿舍,搬到了5号霍利斯学生宿舍。大三的时候,爱默生搬到了15号霍利斯学生宿舍。因为根据当时学校的规定,高年级的学生可以住在条件较好的宿舍里。因此,他与来自南卡罗来纳州的约翰·G.K.戈尔丁成为舍友。戈尔丁是一个有着绅士举止的人,他为人性情温和,学习成绩一般。爱默生读大四的时候,住在9号霍利斯学生宿舍,此时他的弟弟爱德华才刚刚上大一。在爱默生读大二的时候,他的同学在校园饭堂的大厅里,与大一新生打了一架。后来,他们用模仿英雄史诗的方式将之称为"反抗的伊利亚特"。其中一些大二学生因为这次打架而被开除,这一决定让整个班级的学生都非常愤慨,他们决定集体退学。直到他们的班级与学校领导达成一致意见之后,爱默生才从家里回到

了学校。这次风波让爱默生这个班级的人变得更加团结，彼此形成了一种岁月都无法冷却的炽热情感。当他们被开除之后又回到学校的时候，艾尔登，这位当时班上最喜欢捣蛋的家伙，成立了一个秘密俱乐部——其实，这就是一个欢乐俱乐部，金斯伯里担任这个俱乐部的"大主教"，艾尔登担任"主教"，约翰·B.希尔则担任"牧师"。这个俱乐部没有任何正式的组织，完全是通过这样自我任命的方式去自娱自乐。该俱乐部在大四结束的时候也就解散了。不过，这让俱乐部成员变成了亲密的朋友，爱默生就是其中的成员。虽然爱默生喜欢安静，没有参加许多有趣的社交活动，但他待人始终是那么友好，喜欢听别人讲有趣的故事，也喜欢自己讲一些有趣的故事，随时准备着在晚上与其他同学分享。

爱默生的同学与老师都非常喜欢他。在他的老师当中，有一位是爱德华·埃弗里特，他当时刚刚从欧洲回来，担任希腊语教授的职位。爱默生对他怀着极高的敬意，有时甚至为了给这位老师辩护，不惜得罪自己那些更为无趣的同学。[1]在那个时候，爱默生的心智就处于一种高度成熟与独立的状态，他所写的信件内容以及谈话的方式，都展现出了他某种独特的创造力。当时，他渴望从事的工作就是教书工作。他的哥哥（威廉）当时已经在波士顿创办了一所学校。毕业之后，爱默生一开始去了哥哥那所学校教书。我需要补充一点，爱默生此时才

---

[1] 当埃弗里特在波士顿进行布道演说的时候，爱默生就开始对他产生了崇敬之情。爱默生（他后来跟我说）与他的弟弟爱德华经常会在周六前往教堂，然后在那里等待着他们最喜欢的那位牧师发表布道演说。

发现，教书的工作根本不符合自己的兴趣爱好。在接下来半个世纪里，他们1821届毕业的学生每年都在剑桥这个地方举办年度聚会。爱默生就住在剑桥附近，因此他始终是这次有趣活动的忠诚参与者。对他来说，他有必要去帮助那些在后来过得不是很好的同学，希望那些过得更好的同学能够帮助那些过得不是很好的同学。

希尔先生非常友善地将他写的有关爱默生的回忆录的复印稿寄给我，其中有一段是这样写的：

因为校长要找他办事，我前去他的宿舍找他，这开启了我们延续一辈子的友情。来到他的宿舍之后，我首先看到书架上摆放着一整套莎士比亚的作品。后来，在爱默生的指导下，我了解了蒙田、斯威夫特①、艾迪生②、斯特恩③等作家，这为我敞开了一个全新的世界。我将莫斯海姆④的《教堂历史》与《厄斯金的布道演说》都放在一边了。作为"校长优待生"，他的职责要求他必须要对学校的每个人都有所了解。当展览日即将到来

---

① 斯威夫特（Jonathan Swift，1667—1745），英国作家，讽刺文学大师，以《格列佛游记》和《一只桶的故事》等作品闻名于世。根据历史记载，他有多重身份，包括神职人员、政治小册作者、讽刺作家、诗人和激进分子。
② 艾迪生（Joseph Addison，1672—1719），英国散文家、诗人、剧作家以及政治家。艾迪生的名字在文学史上常常与他的好朋友理查德·斯蒂尔（Richard Steele）一起被提起，两人最重要的贡献是创办两份著名的杂志《闲谈者》（Tatler）与《旁观者》（Spectator）。
③ 斯特恩（Laurence Sterne，1713—1768），英国感伤主义小说家。斯特恩生于爱尔兰，后就读于剑桥大学。1738—1759年是约克郡的牧师。1759年发表了成名作《特·项狄的生平与见解》（或译《项狄传》）第1、2卷。1761年发表《项狄传》第3至6卷，多位作家攻击其为不道德的作品。1765年完成第7、8卷，1767年完成了第9卷。1768年发表《感伤旅行》。
④ 莫斯海姆（Johann Lorenz von Mosheim，1693—1775），德国宗教史学家。

斯威夫特

艾迪生

斯特恩

莫斯海姆

的时候，每个人都想知道，谁将有机会参加这样的表演，以及他们在表演中所占据的重要位置。一般来说，这些公告都是在早上的祈祷结束之后公开的。当所有的学生都聚集在大学楼前面的走廊上时，爱默生缓缓地从校长办公室里走出来，手上拿着许多张纸写着参加表演名单以及这些人所扮演的角色。这是一个让人紧张的时刻。但是，爱默生却显得那么的淡定从容，他面带微笑地阅读着那些让学生们紧张的名字。他是一个心情愉悦的人，虽然他从来不会过分流露出来，或是炫耀这些，但他却能够深刻地感受到这样有趣的场景。他那质朴的微笑受到了很多人的赞扬，似乎这对其他人来说就是一种很了不起的东西。我还记得，爱默生曾经积极参加过某件事。这可能是在1820年7月4日：当时绝大多数学生都回家了，少数学生还留在学校，爱默生与我们在一起——也许，我们根本不在乎公众庆祝的人群或是喧闹。校方允许我们使用大厅一段时间。当时，希腊语教授波普金博士就给我们带来了一些烤面包，然后满脸笑容地离开了。在这个场合下，爱默生写下了一首应景的歌曲，其曲调与《苏格兰有什么》这首歌是一样的。最后，我们这些人都在这个大厅里唱这首歌。

爱默生的另一个同学约翰·罗威尔·加德纳在霍尔姆斯出版的关于爱默生研究的信件里，这样描述爱默生的一些品格特点："当他跟你说话的时候，他始终保持着一致的理解以及富于尊严的品格。他的这一点从来都没有发生过变化。爱默生并不是一个很健谈的人，他说话从来不是为了吸引别人关注的目光。他说的话是具有分量的,并且显然是经过深思熟虑的。他说出的话是让人印象非常深刻的。"①

约西亚·昆西②也是爱默生的一位同学,他同样谈论过在大学时期的爱默生。在他看来,爱默生"在那个全新的时代里,似乎没有展现出作为领袖所具有的能力。他只是一个安静、谦虚且具有能力的学生,至少按照当时学校领导的评判标准来看,他是这样的人"③。

约西亚·昆西

萨缪尔·布拉德福德是爱默生从小的朋友。当爱默生在1821年参加毕业典礼的时候,他也在现场。他对我说,爱默生希望在那个场合下朗诵他创作的一首诗歌,但却被告知只能以对话文体的方式去表现,这让他感到很不满。在校方的催促下,他不得不迅速读完这首诗歌。

我在爱默生的笔记本里找到了这首诗歌的一些片段。他在这首诗歌的后面这样写道:

> 这个主题是可有可无的。我们过去所有的工作都暂停了,只是为了告诉我们,我们的大学生涯即将结束了。对我来说,

---

① 出自奥利弗·温德尔·霍尔姆斯所著的《拉尔夫·沃尔多·爱默生》,1885年在波士顿出版。
② 约西亚·昆西(Josiah Quincy IV,1802—1882),美国政治家,波士顿律师。其父亲是约西亚·昆西三世,为美国众议院议员、哈佛大学校长、波士顿市长。
③ 出自约西亚·昆西所著的《过去的人物》,1883年在波士顿出版。

我希望大学时光不要走得那么快。我根本无意急着去面对这个世界的各种困难与沉重的任务。相比于要面对的危险与波折来说，我所获得的独立只是微不足道的奖赏。

虽然，当爱默生回想起来，他在大学生涯所做的很多事情都并不让他感到很满意，但他依然有足够的时间与机会去找到适合自己的工作。除了希尔在上面提到的那些俱乐部之外，爱默生还是一个文学团体的成员与秘书，我在他的文章里就找到了有关于此的记录。文章的序文说："公共教育的重要目标，就是让学生成为一个过上积极生活的有用之人，而首要的艺术追求，就是学生必须要掌握写作与演说能力。我们都同意成立这样一个有助于提高写作与即席演说的文学社团，我们将这个社团称为——"这个社团的名字是空白的，但我们认为这个社团的名字应该是"文学俱乐部"。在参加这个俱乐部的阶段里，爱默生写了一首名为《改进》的260行的诗歌。该俱乐部在接下来的两年里都会定期聚会，他们似乎对于实现俱乐部的目标始终充满着热情。其中一半的会员每周都会就分配给他们的题目进行探讨，另一半的会员则会谈论与演说相关的议题，然后根据之前的安排，去决定对议题持支持还是反对的态度。参加晚上聚会的写手是参加演说会员的评委，而绝大多数会员则是最终的决定人。他们所讨论的话题非常宽泛，其中包括高山上是否存在化石；领土的扩张是否有利于共和制国家的长治久安；诗歌是否有助于提高道德；学生是否有必要过分专注于大学成绩，还是应该将更多的时间用于学习自己感兴趣的事情；以夸张方式呈现出来的戏剧表演是否有助于提升道德。关于最后这个问题，他们最后认为答

爱默生肖像画

案是否定的，肯特与爱默生都是持否定的态度。① 除了每周定期的聚会之外，他们还不时朗读各自创作的一些论文与诗歌。在文学交流之后，他们会一起吃顿便饭，每次的总费用不会超过 2 美元。

1869 年，在他的同学兼俱乐部成员切尼的讣告里，爱默生公开承认记得产自沃尔兰德的马拉加葡萄酒（当时这种酒在剑桥地区有售），并且表示这种酒比他日后品尝过的任何酒都要好。早些时候，他参加了一次大学同学聚会。他在日记里这样写道：

> 大学同学聚在一起，大家马上开始谈天说地了，就像过去那样子。我也恢复到了大学时候的样子，我发现自己就像一个有趣的年老旁观者，而不是一个深入其中的人。我喝了很多酒，希望能让我的精神回归到之前的大学时光。但是，我每喝一杯酒，就会严肃起来。愤怒的激情与演说会让我整个人兴奋起来，但酒精却始终无法让我兴奋起来。

---

① 在爱默生毕业阶段的稿件里，我发现了他向一些报纸投稿的信件，其中一些是关于戏剧的。爱默生在信件里表达了他反对当时戏剧舞台上的表演方式，谈到了马辛杰、奥特维、博蒙特与弗莱切等人编织的腐败大网。爱默生甚至还谈到了当时的戏剧表演毁掉了莎士比亚的作品。他希望在美国这片实验的土地上，戏剧表演应该成为追求道德的一种手段。

第二章
大学生涯

相比于大学毕业那段阴郁的岁月，大学美好的时光要显得更加灿烂一些。当他离开大学校园，面临的是教书的工作，他在大学时期的每年冬天都已尝试过这份工作。我认为，他当时是在他的舅舅萨缪尔·里普利在沃尔瑟姆的学校教书，他的许多表兄弟也在那里工作。在刚上大一的时候，他给哥哥威廉写了这样一封信：

1818年2月7日，沃尔瑟姆

亲爱的哥哥：

我一切安好无恙。我解开了口罩①，正在用力地掷雪球。自从我来到这里，除了平时的教书工作之外，我还学会了滑雪，作押韵诗，有时会写作与阅读。我赚钱购买了一件全新的外套，我准备穿这件新外套前往戈尔先生那里吃晚饭，我这次是受到金先生的邀请……我真的希望手头上拿到的现金——我羡慕你可以将5美元带回给母亲——但里普利说我需要一件外套，于是就让我去找裁缝，虽然我还是希望穿之前的那件旧外套，拿着做这件新外套所需要花的钱给母亲——我的想法就是这样简单！在我从波士顿来到这里之前，弗罗辛厄姆先生就给母亲送去了包含着20美元的信封，说这些钱是由一名"共同的朋友"寄给她的，并且保证接下来每个季度都会给她在大学里读书的儿子送去10美元，但没有说明持续的时间。你也知道，这些"共同朋友"的帮助正是我们所需要的。正是凭借着别人

---

① "戴上口罩"这个词语在当时的学生中流行，意味着用雪来擦某人的脸。

仁慈的帮助，母亲与我才免于在日后陷入严重的拮据状态。在我看来，我在这个世界上最开心的时候，或者说我最大的愿望，就是能够购买一所舒适温馨的房子送给母亲，作为我对母亲多年来含辛茹苦抚养我所做出的种种牺牲与关怀的报答。当然，在说了这些话之后，我发现自己还没有任何作为。相比于绝大多数家境贫穷的大学生，我的能力没有多强，年龄也不是很大。但是，当我从大学毕业之后，我希望能够得到上天的眷顾，一边教书，一边学习神学，希望有一天能够成为一名牧师，拥有一所房子。那么，我就不会再有任何奢望了……

对爱默生来说，教书并不是一件有意思的工作。在大学期间，他就尝试过教书的工作，"我在高山上的木屋里"——我不知道是在哪里——他在日记里发泄着他对这份工作的反感：

> 1820年12月15日，我终于从让人烦恼的教书中得到了片刻的休息，在乡村的田野上散步，任由我的思想飞翔。但是，当我回到那座充满着热蒸汽、肮脏的拼写学校时，我的内心就时刻盼望着能够远离那里，去呼吸外面自由清新的空气。这真是一次让人兴奋的体验，但这样的感觉很快就消失了。

毕业之后，他的第二次实验是在没那么让他讨厌的环境下进行的。他的哥哥威廉已经在母亲波士顿居住的房子里成立了一间专门教育年轻女性的学校，而且学校已经连续成功地运行了两年。拉尔夫加入哥哥的学校，担任了两年助手。之后，哥哥威廉要前往欧洲的哥廷根学习神学，因此接下来拉尔夫就负责管理整个学校一年多。多年后，在面对曾教导过的学生邀请他前去参加聚会的时候，他发表了一篇有趣的演说。当时，威廉身在纽约，无法前来。爱默生在演说中说：

> 我的哥哥比较早熟，他在13岁的时候就上哈佛学院读书了，在17岁的时候大学毕业，之后他在肯纳邦克地区的一所公立小学担任了一年的校长。18岁的时候，他认为自己已经是拥有一定经验的教授，认为自己已经见识过了人生百态，因此他准备将自身的智慧与成熟的思想分享给当地的其他年轻人。他的心智是非常有条理的，有着强健的体魄，性情比较温和友善，更加喜欢用笔来写文章。你们可能也还记得，他可以轻易地让其他老师无法管理的学生一下子安静下来。我必须承认，自己缺乏这样一种美德。我现在已经19岁了，在成长过程中也没有什么姐妹。在我这种孤独与有点避世的生活方式当中，我根本没有机会去认识其他的女生。我现在依然能够回忆起当时刚到学校里教书的可怕情景。我在课堂上不敢说法语，一看到陌生人脸颊就会红起来，再加上我有时会将学生放在一个同等的位置上——这有时会让学生的想法变得过分强烈，而老师的意志则显得过分的软弱……我认为，只有我还记得自己经常阅读的"文章"所具有的价值，我希望能够通过写文章的方式来对他们的能力进行一个相对的比较……现在，当我回想起以前的时候，我只有两个比较大的遗憾。第一个遗憾就是我的教育方式是片面与外在的。当时，我每天晚上都会在我的房

间里进行写作,我那些关于道德的初始思想,还有那些关于天才的补偿想法,都为我日后的人生增添了许多美感。我担心的是,这些学校再也不会注重这方面的教育,而是依然像现在这样紧紧地盯着语言学、地理学、算术或是化学等学科的一些冰冷内容。我相信,每个学生都可以通过某种方式来释放自身的能力,通过自身的优点去取得成功,而不是通过弥补缺点的方式去取得成功。如果我当时能够对此进行一小时的深思,那么我肯定会将这样的思想灌输给你们,让你们在学校读书时感到学习的乐趣,让你们能够在学习的过程中,感受到最高级的乐趣。接着,我应该向你们指出(正如我后来对一些朋友那样),我喜欢诗歌与能够发挥想象力的作品。这些作品中的许多段落都会让这些作品的作者永垂不朽。分享这样一种乐趣,会让教育变成一种富于自由主义精神与美感的艺术。让我现在感到后悔的是,我当时没有将知识传授给你们,没有去教育你们怎么更好地阅读莎士比亚的一些作品或是其他诗人的作品。我可以说,在我日后的工作中,我在这方面取得了一定程度的成功。

爱默生当时的一名学生的回忆,则与爱默生认为自己是一名不成功的老师的想法有很大的出入。在这位女学生看来,爱默生当时的教育方法,让所有学生的家长都感到非常满意,更是受到了学校里其他学生与老师的尊敬。同时,她还指出,爱默生当时将阅读诗歌作品视为日常工作的一部分。

第二章
大学生涯

爱默生对蒙丘尔·康韦[①]说，在他大学毕业的时候，他的理想是成为一名修辞学或是演说方面的教授。我在他日后的一篇日记里找到了他发出这样的疑问："为什么这个国家最糟糕的一所大学都不会任命我为修辞学方面的教授呢？我认为自己有能力去教育学生如何成为演说家，虽然我本人不是演说家。"但在那个时候，爱默生其实并不应该有那样的期望。当然，他那个时候对此是感到失望的，但我没有发现爱默生后来对此还有什么后续的努力，除非他无法在波士顿的拉丁学校担任接待员。里普利博士认为，要是爱默生在大学时候更加用功地学习，那么他应该有担任教授的理由。

蒙丘尔·康韦

相比于过去，此时的爱默生的处境似乎更好一些。但对他来说，管理学校的工作可以说是他人生中最为阴郁的一段时光，或者说，这是他人生中最不得志的一个阶段。在离开大学一年之后，当他回过头去看的时候，他感觉自己"已经变了一个人，人生的追求也发生了变化。我对自己最近获得的荣誉感到开心。我经常在房间里来回踱步进行思考，为自己创作出来的诗作能够得到展览而感到欣慰。我为自己拥有那样远大的目标而感到高兴，有时则因为对未

[①] 蒙丘尔·康韦（Moncure D. Conway，1832—1907），美国作家、废奴主义者。代表作有《霍桑传》《托马斯·潘恩传》《伦道夫传》等。

来的无知而做出了很多不应该的事情。但是，我现在是一名没有前途的小学校长，并且是刚刚进入这个行业，未来看上去是那么的黯淡。我每天都要做一些让我感到痛苦的工作，总认为自己没有做到最好。那些优秀的人质疑我的能力，那些愚蠢的人也不喜欢我。诚然，我的内心依然充满着对未来的希望，但是，这个希望似乎渐行渐远了，希望的旌旗似乎变得越来越模糊了。但是，我发现自己已经被希望欺骗了一次、两次与多次了，我还应该再次遭受希望的欺骗吗？……希望所带来的心灵暗示最后只会让我的内心充满失落，让我郁闷地沉思空中楼阁坍塌。与其他很多人相比，我的人生命运可能是值得他们羡慕的。但不管怎样，我也只能责备自己，因为我目前没有能力去实现自己的梦想"。

19岁的爱默生以清醒的眼光看到，那个渐行渐远的空中楼阁到底去了哪里，但我无法从他的日记中找到答案。也许，这些所谓的希望本身就是不明确的，正如他在日记里所谈到的那些质疑与不喜欢他的人都是不确定的一样。在爱默生的思考当中，他对这些事物的感觉并没有一种固定的形状，有时甚至很难用语言去表明，除非我们是以一种消极的方式去做，才有可能获得一种满足感。

爱默生本人也承认，他在当时获得的物质财富已经足够了。他正在做自己想要做的工作，而这正是他的父亲与祖父之前一直在做的。唯一的区别，他是在一种不同于以往的环境下去做这份工作。与很多不懂变通或是薪水微薄的小学校长相比，他管理下的学生都是来自具有教养家庭的女生，他的收入也还算是丰厚。他曾说，自己在波士顿担任三年小学校长的总薪水在2000到3000美元，而他认为自己一年的生活费用在200美元左右。他有能力帮助自己的母亲与兄弟。他希望威廉在欧洲学习的时候，不要过于节省，并且希望他在回家之前一定要前往罗马看看。对他的姑姑玛丽·爱默生来说，自己所处的环境似乎"太过安逸与充满韵律"。玛丽姑姑担心，爱默生有可能会受到这些物质的诱惑，而在成为牧师道路的门槛上停下脚步，最后只是单纯追求文学方面的创作。或者用玛丽姑姑说的这句模棱两可的话来说，"永远不要用七弦竖琴去替代墨丘利①的节杖"。不过，在爱默生看来，当时的情况还是可以忍受的，而未来则充满了许多困惑与不确定因素。对他的父亲与祖父来说，担任小学校长只是为接下来担任受人尊敬的职位的垫脚石。他希望像祖辈那样，能够成为一名牧师，能够将自己的思想传播出去，而他也相信自己有能力去胜任这份工作。但在当时那个阶段，牧师这个职业的基础已经开始发生转变——或者说，这样的转变在教堂的崇拜体制方面发生了转变。在自由教派的教堂，民众越来越倾向于认为，牧师的职责并不单纯是为了民众在礼拜的时候宣扬上帝的精神，更重要的是，如果有需要的话，牧师本人必须要去想办法创造这样的精神。这就需要牧师具有某种特殊的天赋。这是一个属于那些具有演说能力的年轻牧师的时代。布克敏斯特与埃弗里特都是新一代牧师的楷模，爱默生也满怀自信地认为，自己应该沿着相同的方向前进。但在他认为即将要实现自己年轻时期的梦想时，内心却充满了忧虑。

爱默生在日记里写道：

---

① 墨丘利（拉丁语：Mercurius），在罗马神话中他是天公朱庇特（Juppiter）与女神迈亚（Maia）所生的儿子，担任诸神的使者和传译。他的形象一般是头戴一顶插有双翅的帽子，脚穿飞行鞋，手握魔杖，行走如飞。

我无法准确地预估我在这份工作或是人生中取得成功的概率。要是以过去去评判未来的话，我认为自己成功的概率是很低的。但在我自己来看，我认为事情不是这样的。我从未希望在目前这份工作中取得成功。我认真地教育我的学生，我凭借自己诚实的努力赢得薪水，但是老师在教育学生方面要更有本事，我所肩负的责任与我的本性不是完全相符的。因此到目前为止，我上了希望的当，我不得不要背着沉重的物体，双眼盯着远方的山丘，艰难地跋涉。我知道，只有在到达远处的山丘时，我才能将身上的重担卸下来。在未来的很长一段时间里，我都有可能会继续写作，继续上希望的当，我最后的人生应该也会在我与我所释放的人生中间徘徊。我唯一相信的一点是，我的职业应该能让我的心智、举止以及内在与外在的品格都得到提升——或者说，让我能够重新获得一个起点。因为，我希望成为一名具有演说能力的牧师，我希望通过自己的热情与美德，压制民众心中那些错误的判断，消除他们内心反叛的激情，涤荡那些有着腐化习惯的人。我们埋怨过去，夸大未来的美好，其实，我们在很多时候都并没有看上去那么聪明。我的内心有着一根坚定不移的转轴，让我脆弱的思想沿着这根转轴转动吧。

至于他在这方面的能力释放程度，他将这归结为自身的缺点——他的"冷漠"态度——而"冷漠"这个主题也是他经常所谈到的。

一种有趣且深奥的神秘让我们的存在置身于黑暗世界，人们应该将这样一份先验的感受作为他们所掌控的一种思想，因为这样一种思想是感受到无限乐趣的钥匙，但很多人都不愿意去使用。在年轻的时候，他们经常能够感受到那种无法言喻的情感，有时，想象力会让他们沉浸在这种情感的世界里。他们急着要开始这段通向伟大的旅程，去感受到摄人心魄的景象，去追求他们看到的远方与那些无限未来。但是，当青春岁月过去之后，他们渐渐变成了一个缺乏感恩之心与思想的懒惰之人，他们的双眼似乎再也看不到美妙的人生前景了。或者说，他们再也不去追求自己的人生目标了，再也不去想着追求那个少年时期的梦想了。

一旦虚荣心得到满足后，就足以让我投入到工作，但这是多大的一种无奈啊！我的虚荣心很早就在一次奔马痨中死去了。我担心的是，我内心的缪斯女神也会随之逝去。我童年时期的各种梦想正在变得遥远，被一些平庸的思想与观念所替代。我似乎看不清自己的能力真正适合做什么，我不知道自己应该付出怎样的努力，付出多大的代价，才能重新恢复我早年的人生期望了。

事实上，当我们走近一点看，原先的那个目标早已经失去了往日的光泽。他所梦想的那种伟大与成功，原来根本无法吸引他。童年时期梦想着在布道讲台上成为优秀的牧师，希望能够用流畅的演说能力与深刻的思想去感动别人的念头，似乎已经超过了他的追求范围，因为他的内心没有了去实现目标的愿望。在他的思想当中，再也不会去追求所谓的个人优越感，想在教堂布道中表现出一种权威的力量。他希望以另一种方式去展现这样的权威，即通过否定所有的权威与所有教会规定的神圣仪式。他的这种观念虽然在当时还没有获得足够多人的认可，但这足以让他不再怀着以往的念头，去从事这份自己梦寐以求的工作了。

爱默生在日记里用沮丧的口吻所写的内容，让他那位在缅因州荒野地区生活的姑姑玛丽·爱默生感到担忧，虽然爱默生所表达的思想并没有让她感到多么的不悦，因为她最担心的是，爱默生追求的是庸俗的成功。

玛丽姑姑在信件中写道：

> 你的缪斯女神变得渺小与模糊了吗？我觉得，缪斯女神最好应该完全离开你，这会让你为更好地接近她在天国的住所做好准备。诗歌能让人的心灵感到愉悦，哲学能让人明白世界的道理，鸢尾花则展现出永存的美感——但是，你的这些天赋，就代表着个人的旗帜！你的缪斯女神之所以看上去模糊，只是因为时尚的气息尚且没有让其膨胀起来。你的内心没有感受到激荡，这是因为你的心灵仍然受到环境的影响。你让自己成为日常生活的一部分——甚至连你节约的生活方式，都必然会影响到你的私人与社交活动，而不会对公众产生多大的影响。相比于你目前所处的这种尚可容忍的停滞状态，我担心的是未来某个阶段——当你将缪斯女神视为一种赞美的成就。到那个时候，你的守护天使就会颤抖起来！为了避免成为受到蒙骗的

人，你应该希望自己的行为可以归结为某种不同寻常的仁慈行为，你可以从善意的欺骗中走出来，感受真实的事物。

玛丽姑姑在信件里建议爱默生暂时选择一种隐居避世的生活方式，并谈到乡村生活所带来的积极影响。

对此，爱默生在回信里写道：

1822年6月10日，波士顿

亲爱的姑姑：

　　威廉与我准备远足旅行，在这个假期（两周时间），我们最远来到了诺斯伯勒。在这里，我们发现了一间非常不错的农舍，农舍主人非常热情地招待了我们一周。我们以非常快乐的方式度过了这段时间，我们深刻地感受着这些乐趣。要是在维尔廷努斯看来，我们这种感受快乐的方式也许是堕落的。我不知道在这里学习是否就特别好，但我认为在剑桥地区学习要比在森林里读书更好一些。我想我明白你在来信中所提到的那种沉醉感，但是，对这样的倾向于心智或是身体做出的任何反应我都是持直接反对态度的，这是一种柔软且具有动物性质的奢侈，这是能让我们双眼感受到美感的总和结果。这种仿佛让人置身于天堂的气息会让我们的感官膨胀起来，让我们仿佛听到树丛里的小鸟那曼妙的歌唱。当我们对这样的情景熟悉之后，那么我们一开始感受到的那种摄人心魄的感受就会迅速消失。但在这次旅行后，我在认为适合的场合用笔将想法写出来，正如本·琼森①所说的,"将脑海里那些喋喋不休的想法全部表达出来"。我们在一个池塘附近逗留了一段时间,这个池塘的名字似乎是小昌西。我们经常乘船穿越这个池塘,然后用绳索将船系在对岸的一棵树上,我们会走进荒无人迹的树丛里,仿佛进入了史前世界的安静森林。我们会在草地

本·琼森

上闲逛,阅读数小时培根的文章或是弥尔顿的诗歌作品。我认为,在秋天,这个我认为一年中最好的季节里,来到这样一片广阔的天地,用你的话来说,就是整个人的心智都回归到了原始的状态。如果在没有书的情况下让我在这里生活一年,我是无法容忍的。但你千万不要认为我会想着回家的事情。当我们的视线不断受到政府出资援建的私有房屋的阻碍时,我就会原路返回,我不愿意去欣赏这些人造的建筑,正如古希腊人不愿意面对复仇神所建造的神庙一样。

一路前行的时候,我也在不断地记日记。当时,我没有阅读自己所写的日记,但我认为日记里写的很多笑话,也许会让你莞尔一笑。这些笑话都是以通俗的方式写成的。我必须要感谢你的来信以及你在信中所展现出来的文学修养,但你在信中已经将自己的想法表达出来了,而且你还在来信中顺便附带了两页白纸。我要

---

① 本·琼森(Ben Jonson,约1572—1637),英格兰文艺复兴剧作家、诗人和演员。他的作品以讽刺剧见长,代表作有《福尔蓬奈》《炼金士》等。

第二章 大学生涯

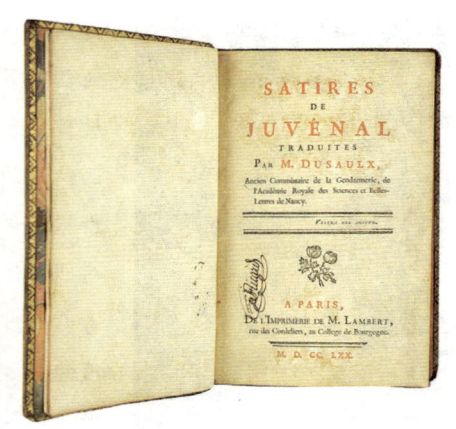

尤维纳利斯

尤维纳利斯的第十首讽刺作品

跟你说，我一路上的感想是这两页白纸所无法承装的。一个像你这样的博学的女士竟然忘记了约翰逊的诗歌，其实就是对罗马讽刺诗人尤维纳利斯①的第十首讽刺作品的模仿，这实在让我有点惊讶。这些讽刺作品与蒲柏的很多讽刺诗歌有着相同的思路，只因用了现代的创作方式对古代的诗歌进行创造性的调整，使之变得更符合现代人的审美感觉。也许，这个事实会降低你个人对这些诗人的崇拜心理，但要是我们撇开这一切去看的话，就会发现，这些作品是值得阅读的，并且代表着一种值得赞美的尝试，因为这让后世的诗人有机会修正之前诗人作品中的一些缺陷，并能给予公正的评价。这样，普通读者就能免于阅读许多深奥晦涩作品所带来的痛苦感觉。当然，喜欢阅读经典作品的读者肯定能从修正版本之后的译本中得到双重的精神乐趣：首先，他们能从中感

---

① 尤维纳利斯（拉丁语：Decimus Iunius Iuvenalis，英语：Juvenal），生活于1—2世纪的古罗马诗人，作品常讽刺罗马社会的腐化和人类的愚蠢。

米西纳斯

受到一种更高层次的情感激发；其次，他们能够充分领略之前诗人在创作时所展现出来的技巧与智慧。两千年前的米西纳斯的作品，就被博林布鲁克与多赛特等人重新翻译，呈现在读者面前。我对阅读你所提到的印度神话集充满了好奇心。当某人阅读这些有关东方神秘国度的书籍时，肯定会为此人表现出来的懒散或是无知而感到不满。因为，这些感到不满的人似乎认为，欧洲大陆上创造的所有知识及智慧，都是隐藏在婆罗门著作或是琐罗亚斯德教①作品中的两三倍之多。当我躺在床上，想象着自己成为所罗门封印里面那些黑暗阴郁的角色时，我只能将之称为这就是学者的"黄金国"来进行自我安慰。在每个人的视野范围之外，都存在着一片无比美好的仙境。自然哲学家渴望得到他们的智慧之石，道德哲学家则追求他们理想中的乌托邦，机械师则始终为研发永动机而绞尽脑汁，诗人则追求着所有超脱尘世的事物。因此，文学创作者很自然会去追寻那些超越了具体事实或是可能性的超然故事来打动读者。

我对你所提到的印度皈依者不是很了解，也无法理解我在基督教堂登记簿上看到的内容。我为一神论者有能力在平原上建造出一座教堂的同时，三位一体论者建造出了1000座教堂的事实

---

① 琐罗亚斯德教（Zoroaster），是流行于古代波斯（今伊朗）及中亚等地的宗教，中国史称祆教、火祆教、拜火教。

感到高兴。在我们的视线中，出现了两颗冉冉上升的星星。我们希望，这两颗星星都能在宗教与智慧领域散发出善意的星光。我说的这两颗"星星"，指的是厄普汉姆与（乔治）班克罗夫特①。其中，班克罗夫特在七月份就要从欧洲回来了，很有可能接替格林伍德的位置。他是一位不知疲倦、不屈不挠的学者，也是一名卓有成就的演说家……沃伦博士曾对爱德华说，他最好乘船前往欧洲，因此，爱德华现在可能已经前往德国了，他肯定也为自己生的这场病而有机会前往欧洲接受教育而感到高兴。至少，我们之前已经就这样的计划进行过一番闲聊。

厄普汉姆

班克罗夫特

我恳求你继续给我写信，我也觉得你根本没有不给我写信的任何借口。如果你现在无法给我写信，我就会质疑你之前在来信中提到那些有关山丘与山谷所具有美德的事情。最近，我阅

---

① 班克罗夫特（George Bancroft，1800—1891），美国历史学家、政治家。曾任美国海军部长。

读了许多有关历史的著作——我为莫斯海姆的作品是那么枯燥无味感到震惊。意大利这个国家有着复杂的历史。我认为，这个国家的历史要比其他任何国家的历史都要更加复杂与丰富。意大利这个国家在过往的历史中似乎从来就没有停止过折腾，从来就没有实现过真正的和平。这个国家每个人的能量都似乎被唤醒了，不断地搅动着整个社会，政治局势的变化是那么迅速、那么动荡，你根本无法对任何一个执政党产生深刻的印象。而意大利的编年史也因此变得非常无趣，因为出现了很多频繁的更替，这让人感到非常无趣……

永远忠诚于您的侄子

沃尔多

玛丽姑姑对此回信说：

1822年，星期五，山谷

亲爱的沃尔多：

可以这样说，你在日记里写了很多滑稽的内容。虽然维吉尔①与西塞罗②当年所经过的地方让很多人依然充满了激情，但上帝的孩子却怀着疲倦无聊的心态去跟随着他们的足迹。你应

---

① 维吉尔（Virgil，公元前70—公元前19），古罗马伟大的诗人，代表作有《埃涅阿斯纪》等。
② 西塞罗（Marcus Tullius Cicero，公元前106—公元前43），古罗马著名政治家、演说家、雄辩家、法学家和哲学家。

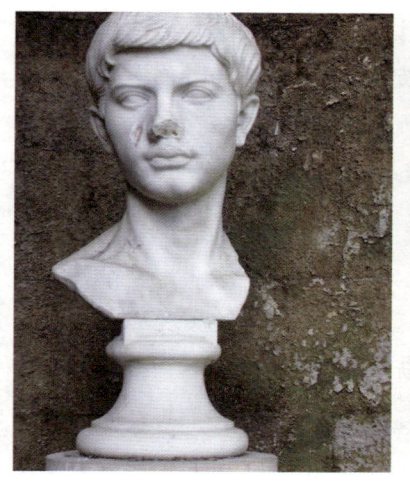

维吉尔　　　　　　　　　　西塞罗

该以不同的方式去做。在追求绝对意义的隐居状态下，除了埃杰里的方式，还有其他可以追求的方式。

之后，你就会发现，这个国家并没有什么强制性的神圣之地！即便弥尔顿也是如此，他的心智与精神都依然留在他生前所在的地方。当他召唤这些精神力量的时候，这些力量就会进入黑暗的孤寂状态当中。对于那些没有什么天赋的人来说，孤独的状态，就是一种远离前人走过的虽安全但平庸的道路（在此，我没有任何冒犯的意思）。而对于学者或是天才来说，那条迷宫般的道路是通向成功的唯一道路，虽然这个过程中可能让人感到阴郁，但我们在穿越这条道路时所获得的鹰的翅膀，会让我们飞跃比太阳与星星更高的地方。拜伦[①]与华兹华斯都

[①] 拜伦（George Gordon Byron，1788—1824），英国19世纪初期伟大的浪漫主义诗人，代表作有《恰尔德·哈洛尔德游记》《唐璜》等。

拥有超于常人的天赋，但他们依然急迫地擦亮他们的笔。难道上天不希望你也同样这样做吗？当你决定不与其他人的灵魂一道的时候，这绝不意味着你的梦想就是寸草不生或是毫无结果的，你依然能够过着充实的生活，依然能够去阅读与写作，在尊重别人观点的时候，同时坚守自己的理想与想法。

1823年春天，玛丽姑姑的愿望得到了部分的实现。爱默生的母亲搬到了坎特伯雷，这是罗克斯伯里镇的一个乡村。按照当时的计算，这里距离波士顿中心有4英里路，但若是按照现在的城市规划去看，这个地方则还在波士顿的市区范围内，并且还包括了今天的富兰克林公园。他们住在坎特伯雷大街——当时这条大街还被称为黑暗大街，讽刺的是，这条大街有时也被称为光明大街，因为大街的光线都被附近的树丛所遮挡了。现在，这条大街被称为胡桃大街。无论是在当时还是现在，这个地方都可以说是一个拥有岩石、山丘与树丛的美丽地方，居住人口比较少。后来，有人跟我说，这座房子最近被公园专员给拆除了，现在的威廉大街上只剩下一个突出的部分（除了这里，整条大街已经完全为公园设施让路了）。

1824年4月，爱默生就是在这个"松树的阴影下"的地方（后来，这些松树都被砍掉了）写下了"再见，自豪的世界"这些字眼，他写这些话的口吻表达出了一种冷漠的态度，似乎要远离波士顿那些文学小团体。后来，莱斯罗普跟我说，霍桑当时人不在波士顿，而是在萨勒姆。但是，我们却无法证实爱默生当时真的有这样的想法。下面这些话是爱默生在同一时期的日记里写的，里面显然包含着他对一些诗歌的看法，并在日记后面写上了"可疑"的字眼。

相比于贫穷、疾病或是死亡，人生还有很多更难以忍受的东西。你是否拥有超乎常人的那种纯洁心灵与低等心智所具有的禁欲主义精神呢？当你听到骄傲做出傲慢的嘲弄，听到嘲笑发出喧闹的笑声时，你依然能够岿然不动吗？你能始终面对安静的神色，面对那些毁谤你名声的窃窃私语吗？你能够凭借着无法征服的美德去压制肉欲的诱惑吗？你能始终让自己说出善意与谨慎的话语吗？你能够抵制懒散在不知不觉带来的侵袭吗？你能强迫你的心智与身体去做职责需要你去做的事情吗？对任何一个严肃对待人生的人来说，这些都是他们必须要面对的真实且沉重的问题。

我相信，所有那些"被冒犯"的名人都正如爱默生所暗示的那样，都不是那么真实的。相比于同龄人对他的指责，他更担心的是受到良心的指责。无论在哪种情形下，他都会让自己的想象沉浸于一种诗性的视野当中。① 倘若他是一名"雅各宾派"，也就是说，一个民主党人，那么即便在1821年年底，他肯定会在波士顿地区遇到许多这样的问题。但是，与父亲一样，他是一名坚定的联邦主义者，无论在当时还是在日后，他都绝不强求加入波士顿的任何团体。②

---

① 爱默生从他的《精选诗集》里删除了一些诗歌。可以参看霍尔姆斯所著的《爱默生传记》一书中，爱默生给 J. F. 克拉克博士的信件内容。

② 一位对那个时代有所了解的女士告诉我，当时的波士顿团体并没有排外性，但是她认为"一名雅各宾派人坐在客厅里，肯定会被视为一头奶牛的"。

爱默生喜欢与爱德华一起欣赏这些松树与岩石。爱德华于1824年大学毕业,在罗克斯伯里教书,查尔斯在这一年刚上大学。每当他们有时间,都会出去游玩。其他的一些时候也会想办法与他们的同学进行定期的书信交流。爱默生写给他的同学威辛顿的一些信件,已经收在《世纪》一书(1883年7月出版)出版了。J.B.希尔珍藏着许多爱默生写给他的信件。他非常友好地允许我节选这段内容:

致约翰·B.希尔
巴尔的摩
加里森森林学院

1822年3月12日,波士顿

亲爱的同学:

我正在一所小学教书(我真希望自己能做点别的事情),帮助我的哥哥管教这座城市的许多不听话的女生。事实上,那些不得不做这份"有趣"工作的人,肯定有权利去浪费他们的天赋。要是他们将内心的想法表达出来的话,肯定会表达对这项工作的不满之情。要是我从自身快乐的情感去看,我更愿意认为,自从毕业以来,我已经怀着愤怒的情绪,用坏了100支笔,不断地表达我对那些不得不要从事教书之人的哀叹之情!那些从事教书的人真是可怜、痛苦且心灵饥渴的人!我的内心简直是在为你滴血!我宁愿成为划桨的船夫,去地底挖煤,或是去伐木,宁愿去种植烟叶,也不愿意去播下教育的种子……

难道你还不是要乖乖坐下来，像你可怜的哥哥那样去工作吗？我可以写下自己的情感，可以教授地理、统计学、拉丁语或是任何其他课程，数学除外。因为，我真的希望在文学领域有所成就，我也想急切地与受人尊敬、具有智慧与荣誉的人进行交流。你所在地区的那些南方人是怎样一些人呢？你知道我们对一位取得成就的南方人的看法。我们认为这些南方人在智慧上就像黑熊一样无知，像豪猪那样容易发怒，有时又像民谣歌手那样有礼貌。总之，南方人给我们的印象就是约翰·伦道夫[①]那样的品格与形象……也许，你已经阅读过《欧洲》这本在美国国内深受欢迎的书。这本书的作者是亚历山大·埃弗里特[②]教授，他的哥哥目前就在海牙生活。你肯定会怀疑一封没有我署名来信的真实性……

我想通过我的笔，让你一窥我们这座城市的政治情况。这座城市的居民可以分为三个重要的阶层：第一个阶层是拥有财富与资源的贵族阶层。第二个阶层是广大的机械工人与商人组成的阶层，在这个阶层中，绝大多数民众都心满意足地接受第一个阶层的统治，从来没有想过要分享第一阶层的权力。最后一个阶层就是最底层的日工或是各

约翰·伦道夫

---

① **约翰·伦道夫**（John Randolph，1773—1833），美国政治家、种植园园主，美国国会议员。
② **亚历山大·埃弗里特**（Alexander Hill Everett，1792—1847），美国外交家、政治家、学者。

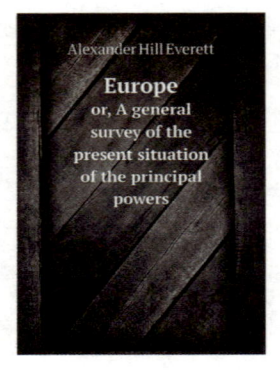

亚历山大·埃弗里特的《欧洲》　　　　　　　亚历山大·埃弗里特

种不体面的工作者，包括小学校长。在门罗当选为总统之前，这个看似不错的组合都没有出现什么内斗或是分裂，彼此之间有的只是联邦主义与民主主义之间的区别。但是，随着大选结束，这一切的分歧也渐渐消失了。这座城市突然变得安静、祥和与繁荣起来，这一切表面的现象让人感到可怕。可能是为了让生活变得更加有趣，一些人就引入了一些全新的对立面，制造出某种不协调的气氛。一些煽动演说家显得野心勃勃，我认为他们是希望成为党派分裂者，专门制造一些事端，而不想成为安分守己的公民。因此，在接下来的一年里，"专制""地方长官"等名词就开始在这座城市里蔓延开来，民众都在窃窃私语。在当时的情况下，民理所当然地认为，那些被选举到议会担任立法议员的人应该是最能代表民意的人，但是现在，这些人却被视为阴谋剥夺民众政治权利的人，认为这些人拥有完全的权力。之后，那一群窃窃私语的人就联合成了一个有组织的政党，将他们称之为"代表中间阶层利益"的政党，通过在城镇会议上进行两三次富于激情的演说，激

发民众对当权者的反感情绪。为了照顾邻居的关切,他们召开了一次城镇会议,他们在会议上有足够多的人数可以确保占据多数,接着,他们按照投票派发土地调查清册。这个土地调查清册是土地评审员对每个公民的财产与税收情况进行衡量的标准。在这个人人都在想着赚钱的城镇里,你可以轻易地想到一点,每个人都会隐藏自己的财富,因此这样的举措显然是不符合常识的措施。在这次城镇会议上,还有一个更重要的程序,那就是投票选举行政委员,要求选举出来的行政委员敦促立法议员在市议会里休假,回来建造一座木制建筑。长久以来,这样做都是违背法律的。你也知道,每个前去参加城镇会议的人都肯定有一些涉及个人利益的,因此,这些人提出的要求虽然轻易地获得了投票的支持,但在被大众获悉之后,却引发了众怒。于是,有人收集该地区一些受人尊敬人士的诉求提交到了立法机构。最后,这个提案遭到了立法机构的拒绝。在管理层的施压下,其他党派都想办法说服机械工人以及第二阶层的大部分人,说建造木屋是最符合他们的利益,并且否定他们的利益遭受到任何压迫之类的话。他们成功地在第二次请愿时获得了2600人的签名,然后提交给议会,这个问题将会在下一次议会召开的时候进行讨论。他们还筹备了新一届的参议院选举,但没有取得成功。最后,他们也为市长选举带来了不良的影响(顺便说一下,你有没有真正见过一位有生命的市长呢?)。哈里森·格雷·奥蒂斯①被提名为市长候选人,这个你也知道,他是非常不错的公民:他是民众提名出来的市长候选人,因

---

① 哈里森·格雷·奥蒂斯(Harrison Gray Otis,1765—1848),美国商人、律师、政治家。奥蒂斯家族成员。

哈里森·格雷·奥蒂斯

约翰·菲利普斯

此大家都认为他应该会赢得市长选举。但是，中间阶层利益的群体则坚持要求提名约西亚·昆西。在选举日那天，双方都没有就此达成妥协，因此这两位候选人都宣布退出。这些党派正是通过这样巧妙的捣乱方式，推举出了第三个市长候选人，并且默认此人就是我们现在这座城市的市长约翰·菲利普斯①。后来，大家稍微想一下，都发现波士顿地区还有很多人比他更加胜任市长这个职位。这就是我们的党派历史。在这些沉着冷静的国民当中，我们很难出现类似于中世纪意大利的教皇党与吉伯林党之间的争斗，虽然目前的这些党派在管理方面很糟糕，组织方面也没有什么秩序可言，并没有为提高民众福祉做出任何努力……

希尔先生，我认为我们最好还是在出版行业里做出改善。华盛顿·欧文②刚刚出版了一本名为《布雷斯布里奇山庄》的书……《北美评论》杂

---

① 约翰·菲利普斯（John Phillips，1770—1823），美国政治家，波士顿首任市长。
② 华盛顿·欧文（Washington Irving，1783—1859），美国著名作家、短篇小说家、律师、政府官员，曾任驻西班牙及英国的外交官。在文学上最为著名的作品包括《李伯大梦》《沉睡谷传奇》等，被誉为"美国文学之父"。

志做得也越来越好,影响力越来越广,虽然我们有可能依然被一些愚蠢的诗歌所淹没,但我们在不断地改进……在这里,我需要证实一下我们所拥有的自由主义精神。城镇居民竟然通过投票让乔治·B.爱默生①将2500美元用于为古典学校购买哲学方面的书。他刚刚收到了部分的书籍,这些书籍都是这个国家里最好的。班克罗夫特预计在7月份从欧洲回来,将会接替格林伍德在新南教堂的位置……请记住一点,我已经将名字从拉尔夫改成了沃尔多,因此千万不要再说以前那个名字了。对于我们这里的很多牧师来说,这是一个结婚的好日子。要不是因为邮费的问题,我肯定会将埃弗里特结婚时的一块蛋糕寄给你。

1822年7月3日……从我写信的日期上,你可以看到我们距离国庆节已经很近了。在你所在的地

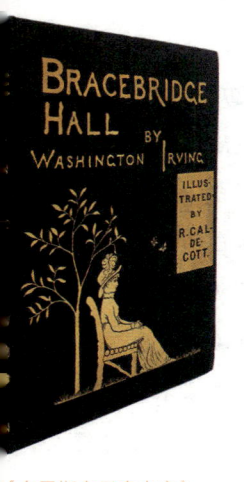

华盛顿·欧文

《布雷斯布里奇山庄》

---

① 乔治·B. 爱默生(George Barrell Emerson, 1797—1881),美国教育家、妇女受教育运动的推动者。

方，民众会热闹地庆祝这个节日吗？我希望民众不要过分在意这个节日。但我发现自己最近经常发牢骚——部分原因是，我所阅读的书籍让我知道，人性的伟大存在着许多不稳定的因素，我认为政府是不可能在绝对完美的状态下运行的。除了报纸或是职位的名称上，任何人都不会显得这么疏远，任何声音都不会显得那么陌生。事实上，我们在日常生活中，唯一能够感受到政府的存在，就是在这种节日的时候，政府会举办一般性的集会来庆祝这些节日表明自身的存在。在这个喜庆的时候，每个人都能感受到由衷的快乐。我认为，我们美国人从独立战争以来，就一直走向强大、荣誉，这个过程甚至让我们感到有些厌倦了。一些人（至少是城市人）已经厌倦了经常听到阿里斯提得斯是正义化身之外的话了，但他们在面对诸如丹尼尔·韦伯斯特①、苏利文与普雷司各特等候选人的时候，表现出来的犹豫不决的确是让人感到遗憾的。这些选民只能在面对一大群让他们心生疑惑的候选人中，努力去选一个他们感觉不是很糟糕的人。美国人民进行的这场用来检验民众自治的实验没有取得成功，这难道不让人感到震惊吗？太多的自由与太多的知识反而让他们处于疯狂的状态，这实在是匪夷所思……我们一直认为，这样一种衰败肯定与文学或是艺术有关——就像古时候的希腊与罗马。一个世纪后，如果当代的演说家依然还活着，那么他们就会继续吹嘘自由，继续吹捧着过去的荣誉与缪斯女神……我们这些民众肯定会站出来否定"盗版"行为的出

---

① 丹尼尔·韦伯斯特（Daniel Webster，1782—1852），美国政治家，曾两次担任美国国务卿。

现。这是我们对前辈表现出来的一种尊敬之情，然后，我们就会在"间谍"这个话题上出现分歧。很多人都宁愿去看欧文那本书，我个人对这样的观点是持藐视态度的……我们那些追求经济发展的民众，对于《布雷斯布里奇山庄》这本书根本不感兴趣，从这本书的价格就能看得出来。我没有看过这本书，也没有见过任何人读过这本书。当我读到这本书的部分节选，我感到非常失望。欧文在书中放弃了之前那种"描摹式"的写作方式，转而使用荷兰移民所喜欢的那种凄惨的笔调。在我看来，这是非常单调无趣的……

1822 年 11 月 12 日，波士顿

通过竞选活动的攻势，正义的事业最终取得成功，我们要将这个胜利的消息传给你们那些准备看戏的南部人。我们都为北部人民或是韦伯斯特取得的胜利感到自豪。我想，自己在前面一封信里谈到了中间利益的兴起：这个政党只是与老牌民主党人联系起来，换上一个新的党派名称，因为这能更好地控制党团会议，更好地支持中间利益所提名的候选人。我认为，韦伯斯特已经获得了超过三分之二的选票……因此，我们这位苏格兰后裔的"巫师"不只赢得了一张选票，而是赢得了许多选票。那位早先宣称自己是"山顶上的佩弗利尔"的已经停止了竞选活动。至于那些"有产阶层"，我认为他们的能量并没有消耗殆尽，而是显得有点匆忙而已。那些通过与选民谈话来赢得选票的候选人，他们的成功是具有价值的。我认为，每个上

过大学的人都会认识达尔嘉诺爵士。我建议你阅读一本不错的书，如果你之前没有读过这本书，那么我认为你可以很快读完这本书——这就是斯图瓦特所著的《最后的学术演说》，这是他唯一现存的八开本的著作。阅读这本书，能让你免于在茫茫书海中兜兜转转，避免浪费许多宝贵的时间。我经常希望这个世界上存在另一个阶层的人——这个阶层就是永恒的教授——这些教授阅读过所有前人所写的书，然后在每个世纪开始之前，将之前冗杂的书籍全部毁掉。现在，斯图瓦特这本书就能很好地解决这个问题，虽然这本书谈到的主要问题是关于哲学方面的。如果我们在当代任命这样的永恒教授，我们很快就会发现，在文学世界里，其实只存在着类似于《堂吉诃德》①这样的著作。

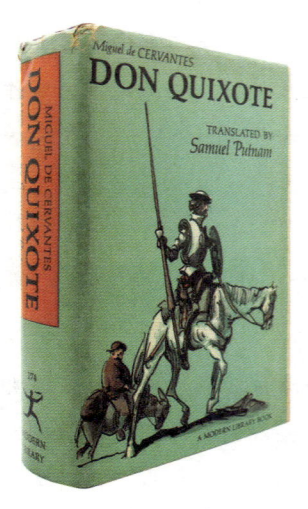

《堂吉诃德》

1823 年 1 月 3 日

对于那些询问有关我学习方面的人，我唯一的回答与歉意就是，我现在在一所小学里教书。在这段时间里，我没有学习

---

① 西班牙大师塞万提斯的巨著，是文艺复兴时期的现实主义著作。主人公堂吉诃德一方面脱离现实，爱幻想，企图仿效游侠骑士的生活；另一方面又心地善良，立志铲除人间邪恶。是一个可笑、可叹、可悲又可敬的人物，是幽默文学中一个不朽的典型。

法律、医学或是神学,也没有创作诗歌或是散文……我很高兴消除任何与班克罗夫特有关的传闻。我听说他在新南教堂里进行了几次安息日的布道演说,我对他所拥有的流畅演说能力感到非常高兴。这就是我所了解的。当然,他还需要对演说内容进行一番修改与润色,但我们都知道他未来必将会成为一名伟大的牧师。每一个了解他的人都会认同这个说法的。他在哥廷根学习的时候,就已经全方位地提高了自己的水平。他已经成为一名优秀的古希腊学者,知道了他应该知道的一切。至于神学,虽然他从未专门研究过神学,但是他的布道演说甚至在国外都获得了认可。就目前而言,我们的神学领域还是处于一片黑暗状态,或者说,我们那些前辈看待这个问题的目光正在变得模糊。但可以肯定的一点是,具备知识与天才的人将会不断地选择站在讲台上,发表布道演说,基督教所散发出来的光芒在某种程度上似乎被这些天才的牧师们所遮盖了。年轻的牧师认为,他们能够拯救与净化基督教的信条。而在那些老一辈人看来,基督教所有的精华内容都已经被后辈们全部抛弃了,因此他们对后辈的做法持怀疑的态度。在当代,典型的基督教徒,甚至是牧师,他们都会满足于成为西塞罗时期的那些古罗马人,或是满足于成为安敦宁王朝时期的那种牧师。对异教徒所持的温和标准产生的满足感,意味着谁都不急于希望获得上帝最后的启示。因为道德的法则已经写得非常清晰了。对于那些渴望追求灵魂永恒的人来说,哲学始终是他们追求的美好梦想……对于长老会教派或是加尔文教派,至少是在南方而言,这让基督教成为一个更加真实与有形的系统,展现出了某种全

路德

新的特性,很多之前对此一无所知的人都开始明白这个道理。我认为,这就是我们对所谓正统的看法。我在剑桥地区学习神学的时候,我会告诉你们,我知道比路德①或是加尔文,或是当代自由主义教派更好的体系。我对于之前习惯听到的布道演说感到疲倦与反感。我知道,在我所在的地区,牧师都并不单纯是文学界或是哲学界的人……我聆听过埃弗里特教授的演说,他前不久在这座城市谈论有关古文物的演说。我被这位偶像在布道讲台上无与伦比的表现震惊了,虽然他所谈论的很多内容都是从一些普通书籍中获得的。我们认为他的演说具有鲜明的个人特色,他从来不在演说中过分彰显自己的观点,从不会犯下一个错误……有人跟我说,巴恩维尔即将完成,或是已经完成了他的学习。如果你知道有关他、可怜的摩特或是罗伯特·戈尔丁等人的情况,记得写信告诉我。你在这地方还与其他人进行通信,或者我可以补充说明你在这个地区的同学的一些生活情况。我热切地希望——虽然我是一个不擅长社交的人——但是,大家毕业之后重聚的那种兄弟般情谊,是绝对不会随着我们年龄的增长而变得冷淡的。

---

① 马丁·路德(Martin Luther,1483—1546),16世纪欧洲宗教改革倡导者,基督教新教路德宗创始人。

1823 年 2 月 27 日

走出内心的世界,感受北部地区美好的生活气息吧。在这片产生各种观念的土地上,所有事物都会迅速流逝。勇气与自信与这个世界是相符的,不惧怕暴风雨带走人类的任何情感或是珍贵的东西。在这个世界上,抱怨是古而有之的,因此很多人忽视了其所具有的价值。在所有缺乏运气的人当中,那些谦卑、腼腆或是贫穷的人,往往会因为抱怨而放声大哭,然后继续这样的循环,直到他们最后相信抱怨所具有的价值。对我来说,我始终是那个说话最大声的人,始终认为自己应该说出一些符合常识与深刻的话……我非常喜欢"先驱者"这个词语。我希望他们能够找到回到加里森的道路。最新一期的《北美评论》杂志里有很多富于幽默的文学内容,其中我的偶像写了 6 篇文章……

1823 年 6 月 19 日,马萨诸塞州罗克斯伯里坎特伯雷的光明大街

我希望你能特别留意这封书信的日期,我会跟你介绍一下我目前在乡下的生活状况。在这里,我唯一突然想说的话就是,欣赏一个渺小的世界。在这里生活,仿佛一下子回到了往昔。我在镇上教书。工作之余,我会像那些被宠坏的马匹一样迅速逃离之前的生活轨道,去感受野草野花所带来的乐

趣，让清风吹拂我的脸庞，感受自然的美好。我想要像一名诗人那样，重新与自然建立起联系。但是，每当我这样做的时候，神性却似乎始终都在躲避我。我必须要坦诚一点，我无法像我的祖辈那样，在岩石或是森林中可以像在舒适的家中那样悠然自得。我想说的是，我的内心有着这样一种想要亲近自然的冲动。我的姑姑（我认为你之前已经听说过她了，她与其他女性并不合群）大多数时候就生活在乡村，她是一位狂热的自然崇拜者。她认为，没有比与高山为伴更好的居所了——那些粗俗或是过分节俭的市民来到这里，玷污了这里的果园——她担心，自己的侄子可能会对这个问题有着好高骛远或是过分虔诚的观念，认为正如上帝与心智殿堂是需要被供奉的一样，认为只有在这样的地方，人类那个狂热的灵魂才能在时机尚未成熟的时候与其他世界的人进行交流。因此，当我带上书前往森林，我发现自然并没有呈现出足够的诗意，也没有给我带来足够的视野。即便是对那些想象力最为丰富的人来说，他们也无法在这样的地方构想出诸如萨梯（希腊神话中的森林之神）或是德勒阿得斯（希腊神话中的树神）。任何古希腊人或是古罗马人，甚至是任何英文的神话，都无法用不符合我双眼所能观察到的事物来欺骗我。简而言之，我发现，我只是将自己整个人的个性全部嫁接到这里了，然后对自己的收获感到非常失望。自从我不再沉湎于建构空中楼阁之后，我在某些方面做得显然要比之前更好一些。每当月圆之时，我的思绪总是会被调动起来，我的大脑里翻滚着许多明亮的思想碎片，这让我梦想着自己的心智与身体能够在这片土地上更加自由地呼吸。自然的一大好处，就是无论你对它多么熟悉，当你观察它的时候，总会觉得感官还没有变得迟钝——显然，这会让人们在安静的沉思当中对人类以及人类创造出来的艺术产生一种优越感。同时，人也会在自身与自然的比较当中，觉得自己仿佛缩小到了微不足道的尺寸……无论在写作还是在其他事情上，我都追随着自己随性的思想。在这个假期里，我的笔似乎根本不受我的思想控制，写出了很多我无法控制的文字。当我事后读这些文字的时候，发现这是违背了我的本意的。因为，如果我在随意写作中始终无法找到灵感，那么我就会像那只没有被挤奶的母羊一样惴惴不安——请原谅我用这么原始的形象进行说明——到最后，我要么承受大脑施加给我的那份沉重的负担，要么就这样死去……班克罗夫特与科格斯韦尔已经发表了招股书，他们已经在北汉普顿购买了一所房子，并且准备在10月份招15名学生，每年的学费与住宿费为300美元。我对此感到忧伤，因为优秀的校长就像欧洲越橘那样多，但是优秀的牧师却是少之又少，班克罗夫特也许是其中最为优秀的人之一。我要告诉你现在的居住地。你知道，戴德姆收费公路是通向波士顿主大街的唯一通道，当你在主大街走上两英里路之后，会看到一条小路，在其第一个路口向左转就能看到那条收费公路。你沿着前面提到的那条小路走，接着在下一个路口向右转，那么你就可以看到我住的地方就在斯特德曼·威廉姆斯家的隔壁了。威廉姆斯在这里住了30年，我们都是他的租客。到时候，你可以向他要我的具体住址。

截至 1825 年 2 月，他们在坎特伯雷已经生活了一年半的时间。此时，爱默生的母亲准备搬到波士顿，他则准备前往剑桥地区。母亲将会在 4 月份的时候与他相聚。当时，查尔斯仍然在剑桥地区上大学。沃尔多则上了一所神学院。巴尔克利是一位性情温和、具有强烈责任感的人，年龄在爱德华与查尔斯之间。此时，巴尔克利已经没有与他们在一起了。巴尔克利的心智始终局限在童年阶段，他现在即便在家也变得躁动不安。因此，大家都认为，最好还是有人专门认真地看管他。

第三章
前往南方的旅行

1824—1829

在离开坎特伯雷之前,爱默生在下面这篇日记里,对自己的未来做出了一番思考:

1824 年 4 月 24 日,星期六

我即将开始我的专业学习了。再过一个月,我就成为法定意义上的成年人了。经过深思熟虑之后,我决定将我的时间、才华与希望都投入到教堂事务中去。人是一种能够回望过去与展望未来的动物。当我回望过去的时候,内心始终会有一种后悔的感觉,因为无论在当时还是现在,当我做出重要的人生抉择时,我都没有经过认真仔细的思考。我不能掩饰自己的能力仍然配不上我的理想这个事实。当我通过自身理解去评论其他人的智慧品格或能力时,我发现标准用错了。无

巴特勒

论是过去还是现在，我都拥有极其丰富的想象力，这能让我从诗样的美感中获得强烈的快感。相对来说，我的理智推理能力较弱，无法像巴特勒①那样写出《类比》或是休谟②那样写出《论文》等作品。当我认识到自己这些不足之后，我选择神学作为职业也就不足为奇了。因为，在关乎神学议题上的最高理智与推理，其实更多的是道德想象力的果实，而绝不是理智机器本身推理的结果。洛克、克拉克、大卫·休谟等人，就是最好的例子。钱宁博士发表的《杜德勒演说》，就最能表达我的意思……（因为他认为自己根本不适合从事法律或是医学方面的工作）但在神学领域，我希望自己能够取得一定程度的成功。我从祖辈那里继承了一些关于举止与演说方面的能力，从父亲或是他那些爱国的祖辈里继承了对演说的激情之爱。我始终相信着西塞罗所说的"我相信自己能够做到的道理"。当我们狂热地爱着某样东西时，就会努力地进行模仿。但是，即便是那些最具有天赋的天才，拥有像六翼天使那样的演说能力，

---

① 巴特勒（Joseph Butler，1692—1752），英国圣公会主教、神学家、护教家以及哲学家。
② 休谟（David Hume，1711—1776），苏格兰不可知论哲学家、经济学家和历史学家，他被视为苏格兰启蒙运动以及西方哲学历史中最重要的人物之一。

如果他没有让那些追随者与其志同道合，他也会失败的。

爱默生开始感觉到，他所热切追求的流畅的演说能力，是绝不可能在他穿上牧师长袍之后就能获得的——这只能是他整个人全部信念所产生的自然结果。他努力地研究自己所关注的一些教义，不仅仅是为了确保教义里面没有他可能要否定的内容，更重要的是确保这些教义内容能够真切地反映他内心真实的信条。

无论在任何时候，思索性的难题始终难不倒爱默生。当爱默生遇到这些难题时，总是会先安静地将这些问题搁在一边，继续收集他认为有用的事实，从来不觉得自己有必要在正反两面做出平衡，然后得出最后的结果。但在此时，当他准备去教导别人的时候，他觉得自己有必要向别人阐述坚持自身信仰的理由。

他曾对希尔说，在坎特伯雷居住期间，他曾向该地区一两名神职人员请教过一些问题。这些神职人员是"不单纯关注文学或是哲学领域的"人。爱默生特别请教了钱宁博士，希望在他的指引下，能够更好地摆正自己的位置。钱宁博士非常友善地接待了他，给他列举了需要阅读的一些书籍名单，并不时地与他进行友善的交流。但是，钱宁博士不愿意向爱默生指出他应该学习的方向。爱默生后来说，他似乎无法站在别人的观点去看问题，或是无法像在私人谈话中自由地表达自己的想法。当然，无论是钱宁博士还是爱默生，他们在这方面都没有特殊的天赋，而他们其实也从来没有真正走到一起。除了钱宁出版的《杜德勒演说》，爱默生还非常欣赏他的布道演说。爱默生这样评价钱宁："人们很难对他的表现进行评价，因为他在演说时的眼神与声音是无法用文字来描述出来的，他的演说显得那么的完美,几乎没有任何遗漏。"

与此同时,爱默生还给姑姑玛丽·爱默生写信,想从这位具有预见能力的姑姑那儿得到一些帮助:

1823 年 10 月 16 日,罗克斯伯里

亲爱的姑姑:

　　这段时间,我积攒了一大堆令我好奇的问题,想要问你……我感觉自己经常在众多的疑问中

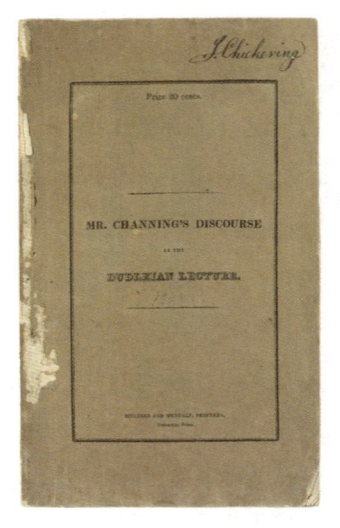

钱宁出版的《杜德勒演说》

漫步,而我的理智思维却始终无法提供任何解答。我觉得自己读的那些书过时而沉闷,其中关于一些问题的回答让我无法得到满足。在我看来,那些真心诚意用笔去记录内心想法,并始终忠实地热爱着上帝的人,他们的想法要比过去许多世纪的文人所写的著作都更有用。现在,我想知道,要是让这些神秘事件影响我们对整体的分析,这会让我们有什么收获呢?这些让人费解的谜团会带来什么不同寻常的影响呢?难道我们这个无比伟大与充满光荣的宇宙,只是像一名手法熟练的江湖郎中那样,通过隐瞒一些病人根本不知道的事实,从而欺骗病人吗?通常来说,我的所有问题都始于对问题的探究之上,我担心这是影响我们研究哲学的最大障碍。因此,请你告诉我,当你在积极地进行冥想时,是否在形而上学的"军械库"里找到了许

多武器——你是否找到了邪恶的根源？到底是什么让这个世界有那么多贫穷的奴隶，有那么多天生就被套上枷锁的人，有那么多一辈子过着贫苦劳累生活的人，有那么多一辈子都不知道何为美德、不知道如何践行美德的人，有那么多临死之时仍在咒骂上帝与同胞的人呢？难道他们只能在永恒的黑暗中死去，只是因为他们这一生的命运注定是在死亡的阴影中度过吗？目前，绝大多数活着的人，以及历史上每个时代的绝大多数人，他们都是世俗与不纯洁的。或者说，他们从来没有想过要严格要求自己按照人类美德的法则去做事。因此，当这些人在做事情的时候，我们不可能期望他们在精神层面做出任何的贡献。既然是这样，那么仁慈的上帝为什么还要让数以百万计的人继续降临到这个世界，继续让他们沿着相同的错误道路前进，最后遭受同一种不可逆转的命运呢？但是，如果你摇摆不定，决定走向温和的一边，那么你就需要承担着将许多美好事物传播出去的艰巨责任。正如人类自由这个千年难解的结一样，属于我们的亚历山大大帝依然需要切断这个戈尔迪之结。接下来就是苏格兰的歌利亚与大卫·休谟。但是，那位能够将他脑海里各种形而上学谜团解开的年轻人，到底在哪里呢？谁能够站在他面前，证明宇宙以及宇宙的创造者的存在呢？如果他将非犹太人混淆在

休谟

一起，那么他就要比自己的祖辈在哲学方面有着更加深厚的思想。一大批理智主义者沿着漫长的道路沉闷地走着，他们尝试过决斗带来的可怕心理阴影，但他们最后还是用强大的思想声音划破暗夜的长空。但是，每一个初来乍到的人都会在自己的文章里列举《休谟的反对理由》，显然，他们对已经取得的胜利并不感到满意。虽然每个人都习惯性地将自身的情感视为成功驳斥这位说谎者的谎言，但是，当我们在这些问题上处于岿然不动的立场时，那么我们就能确信自己得到了正确的答案。每个人的想法都是有所差异的，你可能会为那位为儿子着想的德·斯戴尔①的仁慈感到高兴。你可能不愿意将自然给予你的一些启发说出来。要知道即便是一个能够解决我某个困惑的暗示，都会让我自己的命运感到满意。

每个周六早上，钱宁博士都会在联邦大街的教堂发表庄重的布道演说。我在上周六就聆听了他的布道演说，我觉得他的演说口才要胜过埃弗里特。这个演说主题是关于天意之光与自然之间的对比，表明自然本身所具有的不足。对于宇宙的任何事物来说，天意给予人类的启发，在很大程度上代表着某种秩序。

始终尊敬与爱您的侄子
拉尔夫·沃尔多·爱默生

---

① 德·斯戴尔（Germaine de Staël, 1766—1817），全名安娜·路易斯·杰曼·德·斯戴尔-奥斯丹（Anne Louise Germaine de Staël-Holstein），以德·斯戴尔夫人而著名。法国女小说家、随笔作家。代表作有《关于卢梭作品和性格的书信》《关于激情对于个人与国家幸福的影响》《关于受尊重的文学与社会制度的关系》等。

第三章
前往南方的旅行

德·斯戴尔

爱默生下面这封信没有写明时间,但应该是在同一时期所写的:

我担心,自己无法看清楚宗教体系的真相,担心自己只是尊敬那些牧师所做出的流畅演说,担心自己只是尊敬过去那些为了捍卫宗教自由而做出牺牲的殉道者。我承认,这让我的想象处于一种史诗(甚至超越史诗)的壮美层次,但在那些对此有所了解的人看来,这是可以理解的。这个世界上那些不断发生变化的王国可能会随着时间的流逝,被世人所遗忘,他们之前治理国家的方式在数千年后的今天早已经被废除了。但是,人类对永恒的看法却是反复无常的,上帝的启示会破坏自然之神定下的法则。我认为,这绝对不是毫不相关的,反而觉得如果我们漠视这样的联系,才是不虔诚的做法。虽然,帕雷所提倡的神性与加尔文所提倡的神性是两码事,但这两者都是庄严的存在。其中一个是我们建构秩序与正义的朋友,另一个则是我们的敌人。从这个层面上理解,我们就能对这些可见的事务进行仲裁,对未知的事务进行预见。当我看到每个时代正义与善良的人都同意一个单一的信条——这一信条教育我们要感受上帝无限完美的父亲般品格,同时让人类明白需要对自身负责的时候,我就情不自禁地认为,这些信条所带来的正义与一成不变的结果应该分享给每个人。我情不自禁地反对所谓的双重神性,我认为这是粗野的,是一些德国学派衍生出来的哥特式产物。我认为,当我说每个时代所具有的大方慷慨会被人们视为自然神论的时候,很多人肯定会认为被这样一团思想火炬给蒙蔽了双眼,感受不到太阳的存在。

爱默生没有下任何结论，但是他的思想线索可以从他这篇在"沃特福德"所写的日记的部分内容略见端倪，他谈论了圣灵：

> 仁慈的上帝，这是多么宏大的一个话题！每个人在伊甸园的时候就拥有了这样的圣灵，后来却在茫茫宇宙的伟大冲突中失去了圣灵——我们丢失了圣灵，这让我们感到窒息。后来，我们认为上帝之子会以人类的形象出现。从那之后——人们就认为祈祷、痛苦或是自焚都能带来某种回报。这难道与信仰或是手段没有什么相似之处吗？就拿你自己或是潮流的趋势来说吧……在上帝面前，你的目标会变得更加远大吗？你会给予自己更多尊重，而给予这个世界更少尊重吗？如果你是这样想的话，那么你不该来到剑桥这个地方。事实上，这里的人们喜欢用耶稣这个名字来称呼上帝之子。但是在一些庄重的宗教机构里，这也仅仅变成一种装饰性的东西，就像一座雄伟宫殿前面的拱门，而在里面的基督教堂里，依然维护着对耶稣的尊敬。这只是一个装饰性的圣体安置所，人们也许会依然认为能找到有关耶稣的一些遗迹——要是没有诸如阿普尔顿、查尔莫斯、斯图尔特以及钱宁等人通过传播信仰以及自身高尚的奉献精神，那么教众肯定会感受到其中粗俗的部分，而这些部分现在早已经被世人所遗忘，湮没在无人问津的历史浪潮之中了。人类美德的本性、局限、危险性与起源，"这些问题都可以在剑桥地区的教会得到轻易的解答"——上帝，请原谅您的子民的轻浮多变吧——这些问题的答案依然是我们不可知的，但却可在理智无法解答之后，由信仰去加以替代，虽然这本身是无法去

描述的……接着，难道你们不会去找斯图尔特或是安多弗等人吗？你可能喜欢他们，虽然他们所说的话可能是违背良知的，但这能让那些心智软弱之人得到安慰，尽管不能给他们带来任何好处。为什么你不在钱宁的指导下去进行学习呢，因为他从未受到剑桥地区教会的污染。如果他想去剑桥地区的教堂进行布道演说，他也没有足够的能力去独自面对，虽然他在某些议题上与教会的看法是相悖的。信众们已经厌倦了牧师单纯凭借演说口才去欺骗他们，他们的灵魂渴求始终无法得到满足。我希望自己能够成为这个国家与这个时代的一座灯塔。但是，我感觉自己正在慢慢远离了原先的写作目标。也就是说，在经过多年的轻浮与骄傲等情绪的影响下，（爱默生在这里补充道）这让我没有资格从宗教的高度去进行评论。在我看来，这一切都是因为宗教氛围的影响，但更为重要的影响是人类本性的罪恶。难道多年来的赎罪能消弭我过去20多年的罪过吗？因此，我们最好还是告诉孩子们，他们是多么好的人！自我欺骗与幼稚的时代已经过去了，你必须要在人类身上找到让天才们都感到棘手的问题的答案。

下面这段话显然是爱默生在一封信里的部分内容：

  我要说的是——一种超验主义的观点。我们不知道为什么上帝不以三位一体的形式呈现出来。但既然这样的存在方式是我们的大脑所无法去想象的，那么上帝就不会以任何我们所能描述或是所能理解的形式存在。在人类的心智当中，知识的存在基础是无限智慧的存在,正因如此,二加二才只能等于四,而不能等于任何其他数字。一旦这个基础被动摇的话,那么我们的信念大厦就会坍塌,我们的科学就会变得虚无。因此,上帝的存在可能是三位一体,也可以说是一体三位。

在给当时正在哥廷根学习神学的哥哥威廉的信中,爱默生写道:

1824 年 12 月 12 日

为什么你不谈论有关我学习的问题——了解一下我现在学习的情况以及学得怎样呢?要是能够从字典或是批评声中获得任何有用的教益,我都会非常感激的。在一天的时间里,我们到底能够学到多少知识呢?难道一天花费十三四个小时甚至十五个小时去阅读浪漫小说,就能让我们变得清醒与认真吗?

当威廉在来信中建议他前去哥廷根时,爱默生回复说:

如果你认为这是可行且具有绝对必要性的话,那么我会听从你的建议,前往哥廷根——你在这个问题上可以轻易地做出决定——准确地说,我这样做,需要牺牲一些时间,冒一定的风险。学习德语也是如此……假设德语与希伯来语都是值得学习的,虽然我很讨厌学习这些语言,但如果有必要的话,我依然会认真学习的。难道我更好的选择,是戴上帽子,然后乘船前往易北河吗?

但在稍微思考之后,他认为这是不可行的:

你之前跟我提到的这次旅行,我觉得无法成行。要是能成行的话,我会觉得自己仿佛进入了一个仙境。除非我能够借助清晨的翅膀,可以通过内心的愿望,而不是金钱来作为路费,可以用想象来代替衣服,那么我肯定会过去的。我肯定会为自己见到的全新景象而感到高兴的,但就目前来说,这不会给我带来什么好处。

在另一封给哥哥威廉的信中,爱默生这样写道:

1825年1月18日,罗克斯伯里

我关闭了学校,在家里认真地学习,这让我几乎断绝了经济收入。事实上,我们认为,我们应该在冬天的时候举行圣烛节。这样的话,我们也许有借口获得一半的木柴与干草,当然这是以我在春季与夏季能够赚到钱为前提的……我这个远大的希望正在受到主街那些老建筑不断升值的威胁。这里建起了很多酒店,建造的成本应该是卡福大街土地局支付的,每个月的13日要缴纳200美元的租金。这应该是一笔不错的收入。除此之外,如果我在结束目前这份工作之后前往剑桥,那么一些学识渊博与受人尊敬的人应该会同意我进入他们所谓的"中产阶级"圈子里面的。

第三章
前往南方的旅行

以下内容出自爱默生的一篇日记:

1825 年 2 月 8 日

昨晚，我是在坎特伯雷度过的。明天，我就要回到我的大学校园了。从我 1821 年毕业之后，这里多少还是有些变化的。毕业后的这几年，我还是学到了更多的知识，了解了更多的事实，拥有了比以前更好的表达能力。我也知道自己存在的不足之处，我知道自己的无知依然像无底洞那样深不可测。有两三次，我也尝试过这样追问自己。我在智力层面上的主要缺陷——就是喜欢随意地浏览书籍，喜欢不求甚解——直到现在，这依然是我主要的问题所在。我的这个毛病应该是无法解决的。我写下了 200 至 300 页的内容，这些内容对我来说应该是有所帮助的。我已经赚到了两三千美金，已经偿还了债务，给了邻居一些帮助。因此，我必须要感谢上帝，至少我还能比较充裕地活着。

爱默生在神学院的一个房间里住下来了（这是神学院一楼东北角的第 14 号房间）：在一个比较潮湿的地方，这不是一间好的房子，但在这里住比较便宜。一个月后，他发现自己健康不佳，特别是他出现了眼疾的问题，所以他不得不暂停自己的学习，离开了剑桥。他在自传里这样写道：

因为健康不佳，双眼看东西的时候很费力，因此我前往了牛顿地区我叔叔拉德的农场休养，希望通过艰苦的体力劳动来改善我的身体状况。当时，那个农场有好几名劳工，我在与他们合作干活的时候没有任何问题。其中一名劳工是一位卫理公会教派的信徒，虽然他没有接受过什么教育，举止比较粗俗，却有一些比较深沉的思想。他曾对我说，人类应该始终进行祈祷，而所有的祈祷最终都会得到应验的。我花了很多时间沉思他这些话，并且据此写下我的第一篇布道演说。这篇布道演说的主要内容分为：（1）人类应该始终进行祈祷。（2）人类所有的祈祷都会应验的。（3）我们必须要小心我们所提出的问题。在1826年10月15日，我来到了沃尔瑟姆，在舅舅萨缪尔·里普利的布道讲台上发表了这篇布道演说。

整个夏天，爱默生的健康状况不断得到改善，足以让他教一两个当时跟着他的学生。9月的时候，他在切姆斯福德地区的一所公立学校担任了几个月的校长。1826年1月，当他再次"感受到阅读与写作的乐趣"之后，就离开了切姆斯福德，回到了罗克斯伯里，重新负责他弟弟爱德华的学校——当时，爱德华因为长期健康不佳，不得不放弃了法学专业的学习，乘坐轮船前往地中海休养。与此同时，爱默生的母亲也搬到了剑桥地区，并在"梅伦房子"那里住下了。我认为，所谓的"梅伦房子"应该就在贾维斯田野附近的北大街。这一年的4月，爱默生与母亲住在一起了。

给玛丽·爱默生姑姑的信件：

第三章
前往南方的旅行

1826 年 4 月 26 日，剑桥

亲爱的姑姑：

伊壁鸠鲁[①]曾对自己的同胞说："对每个人来说，我们都可以构成一幅景象丰富的图画。"他说的没错，因为人生的最大使命与乐趣，就是在茫茫人海中，无论他们是活着的人，还是历史上已故的人当中，找寻一个最能让自己产生共鸣的人。那些活着的与逝去的人是无穷尽的，他们似乎都在等待着我们，但我们却很难逐一认识他们……虽然因为距离等原因，我们必然无法认识无穷尽的人，但是相同的距离却能让我们将他们按照组别分开，然后探寻这些人的大致前进方向以及他们在这个过程中所走的弯路。我们可以知道，这些人之中哪些人是向导，知道他们以哪里为出发点。我们可以知道他们在什么样的状态下取得进步，在什么时候只能忍受人性所带来的种种悲剧……让我们走近一些，利用一切的优势去观察他们的行为，了解他们当时内心的想法以及

伊壁鸠鲁

[①] 伊壁鸠鲁（Epicurus，公元前 341—公元前 270），古希腊哲学家，伊壁鸠鲁学派创始人。伊壁鸠鲁成功地发展了阿瑞斯提普斯（Aristippus）的享乐主义，并将之与德谟克利特的原子论结合起来。他的学说的主要宗旨就是要达到不受干扰的宁静状态。

所处的状况，从而更好地满足我们的好奇心。乍看起来，他们似乎是聚居在一起，抵抗着野狼与狮子，对抗着饥荒与风暴。最后，他们组成了政府，希望以这样的方式更好地保护个人的安全，获得更多的便利条件。但是，到底是谁指引了当时的那位领袖，又是谁教导了那位教导别人的人呢？我认真观察了许多表面上摆出牧师形象的人，他们似乎都在高山上等待，或是睡在洞穴里，似乎从上帝那里获得了无形的智慧，从而指引他们去探寻之前从未有人踏足的国度。但是，这却让我感到非常悲伤！但他们不断前进的时候，各个民族所遵循的神不再是神了，事实掩盖了许多预言，不断前进的旅程揭露了他们的向导犯下的错误。至善上帝的仆人身上并没有展现出善意，而那些感受过上帝无限智慧的人，似乎也根本没有任何指挥。但是，他们依然在继续前进，依然在庄重地前进着，他们组成了部落，最后形成了国家，将过去所获得的经验当成是预知未来的知识。他们怀着一颗勇敢无畏的心不断地探寻荒野，虽然这个过程中经历了很多挫折与延误，甚至是很多倒退的过程，但是他们对希望与知识的渴望照亮了未来。最后，在一群默默无闻的人群中，出现了一个默默无闻的人，他拿出了一本充满希望与指引性的书。但是，那些富人与伟大之人却始终坚守着过去的传统，那些聪明的人不相信这位老师，因为他们之前就被其他人误导过。但是，他的十字架所留下的旗帜已经竖起来了。对某些人来说，这看上去依然是一团迷雾，对一些人来说则是熊熊燃烧的火焰。在这段永远持续的旅程中，我们必须要选择自己的标准与向导。难道我们就不能凭借自己的智慧与权威去创造出另一种受人尊敬的传统吗？还是，我们只能饥肠辘辘地沿着可耻与无知的道路不断前进？我们不知道自己从何处来，也不知道自己该向何处去。也许，你已经厌倦了我在上文所提到的种种隐喻，但是我写这些只是为了得到暗示，而不是为了取悦自己。我无法向你表达，当时我满心期望的回信里说的都是一些空话时的失望之情。现在，我的眼睛状况相对来说好多了，双脚还是饱受着风湿病的困扰。爱德华给我写信说，他现在的身体状况正在渐渐恢复。

永远忠诚于您的侄子
拉尔夫·沃尔多·爱默生

为什么要这样担心查尔斯呢？我们只能认为，查尔斯当时在班上的成绩排第一，喜欢写文章，为人善良。但是，"善良"是一个抽象词，我们无法始终保持幽默的心态，尽管我们有时也会显得比较疯狂。查尔斯会成为一个演说流利的人，成为一个写文章不错的人，但他却无法与爱默生所具有的能量以及高尚的品德相比——至少，在我看来，情况是这样的。

没过多久，他们就离开了之前的地方，"搬到了海奇博士在老广场那边的房子"。现在，那个广场被称为温斯罗普广场。他在那里开了一所学校，整个夏天，他都在负责学校的工作。之后，他决定不再做这行了。

爱默生的学生对他作为校长期间的主要印象，就是他身上所流露出来的道德影响力：他的善意，鼓励性的举止，对任何粗野举止的反感，对教师之外的其他事情的兴趣。当韦伯斯特在邦克山发表布道演说的时候，他甚至给学生们放了一天的假期。第二天，当发现没有一个学生利用假期去聆听韦伯斯特的布道演说时，他感到非常失望。理查德·亨利·达纳二世①是爱默生当时的一名学生。之后，当达纳创作《桅杆下的两年》一书的时候，爱默生写信给他的哥哥威廉说："难道你没有读过年轻的达纳创作的那本书吗？他的那本书可以媲美《鲁滨孙漂流记》了。他曾是我的一名学生，但他从未在我这里学到这些知识，这实在是我的遗憾。"

在学校教书的无聊日子过去了，但爱默生没有立即回归到布道讲台上。当时，他依然饱受风湿病的困扰，还出现了肺病的多种症状。他的专业学习受到了诸多的阻断，因此他在这段时间里也不可

理查德·亨利·达纳二世　　　　　　　《桅杆下的两年》

---

① 理查德·亨利·达纳二世（Richard Henry Dana Jr.，1815—1882），美国作家、律师、政治家。代表作有《桅杆下的两年》，后于1946年拍成同名电影。

能全身心地投入到学习中去。在剑桥地区的 10 到 12 个月里,他获邀参加他希望加入的演说团体,不需要做任何固定的工作。尽管他感觉自己当时的身体状况无法胜任,但他仍然希望与他们将来一道进入教会工作。

1826 年 8 月 1 日,剑桥

亲爱的姑姑:

　　无论是我的沉默还是健谈,都无法让我从自己所写的信件里提取精华的内容。有人说,较弱的一方总是会找寻中间路线,就像那些精神贫瘠的人始终会想办法通过增加物质财富来填补他们内心的空虚。那些喜欢沉迷于自己拥有巨大财富的人,其实就是灵魂最为贫瘠的人。我已经准备将自己不多的积蓄用于布道演说了。今年秋天,我应该能够得到教会的认可,虽然不是专职的牧师,但我也可以定期发表布道演说。我发现自己没有任何反对这样做的理由。这是一种奇怪的人生,而面对这种人生唯一恰当的心态,就是用平静的心态去看待。很多人会按照自己的七情六欲去表达自己的想法,他们会大笑,会哭泣,或是改变自己的宗教信仰。我非常钦佩这些人。我认为,每个人的人生都会有一些他人认为不是那么重要的时段,而他在这些段落里却觉得自己是很重要的。一些小事上存在的一些巧合,有时会激发我们的想象,让我们内心最深处沉睡的良知醒来。我们的心智会因此而处于高度警觉的状态,这让我们怀疑上帝是否在召唤着他要表现得更加尊重一些——事实上，这可能不是出于一种敬畏，更多的只是一种好奇心理。也许，如果一些不为人知的秘密无法被允诺，那么道德方面的史诗就无法在历史上出现了。警钟就会敲响，让我们与不可修补的过去形成鸿沟。这些都不是我们在这个世界上执行一些恼人的宗教条例的正当理由。我认为，个人的信念应该建构在诸多的证据之上……在我们这个时代，人性有时会做出愚蠢的表现，就好比古希腊的神父那样在同一天拥抱两位奥林匹克运动会的胜利者一样。明天，埃弗里特将会就这个话题发表布道演说，而韦伯斯特也将会在明天……在经历了重重波折之后，我终于可以担任牧师了，成为上帝的一位温顺的使者。难道你会说，这样一个职位会让我接触到秘密的神谕，或是掌握一些真理，或是一些对其他事实或是社会民众的行为的预言吗？难道你不会去想着唤醒那些心智麻木之人的思想吗？无论上天是否赐予我这样的能力，我对这些情感或是表达方式都是冷漠的，我的理解以及我说出来的话语都是缓慢的，不带任何的个人情感。也许，每当我们更好地控制内心的兴奋感，才能更好地让听众感受到这样的能量与行为。我在瓦莱收到的信件应该要比我之前的任何文章都更能回答我的疑问。因此，我希望你能够答应侄子的这个请求。

永远忠于您的

拉尔夫·沃尔多·爱默生

之后，爱默生表示，如果教会的权威人士真的审查他的专业能力，那么他们肯定会拒绝让他站在布道讲台上发表演说的。

但在爱默生这个例子里，我们也要明白一点，爱默生为牧师这个职业做必要的准备也是有益无害的。1826年10月10日，米德尔塞克斯宗教联合会批准爱默生在教会里发表布道演说。五天后，爱默生在沃尔瑟姆发表了他人生的第一场布道演说。

爱默生知道，如果他想要比目前知道更多的话，那么他就需要为每一次布道演说做好充分的准备。但在之前的岁月里，爱默生从未想过自己会有机会利用到这些积累的知识。在这段时间里，他几乎没有进行过任何锻炼，双眼视力也不好，他的健康也越来越糟糕。

以下是爱默生的日记：

1826年9月

健康、活力与幸福，这些都渐渐离我而去！当俄尔普斯[①]唱歌的时候，可怜的西西弗斯至少能让推动的石头停顿了一下。而我必须要一直将这块石头朝着更高的山顶推去。

当爱默生处于这些悲伤的思想时，一想到自己的弟弟爱德华恢复了健康，从欧洲回来，就让他感到开心。

但是，你们听吧，我可以听到东边吹来的风声，那就像我

[①] 俄尔普斯的父亲是太阳神兼音乐之神阿波罗，母亲是司管文艺的缪斯女神卡利俄帕。这样的身世使他生来便具有非凡的艺术才能。

即将到来的俄尔普斯所弹奏的竖琴。他驾驶着帆船,沿着汹涌的大海前进。柔缓地感受这些风吧,愿秋日的阳光温暖地照在他身上!要是他给予我一些帮助,那么这可能与我想要追求的目标是相吻合的。但是,他的声音传送得多快,他的心灵是多么高尚,他的双手是多么的强壮,他的身上融合了许多人的优点。要是我的健康状况良好,这肯定会给我带来极大的愉悦感。在我们有机会转向太阳,好知道我们的方位之前,要是我们不再对自己所追求的目标有所期望,或是以悲观的心态面对一事无成,那实在令人悲伤。

他几乎没有机会享受与亲爱的弟弟在一起的时间。因为随着天气渐渐变冷,他的朋友,特别是他的舅舅萨缪尔·里普利都坚持他必须要前往南方过冬。于是,在11月25日,爱默生搭乘克莱马蒂斯号轮船前往了南卡罗来纳州的查尔斯顿。几周之后,爱德华在经过了"12天无聊的航程"后,终于从欧洲回来了。因此,爱默生没有见到弟弟。随着天气变得越来越冷,爱默生只能继续朝着南方前进。

给在纽约的威廉·爱默生的一封信:

1826年1月6日,南卡罗来纳州查尔斯顿

亲爱的威廉:

天气实在太冷了,虽然我往南方走,但我的健康情况依然没有太大的好转。事实上,我对此感到非常恐惧。也许在下个

第三章
前往南方的旅行

圣奥古斯丁

星期二或是星期三,我就会乘坐威廉号单桅帆船前往圣奥古斯丁。目前,我的身体没有大问题,但我非常想家。我的内心只有愤懑之情,感觉胸中堆积着许多沉重的压力。每当天气寒冷或是潮湿的时候,这种情况就会特别明显。要是我此时发表布道演说或是做任何需要肺部出力的工作,胸口都会隐隐作痛。最让我感到糟糕的是,我的梦想迟迟无法实现。无论是谁,要是碰到这样的情况,都肯定会内心痛苦的。当然,这也让我变得更加依赖别人。我在沃尔瑟姆的好朋友给了我一些钱,没有跟我说什么时候要还……有时,我在蓝皮书上随便地写些字,试着克服身体与心理层面的痛苦,好让我能像往常那样认真地去做一些事情……

1827年1月29日，佛罗里达州圣奥古斯丁

亲爱的威廉：

再过一个星期，威廉号单桅帆船就会到达这里，对我们来说，这就好比西班牙的大型帆船前往马尼拉的情形。每一班前往圣奥古斯丁的船只，都会带来一些居民、食物、新闻与信件。这是两艘单桅帆船中的一艘，负责将所有的货物都送到港口。这艘船的定期到达与离开，可以说是唯一能够影响这个地区的事情了。如果侧风让斯韦奇号船无法前进，那么我们所看到的新闻就会过时，而且运送过来的肉桶也会空空如也，那些消瘦的牛就会在这里的肉菜市场里成为抢手货。我认为自己来到这里之后，身体状况要比之前好了许多。这里古代的防御工事、荒废的沙洲散发出来的味道闻起来是多么的甜美。我已经决定放弃对自己严苛的批评了，不让所谓的北风之神继续困扰我。这是一个奇怪的地方，居住着1100至1200人，这些人包括一些残疾人、公职人员、西班牙人，甚至是米诺卡岛人。人们在这里有什么事情做吗？什么事都没有！据说，在清晨的时候，一个人是在公共广场上工作的，而我们所有家人都会出去见他。这里生长着什么植物呢？橙子。这里的橙子可以说是世界上味道最好的橙子。唯一打理这些橙子树的人，每个果园里只有一两个黑奴，他们负责五六百棵树。美国人都在办公桌上度日，西班牙人喜欢打桌球，如果他们不去打桌球的话，就会让黑奴到沼泽地找寻牡蛎，或是到海滩上捉鱼。在其他的时

候,他们只是在拉小提琴、戴面具,然后跳舞。在一场化装舞会上,一位天主教牧师扮演着一位喝醉酒的税收官员,引得众人哈哈大笑。我经常在海滩上散步,用一条棍子将埋在沙子里的绿色橙子挖出来。有时,我会驾驶一艘小船出海看看,有时我会坐在一张椅子上。在这段时间,我比较少读书,也很少写东西,只是思索着我可能永远都没有机会发表的布道演说。也许,这个世界还需要很多牧师发表许多布道演说,但是,我不能继续按照这个世界的趋势去写这样的演说。如果我在这个过程中无法找到释放自己才华的空间,那么我担心自己将会毫无作为。

1827年1月27日

亲爱的查尔斯:

在这个远离文明世界的地方,想家的念头在我的内心变得越发强烈。像我这样严肃的人有时会对一些事情产生好奇心,而且这样的好奇心甚至会变得非常强烈。我想要知道那些乳臭未干的人是如何学习哲学与美德的。每个在圣奥古斯丁生活的人,都肯定会在身上留下圣奥古斯丁的味道——每当海浪退去之后,突出的岩石上就会出现很多黑雁:这些黑雁站在岩石上一动不动,显得非常难受。但是,它们能够预见到远处传来的海浪汹涌声。请你想象一下,当潮水上涨之后,这些黑雁在水中沐浴的情景吧。这个地方只有两个可供休闲的地方,一个就是桌球馆,一个就是海滩。但是,一些人不愿意去桌球馆弄脏自己的衣服，就只能选择前往海滩。因此，我每天都会去一趟海滩，思念我在远方的弟弟。因此，你会发现，即便是我们中最贫穷的人，也依然拥有自己的理想。一些灰色的小昆虫就像帮助我们通向仙子女王的马车夫，我们这些人在海滩上散步似乎就能预见未来发生的很多事情，能够预言许多高尚的本性。让我们为自己所处的阶层做出一定的要求吧。这些重担不应该让我们来承担。我们只不过是别人手中弹奏的风琴，别人可以随时停止演奏的。

爱默生在圣奥古斯丁度过了冬天，在较为温暖的气候环境里得到了休养。这个古老的地方人比较少，到处都似乎隐藏着一段浪漫的过往。爱默生在日记里写道：

这里的人都非常害怕印第安人。之前建造的古老房屋的墙壁非常坚固，每个房子的大门都有一条细缝，民众可以透过细缝发射滑膛枪的子弹。他们高兴地发现，在每个插着美国国旗的地方，印第安人都会恐惧白人的。但是，时至今天，一些印第安人依然在距离白人住宅区并不是很远的地方生活。"但是，你有什么好害怕的，难道你不知道杰克逊将军已经征服了所有印第安人吗？""这个我知道，但是，杰克逊将军现在不在这里啊！""但是，他的儿子在这里啊！"因为你们知道，印第安人将加兹登上校称为杰克逊将军的儿子。"是的，是的，那些印第安人就是这样想的。"我在城市大门处看到了两个形状类似木乃伊的铁制框架，框架上的头部还有许多铁制套环。之前，这就是西班牙统治者在绞架台上绞死犯人的地方。框架上有一个很小的铁圈，该铁圈上放着一些面包与水。他们将犯人挂在绞架台上，然后将绞架台固定在树木上，活活地将犯人饿死。后来，民众在这些地方进行挖掘，发现了许多尸骨。别人跟我说，这里曾有一位天主教神父因为欠别人钱而被关在圣马克，我对这个消息一点都不感到震惊。就在昨天，我还去了天主教堂参观，里面有很多粗糙的东西，还看到一位牧师正在那里做弥撒，因为他的债主显得比较宽容，允许他回来这里做一回弥撒仪式。在过去两周，我都在参加圣经公会举行的会议。该机构的出纳员是该地区的典礼官。不知为什么，他做出了一些不当的安排，要求圣经公会举行一次特别会议，讨论有关奴隶买卖的事情，地点分别在一座政府建筑与邻近的庭院里。因此，我们可以听到某处的人发出哈哈大笑，而另一边的人则说："先生们，快点走，快点走！"我们几乎在不需要改变立场的情况下，就将《圣经》的"教义"传到了非洲，或是对"没有了母亲的四位黑奴孩子"进行出价买卖，而这些孩子显然是从非洲那边被绑架过来的。这个地方的神职人员还有普通民众，身上都表现出来了某种活泼的精神。有一位名叫杰瑞的卫理公会教派牧师，两周前就曾在这里发表布道演说。在布道演说中，他将整个下午的时间都用于批评圣经公会那位会长的不是。这位牧师当时的表现，显然超过了他作为牧师应该有的职权，他用极为平实的语言对公会会长的动机进行了分析，表示会长不择手段地保持职位。可以说，我还是第一次见到这样的场面。

在圣奥古斯丁，爱默生在笔记本里写了许多散文，主要是描述这个地方的风土人情，阐述自己离开家作为异乡人的心情。当然，爱默生还对自己日后的职业进行了一番浪漫的思考，表示"属于自己的时刻终将会到来。当神学的一些真相遭到质疑，如果所有具有天赋的牧师都能站出来的话，那么整个社会就会实现进步。最终，那些拥护十字架的人将会反抗之前那些繁缛的程序，抛弃历史遗留下来的沉重负担，将许多让他们无法感受真理的偏见与错误观念都抛弃掉，最终让教众们都知道人类的历史中各种事实的真相"。

在这里，爱默生认识了一个法国人。这位法国人是一个精通世故的人，公开表示自己不相信宗教，这给来自新英格兰地区年轻的爱默生留下了深刻的印象。因为，爱默生从小所接受的教育就是不要相信外国人的话，再加上很少有人会对他的思想产生这么严重的冲击，因此他在记忆深处长时期都是"一种具有英雄品格与良好脾性的人"。这位法国人叫阿西尔·穆拉特，他是那不勒斯波拿巴国王的儿子，但他却居住在这里，与一位美国女人结了婚。他在塔拉哈西有一座种植园。爱默生似乎在某次旅程中与他一道，在沿途的松树下面睡了三个晚上。虽然，我们对这位法国人说了些什么一无所知，但他们最后还是一起乘船前往了查尔斯顿。此时，爱默生继续向北前行，前往更温暖的地方。他在写给哥哥威廉的信中说道：

阿西尔·穆拉特

第三章
前往南方的旅行

1827年4月7日,查尔斯顿

亲爱的哥哥:

在经历了从圣奥古斯丁出发后九天单调沉闷的旅程之后,我在昨天来到了查尔斯顿。在平时的话,这段航程只需要一两天的时间。我们在船上遭遇了风浪,最后几乎是饿着肚子来到这里的,但是你亲爱的弟弟却始终用平静的心态看待这一切,并且内心还感到些许喜悦。因为我善意的天才使我与阿西尔·穆拉特已经成为船友。穆拉特是塔拉哈西的一名种植园主人,他刚好也需要前往拜会在博登镇的叔叔。穆拉特是一位哲学家与学者,他精通世故。他对很多事情都持一种怀疑的态度,但他的态度却非常真诚,狂热地追求着真理。能够遇到这样的伙伴是件幸事。在此期间,我们时不时进行交流。当我见到你的时候,我还会跟你说很多关于他的事情……至于我的健康状况,我感觉自己获得了许多勇气。我感觉自己是否能够成功,很大程度上取决于我所具有的勇气——我必须要具有比别人更多的勇气,因此我对这个话题比较敏感。我现在的体重是152磅(在冬天这段时间重了10磅)。为了增加这么多体重,我这段时间读书较少。正如万巴所说的,我花了很多时间去研究如何增加体重,因此没有太多时间去看书。当我怀着这样的目的去旅行的时候,我几乎没有写出一篇布道演说。你在来信里提到希望我能在纽约定居,我想说我绝对不会到纽约定居的。我是一个顽固的美国人，也是一个爱你的弟弟。

拉尔夫·沃尔多·爱默生

给玛丽·爱默生姑姑的一封信：

1827 年 4 月 10 日，查尔斯顿

我觉得这次旅行让我变得更加睿智了。可以肯定的是，一个人并不需要从烟囱的角落里找寻智慧。重新回归自己，用一种庄重的冷漠态度去欢迎别人的到来，这是一种非常不错的感觉。这有点像我要控制许多木偶，需要不时用双手去进行控制。尽管如此，我不会否认一点，即某些人的确会引起我的兴趣，让我愿意走出禁欲主义所带来的安全圈子，走出自我设限的界限，与这些人进行交流。现在，我知道自己这位友善的姑姑有着无与伦比的想象力，肯定会认为我是在谈论女人的。呜呼哀哉，事情不是这样的！我内心里所有的骑士精神，即便再加上缪斯女神的帮助，我都是一路怀着冷漠自私的心态从缅因州前往佛罗里达州的，唯恐自己命中注定是要成为一名僧侣。不，我谈论的是一位男性。再过段时间，我会跟你详细讲述我在佛罗里达州东部所交到的一些好运气。我所谈论的这个人是一位有着高贵血统与卓越成就的人，同时，他也是一位追求真理的谦卑之人。

1827 年 5 月 15 日，亚历山大利亚

亲爱的姑姑：

我就像被监禁那样一直待在这里，等到气温回升，好让我早日回家。因为我现在的身体还比较虚弱，要是被寒冷的东北风吹一下的话，肯定会带来严重的后果。如果我跟你说自己目前一切都还比较顺利，那我就是在欺骗你与自己。因为相比于去年 11 月离开家的时候，我不知道自己目前的情况是否变得更好一些。还有，每个周六早上，我都会在华盛顿的教堂发表布道演说，其间并没有感受到身体的任何疼痛或是不适。我依然遭受到很多人的责难与非议，也许，这样的责难与非议会伴随到我去世的那一天。我从来没有失去自己的勇气，或者说我从来没有失去自己的理智思维……最近，我才明白，我们是有很多能力去进行改变的，只是缺乏时间以及去改变的时机。如果我读了《拉玛摩尔的新娘》①这本书，那么 1000 种关于这本书存在缺陷的想法就会从我的脑海里萌生出来，我肯定会注意到这样的情况。也

《拉玛摩尔的新娘》

---

① 《拉玛摩尔的新娘》（ The Bride of Lammermoor ），苏格兰历史学家、小说家沃尔特·司各特的小说。

许，我应该成为一名小说家。当我有机会读到一些具有天才创造性的诗歌时——这些诗歌可能是在报纸上的一个角落里——都会激发起我灵魂深处的共鸣之情。如果我有空闲时间参加那些没有名声之人的聚会，那么我应该有机会成为一名诗人。在我的白日梦里，我经常希望自己能够成为一名画家。除了一些断断续续的思绪之外，我在白日梦里经常渴望能够去研究每一门科学，了解每一种文学的体裁。而我脑海里这些白日梦的念头也经常在我的想象世界里不断地进行挑逗。也许，我最后会以被世人遗弃的单身佬的身份而死去，也许我应该抛弃所有的情人。但是，这些所谓白日梦之所以引起我的注意，是因为这可能以间接的方式告诉我，这似乎是人性中最让人感到愉悦的本性了。按照哲学术语来说，如果一个人有太多的"追求"，这些追求的想法肯定不会是毫无意义的，而应该会指向某个真正需要追求的目标，需要我耗费大量时间去努力，直到我最后感到深沉的满足……躺在病床上，莎士比亚的名字会激起我内心一种活力感，或者说是一种长寿的感觉。我认为，这样的感觉是独立于身体机能衰退之外的……我知道，一些人喜欢研究人类对娱乐活动的兴趣的生理基础，还有很多人从艺术、行为的角度去进行分析，想要表明为什么香油会给人的精神带来抚慰作用，为什么黑暗中的河流就没有任何精神可言。我亲爱的姑姑，你能够向你这位对此一无所知且无比爱你的侄子，透露其中的一些秘密与原因吗？

在拉德先生的盛情款待下，我在他家待了一段时间，想着在本周前往费城。在经过费城与纽约延误了一段时间后，最后回到了家。此时，威廉已经在纽约的一些教堂里，就德国文学发表了一些演说，这给他带来了一些声誉。

永远忠于您的

拉尔夫·沃尔多·爱默生

1827 年 6 月

虽然我一直努力希望保持内心的平静状态，我知道自己一直属于追寻者的那部分人，认为人体会分解的理念，会对那些绑架他人信仰的人产生神奇的功效。但是，这肤浅的诡辩法是如何在那么多国家蔓延开来的——肮脏的蜘蛛网随着岁月的流逝，慢慢地编织成了一张大网，一直可以追溯到亚塔那修与加尔文所处的那个黑暗时代——但是，这些所谓的大网在真理阳光的照射下，肯定会消失殆尽！对于这样的结果，任何人都不会比亚塔那修或是加尔文更加高兴的了。在我内心最为冷漠的时候，当我将所有细微的证据都摆在台面上，按照人类历史的角度去看待基督教的时候——正如孔子或是所罗门那样——我认为我自己是永恒的。可以肯定的是，这样的平衡正在颤动，但平衡始终会

孔子

朝着正确的方向平衡的。不然的话,一切看上去都会显得那么愚蠢。阳光会显得愚蠢,人与世界之间的联系也会变成不可言喻的荒谬。我这样说,纯粹是出于自己的理智。我相信自己的永恒性,因为我读到与听到这样的信条就是基督教的本质。可以肯定的是,这会给人带来一种安全感,但我认为自己能在不需要这种安全感的前提下继续好好地生活。

爱默生在6月的时候回到家,与他的母亲一起住在康科德的牧师住宅(之前,她在里普利的邀请下,已经搬到这里住了,因为她在剑桥那里的房子已经倒了)。没过多久,爱默生就在神学院表现出了自己的能力。之前,他已经在圣奥古斯丁、查尔斯顿、华盛顿、费城、纽约等地方发表过布道演说,但从没有在一神论教的教堂里发表过演说。

在回家的路上,他收到了弟弟爱德华寄来的信件,知道自己现在可以在波士顿的第一教堂里成为临时牧师,因为之前的牧师弗罗辛厄姆有事离开了一段时间。当他来到波士顿第一教堂之后,在这里进行了长达数周的布道演说,之后到北汉普顿与新贝德福德进行布道演说。但是,爱默生发现自己的健康状况让他无法全身心地投入到这份工作当中。在写给哥哥威廉的信中,他这样说:

1827年6月24日,波士顿

  我是用泥做的,不是用钢铁做的。我经常思考是否要放弃目前所追求的这份职业,因为我的身体健康状况的确不是很好。现在,我已经连续两个周六晚上都在昌西地区主持宗教仪式了。今天,我就准备告诉他们,我决定以健康不佳为由下周不去主持这样的活动了。我对这样做感到非常遗憾——因为要是我不工作的话,我吃什么呢?我应该尝试去做作家吗?我应该去尝试成为散文家或是诗歌作者吗?唉,但是我没有这两方面的天赋啊!虽然我目前的气色跟在纽约时没有什么差别,但我认为自己的肺部肯定出现了一些问题,每当我大声地进行布道演说的时候,肺部位置都会隐隐作痛。目前,我在神学院(剑桥地区)有一间可以住下的房子,我也准备在这里住上一段时间。

给玛丽·爱默生姑姑的信件:

1827 年 8 月 17 日,康科德

亲爱的姑姑:

我通过罗伯特将休谟的文章送到了波士顿,但是他们忽视了我的要求,并没有送过去。当你收到我寄去的文章之后,我会将这些文章借给他们看三个月,然后在有机会的时候送回来。我可以很轻易地拿到贝利的剧本。你想要看什么样的剧本呢?只有当我用懒散的思维去进行思考,想着要找寻某些能够吸引人眼球的字眼时,我才会让自己的大脑饱受思考的折磨,直到最后找到某些全新的思想或是换汤不换药的思想。可以肯定的是,我不会将你拉到与我一样的层次,因为这样做必然会表明我的无知与不礼貌的行为，但是我想要知道，你为什么想要阅读贝利女士的作品呢？学校的老师乐于看到孩子们在石板上计算数学题，如果他们能够通过字谜或是体育运动的方式去进行学习的话，那么老师更是觉得开心。我们这个州的州长也认为，有必要提高孩子们的智力水平，让他们掌握更好的语言能力，而这可以通过算术或是写作来实现。不管怎样，一个人怀着卑微的想法，认为自己虽然有着贫瘠的思想，但有时依然会有一些最好的思想，可以创作出一些经受住历史考验的文章或是诗歌。这样做所得到的好处其实与刽子手是没有什么区别的，因为刽子手能够熟练地杀人，即便有时被杀的人是一个受人尊敬的人。我不会跟你谈论其中一些让人感到堕落的细节，但是他们可不是单纯看到炫耀的事实，从而证明我们是怎样的人……

每个周六上午或是下午，我都会发表布道演说。当我在这半天的时间来到教堂发表布道演说的时候，我感觉布道讲台上的形象都是由泥土做成的，而不是用可调节的金属板做成的。有时，我会对自己说，如果人们能够避免使用他们平日里使用的语言或是举止的话，说出一些他们心灵中最美好的话语或是做出最善意的行为，那么每个人都将会变得非常有趣。每个人都是一种全新的创造，都可以做出一些最好的行为，都拥有某种类型的智力模式或是形式，他们都有某种属于自身的品格或是一般性的结果，他们都具有宇宙中任何其他人所没有的某种行为。如果这些人能够展现这样的品格，那么这肯定是充满魅力的。对于每一个具有求知精神的人来说，这肯定是一场有趣的学习。但是，当一个智力水平不高的人展现出某种行为的时候，他就会想办法去隐藏自己这样的行为。他会为自己的行为感到羞耻或是对此感到害怕。因为，他与其他人所有的交流都是对普通思想的一种不熟练的窃取行为，他当然会对此感到无聊与反感……提出问题，这是人生存在的重要意义。要想回答这些提出的问题，则是另一个存在的意义所在。那些占据中间的人则像给我通风报信的人，似乎能够知道这两边都具有的一些答案。我没有像老鹰一样锐利的双眼，无法通过观察学习到所有知识。我好奇地想要知道，《圣经》里对那些因为骑士精神而牺牲的人所做出的评价。但我认为，若是因为时间的久远以及语言方面上的困惑，那么这可能会成为一项让我们需要找寻正确句子或是词语的工作。当然，某些部分充满光明与庄重的真理，必然会在某个人身上在某些时刻闪现出来的。这样的想法足够让每个人都产生一种安全的想法，虽然这并不足以去教育别人……

永远尊敬您的侄子

拉尔夫·沃尔多·爱默生

给哥哥威廉的一封信：

1827年8月31日，剑桥

在接下来的几周里，我要前往北安普顿，代替霍尔先生发表布道演说。霍尔先生负责的教堂规模很小,我的身体应该可以支撑我整天发表布道演说,不会存在任何的身体不便……我始终希望自己的布道演说能打动教众,认为自己如果在这方面取得了成功,那么我就取得了彻底的成功。我所提到的给教众带来强烈的印象,说的是一种持久的印象……我目前的身体状况不是太好,但是现在去考虑冬天寒冷的天气还为时过早。

1827 年 12 月 14 日

我现在住在神学院里,这里的生活让我感到非常满意。作为牧师,我在这里可以过上休闲、懒散却又丰富的生活。我的健康状况依然与过去一样,没有出现什么好转。

1828 年 2 月 28 日

目前我正在写布道的演说稿。我感觉自己每天都过得谨小慎微,有一种如履薄冰的感觉。我每天都在想办法如何慢慢地提升我的身体能量。这将是一场漫长的斗争,是一场关乎我的生命与死亡之间的斗争,而这场斗争最后的结果完全是不确定的,也不是我一个人所能够控制的。因此,当我可以走路的时候,我绝对不写作,特别是当我可以放声大笑的时候,我绝对会放下手中的笔。但是,我在这边没有什么朋友,因此有时为了排解无聊,我必须要读书。你是否读过卢梭所写的《艾米丽》一书中那些带有侮辱性质的章节,是否了解其中有关疾病

卢梭所写的《艾米丽》

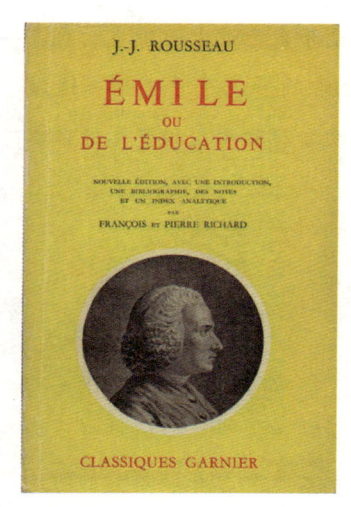

阿里斯托芬

所带来的各种束缚呢？查尔斯偶尔会过来看我，他现在依然在找寻自己所能够感受到的愉悦、好处或是荣誉，似乎从来没有为这样的行为付出代价。与爱德华一样，他现在依然身强体壮，四肢健全。他阅读了柏拉图与阿里斯托芬的古希腊作品，有时也会像会长所说的，会像"母鸡那些灰色的头发"那样写作。虽然爱德华患了一些他无法言喻的痛苦疾病，但他的气色看上去还是不错的。我认为他跟我一样，都很有机会从这样的疾病中康复过来。

1828 年 4 月 3 日

我刚刚从莱克星顿地区回来，发表了一天的布道演说。在布里格斯牧师回来前，我都会替代他的位置。也许，爱德华跟你说了，我对于没办法参加波士顿地区[①]新建教堂的仪式而感到略微失望。每当有人跟我提起这些事情，我就会感到尴尬。因为我认

---

① 爱默生受邀前往那里与其他几名牧师候选人进行竞争，但最终没有入选。

为自己的健康状况，在很大程度取决于自己过上一种自由自在与任性的生活，并且只有在身体允许的情况下才进行布道演说。只有在这个时候，参加这些活动才有助于我的身体健康以及体质的提升。

1828 年 4 月 30 日

为什么你要如此努力地工作呢？难道你忘记了爱默生家族的每个人都因为过度工作而损害了身体健康吗？难道这样不会让你最后患上麻风病，郁郁不得志而死去吗？在这么长的时间里，为什么我所写的文章要比一篇布道演说更短呢？事实上，我的身体开始渐渐恢复，很多人都说我不像是之前的那种雕塑模样，而更像是一个活生生的人了。我无法说服自己那位体弱多病的弟弟爱德华也采用跟我一样的治疗方法。我就像一条狡猾的蛇那样远离案台，然后直接在神学院的房间里住下来了。我特别喜欢与那些喜欢大笑的人在一起，在与他们度过了一两个快乐轻松的小时之后，我会感觉彼此间的谈话都变得更加轻松自在，我也会直抒胸臆，不需要在意别人对我的任何看法，这样的一种状态是我所喜欢与想要追求的。只要在我的臀部所能够承受的范围之内，我都会想办法去进行更多的锻炼，虽然这个过程有时会出现一些间断，但我的运动量总的来说不是很大。前不久，我刚刚拒绝了前往布莱顿教会作为牧师候选人的邀请。这是我第三次拒绝了其他教会对我发出的申请。

爱默生的日记：

1828 年 7 月 10 日

通过对别人的观察，我发现自己身上某种特殊的性情，即十分喜欢漫步的方式。在 7 月阴天的中午，我会有意识地合上书，穿上一件老旧的衣服，戴上一顶旧帽子，然后慢悠悠地来到种植着欧洲越橘的树丛里，沿着一条牛羊穿行的小道前进，这肯定会让其他人无法发现我的踪影。这样做给我带来了难以言喻的满足感。当我获得了这种满足感之后，在接下来的几个小时里，我都会在树丛的其他地方采摘浆果，桦树则在更远处的地方。采摘浆果的行为并不是我十分喜欢的。我还记得在以前的冬天，我们经常会这样做。但我原本以为这些浆果会在春天的时候生长出来。我不知道一种生物与我有着相同的幽默性情，或是认为这是值得尊敬的。但是，我所结交的一些朋友，他们有的在城市居住，有的则在荒野生活，有的则在海边生活，他们都将会明白与忧郁的哲人杰奎斯一起散步时是什么样的喜悦感觉（杰奎斯是莎士比亚喜剧《皆大欢喜》中的哲人）。事实上，相比于过上懒散的生活，我并不是十分迷恋自由。但是，我在懒散的生活中发现唯一的不足，就是我感到不快乐。当我的精气神比较足的时候，当我的大脑充盈着各种思想的时候，我想要成为自己的主人。如果我的经济情况比现在更加宽裕的话，那么我肯定能够过上比现在更好的生活。也就是说，我可以从事更多的休闲活动，也可以更加专心地去做自己想做的事情。如果我比较有钱的话，我肯定会经常骑马行走的。我肯定会骑着马到处走，在挥发身体能量与汗水的过程中，增强我的胃口。关于财富，我认为这能带给人的一种好处，就是可以让人在举止与言语上变得更加独立。我羡慕那些在这方面取得成功的人，因为很多人一辈子都无法做到这点。

爱默生的弟弟爱德华曾说，爱默生无法继续像之前那样工作，因此只能放弃牧师这个职位，回去继续当老师。但是，这肯定是他不愿意去面对的结果。他已经决定留在剑桥了，静静地休养生息，等待着自己的时机，希望美好的日子即将到来。

正是在爱默生第二次住在神学院的时候，海奇博士在这里见到了他。在海奇博士友善的允许下，我在下面将他对爱默生的印象引述下来：

> 我是在1828年认识爱默生的。他当时就住在剑桥神学院。虽然，他当时不是神学院的一名成员，也没有积极参加神学院的各种活动，却被视为牧师候选人，正在为成为牧师而努力。我记得当时自己根本想不到爱默生日后会取得那么伟大的成就。相比于他年轻的弟弟爱德华·布利斯·爱默生来说，爱默生的才华似乎要逊色一些，但是爱德华的天赋因为身体疾病的缘故，是永远都无法得到实现的了。爱默生一个更为年轻的弟弟查尔斯·昌西同样赢得了当时同龄人的欣赏，而当时的爱默生则没有显露出自身的才华。他的前进过程是缓慢的，但25岁的他也有明显的优点，那就是他拥有敏捷的思想，在遣词造句

方面比较谨慎，这都是成为一名受人欢迎的牧师的必备条件。爱默生似乎从来都不开玩笑，他的一些保守举止似乎不允许别人在演说中做出任何轻浮或是不当的行为。他每天都会写日记，记录着每天他所听到或是看到的任何有意义的事情。我还记得，某天晚上，他前来找我，想要了解有关诺顿教授在神学院里发表布道演说时发生的一件逸事。当他完整地记录了这件事之后，他才安心去睡觉。我希望激发他对德国文学的兴趣，但他笑着说，他对这个话题一无所知，他也认为自己根本没有必要去了解德国文学。之后，他之所以认真学习德语，主要是因为他想要去认识歌德，而这样的想法也是在卡莱尔①的提点之后产生的。爱默生在行动方面比较缓慢，这点与他在演说时的语速很相像。在与人交谈的时候，他从来不会匆忙地打断任何人的说话，无论对方提出的观点是多么的具有偏见。我认为，几乎从来没有人见过跑步状态下的爱默生。在那个阶段，爱默生已经表现出了足够独立的思想。"不要因循守旧，"爱默生曾说，"一切要以自己的判断为准。""不要过分在意自己的行为所带来的影响，而要始终按照最简单的动机去做事。"

爱默生在神学院待了一年，身体慢慢恢复过来了。因为没过多久，他在每个周六就能发表布道演说了。在很多教会，像爱默生这样年轻的牧师都是急需的。

---

① 卡莱尔（Thomas Carlyle，1795—1881），英国评论家、讽刺作家、历史学家。他的作品在维多利亚时代甚具影响力。代表作有《法国革命》《论英雄、英雄崇拜和历史上的英雄业绩》《过去与现在》等。

在爱德华身上，家族的遗传疾病开始慢慢显露出来了，并且成为一种长期持续的痛苦，最终导致爱德华出现精神紊乱的情况。每当面对前进道路上各种障碍，让他始终无法实现抱负的时候，他内心炽热的思想总是会感到无比焦虑。他不断地更换工作——学习法律，担任过私人教师、读者与机要代理人——直到这一年，他的身体完全垮掉了，不得不放弃一切，回到康科德休养。此时，他的精神突然出现失常的状况。爱默生在给哥哥威廉的信中这样写道：

1828 年 6 月 2 日，康科德

对爱德华的病情我们都感到非常恐惧。我不得不从新康科德马上回来。爱德华现在出现昏厥与精神失常的状况。在过去两周里，他的神经似乎都处于一种混乱的状态。

6 月 30 日，神学院

我们天生就患有一些遗传疾病。我刚刚收到康科德那边寄来的一封信，说爱德华再次生病了，这次的病情要比之前更加严重。目前，爱德华处于一种狂暴的精神错乱状态，因此他的行为要被强制约束。母亲已经跟医院方面的人士说过了，这样做是不得已的办法。

第三章
前往南方的旅行

7月3日

昨天,我们将爱德华带到了查尔斯镇。他的神经错乱症状已经表现得很突出了,详细描述他的行为又有什么必要呢?我亲爱的弟弟爱德华,这位曾受人尊敬的有识之士,这位有着流利演说口才与勤奋努力的年轻人——现在竟然成了疯子。韦曼博士对接纳爱德华表示强烈的反对,说爱德华的病情是非常特殊的,应该在私人的看管下进行治疗。他批准了爱德华与其他病人完全隔离起来进行治疗的特殊待遇。面对这样的情形,我真的不知道自己的内心是否还应该残存希望。但是,上帝冥冥中对这一切自有注定。我始终都相信,爱德华最后肯定会完全恢复健康的,但我担心他日后会完全受制于自己的肠胃疾病。

正如爱默生所期望的那样,爱德华很快就恢复了理智状态,但他的健康状况却是一落千丈,他根本没有能力继续进行学习或是从事之前的工作。他不得不放弃自己内心所希望的事业,前往西印度群岛休养。几年之后,他死在那里。

爱德华的死对爱默生是一个沉重的打击。爱德华是与他最亲近的人,他们的兴趣爱好是互补的,彼此都是对方最严厉的批评者与最热烈的崇拜者。有时,爱默生也会在内心里思考,难道同样的命运也在等待着自己吗?

爱默生在日记里写道:

当我思考着自己家族遗传到爱德华身上的疾病时，我发现这样的疾病将很多人远大的理想都一起埋葬了——无论出于任何其他的理由，我都从来没有对自己也会患上这样的疾病感到恐惧。我在智力层面上存在着许多愚蠢糊涂的思想，我认为这是上天对我的一种考验。我的弟弟生前始终是以超自然的方式释放着自己的能量。但是，我的行为则是迟钝与懒散的。有时，我的演说是轻率与缺乏礼貌的，有时则是让人感到尴尬或是粗俗的。我的行为（如果我可以这样说的话）有时是比较消极的。爱德华始终拥有面对一切的能量，但我没有这样的能量。我会放声大笑，也会害羞脸红。当我的意愿或是利益受到侵害的时候，我也会变得脾气暴躁。在我看来，虽然我有这么多的不完美，但是我认为这些都是我抵御疾病的一种防御手段。我的弟弟，我为你感到伤悲。我恳求上帝能够拯救他，让他恢复正常吧！

爱默生还在康科德、新罕布什尔州（新康科德）等地方进行布道演说。在1827年12月，他第一次遇见了埃伦·塔克①，这位他未来的妻子。一年后，当爱德华离开查尔斯镇精神病院的时候，大家都认为爱德华最好去

埃伦·塔克，爱默生的第一任妻子

---

① 埃伦·塔克（Ellen Louisa Tucker, 1811—1831），爱默生的第一任妻子。

旅行一段时间。爱默生将爱德华带到了新罕布什尔州的新康科德休养。在写给哥哥威廉的信中,爱默生说:

1828 年 11 月 10 日,神学院

爱德华现在的身体状况好多了。我获得邀请,将会在一个乡村教堂发表一场布道演说。到时候,我会带上爱德华一起前往。

12 月 4 日

爱德华的身体状况看上去好了许多。后天,他就要与我一道前往新罕布什尔州的新康科德,在那里度过三个周末,然后回到马萨诸塞州的康科德。

在新康科德,爱默生再次遇到了塔克小姐。爱默生在下面这封写给哥哥威廉的信中详细谈到了这件事。

1828 年 12 月 24 日,神学院

亲爱的哥哥:

我很高兴地告诉你,我现在已经与埃伦·路易莎·塔克小姐交往一个星期了。塔克小姐是一位年轻的女士,如果你相信我说的话,她是一位非常美丽与善良的女性。她是波士顿一位已故商人贝扎·塔克最小的女儿。她的母亲现在已经改嫁给了

新罕布什尔州康科德的肯特上校三四年了。截至目前,我已经认识埃伦长达一年了。我认为我已经过了害羞脸红的阶段,下定决心要成立一个家庭了。爱德华再也不像之前精神失常时那么狂暴了,现在总是一副平静的表情。现在,爱德华可以说处于他人生中最快乐的阶段。塔克小姐今年17岁,大家都认为她是一位非常美丽的女士。

永远爱你的弟弟

拉尔夫·沃尔多·爱默生

的确,大家都公认塔克小姐是一位非常友善的人,但她表现出来的那种哀婉的神色,部分原因是她患上了某种疾病,但她乐观与勇敢的精神让这种疾病的症状显露得没有那么明显,甚至就连她的医生都被她表现出来的假象欺骗了,认为她有很大康复的机会。

1829年1月28日,波士顿

亲爱的威廉:

在我写这封信的时候,我那位美丽的女朋友因为身患疾病,让我忧心忡忡。在我们所处的严寒地区,疾病总是喜欢袭击那些最美丽的人。一个星期前,她的血压高了许多,但她现在的情况已经好了许多,我相信自己也会好起来的。在经过了许多困惑的思考之后,我已经放弃从波士顿第二教堂那里得到任何消息的念想了。我认为,医生们也许会告诉埃伦,她应该离开这里,去……但是,我现在想要与杰克逊博士交流,与那些委员会的成员交流。我相信在下个周六的时候,我肯定会答应他们的要求。我希望你能够过来看看埃伦。为什么你就不能过来担任我这个神职呢(如果事情真是这样的话),过来看看示巴女王与我呢?

1829 年 2 月 20 日

现在,埃伦每天都在渐渐地康复。我必须要说,她目前的身体状况真的要比之前好了许多。她用一种乐观的心态看待自己的病情,并没有因为疾病而失去愉悦的精神。只有当我们要分离的时候,我们说话的口气才会变得沉重起来。

几个月后,爱默生才再次给他的哥哥写信:

沃尔先生(即亨利·沃尔二世牧师,他当时是第二教堂的牧师)再次患病了,所有的信众对此都感到非常遗憾。你可以看到,随着沃尔牧师的疾病迟迟得不到好转,你弟弟的未来是可以预见的。要想成为一名优秀的牧师,但却没有健康的身体。身体的状况有可能决定我冬天该在哪里度过。显然,成为牧师会带给我一些明显的优势,但是这同时也带来了巨大的工作量。

在沃尔牧师患病期间,爱默生受邀担任临时牧师,在教堂里发表布道演说。不过,当时有人说剑桥神学院准备授予沃尔先生教授职位,而沃尔牧师有可能接受这个教职,从而空出一个牧师职位。爱默生拒绝继续在第二教堂发表布道演说,他认为这个空出来的位置应该让所有牧师一起去竞争,而不应该自己独自霸占着。

爱默生自己说:

> 如果我一切安顿下来,我会根据自己的能力去思考是否竞争这个职位,而绝对不能因为我从一开始就与教会的人关系比较密切去获得这个职位。

沃尔先生想要辞掉牧师这个教职,但教会说服了他继续担任一段时间,因为教会需要在他离开之前,找到一位能够代替他的人。最后,他们选中了爱默生。爱默生在写给哥哥威廉的信中说:

> 79 名委员会成员中有 74 人投了赞成票,另外 3 票投给了福伦博士,福伦博士之前就表示与我的观点完全不同,但是他希望再等待一段时间。可以说,这样的投票结果让我感到非常满意,因为这代表着教会所能表达出来的最大善意。

第四章
婚　姻

1829—1832

　　1829年3月11日，爱默生成为沃尔的同事。几周之后，沃尔决定乘坐汽船去旅行，并且决定在回来之后接受神学院教授一职。沃尔对爱默生的表现表达了"完全满意"的评价，因此，爱默生成为第二教堂唯一的在职牧师。

　　在这年9月，爱默生结婚了。他与妻子一起住在沙登地区，然后恳请母亲也搬过来一起住。也许，爱默生认为美好的日子就在前方等待着他。他已经处在一个能够让他实现自己所有儿时梦想的职位了：他现在是这所受人尊敬教堂的牧师，他娶了一位"聪明贤惠的女人"作为妻子，他有能力为自己的母亲提供一处舒适的住所，还为自己的兄弟留下了一个落脚的地方。最重要的是，虽然他的健康状况没有完全得到康复，但他在这段时间里都没有出现任何的身体不适。即便未来看上去是这么美好，他似乎隐约觉得前方笼

罩着一片阴云。在写给玛丽·爱默生姑姑的信中,他这样说:

1829年1月13日,波士顿

亲爱的姑姑:

你知道没有谁比你更加清楚,我们从小都是在贫困线上挣扎过来的,一直走到今天。我认为,在贫穷与灾难的过程中,往往孕育着未来富足的种子。现在,我们之前所遇到的一切麻烦与挫折似乎都在财富面前被抵消了。我始终相信那个古老的迷信(虽然这个迷信是从人类事务中总结出来的,但我认为是真实的),即人应该意识到一种纯粹的富足。因为报应女神始终会注视着那些身在高位的人。好吧,让我们看看诸多改变的迹象吧。威廉已经开始通过法律执业来生活了,爱德华也慢慢地恢复理智与健康了。巴尔克利则处在人生中最舒适的阶段。查尔斯在各方面做得都非常好。相比较来说,我的处境还是最好的。当然,相比于家人或是朋友们的期望,我的表现还让人满意。现在,我必须要心怀感恩之情,因为我觉得我正处在一个越来越圆满的位置,我会直接问自己,我能够承受这个位置带来的一切吗?在完成好本职工作之外,上帝会让我成为一个例外,会让我成为一个知道自己命运的人吗?在对成功的反面进行深入的思考,总是会让我产生一种恐惧感。但是,我现在感到如此快乐,这是否是我的过错呢?难道我不应该相信善良的上帝会始终保护着我吗?在这个世界上,我无法从内在或是外在的世界里找寻任何可以对抗这种恐惧感的解药:我必须要坦承自己具有一种无限依赖的心理。我必须要让自己的内心充盈着上帝的富足思想，这能够缓解我内心那种轻浮的骄傲感，使之处于一种较低的水平。这能让我个人所处的状况与宇宙的规律处于和谐状态。我亲爱的姑姑，你是我最亲密的朋友，如果你能够在这方面给予我一些你深入的见解，那么我肯定会感到非常高兴的。你始终认为我会取得成功的。现在，我似乎处在成功的位置上，我选择给你写封信，我认为这是对恶灵的一种抗拒。我不愿意为获得这些美好的东西而付出惨重的代价。我希望自己能够将所有期望的情感都集合起来，静静地看着大海潮起潮落，感受从西边吹过来的缓缓微风。

其实，按照爱默生的性情，他不应该产生这种不祥的预感——对他来说，没有比这样的"自寻烦恼"更加糟糕的事情了。但是，当我们回想起他年轻时期与早年一些与疾病做斗争的经历，也就会觉得这是没什么好惊讶的了。在那个时期，虽然他并不急于知道自己的未来会怎样，但他肯定也已经隐约感觉到，一团阴云似乎笼罩着自己的未来，而这样的厄运似乎会不可避免地降临到他最爱的那些人身上。

与此同时，爱默生满怀热情地投入到牧师这份工作当中，不去思考自己在此过程中可能遇到的任何困难挫折。在获得牧师任命之后的两个周六里，爱默生发表了两场布道演说，"使用符合教会规定的最合理词语"。他表达自己对牧师职责的看法，在此过程中没有表明任何新颖的想法，只是指出自己不应该在布道演说中急于加入一些朴素的道理或是不真实的内容。按照爱默生的说法，当时的布道演说所使用的词语真是太贫乏了。

　　这样的布道演说无法将人类所能感受到的善与恶完全表达出来，只是在一个狭隘的范围内打转。这就好比在几根琴弦上弹奏，所用的词语也完全局限于少数几个词语。当然，时代不同了，很多牧师依然在使用之前那些已经改变了意思的词语。信众们认为，布道演说的目标及其作用，应该是阐明一件事的道理，并且忘记基督教代表着一种无限的宇宙法则。正是神性的显露才可能让我们的灵魂可以去感知，让我们以一定的方式去窥探每个时刻，了解最为细微的责任。如果每个人都反对我这种风格的布道演说，或是认为我的布道演说缺乏严肃性，那么我会提醒他们，我所使用的语言都是从《圣经》里面汲取过来的，用来阐明神性真理的，用来说明我们的主屈尊解释每一个平凡的事实。如果他在这个时代发表演说，他也必然会用这个时代的一些艺术或是物体来进行讲解，也会谈到印刷机、纺织机以及关于蒸汽与气体等现象，还有关于许多免费机构以及许多随意妄为的国家。

　　按照爱默生的说法，基督教牧师的职责就是"对《圣经》的内容要有透彻的了解，然后按照对其的了解来指引自己的行为，因为《圣经》所传递出来的声音可以说是最接近上帝的声音。但即便这样，还是需要每位牧师对自身的仁慈以及能力进行深入的思考与反思。这需要我们在治理层面上具有一定的自律性，需要我们对情感进行一定的训练，知道哪些行为是可以宽恕的，哪些行为是不可以宽恕的，这才是最为重要的"。

海奇博士在我上面提到的回忆录里这样写道：

> 爱默生早期的布道演说最为鲜明的特点，是比较简朴与不拘泥于常规。他用一种非神学理论的方式来发表布道演说。在那个时代，这样的演说方式让他比其他的牧师都更加贴近教众的心灵。

海奇博士

很多之前习惯了正统布道演说的教众都为爱默生发表这种未经许可的演说感到震惊，但是那些从一开始就没有怀有这种偏见带着欣赏眼光的教众，则对爱默生的演说表达了高度的赞扬。可以说，爱默生在布道演说台上赢得了自己的第一批支持者。

那个时候聆听过爱默生布道演说的一名教众对我说，爱默生给他当时幼稚的心灵留下的主要印象，就是他用现实生活中存在的事物去讲解一些宗教原理。他所列举的例子就跟我们平时在大街上看到的情形是一样的。曾经聆听过爱默生布道演说的玛格丽特·富勒女士①也表达了同样的观点，她表示，爱默生的演说让她以及来自老北部地区的教众都过去聆听。富勒女士表示："我不是太在意牧

---

① 玛格丽特·富勒女士（Sarah Margaret Fuller，1810—1850），美国记者、编辑、评论家和与超验主义运动有关的妇女权利倡导者。她是新闻界第一位全职美国女性书评人。她的代表作《十九世纪的女人》被认为是美国第一部重要的女权主义作品。她是爱默生一生的朋友。

玛格丽特·富勒

师在布道演说中过分强调所谓的宗教精神，除非我能够像聆听爱默生的布道演说时，可以感受到这些牧师是用一些真实的证据去进行佐证。对那些接受过一定教育的教众来说，爱默生布道演说的声调与方式能够激发出他们的热情。"截至目前，爱默生只有两篇布道演说的演说词印刷出来了，分别是在1830年，爱默生在里普利舅舅的同事古德温牧师那里所做的一场布道演说，另一篇则是爱默生在负责第二教堂时期在主的圣餐仪式上发表的布道演说。爱默生其余的171篇布道演说依然没有出版，爱默生也表达了希望这些演说稿不要公开印刷的愿望。当我私底下阅读爱默生这些布道演说稿子的时候，真正让我感到震撼的是，这些演说稿的内容都是非常平实的，几乎看不到任何华丽的辞藻。在演说稿子里，爱默生没有试图用所谓的演讲口才或是当时比较流行的一些夸张话语进行演说。在爱默生早年的文章里，他非常热衷于这样做。对他来说，那些华而不实的东西早已经失去了原先的魅力了。他在1826年的一篇日记里这样写道：

> 华丽的文采最好还是留给年轻人吧，让他们可以在私底下进行思考。这些华而不实的词语无法将那些无法言喻的意思表

达出来，无法将最为重要的内容表达出来，因此使用那些辞藻会让拥有理智或是有一定品位的人觉得恶心。很多人都忘记了一条最为重要的格言，那就是准确地表达意思，这对实现美感是最为重要的。

我对于当时他在布道演说的风格出现的创新行为不是很震惊，对于他采用家常式的言说方式去阐述平凡的道理也觉得可以接受。虽然，当时有一些牧师会在演说中偶尔使用一些不符合牧师表达出来的句子，但他们表达的内容总的来说在一神论派可以接受的范围之内。在我看来，这些牧师所做出的这些"创新"，在很大程度上是为了强调伦理原则要高于教义，但这在当时已经是教众们都可以接受的一个观点了。很多人对布道演说文章的看法就是——人的每个行动都会带来一定的回报，要是没有我们的默许或是纵容，任何邪恶都不可能降临到我们身上。对我们来说，每一天都是审判日，我们不能在别人的眼中看到自己所应该肩负的责任，而应该为了自己去解决所面临的问题，特别是一些人们一般认为必须要最后解决的问题。而精神层面上的真理必须要拥有其存在的证据，而不需要其他语言上的吹捧——随着时代的变迁，这样的想法越来越成为教众的共识。但总的来说，很多牧师还是用《圣经》里的语言去进行阐述，似乎它们本身就属于世人所接受的教义的一部分。

但是，我们必须要明白一点，在目前这个时代，我们已经习惯了将《圣经》等基督教经典作品作为一种阐述教义的方式，而不再将之视为代表宗教真理的基础，因此我们对以前那个时代的这些全新的变革不会感到吃惊。不管怎样，我们都没有必要表明一点，即这并不需要向教众的观点做出任何妥协，因为很多类似的所谓观点都是爱默生本人所不认同的。但是，爱默生从来没有认真留意自己产生这种信念的过程，因此他可以通过自己担任的牧师职位，通过自己的演说，用更能让教众接受的方式，而不是他的方式去说服他们。当我们阅读爱默生这些布道演说稿子的时候，就会发现这些稿子依然带有某种传统的色彩。显然，要是我们真的聆听了爱默生当年的演说，那么这样的感觉必然会消失。爱默生曾这样评价过钱宁的演说，说要是不看他演说时的双眼，不听他的声音，那么你就无法感受到他最佳的演说状态，也将无法真实地理解他要表达的意思。可以说，他们是以一种个人且直接的方式来表达个人想法的，整个过程是不能以脱离他本人存在为基础的。显然，关于这些牧师的演说魅力，这点是显而易见的。正如海奇博士所说的，爱默生在布道演说讲台上赢得了他的第一批支持者，这些支持者都是没有什么名望的人，他们似乎从爱默生身上发现了他演说中所具有的魅力。一位当年经常聆听爱默生演说的教众这样回忆爱默生：

> 现在，当我回想起爱默生当年发表的演说，我发现他总是能够讲述一些让我无比认同的事实。他演说的方式会让你觉得这个道理是全新的，仿佛就是一种全新的启示。对我来说，他是真正意义上的天使，是真正的上帝使者。对我来说，没有比聆听爱默生的演说更能给我带来心灵的振奋与愉悦的事情了……他在演说中的第一个目标，就是将我们引向上帝，将我们的心灵与上帝之间的帷幕拉下来。

第四章 婚姻

爱默生的演说也给康登①留下了深刻的印象,康登的这段回忆是后来许多作家在介绍爱默生时经常引用的:

> 一天,我们的布道演讲台(在新贝德福德)来了一位举止优雅的年轻人,他显得非常可亲。一开始,他歌唱了一段颂歌,然后做了祈祷。他就像天使那样阅读着经文并祈祷。当时,我们唱诗班合唱团的表现也很不错,但相比于爱默生来说,我们的表现是粗俗与不和谐的。我还记得爱默生在发表布道演说时,表露出了某种简朴与智慧的模糊魅力,他会从自然界里找寻例子来证明自己的观点,这些都是我之前从未听说过的。他在演说中没有提到任何艰涩复杂的道理,我可以明白他的观点。

爱默生在第二教堂担任了超过三年的牧师,直到1832年才辞去教职,之后就断绝了与教会的联系(后来证明,爱默生再也没有担任过牧师了)。这一切都是因为爱默生在主的晚餐仪式上与教会产生了矛盾的观点。爱默生认为这样的仪式不可能被视为耶稣基督所创立的圣餐,他认为耶稣基督不可能让教会或是自己的追随者举行这样的活动。

其实,爱默生是准备继续担任牧师的,前提是要去掉教会一些繁文缛节,将仪式仅仅当成一种纪念仪式。在1832年6月,他向教会提出了这样的建议。他的建议被提交到教会委员会。没过多久,委员会成员就表示他们完全信任爱默生,但是拒绝接受他的建议,

---

① 康登(Sylvester Laurentus Congdon, 1826—1868),美国神学家、教育家。

不愿意做出任何改变。委员会成员认为他们没有权利去讨论仪式的意义等方面的议题，或是认为他们有权利向其他的教众推荐这样的观点。事实上，当时持不同观点的教众都已经接受了爱默生提出的这些观点。

因此，爱默生要么辞去牧师一职，要么继续按照之前的方式去支持圣餐仪式。在此期间，他前往白山那里住了一个星期，对此进行了一番认真的思考。在他离开的这段时间里，教会在仪式方面做出了某些修正。对他来说，这是一个艰难的决定，因为很多支持他的朋友都希望他继续担任牧师一职，不要让所谓的形式问题影响到他的牧师生涯。在这些人看来，爱默生继续担任牧师，这对于教会与那些支持他的人来说，都是皆大欢喜的结果。对爱默生而言，他又不可能找到比第二教堂更加支持他的教会了。

爱默生在日记中写道：

1832年7月14日，伊森·艾伦·克劳福德在白山的住所

我感觉自己就像一位过于仁慈的人，经常受制于所遇到的各种人提出的各种要求。我内心那种希望取悦别人的想法让我渐渐脱离了原本的自己。当然，我应该想办法去取悦别人，但这样的取悦不能以牺牲自己的观点为代价，不能通过无条件地放弃自己的立场为代价。要想控制自己的灵魂，或是乞求自己的灵魂，这是多么困难的一件事啊！我们的很多行为，我们中的很多人，所做的一切事情都是希望能够得到灵魂的宽恕。我认为自己也是这样想的。我希望成为传递神性原则的一种工

具，让每一位教众都能通过我去感受到神性原则。我所经历的人生，让我窥探到了这样的神性原则。我们对神性原则知之甚少，但我们可以从清冷的北风中感受到，可以从天空中到处飘荡的白云感受到，可以从吹拂我们身体的微风中感受到。这一切似乎都在表明我们心智世界的阴云上方是一个精神天堂。或者说，我们可以通过愉快的交谈来转动这个看似深不可测的东西，或是通过一本书中的一句话来预测心灵的行为，让其内容充满了含义。或者说，在阴天的一次孤独的步行中，"触碰到了我们在黑暗中必然会遇到的神性"，在拥有这样的体验之后，我们就会想办法凭借自己的能力去安慰其他与我们有一样想法的人，再次谈论着如何摆脱阴云与黑暗的方式。

前往高山居住一段时间的好处，就是我可以重新对自己的人生进行思考。这可以让我远离之前按部就班的生活方式。我有机会从高山上俯瞰山下面的城镇，这可以让你对一些事情看得更加清楚。但是，留给我思考的时间不多了，我必须要在这个去留的问题上做出决定。对我来说，这是一个极为重要的决定，也是解决我目前遇到最大困难的一个方法……这是决定的时刻。对于那些支持形式主义的人来说，他们担心那些反对过分追求形式主义的人，这似乎是不符合情理的。我为自己能在这个问题上发挥自己的智慧而感到高兴，这可以让我不会将自己的智慧埋葬在愤怒之中。虽然，眼前的一切看上去是毫无意义甚至是凶险的，但是千万不要摧毁任何真正有价值的东西，同时也不要与那些"小恶"同流合污。目前，教会进行的圣餐仪式要么是在教会权威的规定下，要么是在数千名教众的要求下进行的——我希望这是在成千上万的教众要求下进行的——这些都是怀有悔恨之心、感恩之心、祈祷之心、信仰、爱意与神圣生活原则的人。在我的内心里，上帝不允许我去打断他对人类心灵的影响。因此，我的决定与我的所有朋友都没有任何关系。因为我们每个人都不可能在手段方面有着相同的看法，所以我不会在这方面继续进行斗争，从而错过了大家都一直追求的有价值的目标。我认为耶稣基督的本意不是要持续进行这样的一种仪式。但不管怎么说，对他的纪念还是有必要的。其他一些人认为，耶稣基督的确创立了这样的仪式。但我们都同意一点，这样做是有意义的。我认为，只有当每个人都认为这是一种原创的纪念方式，那么这样的纪念方式才是有意义的。我深知，要是一个人有着过强的自我意识，并且坚持在一些小问题上纠缠的话，这是一个不好的征兆。那些负隅顽抗的无赖都是些过分高尚之人。要是人们没有妥协，整个社会也不可能存在。但是，这样的法令却被视为宗教机构最为神圣的法令，我无法到任何一个用冷漠或是反感态度看待这种神圣仪式的教会里任职。

爱默生发现无法违背自己的良心。在回来之后，他在一场布道演说里阐明了自己与教会的分歧，宣布自己决定辞去牧师一职，即日生效。教会不愿意就这样让爱默生辞职，他们希望能够与爱默生就某些方面达成共识。为此，教会举行了紧急会议，甚至连教会的长凳所有者都被叫去开会，他们认为"挽留爱默生继续担任牧师，这毫无疑问是正确的。同时，他们没有提到爱默生与教会之间的分歧"。最后，在经过两次休会与许多讨论之后，委员会成员以30票对 24 票的结果同意接受爱默生的辞职。会议还决定,将爱默生的薪水之日计算到他辞职这一天为止。

爱默生宁愿辞去牧师一职,也不愿意忍受一神论教的繁文缛节,这只会让他在一些牧师同事看来实在是"太贵格会教派了",还有不少人说爱默生出现了神经错乱的情况。爱默生则不仅对教会委员会的投票结果感到失望,还感觉受到了很大的伤害。也许,他一开始可能认为教会会同意自己提出的条件。但事实上,他与教会就圣餐仪式问题上的分歧,只不过是双方在更深层次问题存在分歧的一个缩影,而这些深层次的分歧必然会让爱默生日后也不得不辞掉牧师一职。事实上,他们之间的分歧并不在于某个具体的教条或是仪式上,而在于决定这些教条或是仪式的权威是什么。当他在神学院的时候,就开始研究这个问题了。他认真聆听着许多自由派神学家的观点,同时思考着柯勒律治就重新建构基督神学所提出的理论。在写给玛丽·爱默生姑姑的一封信里,他这样说:

1826 年 9 月 23 日

亲爱的姑姑:

当代哲学在经过一番激烈的争鸣之后,是否已经更能用于交流情感了呢?单纯的理智是冷静的,这是每个人都能够容忍的。但是,人们渐渐会对只有框架的事实感到反感,他们需要一些内在的真理来告诉自己的姐妹们。在此期间,他们可能会脸红,会露出笑容,或是变得喜怒无常。即便这样,当代哲学的一种倾向认为,将我们放在历史的角度去进行思考,这是不对的。一些持这种观点的人认为，将时间摆在上帝与我们中间——这应该是我们在宇宙中每时每刻存在的真实证据，这也能够让每个人都从观察中感受到神性的存在。当然，存在于人类心灵深处的道德世界是可以进行解析与定义的，并且可以被世界上存在的一些正面的宗教机构去衡量。在那个人类处于混沌阶段的状态下，耶稣基督似乎扮演着牧师的角色，负责解释上帝的道德法则。显然，耶稣基督最适合充当立法者的角色。他能够代表上帝说出上帝的声音。因此，我们不应该对宗教在过去漫长历史的发展抱着太大的敬畏之心，因为其中存在着许多过去 1600 年或是 1700 年残存下来的谬误。在当代，我们应该将之视为完全独立于宗教的仪式与礼拜方式之外。我们不应该盲从过去的传统，而应该认真甄别这是对是错。也许，这是关于那些具有相对或是绝对真理的信条貌似合理的陈述了。也许，在找寻一些证据方面，这是绝对真实的。当然，这样的相对准确是必定的，继而我们可以假装从中感受到永恒的好处。

在运用休谟的教条或是关于"人类知识的相对性"的建议上，爱默生受到了柯勒律治的影响，之后又通过柯勒律治，受到了康德[1]与谢林[2]的影响。柯勒律治对圣公会教堂表现出来的热情，降低

---

[1] 康德（Immanuel Kant，1724—1804），德国作家、哲学家，德国古典哲学创始人，其学说深深影响近代西方哲学，并开启了德国古典哲学和康德主义等诸多流派，代表作有《纯粹理性批判》《实践理性批判》等。

[2] 谢林（Friedrich Wilhelm Joseph von Schelling，1775—1854），德国哲学家。一般在哲学史上，谢林是德国唯心主义发展中期的主要人物，处在费希特和黑格尔之间。解读他的哲学通常不太容易，因为他哲学中关于自然的定义总是不确定的。一些学者认为他是伟大但又捉摸不定的思想家，因为他在观点间的跳跃对于一个完整的哲学体系来说缺少一些将它们连接起来的力量。另一些人认为谢林总是关注一些常见的话题，尤其是自由、绝对和人与自然之间的关系。

康德　　　　　　　　　　　谢林

了他在爱默生心中的地位，但是爱默生却愿意接受柯勒律治的观点背后的超验主义——即理智是人类认识宇宙思想的工具。他在写给姑姑的信中这样写道：

1829年12月10日

我满怀兴致地阅读着柯勒律治的著作《朋友》。很多人在对柯勒律治的作品进行评价时都缺乏必要的尊重。当然，他的一些作品表现出来的思想程度的确称不上伟大，但他却展现出了一个有血有肉之人的鲜活形象，让每个阅读的人都能感受到他是在表达一种普世的价值观！我希望在这个世界上遇到更多这样的人！我希望遇到那些愿意让心灵去观察世界、探索世界的人，愿意与那些持不同哲学思想的人一起进行交流，表达他们对天文学或是其他学科的不同意见。只有当这个世界有更多这样的人，我们才能从别人那面"会反射"的镜子中看到自己，才能对身边的事物有更加深刻的认知。还有一件始终令我感兴趣的事情，就是人类的灵魂始终在迫切地希望打破过去的常规，希望挣脱出狭隘的局限，进入一个更加宽阔的天地。每个人都渴望知道未知世界所存在的各种秘密，都想要知道他们所处的位置——当然，我们有时会无意中听到一些人对此表达的反对意见。至少，我感觉自己仿佛认识了一位之前从未遇到过的人。这样的认识是重要的，因为必须要记住一点，即便是最具智慧的人也都是群居动物。亚里士多德思考上千人的命运，培根思考上万人的命运，等等。显然，这些都是他们各自哲学思想所表现出来的不同形式而已。事实上，拥有这些哲学思想的人不会超过七八个。只有那些凭借自身努力去进行研究与学习的独立之人，才能最终形成属于自己的学派。至少，他们是站在某个角度去看待神学理论的。

爱默生的一位斯韦登伯格信徒桑普森·里德[①]也同样影响着他——当然，里德对爱默生的影响，并不是体现在让爱默生去支持斯韦登伯格教派的理论形式，正如柯勒律治的作品也不会让爱默生去选择信仰圣公会，但是他给爱默生带来的最大影响，就是引导爱默生用脱离宗教形式的方式去看待宗教本身。

---

① 桑普森·里德（Sampson Reed，1800—1880），美国演说家、药学家。

爱默生在日记中写道：

1829年10月9日，沙登大街

我很高兴地看到，新耶路撒冷教派对《圣经》的一些解读能够为我们的教众所接受。《新约》中有关历史的段落都蒙上了一种庄重的色彩。显然，之前对其内容的解读是完全错误的。使徒者约翰与我们的救世主的本意并非如此。但是，很多所谓的宗教评论家却喜欢强行添加自己的一些思想进去，认为被添加与篡改之后的思想才是真实与永恒的。这些人认为，这样的思想传播得越广泛，对人类的生活就越会产生积极的影响。如果人类的愚蠢成分必须要面对谎言的话，如果所谓的真理只是一颗用迷信包裹的解药时——那么我才会原谅后者的行为，因为我相信，真理会以本身或是自然的方式进入每个人的心灵，最终成为灵魂的一部分，并且在谬误变得干燥或是表皮脱落之后，依然存在。

这种超越与理解的解读所带来的宗教狂喜精神，虽然让爱默生在对待各种不同形式的真正宗教时显得比较宽容与大度，但这其实是爱默生作为孤独的思考者所养成的习惯，而不是他作为牧师所本应该具备的。在他担任牧师的第一年里，在给玛丽·爱默生姑姑的一封信里这样写道：

1829年12月10日，波士顿

我们的人生就是谨慎与情感之间的一场漫长斗争。虽然当我之前说出"人生会因为过分谨慎而变得尴尬"时，你反驳过我。我想要表达的观点是：即便在我的思想里，我的灵魂依然受到束缚，但是我的灵魂本应该是最自由与最高尚的。圣诞节就要到来了——对于我以及其他人来说，这是一个空洞的节日，我尚且没有准备好去探寻与解释很多吹嘘者所说的话。与他们一样，我也在找寻着相同的真理，但我是在另一边，希望用一种全新的眼光去看待这样的真理。我必须要说，如果你能理解我现在所理解的东西，那么我就会为了实现某个目标去进行思考与说话。但是，如果我必须要做一些看似恰当或是合理的事情——只是为了满足一时的需求——我只能说，这是陈腐的表现，最终也不会带来任何积极的效果。这就是所有革新者与守旧者之间进行的战斗，而革新者往往会处在一个非常不利的境地。

爱默生在日记里写道：

1832年1月10日

我有时会想，我作为人的最好部分是成为牧师的最大障碍，我应该反对任何有头衔的职位。如果我从未按照自己所理解的思想去说话或是采取行动,如果所有人总是按照原本的规定去做,那么所有人的行动与言语都不会具有多大的效用。要想让一个人放弃自己的信念,按照古人那一套的行为去做,这需要一个人放弃自己多大的能量啊!问题就在于,我们从未想过要靠自己去创造一些东西,而是陷入了业已存在的机构当中。然后,我们在面对这些机构时不断妥协,认为这样的妥协会让我们做出一些有用的事情。我要说,这样的妥协是对自身正直品格的一种摧毁,也会摧毁我们所具有的能量。但是,如果每个追求美感的人都不服从已有的形式或是为世人接受的机构,为了追求个人的思想而选择退出的话,那么这个单调的世界还怎么继续运行呢?那些过分追求精致主义的人往往会带来过分恶劣的影响。

1832年1月30日

每个人都有其存在的价值,这点是毋庸置疑的。每个人都可以根据自身的品格能量去做出一些努力,然后根据外在的条件去调节内在的思想。如果一个人的外在状况无法接受这样的妥协,那么他就需要改变之前的生活方式,进入到一种全新的生活方式当中。如果他的外在状况能够适应这样的妥协,那么他就需要逐渐调节自己的思想。因此,芬尼完全可以发表布道演说,他所进行的祈祷演说也可以很简短。同理,帕克曼也可以发表布道演说,他的祈祷演说也可以很长。罗威尔经常出访,因此他前来教堂支持仪式的次数就不多。但是,对像我这样一个既不能出访又不能祈祷或是发表布道演说的可怜人来说，我又该持怎样的想法呢？

按照教会礼拜的常规部分，自愿祈愿者可能会认为，这是一个与圣餐仪式一样枯燥的仪式，但其在仪式的严谨性方面没有圣餐仪式那么高。爱默生在获得牧师任命之后，在一场布道演说里就谈到了祈祷的行为："祈祷行为是心灵框架结出来的果实，这应该在人的情感中找寻，而不应该在智慧层面上去找寻。当祈祷的力量处于最佳的状态时，其带来的力量是独一无二的。这会给人一种宽慰感，让人重新焕发活力，能够以最好的方式去陶冶我们的灵魂。"但在每一场公开的祷告会上，都会有很多教众不具备这样的理念，因此很多人会反对爱默生提出的这种理念。在神学院居住的时候，爱默生就在一篇日记里这样写道：

> 绝大多数人都将他们对祈祷的关注集中于基督教会场所出现的问题上。但是，很多人现在认为这样做是不符合时宜的……事实上，公共祈祷只是我们对事情应该怎样的概念的一种延伸而已，这样的概念是从少数人的情感那里生发出来的，而不是从众人的理智中得到的。诚然，我们之前说过，我也很抱歉地继续说一遍，当我们将祈祷定性为一种乞求获得尊重而非怜悯心的行为时，这是非常错误的。我们想要寻求上帝带给我们祝福这样的念头，当然是极为合理的。我们也完全有权利去表达自己需要什么，说出我们的罪恶，甚至是我们的情感。当我们向上帝表达这些想法的时候，这一切都显得是合理且自

然的。也许，有人还会主张，任何人都不应该进行祈祷。那些过分强调外在环境与过分强调人的情感的人都会聚集起来，他们认为一个家庭，某些朋友，都应该联合起来，表达他们认为祈祷的行为不应该超过合理的范畴。当然，要解决这个问题更为困难，因为这其中包括着许多形形色色的问题，其中还包括进行公开礼拜活动的场所，还有众人所持的不同动机，等等。很难想象，这些人所提出的不同请求与要求，能够在一个人的协调下达成统一。

爱默生没有提出任何反对意见，默认了这样的惯例。就我所知，他在第二教堂担任牧师期间，都没有对此提出反对。爱默生曾对他的舅舅里普利说过，他有时不得不说些言不由衷的话。因此，他拒绝参加与此相关的其他活动。不过，我认为，当他站在布道讲台上的时候，他依然会以自己认为合适的方式去为教众提供祈祷方式，他的祈祷演说也给教众们留下了深刻的印象。

无论从哪方面来看，爱默生所持的立场都不可能让他在任何其他教堂里担任牧师职位。如果他怀着遗憾之情回首自己这一段短暂的牧师生涯，这是因为他曾经对此进行过深入的思考。正如他在祈祷问题上有自己的想法，不愿意苟同于当时的教会。

爱默生在日记中写道：

我有时觉得，为了成为一名好牧师，我必须要离开教会。牧师这个职业太古老了。在我们这个完全不同于过去的时代，我们依然按照祖辈留下来的那种陈旧的方式去进行崇拜。难道苏格拉底式的异教信仰不是要比衰老过时的基督教更好一些吗？整个世界都依然坚持着所谓正统的基督教，但从没有人去讲解任何关于本质的真理，没有人去真正谈论基督精神，因为大家都担心这样做会带来严重的灾难。每一位老师曾经都可能认为应该坚持自己对某个伟大真理的看法，但最终却变得谨小慎微，不敢表现自己对生命以及基督的真正看法。这种畏缩的心态让他的教导方式失去了任何作用，这让他所感悟到的真理失去了生命力，让他只能去讲解一些次要的道理。

我认为，从某种程度来说，爱默生还是忠于自己的——他所处的牧师职位并没有让他做出任何他认为不真诚的行为，只是在某种程度顺从了教会的规定而已。当然，这种内心不满的情感还是让他产生了厌倦发表布道演说的情感。

爱默生在日记中写道：

> 我讨厌那些伪君子，我讨厌那些道貌岸然地站在讲台上发表演说的伪君子。那些过分强调善意与美好的人其实就是自打嘴巴。伪善的行为让我们每个人都变得糟糕透顶。我们应该像躲避罪恶一样躲避这样的人。

相比较而言，爱默生更加喜欢那些从"野蛮的异教徒群体"中衍生出来的善意，就好像蒙田那样子的。

> 蒙田不是一个柔弱的人，他希望能够参加一次晚上演讲或

是参加年轻人的辩论活动，但他总是用圆滑的方式，讲述自己骑在马背或是在欢送军队进入城堡时的所见所思。一大群粗野且尚未完全开化的下流之人贬低他的作品。显然，这些人应该被赶走。但是，蒙田在作品中表达出来的热烈情感、正确的判断力、追求真理的执着，始终都没有展现出任何一丝恐惧或是不安。我真的很想张开双臂拥抱他的作品。他的作品看上去虽然比较粗犷，但品尝起来却像蕨类植物那样可口。亨利八世国王也非常喜欢蒙田的作品。当我们无意中遇到一位真诚的撒克逊人时，发现他是一位具有野性与美德的人，一个懂得书籍并且能够以正确方式去对待书籍——即将书籍放在一个比理智更低的位置的人。在这个时候，书籍很容易将人的理智赶走。你会发现，到处都有很多人谈论着记忆中的某些事，而不是谈论着他们所理解的事情。如果说我从蒙田的作品中窃取了某些思想的话——事实也很可能如此——我根本不在乎。即便之前没有蒙田的存在，我自己也会说出这样的话。

我们可能会认为，爱默生在这段时间会遭遇许多困难，因为他没有很强的适应这种环境的能力，也不懂得如何让很多人以自然的语调去真诚地表达自己的观点，并且过分注重牧师一职所应该具有的各种形式。但我认为，爱默生在这些方面都没有表现出明显的缺点。

在他获得牧师任命后的一场布道演说里，他强调了作为牧师的其他责任，其中就有关于批判性学习以及对《圣经》内容的阐述。每周他继续按照沃尔之前的方式进行解经式的讲道。在他的笔记里，我发现了他专门为此认真地做了笔记，并且与教会方面进行过讨论的记录。

无论从各个方面来看，他都按照牧师这份工作的要求去做。但对他来说，这份工作的每个方面都让他感到压抑，需要他时刻付出努力去做一些有价值的事情。显然，爱默生在做这些事情的时候，并不总是完全出于内心的想法。他显然知道辞去牧师一职会让他付出多大的代价，他的未来显得多么变幻不定，他是在逃避着一切。

给哥哥威廉·爱默生的一封信：

1832年11月19日，波士顿

亲爱的威廉：

我辞去教会牧师一职，这极大地缓解了我与教会之间的紧张关系，让彼此都松了一口气。对我来说，这是一件悲伤的事情。对教会来说，在某种程度上也是如此，因为我们都非常适合，都希望通过共同合作来做一些有意义的事情。虽然，这样的决定有可能会让我在接下来的一段时间里遭遇困境（这种情况出现的可能性极大），但我依然保持着内心的平和，依然坚定地选择自由。我可以跟你说说目前困扰在我脑海里的一些想法——关于行为、文学与哲学方面的想法吗？难道我之前那些鄙视合作或是将我的成功视为理所当然的朋友，不是很多都离我远去了？就一般意义来说，从事这项事业所带来的弊端，就是过分依赖于捐赠者了，而这些捐赠者往往都对宗教思想没有深入的研究，因此他们也不愿意表达自己独立的思想。但是，一个人应该将自己灵魂的声音说出来,而不是将整个地区的民众普遍心声当成自己的心声。表达自己的思想,这才是布道演说的真谛。个人对一个集体做出的反对,这是一个人的力量所能达到的极限。曾经这样做过的歌德①与席勒②,他们都拥有着那些胆怯或是畏缩的改革者所不具备的能力。但是,请给我时间,给我力量,给我想要的那种合作,我肯定会撬动这个地球的。难道我们不会翻看图书馆里的每一本书,不会了解美国所有期刊的内容吗?难道我缺乏这样的帮手吗?我只希望能够得

歌德　　　　　　　　　　　　　　席勒

---

① 歌德(Johann Wolfgang von Goethe,1749—1832),德国著名思想家、作家、科学家,他是魏玛的古典主义最著名的代表。代表作有《少年维特之烦恼》《浮士德》《潘多拉》《魔法师的学徒》等。
② 席勒(Johann Christoph Friedrich von Schiller,1759—1805),德国18世纪著名诗人、哲学家、历史学家和剧作家,德国启蒙文学的代表人物之一。代表作有《威廉·退尔》《阴谋与爱情》《欢乐颂》等。

到家人的支持，得到你、爱德华与查尔斯的支持，这对我来说就已经足够了。可以说，这样的计划是我所能想到的最好计划了。几个月后，等着看我做出的成绩吧。

忠诚于你的

拉尔夫·沃尔多·爱默生

虽然，爱默生用看似平淡的笔调写这封信，但他实际上却承受着不断累积的压力。就在前一年，他的妻子去世了，这让他仿佛感受不到这个世界的光明与美好，失去了家中那个永恒的太阳。在妻子病重期间，他始终温柔地照顾着妻子。在他们结婚的第一年，他就带着妻子前往南方过冬，躲避寒冷的春风。他们还准备在次年2月的时候继续去南方过冬。当妻子最后去世的时候，巨大的悲伤笼罩着他，让他无法呼吸。在很长一段时间里，他的日记都弥漫着悲伤的气息，用哀婉的笔调怀念着妻子。爱默生的表弟哈斯金斯博士说，在他出发前往欧洲之前，他每个早上都习惯了前往妻子在罗克斯伯里[①]的坟墓看看。爱默生的母亲给爱德华写信，希望他可以从波多黎各回来，"好好地陪陪他孤独的哥哥"，但爱德华却始终无法成行。此时，查尔斯因为健康问题已经放弃了法律学习，与爱德华一起在波多黎各休养。他们在第二年（1832年）夏天回来了。爱德华在家里逗留的时间不长，接着，他就最后一次见到了二哥爱默

[①] 《拉尔夫·沃尔多·爱默生：他的母系家族以及关于他的一些回忆》，大卫·格林·哈斯金斯著，1886年在波士顿出版。在本书的第二版里，可以找到一些有趣的内容，其中就包括爱默生的父亲与母亲的画像、第一教堂的俯瞰图以及坎特伯雷的一所房子。

生。当时,爱默生的健康状况非常糟糕。30岁这一年对爱德华是一道坎,查尔斯在这一年的身体状况也很差。查尔斯在写给玛丽·爱默生姑姑的一封信里这样说:

亲爱的姑姑:

沃尔多病了。他的情绪很低落,他想要前往南方,我认为他也应该马上动身前往南方。之前,我从未看见过他如此低沉。当一个人成为改革家,他肯定希望自己能够坚强些。当一个人从影响力与地位的壕沟里走出来之后,他肯定会希望自己的能力没有受到丝毫影响,依然拥有坚定的希望。我们不希望看到他或是他的家人再出现任何不好的情况。但是,目前发生的这一切似乎浇灭了他的希望之火,淹没了他的人生使命感。按照他的本性,他是一个天生的行动家,而不是一个天生的受苦者。但是,像他这样饱受着疾病困扰与悲伤却从不抱怨的人,又算什么英雄呢?

12月10日,爱默生正在思考着前往意大利的旅程。他认为可以乘坐本周的一班轮船前往马耳他,然后在从马耳他前往那不勒斯。此时,他的健康状况似乎有所起色,但依然需要持续地休养,而一段航海旅程能够让他的身体得到一定程度的休养。我本人是不愿意看到爱默生就这样前往欧洲大陆的:我认为,即便他到了欧洲,那里的环境也不会给他的心境带来太大的变化,但场景的变换的确可以打破他之前那种平静的生活,改变他的思维方式或行为方式。与你一样,我同样希望他的身体状况能够好起来。也许,他之后依然需要凭借自身的努力去

马耳他

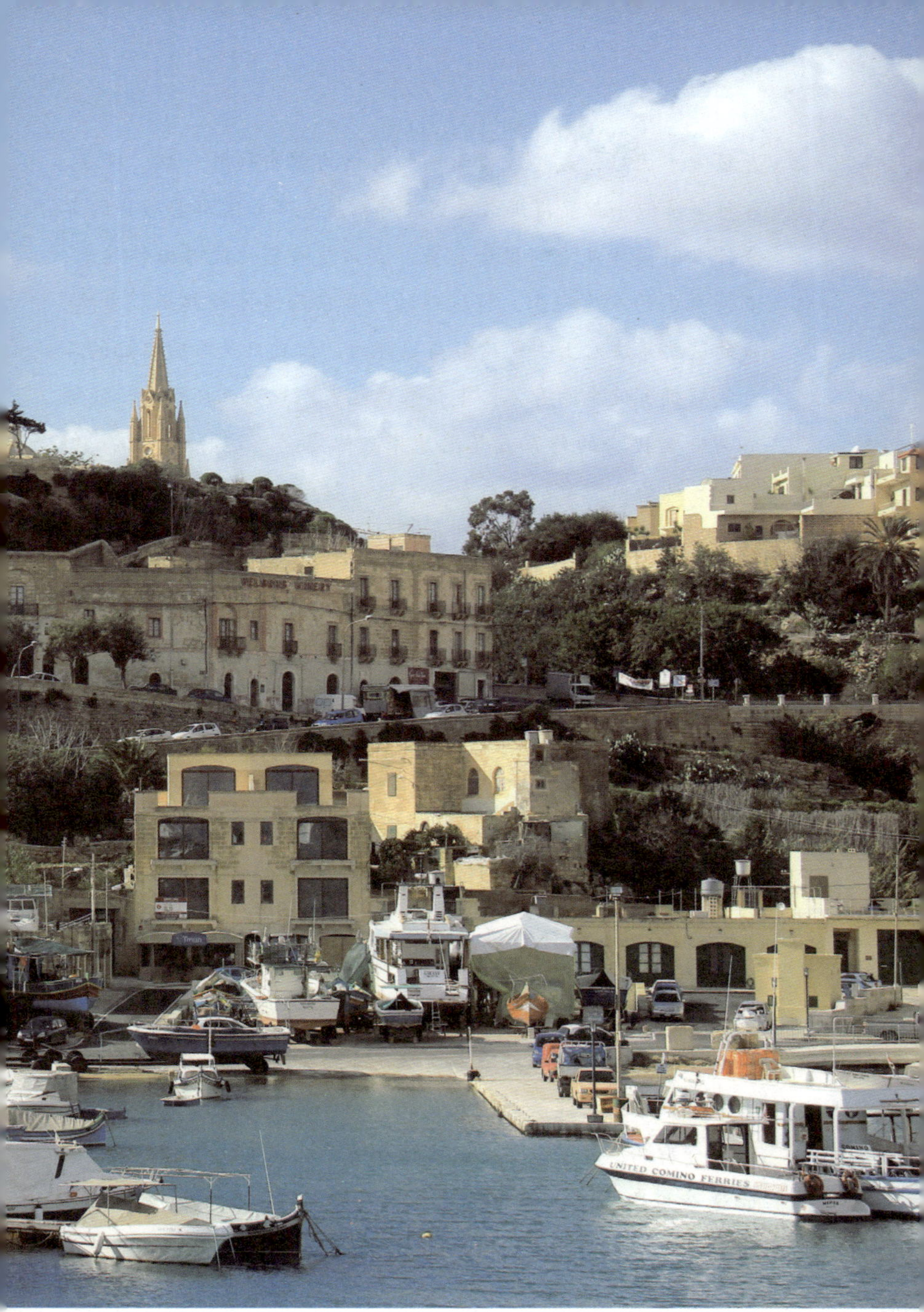
UNITED COMINO FERRIES

克服重重困难，最终凭借自己的品格力量去战胜一切。现在，各种事情似乎都显得那么支离破碎，我也不知道那些破碎的部分什么时候才能重新聚合起来，我只是希望他能够振作起来，坚持自己的人生观念，将过往的一些东西慢慢捡起来。当然，我的这些想法看上去是庸俗与粗鄙的，但我只是希望自己的二哥能够拥有健康的身体，重新振作起来。我从未怀疑过他能够成为一名优秀的作家或是思想家，他完全有这样的天赋。但是，我认为他需要从事与更多人进行接触的实质工作，无论这样的工作本身多么让他感到厌烦。每个周六，当我前往教堂聆听千篇一律的布道演说，这的确让我感到非常不满。我希望他能够记得，自己在布道演说方面所具有的天赋。我们甚至需要让这样的泡沫彻底破碎，无论这些泡沫的颜色是多么的好看。

我们一家人又要分开了。母亲也许要前往牛顿地区与拉德姑姑一起生活，我会依然待在这座城市。

在同一天，爱默生在给哥哥威廉的一封信里这样写道：

亲爱的哥哥：

我所患的疾病证明是多么的顽固，反反复复地侵扰着我，让我不得安生。我已经准备听从沃尔博士的建议，看看进行一次海上旅程是否能够拯救我孱弱的身体。我原本决定乘船前往西印度群岛，与爱德华一起度过冬天。但在几个小时之后，我的这个想法已经变成了有关那不勒斯与意大利的红紫色梦想了。这完全是这两天做出的改变。本周，一艘前往西西里岛的轮船就要出发了，我应该会登上这艘船出发。亚当斯先生与我母亲都为我这趟旅程出了很多力。

爱默生还给之前的教众写了一封信，表示自己无法亲自向他们道别。在1832年圣诞节这一天，他登上了"哈斯佩尔号"这艘排水量为236吨的双桅横帆船，装载着西印度群岛的商品前往地中海，最终于次年2月2日在马耳他登陆。

第五章
欧洲见闻

1832—1833

在冬天，乘坐一艘小型的商用双桅横帆船出发，待在封闭的船舱内，每天都吃着牛肉与大豆，这似乎正是处在"健康状况最低点"的爱默生所需要的。但实际上，他并不喜欢这一段的海上生活。

他在日记里写道：

> 一段航海生活，从其最好的一面来说，也可以说是充满了许多艰难险阻或是不确定的因素，这样的因素是每个出海的人都需要去面对的。即便是处于目前状态的我也觉得这样的因素是太不可预估了。其中发生的任何事情，都有可能会让人付出难以估量的代价。

自从他踏上这艘船之后，之前一直紧跟着他的身体疾病似乎慢慢地远离了他。下面就是爱默生在这一

时期的一段航海日记:

每天日出的时候醒来,待在船舱内,享受着孤独与沉思的时光。我感觉自己似乎能够触摸到云朵,在它们那一张张安静的脸上,我可以得到一种永不改变的爱意。太阳照射出来的阳光都是一样,无论是在欧洲、非洲、尼罗河还是任何地方,这样的阳光都别无二致。我希望能够敞开灵魂的耳朵,去认真聆听那最古老的赞歌,聆听着阳光默默对我所说的话——阳光就像是一幅帆布画,一尊雕刻的大理石,或是一座繁荣的城镇?但是,我们却在阳光下不断努力地创造,不断地创造着属于人类自己的未来。当我认真观察着光线的转移,看到阳光在艺术作品中的呈现,我内心由衷地欣喜。阳光的存在让人充满了活力。当你置身于欧洲的时候,你会更加强烈地感受到这一原则。这能够让人充满了活力,让美国变得更加美国化。阳光跨越海洋,仿佛就像走过手掌那样宽的距离。阳光始终在时间与空间的世界里绽放着微笑。阳光说,欢迎你们,年轻人!整个宇宙是大度的,伟大的上帝所给予的爱意,让你意识到他那广阔的胸怀以及无限的怜悯。我们可能会前往历史名城游览,你可以尽情地按照自己的想法去进行思想。你们可以感受到强大的小人国或是你的血统的源流。如果你接受过这方面的教育,那么你肯定会相信这一切,并且计算着自己在航海旅程中所遇到的三四个思想泡沫。拥有强大翅膀的海鸥以及带有斑纹的海鸟在海面上飞翔,当你从船舱里看到它们的时候,它们仿佛就像是在刚出离海平面的地方飞来飞去——它们都是上帝创造出来的艺术品，理应获得你关注的热情，它们都是永恒能量创造出来的代表作，因为它们始终处于一种动态。如果你的内心从来没有这样的情感，那么你也根本不需要前往世界的任何其他地方去找寻这样的情感。

我们的富足、进取、秉性都像变幻莫测的空气那样流动。现在，我们都在等待着海浪变得更加平静，好让大家保持自己的举止。每当轮船遭遇了顶头风，都会让我们变成了咧嘴笑着的以扫①。但是，我必须要感谢这片广袤的大海，感谢海上变幻莫测的天气，因为这有助于我的健康以及消化能力——这真的是上天赐给我的最好的礼物啊！

1833 年 2 月 3 日，马耳他港

我来到了圣约翰的影响范围之内，这是一座具有历史名声的岛屿。这里有高耸的城垛，是以前骑士出没的地方，现在隶属于英国管辖。周六，我前往当地的一所教堂，感受着安息日的气氛。当我第一次踏足这个古老的世界，一切都变得那么真实。这就好比我需要去学习两种语言，才能更好地理解这里的风土人情，而不至于让自己在这片陌生的土地上显得那么粗野。在所有看似无关紧要的场合下，我似乎都受到了自身无知带来的压抑。要是让我以正确的方式去对此进行思考，那么我们会将之称为一种商业主义。我很高兴看到这个地方将有着繁

---

① 以扫（Esaus），根据《圣经·创世纪》的记载，以扫是以撒和利百加所生的长子，因身体强壮且多毛而被起名以扫。

荣的未来。当然，商业发达本身肯定是一件好事。不过，要是我之前能对这里有更加深入的了解，这肯定会带给我更大的满足感，而这样的满足感是我目前所没有的。也许，到这来是个致命的错误。但当我冷静思考的时候，我认为这是一种很不错的哲学思维，即无论我们前去哪里，无论我们做什么，自我都是我们去学习与研究的唯一对象。蒙田曾说我们所唯一了解的人就是自己，但我却对我自己了解很少。这就好比化学家用一种全新的盐类物质进行实验，试图了解与其性质相近的其他物质的特性，然后有意识地进行选择，最后做出了重大的发现。我把自己放逐到大海、马耳他与意大利，就是为了找寻我与人类同胞们的相连之处，近距离地观察他们表现出来的情感、缺点、惊喜、希望与疑惑，这就像一张全景图的各个方面都呈现在我眼前。这种思维方式是比较新颖的，就像那些不知名的爬行动物。但我所谈及的是那些具有宇宙意识的人，那些能将自己散发出来的影响力四处扩散的人。关于爱的最高级事实是难以企及的——人类难道就缺乏这样一种行动与进行常识沟通的能力，从而激起那些旁观者、同类人或是人类应该鸣谢的那些人的鄙视心理吗？还是说，我们都应该将本性中那些错误所带来的不良影响都消除掉呢？

爱默生并不是一位盲目追求美丽风景的旅行者，事实上，他从来都不会过分注意旅途中到底会有什么样的景色。在瓦莱塔，他感觉自己仿佛置身于"一个个充满着奇妙的盒子里面"。他前往圣约翰教堂进行了礼拜，接着就乘船前往意大利的锡拉库扎。

锡拉库扎

1833年2月26日，锡拉库扎

亲爱的哥哥：

你之前一直强烈敦促我要前往西西里岛。在这座世界上最具历史的古城里，我忙里偷闲地给你写了这封信。之前，我已经在奥提伽岛待了四天。在我所居住的地方，只要打开窗户，就能看到埃特纳山峰，还能看到另一边的朱庇特神庙、阿基米德的坟墓以及远处房顶的狄俄尼索斯[①]的耳朵。我喝着阿瑞图萨地区的清泉，收集了来自阿纳普斯河边做成的莎草纸。我游览了西塞罗[②]当年赞不绝口的地下坟墓，这些坟墓挖得很

[①] 狄俄尼索斯（Dionysius），古希腊神话中的酒神。
[②] 西塞罗（Marcus Tullius Cicero，公元前106—公元前43），罗马共和国晚期的哲学家、政治家、律师、作家、雄辩家。

第五章
欧洲见闻

朱庇特神庙

阿基米德的坟墓

狄俄尼索斯的耳朵

画家维金斯·威廉笔下的库阿涅清泉

深，目前挖掘出来的深度可能远远还不够。我听到很多人说，以前的密涅瓦神庙现在已经变成了一座教堂。至于我的早餐，当地人介绍我吃最为美味的亥布拉蜂蜜，而晚餐则以鹌鹑为主。可以说，这是一个破败且寒酸的地方，到处都可以看到古代的废墟影子。之前的地震已经摧毁了神殿，可以说现在已经没有人谈论希尔罗、迪莫里安或是迪翁等人了。但是，我很高兴找到了他们曾经居住的地方。我聆听着这里的蜜蜂发出的嗡嗡叫声，从库阿涅清泉旁边三四英里的地方采摘了一些野花。我认为，我对这一地区缺乏必要的历史了解，这始终折磨着我，让我无法更好地了解这里的一切。我希望找到我的维吉尔与奥维德，我希望找寻属于我心中的那段历史以及我的普鲁塔克。我希望能够找到相关的旅行地图或是地名手册。要是我早14天来到这里的话，我肯定会去参加圣方济会托钵僧修道院举行的会议，恳求别人送我一本相关的书籍，或是自己买一本。这里要比罗马更加具有罗马气息。这是历史上众神玩耍的地方，但这些众神给这里带来了持续的战争与商业贸易。

康斯坦察的奥维德雕像

1833年3月5日

自从我再次提起笔到现在这段时间里,我乘坐驴车从锡拉库扎来到了卡塔尼亚,接着又乘坐马车前往埃特纳山峰与海边之间的地带。陶尔米纳到墨西拿这段路只有30英里,沿途是美丽如画的风景。我认为,世界上再也没有哪个地方的旅程比这里更美的了。这里的城镇可以说是属于山羊的,每座城镇似乎都建在悬崖边上。这里的土地非常肥沃,到处都有一些用石头筑起来的村庄建筑,洒满阳光的海滩上则有许多渔民在抛撒着渔网,陡峭的大理石山从另一侧突兀而出。此时,我就在墨西拿。历史上,这里代表着斯巴达人文明,但现在已经找不到任

卡塔尼亚

第五章
欧洲足印

墨西拿

陶尔米纳到墨西拿的沿途风景

何古时候的遗迹了。正如在锡拉库扎以及卡塔尼亚，我们也找不到关于当代的任何艺术品……你可能会知道，这个古老的世界肯定会给当年那些迷失了方向的可怜隐士提供一个精神的庇护所。在这里，我可以看到很多人戴着全新的帽子，穿着全新的夹克衫，这与当地古老的风貌形成了鲜明的对比。你所前往的每个地方都可以说是一次冒险：你有机会认识到一位诚实且善良的人——如果是这样的话，那么你就有最佳的机会去了解这座城市，或者说，你可能不会认识任何人——然后，你就会在对这座城市一无所知或是带着不好的印象的情况下离开这里。

在墨西拿，爱默生乘坐汽船前往巴勒莫，途经锡库拉与卡律布迪斯，接着从巴勒莫前往那不勒斯。在那不勒斯，他参观了学院美术馆，他认为"这个美术馆通过其建筑表现出了暴徒的那种轻浮与追求感官刺激的情感，而这些暴徒则呆呆地看着这一切，透着一种纯粹、严谨的气息。这里的雕像都代表着古代的人物，他们的容貌代表着这个世界的早晨"。不过，这样一个事实似乎给爱默生留下了最深刻的印象，即意大利在蛋糕与麦芽酒方面与世界其他地方是完全一样的。

在那不勒斯时，爱默生在日记里写道：

> 来到这个港口后，我很难继续保持自己正确的判断力。巴亚、米塞纳、维苏威火山、普罗奇达、波斯里普、维拉利尔等地方听上去都非常庞大，我们也准备在感官判断方面失去准确性。

但是，他从未放弃自己准确的判断力。他的想象与心灵依然停留在康科德与波士顿地区。在意大利美丽的春天，康科德与波士顿地区的生活情境与自然环境在他的眼前似乎慢慢地铺开，牢牢地占据着他的心灵，让他"将导游与客栈老板所带来的烦恼"全部赶走，将所有影响游客心情的不良因素都排除出去了。他当时的内心情感，可以通过他在日记中所写的一首诗歌得到表现：

> 全能睿智的上帝，
> 在每个人的人生中装点着一些东西，
> 让每个山丘上都绽放着美丽的花朵，
> 让每朵花都拥有美丽的花瓣，
> 将花瓣舒展与染色，
> 紫色的，棕色的。
> 因此，每个人的生活都应该有恰当的光线，
> 都应该有一些欢乐，一些特殊的魅力。
> 对那些处于忧郁时刻的人来说，
> 可以在寻常日子里重新会合。
> 没有几个人感受到迷雾的美感，
> 也没有人感受到流经小镇的河流，
> 两旁那些低矮紧凑的松树林。
> 没有多少人注意到夏日黄昏时分，
> 那一抹红色的彩虹。
> 无论是罗马还是欢愉的巴黎，
> 无论是富人雄伟的宫殿，

都无法闪耀出那样明媚的光芒。
任何睿智、任何口才——
甚至是任何活着的女人的歌声,
都无法与之媲美。
这样一颗灵魂,一颗具有神性的灵魂,
正在努力重燃着快乐的过往。
当我看着早晨的阳光,我感受到了这样的力量。
在弥漫着大雾的路边,
在生长出来的绿色紫罗兰下面,
一脸悲情且安静的诗人正在对我吟唱着,
你那甜美与神圣的妻子的挽歌。

在写给他的一位郊区居民与朋友乔治·桑普森的一封信里,爱默生写道:

1833 年 3 月 23 日,那不勒斯

亲爱的朋友:

你与你的家人这段时间过得如何?在每天的庸俗烦琐中,你的灵魂还好吗?你又萌生了什么新思想呢?你又有了什么更为光明的希望呢?再过几个月,我就能与你好好地交流了。我真的感谢你给予的这段充满真诚的友情,特别是在去年的时候,我真的非常感谢我的顾问。在关于宗教问题上,总是会出现那么多的争论。我相信,我们可能会谈及一些比以往更加忧

都的主题。我很遗憾那些问题给你带来那么大的困扰。要知道那些问题始终都会给我带来无尽的困扰……在这里，我看到了许多不同的人，目睹了许多事情，看到了很多辉煌的建筑，也看到贫穷衰败的迹象。但是，我也不知道自己是否从这趟旅程中收获了更多，是否变得更加睿智了。我们用同样的标准去衡量不同的事物，却发现结果并没有太大的差别。对一个人来说，在波士顿待一小时与在那不勒斯待一小时，其实都具有同等的价值……旅行是一件非常无趣的事情，因为你要在旅途中忍受非常糟糕的食物，但这却是治愈你心灵的良方。旅行所带来的好处就好比晕船，这能帮助你打破之前养成已久的不良习惯。有时，我甚至会认为大海的颠簸对我的身体具有更好的影响……我很高兴认识到，同一个人可能会带上1000副面具，他们会用意大利语跟我说着一些告诫的话，但我其实更愿意听到别人用英文跟我说……在家的时候，我才明白自己在旅途中最大的需求是：我从未遇到过一些真正伟大或是有趣的人。当然，这里到处都是人。但是，对一个旅行者来说，我却不知道他们的名字。这就是我们不应该在年轻的时候去旅行的一个重要原因。如果你会说些所要前往国家的语言，那么你在那里认识别人的概率就会大增。如果你同时是一个善良且伟大的人，那么你的机会就会更大……我什么时候才能收到你的来信呢？我已经收到了家里寄来的一些信件，但他们在信中都没有提到有关第二教堂的事情。当你下次寄信过来的时候，记得要专门谈谈这方面的事情。但最重要的是，你要多说说自己目前的状况。我希望，当你收到这封信的时候，你妻子已经康复了，而我的侄子们也都在健康成长。请将我的善意转达给桑普森夫人、你的所有朋友以及我的朋友。星期一，我将会出发前往罗马了。

无论在何处，永远忠诚于你的

拉尔夫·沃尔多·爱默生

给玛丽·爱默生姑姑的一封信：

1833 年 4 月 18 日，罗马

亲爱的姑姑：

这座伟大城市的景象以及名称，时刻让我想起具有无与伦比才华的你，因为这座城市所带来的那种精神超越了时空的局限，给人一种只有到了罗马才能感受到的那种荣耀。要是我能在这封信里生动地将自己所见到的一切描述出来，那我肯定会十分高兴！……他们之前是否告诉你，我已经从往日那种消沉颓废的日子里走出来了，离开了家乡，到了这里呢？事实上，自从我离家之后，身体就在不断好转，我现在的身体状况比我在大学时候都更好。在罗马这样的地方，像我这样的人怎么会生病呢？拜伦曾说过："罗马是一座汇聚了所有情感的城市。"但是，这座城市许多建筑的名称与状况，这里的艺术品以及历史古迹所唤起的无限情感，却又是那么短暂与肤浅！在我看来，罗马这座城市唤起了我超过一般层次的情感，我始终无法习惯这座城市带给我的情感冲击。这座城市始终都在唤醒着我内心的某种期望，最后却又让我感到失望。我仿佛置身于一个庞大的系统之内，而自己只是一颗可怜的小行星，只能在自己所处的轨道里不厌其烦地转动，不仅远离了其他的星球，而且还远离了月球。在这里的每个地方，我原本希望看到那些睿智之人、真正的朋友以及具有完美品格之人，但我却只看到了这些事物的碎片。

拜伦

我无法说服自己这样一个事实，即所有这些拥有美好灵魂的人都已经远离了这个星球，或者说我应该远离所有友善的朋友，然后只能与那些满脸忧郁、沉闷或是遗憾的人在一起。自从我离家之后，无论是在大海中还是在陆地上，我都一直被关在船舱里，我也遇到了很多不同的人。可以肯定的是，他们都是一些比我更加聪明与睿智的人。虽然他们没有给予我什么大的帮助，但是我无法告诉你，当你与两三名具有常识的人一起吃东西或是一起散步时的那种感觉：我感觉自己在上帝所创造的宇宙之下，重新成为一个自由的人。倘若这些都不算是上帝赐给我的指引者，我真的希望上帝能够给我更多的指引。上帝赐给人类最大的礼物就是指引。到底在什么时候，他才会让我真正去感知他那全部的真理以及他那无边无际的仁慈与英雄般的情怀呢？我已经在散文或是诗歌里对这些人进行了一些描述。我非常清楚自己的这些想法，但是那些与此相对应的血性精神到底去了哪里？我知道当我这样写的时候，这样的神性是不会像那些从云隙中射下的阳光那样照在我身上的：我非常清楚，我们是如何以缓慢的姿态去接近我们生活中所有美好与灿烂的事物，也将会知道我们在获取最具有价值的信息时，往往会表现得多么随意或是缺乏观察力。但是，我却能随时感知到埃伦所具有的美感。临死的时候，她所散发出来的魅力始终让我震撼。为什么我们心灵所期望的主不会出现呢？你现在距离我很遥远，我不可能期望很快就能收到你的回信。因此，我只能按照一些现实的经验去对此进行衡量。这样的经验告诉我："在人类的孩子中，所有给予与奉献都是相互的，你可以在不经意间就取悦了天使，可是当你在处于全然接受状态时，他们却又无法给予你更多的东西。但是，你前进的每一步，都会影响到你与其他人之间的关系。这会提升你的气质，深化你的意义，让这样的精神更加洋溢。当时间、痛苦与自我克制改变与神化了原先那些具有污点的自我，你将会发现同胞们也发生了变化，他们的脸庞会闪耀着智慧的光芒与神性的美感。"那些只是盲目地追求着文字语言以及过往尊贵传统的人，将会在我的抱怨中发现一种自白以及自我控诉，这是毋庸置疑的。你会说，我没有收到上天赐给我的东西。但是，你绝对不能说出这样的话来。你也知道，我正在以真诚的方式与我的主说话。上帝派来的那位极为优秀的老师，他为人类的进步与过上舒适的生活做出了巨大的努力，他更加真诚与具有牺牲精神。这样的事实不可能存在于我身上，正如他也不可能这样对待约翰。我的兄弟，我的母亲，我的朋友们，他们对我来说都不仅仅是一种朋友的关系……亲爱的姑姑，我希望能在巴黎收到你的来信。

永远忠诚于您的侄子

拉尔夫·沃尔多·爱默生

在罗马游览的时候，爱默生怀着愉悦的心情参观了许多名胜古迹，包括雕像、美术馆、历史遗迹以及教堂，他总是对见到的那些景象发出感叹。其中有两幅图画留在他的记忆里———一幅是拉斐尔①的《基督显圣》，另一幅是安德烈·萨基②的《罗穆亚尔德的梦境》。这里的一些教堂建筑也震撼着他的内心，特别是圣彼得教堂。他曾说，自己对过几天无法再看到这些建筑而感到非常遗憾。在爱默生的意大利游记里，参观教堂建筑的描述是最为突出的：马耳他的圣约翰教堂是"一座崇拜上帝的神圣教堂"，而关于西西里岛与那不勒斯的教堂，他则表示："我怀着极为愉悦的心情，完全顺从这些教堂的神圣文字、精美的绘画以及真实的信仰带给我的宗教印象，虽然其中很多绘画都是关于女人与孩子的。谁能够想象这些充满善意的景象会在价值的崇拜上所具有的意义呢？我不是指一般意义上的新教崇拜仪式，但如果所有这些教徒都是真正意义上的崇拜者的话，那么这又会怎样呢？这样的崇拜仪式肯定会带有某种'天主教'仪式的味道，却没有展现出一位牧师到处走来走去的景象，也没有一会儿向这里鞠躬，一会儿向那里鞠躬的情景。为什么我们

---

① 拉斐尔（Raphael，1483—1520），意大利画家、建筑师。与列奥那多·达·芬奇和米开朗基罗合称"文艺复兴艺术三杰"。拉斐尔所绘的画以"秀美"著称。
② 安德烈·萨基（Andrea Sacchi，1599—1661），巴洛克盛期古典主义意大利画家，活跃于罗马。

《基督显圣》

安德烈·萨基的《罗穆亚尔德的梦境》,藏于梵蒂冈城梵蒂冈博物馆

马耳他圣约翰教堂

西西里岛的巴勒莫主教座堂

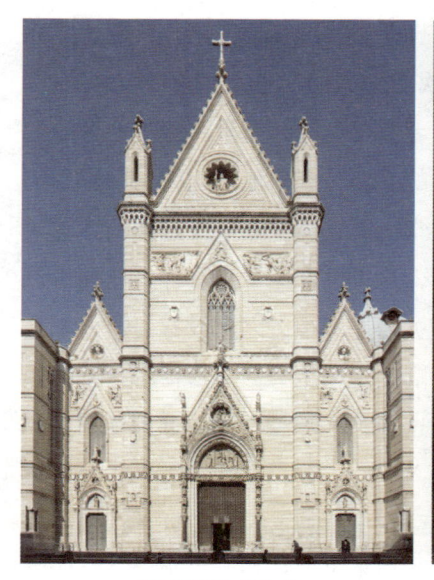

那不勒斯主教座堂

那不勒斯主教座堂祭坛

那不勒斯主教座堂穹顶

就不能按照这里的教堂这样，去设立一些图画与音乐，营造这样好的教堂气氛呢？教堂始终敞开欢迎的大门，这是件多么美好的事啊。这样的话，每个疲惫的旅行者都可以进来坐坐，感受这里的艺术所带来的关于另一个美好世界的念想，直到他对这一切都感到厌倦。我希望在新英格兰地区的教堂也能在墙壁上描绘这样的图画或是镌刻一些文字。在这个世纪前，这里也许还耸立着许多花岗岩桩做成的教堂，但这些教堂现在都关闭了。难道之前没有美国人来到过这里，所以他们无法在美国大陆上建造出类似于这样的教堂吗？欧洲是艺术的诞生地，但我认为这种艺术却没有漂洋过海传到美洲大陆。"

但是，爱默生没有特别留意那些他的内心没有期望看到的景象，因此他会走马观花地经过那些原本可能让他驻足观看或是欣赏的景象。我们还记得，当雪莱[①]在14年前来到罗马的时候，他就曾参观过这里的竞技场与洗礼的地方。这些建筑与地方给人带来的精神震撼应该不会这么快就消失了吧。但让人感到奇怪的是，当爱默生来到这里的时候，雪莱当年在信件中所描述的那种充满爱意的孤独，却没有让这位年轻的美国人的内心掀起任何波澜，因为爱默

雪莱

[①] 雪莱（Percy Bysshe Shelley，1792—1822），英国著名作家、浪漫主义诗人，被认为是历史上最出色的英语诗人之一。代表作有《西风颂》《自由颂》《一朵枯萎的紫罗兰》《诗的辩护》《无神论的必然》等。

罗马竞技场

生之前从未见过任何废墟。但是，爱默生也不是对此没有感受，只是他在追求着另一个目标：啊！伟大的罗马城！这是一座极为壮观的城市，能够满足每个人最天马行空的想象。要是我能够找到一位适合跟我一起游览这座城市的人，他能够将这些座城市具有的情感告知我，那么我肯定会觉得非常幸运的。即便如此，我依然找到了几名令人愉悦且富有情趣的朋友。在这里，我认识了卡莱尔在爱丁堡认识的一位朋友——古斯塔夫·德伊切塔尔①，他给我写了一封去见卡莱尔的介绍信。

　　4月23日，他离开了罗马，朝着北部方向前进来到佛罗伦萨，他非常喜欢这里的大教堂，"这些教堂就像天使长的帐篷那样守护着

---

① 古斯塔夫·德伊切塔尔（Gustave d'Eichthal，1804—1886），法国作家、公法学家、希腊学专家。

卡莱尔　　　　　　　　　　古斯塔夫·德伊切塔尔

这座城市"与圣十字区——或者说"那些排列整齐的坟墓"。他看到了闻名世界的维纳斯雕像,发现这是名副其实的。他与兰德一起吃早饭,一起共进晚餐。爱默生在写给他的堂弟查尔斯的一封信里写道:

> 他并不像他在著作中那样具有与人交流的能力。对于文学家与哲学家来说,他们无法用清晰的方式去将自己的目标表达出来,这的确是一件让人感到遗憾的事,很多纨绔子弟根本不理解他的目标。我希望卡莱尔在这方面表现得更好一些,因为他也同样谴责这样的一种缺点。

从佛罗伦萨出发,他与认识的几名美国人一起乘坐四轮马车,经过了博洛尼亚与费拉拉,在6月1日抵达了著名的威尼斯城。当爱默生乘船来到这座城市的时候,"却发现这里与纽约几乎没什么区别。这是一座非常怪异的城市,一座属于海狸的城市。在我看来,这是一座不适宜人类居住的城市。在这里,你始终感觉自己好像是在监狱里,过着孤独的生活。因为你仿佛生活在海面上。我真的受够了"。

随后,爱默生从威尼斯出发前往米兰城,后又经过辛普朗来到了日内瓦。在日内瓦,爱默生"听从了同伴的意见,一路上也没有什么值得说的","我来到了菲尔内,来到了城堡、酒馆、客栈、伏尔泰这位'讽刺之王'的故居花园",最后,在6月20日,他抵达了巴黎。

维纳斯雕像,藏于意大利罗马卡比托利欧博物馆

在巴黎的时候,他的同伴"之前已经到过拉贝勒维尔,就认为这个地方应该会给我带来震撼,结果却让我大失所望。但我并未对此感到不快。我很遗憾地发现,当我离开意大利的时候,我已经永久地远离了意大利这座城市所散发出来的历史味道,而我现在则来到了一座堪比纽约的现代化城市。对于一名初次到此的游客来说,要想对巴黎这座城市感到不满,这简直是缺乏感恩的做法,因为巴黎可以说是世界上最好客的城市。外国人来到这里,只需要在任何公共机构拿出护照,那么对方就会敞开大门欢迎他们"。爱默生来

伏尔泰故居花园，位于法国费内－伏尔泰市

茹弗鲁瓦 　　　泰纳德 　　　盖·吕萨克

到了索邦，听了茹弗鲁瓦①、泰纳德②、盖·吕萨克③等人的演讲，接着前往卢浮宫与植物园参观。下面是爱默生的日记：

---

① 茹弗鲁瓦（Théodore Simon Jouffroy，1796—1842），法国哲学家。
② 泰纳德（Louis Jacques Thénard，1777—1857），法国化学家。
③ 盖·吕萨克（Joseph Louis Gay-Lussac，1778—1850），法国化学家和物理学家，以对气体研究知名。

第五章
欧洲见闻

卢浮宫

巴黎植物园

这些事物组合在一起之后，要比之前处于单独状态更好看！整个宇宙就是一个前所未有的惊人谜团，当你的双眼观察着所有具有生命力物体呈现出来让人困惑的形式时，就能观察到每一种有机生命形态所具有的初始生命原则。这座城市呈现出的每个形状是那样的怪异，那样的具有野蛮气息，却又那样的具有美感，让每一个观察者都能从中得到一些领悟——这似乎是鞋子与人类之间所具有的一种超自然的联系。

爱默生拜访了德拉维尼亚全新剧本《埃德蒙德夫人》这个演出的女主演，他认为这个演出实在是太棒了。在爱默生看来，她的表演是完美的，几乎没有任何瑕疵。

爱默生在日记中这样写道：

7月14日

我与将近100名美国人一起，在罗利尔与拉菲特将军共进晚餐。我找到了个机会向这位英雄表达了自己的敬意，问起了他的健康状况。拉菲特将军的演说还是一如既往的那样欢快。但是，一位上校军官却破坏了当时的气氛。

这应该成为我回忆录的一种规定，正如这应该是圣科米乌的规定：永远

拉菲特将军

不要打扰一群正在愉悦用餐的人。在这座让人愉悦的城市里，这可能是我看到的糟糕情景。那条似乎在移动的林荫大道在说："我们还是祈祷不要一脸凝重的人过来吧。"

爱默生在给威廉的信中写道：

1833 年 6 月 29 日，巴黎

亲爱的威廉：

就图书馆与演说集来说，我的图书馆可以说已经比较庞大了。我在索邦大学所聆听的演说，甚至要比我自己所写的演说稿子还要差劲。就这里的文学团体以及其他设施来说——我必须要说，要是我能够每天接触到这里的资源，那肯定对我是非常有帮助的。也许，在接下来的几年里，这都无法对我产生任何影响。对我来说，自己的学习才是最为重要的。但是，这里的文学团体肯定要比我在美国的那个小镇更好一些。

爱默生在日记中这样写道：

要是置身于这个世界之外，每个人应该怎样生活呢？每个年轻人都渴望追求自己真正的存在，都希望能够实现一个目标，都希望能够全身心地追求一个伟大或是美好的目标。每一个不喜欢奉承别人的人，每一个热爱英雄的人，都应该前来罗马这座城市看看，与这里的男孩儿们一起生活一段时间。那些来到法国的人，往往会在巴黎孤独地生活，并且很少说话。如果他在爱丁堡看不到卡莱尔，那么可能在回到美国之后，除了克兰奇与兰德之外，不会再谈论任何其他见闻。

卡莱尔那些发表在英国杂志上的文章给爱默生留下了深刻的印象。他希望在自己的这次欧洲之旅中，可以见到这位仰慕已久的作家。在前一年，他就在日记里写道：

卡莱尔发表在《爱丁堡》杂志上的那一篇《玉米法旋律》的文章真的太让我惊喜了，让我大开眼界。这位作家让我们对自身所坚持的原则充满了信心，他让世界各地每一个拥有怜悯心的人都坚定了信念。他的作品中充满了对艺术的追求，因此我希望通过铁路能够去见到这位我素未谋面的作家。

在离家出发之前，他就已经认识了一些人。在罗马的时候，他甚至获得了德伊切塔尔的介绍信。他希望拿着这封信去见卡莱尔。

1833年7月21日，周六

我抵达了伦敦，来到了伦敦塔。我很快就在富勒女士位于罗素广场63号的房子住下了。接着，我前往圣保罗大教堂，那里正在进行着礼拜活动。唉，这真是一座有点破败的教堂啊！

爱默生在伦敦待了三周，拜访了柯勒律治与其他人，其中

圣保罗大教堂

　　就包括宝宁博士①，正是宝宁博士带他前往边沁②的家。他得知，边沁家里只有两把椅子，因此他每次只是接待一名来客——在爱默生看来，边沁这样的规则似乎应该成为每一名文人的共同追求。他还拜访了约翰·斯图尔特·密尔③，后者给了他一张卡片（但是爱默生从来没有用这张卡片），介绍他去找卡莱尔。

---

① 宝宁博士（Sir John Bowring，1792—1872），英国的国会下议院议员，也是英国政府派驻香港的第4任总督。他同时也是一名英国的政治经济学家、旅游家、多才多艺的作家和语言学家。
② 边沁（Jeremy Bentham，1748—1832），英国法理学家、功利主义哲学家、经济学家和社会改革者。代表作有《道德与立法》《政府论片断》《论一般法律》等。
③ 约翰·斯图尔特·密尔（John Stuart Mill，1806—1873），英国著名哲学家、心理学家和经济学家，19世纪影响力很大的古典自由主义思想家，支持边沁的功利主义。

柯勒律治

宝宁博士

约翰·斯图尔特·密尔

边沁

第五章
欧洲见闻

1833 年 7 月 31 日，伦敦

亲爱的威廉：

很抱歉，我没能及时给苏珊回信。我有点担心自己过分努力地去尝试这样做。请你转告她，要对我有点耐心。因为在我年轻的时候，我认为自己在写作方面可以做得很好，我希望自己有机会能够给她写很多信……我已经见到宝宁博士了，他非常友好地接待了我。他带我前往边沁的家，非常有礼貌地带我在花园散步，参观了这位哲学家的客厅以及卧室。他给了我一缕边沁的灰色头发以及他的签名……在我所参观的花园里，我发现旁边一侧的房子正是当年弥尔顿担任克伦威尔①秘书时所居住的房子。

在爱丁堡，爱默生没有找到卡莱尔。正如亚历山大·爱尔兰②所说的，爱默生在找寻卡莱尔的过程中遭遇了许多困难，但他最后还是从一所大学的秘书那里得到了卡莱尔的下落。爱尔兰告诉我们，卡莱尔在爱丁堡的一

亚历山大·爱尔兰

---

① 克伦威尔（Oliver Cromwell，1599—1658），英国政治家、军事家、宗教领袖。17 世纪英国资产阶级革命中，资产阶级新贵族集团的代表人物、独立派的首领。
② 亚历山大·爱尔兰（Alexander Ireland，1810—1894），苏格兰传记作家、记者。爱默生的朋友，代表作《拉尔夫·爱默生评传》《利·亨特评传》《托马斯·卡莱尔评传》等。

所大学发表演说,并在一所教堂里发表演说,受到了极大的欢迎。一周之后,爱默生游览了苏格兰高地——因为当时整天下雨,"倾盆大雨的天气让每个地方的景色都变得差不多"——于是,爱默生乘坐马车从邓弗里斯①前往克雷根普托克②。卡莱尔正是在这个地方生活了人生的最后五年,爱默生赶来这里与卡莱尔度过了下午与晚上的时光。第二天,爱默生在日记里写道:

1833 年 8 月 26 日

我刚刚从邓弗里斯赶到卡莱尔的家。对我来说,这就好比多年来的一个梦想终于实现了。我终于见到了那位我在苏格兰要找寻的少年——在我看来,卡莱尔是一位善良、睿智与愉悦的人,他的妻子也是一位卓有成就且和善的女性。你会感觉到,他们身上似乎代表着某种真理、和平与信念,正是这样的气质让他们的行为举止特别具有美感。我从未见过一个面容如卡莱尔这般和善的人。托马斯·卡莱尔已经下定决心,要为威廉与阿德莱德·韦尔夫偿还未缴的税款。他对此始终怀着愉悦的心情,只要威廉继续催促他的话,他就会这样做。如果威廉不再催促他的话,他就不这样做。相比于其他地方,卡莱尔更加喜欢居住在伦敦。在卡莱尔看来,约翰·斯图尔特·密尔是他见过的最具智慧的人,是一个更为纯粹且更有力量的人,让

---

① 邓弗里斯(Dumfries),英国苏格兰的一座城市,在行政区划上属于丹佛里斯-盖洛威。邓弗里斯曾是民用教区,也曾是一座市镇,有"南方皇后"的别称。
② 克雷根普托克(Craigenputtock),苏格兰邓弗里斯郡的一个村庄,因是卡莱尔的晚年居住地而闻名。

第五章
欧洲见闻

邓弗里斯

卡莱尔故居，位于苏格兰克雷根普托克

他更好地认识了边沁的功利主义。他唯一的同伴就是丹科斯柯尔克的牧师。有时,他也会前往柯尔克,羡慕那位怀着良好信念的贫穷教区牧师。但是,他现在很少过去了,因为那位牧师已经对他产生了戒备心理,不愿意见到他。

卡莱尔对爱默生不远万里前来拜访非常感激,将自己最好的一面呈现出来。两人培养了长久的情感,并且在卡莱尔去世之前,他们都一直保持着通信。他们两人都不太在乎对方的一些观点。对他们来说,对方所坚持的一些观点或是想要传递给后代的观点,都是一种错觉。要是让他们各自对某种行为理论中存在的愚蠢之处进行定义的话,卡莱尔肯定会持这样的观点,即认为人类不仅需要获得自由,而且还需要被引导按照他们自身的方式去思考与行动,而爱默生则认为人类只需要被好好地管教。

一开始,他们两人理念上的分歧并没有显现出来,但他们肯定都能感受得到。但是,这种观点上的分歧从来不会对他们之间的友情造成任何不良的影响。他们都深信一点,即对方在内心深处都是希望追求真理与正义的,都认为他的朋友拥有着某种自己所缺乏的东西。爱默生非常欣赏卡莱尔在表达观点时所表现出来的大将风度以及个人的魅力。至于卡莱尔,虽然他认为爱默生只是一位本意良好的年轻牧师(用卡莱尔的话来说,即爱默生是一个善良的人,从来不会做任何不好的事情),但他也非常享受与爱默生交流所带来的那种平静与祥和的感觉。即便爱默生可能反对任何一切顽固的习性,只是希望能够从每个人身上看到这样一种"神性力量",帮助那些充满爱意的"热情主义者",但卡莱尔知道,爱默生只是在坚持自己认为正确的观点而已。

卡莱尔对霍顿爵士说:"那个年轻人过来拜访我,我不知道到底是什么驱使他过来找我的。我们让他在家里住了一晚,接着他就离开了我们。我看到他爬上一座小山,我没有去送他下山。我更加喜欢看着他登山,然后像天使那样消失。"

对爱默生来说,拜访卡莱尔的这次旅程是快乐的。这次拜访实现了他

霍顿爵士

这次英国之行最重要的愿望。虽然,爱默生没有找到自己想要找寻的东西,但也不是感到非常失望。他一直希望找寻一位大师。但他发现,在有关一些最深刻的观点之上,卡莱尔并没有什么可以传授给他。几天之后,爱默生在一封写给爱尔兰的信件里表示:"我的感受就是,我拜访了一位缺乏能量的人,虽然他在宗教真理方面有着更加深刻的洞察力。"但是,爱默生接近了卡莱尔那种友善的本性与高尚的灵魂,这样的精神体验超越了他一时的幻想或是消化不良的身体症状。在接下来的数十年里,爱默生始终与卡莱尔保持着通信,始终期望收到卡莱尔的来信。爱默生后来写道:

卡莱尔所具有的最大力量与伯克[①]具有的一样,在我看来

[①] 伯克(Edmund Burke,1729—1797),爱尔兰裔英国政治家、作家、演说家、政治理论家和哲学家,他曾在英国下议院担任了数年辉格党的议员。他最为后人所知的事迹包括了他反对英王乔治三世和英国政府、支持美国殖民地以及后来的美国革命的立场。

都不单纯存在于形式之上。他们两人都不是诗人，但却敢于表明上帝的意志，他们都拥有着卓越的文学才华，用恰当的词语去包裹着真理。

在返回利物浦的路上，他在莱德山停留了一段时间。他去拜访了诗人华兹华斯。爱默生在日记里写道：

伯克

> 这位诗人看上去始终是那么年轻。这位老人虽然依然在回忆着年轻时候的十四行诗，依然以他在17岁时候的态度去面对着这个世界。他所表现出来的自我没有一点让人反感，也不会让人觉得唐突。可以肯定的是，与他交流，你会感觉到非常自在。当时，我对这位天才的诗人怀着无限的敬意。

除此之外，我在爱默生的日记里找不到任何关于他所谓"英国特点"的记录。

爱默生在日记中写道：

1833年9月1日，利物浦

我要感谢伟大的上帝引领我参观了欧洲这片伟大的大陆——可以说，这是上帝教育我的最后一个教室了——并且以

兰德

这样一种稳妥与愉悦的方式去传授。现在，我已经来到了码头，准备乘船往西前进。上帝让我见到了我想见的人，其中包括兰德①、柯勒律治、卡莱尔与华兹华斯等人。上帝一再安慰与肯定着我内心的信念。有幸见到这些人，我真的要非常感谢上帝。以后，我应该以更为公正、少点羞涩的态度去评论那些睿智的人。可以肯定的是，我所拜访的这些人都不是具有一流心智能力的人，但是当你与他们进行交流的时候，会觉得自己的确是在与更加优秀的人进行交流——他们从来不会给你强加一些观点，不会给你的脑海里填充什么，而是向你描绘出一幅理想化的场景，吸引着我们去思考。对于之前从未听说过他们大名的人来说，与这些人交谈可能不会给他们留下深刻的印象——也不会觉得这些人享有世界性的声誉。在那些人看来，这些人只是被视为具有理智、学识渊博与态度认真的人，仅此而已。更重要的是，他们每个人都拥有一些缺点——这四个人在不同程度上都有一定的缺点——在关于宗教真理的问题上都有着不同程度的错误认知。他们对于我所谈到的太初哲学的道德真理没有任何概念。与这些具有天才的人物交流所带来的宽慰感，就是他们始终以真诚的态度与你进行交流。他们感觉自

---

① 兰德（Walter Savage Landor，1775—1864），英国诗人、作家，代表作有《假想对话录》《朱利安伯爵》《罗马人》《希腊人》《英雄牧歌》等。

己的内心是丰富的，因此不愿意对自己掌握的知识进行任何卑微的伪装，他们会坦诚地告诉你让他们感到困惑的一些问题。但是，卡莱尔却是一个那么温顺和蔼的人，我真的非常喜欢与他交流。总而言之，我很高兴自己的这趟旅程就要结束了：一个像我这样年纪不是很大的人，却经常感觉自己年老了，因此不能整天继续在外面闲逛了。我去到的欧洲每个地方，都会发现当地的人民都在关注着许多事情，那些我用介绍信去打扰的人，肯定会在背后指责我打断了他们平时有规律的生活。这些人会让你感觉到，名声是非常传统的东西，而那些受制于名声的人则是一个"自我局限"的可怜人。在跟他们交流的时候，你会感觉似乎是在与孩子进行交流，会认为他们的能力不足，因此有必要用幽默的口气去说话。你需要根据他们为众人所知的一些成见去调节自己的说话口气或是言论，而不是真正地敞开心扉谈论我们对真理的认知。我发自内心地认为，一个人宁愿盲目地崇拜别人，也不要被别人盲目地崇拜。我觉得这样一个道理适用于当代所有伟大的人物。很多所谓的伟大人物都因为自己提出的一些不成熟的理论，而错过了真正必要的知识。我觉得这些人有必要去重新进行学习（他们最后会惊讶地发现，原来自己还有很多需要去学习的）。当然，我使用概括性的语气说的，不是针对某个人。

在利物浦，因为暴风雨的缘故，轮船出发的日期一再延误，爱默生在单调沉闷中度过了几天。爱默生渴望卡莱尔能帮助他度过这段无聊的时光："亲爱的卡莱尔先生，在这个沉闷无聊的夜晚，我宁愿用一块金币来换取你的睿智陪伴。"在酒店的时候,爱默生遇到了发明家雅各布·铂金斯①。铂金斯给爱默生讲述了发热科学的一些理论。爱默生跟随着铂金斯前往铁路公司,看到了"这个工业时代具有巨人歌利亚那般的能量"。铂金斯对爱默生说,这些火车每小时的速度不会超过15英里。要想火车的速度超过15英里,就需要火车

雅各布·铂金斯

引擎的转速变得更快。铂金斯说,他相信在未来的某个时候,商人们可以通过乘坐蒸汽船来跨越大洋,并且使之成为跨洋旅行最经济的方式,但是他们必须还要解决很多技术难题。

下面是爱默生在大海航行期间写下的日记:

1833年9月8日,星期六

我深信一点,英国的许多伟大人物都对宗教缺乏必要的认知。他们应该阅读一下诺顿的新书,因为诺顿将这个事实说得非常清楚。卡莱尔对那些贫穷的加尔文教徒农民表现出厌恶的情绪。难道我不应该坦诚一点,即我在这方面也遇到了相同的实际问题。我看到许许多多人都完全相信加尔文教派的教义。我会鼓励他们一丝不苟地按照宗教意义去进行礼拜,至少我不

---

① 雅各布·铂金斯(Jacob Perkins,1766—1849),美国发明家、物理学家、机械工程师,以"冰箱的发明者"著称。

会在这方面打击他们。我不敢用无所谓的口气说一些自己不敢公开表达的话。因此，对于很多教众进行的这种空洞的崇拜仪式，我认为这其实并没有什么实际意义。当然，我不会让自己的想法去困扰别人。因此，一些人可能认为我是一位可怜的投机主义者，是一位支持空洞有神论教派的无道德主义者，认为我是一位没有活力与缺乏仁慈之心的人。唉，这是对我极大的误解！如果欧洲那边的人都将所谓的上帝之光说成是自私、羞涩或是冷漠，而且他们的信念与判断力还是那么不切实际，那么的不适合中间阶层，那么我们还有什么改革的希望，还有什么希望将这边的宗教之光传播到欧洲大陆呢？我不知道该怎么办，我也没有必要去对此进行解释，但我能做的就是用清晰通俗的方式忠实地践行我的信念，过上独立的生活，然后发自内心地听从上帝的安排。

我认为，那些宗教改革家所犯下的一个错误就在于：他们不知道他们的道德本性所具有的程度、深度以及是否处于和谐状态，他们只是紧紧抓住一些口头上积极的道德法则版本——这些非常不完善的道德法则——但是，只有上帝的无限法则，伟大的循环真理才是物质法则的唯一实在象征。过去，人们在谈到天文学的时候，总会觉得这是无法观察的，总是用嗤笑的态度去面对。我将加尔文主义称作是道德法则不完美的版本。神体一位论是另外一回事，基督教徒与异教徒所持的信仰都在一些没有能力的宗教人士手中控制着。与此相反，在一位真正的宗教老师手中，那些错误、那些让人遗憾的内容，那些宣扬宗派主义的观念都会被抛弃，而最初始的宗教真理所展现出来的庄严与深度则会被教众所理解。我还说，每个赞同这种观点的人，本身都代表着一种道德真理。他们可以通过本能的意愿去选择布道者。当这样的方式受到攻击时，他们能够展现出真理之光。但是，欧洲那边的人会说："解释一下，让我们听听，到底是什么能够说服教众与哲学家，让我们听听这种全新的观点！"事实上，这是一个非常古老的事实，这只是将完美的美感代表着完美的神性这一古老的道理呈现出来而已，这只是与人类本性的道德法则相符合的一种神奇发展而已——他本人就拥有管控自己所需要的一切能量，他本人就代表着一种自己需要遵循的法则。所有降临于他身上的善意或是恶意，肯定都是源于他自身的。只有他本人才能给自己带来善意或是恶意。世间万物都无法给予他什么或是夺走他的什么，因为这一切都是符合补偿法则的。人类的灵魂与世间万物之间存在着一种联系。用更恰当的话来说，就是人类的灵魂与人类已知的一切事物都存在着联系。因此，我们不应该去研究那些虚无缥缈的原则，而应该努力去了解自己内心的法则。每个人所做出的每个举动，都会以某种方式作用于一种全新的环境。每个人的目标似乎也只能与他自己相关而已。他不应该按照命定的方式去创造自己的未来，而应该通过真实地活在当下去创造未来。上帝所带来的最高启示，就是上帝存在于每个人的心间。弥尔顿在写给迪沃达提的一封信里，就曾表示自己曾对道德的完美状态感到痴迷。事实上，弥尔顿对道德完美的追求并没有超过我。那些我现在无法言喻的事实，却正是从小到大一直陪伴着我的守护天使。正是这样一种神性，让我与其他人区分开来。这样的念想经常让我泪湿枕头，让我彻夜难眠，让我为自己所背负的罪过而备受折磨。同时，这也给我带来了无限的希望，因为我不会被我的失败所打败。即便所有的殉道者最后都选择了变节，但这样的真理是不容置疑的。这才是始终应该被揭示的真理荣光，这才是宇宙的一个"公开的秘密"，只有那些看似虚弱或是满脸灰尘的观察者才能创造这样的未来。这样的真理也许早已经装进了他的内心深处。在回应那些脸色通红的愤怒俗人时，难道"思考当下的人生"这样的回答还不具有说服力吗？我不会再去思考什么来生的问题，我只相信当下的这个人生。我相信自己的人生会得到延续。只要我还在这里，我就会忠诚地履行自己的人生职责。这些真理所谈及的不是死亡，因为这些真理是用永恒之线编织而成的。

有些人天生就是信教者，有些人则天生不是信教者。世界上没有任何桥梁可以将不同人的思想鸿沟弥合起来。我所有的思想、情感、反复无常的怪念头都带着我自身的信念——都会让我选择偏向某一边。但是，我无法说服一个同样认为自己有道理的人。然而，当我无法找到证明自己所持信念的理由时，我也不会因此而削弱对信念的支持。无论我们多么反感彼此的观点，都应该按照《圣经》的这段内容——"如果你按照天父的意愿行事，你就将知道信条"去做，但我们却无法在任何交流中做到这点。很多人认为，这是人格粗俗的表现。不过，这对牧师来说是一个不错的布道演说题目，对于那些在议事室里进行讨论的宗教人士来说，则是更应该讨论的话题。

第六章
定居康科德

1833—1836

9月4日,爱默生从利物浦乘船出发,10月9日抵达纽约。没过多久,他就与在波士顿附近牛顿地区居住的母亲重聚了,这里距离查尔斯河的上游瀑布只有半英里路,在爱默生前往欧洲旅行期间,母亲一直居住于此。这里是一片乡村的农场景色,散落着一些树丛。爱默生可以独自在这些地方散步,就像他之前在坎特伯雷居住时那样。回来后,他很快就进行布道演说了,并且开始发表一些文章。

给乔治·A.桑普森的一封信:

为什么你不来这里,看看这里的松树与隐士呢?……这里的气氛如永恒般安详静谧,同时带给你充满愉悦的思想。这些沉睡的山谷到处长满了沙地柏与梅花形树,似乎在对人类的行为方式与政治斗争表达着安静的讽刺之情。我认为,知更鸟与麻雀是这里唯一的哲学家。我经常会认真聆听它们所说的话语，将每一天所见到的景象都归结为上帝对我的诉说。虽然上帝同样会对码头或是集市上的人说着同样的话，但是很少人会认真聆听他的话语。今天，我前去沃尔瑟姆，对着一群聋哑听众发表布道演说。下周六，我要前往沃特镇，接下来的周六就要前往福尔河。因此，你必须要在这周之内前来这里。在这个丘鹬筑巢的地方，我们可以进行深入的交流。时间与四季似乎在这个地方迷失了，太阳与星星是这里区分白天与黑夜的唯一标志。穿过树丛，你需要走上两英里路，我会带你看看从我的房子到铁路之间一路上的景色。

沃尔瑟姆市政厅

沃特镇

爱默生在日记中这样写道:

10月20日，牛顿地区

乡村地区的安息日情景，并不像我想象中那样会散发出臭味。某某先生是一位平和认真的加尔文主义者，他没有盛气凌人的态度，也不会显得让人反感。他可以说是上帝制造出来的那种因为年少时期的无知与封建迷信所培养出来的人。我不敢，也不愿意用不敬的口气去谈论那些善良、有节制或是勤劳的人，但我不得不这样问自己，整个社会以这种戏剧性或是讽喻式的方式教育人们多久了？在什么时候，我们才能以清晰无误的方式将宗教真理说出来呢？记住，是真正的宗教真理，而不是似是而非的真理。每个周末，我们都可以在教会听到有关救赎的话题，还有关于通向天国大门以及敲门的故事。然后，我们就会听到内心发出的声音："走吧，我不认识你。"到底是什么阻碍了我们对这个寓言故事的认知呢？是什么让我们对这一赤裸裸的事实感到怀疑呢？只要他们觉得教会所宣扬的事实违背了他们的良心，就会想办法去找寻快乐。但是，他们却没有能力这样做。教会也希望他们永远都不要真正地了解上帝。

爱默生将一些简短的记录都放在了《美国百科全书》里，用来记录自己的人生。爱默生谈论到他在1834年1月所发表的一篇演说，这是在他前往波士顿机械协会发表演说之前，作为"他在离开布道讲台后的第一次公开演说尝试"。不过，从他的"布道演说记录"来看，他将自己每场布道演说的日期与地点都记录下来了。事实证明，在他从欧洲返回美国之后的第二个周六，他就前往波士顿第二教堂发表了布道演说。之后，他每个周六都会前往不同地方发表演说，一共持续了4年之久。甚至到了1847年，他依然会偶尔发表一些演说。因此，当爱默生说"准备离开布道讲台"的时候，

《美国百科全书》

他的意思是要放弃所有对牧师一职所具权威的追求。对他来说，牧师一职依然是具有吸引力的，但前提是他必须要有能力去履行牧师本该有的职责。他完全认可周六礼拜仪式所表现出来的爱意。作为一个门外汉，他已经准备好阅读一篇布道演说，或是在礼拜仪式的某个部分进行表演。因为在他看来，这样做是有好处的。无论他在哪里，只要有人要求他这样做，他都能发现这样做会带来让人满意的结果。

这个时期，他在日记里这样写道：

> 一位全新的听众，一个安息日，为我们传递思想与道德满足感提供了很好的机会，这将会超越之前所有的体验，将会构成一个新时尚，让那些参与其中的人的心智发生根本性的改变。很多年轻牧师在得知教众前往教堂礼拜的真正原因之后，都会感到非常沮丧。几乎不够十人前来聆听他的布道演说，但是在主日学校，或是在教会仪式结束之后的所有者会议上，我们都可以看到汉诺威大街许多老态龙钟的人都是教区执事，他们却有能力让教众们安静地坐下来聆听他们的话语。我的朋友，不要在意这些教众为什么会前来，不要在意到底是谁或是什么吸引他们过来——而要在你的心中明白一点，在1835年，到底是什么让你前来波士顿的。在这里，他们都是真正意义上的男女——我可以向你们保证，即便他们目前看上去是愚蠢之人，但他们都具有神性的潜能，每个人都可以实现巨大的改变。

几年之后（1841年），当爱默生渐渐远离了教堂，他这样写道：

> 我的许多好邻居都成为教会一员，这些人在履职时的严谨程度，甚至要超过他们对身体和衣着的清洁的重视程度。当他们将一周的时间都用于私人或是私自的活动时，那么周六参加礼拜会让他们明白，他们需要再次在公共场合的社交环境下与人形成理想的关系，而这样的关系应该超越邻居本身的狭隘关系，要比他们举行的城镇会议更加高级。当他们结婚的时候，牧师则代表着一种宗教层面的权威，庆祝这一喜事。他们的孩子需要接受洗礼，需要牧师的帮助。要是他们某位家庭成员去世了，他会再次来到教堂。全家人一起来到教堂做一些仪式，这显然是对教会的一种宣传，或者说表明了教会对人类表现出来的怜悯之心。就目前为止，这一切都是不错的。这是人们对理想状态下教会的一种致敬，但现实的教会却不是这样，而是充满了许多错误的代表方式。但即便如此，我们还是觉得，这要比混乱的状态来得更好一些。这些人没有精美的艺术品，没有文学方面的追求，也无法写出包斯威尔①风格的文章，没有任何丰富的想象力可以去让一家人在精神层面获得慰藉，或是让他们在孤独中默默地忍受着。他们只是谈论着公牛、猪、干草、玉米与苹果。无论他们在任何时候产生自由主义的想法，无论他们有过怎样的精神体验，他们都无法表达出来。事实上，教会也没有关注这些人。对很多人来说，教会所提倡的一

---

① 包斯威尔（James Boswell，1740—1795），英国传记作家。代表作有《约翰生传》《黑白地群岛之旅》等。

些信条依然被视为正统的宗教思想。教会并没有激烈反对任何精神主义者嚷着要改革的行为，而是反对那些想要急于废除一切，但却给不出任何解决方案的人。很多人都对教会的这种态度表示赞赏。

在 1833 年，爱默生对于这样的宗教改革显得更为乐观。回国后不久，他就在波士顿第二教堂发表了一场布道演说——在演说中，他表达了对之前教众的友好情感，表示希望看到宗教在日后引导教众方面能有更好的表现——按照"当真理的精神降临的时候，他将会指引你走向所有的真理"的字面来看，爱默生说道：

在我离开你们之前，我急切地希望获得一个机会，让我可以跟你们谈论有关改变的话题，因为这个话题似乎是我们每个人对宗教问题上做出的反应。我们都希望能够对所有人等待的教导表示期望，都希望对那些指定的教导者表示信任，但是这样的情况尚且没有出现。到底谁才是我们真正的教导者呢？让耶稣来回答这个问题吧，甚至是真理的精神都无法回答这个问题。耶稣会说，这个世界上始终存在着某种神性的天意，始终在努力地指引着每个人。时间这位伟大的老师，始终在进行着自己的布道演说。每一天，我们都能看清一些蒙骗我们的谬误。每一天，全能的天父都会从无尽的源泉中积累人类的知识。这样的教导者就是上帝，但是他通过成千上万人的嘴唇说出这样的真理。抛弃所有的人格化、社会的进步、每天出现的简单重复，那么我们就能始终感受到这是在教育着我们，让我们可以远离欺骗的局限。我们会发现每一种犯罪或是步行，都会带给我们一些积极的影响。即便是对于最高层次的真理，即人类与上帝之间的关系以及上帝的品格，也是如此。要是我们用正确的眼光去看待，就会发现时间对基督教也产生了同样的影响。我们学会了将其视为世界历史的一部分，看到了这种宗教依附于人类道德本性的坚实基础之上，但这种宗教本身并不是那个基础。我只能认为，要是人类不去崇拜耶稣基督的话，那么耶稣基督会带来更好的影响。在人类的思想中，耶稣基督长期以一种不自然或是人为的形象出现，他所处的位置让人类的爱意根本无法接触。可以说，这是所有权威与力量所带来的一种情感反作用。在一个野蛮状态下的社会，人们会认为，将耶稣基督视为国王，视为上帝，就能增加他的尊严……但是，我们必须要明白一点，耶稣的教导所具有的主要价值，就在于这能够让人类的自身本性变得更加强大，去抵制各种感官主义的诱惑以及每个时代的犯罪诱惑。耶稣基督的每一个特定的教导，肯定要比他对与他所处同个时代的人更小一些。这就好比每一个睿智且高效的人，都会在自己所处的那个时代表达自己的观点，就不同的情形表达自己不同的观点。他会说出自己脑海里的想法，但他始终为人民进行思考。这就是他心智具有强大能量的一个重要标准，他的话语代表着一种完整的意义，使之适合人类的本性，具有一种对人类的普遍适用性。但这并不是他唯一或是最后的一种肯定，他还有成千上万这样的教导。要是耶稣所代表的那种真正且无形的爱意占据着我们的灵魂，就代表着我们要在无限的海洋上做出界限的话，那么这是前后矛盾的。耶稣从来不会说："我会表达所有的真理。"他只会以简单朴实的方式肯定直接的反差："我会给你们派另一位老师，另一个安慰你们的人，让你们感受真理的精神，他会指引你们走向真理。"他的话语就像是芥菜种子，就像发酵剂。但在预言者的眼中，他能够看到这些思想在那些正直之人的心中迅速生根发芽，就像某些被赋予了生命力的东西，从一个灵魂传递到另一个灵魂，从一片大陆传输到另一个大陆——这些思想在不断地传播，不断地教育着社会上的每个人。所有具有英雄主义情怀的人都受此触动，每个人都准备用言语说出更为高尚或是更重要的启示。"他会做一些比这些更加伟大的事情。"我们的双眼看到他履行了自己的承诺。在每个孤独的个人身上，这些看似无法支撑的美德在远古的黑暗中闪闪发光。那个原本充满着杀戮与贪婪的时代过去了，世界各国开始以温和或是平等的方式进行商业贸易，人性可以得到更加自由的释放，基督教会所倡导的教义修正了人类的许多错误行为，让许多处于水深火热的人得到了解脱：难道这不是卑贱的拿撒勒教徒① 的生命与教义所带来的结果吗？……在我们身边，没有出现任何关于改革宗教观念的事情。在我看来，这就是最为重要的变革。也就是说，这样的变革能让世界上的每个人都分离出来，让他拥有一种能够满足自身本性的信念，让他们能够第一次去思考自己的本性。就在不久前，人类还认为，他们要么作为一个整体得

---

① 拿撒勒所具有的特殊意义在于，那里是耶稣基督的故乡。福音书中描述他的父母圣母玛利亚和木匠约瑟夫住在这里。在拿撒勒，天使长加百利到玛利亚那里告诉她，她将因圣灵怀孕，所生的是救世主，耶稣降生以后就是在这里长大的。

到拯救，要么遭到抛弃。可以说，亚当是最早的联盟首领，他所犯下的罪过代表着整个联盟的罪过，这样的罪过让他切断了与所有后代的联系。耶稣那赎罪的血则是对所有背负着罪恶的人类所做出的牺牲。正是通过这种神性的复仇，你我才能洗涤身上的罪恶。但是，现在……人类开始听到一种弥漫在天国与地球的声音，这种声音说，上帝就在耶稣身上，说存在着来自天国的主人。我认为，这种解释（我与上帝之间的神奇关系），就是解决所有困扰我疑惑的方法。我认识到外在与内在自我之间的区别，深刻地意识到，在充满错误、激情与终有一死的自我当中，始终存在着一个至高无上、无比冷静且永生不灭的心智。这个心智所具有的能量是我无法去估量的，但它所具有的力量肯定要比我更加强大，肯定要比我更加睿智，它绝对不会支持我去做任何错误的事情。当我充满困惑的时候，我可以向它请教。当我置身于危险的时候，我可以向它求救。每当我准备去做任何事之前，我都会向它祈祷。在我看来，这就是造物主向他的子民所展现出来的容貌。这代表着对人类深层次的了解，这样的无限性属于每个诞生的人，让每一个养成了反思与独处习惯的人都能获得全新的价值。他能够深刻地感受到这样的信条，这就好比一把钥匙，通过这把钥匙，我们可以通过耶稣基督的话语去更好地解释上帝所具有的品格。"天父就在我身上，我就是天父的化身，但天父却远远比我更加伟大。"

我希望，当公众对这种信念有更加深入的认知，再加上好人们的研究以及行动，会让我们更能接近这样的事实。对所有预言家与英雄来说，这是一种极大的鼓舞。这会让他们感觉自己置身于只有白天没有黑夜的状态。做出某种特殊的行为并不会让我们的精神视野变得更加清晰,无法给我们的公共宗教教导中带来方式与品格上的重要改革。难道这不会结束教会布道演说中所有技术性、讽喻性或是比喻性的方式吗?

在这个时候,爱默生没有进一步沿着这个方向进行研究——也没有获得任何教会的邀请。

1834 年 1 月 18 日,波士顿

亲爱的威廉:

我已经写了三篇关于自然历史的文章,阅读了许多关于地理、化学以及物理方面的书籍。与此同时,我的伦理学与神学研究都处于停滞状态。因为,除非有教众愿意聆听你的演说,否则,你是无法向他们发表布道演说的。不过,一些忠实的教众依然坚守着。渐渐地,我们可能会找到一个愿意接纳真理声音的教堂。接下来,我准备前往新贝德福德的旅程,我整个 2 月可能都会在那里度过,因为那里的人表现的善意与热情打动了我。如果在这个世界上,没有人需要我们,难道我们就有借口无所事事了吗? 当我们遵循那些让每个人都变得更加睿智的哲学原理时,将这视为仁慈的造物主的最终目标,难道这有过错吗?

新贝德福德

在新贝德福德，他暂时替代奥维尔·杜威博士①发表布道演说。有人跟他说，在杜威博士离开之后，他可能会收到邀请，在这里担任布道牧师。但是，爱默生认为，自己不应该再去担任负责主持圣餐仪式的牧师，除非他觉得有必要，否则他也不愿意去主持祈祷仪式。对于他的这些条件，教会是不可能同意的。在新贝德福德，他与一群教友派信徒生活在一起，他对教友派信徒们所持的宗教理念充满了怜悯之心。在他们中间，爱默生认识了玛丽·罗奇②女士，他始终对罗奇女士怀着很高的敬意。

奥维尔·杜威博士

在这段看似一切处于停滞状态的

---

① 奥维尔·杜威博士（Orville Dewey，1794—1882），美国神学家、牧师、作家。
② 玛丽·罗奇（Mary Rotch，1777—1848），美国作家、哲学家。

时期，他希望能到某个偏远的乡村进行休养。也许，他会去伯克希尔郡，那里的山丘上有着干燥的空气。也许，他可以前去弟弟爱德华那里，当时，爱德华正在西印度群岛休养，但他的内心始终压抑不住对返回家乡的渴望。查尔斯也正有返回家乡的愿望。这期间，他们并不缺乏经济方面的收入来完成这一计划，因为爱默生将得到一些他岳父的财产，再加上他自己所赚的钱，应该足够他们过上简朴的生活。

1833 年 12 月 22 日

亲爱的爱德华：

在这个时代，如果我们依然能够相信律师的话，那么我可能会因为继承埃伦的遗产而变得富有一些。无论那一天什么时候到来，我都希望这能够让我购买一座小房子，让我的亲人们可以从世界各地回到他们的家乡……你想要知道我正在做什么，我目前在新贝德福德这边发表布道演说，有时也会在波士顿发表布道演说。我已经写了一篇关于自然历史的文章，正在准备下周二晚上发表的一篇演说稿子，还要准备在机械协会上发表的演说稿子。在向期刊投稿之前，我认真地思考了一些事情。我应该可以毫无恐惧之心地说出事实，或是对所有愿意聆听我的人说出自己的想法。亨利·海奇①是位非常有才华的人，他目前为《检查者》杂志写了多篇不错的文章，其中一篇是关于充满生命力且具有跳跃性的理性法则。他在这方面可能会给我些帮助。

几天前，查尔斯与我一起前往康科德。他就苏格拉底的话题发表了一篇不错的演说。但是，查尔斯经常显得非常忧郁，可能觉得自己的命运与你的命运一样，都是那样的艰苦。事实上，一切艰苦的命运都属于全人类的，而不单纯属于某个人的。你在这边遇到什么惊险刺激的事情吗？我很遗憾地听到你所表达出来的各种失望之情。我每年都在祈祷着你能将自己的天才释放出来，希望你能够战胜一切风险，将能力表现出来。我依然记得你以前在拉丁学校以及安多弗时期表现出来的能力。可能，你现在不需要像之前那样快跑了，而只能像温顺的小马驹那样慢慢前行了，但这个世界上没有比你的健康更加重要的事情了，你不需要为任何债务的问题而感到心烦意乱。我们已经习惯了过贫穷的日子，因为即便是在贫穷的日子里，我们依然是这个地球上最快乐幸福的人。但是，我们却无法摆脱

---

① 亨利·海奇（Frederic Henry Hedge, 1805—1890），美国作家、神学家，超验主义运动者。

痛苦与疾病。无论你在这个过程中遭遇了多少损失,我始终都是深爱着你的二哥。

拉尔夫·沃尔多·爱默生

1834 年 5 月 31 日,牛顿地区

母亲与我坐在松树下,我们可以在树荫下休憩。我们坐在这里,不断地学习,却丝毫没有注意到这个学习的过程。我的美德中最重要的一部分——就像没有人认识的芥菜种子——就是希望。我始终保持着乐观的心态。如果上天不需要我做出任何服务,那么我肯定会安于目前这种无足轻重的地位,同时始终关注着那些散发着勇敢气息与美感的事物。哲学思想告诉我们,外在世界只是代表着一种现象,有关晚餐、裁缝、鱼叉等东西,都可以在人类的梦境中交织起来。当我们的灵魂处于某种呼吸状态的时候,那么认知就会一刻不停地运转起来,仿佛它是真实存在的。但是,永恒的理智一旦有机会去发声的话,就会宣布这只是一次意外,一阵烟雾,绝对与它本身所具有的持久特性存在着联系。我来问你,在理智与认知之间,你是否能对弥尔顿、柯勒律治与德国人进行区分呢?我认为,这本身就是种哲学,它与所有的真理一样,都代表着一种务实的东西。理智是灵魂最高功能的一种表现,我们经常所谈到的就是关于灵魂本身:那就是灵魂永远不会做出理智的分析,永远无法去证明什么,它只是在感知,只是代表着一种视野。认知

却每时每刻都在运转，不断地进行着比较、发现、添加或是争论，有时看得比较短浅，有时则是比较长远。它存在于当下，着眼于找寻一些切实可行且符合常规的方式……但是，我为自己能在牛顿这个地方与你进行这样的学术问题讨论而感到高兴。塔克的遗产问题已经得到了解决，我应该可以得到1200美元的收入。此时，母亲与你以及我的理智却会违背认知。因为，要是我们得到了这笔钱，那么在接下来的几年里都会成为对方侮辱的对象。我只能说，我是认真的。如果你过来的话，我们就会回到伯克希尔郡居住，然后重新建造我们的家园。

永远忠诚于你的弟弟
拉尔夫·沃尔多·爱默生

在爱德华给爱默生写的最后一封信里，爱德华感谢了二哥"慷慨的帮助"，但他表示"这实在太奢侈了，充满了伊甸园的味道。像我这样一个每次想要去采摘玫瑰都会被刺到的人，看来是无福消受了。不过，我明年会过去看你，我们会好好谈论你所说的这个计划"。

在第二年传来爱德华的死讯之前（1834年10月1日），爱德华·布利斯·爱默生可以说是一位比爱默生更加有才华的人，他长得非常英俊，有着"慷慨激昂的雄辩口才"（这是一位曾经聆听过他演说的人说的），有着远大的抱负。总之，爱德华是一位充满才华与个人力量的人，但他的身体状况却始终阻碍着他的发展。因为家族遗传的胸部疾病在他身上已经恶化到了难以治愈的程度，再加

第六章
定居康科德

上他本人所处的生活条件以及他所具有的急性子,让他的身体始终无法得到完全的休息。在海奇博士看来,爱德华的同龄人,包括他那两位年长的哥哥,都无法与爱德华拥有的才华相媲美。倘若不是因为他英年早逝,他肯定会让爱默生家族更闻名遐迩。当一位朋友提及他在大学时所写的一些论文造成的影响时,爱德华说:"是的,很多人都在议论我。但我告诉他们,犹大部落中真正的狮子就在这个家里。"在文学方面,爱德华总是顺从爱默生的判断力,在创作自己的大学论文时也听取了爱默生的建议。他在 13 岁的时候就准备进入大学,但因为家里经济条件不允许,因此只能延迟上大学,但他对此没有说出一句抱怨的话。第二年,他患上了持续的感冒,再加上视力逐渐下降,因此他不得不离开,乘船前往南方过冬。他在 1820 年夏天回家,进入了哈佛学院。在大学期间,他的成绩始终排在班上第一名,从没有掉落到第二名。他当年所留下的成绩至今仍为很多人津津乐道。与其他兄弟一样,他在大学假期与毕业后都当了兼职老师。很多学生都认为,他在教书方面展现出了无与伦比的能力。① 与此同时,在韦伯斯特的推荐下,他成为萨福克法庭② 的一名见习生,但最后因为健康不佳不得不乘船前往地中海休假,并在欧洲生活了一年。当他回来之后,他进入了韦伯斯特在波士顿的办公室,很快就担任了一个重要的职位。韦伯斯特对他非常信任,认为他能够在学生们的父母都离开之后,仍然会很好地照顾这些学生。韦伯斯特说,他对爱德华的表现一点都不担心,因为他能够很

---

① 出自 D. G. 哈斯金斯的《回忆录》,第 38 页。
② 詹姆斯·B. 泰耶教授告诉我,一般来说,学生并不需要这样的推荐。也许爱德华·爱默生所从事的工作需要这样的推荐证明,让他能够更好地从事法律方面的研究与学习。

威廉·H.普雷司各特

好地照顾这些学生。除了学习法律之外，他还"利用闲暇时间"辅导4个学生的学习，"每天像威廉·H.普雷司各特那样阅读3个小时"，并且"愉悦地为波士顿图书馆进行图书编入目录等工作"。

当身体的能量不断被消耗，却始终无法得到足够的补充，那么生命之火是无法持续燃亮的。但是，爱德华表现出来的高昂斗志却不允许自己放松片刻。因为他认为，只要自己前往欧洲生活那段时间所欠下的债务没有还清的话，他就不能休息。

1827年，爱德华在给爱默生的一封信里写道："每过一天，我都希望自己的努力能让我距离还清债务更近一些。我希望通过不断勤奋的工作，一劳永逸地摆脱债务所带来的枷锁，让身心获得真正的自由。"爱德华"不愿意像许多曾在债务之海里淹死的胸怀大志的人那样，被债务继续折磨着"。在债务缠身的情况下，爱德华失去了他天生的那份优雅与自信，陷入了一种忧郁且病态的自我意识当中，最后导致他的身体变得越来越羸弱，最后陷入了疯狂的失常状态。在休养了几个月后，他从精神失常的状态中恢复过来了，但身体状况却已经一落千丈了，他也感觉自己必须要远离任何繁重的工作，只能像别人那样不得不安于承受每天的痛苦折磨。在1830年，他前往圣克鲁克岛，接着从这里出发前往波多黎各。他在波多黎各当了一名牧师，拿着微薄的薪水，一直生活到他去世的那天。

根据很多前来这里旅行、见到他的朋友的描述，爱德华依然表现出友好、安静，甚至是愉悦的心态，依然对身体能够最终恢复健康充满了希望。但正如他本人所说的，他深知"天使射出的箭已经在我的体内扎得太深了"。

爱默生写道："我这一辈子失去了一个重要的希望。我感觉失去了自我的一部分。"爱德华与爱默生在年龄上相差无几，在才智方面也是相差无几，有着共同的追求，同时他们不同的秉性只会增强彼此之间共同的仰慕之情。从童年开始，他们虽然见面的时间不多，但他们在感受孤独情感方面的经历却是惊人相像。对于还活着的爱默生来说，他们永远都不会分离的。

爱默生发表的第一篇演说与自然科学存在着关系。霍尔姆斯博士曾这样评价他："在他的人生早年，他似乎用相当怀疑的目光审视着科学。"事实上，爱默生并不喜欢任何分析性的工作，也知道自己不适合去做调查员之类的工作。但是，他的笔记本里却显示他阅读了许多与科学相关的书籍。他经常引用德堪多[1]、斯普伦格尔[2]、居维叶[3]与埃弗拉德·霍姆爵士[4]等人的内容，并从化学与气象学中摘录了一些他认为有用的内容。1833年11月，也就是在他从欧洲返回美国的几周之后，他按照波士顿自然历史协会的要求，发表了一场导论演说。同年12月，他发表了一篇名为《人类与地球之间关系》的论文。1834年1月，他在波士顿的机械协会上就"水"的议

---

[1] 德堪多（Augustin Pyramus de Candolle，1778—1841），瑞士植物学家，他首先提出了"自然战争"的概念，也因此启发了达尔文。
[2] 斯普伦格尔（Carl Sprengel，1787—1859），德国生物学家。
[3] 居维叶（Frédéric Cuvier，1773—1838），法国动物学家，小熊猫的命名者。
[4] 埃弗拉德·霍姆爵士（Sir Everard Home，1756—1832），英国著名外科医生。

德堪多　　　　　　　　　斯普伦格尔

居维叶　　　　　　　　　埃弗拉德·霍姆爵士

题发表了演说。1834年5月，他在波士顿自然历史协会上发表了一篇年度演说。

在爱默生一开始发表的演说中，有一篇演说名为《自然历史的功用》。在这篇演说里，他详细地谈论了他在法国巴黎的植物园博物馆里所看到的景象，描述了一些特别的标本，说明参观这座博物馆激发起他的内心兴趣，阐述了科学与人类之间存在的神秘关系："在我看来，自然科学最重要的作用（当时的民众尚且没有这样的认知），就是让人类更好地了解自己。对所有事实的认知，对自然法则的认知，这将会让人类对自身存在的法则有更加真实的了解。"

对爱默生来说，这是一种熟悉的思想。在第二教堂发表的一篇演说里，他就说，哥白尼①提出的天文学观点所带来的意义，就在于消除了神学家们一直以来所吹嘘的各种幻想，不再认为地球是上帝创造的道德运行法则的唯一中心，这让人类对宗教的认知产生了颠覆性的影响。我们对人类以及人类命运的概念，以及对宇宙存在的认知都得到了大大的拓展。

爱默生对法国博物学家拉马克提出的一些设想有所了解，拉马克提出的"发育停顿"这个字眼引起了他的注意。在《人类与地球之间的关系》

哥白尼

---

① 哥白尼（Nicolas Copernicus，1473—1543），文艺复兴时期的波兰天文学家、数学家、教会法博士、神父。他提出了日心说，否定了教会的权威，改变了人类对自然对自身的看法，代表作有《天体运行论》等。

这篇演说里，爱默生就谈到了这样一个事实："也许，我要说，最让人感到不可思议，或是最庄严的事实，就是人类并不是上帝创造出来的自命不凡的种类，而是根据自然界在之前数十万年前的演进就已经可以预见的了，而这一切都是在人类出现之前的。也许，这一切都可以追溯到人类难以计算的久远年代。但是，自然界之后的一切发展都是在不断前进的，都在为人类的存在创造各种条件，为人类最后的诞生准备好一切必备的基础……人类的四肢只是代表着一种更为复杂精细的生物结构——或者说，这是造物主制造出来的成品——但这些结构的基础都是那些曾经在大海上徜徉，或是在泥潭里打滚的生物中演进过来的：在莽荒时代，人类的祖先也许凭借着这双手披荆斩棘地开拓荒原，或是像北冰洋的鲨鱼鱼翅那样摆动，之后就变成了在沼泽地里滚动的类似于蜥蜴那样的鳍状肢。"

在自然历史协会发表的一篇演说里，爱默生说："人类对自然产生深沉的爱意，这是人类具有最高心智能量的一种表现。人类的灵魂与身体能够处于一种和谐状态，因此当一个人对精神法则洞察得越是深刻，那么他对自然所创造出的一切就会产生越发强烈的爱意。不过，有人说，人类是唯一一种会对人类产生兴趣的生物。我完全相信这个观点。我认为，人类的机能构成就代表着一个中心，而我们其他所有的猜想都无法真正地对此进行解释。但是，外在自然所表现出来的神奇魅力，却能让人类处在一种中央位置与其产生联系。这并不是说一个有机生物王国中的某个个人，而是表明了人类与自然之间存在着千丝万缕的关系。"

爱默生将自然看成一位诗人，而不是一位科学家。但是，他也注意到科学所带来的好处，认真研究某个具体事物的好处，以及对

第六章
定居康科德

某些具体事情的研究所带来的积极影响,而不是对广义概念的无限产生一些模糊的情感。"他们都是完美的生物。在自然界,任何事物都是正确与成功的,它们所呈现出来的面貌正是自然要实现的目标,不论是对一只蜜蜂还是一只画眉鸟来说,都是这样。即便是人类创造出来最优美的诗歌,最雄伟的雕塑或是图画都无法与之相比。"因此,"自然科学的自律是能够让我们拥有更强的辨别是非能力,能够让我们拥有将相似与相同区分开来的强大能力。对自然的整个研究,其实就代表着一种永恒的分割以及细分,而这些区别是真实存在的。这些物体所具有的属性也是永恒的。我们可以对自然物体进行明显的区分,在实践中任何错误都会被人类迅速感知。因此,之前许多存在谬误的认知,许多不加区分就展现出来的物体,都应该像区分化学复合物或是植物分类那样进行区分。要是人类所写的文章或是著作都无法对自然界的物体进行区别或是分类的话,那么很多作家就无法去进行任何的创作或是记录,因为他们无法区分某些物体的不同之处。要是我们将植物学中那些严谨的标记都记录下来,就会发现这些内容是非常枯燥、无趣与平淡的,但去从事这种工作的人却值得我们为他发一份死亡讣告"。这样一个事实也许能够压制我国目前存在的抄袭模仿的风气,因为"模仿是对反复无常的事物一种过分顺从的福祉,认为这是自然永恒存在的形式一样。美国人所有的行为举止、语言与写作都是衍生出来的。我们并没有按照事实去进行记录,但我们希望以英文的方式去阐述事实。这就是我们必须要为继承丰富的英语文学遗产所要付出的代价。因为大西洋的阻隔以及独立革命的关系,我们这个国家免于许多国债,我们却在这方面进行偿还,而这样的偿还则要更加严重与糟糕。当然，时间会最终治愈我们，也许是因为某个糟糕的政党的上台，或是民众对所有这些文学的无知或是所有人都追求着自私自利的目标所导致的。但是，更好的一种治愈方式，就在于对自然历史的研究。因为对自然事物的研究可以让我们重新返回真理的道路。但是，正如一本书不可能告诉你如何利用一本书，科学也是如此。当涉及某些技术性问题的时候，我们就需要在脑海里思考这些问题。人类都有一个毛病，就是总喜欢将手段错误地当成了目标。因此，即便在自然历史方面，我们也会发现有很多书呆子，他们错误地将科学分类当成科学的目标，他们忘记了科学分类只不过是为了方便收集事实，以便日后更好地发现自然规律的一种手段。只有当人类对自然的物体进行深入的研究，才有可能从中获得真正的知识，才能用真正的目光去看待放大的物体。只有在人类对相似的原子进行探索，按照原子本身的属性，才能将其融合起来。因此，在我看来，自然学家应该要成为一名诗人，才能更好地进行最为严谨的分析。或者，我要说，自然学家的专业知识要屈从于人的常识。正是因为人类的心智与自然之间无法真正嫁接起来，才让双方之间的合作无法取得让人满意的结果。很多人认为，诗人容易因为缺乏对精细的追求而迷失在想象世界里，这是一派胡言。另一方面，那些所谓的学者则无法看到，在最完美的实验研究中自己所要追求的目标是什么，最终沦落为药剂师或是学究。我相信这两者有各自的作用，相信诗歌以及解剖研究的好处。只有通过精确的研究，我们才能真正去了解事物。但是，我们需要在发自内心的好奇心的指引下，才能更好地了解世界"。

爱默生的这些演说都与"自然"相关，他在接下来的一些演说里也继续重复这样的主题（比如《智力的自然历史》等演说）——在他看来，外在世界是以一种类似于象形文字的方式回答人类心智中存在的疑问——这些都是爱默生在这一阶段早期的文章。在波士顿自然历史协会的演说中，他说："人类对矿石以及植物的完全了解，将会持续地揭开人类与自然之间的关系，相应地解释人类一些尚且无法理解的秘密。因此，对我们来说，地球上的每一株植物就好比预言家、物理学家、天文学家与道德学家。"在《自然历史的功用》的演说中，爱默生则用提出问题的方式去收尾："在人类存在之后，无论是最为神秘或是最为神奇的事实，都没有拥有一种属于外在本性的表达能力，或者说，没有通过外在方式进入到内在思想与情感世界里。难道这不是我们应该去思考的问题吗？"

这年冬天（1834年），他就意大利的主题发表了两场演说。在演说中，他重新将自己在意大利日记的内容复述了一遍，让那些没有到过意大利的人感受一下意大利这个国家。在这年夏天，爱默生被选为美国大学优秀生全国荣誉组织年度会议的诗人。爱默生当时所朗诵的一些诗歌描绘了韦伯斯特见到爱默生的情景。这些诗歌都收录在河畔出版社出版的《诗集》里。

爱默生并没有选择要远离人群，过上隐居生活的念头。在7月12日，他给当时依然在缅因州班格尔进行布道演说的海奇博士寄去了一封信。他在信中这样说：

> 如果我能够说服几个志同道合的人，那么我现在几乎已经坐在美丽的小溪岸边，我们会立即前往距离这条河30英里之外的地方居住。

在 10 月的时候，他与母亲收到了里普利舅舅的邀请，来到了康科德，居住在那里的牧师住宅。从此，爱默生一直居无定所的情况终于画上了句号。事实证明，这里成为爱默生日后定居的地方。在这里居住，有很多好处：这里曾是他祖父居住过的地方，他早年曾在这里的乡村与哥哥们在康科德的牧师教区玩耍，他们经常在里普利舅舅那边的山丘上散步，还经常到彼得那边的田野或是断头谷的森林中游玩。之后，查尔斯准备娶康科德地区一位名叫伊丽莎白·霍尔[①]的女子为妻，并决定在这里从事律师行业。

他们在牧师住宅生活了一年。直到 1835 年的冬天，爱默生与来

康科德

[①] 伊丽莎白·霍尔（Elizabeth Sherman Hoar，1814—1878），查尔斯·爱默生的未婚妻，大卫·梭罗的同学，在与查尔斯结婚前，查尔斯不幸离世。爱默生后来一直把她视为自己的妹妹，爱默生的孩子也称她为"利奇姑妈"。

第六章
定居康科德

自普利茅斯的利迪安·杰克逊① 女士订婚了，因此他有必要找寻一所属于自己的房子。在第二年4月写给哥哥威廉的一封信里，他说：

> 我希望租一所房子，在今年9月的时候做一个壁炉。也许，查尔斯也是这样的。一年之后，我们应该可以在祖父那一片面对莫纳德诺克的沃楚西特山，建造一所面向日落的房子。

利迪安·杰克逊，爱默生的第二任妻子

教区住宅背对着山丘与田野，经常被人称为彼得的田野或是恺撒的森林，这可能是源于一位古代农夫的名字，他曾解放过黑奴，他当年搭建的小木屋现在依然矗立着。这里是爱默生与他的兄弟们经常过来游玩的地方。在他的一篇日记里，他这样描述这里的景致：

周六晚上

在日落时分，我登上了里普利舅舅家附近山丘的丘顶，重

---

① 利迪安·杰克逊（Lidian Jackson，1802—1892），爱默生的第二任妻子。废奴主义者、社会活动家，为女权、美国野生动物保护做了大量工作。

新表达了对这个地方美好风光的赞扬。也许是出于某种敬畏心理，某种庄严或是神圣的情感，这些情感都与远方所有笼罩在夕阳余晖下的事物融为一体。在西边，夕阳已经躲在云层后面，仅仅透出一丝光亮，太阳仿佛置身于一个空间沙漠里——此时，你只能看到光线，却看不到太阳的光辉了。接着，我看到河流就像带着上帝无限的爱意一直从青灰色的过去流向青绿色的未来。

但是，一个巧合的机缘却让爱默生不得不另做打算，选择了一个位置没有这么好的地方。

1835 年 7 月 27 日

查尔斯有没有跟你说，我已经躲过了房子可能带来的烦忧。我已经在康科德买下了克里奇的房子，准备在今年 9 月入住。这是一个不起眼的地方，除非这里的树木与花草都长成了，否则这里的景致不会很好。但是，我们可以在房子里堆满书籍与期刊，邀请睿智的朋友过来做客，那么这座房子还是可以充满智慧的。我购买的这座房子花费了我 3500 美元，也许在明年夏天完成扩建或是装修之后，还要花费四五百美元。卖家对我说，他当时买下这所房子花费了 7800 美元。

这座房子是爱默生余生都居住的房子。房子所处的环境并不完全如他的心意：房子所在位置的地势比较低，向着一片沿着康科德河流的草地延伸出去。除了东边可以望到林肯山之外,其他方位的视野都不是很好。不过,总的来说,这所房子还是很适合他的。这座房子位于村庄的边缘地带,距离市中心也不是很远,这能让他获得许多开阔的空间,这是他当初决定购买的一个重要考量。某个地方的一位改革家①曾反对在这里放羊,说放羊会占据更多的土地。对此,爱默生说:"但是,一只羊所需要的土地,并不及我与邻居之间所相隔的面积。"这里,三面都是开阔的,距离道路还有相当充裕的空间。在房子后面,有一条路经过一条小溪,一直穿过瓦尔登与克里夫的田野。爱默生最喜欢在这里散步了。接着,就是爱默生所购买的房子,这是一座正方形的温馨建筑,建筑风格是仿照过去新英格兰村庄主街道的建筑,房子的面积与风格都超过了他原本希望建造的房子。

作为一个喜好孤独的人,我住在乡村里,这里距离波士顿有17英里路。这里会刮起西北风,冬天的时候会下雪。这座房子能让我抵御冬天寒冷的天气。而在夏天的时候,这里的山丘以及沙滩又能让我与喧嚣的城市保持一定的距离。

在1835年的上半年,爱默生虽然依然住在牧师住宅,但他仍然在波士顿发表了5篇传记性的演说,分别是关于米开朗基罗②、路

---

① 这位改革家是哈佛镇地区一个维持时间很短的果农协会的创建人。他们在这里并没有养羊——他们说,我们并没有放羊挤奶的需求。但是,他们的农妇喜欢牛奶,因此他们只是养了一些羊来代替牛来犁地。
② 米开朗基罗(Michelangelo di Lodovico Buonarroti Simoni,1475—1564),意大利文艺复兴时期伟大的绘画家、雕塑家、建筑师和诗人,文艺复兴时期雕塑艺术最高峰的代表。

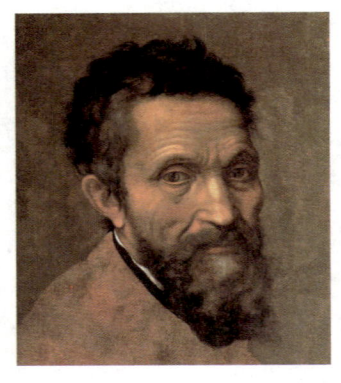

米开朗基罗

乔治·福克斯

德、弥尔顿、乔治·福克斯[1]与伯克,并且对这些伟大人物所经历的考验进行了一番概略的描述。在爱默生看来,始终保持幽默的能力,是这些英雄人物的一个品格标志。拿破仑经常在阴郁的情绪下孤独地工作,路德、拉菲特、阿尔佛雷德、莎士比亚等人则是始终脸色红润、面带微笑地工作。尤里乌斯·恺撒就是一个有着雄才大略的幽默之人,相比之下,拿破仑则是一个目光狭隘且嫉妒心强的人。接着,爱默生还谈到了无私的热情这个话题。他说,即便诸如匈奴王阿提拉[2]这样的大破坏者,这样一个将自己视为代表着上帝之鞭的人,都愿意去感受超自然的影响。爱默生并没有过分强调米开朗基罗与弥尔顿等人的良好性情。他们与但丁一样,都因为他们伟大的天才而"宣告无罪"。但在路德以及乔治·福克斯等人身上,人类的善意则是一种主要的源泉。这是博大的人性、常识以及温馨的社交情感与他们各自强烈的内在信念的结果,才让路德免于陷入过度的狂热主义。

---

[1] 乔治·福克斯(George Fox,1624—1691),英国重要的反对国教派人士。普遍认为他是贵格会(或公谊会)的创始人。
[2] 阿提拉(Attila,406—453),古代欧亚大陆匈人的领袖和皇帝,史学家称之为"上帝之鞭"。

爱默生其实不愿意《北美评论》杂志编辑帕尔弗里博士①将他所发表的关于弥尔顿与米开朗基罗的演说公开。尽管如此，这篇演说还是分别在1837年与1838年刊登在《北美评论》杂志上。

在这年8月，爱默生在波士顿的美国教育协会公开发表了一场演说。他的演说主题是"让青年人树立对英语文学正确品位的最好模式"。海奇牧师曾说："爱默生在演说里添加了许

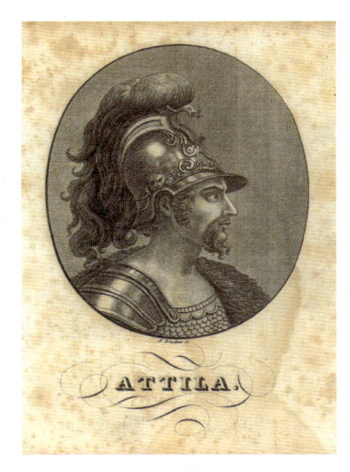

匈奴王阿提拉

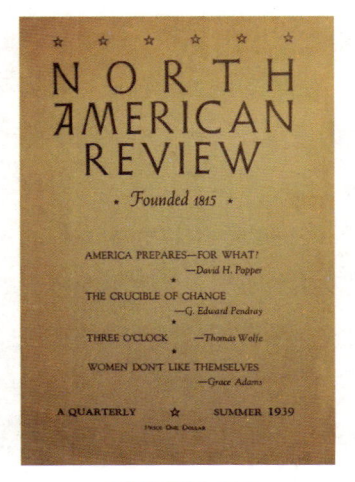

《北美评论》杂志

帕尔弗里博士

① 帕尔弗里博士（John G. Palfrey，1796—1881），美国历史学家、编辑、神学家、国会议员。

多非常具有说服力的段落，还附加说明了祈祷是毫无作用的！"事实上，在爱默生的演说稿子里，根本没有"祈祷是毫无作用的"字眼，我只能认为是爱默生一反常态，在演说中即兴发挥，说出了这些话。但是，无论爱默生在演说中说了什么，他都绝对不会认同这样一种毫无根据的话语。爱默生说祈祷没有任何作用，这就好比一个孩子在没有母乳的情况下生存。显然，爱默生的观点应该是，祈祷应该局限于公共场合或是某些替代性的祈祷。爱默生认为，这样的祈祷方式必然会形成某种极为不同的东西。

我愿意借此机会谈论一下海奇牧师在自传里提到的另一件事。在自传里，他引述了爱默生在"伦理的主权"的部分内容，然后用他活了将近半个世纪的见闻来进行解释。爱默生意识到自己的演说提倡的一种道德与社会的瓦解。虽然，这篇文章是在1878年首次出版，但却是爱默生早年创作的一篇文章。爱默生在1839—1840年间所做的一些演说对一些问题做出了回答。在爱默生10年前居住在剑桥时期的笔记里，我们也可以发现类似的段落。这些文章表明了爱默生在那个人生阶段的许多看法与感受。爱默生似乎受到任何时代都不可能遭受质疑的信念的吸引，但他始终在思考着17世纪发生的事情，而不是思考18世纪或是19世纪发生的事情。爱默生的感受其实是一种想象性的怜悯之心，同时他根本没有想要回头看的任何兴趣。

回到爱默生的演说当中：爱默生在演说中的主要思想，就是既然世界上的许多大学都无法培养一名优秀的学者，也无法培养出对血液有所了解的医生，那么负责教育管理的人就绝对不能期望找到真正能够激发学生潜能的方法或是渠道，而应该将精力专注于唤醒学生们自身的能量，让他们树立对某个特殊职业的追求。通过这样的教育方式，让学生们对他们母语有更加深刻的了解，将这样的教育方式视为激发学生潜能最好的方式。按照爱默生的说法，在我们目前的社会状态下，要进行改革的第一步就是给人们的心灵留下这样的印象，即人生最纯粹的乐趣是每个人都可以去追求的，虽然他们现在没有找到，但可以通过努力去找寻。虽然粗制滥造的书多得像苍蝇，但代表着人生智慧与建议的书籍，比如莎士比亚、弥尔顿、培根或是泰勒等人的作品却被学生们完全忽视了。因为，任何人都无法将自己根本不了解的东西传授给别人，或是给学生们灌输他们都没有的品位。最后，很多老师将一些平庸的作家的书介绍给学生。书籍就像天空中的星星，一眼看过去似乎是不计其数，但如果你真的去一颗一颗地数的话，就会发现这些星星的数目迅速地减少。至于教育方法的问题，难道你们就不会想办法激发学生们对乔叟或是培根等人的作品的兴趣吗？他们可以经常引用这些作家的话语来教育学生，可以让学生去自行评价他们的作品，不要以一种吹毛求疵的态度去做，而是要通过让学生在这个过程中感受到阅读的乐趣去完成。我们要想办法让学生习惯于这样一种孤独感，更要让他们习惯于这样一种思想。我们要让学生放弃之前那种传统陈旧的判断方法，将学生从贫瘠的自律世界里解救出来，让他们腾出更多时间去阅读艾肯、凯特[①]、德雷克[②]以及布莱尔等人的作品。我们要让学生明白一点，每当他们了解到这样一个道

[①] 凯特（Henry Kett，1761—1825），英国作家、学者、神学家。
[②] 德雷克（Sir Francis Drake，1540—1596），英国著名的私掠船长、探险家和航海家，是在麦哲伦之后第二位完成环球航海的探险家。

德雷克

理，即要是他们发现某些作品中存在着武断或是守旧内容的话，那么这肯定代表着一种错误的信条，因为我们可以通过更为透明的方式去看到一种全新的美好思想。

我们国家在文学教育方面另一个巨大的不足，就是关于友情方面的。如果一些志同道合的人想要联合起来，正如之前一些文学青年在威尔斯或是巴顿的咖啡屋里聊天，或是在书店的后门聊天，那么每个人都应该卸下心防，没必要过分注重社交礼节，因为只有这样，大家才能度过一段愉悦的时光。

虽然爱默生是康科德地区的一位新来的居民，但早已认识了这里的许多人。无论是在牧师住宅还是乘坐里普利博士的轻便马车，他经常在这个教区活动。因此，爱默生没有感觉自己是这里的一位陌生人，而是觉得是这里的一位城镇居民。在9月的时候，他受邀在这个镇成立200年的大会上发表演说。在演说台上，一些当年参与过康科德战斗的老兵就坐在他旁边。为了准备这次演说，爱默生认真阅读了许多印刷的资料，在剑桥地区花了两周时间查找各种资料，研究了许多关于这个镇的晦涩难懂的手稿。除此之外，他还在里普利的陪同下，亲自拜访了在那次大桥战斗中幸存下来的士兵，从他们口中得到了一些关于当时战斗的记录。爱默生也从他的祖父

第六章
定居康科德

威廉·爱默生二世的日记那里获取了一些有趣的细节。

在发表演说的两天后，他乘坐马车前往普利茅斯，完成了婚礼仪式。当时，一位年轻的女士陪伴他前往波士顿，就曾风趣地说，当时的马厩管理员显然为爱默生的这场婚礼做了许多工作，因为他为马匹换上了黄色的丝带。爱默生注意到了这些，就在马厩前停下来，然后要求换掉这些。"孩子，为什么不在通往普利茅斯的路上，在路边停下来，然后采摘一些金色的花朵，用来装饰缰绳呢？"婚礼在温斯洛家①举行，这是一座属于杰克逊女士的英国殖民时期的古老建筑。她也认为爱默生婚后会住在这里。但是，爱默生无法离开康科德。

威廉·爱默生

爱默生在订婚期间，给未婚妻这样写信说：

> 我必须要获得你的同意。我是一位天生的诗人，当然，我可能只是一位品位不高的诗人，但我依然是一位诗人。这是我的本性与天命。可以肯定的是，我的声音比较沙哑，不适合唱歌，因此我只能去创作散文。但从旁观者来看，我依然是一位诗人，至少是一位在灵魂深处追求和谐精神的人，特别是在与别人的通信上面，更是如此。一次落日，一片森林，一场暴风

---

① 温斯洛家（Winslow house），即妻子利迪安·杰克逊婚前的家，也是她祖上的房产，现为"五月花房"故居博物馆。

雪，美丽的河边景色，对我来说，这些景色都要比朋友的陪伴更为重要，也会让我难得合上书。因此，无论我去哪里，我始终都会小心翼翼保护我喜欢漫步的习惯……现在，康科德只是数百个可以满足我这些条件的城镇之一，但我认为普利茅斯并不在其中。普利茅斯这个地方到处都是街道，太过喧嚣了。

爱默生说的好像普利茅斯就没有落日或是森林似的。但对爱默生来说，康科德这个地方对他的吸引力实在是太强了。在康科德，他们可以做一些家务。爱默生可以有条不紊地安排自己的学习，他的余生都是按照这样的方式去生活。在这里，当时有一个规模很小的花园，爱默生夫人也从普利茅斯那里带回了一些植物种子，在这里种植。爱默生也开始了务农生活，每天都没有投入太多的时间去学习。在第二年春天的一天，当他正在忙活的时候，城镇的一个人过来警告他，说一头到处乱跑的野猪正在附近的土地上肆意地破坏。爱默生后来知道，他已经被任命为这一年的防止野猪损害作物的长官。根据当地的风俗，这个任务都是那些新婚没多久的男子担任的。

在这一年11月的时候，爱默生在康科德附近的莱克星顿地区开始了布道演说。在接下来的3年时间里，他都在这里担任布道演说牧师。1835—1836年的冬天，在促进有用知识传播协会的邀请下，爱默生在波士顿的共济会教堂里，就英语文学发表了10篇演说。或者用爱默生的话来说，"就是谈论与英文文学相关的话题"。根据一些当时聆听者的记忆，爱默生的演说似乎让这栋风格怪异的建筑都具有了一种尊严的色彩。爱默生也充分利用这样的演说机会，通过演说的方式表达自己内心深处的一些想法。

在爱默生的导论演说中,他说文学是记录人类思想发端、演进与繁盛的一种方式。正是思想所具有的无形本性才让每个人能够成为他们现在这个样子。一个人的全部行为或是努力,就是为了通过不同的方式去表现自己,而其中最佳的媒介就是通过语言的方式去进行。对人类来说,而不是某个具体的个人而言,他们的本性就是思考。站在精神与物质中间的点上,我们可以了解这两种元素的本性,人类可以知道其中一种元素代表着另外一种元素。但是,人类历史与我们的生活都与我们存在着极为紧密的关系。习俗让我们将与物体之间的关系视为永恒不变的。思想家则会将他们从中脱离出来,然后告诉我们,食物的发展阶段只是一种现象,是人类精神本性连续展现出来的一些形象。诗人、演说家与哲学家就是那些能够以最为锐利的眼睛观察事物的人,他们也愿意展现出这样的象征或是比喻,让人类了解自然的物体是如何给我们带来感知的。以正确的方式看待一切,这就与整体存在着联系,也会让我们感知到其中的完美。诗人告诉我们,美感隐藏在日常生活中的每件事情当中。人类表达出来的思想可以证明人类的一种信念,即所有人都能够接受这样的信念,所有人都可以在某种程度成为诗人。

在接下来的演说里,爱默生还谈到了英国人的起源以及一些天才所具有的永恒品格。在列举了威尔士、盎格鲁-撒克逊等民族的诗歌以及对神话时代进行一番评论之后,爱默生谈到了一些文学名人,比如乔叟、莎士比亚、培根爵士、本·琼森、赫里克[①]、乔

[①] 赫里克(Robert Herrick, 1591—1674),英国诗人。

治·赫伯特①、亨利·沃顿爵士②，接着谈到了一些道德作家，比如弥尔顿、克拉伦登爵士③以及约翰逊博士。在结束演说之前，他还谈论了当代的文学（将还活着的作家都排除在外）——拜伦、司各特、柯勒律治、杜格尔德·斯图尔特④、詹姆斯·麦金托什爵士⑤等。在爱默生看来，拜伦的作品所具有的主要价值，就在于他作为一名修辞家所具有的价值。柯勒律治则更多是一位评论家，而不是一位诗人。爱默生对司各特的评价与卡莱尔对其的评价相差无几。爱默生说，司各特是一位最可爱的人，因此他在给孤独赋予那么多内涵之后，理应受到全世界人民的感激，因为这能帮助许多人缓解头疼或是心碎的问题。但是，司各特却缺乏足够伟大的思想，使其无法成为一名伟大的人。当然，司各特拥有着幽默感、幻想能力与个性，但从某种程度来说，却缺乏足够的想象力。在关于莎士比亚的评价上，爱默生说，只要看看《李尔王》《哈姆雷特》以及《理查德》等作品，就能知道莎士比亚的才华了。爱默生还认为，雷文斯伍德与梅格·梅里利斯的作品只是符合过去某个时代与潮流而已，他们的作品中都多少会有伯利地区的珍妮·迪恩斯⑥与巴尔弗这些人物的特点。此外，他们的作品都不够深刻，时至今天，我们都不曾记得他们说过什么让人印象深刻的话语。彭斯⑦、坎贝尔与摩尔，这些都是爱默生

---

① 乔治·赫伯特（George Herbert，1593—1633），英国诗人、演讲家和牧师。
② 亨利·沃顿爵士（Henry Wotton，1568—1639），英国作家、外交家。
③ 克拉伦登爵士（Lord Clarendon，1800—1870），英国国会议员、外交家。
④ 杜格尔德·斯图尔特（Dugald Stewart，1753—1828），苏格兰哲学家、作家和数学家。
⑤ 詹姆斯·麦金托什爵士（Sir James Mackintosh，1765—1832），苏格兰历史学家、法官、政治家。
⑥ 珍妮·迪恩斯（Jeanie Deans），苏格兰作家沃尔特·司各特小说中的人物。
⑦ 彭斯（Robert Burns，1759—1796），苏格兰农民诗人，在英国文学史上占有特殊重要的地位。他复活并丰富了苏格兰民歌；他的诗歌富有音乐性，可以歌唱。代表作有《自由树》《苏格兰人》《往昔时光》等。

第六章
定居康科德

赫里克

乔治·赫伯特

亨利·沃顿爵士

克拉伦登爵士

詹姆斯·麦金托什爵士

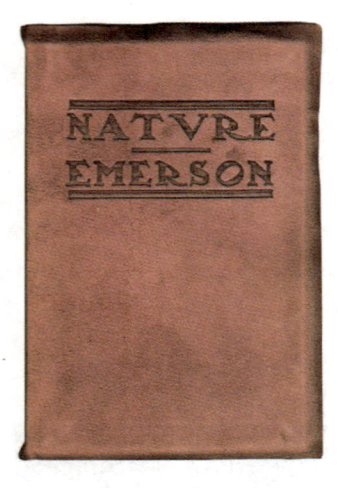

童年时期最喜欢的作家,也被爱默生一一回避了。导论与结束部分都谈论了许多内容,这些内容后来都被收录在《自然》一书里。

爱默生的演说给听众留下了深刻的印象,让他成为广受欢迎的演说家。当然,爱默生在演说中对英语文学的评论是不充分的,但爱默生的听众很快就发现,他所谈论的问题与事情本身并没有太大的关系。那些热爱经典文学作品的人也非常喜欢爱默生在演说中提及的其他内容。爱默生的演说具有一种特殊魅力,这一点已经在更广的圈子里为人们所熟知。那时聆听过爱默生演说的一位听众对我说,他依然记得爱默生的声音与举止,以及他第一次听到爱默生谈论有关克拉布诗歌时的情景。事实上,爱默生很有可能在演说的手稿中并没有写入那么多作家的名字。

在1836年的上半年,爱默生出版了这些演说集,并为卡莱尔的《衣裳哲学》一书写了一篇序言。在这年年底,爱默生通过信件对卡莱尔说,这本书已经在美国这边出版了。而在英格兰,爱默生的这本演说集也卖出了

《自然》

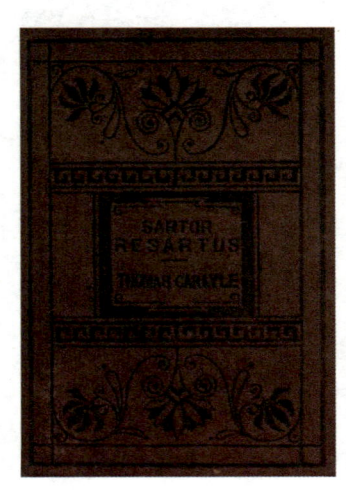

《衣裳哲学》

上千本。

当卡莱尔的《衣裳哲学》刚刚问世的时候,爱默生并不是狂热的支持者。一些人认为,爱默生所写的序言是比较含蓄的,里面充斥着太多道歉的意味。多年后,当我尝试问起他,这本书当年给一些年轻人的心灵造成的影响时,爱默生说他认为自己的想法更多是来自于柯勒律治。他对柯勒律治表达的一些思想非常认同,但他对于那些用"伪装"形式表达出来的思想却很反感,这让他甚至怀疑卡莱尔的书是否还能在美国再版。爱默生在日记里写道:"哦,卡莱尔!玻璃的价值并没有体现出来,但却能让人看穿。但是,代表着卡莱尔思想的每一块水晶片与薄片都能展现出来。"

爱默生为自己在一封写给卡莱尔的信件[1]里所使用的"激烈言辞"而感到自责,事实证明他们之间的通信持续到了卡莱尔人生的终点。无论他们两人在性情方面有多少不同点,但他们共有的善意以及个人魅力维系着这样的关系。爱默生在日记里写道:

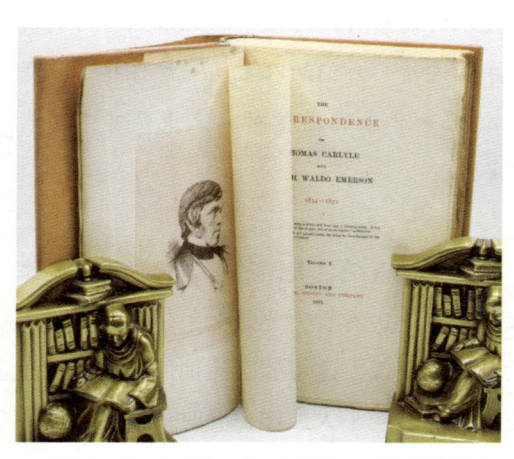

《托马斯·卡莱尔与拉尔夫·沃尔多·爱默生的通信》

我对卡莱尔的敬意让我无法去阅读他的这本书。对其他人

---

[1] 1834 年 5 月 14 日。《托马斯·卡莱尔与拉尔夫·沃尔多·爱默生的通信》(查尔斯·埃利奥特·诺顿教授编辑,1883 年在波士顿出版)。

来说，他的这本书也许是充满诱惑力的，但对我来说，却让我那双温暖的手与心灵感到一阵寒冷与无力的感觉。透过我的双眼，我几乎能够感受到大洋对面那边闪耀的一些火光。在刮风的夜晚，在沉闷的日子里，在银行与交易之外（这与卡莱尔的那本书重印有关），我认出了你，然后迅速跑回到我那愉悦的思想。

至于卡莱尔，在多年后（1875年），当他们不再通信了，他给爱默生的女儿福布斯女士写信，对她说，他一定会将她父亲当年寄给他的信件全部寄回给他。卡莱尔在信件里这样说：

> 我希望你告诉我令尊身体的健康状况，以及他这几年的休息状况。不过，我总是不时能够听到他健康状况依然良好的消息。他与我有了几十年的友情，我们两人之间始终保持着一种默契且神圣的契约。这几十年来的通信对我来说是非常宝贵的，我对此没有任何疑问。

毋庸置疑，卡莱尔一辈子都没有踏足美国的土地，这是他的幸运。因为爱默生希望卡莱尔过来这边看看，要是卡莱尔真的过来美国，那么他们两人就能近距离地交锋，这可能会让他们对彼此产生强烈的不满情绪。即便他们相隔着一个大西洋，有时依然会在信件中进行交锋，特别是在美国内战期间。爱默生在一封信里写道，也许他从来没有将这封信寄出去：

第六章
定居康科德

我怎么能继续给你写信呢？你的想法不代表我的想法，你选择安然地看着我国的命运，预测我国会遭受灾难，这违背了你的道德准则。你用自己的智慧去嘲笑那些拥有仁慈与人性的渺小人物，支持那些作奸犯科之人。但是，一种力量始终代表着一种力量，始终都是源于全能的上帝。因此，这样的力量本质上是神性的，也能散发出神性的影响。

爱默生在1870年一封草草写就的信件里，谈到了"你的朋友中有许多好人，他们既爱你又怕你。他们认为上天特别眷顾你，让你拥有一种敏感的观察力，更好地洞察别人存在的缺点，而忽视了别人表现出来的善意。而且，你在运用这种能力的时候，根本不在乎对方是来自世界的东半球还是西半球……我认为你就像在一些年长天使的帮助下，拿着一个喇叭，到处向世人宣扬，一个帝国与一个共和国即将覆灭。好吧，你在流畅演说中给予的警告不会带来任何危害。但是，你的污蔑所带来的邪恶影响是真实且有害的，但这带来了前所未有的一种平衡。在这个国家，我们与其他国家的人民一样贪婪，拥有着比其他人民更多的机会与上升渠道"。

正如卡莱尔所说的，虽然他们之间存在着思想上的分歧，但他们在某些深层次的领域中是温和的，这也是他们能够走到一起的原因。虽然双方有时都会发表一些过激的言论，但我认为，他们之间的关系却始终都没有疏远过。在爱默生最后一封写给卡莱尔的信件中，我们可以清楚地看到这点。

第七章
超验主义

在给卡莱尔的一封信里（1835年3月12日的一封信），爱默生谈到了一份被称为"超验主义"的日报，这是"某些年轻人"发行的报纸。在这些年轻人当中，有一个年轻人依然用平静的眼光看待着岁月，却始终没有忘记自己年轻时候的梦想，此人就是弗雷德里克·亨利·海奇博士。在之后的某个时期，海奇博士用最友善的方式讲述了这一情况的来龙去脉。

乔治·里普利

1836年9月，在庆祝哈佛大学成立200周年的纪念日，爱默生、乔治·里普利与我还有其他人刚好碰面了，我们一起就当时的神学与哲学理论进行了一番谈论，我们都认为，目前这些领域的现状是无法让人满意的。我们就思考，是否可以做某些事情来表达我们的抗议之情，或是引入一种更加深刻或是宽广的视野呢？当时，我们想要找寻的，是我们每个人都非常难以用言语去表达出来的东西。我们都强烈感觉到对当时盛行的感官哲学的不满。这种哲学可以追溯到洛克，这也是当时美国一神论神学的理论基础。当时，马尔什所编辑的柯勒律治的文章以及卡莱尔早期的一些文章，特别是《品格的特征》以及《时代的信号》都激发起了那个时代一些年轻牧师的狂热心理。我们都能感觉到，一个全新的智慧时代即将到来。我们4个人一致同意，在下周各自找寻一些志同道合的人一起进行讨论。最后，我们十几个人来到了波士顿的里普利家里。我还记得，当时在场的人包括奥雷斯蒂斯·布朗森①（他当时还没有成为一名天主教徒）、赛勒斯·巴托尔②、西奥多·帕克、

奥雷斯蒂斯·布朗森

赛勒斯·巴托尔

---

① 奥雷斯蒂斯·布朗森（Orestes Brownson，1803—1876），美国学者、作家、社会活动家、牧师、超验主义运动者。
② 赛勒斯·巴托尔（Cyrus Augustus Bartol，1813—1900），美国作家、超验主义运动者。

惠勒与巴尔勒特等人，他们都是哈佛学院的讲师。当时，我们进行了一番讨论，但就是否应该创建一份全新的期刊作为表达我们思想的工具，或是在已有的基础上继续深耕，没有得出结论。同月，在爱默生的邀请下，我们来到了他在康科德的家举行第二次会面。这次，有更多人参加会议。除了在波士顿认识的一些人之外，我记得还有阿尔柯特、约翰·S.德怀特、伊弗雷姆·皮博迪①、康弗斯·弗朗西斯②、莎拉·里普利女士③、伊丽莎白·皮博迪女士④、玛格丽特·富勒、凯莱布·斯特森⑤、詹姆斯·弗里曼·克拉克⑥等人。只要大家认为有需要，这些早期参加的人都会到来，这样的会面持续了七八年。琼斯·韦利⑦是偶尔会参加会议的人，亨利·戴维·梭罗⑧是另一个偶尔参加会议的人。准确地说，这些人没有形成任何俱乐部，也没有什么组织，没有任何常任的理事，甚至不需要进行任何投票。至于这些参加会议的人如何被冠上"超验主义者"的名称，我真的不知道。当然，这肯定不是这些人自封的。我认为，在一开始，自己是当时唯一一位对德国的超验主义哲学有所了解的人。这场超验主义运动创办了一份名为《日晷》的期刊。从某

---

① 伊弗雷姆·皮博迪（Ephraim Peabody，1807—1856），美国神学家。
② 康弗斯·弗朗西斯（Convers Francis，1795—1863），美国神学家。
③ 莎拉·里普利女士（Sarah Bradford Ripley，1793—1867），美国教育家、学者，被誉为"19世纪最有学问的女性知识分子之一"。
④ 伊丽莎白·皮博迪女士（Elizabeth Palmer Peabody，1804—1894），美国教育家、翻译家，幼儿园早期教育倡导者。
⑤ 凯莱布·斯特森（Caleb Stetson，1801—1885），美国实业家、政治家。
⑥ 詹姆斯·弗里曼·克拉克（James Freeman Clarke，1810—1888），美国神学家、作家。
⑦ 琼斯·韦利（Jones Very，1813—1880），美国诗人、散文家、超验主义运动者。
⑧ 亨利·戴维·梭罗（Henry David Thoreau，1817—1862），美国作家、哲学家，超验主义代表人物，也是一位废奴主义及自然主义者，代表作有《瓦尔登湖》《公民不服从》等。

阿尔柯特	约翰·S. 德怀特	伊弗雷姆·皮博迪
康弗斯·弗朗西斯	莎拉·里普利女士	伊丽莎白·皮博迪女士
凯莱布·斯特森	詹姆斯·弗里曼·克拉克	琼斯·韦利

亨利·戴维·梭罗

《日晷》

种程度来说，这份期刊就是这一运动发声的工具。

我发现，早在 1835 年 6 月，爱默生就在日记里表明自己试图阐述"太初哲学"。按照他的话来说，这是心灵的原始法则，使之与表面呈现出来的心灵规律形成对比。

这些心灵法则在很大程度上与天文学的规律是相似的，这两种规律无论从哪个方向去看，都会发现这包括了其包含的全部范围。这些法则代表着理智的思想，它们会强烈地影响着我们的认知，似乎能让我们看到一个并不存在的世界。每个人所具有的复杂本性，让我们与上帝产生了差异，但是我们的理智却是很难与神性的本质区分开来的。倘若我们将之称为是我们自身拥有的东西，这似乎是鲁莽的、绝对的且不受限制的。我们谈论上帝最好的方式，就是按照我们已知的理解去进行思考。时间与空间都在心灵的感知范围之内，它能够按照更为亲密的属性去对此进行认知。这能让我们感受到它们存在的本质，因为我们能够从它们所带来的结果看出来。这存在于每个人身上，即便是在最糟糕的情形下，也是每个人所具有的。在坏人身上，这样的感知能力处于沉睡状态。在好人身上，则是处于活跃状态。但在所有人身上，心灵的初始状态都是完美与相同的，这一切都隐藏在个人的癖好、不足或是错误之上。要是人们所能感知到的真理与正确法则的自我存在相比的话，他们的个性就是一种寄生且具有脱落性的原子。认知本身是一种执行性的功能，是心灵的一种工具。它能够在心灵与惰性物质之间进行沉思，能够在时间与空间中运转，因此它的活动是具有连续性的。当理智进入到认知的世界里，理智的思想就会以一种全新的形象出现，会以伪装的方式存在着。要是我们从较为渺远的方式去看待这些物体的话，就会发现理智可以将其肯定为一种永恒的品格。当认知一方面聆听着理智发出的声音，一方面却又说它不能处在中间的位置，这就会让认知展现出原先的面貌。所谓的天国形象，就是理智的思想在认知层面上投射下来的影子。认知可以接受这样的神谕，但认知看问题却非常短视，因此无法理解其背后真正的含义，于是就宣称在未来也会是这样，这就为我们今天读到的神话故事提供了基础。如果一条规则能够让心灵所感知，能够让心灵去对这样的事物进行想象，让我们始终面向东方，迎接太阳的话，那么这将会给我们带来多大的好处啊！但是，普通的生活就像一连串无休止的幻影。在我们梦想自己重新恢复正常之后，突然发现光芒照在我们身上，我们发现自己根本没有任何清醒的时间。

此时，早晨早已经变成了中午。

爱默生并没有继续深入研究下去，或是试图用平实的文字将超验主义的基本原则写下来。在他看来，超验主义应该被视为一种情感，一种关于宗教的情感，或是只能通过诗意的想象去进行感知的思想，而不是应该用死板的文字去表达出来。在他看来，这需要一种更为自由的语言模式。因此，他在自己的著作《自然》里尝试了这样做。

在1833年9月，也就是在他乘船前往利物浦的一两天之后，他在日记里写道：

> 我喜欢我那本关于讲述自然的书，我希望知道自己应该在哪里生活，知道应该怎样更好地生活。我想，上帝肯定会指引我的。

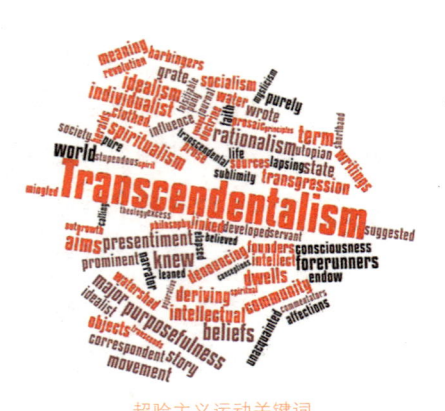

超验主义运动关键词

毋庸置疑，爱默生那本关于自然的书在3年后才出版。诺顿说："这本书将爱默生天赋的才能清晰无误地表现出来。"我们可以说，这是当时美国第一本坚持清教立场，同时宣扬浪漫主义情感的书籍，形成了后来的"超验主义运动"。

正如海奇博士所说的，波

士顿与新英格兰地区的超验主义运动与德国那边的超验主义哲学并没有直接的关联,与康德以及他的后继者所提倡的哲学也没有什么直接联系。康德提出的超验主义观点主要是关于——理智的思想,其目标就是上帝、灵魂与自然都是一体的——从认知本身具有的有限的感知去认识事物。接着,就是通过柯勒律治提出的思想,再加上这个国家一些富于激情的年轻人的倡导,特别是那些年轻教会牧师的参与形式。因为,他们都深信,这可以让他们以更加直接与亲密的方式去接触无形且永恒的上帝力量,而这是当时普遍流行的唯名主义所无法做到的。他们并没有对康德提出的警告过分在意,即这些思想虽然对于行为规范具有最高的价值,但本身却不能称得上是一种知识,因为我们根本没有办法去检验这些所谓的认知是否正确。超验主义本身就代表着一种证据,因此并不需要任何证据去加以证明。超验主义的概念超出了一些平常的概念以及传统的信条所坚守的内容,因为传统的信条更为一些理智之人所接受。也许,一些新教徒过分宣扬了超验主义意识,社会上一些人就将支持超验主义的人昵称为"超验主义者"作为报复。所谓的超验主义者,在对待已有的认知与行为实践方面并没有假装拥有多少的分辨力。一些自由主义的思想家偶尔聚会聊天,他们只认同一点,即必须要实现思想的自由,他们也愿意接受公众将他们称为超验主义俱乐部成员。正如詹姆斯·弗里曼·克拉克博士所说的,对那些从一开始就参加这些聚会的成员来说,他们将这样的聚会称为"志同道合者的俱乐部。我认为,之所以会有这个名称,是因为没有两个人的想法是完全一样的"。或者我们可以说,虽然彼此都有着不同的意见,但他们都有一个共同点,就是对之前那些循规蹈矩的思想方式感到不满。

他们对德国的超验主义哲学或是任何系统的形而上学都不感兴趣。我认为，爱默生一群人提出的超验主义与康德提出的思想中最本质的内容有一定的重合。至少，康德关于实用理智的暗示，将其视为一种不断催促我们拓展认知概念的一种冲动，这似乎与爱默生对超验主义作为"一种无限的情感"的定义是一致的。爱默生对哲学问题的观点（《自然》第59页）是："对于所有在有条件下存在的事物，我们都必须要找到一个无条件且绝对的立场。"在他看来，他的思想更加接近柏拉图，事实上则更加贴近康德。不管怎样，在这个世界上，这样一种思想再也无法被"封闭"了，而是向各个方面敞开了。如果我们睁大双眼——对任何权威或是传统传递出无法容忍的态度，对任何具有欺骗性质的交易表达抗议——那么，正是这样的思想让超验主义者聚集在一起。

不过，在一个社会里，倘若是单纯存在异议，或者说对反对者做出的惩罚比较轻微的话，那么这本身不足以激发起更多的同情者与热情者。因此，他们还需要做更多工作，但是，当我们尝试去接近超验主义的秘密时，却发现来自四面八方的肯定声音，即这是一种关于直觉的信念，认为每个人都可以直接感知宇宙的真善美，可以通过缓慢或是说周期性的归纳推理去感受到真理。这就是很多人对这种冒出来的全新异端邪说做出的指控。当然，我们可以从超验主义发起者的许多作品中得到这样的证实，"尊重你的直觉"，"无意识的感知能让人获得完美的信念"，类似这样的语句，在爱默生的文章中随处可见。

如果这就是全部，如果超验主义者的诉求是我们感受到的情感本身就足以证明其存在的真实的证据，那么回答许多问题就会变得非常容易，其容易程度甚至连那些即便是无法证实的直觉都会显得不足，也会让我们建立起来的想法显得荒谬。因为，作为可以衡量真理与正确标准的情感，也会显得多余了。从某种程度来说，依赖于直觉会意味着自负，或者说，这是对个人精神体验的一种过分夸张的渲染。毋庸置疑，在许多超验主义者身上，我们都看到了这两种情况，因为他们都是标新立异者。在这种情况下，他们很自然要将所有的专注力都集中在自己身上。但是，超验主义者因为过分关注某个事实，很难将其贬低为自我主义或是多愁善感。对于超验主义运动中最著名的人物爱默生而言，每个人都会认为，这样一种描述肯定是荒谬可笑的。对爱默生而言，没有比对他的思想或是情绪进行偶像崇拜更加荒谬的事情了。爱默生经常用直截了当的方式表达自己的想法，可以说，没有谁比他拥有更加自由的精神了。爱默生说："对于著名的唯心论者，他们没有能力让自己的行为或是言语与自己隔离得太远，然后怀着无所畏惧的心理去看待这空空如也的东西。"

对爱默生而言，直觉意味着某种与绝对可靠的知识不一样的东西。按照爱默生自己的话来说，直觉意味着人类敞开心智的大门，接收来自神性的各种光芒或是力量。爱默生对直觉的重视以及对理智的不信任态度，只是相对于他对过去人们对真理的理解。爱默生曾就理智与直觉之间进行过对比，他认为理智就是运用过去形成的一种规则，然后在一定的范围内画圆圈。但是，这只是规则所带来的一种便利，让我们可以在原有的经验基础之上添加一些东西。我们将自己局限于信条、科学方程式或是我们认为有足够证据支持的格言里。简而言之,我们画地为牢,然后认为因为其他人都无法以同样的方式去做,就认为任何人都不应该打破这样的规则。在这样的情况下,我们停止了思考,只是希望寻求通过理智来证实我们之前所持的观点。

在爱默生看来,对直觉的尊重,就需要我们反对这样一种认知,即认为当人处于睡眠状态时,睡眠会控制我们的精神功能,让我们无法去感知一些经久不衰的心理暗示——即在这个世界上,没有任何事物会终结。认为所有的结论都是临时的,所有的结果都是暂时性的结果,认为目前最好的东西肯定要被更好的东西所取代。爱默生认为,灵魂要想保持健康,就必须要以一种顺从或是畅通无阻的状态去接受人的感知。除此之外,他不愿意通过任何信条的方式去进行阐述。他认为,这样做只会适得其反。爱默生并没有说,我们对神性精神可以进行积极接收(因为我们无法说这是自然而然的)。因为,这样的论述就会使之变成一种哲学,但超验主义并不是一种哲学,这只是一种复活的宗教情感,正如弗罗辛厄姆所说的,这是"一种情感的波动",经常会在清教徒的思想表面激起一阵浓烟。

为了更好地追溯超验主义在新英格兰地区的历史,我们有必要回过头看看这一殖民地最初的历史,然后记录下不同历史阶段出现的宗教思潮,并且最终形成了现在公认的宗教信条。这一过程包括唯信仰论、再洗礼教派、教友派教义等。接着,就是怀特

弗罗辛厄姆

菲尔德以及"新光明"思潮所重新激发出来的加尔文主义。这些人担心昌西博士以及他那些阿米尼乌斯派教徒在18世纪中期所提出的人类可以直接对神性真理进行感知的观点，声称这"没有建立在理智与证据之上，只是在灵魂的某种秘密冲动下完成的"——这与一个世纪后的"新光明"运动让一神论领袖感到忧虑，因为前者说人们可以通过追求意识以及神圣的直觉来感受上帝。在所有这些例子里，那些所谓的异端邪说都表现出了一种不宽容的精神，因为他们所宣称的并不是发现了一种全新的真理，将其视为对过去那种真理的生动认知。不过，这样的主张是不可能立即被搁在一边的，因为这毕竟是新教主义的一个特点，虽然这不是基督教的一个特点。但是，其在一开始的时候始终希望那些最忠诚的信徒去见证上帝的精神，从而反对所有教会制定的官方理由或是证据。特别是一神论教派（或是自由派的基督教，一些著名的主持者宁愿这样称呼）要想得到正名，就必须为其所提倡的所有教义去正名，反对所有教会提出的教条，然后通过《圣经》里提到的良知与常识这些更高级的权威去进行评判。

新英格兰地区早期的超验主义思潮，因为当时所处的形式而被扼杀或是变成了某种毫无作用的论述，因为其根本不涉及任何关于宗教本质思想的问题。不过，怀特菲尔德重燃了这种思想，这带来了一次反应。一种精神到了其失效期，就代表这种精神曾经发挥过作用，就像在小溪的表面上泛起涟漪，然后按照一种全新的秩序不断前进。

对于虔诚的清教徒来说，这个世界"就是上帝进行报复的一个绞刑台"，因此他们必须要将所有的成功与欢乐都延期到另一个世界，他们这一辈子的主要任务，就是要明白这一切是毫无意义的，或是尘世的一切事物都是毫无意义的。这就是清教徒们所谓的神义论，这就是他们对上帝与人类之间看法的一种正名。他们唯一能解释这种信念的假设就是将之与现实的社会状况联系起来。对于后来那些过着舒适生活的新英格兰地区的居民来说，这个世界并没有展现出这样的现象：人们来来去去，知识与财富不断积累起来，因此他们有了一种外在的安全感，有了一个空前繁荣的社会。社会就是建立在一个合理基础之上的，始终准备着不断提升。让一个小社会与文明世界联系起来的生活艺术，加上那些原本专注于生存状态的清教徒已经越来越少了，因此就会出现这样的局面。对于那些依然还活着的清教徒，比如玛丽·穆迪·爱默生，她也能感觉到之前的那种信条已经不符合这个时代了。对于那些生意兴隆的波士顿商人或是专业人士，这个世界是一个非常美好的地方。因此，对于这些人来说，倘若他们假装对过去祖先所秉持那种愤怒持谴责的态度，这就有点矫揉造作了。他们已经不太重视那些宗教象征了，但依然会尊重这种宗教，但已经不会表达出自己真正的情感了。对他们来说，他们所使用的崇拜方式已失去了原先的意义。宗教正逐渐变成一种只是在周六进行的礼拜或是适用于某个特殊的场合。对他们来说，宗教再也不是每天生活所需的那种精神支柱了。那些依然虔诚的清教徒希望通过认知方面的逻辑推理去说服其他人，却发现这样做是缺乏现实与证据作为支持的，因此他们的做法只能加速其他民众对此的反感。加尔文神学所具有的深厚神秘主义渐渐被理性主义的思想方式取代，被阿米尼乌斯教派、一神论教派所取代。但无论演变成什么样的形式，再也无法激起教众往日对宗教的热情了。

比观念的改变更加重要的是，人们对整个宗教问题的看法发生了根本转变。宗教所提到的另一个世界失去了其在现实中存在的意义——这一点是非常清晰的，因此这是一个很重要的死结。即便对于那些心灵虔诚的人来说，难怪在这种宗教建立下的社会基础会逐渐瓦解。毋庸置疑，当第一教堂委员会在谈到那些有学识有智慧的人攻击神圣的宗教时，的确是有点夸大其词了。那些有学识有智慧之人所具有的态度——代表着整个社会里那些接受过良好教育与高尚之人的看法——他们对宗教并没有表现出敌意，更多的只是友善且尊重的冷漠态度。就好比富兰克林这样的人，如果他们认为可以自由地去做自己想去做的事情，那么显然会有很多人会喜欢他们，即便他们很少参加教堂的礼拜。但对他们来说，他们会在必要的时候，以恰当的方式表达自己的观点。但是，他们所寻找的公众崇拜是被一种礼仪所规定的，而不是以宗教情感去感化的。要是他们被告知在没有上帝的关怀下生活在这个世界上，那么他们肯定会感到非常愤怒的，但是他们从小就没有被教育要将上帝视为在这个世界存在的人物，或是认为即便感受到了上帝的存在，也没有认识到这代表着任何值得尊重的地方。在布道讲台上，他们可能会装作自己很虔诚。但在其他场合，他们会表现出怀疑的态度。在他们的生活中，并不存在任何崇拜的目标。他们认为，即便是最高级的尊敬，也不可能超过上帝对他们父亲般的爱意。那些狂热的清教徒并没有彻底消失，他们依然感觉自己肩负着沉重的使命感。只不过，人们想要追求的那些美好或是不可或缺的东西，已经褪去了任何宗教意义方面的含义。通过诚实的努力去养活自己，拥有纯洁、正直与仁慈的心，成为一个好儿子、好父亲或是好公民——这些对于一个社会的健康发展来说是极为重要的，对于个人来说也是极为重要的。但是，之前的宗教已经无法唤起民众的热情，无法让他们产生自我奉献的精神。因为，无论他们在宗教层面上有多么美好的目标，最后还是与他们想象中的个人福祉有一定的差距。最后，我们可以想象，他们必然要脱离这样的宗教。要是我们宣称某种宗教具有正统性，这必然会让教众感到困惑，或是认为这是一种亵渎的行为。对玛丽·爱默生女士来说，那种单纯将宗教视为社交、政治或是任何在现实生活中带来好处的观点，就好比情人利用他的朋友去实现一般的目的。她也承认这样的说法有点无理取闹。但是，我们认为宗教只是让我们与另一个世界存在联系的纽带，与当前这个世界没有关系的观点，是非常符合常理的。如果上帝存在于另一个空间，那么他肯定具有全能的力量，他只有在某些特殊的情况下才会干预我们这个世界发生的事情，那么我们就会对一些看似重要的事情持一种怀疑的态度。正如玛丽·穆迪·爱默生女士所说的，即便是虔诚与仁慈会让人生变得宝贵，但与此同时，难道这不会像一个圈套那样套住我们吗？

但是，这样的观点只是过去那种宗教信条的一种外延而已，虽然这些信条的影响力依然部分存在。将崇拜的目标转移到另外一个世界，这是我们感知一种坚定信念的权宜之计，让我们深信这不会让那些理想消失，让其在这个世界上没有立足之地。当我们意识到，还有另外一个地方可以存放这些信条时，那么我们关于出世性的信念即便慢慢消失了，也不会造成信仰的消失。我们依然会认为，享受天堂的生活，并不需要我们离开这个地球，也不需要我们拒绝让自己去面对这些关切，而只需要明白一点，它们没有让我们在肤浅的满足感或是短暂的目标中限制自身。正如爱默生所说，我们要为他们找寻一条释放的渠道，让我们能够将其利用起来。在超验主义者眼中，这些才是远方闪耀的诗性光芒，也是爱默生的《自然》一书所宣扬的道理。

《自然》这一论文集的第一部分似乎是爱默生早已写好的。我估计，这些文章会占据前面五个章节。第七章节与第八章节（精神）似乎是在他离开康科德之后写的。而第六章节理想主义，则是作为这两个部分的一个纽带。在写给哥哥威廉的一封信里，爱默生这样说：

1836 年 6 月 28 日，康科德

我的这本书接近完成了，书名就叫《自然》。这本书的内容并没有包括桑普森·里德所写的《心智的成长》这篇文章。我的想法就是写出另一篇名为《精神》的文章。再写两篇文章，就能成为一本名书了。

8 月 8 日

这本名为《自然》的书依然放在我的桌面上。我总感觉这本书中还存在着某些不足的地方，我却不知道如何去将其结合起来。但是，如果我这周没有其他事情做的话，我肯定会完成这本书的。

普罗提诺

在这个月下旬,爱默生对这本书的内容进行了校样,在9月出版。在这本书的第一版里,加入了罗马新柏拉图派哲学家普罗提诺①的这段名言:

> 自然只是人类智慧的一种图像或是暗示,是灵魂中最为长久的东西:自然作为一种存在,只能不断地运行,却没有认知的能力。

自然,或者说现存的世界,这是在时间与空间领域中实现神性心智的媒介,也是宇宙事业产生影响的一种方式。若是从自然本身去进行思考,或是将之视为一种最终的结果,就会发现这是不透明的、残忍的或是尘世的。若是用这样的观点去看,我们就会发现自然意味着命运,意味着环境所具有的能量,意味着对精神的一种束缚与限制。人类是自然一部分的这种观点,必然会让自然牢牢地束缚着人类发展,必然会让人类因为自身的种族、秉性、性别、气候或是组织等方面而遭受各种挫折。但是,人类并不单纯是自然的一部分,也不单纯表现出某种影响,而在很大程度上与自然共同分享着一项共同的事业。人类的心灵在某方面可以向神性心灵敞开,然后通过交流的方式,人类就能让自己从自然世界超脱出来,可以用冷漠的眼光看待这个世界的各种事物。我们的思想或是各种充满斗

---

① 普罗提诺(Plotinus,203—270),新柏拉图学派最著名的哲学家,被认为是"新柏拉图主义之父"。

志的意志能量会变得更加透明与更具可塑性。当人类进行思考的时候，就处于万物的中心，这就好比一道光线穿过一切阻碍，照射在人类身上。每一个自然的事实都可以视为精神事实的一个象征，每一种思想的表达都不会就此停顿，而会永无止境地以越来越高的形式呈现出来。当人类让自身的意志屈服于神性的激励时，那么他就在有限的世界里变成了一名创造者。如果人类对此表达反抗，如果他想要成为更好的人，那么他就会发现自己面对一切充满敌意或是无法理解的事物。人之所以为人，就在于他有认知世界的能力，在于他有能力去行动。当我们始终坚持这种反抗的态度，那么内在的毁灭就会通过我们身边的事物展现出来。当我们屈服于精神的补救力量，那么我们就将不会看到任何邪恶的东西。

爱默生在总结的时候说："因此，建造一个属于自己的世界吧。当你能够尽快让自己的人生与心智世界的纯粹思想融合起来，将能够更好地释放自己的潜能。之后，你将会发现自己的精神涌入许多对应的变化。"

对爱默生而言，这意味着在超越了单纯的动物存在之后，我们的人生应该是由我们的理想、对公众逐渐产生的意识、与万物共同存在的功能等造成的，不过人类还是会受到各种野蛮动物以及各种无生命物体的影响。因此，人类根本没有能力去干预、限制或是拓展这方面的能力。所有事物都是具有道德性的。也就是说，这些事物都具有一种为人类所用的功能。人类所具有的一种特权，就是感受内在的无限性，让自己成为实现意志的一种工具。当人类愿意顺从自身拥有的天国视野，就会发现自己有能力去实现这些目标，即便这些目标有时被人们视为邪恶的。因为，他可以看到，那些让人不满的形象、那些混乱或是失败的情况,都会出现在自己的人生或是他身边的世界里,这只能表明他缺乏对永恒善念的信念,而这样的信念对于我们实现美好的目标是有好处的,因为这能够让我们更好地去面对这一切。

爱默生的这本书在刚开始出版时,并没有吸引许多读者,只售出了几百本。弗罗辛厄姆说,这本书在刚出版的时候受到了很多人的攻击。我认为,那些攻击的人应该都是正统宗教思想的代表人物。其中《基督邮报》就是当时教会进行思想宣传的主要喉舌。不过,这份报纸用相当放任的态度面对这一事实,将爱默生的这本书视为一本诗歌狂想曲,认为该书虽然用优美的文笔写成,却没有正确的哲学观念,因此总的来说,只能给读者带来一种不正常的梦想。在当时,教会将超验主义当成一种威胁,并对此进行攻击(虽然更为贴切的描述是耻笑)。但教会还是认为这种主义是不足为患的,也不会带来任何革命性的变化。我认为,爱默生不是这样想的。在他看来,他可以感受到这种主义带来的影响,认为所谓的变革其实与自然的变革是一样的,就好比自然界的植物只有在准备好绽放出全新的花朵时,才会让原先的花朵凋零。当爱默生去世之后,霍尔姆斯博士在马萨诸塞州历史协会上发表了一篇赞扬爱默生的演说,他称赞"爱默生是一位不需要铁锤的反对偶像崇拜者,他温柔地走到偶像的基座下面,然后不慌不忙地将这尊偶像拿走。他的行为本身似乎就像一种崇拜行为"。霍尔姆斯博士的这句话说得非常贴切。但我不能确定的是,爱默生是否真的这样做了,或是认为真的应该摧毁这样的偶像崇拜。因为,爱默生认为,只要还有一些人真诚地崇拜偶像,就不该这样做。爱默生所希望摧毁的只是教会的形式主义，反对那些代表早已停滞的精神生命的信仰，让人们能够从过往的宗教启示中摆脱出来，不再盲目于过去的宗教信条。

但是，一些充满激情的人则为这种理想主义添油加醋。对这些人来说，理想的现实似乎需要带来即时的结果。要是无法看到这样的结果，那么他们就会拒绝参与任何他们原本不赞成的活动。从某种程度来说，这种唯信仰论的精神在那个时代是很普遍的，正是在这些人的鼓动下，超验主义这个名称才真的传播开来了。在那些实用主义者看来，这需要进行激烈的改革，甚至需要将原先社会中那些愚蠢的文明都分离出来，只为某些人服务。而另一些拥有理想主义观念的人则认为，所有这些联系都与普通人的观点存在着深厚的联系，因此他们倾向于谴责这个社会以及社会的所有工作，然后专注于与岩石、树木、动物、孩子或是没有接受过教育的人交往。对这些人来说，他们不愿意去感受任何超越于眼前的目标。因此，即便他们对我们比较反感，但因为他们的目标是毫无价值的，也不会对我们造成任何威胁。

超验主义这个名词最容易让人想到梭罗。实际上，梭罗与此还是有一定的距离，他拥有属于自己的思想。作为一名有着无与伦比的文学才华的人，他用平实无华的文字将新英格兰地区的风貌都介绍出来，给读者带来独特的阅读享受。梭罗完全有权利按照自己的意愿，在康科德的田野或是森林里漫步，虽然他并不需要在这个地方待很长一段时间。即便如此，梭罗还是通过自己的文字，将他的每一次漫步的见闻都变成了一种类似于宗教的崇拜。总的来说，那些不服从权威的人，都是具有敏感心灵的人，他们宁愿回归到大自然，欣赏岩石或是聆听自己在山谷中的回音，然后通过指责人类文明社会存在的一些缺点，来获得深沉的满足感。"他们赞美一位农民的生活。"爱默生在日记里写道：

> 但是，这只是表达了他们对商人的一些不满。你会发现，那些赞美农民生活的人，往往都不是真正想要过农民生活的人。

在爱默生的文章里，我发现了一个很好的例子。有两个城市的孩子——他们分别是一位商人的职员与学徒——在梭罗前往瓦尔登隐居的一两年前，他们就放弃了在会计房的工作，试图在森林里度过整个冬天，远离人类的文明社会，每天都住在他们搭建的小木屋里，阅读或是写作（当然是戴着露指手套），同时，他们还需要抵御寒冷。最后，他们不得不逃离这样的生活，因为他们都被严重冻伤了，不得不寻求朋友们的帮助。

在那个时候，这当然是在很多接受过教育的年轻人中间流传较广的一个夸张例子——但是，当时这是一种反抗环境的精神，反抗工作、朋友或是他们无法接受的各种社会标准，因为他们认为接受这样的标准就意味着自己的天赋会受到压抑，因此他们不愿意屈尊去做一些毫无意义的工作，或是认为自己应该交一些普通的朋友。当然，这只是一种非常普遍的心灵思维，在每一个"不断前进"的文明社会中，都必然会出现这样的情况。但在那个时代，这样的例子特别多。那个时代的新英格兰地区是名副其实的希望之地，一切事情都处于开始的发展阶段，传统文化的束缚松动起来了，大家都能看到各方面所展现的美好未来。大家仿佛能够感受到空气中弥漫着让人神往的气氛，即便是那些最保守的人都难以幸免。当时，这个地区充满了某种不明确却又无比强大的希望，每个人都认为社会上的一切罪恶都会迅速消失。

这样一种心灵的兴奋感并不局限于当时的美国。在英国，柯勒律治、雪莱与华兹华斯等诗人就预示着一个更好的未来。拜伦也通过诗歌表达了他对现状的不满，希望未来会变得越来越好。即便是在当时保守的牛津，也出现了一种"运动"，虽然我们可以肯定这是一种具有倒退性质的运动。每个人都要回到那个大家都一无所知的时代，只要那个时代与我们现在这个所处时代毫无相似之处就可以了。这些都是持续了许久的浪漫主义思潮，可以追溯到半个世纪前的德国与法国，并在1835年传到了美国。但是，当时的美国对此并没有多么抵触。卡莱尔在《衣裳哲学》一书里提到的"饥饿的治愈"是不具有操作性的。无论从哪些方面来看，过去与未来都没有多么强大的力量，未来则看上去更加具有能量。因此，超验主义的思潮就不断得到了拓展，并且没有给任何人带来不良的影响。因为，每当这股思潮可能会朝着造成伤害的方向发展，必然会遭遇清教精神的强大抵抗，最终只能沦落为人们口中谈论的东西。在那个讲究自发性的时代，民众对此进行了许多谈论——充分表现自身能力的权利以及责任，接着就是充分发挥自身的天赋。但是，当超验主义的思潮涉及行动方面，清教思想就会立即出面，拒绝超验主义者以非法的方式去践行。因此，关于超验主义最糟糕的一部分，就是让我们看到了许多自夸的文字或是悖论——看到了很多自信的表述、充满情感的文章，当然这些人的文章并不是都表明他们对自己每天的思想或行为的一种过分的优越感。人们抱怨说，超验主义思想并不适合他们那些从事商业活动的儿子或是社交活动的女儿。他们甚至认为，超验主义思想会让一个人无法适应文明社会。

  人们很容易用嘲笑的口吻谈论"超验主义运动"——事实上，一些超验主义者的确让一些幸灾乐祸的人免于陷入麻烦——但倘若我们认真进行思考，就会发现现在的新英格兰地区依然存在着这样的理想主义，其实也不是一件什么坏事。要是那些嘲笑者拥有强大的本能，知道什么对整个社会是最重要的话，他们肯定会意识到，在所有这些浮华的表象之外，他们可以看到另外一个不同的东西：这些人正在努力地实现着《独立宣言》里面那些闪闪发光的诺言。超验主义思想带来了什么好处呢？我认为，超验主义代表着一种情感。如果说它有什么影响的话，我认为这是积极的影响，让我们用更深层的情感或是更开阔的视野去看待世间万物，而不是依然按照之前某种特定的观念或是行为。无论这在未来会产生怎样的结果——也许现在去研究还显得为时过早——不过，对于新英格兰地区民众的品格形成，这是一个非常有意思的阶段。要是我们深入研究的话，会发现这样的影响是非常明显的。

第八章
康科德的生活

在这个他的祖父曾居住的安静城镇里，爱默生的新家准备迎来母亲以及弟弟查尔斯。查尔斯与伊丽莎白·霍尔女士的婚礼要在9月举行，爱默生正忙着帮他们布置新家。原本一切看上去无限美好的生活却因为查尔斯的死讯而终结了。

霍尔姆斯博士曾用"暗淡的额头"以及"瘦削的身躯"来描述生前的查尔斯·爱默生，他的这些描述可以说是查尔斯患上了肺结核的一种征兆。事实上，他们三兄弟都患上了这样的疾病。现在，随着他要迈向30岁这道门槛，大家都建议他前去更加温和的地方度过春天。当时，爱默生在萨勒姆地区发表演说，在听到这个消息之后，马上推迟了演说日期，与他一道乘坐马车前往南方的纽约地区，他们的母亲当时也住在那里。

1836年4月23日，南布鲁克菲尔德

亲爱的利迪安：

在这个有那么多事情需要去思考与去做的时候，我为自己不得不要暂时离开你感到遗憾。我为查尔斯的健康状况感到遗憾，因为查尔斯也知道，我现在这个时候必须要离开这个地方。但是，我希望所有这些悲伤都会很快过去。我讨厌乘车旅行，这对我来说是很煎熬的。我也讨厌在公共马车上与人交谈的时光。几乎在旅程的每个场合，我都认为与人说话简直是浪费气息，不愿意听别人说，更不愿意自己说。你可能对我有不错的印象，认为我很难找到陪伴的人。但是，当我找到了志同道合的人，就会感觉到内心的快乐，这可能也是一种补偿吧。

4月24日

昨天冷冽的寒风过去了，但我们今天还是面对着不适合人类生存的天气。我担心，在查尔斯的咳嗽疾病完全好起来之前，我应该不会离开这片土地。查尔斯现在的疾病不是很严重，虽然他现在的身体还是很虚弱，身体的免疫力很差……我亲爱的妻子，接下来，你可以将信件寄到纽黑文，接下来再寄到纽约，告诉我你现在的健康状况、所处的环境、做了什么事情以及你的思想。我希望我的来客，无论是肯特上校还是科特尔先生都不会在我离开的这段时间前来拜访。如果他们过来的话,请你代我热情地欢迎他们,让他们宾至如归,接着,你不需要为此感觉承受太大的压力。你说你很友好地接待了桑普森夫人,你也可以接待所有过来拜访的人。我亲爱的妻子,祝你幸福快乐,愿上帝会不断带给你我玫瑰与阳光!

永远忠诚于你的
沃尔多·爱默生

在纽约的时候,查尔斯的身体状况似乎逐渐好转,爱默生就离开了一阵子,让母亲在威廉的房子继续照顾查尔斯,自己则回去继续演说。没过多久,他就收到了查尔斯身体状况急转直下的消息,便与霍尔一起前去纽约,结果发现查尔斯已经去世了。下面是爱默生写给利迪安的信:

1836年5月12日,星期四,纽约

亲爱的利迪安:

昨天下午,我们参加了查尔斯的葬礼。母亲与伊丽莎白都听到大家的祈祷,但没有去外面。母亲现在的身体状况良好,她始终坚强地忍受着这样的悲伤,还试图去安慰别人。伊丽莎白现在的情绪也很稳定,她所具有的品格力量与善意让她能够面对这样沉重的打击。威廉与苏珊始终非常友善地对待我们,正如他们之前一直非常照顾查尔斯。我已经跟母亲说了,我认为她最好还是立即回去跟我一起住,结束她在纽约这段悲伤的时光。回去与他的儿子在新家住上一个月,这对她的情绪是有好处的。查尔斯生前最后的七八个月都处于重病阶段,显得非常不安,最后就这样走了。母亲与伊丽莎白将会与我一起回去,我们明天下午就将乘船回去。我亲爱的妻子,你现在在波士顿还是康科德呢?你做自己认为最好的事情吧。你可能认为有必要在周五回家,为接待我们做好准备,或是你可以在周六的时候与我们一起说说话。毕竟,这都不是很重要,都是一些琐碎的事情。我只是希望母亲能够像往常那样安静地在家里待着,还是像往常那样。

利迪安,我永远无法忘记那位高尚的朋友——那位带给我智慧与骄傲的人了。他的灵魂已经远走了,很少有人知道他的离去给这个世界造成的损失,我也只能独自面对这样的悲伤。因为如果我尝试去谈论他的话,别人肯定认为我对他的评价是夸大其词。他是一个在四方面都能做到完美的人:他有着完美的常识、完美的天才、完美的优雅举止以及完美的品德,我从未见过同时将这些优秀素质集于一身的人。你也知道,我决定住在康科德,因为他也在那里。现在,他想要安然地度过而立之年的梦想已经破碎了,我感觉身心都处于一种漂浮状态,同时内心也感到一阵愧疚。亲爱的利迪安,我感谢你在某种程度也认识与了解他。要是你之前从未见过他,或是从未了解他的话,我肯定会无法原谅自己的。感谢你对他表达出来的最善意的怜悯与怀念之情。从此以后,你只能依靠我这个丈夫了。因为,查尔斯最大的能量在于他的灵魂,他再也无法给予我们任何建议了。透过他的眼睛,我能够看到太多太多东西了!我感

第八章
康科德的生活

到自己的未来是那么的黯淡无光。

永远忠诚于你的
沃尔多·爱默生

下面是爱默生的日记：

1836年5月16日，康科德

我再次回到了家，但我是独自一人回来的。我的弟弟，我的朋友，我的知己，我人生的欢乐源泉与骄傲已经远走了，或者说他已归为尘土了。5月9日，星期一的下午，查尔斯在纽约去世。他生前曾祈祷自己以后再也不会生病的愿望，也终于实现了。他再也不会被疾病局限在病榻之上了。周一那天下午，他与母亲一起乘车出行，他曾答应过我在第二天要与我相聚。在回到家之后，他独自一人走下马车，在不需要别人的搀扶下走上阶梯，坐在阶梯上，一阵晕眩，之后再也没有醒过来了。他的人生是多么的纯粹与美好，从未受到任何不良诱惑的影响，他给其他人带来的都是一些正面的影响，散发出岁月的芳香。我为失去他而深感悲痛，因为他天生就是一位演说家，而不是一位作家。他留下来的一些文字并不能完全证明他的才华，因为他肯定也觉得，自己的演说能力与他写在纸页上的文字存在着很大的差异，因此他很容易对写在纸上的文章抱着一种鄙视的态度。查尔斯的离世，代表着我不得不翻开人生悲伤而沉重的一页。我早已经习惯了有他在身旁的那种踏实感觉。他的存在会让人不自觉地感受到他所传递出来的温暖情感以及灿烂的阳光，能够让人感受到他所带来的色彩。除了要感谢他为我直接带来的许多有价值的思想之外，我们一起生活的经历也带给了我无限的力量！因此，我们很难说，这些思想就是属于我的思想，那些就是属于你的思想。我感觉从他身上得到了巨大的帮助。也许，上帝是网开一面的，让他既成为我最亲的人，又成为我最好的朋友。我们俩之间的相互了解达到了完美的状态，因为我们两人都有着友善与温和的性情，所以不会允许任何杂质去影响我们之间的关系。我们对彼此非常了解，有一种神秘的遗传力量似乎将我们牢牢地联系起来，并一直延伸到我们所知领域之外。对我来说，谁能替代他的位置呢？谁能替代他离开之后留下的心灵空缺呢？没有人！我也许（虽然这是不可能的）看到过许多有教养的人，但是查尔斯的优雅、智慧、常识以及对原则的崇拜是那么完美地在他身上结合起来，我无法找到第二个像他这样的人。他在我身上看到的本性以及给予我的启发，我认为只有莎士比亚才能做到。他的灵魂深爱着圣约翰、圣保罗、以赛亚以及大卫，他能迅速从纷繁复杂的事情中分辨出好与坏——他对社会、政治、教会、书籍、人类有着透彻的认知。他的内心始终洋溢着愉悦的思想，这让他始终保持着幽默的心态，放声大笑，而这一切都绝对不是有意为之的。他的一生就是不断追求完美美感的一生——随着他的离去，这一切都从我的现实世界里消失了，我再也无法看到了。

第八章
康科德的生活

给玛丽·爱默生姑姑的一封信：

  我为这个国家所遭遇的损失而感到悲伤，可知道他的名字、他的雄辩口才及罕见才华的人却寥寥无几。他从小就为自己拥有的天赋感到自豪，那些从小认识他的人也是如此认为。他希望日后能够到参议院就一些重大的政治问题进行辩论，这些都是他与生俱来的一种能力。他能用充满理智的方式进行即兴的辩论，听他发表演说在人们看来就像聆听美妙的音乐，他说话的精确度、流畅度以及他优雅的表现，都是独一无二的。我再也无法看到一个比他做得更好的人了。对我来说，有关他的记忆就像一个永远开满鲜花的花园。每当想起他，就会想到他曾经发表演说时的情景。

  之后，爱默生再也无法找到一位像他弟弟这样的好朋友了。在这个阶段，他也开始结交一些他日后经常相处的人。在写给哥哥威廉的信里，爱默生这样说：

1836 年 8 月 8 日，康科德

  最近，阿尔柯特先生过来这里待了一天——他是一位创造世界的人。现在，还有一位卓有成就的女士与利迪安待在一起，她就是玛格丽特·富勒女士。她是一位具有非凡领悟力、学习知识能力以及交流能力的女性。能够与这样一位有智慧的女性进行交流，这是一件让人非常愉悦的事情。在这个地方，

阿尔柯特　　　　　　　　　　玛格丽特·富勒

你能够遇到更多的人，就好像你能将四肢伸得更长，让你的视野变得更开阔一样。

其实，早在一年前，爱默生就认识了富勒女士。此时，富勒女士专门过来拜访他，并且过来的次数比较多，她总是受到爱默生一家的欢迎。我认为，富勒女士的行为让爱默生有点担心，因为他虽然享受与这些有智慧与善意的人交往，也愿意引领她去看自己的图书馆或是那些他认为有影响力的"画作"，但是，富勒女士的经常来访，还是扰乱了他平时的生活节奏。正如富勒女士在写给某人的一封信里所说的："教育这位圣人，了解所有让他成为羽翼丰满的天使的原因，试图让他放弃通过单纯的思想去了解宇宙的徒劳努力。"她的这些做法必然会让爱默生有所反感，爱默生在他的一首诗歌《拜访》里就进行了说明。富勒女士具有某种成熟的品格，喜欢对一些事情发号施令，随意选择她想要结交的人。但在爱默生身上，她发现自己这样做根本行不通。爱默生在日记里写道："她似乎想要在我身上获得一些我根本不具有的东西，或者说她想要找的东西，但我根本就没有。"富勒女士所缺乏的不是洞察力，因为爱默生欣赏并且大方地赞美她慷慨大度的性情以及天赋。但是，她始终无法与爱默生形成亲密的个人关系。可以说，任何人——除了爱默生的家人以及他童年时期的朋友之外——是无法与他形成亲密的个人关系的。但是，富勒女士根本不相信自己会做不到这点。最后，她开始反对爱默生的一些做法。正如希金森所说的，她一再进行着一些痛苦的尝试，却无法让爱默生陷入艰难的境地。事实上，这根本不是爱默生的过错，她不知道该怎样打开爱默生的心门，因为她没有钥匙，即便她有，爱默生也不会让她进入。他们通了许多信件——特别是在《日晷》杂志出版期间——爱默生在信件里表达了对富勒女士的欣赏与感谢之情，这本应让她感到满足。但是，她的自信让她认为还可以更进一步。有时，爱默生会寄给她自己所写的一些没有出版的文章，欢迎她的来信或是拜访。爱默生也为自己的有所保留而抱歉，但她无法跨越爱默生的心门。下面就是能对此说明的信件，第一封信没有标明日期，但时间估计是在1839年，当时她也在康科德居住。

亲爱的玛格丽特女士：

没有人比我更加清楚，男性在招呼不周这方面所感受到的遗憾或是不满。我缺乏与别人形成更好关系的能力，即便我所爱的东西是"坚定不移"的，也不例外。因此，对于这样的男

爱默生故居，麻省康科德，现为爱默生故居博物馆

爱默生故居内的爱默生书房

性来说，他该怎样去招待他的客人呢？他在很久之前就问自己这个问题了。他也只能等待，或是期待别人在发现他这个样子之后，不会那么的反感或是流露出猜疑的心态，而是可以通过事先通知的方式，来进行一定程度的掩盖。冰是有其好处的，冰的化学成分是不会发生变化的，它具有一种普遍适用的价值，而这是玻璃或是明胶所不具备的。你想要了解更多关于这个人的一些历史吗？在他的心灵世界里，他是一个冷漠、羞涩、骄傲的人，他认为自己与整个社会上的其他人都很难完全相处，每当他获得了别人的友善对待，内心都会感到一阵惊讶，会认为这似乎是来自天国某个其他的角落。现在，他将这些人称为自己的朋友。让人惊讶的是，他竟然会怀着愉悦的心情去信任他们。每一个对这些情感有所感知的人，都应该会知道他可能不知道怎样回报别人吧。我就是这样的人。我对别人给予我的一切赞美或是投射过来的无限希望，都心怀感激。我从来不认为，过去的一些制度会突然就这样崩塌。我知道，如果我能够珍视内心存在的一些浪漫情感，那么我就会温柔地对待这些情感，然后好好地珍藏，不想着去利用这种情感，而是通过虔诚之心去不断地锤炼自己，最终成为一个内心坚强的人，敢于面对社会上的任何人。因此，我的朋友，你可以将我当成一头沉默的驴，为我现在这种缺乏与人沟通的能力而心存包容。

你提出这些问题的方式是比较温和的。如果你能用更加客观的方式去评价我的话，这可能会更加公正一些。你完全有理由去期望一些重要的活动、重要的演说，或是你那些朋友在智力层面上表现出来的才华。虽然，你没有说出来，你从他们身上没有得到任何东西。这就好比说沉默的行为代表着那些沉默寡言的自我主义者。不过，我并不认为自己会犯下这样充满恶意的愚蠢行为。这样做是非常低能的表现，完全不是表现反抗的行为。虽然，这可能会变得让人厌恶。这样的评论似乎是非常合理的。讽刺的是，你提出了自己是否应该值得信任的问题，并且承诺以后会表现得更加谦卑。哎！我们每个人都会做出承诺，但是未来的预言者却依然没有出现。我们的认知与我们去表现与肯定某样事物的能力，存在着不小的差别。

在《日晷》杂志发行的那个年代，他们经常见面，并且经常通信，但始终保持着一定的距离。爱默生在1841年的日记里这样写道：

> 与玛格丽特女士进行着古怪、不冷不热、既有趣又让人反感的对话。当然，当我接近她的时候，我是尊敬她，甚至是崇拜她的，有时甚至对她充满了爱意。但是，当我们想要更接近一些的话，那么我就会浑身僵住，不敢出一声了。

当玛格丽特女士离开美国前往欧洲时，他还经常给她写信，始终对她给予自己的欣赏与同情表示感谢。当听到玛格丽特女士去世的消息，他在日记里写道：

> 我失去了她这样一位听众。我现在必须要投入到工作中去。她的离去提醒着我，留给我的时间不多了。

第八章 康科德的生活

阿尔柯特先生在 1835 年来到康科德，并在 1840 年居住在这里。他与爱默生的第一次见面，就给爱默生留下了极为深刻的印象。下面是爱默生给玛格丽特·富勒女士的一封信：

1837 年 5 月 19 日，康科德

亲爱的朋友：

　　阿尔柯特先生是一个伟大的人，富勒女士还没有见过他。他的著作并不能真正代表他这个人，我不愿意看到这样的情况。我已经好久没有见到他了，我愿意修正自己之前对他的一些印象。但是，他身上散发出来的那种庄严感是我从来没有见过的，他身上似乎散发出严肃的气息。他是一位老师，我不应该担心他日后是否能够取得成功。如果他不能让那些有智慧的人感受到他身上那些优秀的品格，那么这对他来说是很糟糕的。他有着极为远大的理想，他希望能实现自己的抱负，帮助众生，让这个世界变得更加美好。

同一天，爱默生在日记里写道：

　　昨天，阿尔柯特先生在三天的拜访之旅结束之后，离开了我们。他是一位非常杰出的人，是这个时代最伟大的天才。他应该像古代那些传播福音的教士那样去宣扬自己的理念。他有着无比坚定的人生目标，这让人惊叹。他所具有的视野以及坚定的目标，会让我们感到汗颜。我们这些微不足道的人只能怀着惭愧的心态在他面前匍匐前进。

15年后，"要是我之前从不认识阿尔柯特这位土生土长的美国人，我肯定依然会将柏拉图式的世界当成一个幻境。不过我要说，他给我的印象，就像马萨诸塞州之于我一样，坚不可摧"。

他很快就发现，阿尔柯特没有什么写作能力。他之后不得不向朋友们坦承，他的这位朋友无法处理一些事实。1846年，爱默生在日记里写道：

> 当阿尔柯特从英国的来信说他会带来赖特与莱恩两人（爱默生在哈佛的弗鲁特兰地区与他们成为朋友），我给他写了一封信，表明我希望能够见到他们，说他们可能非常相信他的理论，但他们不应该相信他关于一些事实的论述。当阿尔柯特与他的那两个朋友到来后，我询问他们，他是否愿意给他们看这些信件，他们回答说他这样做了——因此我明白了。他总是用比别人更加宏大的视野去看待事情，要是他能够以行动去实践的话，必然能成为世界上最伟大的人。但是，我发现他另一个特点：虽然他看问题的视野比较宏大，但他的思路却无法连接起来。他无法准确地对很多问题进行定义。我们必须要允许观察问题时出现这些偏差。但无论怎么说，他都是我认为在这方面做到最好的人了。

爱默生经常说，要是阿尔柯特不理睬他，这肯定是一个遗憾，因为他有着某种向世人将阿尔柯特的想法表达出来的能力。我没有

发现爱默生曾经承诺过要这样做,但在他下面这篇名为《影响》的文章里,我们可以看出其中的端倪:

> 我们已经看到了一个具有智慧的躯体,但这个躯体没有手脚,没有任何器官通过任何艺术形式将其思想表达出来——没有任何音乐天赋、演说天赋,及绘画、雕刻、建筑或是写作等方面的技能……只有通过自身存在以及展现出来的智慧来表现,作为对其他人的一种测验或是标准。我不会将这样的人称为具有影响力的人。一些矿工说,他们有时会在加州发现一个金矿,那里的金子是一种与其他元素结合起来的复合物。要是用化学方法将其分离出来,必然会造成金子本身的损失。这个世界上同样存在着一些具有无与伦比洞察力的人,这是任何教条、工作、书籍,或是任何卓越的行为都不能分离或是引用的。也许,拥有这些能力的人代表着在这个社会站得最高的人。当我们看到一些天才迷失于人世之中,就会经常感慨这造成的人才损失!我们经常看到,一些人喜欢用笼统的方式将一些具有特殊能力的人忽视了,这让我们经历了许多失望。但是,在任何一点上的积累都会吸收这个社会"树干"的养分。我们要说,那些没有能力的人是幸福的。

当爱默生搬到康科德居住的时候,梭罗还是一个在上大学的年轻人,于1837年毕业。我认为,他们是在那个时候第一次见面的,虽然早在他们认识之前,爱默生就为他这位年轻的邻居做了一件好事。他给当时哈佛大学校长昆西写了一封信,希望能够给这位有前途的年轻人提供更多的大学奖学金。因此，直到梭罗于1862年去世，他们始终都保持着亲密的关系——尽管梭罗有着古怪的脾性，他们依然能够保持着这样亲密的关系。爱默生说，梭罗这样的脾性很难与其他人形成亲密的关系。梭罗是偶尔与爱默生一起林间漫步的——梭罗每周都会去林间散步，在周六下午，他并不反感别人的陪伴。1841年，梭罗成为爱默生家里的常客，并在那里居住了两年时间。他们一起打理花园，梭罗对果园里的树木进行了嫁接，爱默生后来对梭罗这样做感到非常高兴，并常常以此为骄傲。1847年，当爱默生身在欧洲的时候，梭罗过来帮助爱默生打理这个花园。

爱默生非常欣赏梭罗身上那种不屈不挠的诚实品质，非常看重梭罗展现出来的文学天赋。虽然爱默生在这里遇到的其他人都没有展现出很高的素养，但他却非常喜欢梭罗表现出来的冷漠、顽固以及自相矛盾的心态，因为他几乎在每次交谈时都会有所表现。爱默生说，如果他的行为风格表现出趾高气扬，这只能是因为他的心气超过他身体的限制范围。

梭罗在说话的时候比较严肃与有分寸，他说话时的头部动作让人想起爱默生的动作，这有可能是他无意识中对爱默生的模仿。梭罗所写的文章也经常会透露出这样的信息。爱默生始终否认这样的模仿，

梭罗和爱默生

宣称梭罗是他认识的人当中,最为独立与具有原创精神的人。但是,他们俩之间在这方面的共同点,也许是因为梭罗的某种特殊品质造成的。在他的自传手稿里,爱默生赞扬了梭罗所具有的务实能力,称赞他作为自然学家、调查员、伐木工人所取得的成绩,赞扬他的智慧以及他所创作的优美诗歌,却没有提及梭罗说过的任何让他印象深刻的话语——其中就包括梭罗对野生森林的气息或是粗野自然的表达。

爱默生在日记中写道:

> 我对亨利·梭罗说过,他的自由是通过形式表现出来的,但他并没有揭露什么新的东西。我非常熟悉他的思想,他的这些思想其实就是我的思想,只是以原创的形式表现出来。但是,如果说他有什么全新的思想被世人所知,他其实并没有说过这些话。

爱默生似乎不愿意承认梭罗的《冬日散步》的文章,这肯定是梭罗在《日晷》这本杂志上发表的一篇最好文章,当时爱默生是这本杂志的编辑。[1]

---

[1] 在信件中,爱默生有时会对关于梭罗的赞美表现得比较谨慎:
1846年7月。在很短的时间内,如果威利与帕特南露出了微笑,那么你应该是读了亨利·梭罗的《在康科德与梅里马克河的远足》,梭罗用很多章节讲述他在7天内的旅程,就像亚萨克·沃尔顿那样描述的田园生活一样,内容非常有趣。梭罗曾在河边的橡树旁边给我阅读了其中的一些内容,这让我的精神为之一振。
1854年8月23日。几乎所有美国人都非常喜欢梭罗的《瓦尔登湖》。瓦尔登湖那个很小的池塘似乎因为突如其来的名声而沉入湖底了。我不知道你是否看过这本书了,但这本书洋溢着热情的思想火光,非常具有可读性,能让读者获得点滴的智慧,有时甚至将读者的思想带入到很高的层次里面。我们可以将梭罗称为实至名归的美国雄狮。

瓦尔登湖

瓦尔登湖边梭罗小木屋

第八章
康科德的生活

这个时候爱默生在康科德的生活状况,在桑伯恩为梭罗所作的回忆录中有清晰的记录。爱默生从未吹嘘这个地方所具有的自然魅力。在很多智者看来,这个地方也许就像一个养兔场。但是,这个地方能够满足爱默生的各种需求。"在康科德的田野上,过着一种适宜的生活,这会给人带来回报。这里没有风景如画的壮美景色,却有着让人轻松愉悦的环境。我在康科德生活,仿佛置身于一个公园。无论是在伯克郡还是在海边,除非我能够将自己的许多习惯都放下,否则我永远都无法更加接近太阳或是星星。"爱默生对苍茫的旷野并没有什么激情与兴趣,他会在瓦尔登森林欣赏原始的自然景色、古老的道路,或是在城镇的郊区发现一些被废弃的农场。爱默生喜欢在下午漫步的时候去这些地方看看。但是,不管这些情景给他带来什么样的感受,他都会迅速回归到人性或是文学层面上的兴趣。他心目中的风景始终是带有人类存在因素的风景。

夏日,在巴雷特、布特里克与伊斯塔布鲁克农场的草地上漫步,这是多么愉悦的事情啊!这代表着夏日的荣耀,这里的景色是多么的壮美啊!但是,每个人似乎都没有停下脚步去欣赏这样的景色,因为一夜的霜冻就有可能将这些美好的景色全部扼杀掉。走在科那图姆公园的陡峭路上,我的内心泛起了怀旧的遗憾之情——难道所有这些美好的事物终将要消失吗?难道没有什么可以再造温暖的太阳、温暖的和风、天蓝色的河流、蔚蓝的天空吗?黄色的草地上面到处可见一些麻布袋以及采摘蔓越橘的人。这里还有红色的灌木丛,有铁灰色的房屋,其颜色正如花岗岩的颜色,难道这里还有野生的果园吗?此时此刻，我们会想到过去那些征服了这片土地的先驱们。还有那座阿贝尔环形山，吸收了许多阳光，就像太阳下一个巨大的甜瓜或是南瓜。

今天，在一个悬崖边上，我们保持着警惕。在我看来，没有比那流经黑暗树丛的河流更加美好的景象了。在太阳照射下波光粼粼的河流流向了黑暗的地方，而河流上泛起的每一朵浪花似乎都在庆祝它们的闪光。尽管如此，水泡却依然保持不断向前，没有一个水泡是向后退的。它们始终匀速前进，就像行军的士兵按照雄壮的军乐迈步向前，按照规定的时间与规定的命令，不断地前进、前进，我似乎感到了它们在永恒的流动中发出来的警告。

当我买下这座农场的时候，我根本没有意识到自己是做了一笔多么划算的买卖。因为这里的蓝色知更鸟、食米鸟与画眉鸟都是不需要收费的。我之前根本想象不到，每天太阳初升时给人一种雄壮之感，而日落则给人一种苍凉之感。这里的美丽景色，这里的田野以及适合流浪汉走来走去的乡间小道，这一切是如此美好！我之前完全没有意识到的一个难以言喻的美好，就是我们的印第安河，这条河与整条村的街道是平行的，因此长街上每座房子都会有一个后门，穿过花园就能来到河边。在夏天的时候，人们可以乘坐轻舟或是平底小渔船在河里划船。冬天的时候，人们可以在这里滑冰。直到此时，我仍然不知道与自己相处的是一群多么友善的邻居。这里的人都是具有思想与美德的人，其中一些人因为他们的学识、智慧或是爱国行为而闻名全国。在这里，我有机会认识他们。其他一些人虽然名气不是很大,但他们在当地是享有名声的,他们不是律师,而是农民。他们是这片土地的主人,每天辛辛苦苦地工作,将一大片沼泽地与沙滩变成了一座座可以种植水果的果园。他们铲除茅草与荨麻,种植苹果树,开垦几英里长的土地,种植玉米与黑麦作物。我原先根本不知道这里有这么多有趣的男学生与追求知识的女学生,他们会在路上向我问好,他们可能在学校的展览室看见过我。

爱默生是一位友善的人,与邻居相处得非常好。爱默生几乎都会参加城镇会议,认真聆听着那些在讨论中慷慨激昂的人的话语,却从不参与其中。他在一个学校委员会任职,饶有兴趣地监督学生的考试,特别是检验学生在演说方面的能力。爱默生是该城镇"社交圈子"俱乐部的成员——"这是我加入的最好的俱乐部了——这个俱乐部有我们城镇的25名公民,他们有的是医生、律师、农民、作坊商人、机械师等。那些平时最可靠的人能在这里听到最可靠的八卦。相比于我的这些朋友所代表的坚定立场,哈佛培养的人才简直是不值一提。在冬天的每个周二,我都不愿意离开家"。

1836年秋天,爱默生的第一个儿子出生,这是一个非常可爱的男孩,原本有着光明的未来,但却在5岁的时候夭折了。

此时,爱默生已经习惯了在康科德这里的生活方式,并在之后的人生中一直坚持这样的生活方式。他习惯在早上工作,不愿意在这个时间段被任何人打扰。他每天起得很早,洗漱之后就开始工作,一直工作到下午1点钟。他一般在下午去散步。晚上,他一般都与家人在一起,有时会大声朗读,或是继续学习,但他从来都不

爱默生妻子利迪安与小儿子爱德华·爱默生，1840年摄

会工作到很晚，因为他认为保持充足的睡眠时间是一个人保持身心健康的必要条件。爱默生是一个睡得很沉的人，并不像有些人想象的那样会半夜突然醒来，将闪过脑海的一些想法记录下来。

爱默生在文章中所引用的句子，以及他有时在谈到一些高深话题时的坚定口气，都给人这样一种印象，即他不是太在意阅读时去伪存真。爱默生具有迅速发现优美句子的能力，并且过目不忘。我认为，至于他所引用的那些句子，有时正是他在阅读一本书时想要找寻的。当别人将他描述成新柏拉图主义或是任何从书本中学到知识的人时，他总是既感到有趣，又感到恼怒。事实上，爱默生随时准备从任何方面获取更多的知识。不过，他完全是出于无聊的好奇心，或是希望从别人那里获取一些思想，至于让自己成为一个有识之士或是作家（或者是旅行家与闻名世界的人），他则没有这方面的念想。他甚至没有追求自己的人生事业。他始终在观察着这一切，努力将自己的想法完美地表现出来。至于自己的想法与其他人的想法是否存在最为渺远的联系，他不是很关心。当他透过望远镜来观察天空或是找寻星星的时候，不是为了在天空中描绘一幅图画，或是特别关注天空的某个区域，他不关心其他观察者得到的结果。爱默生认为，每个人都应该找寻属于自己的东西，然后将所看到的说出来。如果每个人都能忠实地将自己的想法说出来，那么所有人都会同意的。与此同时，如果这些结果需要修正的话，那么这也必然会给当事人带来全新的体验。要是我们能够始终留意这些教导的话，就永远不会失去对生命的兴趣。在爱默生看来，阅读书籍是那些学者打发无聊时间的做法：在这些时候，爱默生享受书籍带给他的精神愉悦与刺激。用他的话来说，就是"让他的脑袋飞快地旋转"。在这个过程中，爱默生不会对阅读的书籍过分挑剔，而是倾向于阅读充斥着奇闻逸事的回忆录或是书籍——比如普鲁塔克、蒙田、斯宾塞、格林兄弟、圣西门①、勒德雷尔等人的书籍，都是他所喜欢的。同时，他也喜欢阅读关于拿破仑一世时期的书籍。我还记得，当瓦尔哈根·冯·恩塞②的那本长篇回忆录出版后，爱默生急不可待地阅读起来了。他饶有兴致地阅读着《创造的遗迹》，将许多来自各处的奇闻逸事或是有关科学家的言论记在脑海里。在他年轻的时候，他似乎就已经读过贝克莱③与休谟的书，当然也阅读过柯勒律治与培根爵

圣西门

---

① 圣西门（Claude Henri de Rouvroy, comte de Saint-Simon，常简称为 Henri de Saint-Simon，1760—1825），法国哲学家、经济学家、空想社会主义者。
② 瓦尔哈根·冯·恩塞（Karl August Varnhagen von Ense，1785—1858），德国传记作家、外交家和军人。
③ 贝克莱（George Berkeley，1685—1753），著名英裔爱尔兰哲学家，同时为圣公会驻爱尔兰科克郡克洛因镇的主教，与约翰·洛克和大卫·休谟被认为是英国近代经验主义哲学家中的三大代表人物。代表作有《视觉新论》《人类知识原理》等。

瓦尔哈根·冯·恩塞

贝克莱

士的书。爱默生从人生早年就喜欢阅读英文诗歌。在开始创作的阶段，他阅读书籍的时间变少了。当他从欧洲回到美国之后，在卡莱尔的敦促下，他研究了歌德所有作品，甚至还阅读了歌德的《颜色的理论》。

爱默生并不是人们平常说的那种批判性读者，因为他的阅读偏好是非常明显的，终其一生都没有发生变化，但他从来没有想过要对此进行解释。他从雪莱、阿里斯托芬[①]、塞万提斯、奥斯汀小姐与狄更斯的作品中看不到什么内涵。他也很少阅读小说，即便是著名的小说，他也很少阅读。在他看来，但丁"是一位应该被放在博物馆里，而不是进入你家的人；另一个则是齐拉·科尔伯恩[②]，此人具有强大的想象力，不过他的作品更多是现实性的，而不是具有沉思或是智慧的作品"。爱默生不喜欢法国文学，虽然他喜欢阅读圣伯夫[③]与乔治·桑的作品。在一次旅程中，

[①] 阿里斯托芬（Aristophanes，约公元前448—公元前380年），古希腊喜剧作家，雅典公民。他被看作是古希腊喜剧尤其是旧喜剧最重要的代表。相传写有44部喜剧，现存《阿哈奈人》《骑士》《和平》《鸟》《蛙》等11部。有"喜剧之父"之称。
[②] 齐拉·科尔伯恩（Zerah Colburn，1804—1839），美国神童，因"超强大脑"而闻名。
[③] 圣伯夫（Charles-Augustin Sainte-Beuve，1804—1869），法国作家、文艺批评家。代表作有《十六世纪法国诗歌和法国戏剧批评史略》《约瑟夫·德洛尔姆的生平、诗歌和思想》等。

第八章
康科德的生活

圣伯夫 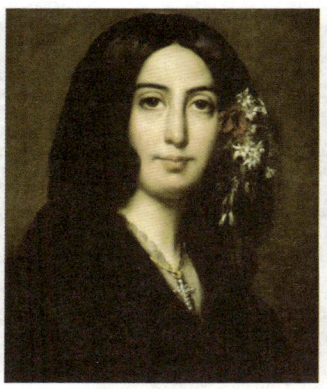　　　　　乔治·桑 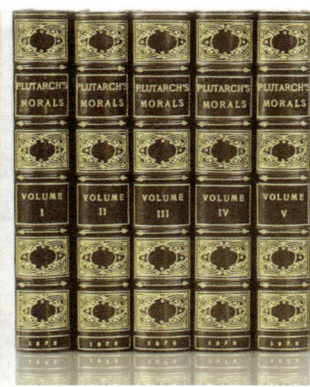　　　　普鲁塔克的《道德论》

爱默生在手提包里装上了马歇尔或是西塞罗的一本专著，因为他不愿意在家浪费时间阅读这些书。在家的时候，他从来不阅读任何拉丁语或是希腊语的作品，虽然他掌握的希腊语，足以让他在日后对普鲁塔克的《道德论》的古老版本与原始版本进行对比（顺便说一下，这是爱默生非常喜欢的一本书）。神秘主义的作品——比如斯韦登伯格与贝门①等人的作品——都是很多人向他推荐的，虽然他对这些作品涉猎不深。《新柏拉图主义者》（托马斯·泰勒翻译的版本）与东方宗教的书籍（特别是印度方面的），比如《薄伽梵歌》《往世书》与《奥义书》都是他非常喜欢的书。爱默生经常从所谓的占星术神谕里引用一些句子，从来不去考证这些句子的真实性。用他自己的话来说："我根本不在乎这些书籍是古代的作品，还是现代人伪造出来的，因为我只在乎寻找优美的句子，根本不关心那些古老的真理。"

---

① 贝门（Behmen，1575—1624），德国哲学家、神学家。

《薄伽梵歌》

《往世书》

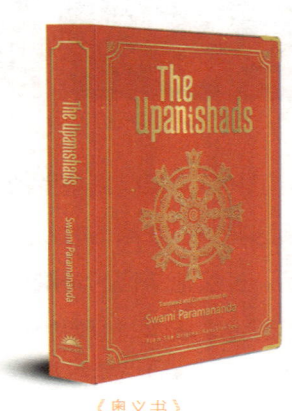

《奥义书》

  一般来说，在爱默生开始写作与作品出版之后，他更加注重那些"充满光彩"的作品——那些通过一些句子就能让思想凝结起来，然后在他的脑海里流动的作品。他会拿起柏拉图、新柏拉图主义者或是冯·哈默所翻译的哈菲兹的作品，享受阅读这些作品的过程，而根本不会探究这些作品的真实性。我们经常会发现，爱默生的作品深受这些书籍的影响，特别是他早年阅读的一些作家的作品，比如贝克莱、休谟、柯勒律治、桑普森·里德的《心智的成长》等。但总的来说，要是想从新柏拉图派哲学家或是他所阅读的任何书籍中找寻他的思想源泉，在我看来就好比找寻雅各布·贝门点燃

第八章
康科德的生活

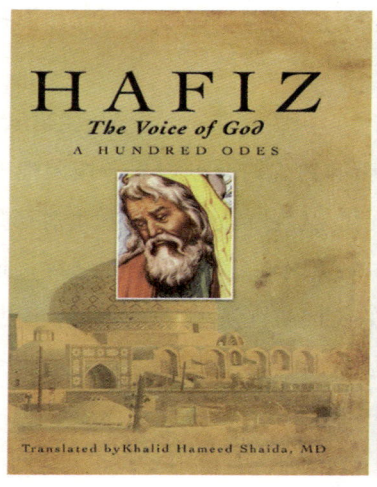

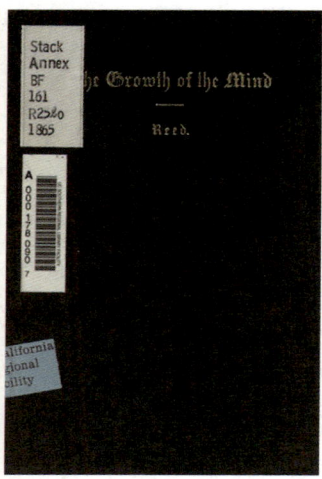

哈菲兹的作品

《心智的成长》

那盏青灰色金属耳杯的灯火的火柴是从哪里来的一样。爱默生说，这些句子始终都会激发出他脑海里对神性事物的追求。即便他在某些作品中表现的思想与一些思想家出现雷同（比如费希特、施莱尔马赫① 以及黑格尔），但这雷同都只能说是纯属巧合。我完全有理由相信，爱默生从来都没有真正接触过这些思想家的作品。

施莱尔马赫

在1837年的日记里，爱默生这样写道：

---

① 施莱尔马赫（Friedrich Daniel Ernst Schleiermacher，1768—1834），德国神学家、哲学家，被称为"现代神学之父"和"现代诠释学之父"，主张神的临在性，也就是强调宗教"感觉"。

> 如果你将写作当成人生的主要任务，我认为你必须要放弃所有对阅读的自负态度。

爱默生这样说，学习不会影响到人的原创力——按照他的说法，原创的过程通常也是一种同化与吸收的过程。爱默生对那些真正的学者充满了敬意，抱怨当时的美国就是缺乏这样的人才。他讨厌那些以无知为基础进行创造的所谓"自强之人"。不过，爱默生所想的只是自己的情况：他认为，学习不是他的任务，他有许多问题亟待解决。

> 很久以前，我就发现我根本不需要在乎别人的一些事实。如果我能够做好自己的事情，这已经足够了。

对他而言，个人能力最好的释放方式还是通过演说方式表达出来，通过那些绝对或是带有胜利意味的口吻说出来，让听者能够直接感受到你的思想，同时鄙弃所有的定义。对他而言，无论是面对散发出这种精神的书籍或是人，对他都具有特殊的吸引力，这也许解释了他的一些阅读偏好。他不喜欢思维的局限，喜欢阅读任何能够让他摆脱思维局限的书籍，同时又不是很在乎自己最后能不能够挣脱思维的束缚。

总的来说，爱默生与书籍之间最为明显的关系，就是他不太依赖于阅读书籍。他喜欢与书为伴，这能给他带来一种自在的感觉，但书籍却又无法真正影响到他的人生。对他来说，书籍是愉悦的伙伴，而不是心灵的咨询者——更谈不上什么知己了。他在写作里引经据典，非常看重自己平时为了演说而摘录下来的优美句子。但正如他自己所说，他引用这些句子的方式并不会让这些句子的原创者感到高兴，因为他最后表达出来的句子，其实是在这些思想被自己内化之后说出来的。

对他来说，学习主要是为了学习表达的能力，而不是在学习周期中不断地循环，而应该专注于以精确的方式将自己在接收这些信息时的印象表达出来。如果他有时被他所说的"一个句子的某个点感到惊奇"——无论是他的还是别人的——所误导的话，我们就会发现，他是多么不愿意牺牲文学的形式去表达这样的思想，这也是他经常在自己的作品中展现出来的。人们可能会说，爱默生的主要目标或者说唯一目标，就是在与生命或是现实存在紧密联系下进行写作。

下面是爱默生的日记：

演说的秘密，在于意识到你将要说的话。千万不要给我们带来一枚假币的反面，而应该让说出的每句话都具有真正的价值。只有当这些话语具有全新的价值，才能给人带来温暖，才能将这些话写下来。诗歌的一个本质特点，就是它能通过每个单词表现出人类心灵转瞬即逝的活动状态。有时，这可能是一种过分奢侈的行为，让人类变得软弱。一样东西可能代表着自然或是一种原始的力量，但书籍却将人类变成了一个软弱无力的空谈者。

所谓表达，就是将我们内心的想法说出来。记住，我们要表达的不是知识，而是我们的想法。不过，我们说的每一句完整的话，都是需要意志的过程来完成的。就比如蒙田、博蒙特①与弗莱切②等人，他们都习惯了这样的心灵行为，因此他们看似能够信手拈来。我在这方面做得很差，当然与我同时代的人也是如此。我只知道，我珍视一种东西的名字，也就是说，我更加看重真正诗人的名字。如果我能为月亮找到一个更加恰当的描述词语，或是为其存在方式与影响方式找到恰当的描述词语，那么这些词语无论是对我还是对所有人来说，都充满了人性与宇宙的美感与重要性。那么我就找到了自己的目标：因

博蒙特

弗莱切

---

① 博蒙特（Francis Beaumont, 1584—1616），文艺复兴时期欧洲英格兰剧作家。他曾与约翰·弗莱切保持密切合作。两人一起创作了几十部传奇戏剧和喜剧，其作品风靡一时。
② 弗莱切（John Fletcher, 1579—1625），文艺复兴时期欧洲英格兰剧作家。他曾与弗朗西斯·博蒙特合作写作了几十部剧作和喜剧作品。另外，他还与莎士比亚合作，共同创作了《亨利八世》和《两个贵族亲戚》等作品。

为我根本不期望我的花园里有一条道路直接通到月亮,或是在一英亩或是一平方英里的土地上做出的一个行为,能够给我带来影响。

在他的写作里,每个句子都是对一种持续努力的自然限制,而文本以及句子之间的联系是之后才需要考虑的事情。

在写作的时候,我并不寻求任何规范的思路,或是希望实现某种和谐或是良好的结果。我不在乎每段话之间是否与某种思想或是情绪相符:我相信自己所写的内容会自然而然地处于和谐状态。这就好比一年当中某一天的某一分钟,会与未来的某一分钟存在着联系,我知道这样的联系是存在的。这样的思想在每一分钟都遵循着各自的磁场,会在未来的某个时候自然显现出来。

当一个句子成型的时候,爱默生的做法是将这个句子写在日记本上,然后让这个句子在日后的某个场合自然出现。爱默生将日记本整理得非常工整与有条理,就好比一座采石场,他可以从中找到自己创作演说稿或是文章的原材料。当他准备写某个主题的文章时,会按照这个名目去进行找寻,然后按照当时的想法进行添加。他在此过程中添加的内容,往往会让最终呈现出来的文章与原先的素材有很大的不同。在他早期的时候,比如1846年的时候,这样的比重是较大的,但在他后来的文章里就较小了。

爱默生深知自己的写作方式存在不连续性,他与所有人一样都不喜欢这样的结果。

下面是爱默生在 1854 年的一篇日记：

> 如果智慧女神密涅瓦①赐给我一种天赋与一个选项，我会说，请赐给我写作的连续性吧。我已经厌倦了只言片语式的文字了。我不希望自己成为文学或是智慧层面上摆放杂物的衣柜。我不愿意像犹太人那样装着一簇织锦、天鹅绒与一些金线织物等东西。让我将这些布料编织成几码或是数英里长的有用衣服吧，让我可以去找寻真正的真理，让我以完整的思路去阐述事实吧。

不过，追求论述的完整性，这违背了他的文学信条：

> 我不会放弃一个想法或是等待一个想法，去贬低自己的存在。如果这样的想法进入了我的脑海，我会很高兴。但如果这样的想法不是以连贯的方式进入，那么最好还是出去。

当他完成了每天早上的工作之后，就可以自由地从书籍中找寻灵感了。他也可以去散步，或是在果园里闲逛。他喜欢在适合的季节去修剪树木。他喜欢穿过小溪与田野，走在长满青草的小路上，一直走到瓦尔登树丛。有时，他会在工作之前来到果园。在某个时期，他每天都会按时扛着锄头与铲子来到花园干活。

---

① 密涅瓦（Minerva），智慧女神、战神和艺术家与手工艺人的保护神，相对应于希腊神话的雅典娜。美国加州州徽中的女神即是密涅瓦。马克斯－普朗克学会会徽即用此女神之头像。

下面就是当时一些敏锐的观察者对爱默生得出的两种形象，这两种形象差别非常大。马蒂诺女士①的旅美之行中曾于1835年来到康科德，她是这样描述爱默生的：

> 他是一位安静谦逊的人，不喜欢人群的打扰与冲突，同时他会欣然面对生活的各种事情，不会压抑自己的怜悯心。他是一位入世的思想家，有时不为世人理解，甚至会被认为是不合时宜的人。他总是时刻准备采取各种行动。当人们要求他前往罗威尔演说时，他就前去那里面对工人发表演说。当他有机会的时候，就会发表演说。无论他走到哪一条路，或是经过哪一座房子，人们都认识他，他的行为与言论让当地人非常尊敬他。有一个经常为他家送木柴的男孩也受到他的感染。即便男孩在他家待的时间很短，也认为自己体验到最优雅的家庭行为……爱默生的心智是那么的成熟，正如他的生命显得平稳与流畅，他散发出来的那种无法言喻的幽默感是每个与他交流的人都能感知到的。他在说话的时候，似乎散发出一种无形力量，他的洞察力是那么深刻，这让他始终有

马蒂诺女士

---

① 马蒂诺女士（Harriet Martineau，1802—1876），英国社会理论学家、作家，辉格党人，被誉为英国的第一位女性社会学家。

取之不尽的创作素材……如果要说他最为明显的一个特点，可以说是适度的独立……他的这种独立是思想、语言、行为、职业乃至人生目标方面的独立，同时不对自己的品格有任何一丝的鄙视，也不影响自己的每个行为。①

后来，霍桑这样评价爱默生：

> 有时，在树林小径或是大路上遇到他，是很有趣的一件事。他散发出来的纯粹智慧光芒有如身着华彩的服饰。他是那么安静、简朴，没有任何自命不凡。每个遇到他的人，似乎都想从他身上获得更多的智慧……要是与他一起生活在一个地方，那么别人或多或少都会感受到他那种高尚思想所带来的清新之气。②

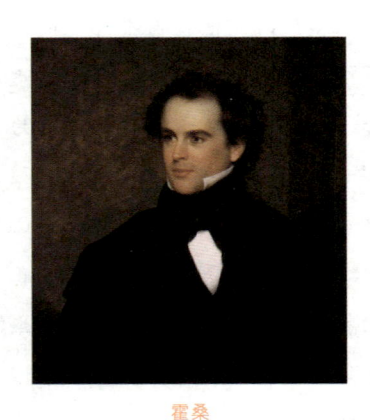

霍桑

---

① 引自马蒂诺女士的《西部旅行回忆录》。
② 引自霍桑的《古屋青苔》。

第九章
宗　教

1836年的秋天，爱默生在波士顿的许多报纸上刊登了一则广告，宣传他即将在共济会教堂举行12场演说。"演说的内容主要是关于当代哲学。这些议题可以说是宗教、政治、科学、文学、艺术以及事物本质的基础：当代民众的一些行为对此所产生的一般性影响；这些文明元素的现状以及发展趋势；流行科学以及人类的天才。这些话题都会在演说中提到，演说还会涉及当代人在智慧层面上所要肩负起的责任。"

爱默生的演说从12月8日开始，（按照爱默生的说法）每场前来聆听演说的人数平均为350人，这表明了前来聆听演说的听众应该没有多少是他所著的《自然》一书的读者，因为他在那个时候已经具有一定的名气，可以吸引一些听众前来。

爱默生在日记里写道：

我们根本没有成为自身智慧的主人！我感觉自己的智慧正在慢慢逃脱我的控制。我不知道该如何驱赶这种不屈不挠的想法。我可以远远地看到智慧的存在，但是它们却又迅速地溜走了：我不断地恳求，我为此感到悲伤，我向听众们指出，他们千万不要像我这样。但是，这些智慧的思想并不是成双成对地消失，也不是以线团的方式离开，或是以任何可控的方式消失。不过，人类的生存需求是我们去创造一切的本源。当那一天到来的时候，我们就会觉得终于成为自己的主人，必然能更好地控制自己的智慧。我的演说主要是关于公民历史。在做了这么多演说之后，却没有出现任何印刷出来的演说稿，这的确让我有点汗颜。我感觉渐渐变得有点僵化了。我应该始终坚持将人性的因素都放在我研究的方向当中，因为这构成了当代历史中的一个不可或缺的核心因素。当我们不惧怕所面对的这些恐惧时，就会感觉内心的疯狂情绪慢慢地溜走。这个国家的文人根本没有进行任何形式的批判。

在演说的引言里，爱默生希望听众首先不要关注事实，而应该关注思想，因为正是思想才能创造或是控制事实。过往的历史之所以显得那么沉闷，就是因为它并不像一幅肖像画，没有将人类的一些行为充分展现出来，而是一部将人类在野蛮时代的各种战斗或是对某些人或是家庭的指引进行编年式的记录。因此，这让过去的历史失去了其真实性以及真正的品格。其他人似乎也是属于笼统类型当中的，根本没有将人的个性展现出来。这让我们感觉到某人与其他人都是一样的，每个人做出的行为都与其他人一样。但事实上，每个人都代表着一种不可估量的全新能量。我们完全可以肯定地预测一点，即每个人身上都拥有着他之前从未释放出来的潜能。真正的历史会将个人变成一个普遍意义上的人的过程描述出来。个人所展现出来的创造力与具有的永恒性会逐渐显露出来，世界上的每个人都会在太阳的光芒下不断成长。

在爱默生的第一批文章出版后，过了三四年，他在这个时期的大部分演说才出版。出版的演说稿的核心思想并没有发生什么变化，只是对一些句子重新进行了修改而已。当读者阅读这些文章的时候，他们可以很轻易了解爱默生对宗教的看法。虽然爱默生的这些演说几乎都是与宗教相关，但是他只在一篇演说中使用了宗教这个名称。

在完成了波士顿的演说后，爱默生受邀前往各处进行演说，其中就有普罗维登斯、罗德岛等地方。1837年6月，在青年协会的邀

罗德岛

普罗维登斯市政厅

请下，爱默生来到罗德岛，重复了一遍他在波士顿的演说。当时，因为时间限制，他不可能就所有议题都发表演说，因此他只能删除部分内容，然后以"宗教"为题进行演说。之前，爱默生在波士顿进行演说的时候，就已经引起了当地一些报纸的议论。其中一些报纸的社论认为，爱默生的演说冒犯了当地正统的宗教思想。但是，当时的年轻人却正想要聆听爱默生的这些演说。最后，在他的朋友弗雷德里克·A.法利①，时任普罗维登斯第二教堂牧师的建议下，爱默生最后同意就这个议题发表演说。也正是在法利牧师的善意帮助下，他才能在一个安静的房间阅读这些有趣的故事。在当时的听众

---

① 弗雷德里克·A.法利（Frederic A. Farley，1800—1892），美国神学家、牧师、作家。

当中，就有布朗大学的校长与一些教授，还有几名牧师。法利说，其中一人是"已故的某某博士，他当时是负责介绍爱默生的。看到某某博士希望将爱默生引向争论或是讨论的努力完全失效之后，而爱默生始终保持安静、礼貌与耐心的态度时，这真是非常有趣。某某博士后来对我说，你的朋友爱默生是一个非常独特的人，我从他身上无法获得任何东西。对此，我回答说，爱默生先生是从来不与人争论的"。

在这次演说期间，法利某天询问爱默生，他是否已经决定完全放弃布道演说了。爱默生回答说，在某个时候，他感觉自己有必要再次尝试一下。在接下来的周六，在法利牧师的邀请下，爱默生再次站到了布道演说台上发表演说。

爱默生从格林伍德的一些作品中选取了一些充满纯粹沉思性质的赞歌，同时没有过分表达基督教的思想。至于《圣经》方面的教训，他阅读了《便西拉智训》中的一段优美的话。他的布道演说完全具有独特的风格。当他进行祈祷的时候，完全没有说出任何祈祷、坦白或是赞美的话，而是就自然、美感、秩序、善意与爱意进行了沉思。当时的教堂里挤满了人。在回家之后，我发现爱默生用手抱着头，正在沉思。他抬起头对我说："现在，请你诚实坦白地告诉我，你认为我刚才的做法怎样？"我回答说，在他做到一半的时候，我就已经下定决心，这是他最后一次站在这个布道演说台了。"你说得对，"爱默生回答说，"非常感谢你给我这个机会。在我主持仪式到一半的时候，我就已经感觉自己不适合在那里继续待着了。我内心的疑问终于解决了。"

当我第一次从法利牧师那里得知这个有趣的故事时，加上我知道爱默生无论是在当时还是在后来，都会定期发表一些布道演说，因此，我比较倾向于认为，法利牧师的记录也许是写错了日期。但法利牧师却不这样认为，当然我只能认为法利牧师的说法是对的——只是这样一来，爱默生当时说的那些话其实并不是他的真心话。他当然不会觉得自己不再适合站在布道演说台上了，因为从欧洲回来之后，他就一直在发表布道演说，并在长达一年半的时间里每个星期都要发表演说，在之后的几年里也会偶尔发表布道演说。但是，爱默生的邻居或是那些已经习惯了他演说风格的听众，肯定会认为他的演说是比较"安全"的。这些人不会询问或是引导爱默生去质问，他的演说内容是否已经超过了当时民众可以接受的信条范围。爱默生没有通过对教众的观点进行调查或是比较来得出自己的想法，而是通过拥抱一种全新的观点去加以实现。当他在发表一些观点新颖或是让听众震惊的内容时，他不是有意为之的。他只是按照自己的思想去做，根本没有左顾右盼或是瞻前顾后。但是，当他远离了自己的家乡，特别是在人口较多的城镇，当地的报纸对他在波士顿演说的评论已经激发了公众的关注。因此，他肯定已经意识到，许多人正在关注着他，其中一些人对他是同情的，一些人则是持怀疑态度的，认为他是一个动摇基督教信条的人。

事实上，爱默生内心的本意绝不是要动摇民众对基督教的信任。即便在他看来，基督教只是代表着一种幻觉，但他也绝对不会这样说。爱默生在演说里曾说：

第九章 宗教

那些发现自己无法接受流行宗教的人只能睿智地等待，看看当那些古老的宗教遭受攻击时，肯定会出现让他们意想不到的支持者。他们想要知道自己内心的一些疑问或是信念是否也为其他人所共享。但即便如此，他们也绝对不应该急于表明自己的观点。动摇别人已有的信仰，这是毫无必要的，甚至是有害的。还是让他们逐渐发现其中的弊端吧，或是等到真正的全新宗教出现，赢得了更多的支持者，最终取代之前宗教的地位吧。任何善良的人都不会吹嘘自己对某种宗教的怀疑，而只会将目标定在以真正的动机或是法则，取代那些错误的法则。

即便是清教神学的迷信与谬误（正如他们所认为的那样），是那些自由派的宗教人士所反对的，但在爱默生看来，只要他们彼此能在一种真正的虔诚状态下联合起来，那么他们都是可以容忍的。假设他们认为，理智会反对所有谬误与迷信，并认为整个社会都处于一个绞刑架上。秘密之所以被保密，是因为任何偶然的发现都会带来混乱或是造成永久的革命，就代表着自然界的一个真正目标，而正是人类的崇拜心理会出现的本能倾向。在此，那些错误的目标就是所谓的本能，或多或少都会让人感到不信任，无法以其原本的面貌赢得尊重。

爱默生认为，在对信条的研究中发现热情的缺失以及战胜这些信条的冲动，让他怀着遗憾的心情回看那个没有任何深究就盲目信任的时代。

在1841年里普利博士去世的时候，爱默生在给玛丽·爱默生的一封信里写道：

> 这些清教徒，即便是在我们所处的这个时代，他们依然拒绝成为精通仪式的人，依然认为他们可以通过隆重的庆典展现他们解放美国的精神。我认为那些伟大或是目标坚定的认真之人，都会很自然地趋向于其他与你不同的思想或是学派。但是，我的情感始终对你过去所走过的步伐、严谨地遵守教义或是所扮演的角色充满了敬意。那位一脸铁青的教会执事，那些让人疲倦的祈祷仪式，只剩下时代所留下的丰富词语了。

但是，爱默生根本不会认为基督教只代表着一种幻觉。他在一些特殊的救赎仪式场合下，无法与一些人分享自己的这些观点。虽然他没有将基督教视为一种幻觉，却认为基督教作为一种限制人类找寻真理的宗教，应该遭到斥责。正是基于这样的理由，他渐渐疏远了宗教自由派。这些自由派通过混淆传统与现实，使教众无法更好地理解神性的启示，无法通过人与时代的某种特殊关系来展示上帝的启示。

> 我认为，基督教的确是一种非常真实的宗教——其真实在于在某种程度上许多正统的捍卫者终其一生都没有窥探过其真正的真理。我是一个支持原则的人，而他们则是以人为基础的。他们将我视为一个缺乏信仰的人，我则有更好的理由认为他们才是真正缺乏信仰的人。他们过分夸大了心灵激发、奇迹、中间人的身份、三位一体、洗礼、圣餐礼等仪式的重要

性。我希望他们能够将所有这些仪式都放下，好好地感受耶稣基督、苏格拉底、柏拉图、但丁、弥尔顿、乔治·福克斯与斯韦登伯格等人所提倡的内在法则与和谐所具有的光荣美感。至于那些人将所有的奇迹都归为耶稣基督，我认为这是耶稣基督对他们进行报复的一种手段。如果（当然这还没有出现）这能表明耶稣创造出来的奇迹，只能加强教众轻信这种错误的爱意，那么我宁愿失去这样的爱意。事实上，我的确为此感到高兴。要是人们无法感受到精神真理所带来的启示，无法像感受地心引力法则那样，感受到耶稣作为老师所传递出来的信条，或是无法在所谓应该发生但却没有发生的事情上采取信任的态度，那么他们是没有任何恰当的理由去支撑他们的观点。我们会失去与这些人的争论，即便我从来不想说服他们。事实上，所谓的奇迹就是事后的修补，是一种后来添加进来的东西。

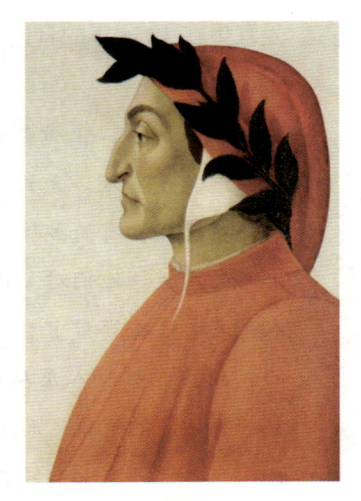

但丁

斯韦登伯格

爱默生在1834年的日记里写道：

　　他们认为，上帝创造了奇迹，让人类好好地感悟，然后说，这就是真理。无论是现在还是未来，他们都无法认识到，这是对真理具有的神性的一种不信任表现，这是对不可战胜的美感的漠视。他们对上帝的描述，是对上帝的最大不敬。这些人代表着过去那帮中看不中用的人，他们认为自己充当着上帝的信使，能够将人类从低级中拯救出来。好吧，这些人必须要拥有所谓的凭证，而上帝创造出来的所谓奇迹就是他们的凭证。我要说，上帝始终会给我们带来信使。我的周围充满了上帝的信使，他们每天都在给我带来各种凭证。我们并不只有耶稣一位孤独的信使，虽然他是一位充满爱意的传令官。

　　无论我们用什么观点去看，人类历史上最神奇的一个事实就是基督教的出现。只有10个人或是20个人，如果你们愿意的话，也可能认为是20个人或是40个人，这些人有意识或是无意识中接受了上帝关于道德情感的启示。这些启示的深度与强度让他们宁愿为这些启示牺牲自己的生命，也要去将这些启示传递给身边的人，传递给自己同时代的人。他们所展现出来的热情最终在这个世界上站稳了脚跟，最终形成了我们现在所熟知的伟大基督教。他们的论述是不正确的，无法正确地阐述这些事实。他们只是受到了心灵的启发，而没有经过大脑的思考。作为一种争论的手段，他们的布道演说与信件始终没有为世人所知，他们活动的身影局限于本地，他们的目光是狭隘的，观点是偏颇的。但是，他们拥有着谦卑的情感与对永恒的信任。他们无法用让世人明白的方式去进行阐述，但是他们将这样的想法放在心中，并渐渐让这样的想法控制了许多国家与过去的历史。这样的想法很快就以一种形式得到展现，正如原本激烈的情感在广泛传播之后渐渐被稀释了，最终被认为是某个时代或是某些人的一些内在产物。但在当代，无论在哪个国家，人类的精神本性都拒绝继续保留这种古代残留下来的思想，坚持认为所谓的基督教不应该拘泥于所谓的形式或是某种特定的行为，而应该严格遵守普遍性的价值，将其视为人类心智众多行为中的一种。

在爱默生的出生与成长阶段，自由派的行动正处于爱默生后来所说的"现实主义"的运动低潮——他们用名字或是传统来替代宗教事实。但是，他们存在的分歧一开始并没有显露出来。如果历史悠久的教堂依然坚持过去的传统，那么新的教堂也会这样做。这样的改革就在于将教堂的传统恢复到其原始的形态。但是，真正让清教思想处于瘫痪状态的，并不是其神学理论的缺陷，其野蛮的教条形式，而在于其假装拥有的正统性，宣称可以通过一套固定的教条就能掌握神性的启示。当我们在追求宗教真理方面的努力变成了追求真理本身的方式之后，那么只有当我们的心智处于停顿状态时，才会重新陷入形式主义，重新回归过去那种冷漠或是秘而不宣的无信仰状态。

这就是之后的清教所面临的局面。清教徒依然坚持着那些已经过时的教条——他们甚至按照那些陈旧教条字面上的意思去做——逐渐地将神学从宗教中分离出来了。清教徒中的自由派所发起的运动，证明人类本身的情感要比宗教情感更加具有生命力。我们很容易怀疑上帝三位一体的概念，不容易从中找到与之对等的情感，或是将宗教的意思转变成更容易为世人所接受的形式。除非这一点实现了，否则原先的传统必然出现裂痕，无法支持之前的宗教继续存在。我们可以在思想中发现一种比较迅速的方法，即上帝的启示会因人类所添加的思想或是解释而变得残缺不全。我们所要做的，就是将人类添加的所有错误都清除干净。因为这些人为添加的错误观念可以追溯到中古世纪，因此必须要还原上帝一开始带来的纯粹思想。

在这些残缺不全的思想中，最重要的一点是基督教历史的集中化与特定化的教条，形成了耶稣基督具有两种本性的教条思想。我们应该将这样的思想视为人类添加的思想，然后反对这样的思想，因为这样的思想在《圣经》里都没有足够的证据可以支持。当我们认真研究基督教的经典作品，然后将其与古代的一些作品进行比较，就会发现耶稣基督是一个人，只是受到了上帝的委派，向人类展现出宗教所具有的真理。他以上帝之名去发话的权威性，是可以通过他展现出来的无形奇迹来得到证实的。

截至目前，这种全新的改革是允许的，但却不能继续深入下去了。大家可以自由地拒绝一些他们认为不权威的基督教信条，特别是在基督教的世界里，除了少数一些新教主义信奉者同意将之视为最确定或是最重要的部分。但是，我们必然要顺从耶稣基督当时的朋友或是继承者所提出的信条，接受他们对耶稣基督所说的话以及行为的解读，然后将之视为上帝启示的唯一证据。一旦我们泛起了追根究底的念头，若让我们半途而废，确实难以接受。如果耶稣就是上帝，那么他依然与我们同在，依然凭借着良知来说话，那么他所教授的真理必然会让信众通过自身的人生经验得到证实。如果耶稣是一个人，不管他的精神层次比其他人高出多少，他所传递出来的其实都是局限于某个历史时期或是区域的，我们只能通过二手的文章或是书籍来进行感受。因此，我们必须要明白在这一方面，所有的基督徒都是受到限制的。耶稣的宗教教导必须要按照那些接受他启示的教众的需求去进行调整。即便是他本人的一些想法，也必然无法全然代表上帝的神性真理。

耶稣具有双重本性的教条只是为了摆脱这一思想的困境，宣布上帝传递出来的信息是无限的，同时放弃所有历史上关于上帝的启示内容。但是，如果这个教条遭到拒绝的话，那么其原先的地位也不会被一个所谓的特殊使命来填补。因为这只能更加说明了时间与地理位置的局限，只能将上帝带来的永恒自我启示降格为历史上某件特殊的事情而已。

因此，随着自由主义派的立场（或是其中某个派系的立场）变得清晰与自信的时候，他们所要探寻的事情就逐渐失去了原先的宗教意义，并与可能的理智过程混淆在一起。因此，各种各样的可能性都会冒出来，这是不可避免的。除此之外，那些被宗教情感控制心灵的人会觉得，宗教的真理不可能只是一个概率的问题，而只能通过对神学家或是形而上学者的深入研究才能得出来。同时，他们认为宗教真理是显然存在的，认为每个信教者都无法驳倒这点。另一方面，对于那些认为历史证据已经足够充分的人，如果他们发现自己处于权威的地位，就会认为自己有必要宣称这是真实的，那么，缺乏信仰之人反对那些假装深入研究之人的呼声就会变得越来越强烈，最终他们进行自由探寻的立场也会遭到放弃，转而寻求比之前那种正统思想更加狭隘与厚颜无耻的正统思想，因为他们所找寻的宗教诚信已经被他们彻底抛弃了。

宗教自由派或者说其主要的成员都是朝着这个方向前进。因此，这很可能会变成一个宗教派系，认为古代的宗教经文以及信条才是信徒们获得救赎的唯一凭证，特别是对于基督教徒而言。但是，他们所持的这种信条会失去其自身存在的基础。反对新教的人士所持的一个全新立场，就是认为新教所倡导的化身，是无法将人类身上所具有的永恒上帝灵性全部代表的，因为这必然要得到每个人的顺从，而这只能体现在耶稣基督身上。耶稣就是这种神性本性的一部分，只要这没有与他的人性本质产生冲突的话，那么只能让他担任一个调解人的身份，让我们能够获得未经解释以及不可思议的救赎。这是一个赤裸裸的事实，不需要与我们平时的生活经验进行任何形式的类比。这其中并不涉及任何的冥想，也不需要展示我们去感受圣灵所采取的各种方式与途径。相反，我们可以去接受这样一个事实，即通过神性的命令，人类是可以得到拯救的，即便是那些原本不值得拯救的人也在其中。基于这样的想法，耶稣基督的思想以及行为其实并不能代表我们的思想与行为，因此无法给我们在日常生活行为上提供任何指引或是动机。耶稣基督的使命不是展现这种道德情感，从而更好地提高自己的地位。当然，一些所谓奇迹性的方式可以在某种程度上弥补这种力量的缺失。

要指出这些所谓神性天意的缺失，其实是很简单的一件事：因为它根本就没有任何表现出来的证据，有的只是对宗教意识的某些事实进行解释。当这些事实改变了自身的存在方式，那么这些所谓的事实就会从他们眼前消失。但是，倘若我们就此打住，这就涉及将宗教降格为单纯的神学问题了。爱默生认为，宗教自由派是希望宗教事实在此时此刻就能以他们所能感受到的形式出现，将那些晦涩的宗教暗喻变成具有生命力的语言。

对爱默生而言，这一事实可以通过耶稣基督的神性教条得到展现，因为这意味着人类本性具有一种无限性。他认为，只要人类能够敞开心灵的大门，就能够接收到这样无限的心灵感应。他认为，那些自由派的牧师所处的位置，必然会让他们在加尔文教派犯下投机性的错误，或是在任何与存在论相关的问题上犯错，因此这应该以普遍的人类经验为基础。这也需要人类通过美德去感受人类的存在，而不论这样的美德之光是多么的黯淡或是渺茫，都应该去认真观察，而不能只是单纯感受耶稣基督做出的榜样。因此，这些教条应该能够代表救赎的思想，不能被视为一种神秘的交易，而应该被视为一种普遍性的真理。无论一个人在任何地方，都可以通过出生到死亡的过程，去感受到自己人性的存在———些人认为，人的生命是完全由感知所控制的，我们所有的个人本性能够将善与恶区分开来，这只是一个幻觉而已。

这样的观念其实并没有任何新颖之处。就在10年前，钱宁博士得到法利牧师的任命，到普罗维登斯担任布道牧师的时候，就表示上帝只不过是处于最理想完美状态下的人性表现，而所有的宗教精神都在于将我们内在的本性释放出来。倘若不是这样的话，我们就无法像现在这样从上天感受到一种精神法则，无法聆听到西奈半岛那里的雷鸣给我们的耳朵带来的震撼，无法让灵魂感受到任何的意义或是权威。耶稣基督所展现的，只是人类心智处于完美状态下的样子,而他则是通过自身的例子来做出了榜样。[1]

不过,对于一般的宗教自由派来说,这似乎是相当危险的信条。他们接受钱宁牧师帮助他们否认了耶稣基督是上帝的观点,但他们同时并不准备承认耶稣基督就是一个普通人。他们表示,耶稣是一个像我们这些普通人一样的人,但与此同时,他们又将他视为我们的救世主,将其看成是我们信仰的创造者与终结者,通过这样的方式来让耶稣基督与人类经验隔离开来。

只要关于这些宗教名词的争论只是一种热情洋溢的思想的外溢,这都不会让爱默生反感。即便是钱宁博士经常在布道演说里说耶稣基督并不能代表上帝,这也没有让他感到愤怒。爱默生曾说,安息日的宗教仪式是空洞的,其仪式上使用的语言都充斥着古代那些过时的字眼,并说这些字眼让他想起了"某些接受过正常宗教教育的人所遗传下来的优点。我从没有听到一个年轻人接受的神学教育,是完全局限于剑桥地区的公共教育机构,这让我总感觉拥有属于自己的幸运星是多么的幸福,因为我能够感受到古代宗教带给我的影响(爱默生在 1837 年的日记内容)"。

"当我们明白了古代骑士精神所带来的虔诚感觉,造就了肯皮斯[2]、斯可高[3]、泰勒[4]以及赫伯特[5]等人的天才。这是一些忠诚的清教徒身上展现出来的美好一面,而另一方面,他们则展现出对理性主义的空洞否定。而理性主义的精神正是大卫与保罗所提倡的。谁能

---

[1] 摘自《钱宁作品集》,1862 年在波士顿出版。
[2] 肯皮斯(Thomas à Kempis,1380—1471),文艺复兴时期欧洲宗教作家。他积极提倡灵修,他的一生主要从事于带有宗教内容的创作,著有《效仿基督》。
[3] 斯可高(Henry Scougal,1650—1678),苏格兰神学家、作家。
[4] 泰勒(Jeremy Taylor,1613—1667),英国教士、神学家、作家。
[5] 赫伯特(George Herbert,1593—1633),英国诗人、演讲家、教士。

第九章
宗　教

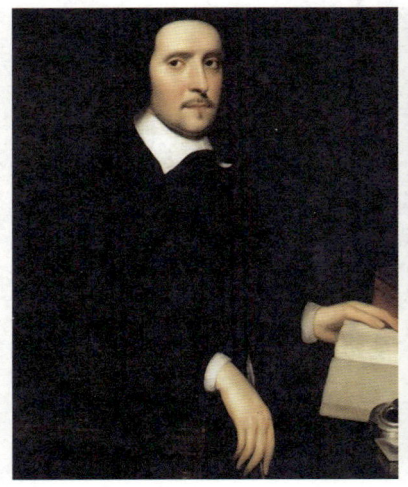

肯皮斯

斯可高

泰勒

赫伯特

重新将散发出恶臭的安息日的宗教仪式恢复到过去的样子，让这个地球与每个人居住的寒舍变得圣洁呢？"

这些宗教自由派谴责许多显而易见的常识，但他们却将故意冒犯常识的做法，看成是对他们内心深处情感的一种致敬：

> 在我看来，在礼拜天，或是在举行圣餐仪式的时候，这些仪式都代表着人类历史中的那些沉闷部分。当我想到拿撒勒教徒们拥有的神性灵魂时，当我想到我那些友善的好邻居，那些弯着腰的执事手里拿着杯子与盘子的时候，倘若他们知道这样做只是为了崇拜某个人的时候，他们肯定会顽固地表示反对的。因此，我只能去感受这种天才的力量，去感受那些希伯来人说出的神圣话语，然后不断传播这样的影响力，最后发现这些神圣话语在经过时代的变迁以及千山万水之后到达康科德的教堂时，依然没有完全失去其原先的意义。

爱默生拒绝支持圣餐仪式。但是，当他的朋友巴托尔博士前来就类似的问题询问他的意见时，爱默生却建议他去做职责该做的工作。在爱默生看来，继续保持现有的宗教仪式，通过信仰去不断提升教众的精神，这是不错的，前提是这样做是有可能的。这样做的可能性则涉及这样一个事实，即每个人都必须要为自己的人生做出决定。我们过去可能过分注重形式的重要性，时刻准备着反对这些形式或是接受这些形式的存在。

爱默生在日记里写道：

那些指责别人以及别人想法的人，看不到这些宗教机构或是他们想法背后所隐藏神性的人，他们是肤浅的。即便这些宗教机构本身是让人讨厌或是一文不值的。

我们无法用过分精确的方式去说明一个事实，即在当前的神学思想中，关于耶稣基督的信仰正在遭到侵袭，这是不准确的。我们不能说耶稣基督的存在会带给我们冷漠、自我否定或是缺乏信仰的心灵状态。

当我们坚持传统的程度达到了可以用其来替代信仰的程度，那么我们就只能提出抗议。

爱默生在1838年的日记中写道：

我们从《圣经》里引述的句子似乎否定了上帝的全能与永恒。在过去，上帝曾经通过一些好人去说出这些特殊的话语。现在，如果我们有任何神圣的事情可做，就必须要从中汲取一些精神养分，然后再说出自己的想法。但是，我们却根本没有自己的想法。我们应该以谦卑之心去了解上帝的质疑，不能按照现在的语言去阐述上帝的思想。难道你不能到墓地里挖掘死人的尸体，然后拿走你祖父的衣服吗？这就有点像圣塔露西亚的那件外套，那些岛民最后——向新任的统治者称臣。

爱默生认为，将原先赞美上帝的话语放在耶稣基督身上，这表明了信仰的缺失。事实上，爱默生没有以自己与其他人有不同的想法为荣，因为这会让他感受到有某种思想的人被排除在外。因为这样做实际上就是否定了上帝启示的普遍性与权威性。按照这样的观点，耶稣基督没有将上帝的启示告诉我们，而是通过他跟我们说的话，传递出某种特定的神学。正如犹太人从当年那些抄写员那里获得他们的神学。我们其实就是按照耶稣基督的话语来建造我们现在的教堂，而不是按照他所提出的宗教原则去做。他所具有的荣光就在于，将所有二手的教义以及所有关于宗教模棱两可的思想都抛弃了，然后呼吁人类能够认真聆听每个人心中的永恒启示。上帝发出的声音始终用一种新颖的方式传递出相同的真理。耶稣基督并没有因为那些抄写员写下的错误内容而谴责他们，但抄写员的行为的确是破坏了良知本身所具有的权威。如果我们每个人都拥有这样的信念，而不是整天去谈论的话，那么耶稣基督的信念就会让我们感受到超乎人类智慧与美德之外的成就。在我们最高的敬意中，他真实的头衔具有的意义，在于让我们每个人都能感受到一种无穷无尽的神性真理，以及我们都有去感受这种真理的信念。耶稣基督的本意不是看到这些信条因为时间的流逝，而慢慢将他本人、他的言语或是行为神圣化，这违背了他的初衷。我们这样做，正是缺乏对耶稣基督的信仰所导致的。当我们想到耶稣基督是一个人，一个与我们一样的人时，那么我们就能感受到上帝意识的存在，就会看不到他存在的个性了。那么我们就会按照一个普通人那样去思考与行动。但在自由派信徒看来，这是一种可怕的观点，他们只承认当人类的理性被从天而降的征兆所压制之后，这一切才是有可能的。

长久以来，这些思想都敦促着爱默生唤醒那些教众，让他们能够更好地感受到信仰所具有的真正含义，说服他们将自己的宗教信念与现实生活更加贴近一些。他无意去攻击当时流行的偶像崇拜，只是希望他们不要因此而忽视了崇拜仪式的真正目的。在他看来，崇拜的目标是非常明显的，根本不需要与别人进行任何争论，而只需要将它们放在原本的位置，按照它们带来的启发去做——爱默生希望通过对自身信念的耐心且忠诚的坚持来实现这一目标。1835年，爱默生在日记中写道：

> 当年轻的哲学家忘记了人们的观点，那么任何有意义的东西，包括生命，都似乎没有宗教教义那么重要了。如果我能够说服人们认真聆听他们内在的信念，如果我能够表达或是展现出他们内在的信念，这就代表着真正意义上的生命。那么，我们就不再是抽象的，而是按照一个人的个性做出应该有的行为。但是，在进行崇拜的时候，每个人都必须是处于自由与真实的状态。他绝对不能将自己所信仰的东西与他不敢在公共场合所反对的信条结合起来。

爱默生说，他更愿意让英国或是罗马教会作为公共崇拜的媒介，给予一些必要的帮助。因为这至少代表着一种崇拜的形式，一种大家对上帝存在的认可，而不是单纯关于上帝的观点。但是，英国与罗马教会都是比较排外的，而一神论教堂则依然是比较开放的。爱默生说，他发现那些历史久远的教堂依然是按照这样的方式去做。在一神论教堂的布道讲台上，他可以声称耶稣基督就是一个人，但他同时也需要意识到，耶稣基督的教义记录其实记录着神性启示。

爱默生并没有通过激烈的方式提出自己的观点，他认为这只需要通过改变自己的方式来得到展现。比如，他可以展现出自己的信仰，然后忽视所有自己反对的观念即可。如果他能够打动人们的心灵，那么所有人都会认为，忽视耶稣基督具有的官方权威才是对他具有真正生命力的权威的最大认可——而这样的权威也会带来其自身存在的凭据，并且是独立于人类的努力之外。

这就是他希望在法利牧师的布道讲台上进行的实验。在此前的一两年，他在日记里这样写道：

> 对一所普通的教堂来说，一种精神宗教与一种传统宗教之间的区别不能表现得过分明显。因为这是值得尝试的。信仰中的许多部分是真实与不言自明的。当人类的心智依附于此的时候，许多叫嚣得最响亮的教派就会无所适从。但是，要想告诉教众在不再前往教堂以及个人获得真正的精神提升之间做出选择，我认为最好还是让他们回到教堂。为了将现实以及精神法则——即耶稣基督的格言是符合世界的核心真理的——无限深度展现出来，我们就不能对人类的本性进行任何欺骗——只有这样，每个人才能更好地进行理解。我也会用我之前珍藏许久的那句谚语来表示：爱能够制造爱，恨能够激发恨——一种作用力与反作用力是相等的。社会上的任何邪恶都有正义的遏制，这两者是共同存在的：世间万物只有人类的意志是自由的，只有人类能够获得属于自己的美德——犯罪必然要遭受惩罚。"单纯的道德"基督教的一个明显特征就是其具有的道德性：所有隶属于个人的东西都是毫无价值

的。当一个人能用更好的洞察力去阐述道德本性的话，就能代表全新的信条。如果我能够让你理解你现在所不能理解的一些事情，让你感受到自身道德的提升，那么你就不会否定我给你带来的精神激励。

当这次实验失败之后，爱默生回到了演讲台以及演说家的平台，认为真正适合自己的地方还是布道讲台。他认为这样做能让自己过得更加快乐。在1840年的一篇日记里，他这样写道：

> 在所有演说里，我只是不断地重复一种信条，即每个个体所具有的无限性。只要我将演说的题目称为艺术、政治、文学或是家庭事务等，听众们都非常乐意接受我的观点，给予我极大的赞扬。但是，一旦我将这样的无限性拓展到宗教层面上，他们就会感到非常震惊，虽然我只是在以相同的道理去阐述另一个事实而已。

每周，爱默生就是用文学议题作为幌子去阐述自己的观点，收到了不同的反应。在8月的美国优秀大学生联盟组织的演说以及12月的《人类文化》的演说之前，他发表了一篇名为《美国学者》的演说。在这场演说里，

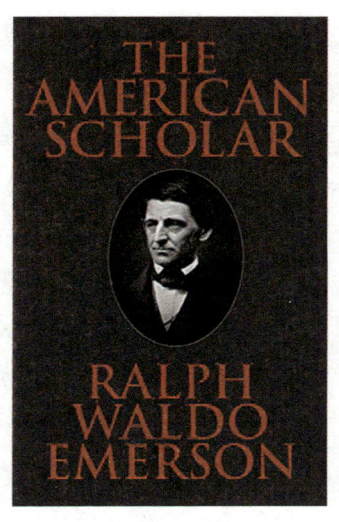

《美国学者》

爱默生似乎已经决定了要彻底放弃他对教堂的幻想。这年初冬的时候，他就告诉了莱克星顿委员会，表示自己准备辞掉那里的工作。

关于 1837 年 8 月 31 日举行的全美优秀大学生演说，罗威尔说："这是我国文学界从未有过的盛会，其间发生的很多事情都因为其有趣且带来的思想震撼而值得铭记。当时的过道都挤满了人，窗户上都能看到挤了许多人，大家都充满了热情，之前所有持不同观点的人都安静下来了。"

爱默生说，学者的责任都集中于自我相信之上。他感觉自己受到了神性灵魂的激发，同时也想去激发其他人。在这场盛大的集会上，他负责传播智慧的演说：他的任务就是将生命以真理的形式传达出去，将人生的事情以及工作从原先偶然的联系中抽离出来，向他们展示生活的真正秩序，动摇他们内心根深蒂固的传统价值观，让他们按照所有事物对人类所具有的真正价值去判断这些事物的价值。他希望向他们指出事物表象下面的事实，更好地提升他们的思想，指引他们前进的道路。这就是每个人要做的。每个人都应该对自己充满信心，永远不要屈服于大众的想法。不要放弃对玩具枪就是玩具枪这一浅显事实的认定，即便古代人认为这预示着最后审判的号角。

霍尔姆斯博士说："爱默生的这次演说是我们在智慧层面上的'独立宣言'。"这是当时新英格兰地区的有识之士迫切想要听到的忠告。爱默生认为，他们应该聆听自己内心的想法，而不是完全照搬欧洲那边的做法或是一些书籍的内容。

在这年冬天，爱默生就"人类的文明"发表了一篇演说，这篇演说是他之前思想的扩充。在过去漫长沉闷的岁月里，无论是从事商业活动、参军,还是从事法律研究、管理国家等,人类似乎都是自身财富的附加物。现在,他们发现这些事情——应该说是世界上的所有事情——都只不过是将人类心智的潜能激发出来的一种方式而已。只有病态的思想才会让人类成为附属品。人类的文明就是一个不断让人类释放自身潜能的过程。人类释放自身能量的唯一动机,就是去发现自身潜在的能量,并按此去从事贸易或其他工作等,与其他人形成各种联系,从而获取财富。他们的每个行为看上去都是一种辅助性的行为。真正的文明代表着一种普遍性自律,根本不会证明人类的存在是毫无意义的。

接下来,爱默生通过《双手》《大脑》《双眼与耳朵》《英雄主义》与《神圣》等演说题目继续进行阐述。他的观点是,人类可以通过体力劳动去接受教育,也可以通过对真理的感知获得知识。除此之外,人类可以通过对美感、艺术、诗歌以及个人情感(就是所谓的"利他主义",爱默生将之称为人类本性的一部分)的感知,与人类反抗所有传统与习俗的本能倾向进行比较。爱默生还谈到了日常生活的行为。有时,他会对此表示反对意见。最后,他认为人类可以通过灵魂的升腾,从而完全控制道德情感。

爱默生在这段时间的大部分演说都收录于后来出版的书籍里,特别是他的第一系列演说稿。比如他发表

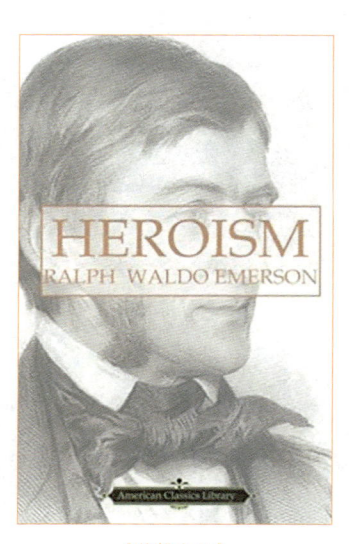

《英雄主义》

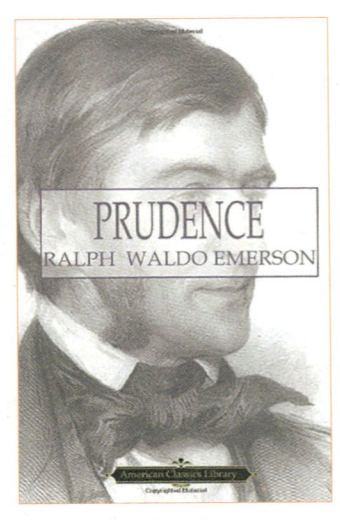

的《谨慎》演说稿子就几乎完全收录进去了。我认为，他的那篇《英雄主义》的演说手稿没有收录进去。正是在这次演说里，爱默生谈到了洛夫乔伊（几个月前，他在伊利诺伊州被一名支持奴隶制度的人谋杀了），将其视为一名追求自由言论与自由观点的殉道者。乔治·P. 布拉德福德[①]就曾说："他的一些朋友与同情者都认为，当他敢于面对当时的舆论压力，直接说出自己想法的时候，大家都为他捏了一把汗。"

他的演说吸引了很多人到场聆听。爱默生在日记里写道：

> 在系列演说将要结束的时候，到场的人数要比一开始前来聆听的人更多一些。我认为在最后一场演说里，来了差不多500人。看来，一部分听众似乎对我提出的观点比较感兴趣。我的演说内容基本上都是从自己的日记里寻找的。在冬天的每周三晚上，我连续10周发表了10篇演说。我要感谢所有支

《谨慎》

乔治·P. 布拉德福德

[①] 乔治·P. 布拉德福德（George P. Bradford，1837—1864），美国哲学家、政治家。

持我的人，也要感谢赐给我健康的上帝，感谢所有带给我知识的人。

几天后，爱默生在给妻子的一封信里这样写道：

1838 年 2 月 19 日

昨天，我来到了莱克星顿，告诉委员会说我想要辞去在那里的工作。我认为，如果可以的话，这份工作应该交给约翰·苏利文·德怀特①去做。他们同意了，前提是我要亲自去联系德怀特，而不是让他们出面。这是一件比较琐碎的事情，但我同意了。与此同时，我也发现自己得到了很多人的赞赏。

但是，利迪安却悲伤地看到，刚愎自用的人已经切断了他与教会最后仅存的一丝联系，这代表着远方犹大的黑白象征完全割断了。

虽然爱默生用轻描淡写的笔调写这封信，但他认为教会的布道讲台因为失去了有能力的牧师而渐渐失去其应有的优势，他觉得这是很严重的一件事情。他没有自欺欺人地认为解决这些困难是容易的，但他认为无论教会是否面临着这些困难，他们都应该努力去做。

爱默生在 1838 年 3 月的一篇日记中写道：

---

① 约翰·苏利文·德怀特（John Sullivan Dwight，1813—1893），美国音乐艺术家、神学家、超验主义者。

在我看来，当我去描述教会时，会感觉到这样做缺乏必要的真诚与独特感，而这些都是教众进行崇拜活动所需要的。这也是我无法说出名字的圣人或是哲学家所需要的特点。这种病态的宗教情感，加上不存在本身所带来的一些微弱影响，正在指责着我们所过的贫苦与枯燥无味的生活。当然，这样的情况会变得越来越好，这是可以肯定的。当我们习惯了这一切之后，难道我们没有面对死亡的勇气，不会承认意志所带来的各种行动吗？

在爱默生看来，他感到自己缺乏某种明确的观点，无法在进行有说服力的演说中更好地表现自己。教众都喜欢那些内心有明确观点的牧师，告诉他们他所信仰的东西以及应该怎么去做。爱默生却表示，对于那些我们认为没有将自己内心话说出来的人，我们不应该去聆听他们的话语。此时，爱默生始终没有真正地投入进去，也没有真正下定决心。他自己说："对于别人还有其他的想法，我始终没有做到非常真诚。"虽然他始终没有做到真诚，但我们也很难找到一位比他更加认真或是完全相信自己观点的人，或是找到

爱默生

一个像他那样敢于表达自己观点的人了。爱默生不仅做好了准备，而且急迫地想要承认真理为其他的结论正名。这就是他喜欢蒙田作品的一个基本原因，虽然蒙田的很多作品里的观点都让他反感。他从来没有学习蒙田提倡的那种智慧层面上的伊壁鸠鲁学派思想，相反，他发自内心地同情自己缺乏耐心，说出自己认为符合法则的事情。在这方面，他超越了蒙田，因为蒙田所持的怀疑主义具有一种教条思想。在蒙田看来，怀疑代表着智慧的高峰与终点。但在爱默生看来，怀疑只是一种实现目标的手段。在他看来，对系统化推理过程的厌恶，并不能代表对真理的绝望。这样一种约定俗成的信念就是，我们始终无法知道任何确定的东西，而是源于这种情感：我们对真理的感知应该能让我们确信一点，即在我们的视野内看不到的东西，这一切并没有结束。

这种宽容的心态对于爱默生来说是非常自然的，好比绝大多数人心中存在着偏见一样。这显然是爱默生具有特殊影响力的原因，却不是他作为成功的布道演说家的原因。爱默生说："任何充满力量的演说都必然需要演说者具有一些狂热精神。"而要说服教众以更好的方式去对宗教进行思考，没有比牧师在布道讲台上的演说更加有效的了。虽然所有的假定似乎都违背了他的想法，但他却可以通过演说在听众的脑海里形成一整套全新的画面，让他们像自己那样看到崇拜的目标。正是出于这个目的，牧师必须要提出某种单一的观点，以独断的方式将其他所有观点都排除在外。

爱默生欣赏甚至是羡慕他的一些同辈人或是继任者所采用的"不容置疑的说话口气"，比如布克敏斯特、钱宁、格林伍德等人。卡莱尔采用专横独断的演说措辞，卫理公会教派的泰勒神父对水手们所发表的具有画面感的演说，^①这让他们迅速吸引了别人关注的目光。但是，对于他本人来说，要是他拥有这些选择的话，我认为他还是会选择自己的演说方式，即便这不会带来任何的补偿。他必须要保持自由。若是没有了自由，这些人就是自身才华的受害者，其所具有的能量都会受到他们短浅的目标的限制，他们的目标就是要让心智对全新的光明保持开放的态度，并激励着别人也这样做。爱

---

[1] 当爱默生还在第二教堂担任布道牧师的时候，有时就会在泰勒的礼拜堂发表布道演说。后来，泰勒神父来到康科德发表布道演说，并在爱默生的家里住了一晚。爱默生在日记里写道："泰勒神父是一位伟大的人物。我认为他简直是一名完美的演说家。他在演说过程中，始终显得那么全面、那么有条理。虽然他那让人困惑的演说让台下的听众发出了一阵阵质疑声，这当然会让他的演说失去一定的效果——但是，他的演说是多么的优美，内容是多么的丰富，是多么的具有深度，给听众带来多大的心灵愉悦啊！对于那些水手与穷人来说，他仿佛就是莎士比亚的化身。上帝找到了一个能够发出神性旋律的竖琴，然后让美妙的音乐在洞穴与地下室里回荡。泰勒神父就是这样一个例子——在此时此刻，我要说，我们可以从他这个例子中感受到力量，因为他所具有的智慧，并不是由他一个人占有的。他无法对此进行回想或是运用，他仿佛是用一阵阵充满着怜悯之情的微风吹拂着听众的脸庞。对我来说，他是一个非常有魅力的人。我为他所具有的个性感到高兴，他表现出来的行为与三帆快速战舰一样，能够让我们仿佛在短暂的一瞬间置身于大海的中心，然后为我们建造一条白色的街道。他广受欢迎，正是对他的演说能力的最大认可。他在演说中表现出来的辉煌人生与快意人生，始终让我们保持着清醒的头脑，即便是在茫茫的黑夜里，依然发出光亮。他将那些流连于酒吧间的绅士称为'就像一只在吧台前面奄奄一息的小鸟'。当他出去为慈善事业出力的时候，他认为自己仿佛'像一只海鸟那样在雨中不断飞行'。'我已经年过半百了，我从未认为哪一天是不幸的，每一天都是幸福快乐的。''我已经走过世界的每个角落，我从未遇到一个不值得我去爱的人。''对于人类来说，这个世界太大了，因此根本没有制造任何隔离墙的必要。'他说的这些话是多么的具有内涵啊！即便是让他指引那些庞大的海马渡过大海，他也会让它们在阳光明媚的海面上前行！但是，当他在某些情况下被强大的海怪击倒的时候，他就不能再给别人任何指引了。"
泰勒神父也非常喜欢爱默生，虽然他对超验主义理论的评价并不高。约翰·皮尔斯博士在他的日记里怀着真诚的怜悯心记录了泰勒神父聆听有关超验主义演说的评价："要想改变人类的灵魂，需要进行许多布道演说，正如想让一个人喝上一大杯牛奶，需要花费力气去挤奶。"但是关于爱默生，他在与安德鲁州长说话时做出过评价："爱默生是上帝创造出来最美好的人。我能感觉到他的这台机器里的某个部件出现了松散的情况，但我不知道具体是哪个部位，因为我始终没有听到这台机器发出任何嘈杂的声响。当他去世的时候，肯定会进入天堂的。因为如果他死后进入地狱的话，那么地狱里的魔鬼也将不知道如何处置他。但是，相比于希伯来文经文所提倡的原则，他似乎不了解《圣经·新约》的内容。"（出自 E. D. 切尼女士，1884 年 7 月 28 日在康科德举行的纪念大会上）

第九章 宗教

默生认为,这才是他的本性具有的东西。他欣然接受这样的事实,正如他平静地接受其他事实一样,内心始终不带任何遗憾,因为这其中涉及他内心失落的目标。

1838—1839 年,爱默生在日记中写道:

> 我悲伤地发现,当人们发现他们现在的指引是错误时,我却发现自己没有了任何热情,也没有了去指引与帮助他们的任何资源。这次教育大会的气氛是冰冷的,但我也许应该保留一个希望,即我不能认为自己是在别人的吩咐下进行咨询的。无论是在布道讲台还是在教师大会上,我都讨厌发表布道演说。布道演说代表着一种承诺,我想要说出自己此时此刻的情感与思想,同时附带声明我明天也许会说与此完全相悖的观点。我希望得到的是无限的自由。

探究的态度并不是崇拜的态度,人们也不会在教会的一声令下,就盲目地团结在教会周围。爱默生的信仰在摆脱了传统的渠道之后,依然能够自由前行,但这样的思想却没有满溢出来,淹没"一般的教会"的小溪与浅滩。在那个宗教形式普遍遭到鄙视的时代,他无法以安全的方式表达自己的观点,而全新的宗教形式却也没有在他脑海里变得清晰起来。虽然他认为自己没有能力去实现这些目标,但他依然认为布道牧师对当地社区来说是需要的。1838 年,他在一篇日记中写道:

> 我不想成为一名教职人员,也拒绝日后成为这样的人。但

在我所在的城镇，神职人员的头衔在我听上去依然像音乐那样悦耳！在我看来，神职人员不可能是一个安静且完整的人，但我们多么需要那些无比高尚的神职人员啊！

至少，爱默生会说出自己所认为需要的东西代表着一种负面的状态。如果公众崇拜是为了在社会经济中维持原有的地位，那么这些都必须是要尽力避免的：

> 我应该坐下来认真思考，写一篇关于美国牧师的演说，向他们表明当代神学与教会肮脏丑陋的一面，向他们展示道德本性的荣耀与美好。牧师必须要远离任何苍白无力的教条。当代的现实主义可以作为一种冲锋思想提醒着他们，只要祈祷开始了，我就会退缩或是畏惧不前，不会因为我的裁缝为我做了一个很大的领结，就认为祈祷的行为是糟糕的。

在这个时代，如果我前去教堂的话，通常会发现那里的牧师在某种程度上都是精明之人，但整个教会却显得那么空洞……在那个清教徒朝圣的时代，这些牧师所持的信仰，正是当年鞭打与迫害其他人的信仰。他们的布道演说是具有想象力且狂热的，每句话都像一块石头。

一两天后，收到神学院毕业生的邀请，面对这些即将成为基督教牧师的学生，爱默生来到剑桥向他们发表演说。据我所知，爱默生的演说激起了学生们的热烈讨论，演说内容只是他一些手稿的部分内容。之后，他开始按照一些议题对手稿进行分类，甚至还为此写了一篇绪论。

当然，爱默生知道，他的演说内容肯定不会被学校接受，当然也不会为教会包容。但是，他所谴责的邪恶是这么的明显，他觉得每个人都不该对这些邪恶的存在抱有不同的态度，无论他们各自想出什么样的方式去摆脱这些邪恶。7月8日，爱默生在日记里写道：

> 我们避免谈论那些会给信徒们带来思想震撼的话题，甚至将那些原本不属于耶稣基督荣耀的题目都拿走了。但是，这样一种恐惧只是他们无力去激发教众道德情感的表现。如果我能够吸收这种智慧，就会马上将这种智慧说出来。这样的话，教众们马上就会产生爱意与敬畏之心。对耶稣基督的崇拜也正是如此。如果你能让每个教众都明白这样的智慧，那么他们就会感觉到所有一切都是美好的，上帝也会重新在他的心灵世界里归位。当我像此时此刻这么清醒的时候，说出一个简单的事实，那么所有的抱怨、所有不愿意聆听的想法、所有会对良知造成危险与伤害的一切，都会迅速萎缩，然后消失。这就是我在神学院发表演说的主要内容。

1838年7月15日，爱默生在神学院的小礼拜堂发表了演说。除了学生之外，还有亨利·韦尔①牧师等其他人。韦尔是爱默生之前在第二教堂任职时的同事，现在担任神学院演说与牧师关怀方面的教授。在演说之后，韦尔以平常的友好方式与爱默生进行交流，

---

① 亨利·韦尔（Henry Ware，1765—1845），美国著名神学家、牧师。

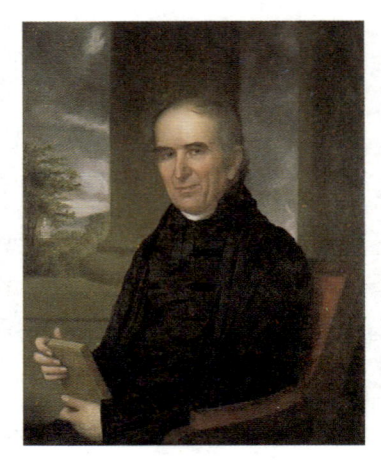

表达了他对爱默生部分观点的认同。与此同时，他在第二天寄给爱默生的一封信里不得不表达出爱默生在演说中"传递出高尚的理想与精神的美好形象"，同时他坦承爱默生的一些言论在他看来是值得怀疑的，而这些言论的流行有可能会颠覆基督教的权威与影响力。

与那些自由派的兄弟们一样，爱默生也许要比他们中绝大多数人都更加清楚这其中的危险。

亨利·韦尔

爱默生在那个时期的日记写道：

> 我们要考虑到，宗教改革是需要允许的。我们会说，你所做出的行为在《圣经》里并没有标明——其中应该做的有第一种行为，第二种行为，第一百万种行为——但是，无论过去还是现在，这样做所遭受的惩罚都应该是一样的。卑鄙的行为会让你变得卑鄙，神圣的行为会让你变得神圣。当一个人从束缚他的恐惧中摆脱出来的时候，就会失去一切恐惧加在他身上的束缚。当这样的诱惑变得强烈时，他就会尝试这样的罪恶行为，然后才知道其后果。现在，我讨厌失去这种振奋精神的力量，而最后摆脱堕落罪恶的行为又是那么可贵，因此我不会对采取的行动方式过分小心谨慎。要是能够获得好的结果，我愿意感谢这个过程中所犯下的任何错误、顽固的行为或是愚蠢的

行为。

但是,我们必须要面临这样的危险:如果我们全部都能得到拯救的话,就必须要通过自身信念的力量,而不是通过对自身软弱依然抱着虔诚的态度。难道怀疑主义本身就是一种隐蔽的怀疑主义念头,这不让我们感到恐慌吗?难道这没有表明我们对宗教的现实缺乏自信吗?

他们认为,除非真理本身得到支持,否则真理就不会持久。他们似乎认为,上帝的宗教以及上帝的存在都是取决于我们说了些什么。对于那些只重视宗教表面的人来说,这是很自然的想法。如果他们的信仰本身并不能让身边的人都认可的话,那么这就像遭遇海难一样无法维持。对于一位真正的信仰者,一个认为自身的信仰代表着意识的人,他们永远不会因为别人没有看到他所看到的事实而感到内心不安。

爱默生深知加尔文教派的衰落所造成的可能风险。他说:"现在流行的宗教就是一位非常优秀的治安官。"但是,如果这位"治安官"遭受大家的鄙视,无法赢得他们的尊重,难道大家不再像之前那样需要他了吗?我们是否可以从表面的方式,去找寻任何可以因为社会秩序变得松散所带来的恐惧感的借口呢?事实上,这样一种观点没有被很多人广泛意识到。除了波士顿与剑桥地区,我们只是偶尔能看到受这种思想影响的孤独思考者而已。传统意义上的正统思想依然占据主要地位,而正统思想则用漠不关切的态度,看着理性主义者与那些古代虔诚派及新光明运动派之间的争吵。也许,这两派在意见方面并没有出现多大的分歧。一些宣扬正统宗教思想的报纸甚至都为爱默生说好话，为他遭受到的自由派人士的攻击进行辩护。

但在周四波士顿举行的牧师演说大会上，还是出现了一阵思想上的震撼，而这样的思想震撼很快就在这些牧师所能影响到的圈子里传播开来了。很多人都说了一些强硬的话。当这些演说稿子印刷出来之后，受到了当时波士顿一份主流报纸《每日广告报》的猛烈攻击（1838年8月27日）。这篇攻击文章并没有署名，但一般认为是神学院圣经文学的前任教授安德鲁斯·诺顿[①]所写。诺顿是一位具有智慧与威严个性的人。我认为，他可以说是自由派基督教的代表性神学家。在这篇文章里，他猛烈地抨击了马蒂诺女士、雪莱、库金、卡莱尔等无神论者，以及泛神论者施莱尔马赫等人，将他们说成是超验主义学派的创立者与养育者，将这种思潮贬斥为一种错误的概念，不断给我们的社会带来不良的影响，宣称这些思潮是根植于一些晦涩难懂、充满朦胧色彩的最卑劣德国投机思想家的思想。最后，他在文章里还对爱默生所发表的演说进行了一番抨击："爱默生在演说中所描述的事物状态，似乎只能代表着一种愚蠢的暴动，是一种类似于杰克·凯德式的反叛行为。如果参与其中的人没有因为自身的无知而获得自信，如果他们攻击人类社会以及人类幸福的基础，那么这样的反叛很快就会平息的。有人担心，这些愚蠢的女人与愚蠢的男人都在慢慢疏远基督教信仰，当然前提是他们所脱离的是真正意义上的基督教。这种邪恶的思潮已经造成了一些灾难，让人们感到恐慌。目前的这些事实就是这些思想造成祸害的

[①] 安德鲁斯·诺顿（Andrews Norton, 1786—1853），美国神学家、牧师。

最好证据。"——他将爱默生的演说当成最好的证据，表示这些演说足以表明作者完全否定了基督教所具有的神性启示……如果他以某些恰当的方式去信仰上帝，那么他在演说中必然会让听众认为，他的演说充斥着错误的判断，也很不符合礼节。

这篇文章还解释了一点，即那些广受人们尊敬的教会负责人绝不应该为这种侮辱宗教的行为负责，因为他们并没有招惹什么，相反，那些刚毕业的神学院大学生应该对此负责，因为他们已经成为那种邪恶思潮的同谋。当然他们也许是无辜的同谋，根本不知道这样做是犯下了大错。我们应该警告他们，如果他们有人认同爱默生的演说观点，那么他们在担任基督教牧师之后，就必然会欺骗他们的教众，在一些务实的问题上犯错，无法抵制诱惑。这样的人将会为他们这些思想而选择过着欺骗的生活。

正如爱默生后来在一封写给卡莱尔的信件里所说的，我没有将这称为"洗手盘的风暴"，从未想过会因为勤勉仆人的回忆而遭受指责，指出那位教授说出的缺乏仁慈的话语已经表明了他过度的热情。很多善良与友好的人——其中一些人比较倾向于支持爱默生，他们认为那位教授的话是一份具有分量的宣言（也许是分量过重的宣言）。但这样的宣言也让他们知道了正统的宗教思想在当时新英格兰地区依然具有很强的影响力，民众的思想依然没有得到开化。即便如此，超验主义者们依然努力地否定正统宗教思想的整个理论基础。这表明，那些在宗教方面有着先进观点的人，他们一开始都怀着真理是一种寄托的假定，认为这可以让他们直接与上帝进行交流，现在在他们对此已经无法容忍了，因此谴责任何激进的做法。正如爱默生所说的，在这些改革家看来，那些依然坚持宗教改革的人是比教皇更加可恶的人。

毋庸置疑，这是一个非常极端的例子。一般来说，自由派的基督徒会一边谴责爱默生所发表的观点，另一边则似乎小心翼翼地不将他纳入谴责的范围之内。当时的主流宗教报纸《基督邮报》由詹姆斯·沃克担任主编，他就对当时这种松散且不严谨的观点表示怀疑，他认为有必要反驳爱默生的观点，将其斥为不具有任何神性或是常识的演说，但他却依然对爱默生怀有敬意，与他保持着友谊。钱德勒·罗宾斯牧师是爱默生在波士顿第二教堂的继任者，他在《基督邮报》上发表文章，表示爱默生从未被视为一名正统的基督教牧师，但他也指出爱默生是一位具有很高天赋、成就与神性的人，他的灵魂深处以及他的人生行为举止，都符合一位基督徒应该有的表现。康维斯·弗朗西斯牧师后来接替了韦尔在神学院的教职，在爱默生发表完演说的那天晚上，他就在爱默生的家里住了一晚。在得到他的许可之后，我在下面引述他当时写的一篇日记。在日记里，他是这样说的：

当我们两人独处的时候，他谈论了在神学院发表的演说，谈到了别人因此对他进行的毁谤。对于我提出的反对与质疑，他都进行了极为真诚的回答。他是一个性情冷静、沉稳与具有简朴灵魂的人，始终找寻着真理与人生的智慧。他始终爱着人

《基督邮报》

类，追求着善意。我从未遇到过像他这样的人。他不是一位哲学家，而是一位预言家。如果你像他那样看到真理，那么你会认为他是一位具有天赋的老师。如果你无法像他那样看到真理，那么他跟你解释再多也是毫无意义的。但是，我们不能给他贴上预言家、狂热分子或是冒牌者等标签，这些标签都不能真正地代表他。他是一个真实与具有神性的人，虽然他对理想的追求让他对现实产生了鄙视的情感。

这可能是对这件事感兴趣的绝大多数人所持的一种想法。在他们这个圈子之外的很多人都认为，他们必须要捍卫基督教的声誉，抵制所有不符合《圣经》内容的攻击，因此他们警告所有人不要将基督教信仰与缺乏权威的观点混在一起，即便他们有时是在布道讲台上听到这些异端邪说。

爱默生的朋友亨利·韦尔（爱默生有时将他称为勒邦·亨利）就处于风口浪尖之上，他有时也会因为自己对爱默生的尊敬与爱意而产生困惑，同时他又是一个具有严格责任感的人，这就要求他不得不出面谴责爱默生所犯下的一些过错。在他看来，"灵魂无法了解任何人"的观点就足以证实爱默生是一个无神论者。在一篇面向神学院学生的布道演说中，他充分表明了自己的观点，这发生在爱默生的演说稿子出版之后。他将这篇布道演说稿子的复印版寄给了爱默生，并附上了一封信，表示他这封信是反驳爱默生的一些观点。事实上，这封信也的确有这样的意思。但他同时也急切地表示，这样做并不是为了攻击爱默生，因为他也不是完全了解爱默生这些思想的严格本性，或是无法通过争论来为自己的观点正名。

爱默生的回信内容经常为人们所引用，因为这封回信因其展现出来的冷静秉性，同时坦承自己缺乏理智推理能力而闻名。爱默生表示，这个世界上没有比他更不愿意与别人进行争论的人了。"我不可能与你就来信中提到的任何一个问题进行'争论'，因为我知道争论对于任何一种思想的表达都没有什么作用。"但是，这里存在着误解的风险。爱默生显然不愿意与人进行争论，在这样的情况下，争论也是不适合的。他只是想要唤醒同辈人对宗教事实的深刻感知，而这是不可能通过争论来完成的。一个人要是始终感知自己置身于上帝的影响下，那么他可能会根据自己的人生经验去揭示一些启发，可能会通过争论的方式去对自己的经验进行总结，也有可能会将自己的理论神学化。但是，任何神学方面的争论都只能向上帝证明，你是一个缺乏宗教信仰的人，正如任何关于光线的科学论证都无法让一个盲人感受到色彩的存在。他没有任何办法去证明自己争论存在的基础，他可能承认或是否认这点，但这些理论对他而言也只是单纯的理论性假设而已。韦尔认为，我们应该将这些品质归结为上帝——他的正义与仁爱——除非它们是属于某个具体的人，否则这就是一个单纯抽象且空洞的名字。倘若爱默生是一个喜欢争论的人，那么他可能会回答说，对他而言，这一切都不存在任何抽象。如果这些品质能够构建成一种与我们完全不同的本性，如果上帝的正义与仁爱与人类所说的这些美德不同的话，那么上帝的信徒所说的这些就不单纯是抽象的概念，只能证明上帝是不存在的，是一个由人们臆想断定出来的东西。如果这两者是一致的话，那么"灵魂无法了解任何人"的信条，只是意味着我们对这些神性品质的了解，并不能保证我们将上帝归结为时间与地方的局限，因为时间与地方的限制只适用于人类身上。

要是韦尔与爱默生都说出他们心目中的神学理念,我认为他们的理念不会有太大的区别。爱默生可能会"通过他的形而上学"否定上帝的个性,但他从来都不怎么关心自己的这一套形而上学。他所谈到的个性,似乎只是某种局限个人的东西。在发表那篇演说几个月前,几名神学院的学生过来拜访他,就这个方面向他提出了问题。爱默生在日记中这样写道:

1838 年 3 月

这些友好的年轻人就有神论的问题向我提问,他们认为我有关上帝非人格化的论述是非常可怕的,我该怎么回答他们的问题呢?我说,当我在自己的良知世界内进行探寻的时候,无法找到任何事实可以证明上帝是一个人,而是与此相反的结论。我认为,要是我们说上帝是具有人格化的话,这是一种亵渎的行为。要是我们将他视为像人的个体存在,这就会让他从我的意识里消失。如果他是具有人格化的,那么他最多也只是一个伟大的人物,比如受到民众崇拜的人物。灵魂所做出的自然反馈,要比你们在这些争论中战胜别人的有意识的思想更重要。这样的思想并不是被"正确的方式"所控制的,也不会按照一定的比例或是真实的影响展现出来的。这需要一些强而为之、声嘶力竭且三心二意的目击者。就在昨天,我参与了一场有关有神论的闲聊。我说,在这个问题上,我们很难找到任何语言去进行描述,这些语言只是辅助性的,而不具有充分性,这些都是我们自身思考的一种表达，而不是思考的复制品。我之所以否定上帝的人格化，只是因为这实在是对上帝的过度贬低，而不是过分赞美。生命，个人的生命，相比于上帝所具有的能量，是微不足道且冷漠的。因为理智、爱意与美感，或者说所有这些——都代表着更高的生命、更高的理智与更高的爱意。

如果个性的贬值是自我意识的话，那么爱默生不会否定上帝也具有这样的个性。

爱默生在1835年的一篇日记中写道：

当我们使用"无意识"一词时，这存在着严重的语义含糊——这个词语广泛应用在当代心理学领域。我们说，我们的美德与天才都是无意识的，说它们都是上帝赐给我们的。那些反对者则反驳说，要是将神性的存在视为一种无意识的存在，这是非常恐怖的。但是，我们所谈论的无意识只是与我们存在着联系的东西。我们是根据我们尚不了解的更高原则去说话与采取行动，通过屈服于自身对此的认知来获取对身边事物的了解，我们无法凌驾于此，或是监督其运转——我们无法看到它是以什么方式影响我们的。但是，当我们这样说的时候，可以断定它与任何涉及自身的意识或是无意识都没有任何关系。我们可以立即看到，我们无法使用足够微妙的语言去描述那个我们无法接近的领域。那个领域的空气是那么稀薄，任何语言的翅膀都无法飞进去。我们不能说上帝是具有自我意识或是没有自我意识的,因为一旦我们的双眼注视着那可怕的本质,那么它就会迅速逃脱所有的定义,让我们所有的努力变成无用功。

人类的心智就像一块棱镜,能够将神性法则的光芒聚集起来,从而让我们可以看清楚所谓的上帝个性。到目前为止,所有的聚焦都是聚集于无限之上,因为上帝表现的形式或是个性都超出了人类心智的理解范围。但是,我们必须要努力拥有良好的心灵,因为当我们说出内心一些真诚的怀疑后,这会让我们处在一种更不利于行动的心灵状态。我们表达最好思想的话语,或是我们表达自身信念的语句,都会让我们似乎变成了有神论者,让我们拥有全新的勇气与力量。

爱默生否定上帝具有的个性,只是为了重申上帝本性所具有的无限性,说明这超越了人类想象与理解能力所能企及的范围。但是,爱默生并没有继续去涉足这趟"浑水",因为这些"水"至少在目前来看还是清澈的。那些自由派则毫无缘由地警告公众要反对爱默生的投机思想,直到他们能够想出更好的解释。这些自由派愿意承认,要是将宗教思想与宗教形式分离开来,这会存在着巨大的危险。他们认为,当我们不再承认耶稣基督是上帝的话,那么危险就已经到来了。因为他们认为,只有通过耶稣基督这个人,上帝才能向所有基督教徒的心灵直接传递他的启示。整个基督教的理论基础都是基于这个事实。如果这个事实遭到否定的话,那么所有关于基督教的历史事实都将会变得无足轻重。

爱默生没有过分看重自己的演说,他其实都没有将自己最想说的话说出来,同时为自己所说的话遭受到的误解感到震惊。因为,他的很多基督教兄弟都认为，他是在贬低耶稣基督的品格。事实上，爱默生并不是这个意思，他只是希望人们能够在更加真实的情况下去崇拜耶稣。要是超过了这个真实的范围，那么这必然会使教众无法得到真正的启发，即便得到所谓的启发，这样的启发也将失去原先的力量。爱默生在1838年7月的日记中写道：

>另一种朴素的思想就是，很多见风使舵者都会迅速站出来反对耶稣基督的名声，将其名声提到非常高的位置，满足自身的骄傲情感。这就需要那些真正热爱上帝的人去爱上帝所给予的爱。

伊丽莎白·皮博迪女士在她所写的关于钱宁博士的回忆录里，就指出相关的一个段落在阅读演说稿子的时候被删除了，她希望爱默生将这个被删除的段落在出版的时候恢复过来。但是，爱默生在思考之后，决定还是按照原先的方式进行出版。爱默生的意思已经很明显了。如果不这样做的话，他所表达出来的一切都像马后炮，这让他到时候无法为自己进行解释。

在那个时候，爱默生的演说所造成的影响，应该会让他从此远离任何学会演说或是教会演说了。

爱默生在写给哥哥威廉的信中表示：

>我希望今年冬天继续在波士顿发表演说，也许当地的民众因为一些报道的影响，不愿意出来聆听我的演说，不愿意购买我所写的书。我希望能够免费发放一些演说门票，这样我的努

力就不会白费。

爱默生在日记中写道：

1838年8月31日

昨天，在优秀大学生周年纪念日上，我发表了一场演说。我认为，如果一个人是真正的学者，他就应该获得完全的自由。一些年轻人与成年人所表现出来的厌恶情绪以及他们脸上露出的反感，这些都是我所预料到的。我对此没有做出任何反应，内心也没有一丝恐惧。因为，如果他们只是一位观察者、一位不带情感或是没有偏见的报道者的话，那么他们所处的立场就应该是不受任何外在影响的。他们不应该带着任何反感的情绪去聆听，也不要让自己处于孤立无助的地位。那些庸俗之人认为，他们应该形成一个派系，或是获得一些任命什么的。但是，他们更加清楚自己需要什么，他们更愿意得到甜瓜。这个社会无法贿赂我，政坛势力、教会、大学或是市政府都无法做到这点。我所拥有的资源还远远没有耗尽呢。如果他们不来聆听我的演说，我会腾出更多空闲时间来创作我的作品。除此之外，大家都公认且接受的一句格言，就是一个人应该在自己能力范围内去做某些事情。当你勇敢地坚持自己的立场，亮出自己的态度，去做你认为你完全有权利去做的事情，那么所有人都会为你让路。那些窃窃私语者、那些仇视你的人、那些谩骂你的人，他们都是谁呢？他们都是一些没有知识且没有任何稳定心智可言之人。与此相反，真正的学者会坚信自己的观点，相信终有一天，当初辱骂他的人都将会为他喝彩。要是我们对那些辱骂你的反对者进行分析，就会发现他们之所以辱骂，是因为他们感到了羞涩、迷惑，或是不知道什么才是真正有价值的东西。

人们经常可以从那些充满怨恨情绪的批判家那里看到这样的情形，似乎他们能够嗅出远方传来的异端邪说。然后，他们向那些思想幼稚的人传播内心无法遏制的愤怒情绪。

这样的情形之所以让他感到不满，主要是因为这让他思考自己：

> 我看待自己与别人一劳永逸的方式，就是将时间、空间与个人关系的"野草"全部都放在一边。因此，我所遇到的一切批评，包括极端的批评或是赞美，都会让我的心智处于失衡状态，让我在某个时间里以错误的方式去面对别人，无法释放出自发的情感，浪费着我的时间，失去原有的思想，在贫瘠的个人思考中自我封闭。因此，我讨厌因为别人的指责或是赞美而受人关注。我所祈祷的是，我可能永远无法了解一个事实，但我希望能够对许多问题进行研究，让我永远都不会觉得自己的心灵是多么的贫瘠、荒芜。

给哥哥威廉的一封信：

第九章
宗 教

1838年9月2日

我在剑桥的演说招致了许多的反感，现在已经过去9天了。神学院方面当然有权发表措辞强硬的声明，否定我所说的任何观点，同时表达对我的观点的反感。因为如果神学院不这样做的话，就会显得他们是支持我的这些"异端邪说"。一些人甚至建议将这件事放到议会去进行讨论，看看人们对这个重要问题的看法。

爱默生

爱默生在日记中写道：

我千万不能陷入这种庸俗的幻想当中，即认为每当别人反对我的时候，就认为自己是遭受到别人的迫害。我认为，没有比我得到更多而遭受更少惩罚的人了。我能够接受几个人或是数百人说我是坏人或是愚蠢之人——我也得到了许多朋友的尊敬，这些都是超越于彼此的想法的。除此之外，我还是会经常与那些说我是坏人或是愚蠢之人进行交往。我深知自己肯定存在很多缺点。我知道自己还有很多没有实现的目标，我做的很多事情都没有让自己感到满意,因此我远远没有达到完全顺从上帝的程度,我又怎能期望去满足别人的要求,赢得他们的爱意呢?一些人不给我好脸色,一些讽刺我的文字,这些都是我为自己的缺点所付出的卑微代价。

爱默生继续埋头自己的研究,并没有受别人的冷言冷语所影响,不过他还是为自己所得到的对待感到寒心。也许,最让他感到恼怒的是,他发现自己作为所谓的"新思想"的始作俑者而臭名昭著了。

第十章
朋　友

对于那些之前在宗教与社会学领域之外游荡的人来说，康科德地区引发的思潮已经变成了一股潮流，让许多人来到这里交流观点或是就彼此的活动范围进行交流。当爱默生在这年秋天神学院的演说结束之后，接待了一位与众不同的访客：他是一位宗教神秘主义者，也是最为简朴与谦逊的人，但他经常为突然而至的内心热情所点燃，这让他会超越自己平时的自然本性。正是这种内心的热情让他来到了爱默生面前。他不是要与爱默生探讨思想或是寻求建议，或是说出自己的一些想法，也不是要警告爱默生不要在智慧领域内表现得那么骄傲，更不是要劝告爱默生停止这种自我指引的生活方式，重新成为一个缺乏主见的人。他就是琼斯·韦利，一位来自萨勒姆地区的年轻人。他当时虽然经济条件窘迫，但还是上了哈佛学院读书，并在1836年以优异的成绩毕业，成为学校的一名讲师，负责给大一新生讲授希腊语。我就是他所教的那个班的学生。我还清楚地记得，他是一个身材较高、

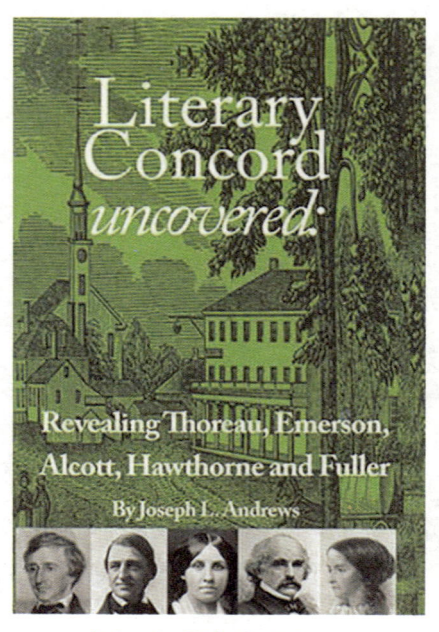

体型瘦削的人。当他从别人面前经过的时候,经常摆出一副不苟言笑的脸。但更有趣或者说独特的是,他对我们每一名学生都充满了个人的兴趣。他不看重我们在学业方面的成绩(虽然他也从未忽视这方面),更看重如何拯救我们的灵魂。对学校的一些领导来说,他的这些表现足以让他们觉得,他肯定是已经疯掉了,于是开除了他的教职,将他送到一所精神病院。对此,他没有提出任何异议,甚至在萨默维尔的一所精神病院里非常温顺地接受贝尔医生的照顾。就我所知,他的精神病其实并没有影响到他正常履行大学讲师的职责——我认为,这主要是因为出于这种假定,即《新约》里的教条就应该按照字面上的意思去进行理解。不过,韦利的精神状况显然是急速地朝着不正常的方向发展了。有段时间,他沉迷于心灵的沉醉,这加强了他对宗教的印象。正如爱默生所说的,这让他对精神领域的事务拥有独特的洞察力:"他所说的话语,他所持的观点,都不是完全出于他个人的。他的思想就好比是远处太阳发出的光芒以及吹拂过来的南风那样让人觉得毋庸置疑。"

爱默生在一封写给玛格丽特·富勒女士的信中这样说:

1838年11月9日，康科德

最近，韦利来到了这里，待了好几天。他是否真的发疯了这个问题，让我们所有人都感到困惑。当你初次见到他，聆听他说话的方式，你可能会认为他已经疯掉了。但是，倘若与他交流几个小时，你会发现真正疯掉的人是你。虽然他是一个偏执狂，但他也是一位非常优秀的人。虽然他的心智没有处于一种自然状态，或是没有处于平稳的状态，但他却是一位非常优秀的朋友。我与他进行了多次让我记忆犹新的对话。

爱默生在日记中这样写道：

韦利对我说："我感觉，当我听你发表演说或是朗读你所写的文章，就知道你比别人更能看清真理。但我觉得，你所持的精神不是很正确。每次聆听你的演说，都会让我感觉到一阵寒气吹拂而来。"韦利认为我过分贪婪地将我所看到的真理据为己有，认为我想着去接受真理或是利用真理，而不是单纯地遵循真理。他似乎认为我——特别是在瓦尔登森林的时候——要对他的使命有一个完全的了解，并且参与其中。当我了解他的想法之后，我问他是否知道，我的思想与所持的立场完全是基于我的体质问题。我说，要是我试图说出他的思想或是以他的立场为基础，就好比他代替了我的位置，那么这就是错误的，也是不可能的。当我进行了坦率与全面的解释之后，他也认可了这点。我后来在波士顿一次晚上演说遇到他的时候,我邀请他与我一道拜会阿贝尔·亚当斯,之后他在我家睡了一晚。在第二天早上天蒙蒙亮的时候,他来到我的房间,当时我正在穿衣服。他说:"当我来到康科德的时候,我想要说你说得非常正确。但是,你所传递出来的精神是不对的。这就好比我应该说,现在不是早上,但早上说,现在就是早上。"

当韦利住在精神病院的时候,他创作或者说完成了一篇史诗性诗歌与两篇关于莎士比亚的文章。他将这些文章与其他一些诗歌手稿寄给爱默生。他创作关于莎士比亚文章的目的,就是为了表明莎士比亚的主要冲动情感正是那种感受自身存在的单纯乐趣。韦利为自己能够去认知各种生命模式而感到骄傲,阐述了多种不同的活动行为,分享了自然普遍存在的活动,还有一些关于神性意志的无意识活动,表示这好比一棵树没有任何个人的选择或是意愿,或是像风那样自然而然地吹过树枝。韦利是那种自然且具有自发性的人,会将清白纯真的思想带入个性的意识当中。在他所写的有关《哈姆雷特》的评论文章里,他认为这本书的主旨,就是表达对存在乐趣必须要终结的恐惧心理。有鉴于此,人类的所有进步,所有活动与时刻都失去了行动的意义,因此也是毫无价值的。每个自然状态下的人都希望能够获得永恒的存在。对我们来说,哈姆雷特似乎是疯狂的,因为我们的主要情感不是关于自身的存在,不是分享这种普遍存在的情感,而是想要在宇宙的空间为自己获得一些角落,让自己成为一个富有的具有能力、学识与智慧的人。但是,只有当我们放弃了这些东西之后,才能找到真正的幸福。无论是有意为之或是出于责任感，我们都必须像莎士比亚在无意识状态下那样做，不断激发出自身的天赋，让我们按照神性意志去做事。我们必然会再次重生的，或者说，我们的真正生命尚且没有存在。

这些都是爱默生的想法，我们可能认为，当这些观点以血肉的形式出现在他面前，肯定会受到爱默生的欢迎或是积极的反馈。但是，韦利到康科德就是为了自己"实现来世的使命"，但他来到之后却感到困惑与失望，虽然他始终没有失去对爱默生的尊重，始终会寻求他的意见，还时不时将他那些刊登在萨勒姆报纸上的诗歌寄给爱默生。在这个时候，他将自己之前写的一些手稿留给了爱默生，爱默生后来将这些手稿出版了。[1]

韦利回到了自己的城镇，在他 1880 年去世之前，他都一直在这里生活。其间，他时不时会发表布道演说，但从未成为一名真正意义上的牧师。他年轻时的内心激情渐渐消退了。当人们在萨勒姆大街上见到他的时候，就会发现他的面容显得非常友善，但比较憔悴，他过去那种全神贯注进行思考的状态，依然能在他脸上找到一丝痕迹。但是，他现在却经常是内心暗淡，郁郁不得志，似乎他发现了许多重要的信息，却始终无法将其传递出去。

韦利在发现爱默生似乎对他的思想表现冷漠之后感到失望，也许是很正常的。后来爱默生的朋友亨利·詹姆斯希望就加尔文神学的一些深奥真理以及对社会产生积极影响的方式，与爱默生进行交流的时候，也发现了这个事实。爱默生认为，只要是具有肯定意义

---

[1] 《琼斯·韦利的散文与诗歌》，1839 年在波士顿出版。在重印的时候删除了散文，增加了许多首诗歌与以回忆录形式出现的评论性内容。这些评论性内容是韦利所在城镇的威廉·P. 安德鲁斯所写的，并且还附带了一些散文以及更多的诗歌，甚至还有一幅韦利的肖像。

并充满希望的话,他都愿意接受,而他也非常欣赏詹姆斯对社会成规攻击时表现出来的幽默之情。通过詹姆斯对他找寻爱默生的描述可知,他曾到爱默生的卧室与其进行交流,但却无法再让爱默生就人类再生的话题进行讨论。他对爱默生的心灵进行了非常好的描述,必然会影响到许多希望向爱默生请教问题的年轻人前来拜访,而爱默生每次都会以近乎虔诚的方式接待他们。

亨利·詹姆斯

  总的来说,我认为我一开始对他是感到失望的,因为他的智慧始终没有达到他那友善的面容与得体的举止所彰显出来的程度。在我看来,当他与我待在一所房子里,他就是一个神性的存在。每当我感受到房子里这种神性的存在,都会认为他将会说出某些对我们智慧层面非常重要的话。最后证明,任何一位坐在轨道马车上的老夫人都能像爱默生那样,满足我在智慧层面上的贪婪……虽然爱默生始终保持着个人魅力,但在我眼中,他已经失去了在智慧层面上的地位。我甚至认为,我从未见过一位像他那样如此缺乏精神理解的人……在他的著作或是公开演说里,他会通过讲述一些充满神性灵感的话语来激励人们。当你与他在私下场合谈话,他是我所见到的所有人当中,少数几位无法让你的思想有所获益的人。每个人看到他在演说的时候（或是他保持沉默的时候），都能够感受到他身上展现出来的神性美感。但是，当你走上前去与他就一些奇妙的现象进行私下讨论的时候，你会发现他是一个完全缺乏反思能力的人。

詹姆斯对此的解释是，爱默生根本没有意识到善与恶之间任何内在或是精神层面上的差异。"他始终是我们现有文明体制的头号叛徒，虽然他会无意识地将一些基本原则放在一边，在这样做的时候缺乏良知的指引……事实上，他缺乏良知，总是凭借感知来生活。这是一个人非常低层次精神功能的表现。"约翰·莫利在他那篇评论爱默生的文章里，也提出了相同的批评："爱默生很少谈论教会称之为罪恶灵魂的可怕负担与阻碍。无论我们怎样称呼这样的罪恶，这对于人类的道德本性都是一种真正意义上的灾难。他就像但丁那样没有眼睛，看不到人性可能出现的卑劣、残暴与让人绝望的可鄙。如果他能够看到这些的话，那么他必然会在进行一般性概括的时候使用更加软化的语言去表达……自然的发展过程以及人类在社会中忍受的巨大不公，不会让他感到恐惧与敬畏。即便他能看到这些，也不会认为这就是怪兽。

约翰·莫利

对于黑暗的厄瑞波斯（永久黑暗的化身）或是可怕的奥里尼厄斯（复仇女神），爱默生选择用这个让人听着顺耳的抽象名词去替代。"[1]

显然，这些关于爱默生的评价都是有一定基础的。但我认为对于他不愿意去窥探自然或是人类身上丑恶本性的真正原因，可以从莫利写的一篇《命运》的文章中引述一段话进行解释："对于人类来说，不去探寻所谓的命运，而以其他方式去做，这才是健康的。用务实的观点去看待事物，这才是所谓的其他方式。"下面一段则是出自他写的《超灵体》的一段话："我们认为，人类生命代表着一种意义，但我们该怎样去发现这种意义到底是什么？"一个有益的观点是，这是某种能让我们变得更好的东西。过分沉湎于我们的缺点、人类的苦难或是缺陷，这是毫无用处的。相反，我们应该将这些视为不断改进的机会。"如果我们知道这是衡量一个成熟之人的标准，那么我们就能接受这样的局限。"因此，爱默生对布道演说与吹毛求疵的态度都是非常反感的。正如詹姆斯所说的，"每当你将社会看成是我们本性的一种救赎形式时，爱默生都会怀着尊敬与怜悯之心去聆听"。但是，如果你攻击某个特定的机构，比如教堂，将其说成是错误或是缺乏理论基础的，那么他看上去就会显得"完全缺乏对现实的感知"。事实上，爱默生根本不在意别人怎么说他。如果你不喜欢某样东西，你要做的只是忽视它，然后去做自己认为更好的事情。一位深受爱默生在神学院演说感染的年轻牧师，提出以务实的方式去加以实践的问题，爱默生回复说：

---

[1] 出自《拉尔夫·沃尔多·爱默生的随笔集》，1884年在纽约出版。

我们谈论了社会与教会,如果不是我们允许这些存在的话,它们会是什么呢?当我们坦承我们对此一无所知的时候,就需要完全沉浸于自己的思想当中,确信我们应该履行的职责,不应该因此妨碍教会的工作。事实上,教会具有生命力的因素都是源于我们自身。只要我们能够以旁观者的角度去看,了解更多的历史与事实,那么整个社会就会出现进步,而我们的灵魂就会置身于一个较小的环境里。

爱默生随时准备着聆听别人关于实现进步与改革方面的观点,但他主要关心的还是他们的倾向:他们以怎样的方式去实现这样的目标,这是他们个人的事情。如果你就此敦促他,那么他可能会以优雅的沉默来应对你,或是说一些容易让你误解的话,或是正如詹姆斯所抱怨的那样"无法以和解的温和态度来应对你"。

我应该认为,我个人的一些经历是独特的,而爱默生早期的亲密朋友则更能让他参与一些讨论。但是,如果詹姆斯无法做到这点的话,那么我认为其他人也无法做到。虽然,爱默生那一成不变的都市风格有时会掩盖他的失败。

这种看似泰然自若的表现以及缺乏反馈的行为,通常会让那些过来拜访他的人感到困惑,有时甚至连爱默生本人对此都感到困惑。我在前面的章节已经谈论过玛格丽特·富勒女士对此感到的失望,甚至连阿尔柯特——这样一位不怎么要求别人做出反馈的人——都感觉到"爱默生的这种不近人情或是断断续续的回答方式让人感到痛苦",这是削弱爱默生个人魅力的一个原因。当我恳求詹姆斯让我阅读爱默生寄给他的一些信件时,詹姆斯这样对我说:

"我不会骄傲地认为,我写给爱默生的每一封信都值得你去读的。如果你认为值得的话,我也非常欢迎你去阅读。爱默生在与人交往的时候,始终与别人保持着一定的距离,不断地感受别人的品位,试图去了解别人的思想,从而确定别人能够与他形成呆板或是无精打采式的友情。因此,给爱默生写信是一件非常累的事情。我记不清自己绞尽脑汁给他写了多少封信。我只记得我经常收到他那些文雅的回信,他在信中总是用充满魅力的文笔来表达自己的想法。如果他是一位女性的话,人们肯定会乐于赞美他的。但是,爱默生是一个男人,因此你无法对他说些什么,只能忍受这带来的失望情感。现在回想起我当时所怀抱的那些愚蠢的希望,以及我早年认识他的情景,真是太痛苦了。要是我当时聆听了别人的演说,那么我可能就会走上另一条道路,找到一条感知这个让人迷惑的世界的正确道路。但是,爱默生带给我的只有一些警句,有时这些警句能彰显出他的聪明,有些则不能。"

我可以肯定,这并不是詹姆斯对爱默生所持的真正情感——当时,詹姆斯身患疾病,情绪低落,距离死神已经不远了。事实上,在我所引述的文章里,他就说爱默生与别人的关系完全是由他充满爱意的情感来控制的。当菲利普斯说出了一些"不合时宜的话语",中伤了爱默生的朋友霍尔法官之后,他还提到了爱默生在温德尔·菲利普斯[①]问题上所做出的暗示。但这的确表明,很多人都受到了爱默生始终如一的优雅举止、宽广心胸的影响,可能会认为他们这样做只是为了让爱默生支持他们的观点。霍尔姆斯博士就曾

---

① 温德尔·菲利普斯(Wendell Phillips,1811—1884),美国演说家、改革家,废奴主义的著名鼓吹者。

第十章 朋友

温德尔·菲利普斯

这样评价爱默生:"他的朋友都是了解他的人。"事实上,爱默生给别人留下的深刻印象,足以消融每个遇到他的人所持的反对意见或是不同的观点。但是,爱默生却发现自己的内心逐渐消融,这不仅是因为在普通状态下与社会上其他人的交往,更重要的是他与朋友之间的交往,"因为智慧与精神方面表现出不合时宜的癫痫症状"。他说,在他与他的最亲密的朋友之间,始终存在着"一道栅栏"。

爱默生在1837年的日记中写道:

人对人做出的一些行为是那么的不公平,这难道不让人觉得可悲吗?我们总是会触及对方的痛处。我对别人的了解或是认知,难道就只能通过阅读他们的书,或是聆听他们在谈话过程中所说的话来实现吗?我怀着求知的欲望与内心的愉悦去接触卡莱尔。每个月,我都心怀期望,希望可以与他那样一位内心高尚的人进行交流,但最后却发现这只是一种虚弱、疏远或是夸张的行为,正如阅读米拉博或是狄德罗的文章带给我的感受。这就是我们所能找寻的。除此之外,我们很难再为彼此做些什么了。真是受挫的灵魂啊!真正阻隔我们的,并不是大海、贫穷或是个人追求。阿尔柯特就住在我的隔壁,难道这会让我们的交流变得更加深刻吗?不会的。大海、职业、贫穷,这些都看似阻隔,但是真正的阻隔是人的自我封闭与不愿意与人接触。每个人都像一个无线的圆形球体，在这样的状态下不断保持个人的存在。

爱默生在 1839 年的日记中写道：

> 一些人天生就拥有着关注大众的灵魂，他们能够敞开大门面向大街那样生活。与他们形成鲜明对比的是，那些将大门紧锁的孤独之人，这些人始终保持着沉默，经常陷入自己的思考世界里，远离人群，害怕与人交往。他们为别人的存在而心存感激，但他们却没有能力去与人更好地交往，始终在思考着各种可能性，内心总是充斥着各种想法。一旦遇到那些喜欢喧嚣的人，他们就会不知所措，安静下来了。虽然他们喜欢这些同胞，最后却发现对某些人无法产生恰当的同情心，无法与他们所具有的天赋或是目标产生共鸣。他们之所以孤独，是因为他们在思想中与人交往。当别人走过来的时候，他们会赶走那些人，然后将自己封闭起来。如果我们愿意的话，每个人都可以是擅长社交的人。我是一个不擅长社交的人，再加上我的体质不好，更是如此了。上天"让我通过书籍展现自我，然后用一件长袍将我包裹起来"。我没有社交方面的特殊天赋，也没有这样的意愿，更不希望得到别人的观点或是指引，改善我在很多方面的愚蠢表现。

S.M. 富勒给我写了一封信，表示她等待着我的演说手稿。在与我进行了一些深入的交流之后，她知道最好的我都是通过那些手稿表现出来的。她说得没错，我认为别人能这样说是很好的。我似乎始终都在得到某些支持。事实也的确如此。我在家里接触的大部分人，在与他们进行交流的时候，都似乎隔着一条鸿沟。我无法敞开心扉走进他们的世界，他们也不愿意这样做。也许，只有我在准备演说过程中感受到的冷漠或是辛劳才能与之相比吧。你可能会在一些语句中间加入一些内容，这就好比你在与人交往中表现出笨拙或是骄傲的行为。我看到了自己与他们处于这种困境时做出的滑稽行为。但是，我没有找到任何的解决办法，我对这种愚蠢的行为或是羞愧情感始终保持着耐心，对别人认为我戴上了吝啬鬼的面具的说法，我保持着耐心，希望这种贫困的生活能最终带来富足的补偿。但是，对那些一开始将目标定得太高的人，那些一开始认为个人的提升可以堪比出生权利的人，当他们知道自己只能成为工厂工人或是抽水机人员，只能得到某种特定类型的产品，而在其他领域一无是处或是毫无价值，正如类似于客厅里那些磨咖啡豆的磨具，难道这不让人感到伤心吗？

在家庭生活圈子里，爱默生始终是一位情感丰富且真诚的人，有时甚至比较好玩。除了家人之外，他只有少数几位亲密朋友，其中包括他童年时期的一些伙伴。对于他的孩子，或是其他家庭的一些年轻人，他都会吐露自己的心声。当时一些男孩还记得，他是一位充满个人渴望与积极情感的人，对他们都非常友善。爱默生曾说："我那些特别的牧师，就是追求着自己人生道路的年轻人。"对于像霍桑这样的年长之人，他们也可以相处得很好，因为他们不会谈论任何有关宇宙之谜等问题。当他们的天赋或是目标变得过分庞大或是模糊的时候,也不会转而谈到某些特定的问题。

当我们与那些遵循生活规律或是与我们有着相同信条的人进行交流,感觉是多么的美好啊!我们会感觉彼此能够翻越高山,跨越海洋!我们说出的每一句话都像摆渡者,能够将各自的观点传递给其他人。在这样一种充满宽容与自由精神的情境下,爱默生说:"想着与人交流却不遭遇任何不同的观点,这是非常无趣的。当你遇到那些想要从你身上得到一些启发的人,而你却想着通过自己的论述来动摇或是否定他们之前的观点,这是非常可悲的做法。"爱默生对于当时社会普遍存在的这种风气感到遗憾。对于那些距离他越近的人,他有时会觉得准确地表达自己会变得更加困难:"奇怪的是,每当我回想起青年时期、过去与别人之间的联系,总会产生一种恐惧心理。不过,当我想起埃伦、爱德华与查尔斯的时候,则没有这样的感觉。每当我想起这些亲爱的名字以及与他们相关的人时,内心就会产生无尽的悔恨。我只能安慰自己说,如果埃伦、爱德华或是查尔斯能够完全了解我的心,那么他们肯定只会看到我对目标始终是忠诚的、慷慨的,而不会只看到我表面上展现出来的冷漠或是谨慎。但是,我有时也会这样问自己,为什么我就不能像我的朋友那样,做到表面上慷慨大度与高尚,同时内心也是如此呢?他们永远不会在回想过去的时候感到恐惧,而我——有着太多伤心的往事,就像一个瞎子对此视而不见。这可以说是我内心的一个伤痕。"

但是,爱默生并不像某些人所想的那样,对孤独有着某种激情。"(他独处一两天之后说)孤独是可怕与让人心碎的。"他永远也做不了一位隐士——他希望与人相伴、与人进行交流的想法始终是那么强烈。虽然他因为健康不佳,始终不敢与别人进行深入的接触。不过,我认为爱默生之所以产生这种抗拒心理,主要还是因为他在智趣层面上的一种习惯——即沉湎于个人印象的一种习惯。正如他所说的,他希望能够完整地理解自己的印象,而不希望将其变成过于普通的印象。虽然他在智趣层面上存在着好奇心与宽容的内心,但他还是反感任何观点上的比较。他不愿意从自己的观察塔上走下来,与其他的观察者进行比较。即便别人主动这样做,他也会选择远离。

爱默生在日记中写道:

> 在我看来,当我走在波士顿大街上沉思着我的幽默对这座城镇所产生的不良影响时,这就需要我具有取悦自己的深思熟虑念头或是坚持——正是某种"坚韧",才让我们具有别人所要求的那种自信与稳定。我的许多想法都转瞬即逝,正如他们说我写的句子也是如此。我沿着石头经过了脚下发出潺潺流水声的遗忘河,但我的同伴遇到我的概率,与我离开这些石头,让我的双脚走在其他的道路的概率一样大。最后,我还是跌倒在了遗忘河里。

爱默生并没有因为别人对这些前提的看法而坚持自己的想法,而是根据理智所具有的了解去做。他希望通过自己的心灵印象去做,而这是无法通过语言上的交流去完成的。

詹姆斯说:"爱默生不愿意面对普通人所遇到的平凡一面。"我更愿意这样说,爱默生的本性以及他所处的环境,让他从一开始就产生了忽视生活中平凡一面的倾向,不愿意去了解每个个体遇到的一些事情，无论这些事是发生在他身上还是在别人身上，他都将这看成一种类型，作为对人性某些特定方面的描述。人做出的每种善意行为都会让他产生兴趣，当别人的行为或是想法与他的差异越大，越会让他产生更强的兴趣。爱默生理所当然地认为，每个人都拥有属于自己的理想，都有着自己认为完美的视野。他急切地想要知道，到底是什么让这个特定的追求目标显得那么有趣，到底是什么让别人的生活计划变得那么有价值。但超过这一范围之外的东西，他并不准备去探究。

爱默生在这个时期的日记中写道：

> 我喜欢研究个体的人，而不是作为群体的人。我们很容易精确地了解诗人的思考，但南希小姐或是阿多奈拉姆则不是这样。我喜欢个体的人，而不是作为整体的人。本能与个人倾向——这些都没有任何过错，这些都具有美感，是我们可以信任且可以遵循的。虽然，它们经常强迫着我们去信任它们。但是，为什么鸡蛋或是蝌蚪不会说话呢？所有这些只是一种描述而已，通过表现出来的征兆告知我们。我们生活在帐篷里，我们会用粉笔勾勒出一些轮廓，我们会开玩笑或是插科打诨。为什么我们要说话呢？让我们掌握少说话的美德吧。

爱默生在1838年的一封信里写道：

> 就是在这样的关系下，我们与那些同我们有着相同想法的人形成了最高层次的友情——这并不是指代某个人。我们会认

为他是一个公正、真诚、纯真且灵魂宽广的人，让他作为我们的代表去代表我们的人性。

要是我们将这视为爱默生对友情的观点，这就是一种误解。当然，这是他对友情的部分观点，或者说是他个人一种情绪的表现。这就有助于解释詹姆斯感到困惑的地方，即一个具有"如此强大个人魅力"的人，竟然是"让人最没有收获"的朋友。因为，想要学习别人身上最好的东西，这始终是让人着迷的。同时作为一名代表性人物，作为人性的标本，这则是让人感到疲惫的。爱默生意识到了这样的特性。在写给玛格丽特·富勒女士的一封信里，他就谈到了他当时刚刚认识的一个人：

1839年3月8日，康科德

我们对优秀之人表现出来的无限兴趣，这似乎暴露了我们的错误立场。我们希望他们在某些罕见或是偶然的情况下，为我们展现出他们的本性或是天赋。我们会谦恭地说："哦，你们这些优秀的人，我知道你们都是具有高尚灵魂的人，所有的天神都爱着你们。请你们屈尊给我介绍一下你们吧，让我们了解我们所希望做到的事情。哦，你们这些优秀之人，你们快点这样做啊，因为我可能再也见不到你们了。"在这样的恳求下，难道会有人荒谬到对此犹豫片刻，或是隐藏他们的美德吗？那些谦逊的询问者怎样才能问得更少呢？这就是我们真正知道的：你是做什么的？你在我们的生活圈子或是工作圈子之外认识更多人吗？这样的渴求源于对古代极乐世界的追求，这样的思想后来形成了所谓的天堂。

在另一封信里，爱默生这样写道：

在经过漫长平凡且斑驳的岁月，一个做梦的兄弟在内心的某个角落珍藏着有关你的形象，这构成了他们过上更加快乐与自由生活的基础。这样的情况是否发生在你身上呢？在我有限的人生经历里，避免了许多诱惑或是过度的行为，我可以沉湎于自己的幽默当中，认为这些都是经过我地牢窗户的人像，而不会因为与我的阿里尔与加百利（替上帝把好消息告诉世人的天使）手牵手前进而冒着被别人耻笑的风险。除此之外，如果你与其他欺骗者缺乏你们所炫耀的品质——那就应该努力去拥有这些品质，这些品质就散落在这个世界上，因此，我完全有理由为自己找寻到这些象征而感到高兴。

玛格丽特·富勒女士与詹姆斯一样，都对于他们与爱默生之间的关系感到不满。富勒女士经常跟爱默生提起这件事，爱默生最后不得不向她解释，不能按照她所说的方式去进行处理。在写给富勒女士的一封信里，爱默生这样说：

1840 年 10 月 24 日，康科德

亲爱的玛格丽特女士：

我收到了你寄来的那封充满情感且坦率的信。我真希望自

己之前没有给你写那封信。我不应该让你就我们之间的关系展开对话或是提出看法，这可以免去你的许多烦恼——对于这个话题，我始终都会谨慎回避的。我对自己能够在人性的基础上，与像你这样一位充满常识与情感的女性进行交流感到满足与快乐，我们可以交流一些思想，我始终认为，你说的思想是充满内涵与具有力量的。对我来说，这肯定是一件好事。这让我的许多想法与岁月都变得具有价值。至少当我们退休之后，这会将笼罩在社会上的朦胧迷雾一扫而光。这也是建立长久友情的基础。

  但说我是一个冷漠或是不友善的人，说在我情绪不稳定的时候，就像一块冰冷的蛋糕，我能感觉到这些结晶体在慢慢爆炸，并且所有的碎片都固化了。也许，别人会这样做，但我没有必要在演说中谈到这点。我经常觉得自己成为一个孤独且与世无争之人，不仅没有什么社交能力，还经常不愿与别人分享自己的一些情况。从我的小儿子沃尔多身上，我就能了解自己的品行。当我看到他与自己所骑的木马进行对话时，说得那么流畅，我问他是否爱我——他立即变得沉默与害羞了……我认为，每个人都会向我展现出善意与智慧，我也观察到了许多有趣的细节，这让我有时觉得自己有必要对别人做一些事情或是说一些话。我也会有自己喜欢的"木马"，我也会像你那样去驾驭这样的"木马"。但是，如果你问我，我对于你与我之间的关系的看法，这就让我感到困惑了……我们的秉性不一样。我们说话时用着不同的词语。这就好比我们是在不同的国家出生与长大的。你说你完全了解我，但你却无法用更好的语言去让我真正了解你。有时,我会听到你说的一些话,但我依然感觉自己没法了解你。当然,随着时间的流逝,我们的确是要比之前更加亲近一些了。我认为你是一个勇敢且有能力的女性,我对你表示尊重。我也感谢你一直以来对我表现出来的善意。我认为,要是我们不能彼此以善意相待的话,那么我们可能早就断绝交流了,因为我们经常都持有不同的观点。现在,你对此有什么看法呢?猎户星座的星星不会与夜空的其他星星进行争论,而是像过去那样依然安静地发出光芒。难道我们还比不上这些星星吗?让我们还是像之前那样,不过以更好的方式去做。你可以跟我谈论一切除了我之外的事情,我也愿意做出一个明智的回复。

永远忠诚于你的
拉尔夫·沃尔多·爱默生

当然,像富勒女士或是詹姆斯这些本意良好却没有足够涵养的人在与爱默生进行接触的时候,的确会产生比较糟糕的情形。

人们仿佛伸出了行乞的双手靠近他,但他不认为自己属于他们。他摆出一副漠不关心的样子,让别人不敢靠近,别人很自然地会认为他是一个自私之人。很多爱默生不愿搭理的人都急匆匆地赶过来找他对话,因为这些人认为爱默生能在信仰或是哲学方面给他们带来一些启发。最后,他们却用他们的愚蠢与不言而喻的嘲讽来回应爱默生。这让爱默生理想的家庭生活以及安静的生活都无法实现。如果爱默生是一个具有怜悯品格的人，那么他虽然不会对别人的这些责备太在意，也肯定会在内心拷问自己。他们为什么要过来指责我呢？无论怎样，我不在乎他们为什么这样做。难道他们不知道怎样控制自己的行为，难道他们就没有通过自己的双眼去观察这个世界，就不能通过自己的思想去感受人性的存在吗？

爱默生的日记里存在着一些秘密。表面上，他没有做出任何标记，也没有讲述"任何破坏他这一天的事情"。我认为，他有时可能会感到失望，为别人制造的一些事情感到烦恼。爱默生始终坚信他对社会的希望，无论面临多少灾难，始终都敞开大门欢迎前来拜访的人，即便这些人是要到他家待一整天。爱默生在日记中写道：

> 特别是某些沉闷的人（正如我的朋友所想的那样，我始终跟一群像动物园的野兽那样的人在一起）过来找你，然后我就会接待他们。他们可能提出成立一个俱乐部的建议，或者说为一场对话进行一场会议，虽然我对此是不赞成的。

爱默生在1838—1839年的一些日记中写道：

> 难道我不应该在日记里写下一些对我来说特别明显的经历——并且在这几年经常出现的事情——即很多人都跟我商量辩论俱乐部的事情。有时，他们会以教师的名义，有时会以会议的名义，有时以审美俱乐部的名义，现在则是以宗教会议的

方式，但对我来说都是一样的——在那样的地方，我的记忆始终要比我的智慧更加强大。要是我参加了这些会议，难道我能够不带一丝悔恨离开吗？难道这是因为我是一个受制于自身情绪控制的顽固的人，让我不愿意相信进行文学对话所能带来的好处吗？

当时，举行一些会议，就一些重要的议题进行讨论，这是非常流行的做法。在这些会议上，与会者很自然地陷入自言自语的状态，没有进行任何有意义的思想交流。爱默生为这样的会议制定了一条大家都认可的规矩——任何人都不能在别人说话的时候插嘴。我认为，爱默生很少在这样的场合说话。对他来说，这些会议的主要价值在于刺激他的思想。即便对于阿尔柯特——这位在他看来是预言家的人，他这样说："当我与阿尔柯特进行交流的时候，了解他的想法，这比我自己受到他的影响更重要。他的话语启发我，我可以自由地进行思考。"

除了这些单调沉闷之人，在爱默生这段创作的高产阶段，还出现了很多古怪的人。不仅有许多"留着胡子的人"，他们与现在那些没有留胡子的人一样引人注目，还有那些选择没有穿鞋的人，或是进入他家却依然戴着帽子的人。面对那些不顾他提醒，依然戴着帽子进入他家的人，爱默生也会戴上帽子，然后对他们说："好吧，如果你们愿意的话，我们还是到庭院去聊吧。"然后，就领着他们朝庭院那边走。

虽然我们不能说爱默生像华兹华斯那样，也喜欢在室外进行创作，但午后的散步却是他每天生活的重要组成部分，这样做不单纯是出于锻炼身体的考量。爱默生说，当他来到山丘的时候，可以更加自由地作诗。当他有人相伴的时候，就更能敞开心扉与他人进行交流（这样的情况只出现过一次，除非是在周六）——在那个时候，跟他一起散步最多的人是梭罗或是艾勒里·钱宁。梭罗是一位敏锐的自然观察者，是爱默生在散步时最好的伙伴。我认为，阿尔柯特并不喜欢散步。我听别人说，他更喜欢与人坐下来进行聊天。

1842年到1846年间，在这座村子另一端住着另一位著名人物，他住在古老的牧师住宅，他就是霍桑。霍桑是一位非常喜欢散步的人，虽然他并不经常跟爱默生一起散步。我只知道他与爱默生进行过一次散步。当时，霍桑刚刚回到康科德居住，爱默生就前去找他一起散步。

在霍桑去世后，爱默生在日记里写道：

> 我已经忘记了哪一年了，当时他结婚之后就住在牧师住宅。我对他说，我从未见过你做一些冒险的事情，我们必须要一起试着走一段很长的路。你愿意跟我一起走到哈佛，去看看那里的震教徒[①]吗？他同意了……这是一次非常有趣的徒步旅行。我们一路上聊得非常开心。我还专门在日记里记录了此事。

[①] 震教徒（Shakers），又称为震教教友会教徒（Shaking Quakers），属于基督再现信徒联合会，18世纪始建于英格兰，是贵格会的支派。1774年由安·李（Ann Lee，1736—1784）建立，现已基本消亡。震教徒的赞美诗、灵歌、舞蹈等祈祷音乐非常著名，进行了大量的相关资料整理和研究。这些音乐往往在一名震教徒突发宗教灵感的时候产生，并在震教徒集会上演唱或演奏，震教徒会在这种集会上集体震颤身体，也同样是由某一名震教徒开头，然后迅速波及所有的人。

康科德老宅（即牧师住宅），1842—1846年间，霍桑曾租住于此。

下面就是他的日记：

9月27日这一天非常晴朗。霍桑与我一起徒步旅行。我们一路上没有遇到什么特别的事情。我们当时的精神状态都非常好，聊了很多话题。因为我们都是喜欢收藏书籍的人，而且从未有机会看看对方柜子里到底藏了多少书，因此，这个话题可以让我们聊一整天。我们一致认为，对于徒步旅行者来说，在旅途中偶尔加入了一些幽默或是夸张是很有必要的。我们都是冷静之人，很容易取悦。即使不在之前的那片土地上，也没有想过悄悄走到任何一座农舍，希望对方给我们一杯牛奶喝。要是我们的口袋没了钱，或是我们脑海里的一些奇想让我们去到那些穷人居住的地方，恳求对方给我们一顿晚餐或是住宿，那么这必然会打破这个家庭之前的浪漫气氛，让我们去了解许多有关他们悲惨的过去——也许，当邮递马车到来的时候，还可能看到年轻女孩脸上的红晕。或是，他们的故事让我们如坠云里雾里，不知所云。当然，酒馆为旅行者提供了这样的机会，也提供了解许多笑话、政治议题或是与农夫们闲谈的机会。但是，戒酒协会已经让酒吧空无一人，这是一个非常冷清的地方。霍桑想要点火抽烟，我注意到他很快就要来到露天广场了。在中午时分，我们来到了斯托，一起吃了午饭。接着，我们继续朝着哈佛前进。按照我们最好的估算，一天可以走上20英里路。不过，我们是乘坐马车走完最后几英里路的，因为当时一位友好慈爱的绅士知道我的名字以及我父亲的历史，坚持要载我们一程。最后，他还将我们送到了镇上的一所酒馆，将我们介绍给那里的医生与某某将军，要求这里的主人好好招待我们。第二天早上，我们在6点半的时候出发前往3.5英里之外的震教徒居住的村庄。当一些好姐妹为我们准备早餐的时候，我们与赛斯·布兰科德与克劳特曼进行了一番交谈。他们通过诚实的回答表明了他们的信仰与行为方式。与我见过的这个团体的一些人一样，他们不是愚蠢的人，也不像其他人那样世俗。他们彼此间的对话是非常坦率的。我认为，当别人坦诚待你，你也要坦诚地待人。赛斯在对话中展现了自己的幽默感。从很多方面看，他们都是非常有趣的人，但在目前，他们对社交主义实验显得额外重视，这需要交给时间去检验了……除此之外，这种以模范农场作为安置模式是非常具有推广价值的，这里根本没有我们所谈论的缺乏乡村高尚的风气……我们从震教徒的村庄来到了利特顿，接着再从利特顿前往埃克顿，受到了热情的接待。这似乎是7月的某一天。我们从埃克顿出发，悠闲地走着，在第二天下午4点的时候回到了家，结束了这段旅程。

遗憾的是，关于他们的聊天却没有任何记录，显然他们聊的大部分内容都是简单的。他们彼此都非常欣赏对方，本性却并不相同，而这样的不相同让他们对彼此都没有任何吸引力。他们都"鄙视"对方所谈论的"月光"，当然他们表达这些想法时是比较友善的，虽然这可能带有一些孩子气。1838年，爱默生在他的日记里这样写道：

第十章 朋友

伊丽莎白·皮博迪（霍桑的妻姐）昨天给我带来了霍桑所写的《海边的足迹》。我抱怨说，这本书里面没有什么新颖的内容。阿尔柯特与他合在一起才能变成一个真正的男人。

1852年，当霍桑回到康科德，住在爱默生所在村庄的另一端时，他们却再也没有亲近过彼此了。当得知霍桑的死讯之后，爱默生在日记里写道：

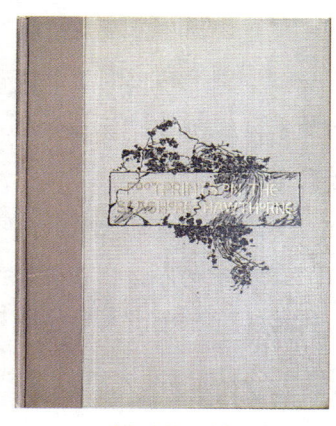

《海边的足迹》

我认为，霍桑的去世所具有的悲剧因素还远远没有为世人所了解，他所感受到的那种痛苦的孤独，我认为是任何人都不愿意继续去承受的，而他最后也因此而死。当我知道他的死讯之后，我既感到震惊，又感到失望。我认为他是一个比他所说出的言语更加伟大的人。他其实还可以做更多的工作，还可以展现出更加纯粹的能量。除此之外，作为他的邻居以及一直同情他的人，我深信自己可以慢慢地等待——等待他改变之前的不情愿或是任性的做法，最终期望能够获得他的友情。显然，要是能够养成那种毫无保留地进行交流的习惯，这对我们俩来说都是一件幸福的事情。与他进行交流是轻松的，不会感觉到任何的障碍。只是他在交谈过程中说得很少，而我说得很多。因为霍桑一直没有给出要我闭嘴的暗示，因此我会一直说，最后我还是会闭嘴，因为我担心自己说得太多了。霍桑没有展现出任何自大或是自作主张，而总是显得非常谦卑。在某个时候，他甚至因为写作而累垮了自己。一天，我发现他到了山顶的树林里，他沿路慢悠悠地返回自己的家，然后说："真正会纪念我的，只有这条路，看来我已经等待了太久。"

我认为，霍桑所写的书无法真正体现他所具有的天赋。我非常欣赏他，他是一个简朴、可亲且追求真理的人，他在谈话过程中非常坦率，但我在阅读他的作品时内心从未感觉到愉悦，我觉得这些作品还略带幼稚。

当霍桑在1846年离开牧师住宅时，这个住宅的所有者，也就是爱默生的舅舅萨缪尔·里普利从沃尔瑟姆搬回来居住了。里普利的妻子萨拉·艾尔登（布拉德福德）·里普利是爱默生早年的一位朋友，她在居住在波士顿的时候就已经认识爱默生了。她非常照顾那些小孩，特别是年幼的爱默生。她经常与爱默生通信，谈论他的学习与诗歌创作等问题。从那之后，他们就形成了非常牢固的友情。在爱默生看来，她是一位将友好的家庭品格与对家庭责任不知疲倦的奉献精神结合起来的女性，并且有着终生学习的习惯。当她去世之后，爱默生在《波士顿每日广告报》上刊登了一篇讣告，这样评价她：

《波士顿每日广告报》

第十章 朋友

她热爱知识,渴求知识。对知识的渴望会让她彻夜难眠。她收藏了很多书,绝不是一位卖弄学问的人。只有当别人向她请教的时候,她才会展现自己的才华。当别人向她寻求解决问题的方法时,没有人能比她提出更加简单的方法了。她不仅是一位最可亲最善良的女性,也是一位非常真诚的女性,始终为别人着想……她从没有想过要追求任何奢侈的生活,或是希望得到别人的赞赏或是获得任何影响力,同时她对所有的琐事都一笑置之。

爱默生描述她的最后一个性格特点,可以从他的姑姑玛丽·爱默生与她之间的行为看出来。在她们要搬离城镇的时候,需要将一个扫帚拿走。"她竟然真的拿着这个扫帚走过了波士顿广场,从萨姆纳大街走到了汉库克大街,没有半点犹豫或是说一句抱怨的话。"对萨拉而言,她的人生有太多真正需要关注的东西了,根本没有时间去关心这些琐碎的事情。每个亲近她的人,都能够感受到她身上散发出来的那种热情。她的一位学生(除了完成很多事情,还抽出时间与精力去帮助学校的学生,监督那些定居在沃尔瑟姆地区的学生的功课情况)就曾这样评价她(刊登在1867年8月8日的《波士顿晚报》):"她教授了

《波士顿晚报》

这些学生多少知识与思想，为他们倾注了多少情感啊！她那富于逻辑的智慧，总是能够帮助学生们解决一些看似无法解决的难题。作为一名热爱学习的人，她想办法让那些最枯燥的知识变得非常有趣……她对学生的直觉以及能力的信任，让学生们不断得到提升，鼓励他们去做其他老师认为不可能做到的事情。她不单纯是教导学生的学习，还给他们灌输各种真正有益的心灵能量。"

她与爱默生的友情招致了她那位难以和解的朋友，也就是爱默生的姑姑玛丽的指责。玛丽说，爱默生的这些行为是失常的。也许，这只是一个误会，至少爱默生没有意识到这点。事实上，爱默生对萨拉所进行的形而上学以及科学研究并没有什么兴趣。

爱默生在日记中写道：

> 萨拉是一位充满智慧的人，在一大群戴着面具生活的人当中，她以毫无隐藏的方式展现自己。当我看到她的时候，我并不希望能够获得任何有用的知识或是思想，她也因为自己研究的范围过广而感到恼怒——其中就包括古希腊与德国、物理与生物学、化学与哲学。所有这些研究给她带来了甜蜜的苦恼。但是，她是一个具有高度智慧且冷静的人，能用旁观者的冷静思维去看待这些事实以及生命。她要比她所知的一切都要更进一步……她拥有着某种发自内心的纯粹与高尚情感，这让她能够摆脱所有礼仪、衣着或是个人形象所带来的束缚。对于她内在那颗纯真的心而言，任何灰尘或是污点都无法附着。

她对爱默生产生的影响，可以从爱默生在 1838 年所写的一篇日记得到展现：

> 昨天，她双眼散发出来的善意与天赋，让我产生了某种积极的感觉。至少，这让我产生了要耐心地去做某事、变得更自信的想法。

她是爱默生希望结交的朋友，就好比他的那些书一样，不管他看不看这些书，这些都是他可以随时翻开的。当里普利在1847年去世之后，她每个周六晚上都会定期前来爱默生的家，她所展现出来的社交影响力让很多人都前来爱默生家进行聚会，爱默生对此也感到非常高兴。

居住在康科德的伊丽莎白·霍尔（她后来收集了许多有关里普利夫人的信件，编辑成了《本世纪值得世人铭记的一位女性》）与

伊丽莎白·霍尔

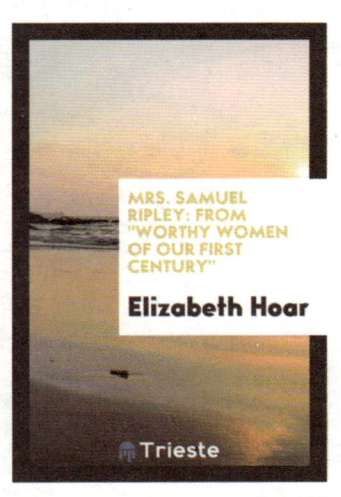

《本世纪值得世人铭记的一位女性》

爱默生去世的弟弟查尔斯有婚约,因此成为他的弟媳。这种亲密的关系让她有着某种非凡的洞察力,但她的特质与爱默生一样,都无法与别人形成真正亲密的朋友关系。因此,他们有时会处于同病相怜的状态。他们都是具有丰富情感的人,却又不是多愁善感的人。她一直保持着平衡的心态,对思想保持一种开放的心态,这让她成为爱默生的一位理想交流对象。1837 年,爱默生在日记中写道:

> 那些优秀的年轻人都鄙视生活,但伊丽莎白·霍尔与我都一致认为,当我们以一种鄙视的态度去看待朋友或是过分渴求朋友的话,这是过度礼貌的表现——对我们来说,每一天都是无限美好的。

可以说,她是爱默生的红颜知己,也是他所持思想的检验标准。爱默生文章里的许多思想,都是他们共同认同的。爱默生在日记中写道:

> 她的心智处于一种让人赞赏的平衡状态,我认为任何一个用文字表达思想的人都不可能像她那样公允。她清楚地看到一种看似平衡的观点中存在的细微差别。她将拿破仑的那句名言"尊重你所背负的负担"运用到林肯与温德尔·菲利普斯身上。
>
> 昨晚,我与睿智的伊丽莎白进行了一番讨论,她将常识定义为对某种不可逆转的存在法则的洞察。很多哲学家只是思考该怎样去表述这样的法则,但正常人却无法用准确的语言去进行表述——这就是一个明显的区别。她对一般法则的定义是:

你必须要清点自己的"钱",因为如果你说这是比较琐碎或是不加清点的话,那么"伟大的灵魂"就会对你进行报复,让你对最好的朋友产生猜疑或是萌生其他的忧虑。

某天,我对霍尔说,我最喜欢那些具有能力的强壮之人,就比如她父亲(萨缪尔·霍尔)那样的人,因为他毫不犹豫且毫无顾忌地支持社会秩序的运动(在接下来的一个段落描述了那些充满热情的改革者)……但在这个全新的天地里,还产生了第三个阶层的人,他们能够接受全新的元素,能够站在一个更高的境界去审视之前数百万人为之摸索且感到痛苦的世界。他们能够以全新的眼光去看待生活与幸福,我相信过去的旧世界必然要结束,因此我热爱并且崇拜着新生活。伊丽莎白·霍尔是一个神圣之人。在我的所有朋友当中,我甚至要比她本人更加希望她是一个不朽之人,她所产生的影响是我所不能媲美的,因为她始终准备伸出双手,去帮助那些需要帮助的人。

萨缪尔·霍尔

第十一章
《日晷》杂志

正如我之前所说的,爱默生在神学院发表演说时,就已经决定这年冬天在波士顿发表演说。虽然他认为前来聆听的听众不会很多,但还是坚持下来了。不过,当他的演说在 12 月开始的时候,他之前发表的演说似乎并没有影响人们过来聆听的热情。

爱默生在写给哥哥威廉的信中这样说:

> 很多人过来听我的演说。这座友善的城市要比之前更加开放,这里的人们有着更加宽容的心,他们都像伯克一样,拥有着自由主义的精神。

> 前来聆听他演说的人很多,其中就有之前一直聆听他演说的人。当然,其中绝大多数人还是自由派的基督徒,但这种自由主义精神并没有因为他离开了在剑桥的讲台而受到影响。正如

伯克

罗威尔所说的,他们之所以过来聆听爱默生的演说,并不是要聆听他的观点。绝大多数听众都表示,爱默生的观点是比较具有远见的,他的双眼始终专注于"真理所处的地平线",而忽视了普通人所看到的东西,只是专注于某种天使般的形式。这种形式过于幻想主义与模糊了,是任何一个人都无法去进行明确定义的。但是,他们却喜欢感受爱默生这位从年轻时候就认为自己过上了天国生活的人的影响,因为爱默生的演说让他们感觉到自由,这样一种天国的状态成为某种正常的生活模式。

罗威尔

爱默生的演说主题是"人类的生活",谈论了人类的灵魂以及人类普遍的原则都会在个体中释放出来。这些演说的核心思想可以称为超验主义,是对他过去思想的一种总结,并反对当时一些流行的全新观点。爱默生说,发展的征兆并不总是出现一些让人们感到愉悦的事实。任何发展都始于反对与拒绝,其间需要经历一些动荡或是革命。很多深思熟虑之人都会在鲁莽或是偏颇的表述中,未能将他们预想的真理表达出来。这就好比在建造一座全新城市之前,人们所感受到的各种困惑。这些全新事物可能让人们感到很不自然,但它们却是必要的——因为,这是生命与进步的一种象征。

毋庸置疑,这种发展有其愚蠢且伪善的一面。新思想会引入全新的语言表达方式，这是愚蠢会冒出来的原因。在人类身上，始终会出现某种难以估量或是无法耗尽的东西。人类并不像箱子那样，可以定制100个或是1000个相同的箱子，每个人都是不同的。他们从黑暗与可怕的命运中走出来，感受到了这种全新的希望，愿意分享这样的希望，愿意为此做出行动，愿意为此承担痛苦，但他们没有将这看成是某种预知或是可以预见的东西。因此，我们必须要以欢迎的态度去接受这些缺乏明确目标但精神可嘉的人，因为他们敢于反抗常规，因为他们从深邃的思想中汲取冲动，以社会的反对者或是预言家的形式出现。如果他们是只具有某种思想的人呢？而事实也往往如此。那些永不低头、永不背叛自身信仰的人，是多么的高贵啊！也许，他们中两三个人在这个过程中心力交瘁，但却始终会奋力前进，就像上帝所给予的指令一样，而我们只需要微微弯下腰去聆听就可以了。

当社会反对我们，而我们还想要前进的时候，那么我们就必须要以之前所做的事情、所说的话或是别人的所做所说作为基础。这种精神失常，这种灵魂的僵化，代表着一个人的堕落。只有那些始终保持着年轻灵魂的人才能获得救赎。对每个年轻男女来说，这个世界都提出了相同的问题，即你愿意成为我们中的一员吗？面对这个问题，他们的心灵都会说不。这个世界并不过分在意那些反对这个社会的人。无论这些年轻人的心是否知道这些，是否知道自己想要什么，他们都会用拒绝的方式来安慰心灵，反对去接触那些不友好的单调状况，或是挣脱过分热烈情感所带来的局限。过分热烈的情感中存留着希望，但按部就班则是死路一条。

年轻人对社会所持的敌视态度，让他们无法成为别人的朋友，他们容易变得暴躁、自以为是或是脱离实际。这就让他们在独处的时候感到不快乐。如果这样的情况持续一段较长的时间，这会让他们变成毫无原则或是孤僻的人。不过，总的来说，这样的危机会以让人恐惧的形式出现，因此每一个认真的人都不需要为这种情况毫无征兆地出现感到任何恐惧，也不需要对此存在任何疑惑。这个问题会以某些形式呈现给我们每个人：你愿意满足灵魂的要求吗？你愿意屈服于这个世界已有的传统吗？任何人都必须要面临这样的挑战。但是，为什么你要一脸苍白或是噘着嘴去面对呢？为什么你要用模仿悲剧的口吻去表达自己的不满或是优越感呢？只有当你接受了内心的法则之后，社会存在的棘手难题才是你所要面临的问题。当你解决了自身的问题之后，才会发现所有的预兆都是吉利的，所有的星辰都能带来运气，所有人都是你的盟友，你生活的每个部分都重新恢复了秩序，充满了美感。

除非组成社会的每个人都能以完整的方式参与进来，否则，任何人以任何其他方式去拯救社会的努力，都将是徒劳无功的。

在社会主义者的正式安排中，任何有思想之人自发流露的情感都能找到某种庄严的情愫，但他们依然选择坚持居住在孤独的房子里。这些人都是我们所认识的同一批人。要是将他们放入一个密集方阵里面，也是无济于事的。因为，只要所有人都想要追求我们现在所拥有的东西，而不是更好的东西，那么我们可以肯定，他们会以各种不同的形式去维持原有的体制。

爱默生的两篇演说（《悲剧》与《喜剧》）在一两年后刊登在

《日晷》杂志上。《鬼神学》是这个演说系列中最后一篇，这篇文章在将近40年之后刊登在《北美评论》杂志上。他的其他演说文章都收录在他的随笔录里，其中一篇演说（《爱意》）几乎原封不动地收录了。

在演说行将结束的时候，爱默生表示非常遗憾，因为他身体健康方面的原因，只能这样仓促地终止这个演说系列。他原本想要继续发表两篇演说，让这个系列的演说变得完整。其中一篇演说的内容是关于世界法则对人类活动的限制，另一篇演说的内容则是人类本能的力量以及我们的自然资源。但是，因为身体的原因，他不得不推迟这些计划。

在写给卡莱尔的一封信里，他说："我的肺部不合时宜地给我添乱。"在这个阶段，他写给哥哥威廉的一封信里，就谈到了自己的健康状况。他表示身体的情况没有达到很糟糕的地步，只是让他感觉不适合继续工作而已。

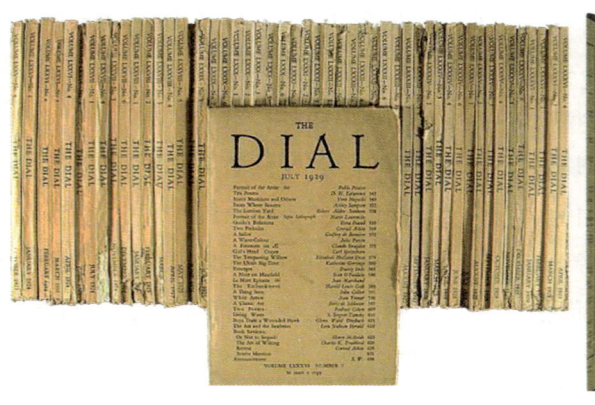

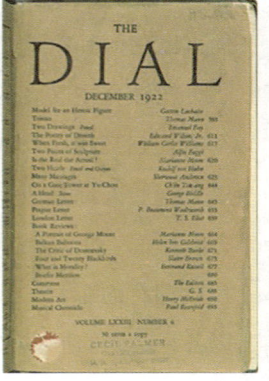

《日晷》杂志

这个夏天，我不仅没有感觉自己的身体状况变好了，反而感到糟糕了。我觉得可以通过爬山增加自己的活力。但在爬山之后，我感觉身体状况也没有好转。我还是像往常一样，身体情况既没有好起来，也没有糟糕起来。不过，就我所看到的情况而言，我认为自己依然能像以往那样工作，我想要做的许多工作就像鬼魂那样浮现在我的眼前。但是，既然我回到家了，就不愿意从事写作了。对我来说，是否有精力从事写作，这是衡量我健康状况的标准——一些理智的哲学家也许会说，写作是衡量一个人是否有心理疾病的最可靠标准。

在写给富勒女士的一封信里，爱默生说：

你与我乃至每个人的健康不佳，都对我们关于未来的前景蒙上了阴影，因为我们无法在社会上发挥更大的作用。如果你想要反对（正如大多数真诚之人在过去几年所做的那样）社会的缺陷、传统以及常规——那么，你只有活得更长，或是拥有更强体魄的时候才能这样去做。如果你只是在某个适合的时候违反了自己所定下的法则，让所有人知道你背后根本没有任何可以支撑的东西，那么这就是无法接受的。在陷入傲慢或是愤怒的状态时，贝肯多弗斯（在薇薇安·格雷的梅特涅）完全有权利询问我们什么时候上床睡觉。因此，我讨厌疾病。与每一个将近40岁的人一样，当我思考着腓力斯人的胜利时，身体的状况就会让我感到郁闷。在我健康状况最好的时候，我会充满希望，认为指责别人是一种卑鄙的做法。而当我身体虚弱的时候，我会为这样的行为感到万分内疚。

在 40 岁左右的时候，爱默生的肺部时不时会出现一些问题，或是出现无精打采的状况，有时甚至让他的妻子感到惊慌。虽然爱默生始终都是以轻松的心态去对待，将这视为自己过分专注于工作、缺乏休息的结果，看成是他这个阶段必然会出现的一些疾病征兆。

在写给富勒女士的一封信里，他这样说：

> 力量与目标，这是感受幸福的两个部分，是很少能够聚集在一起的。一个有着强大心智能力的人在拥有了一个伟大目标之后，可以在适合的时候，找到适合的朋友，遇到适合的天气，找到一个适合的住所。但是，没有目标的智慧却不足以展现自己，反而会将自己的本性都颠倒了，正如卢梭、卡莱尔或是拜伦等人。他们每个人的教名都不属于那些无法接触的朋友。但是，我认为，我的朋友想要的只是他拥有完整的身心功能。有时，人们会觉得，我们遭遇的挫折肯定要比别人更多。因为，当你与任何一个具有智慧的人一起谈话，都必然会听到他们说出一些遗憾的话语，或是对于别人给予的建议感到不耐烦。当然，我们希望时间会让我们做出一些充分的改变，获得重生。在更好的时机下，能让我们以某种方式去实现目标。但是，即便青草在不断地长，勇猛的战马却依然饥肠辘辘——请原谅我说出这句话——我们都会死于麻痹的精神状态。不过，当经验与谨慎无法给我们带来什么

的时候，伦理道德却依然存在。

爱默生之所以用模糊的方式去反对社会所存在的缺陷，部分原因就在于他不得不在站边时谨慎一些。他在一篇演说里说，我们会用某种不良的方式看待人类所存在的缺点。我们以别人的缺点去定义他们，然后站在我们的立场去对他们进行判断。我们应该反过来这样问，站在他们的立场上，他们是怎样看待这个问题的呢。就以骄傲为例子吧。骄傲可能是自力更生的一种不纯粹的表现形式，而我们愿意接受这种责任的行为，则只能表明我们肯定在人生的灵活度上失去了一些弹性。在我们看来，喜欢争斗的做法也许是比较野蛮的，但这却是展现人类气概精神的一种表现形式，也是人类愿意为一种原则进行奋斗的表现。在某个发展阶段，人类必须要进行斗争，只有进行斗争，人类才能保持健全的身心健康。因此，我们可以再次指责一些人缺乏自我指引的能力，这些人只是希望能够追随那些能够夸奖他们的领袖。但是，这种奉承的做法包括要告诉他们是有能力去管控自己的，而要是他们失去了这种能力，那就会失去这样的吸引力。对人类来说，无论是沉沦于这样的恶习，还是摆脱这些恶习，都完全是有可能的。

当然，在原则层面上，爱默生与那些理想主义者、改革家、追求进步的人士或至少怀抱着希望与进取心的人是站在一起的。但是，他非常清楚地看到了当时存在的秩序。他知道，这些秩序有存在的权利，也能发挥其应有的作用。爱默生说，我们之所以产生想要废除这些秩序的念头，是因为我们看到或是想到了一种更好的秩序。我们不愿意单纯通过否定这种旧秩序的方式去做，而是希望通过将自身的潜能激发出来,创造出更好的秩序。要是我们通过限制自身力量的方式去做,就将一无所获。同样,要是我们对此置若罔闻,同样会一事无成。它们就像坚硬的枪管,只能通过瞄准某一个地方,才能让射出的子弹变得不可阻挡。

这对于所谓的"壁炉角哲学"来说是足够说明问题的,却无法帮助演说者解决案头上遇到的紧急事件。听众都想要听到某种明确的陈述,但爱默生却无法从中看到一个全面的理论。命运与自由之间的调停——固定事实与灵魂权利所带来的力量——必须要通过每个人去实现,正如在某些情形下,我们需要决定顺从或是追随自身的能力。这必须要通过生活本身去得到验证,而不能通过单纯的论述去表达。

爱默生在日记中写道:

我们希望将所有论点都集合起来,以激励所有人的方式去总结这种互相冲突的印象,却又反对任何可以理解的言论。我们的诗歌与宗教就像穿在外面的连衣裙。但是,我们却能从其给出的暗示中,感受到生活所带来的魅力。它们就像远处海岸边传来的声音,它们所传递出来的意义就是,任何人都不能擅自对其划分音节,然后说出来,而只能通过其自身表达出来。要是我们投身其中或是成为其发声的媒介,这会在每个时刻都变成一种积极的指令,创造出人类以及方法。如果我们想要尝试对其进行定义,那最好什么也不要说。

我们需要对降临到这个世界上的每个人都肯定这种无限的潜能。但是,如果我们不做出任何肯定,就会在言语中遭受到限制，无法认识到每个事实都包括相同的道理——直到说出来的言语以杂乱无章、笼统概括、模棱两可或是毫无意义的方式重复展现。唯一说出来的话最后会变成行动。

在写给卡莱尔的一封信里，爱默生表示他宁愿静下心来进行研究，希望让自己那种"毫无章法可言的演说"有更好的表现形式。但是，爱默生对此也没有别的选择。在卡莱尔看来，要想做到这一点，必须要首先实现经济方面的独立。卡莱尔所著的《法国大革命》已经再版了，《杂录》也再版了。他要支付很多账单——其中需要500美元的印刷费。他已经向所有能借到钱的朋友都借了一遍。当然，尽管面对这样的困境，卡莱尔依然保持着乐观的心态。

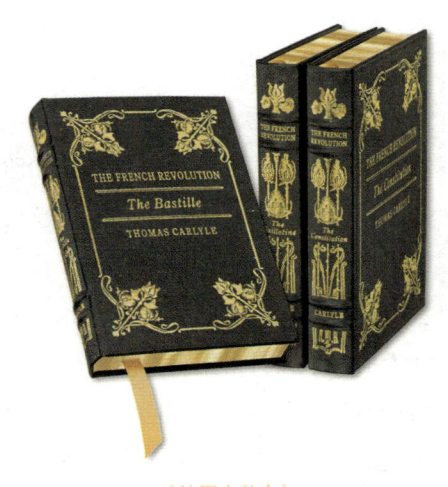

《法国大革命》

在写给哥哥威廉的一封信里，爱默生这样说：

1839年9月26日，康科德

虽然我有点不愿意，但还是决定在今年冬天到波士顿继续做一次演说。但是，我现在还根本没有想好到时候要说些什么，演说的主题非常不明确。

最后，爱默生将演说的主题定为"当代"。按照他的说法，当代一个明显特征，就是个人越来越意识到他们可以接触到上帝的心灵，这种倾向有可能会弱化他们与其他方面的关系。从表面上来看，这是通过分析精神或是超然方式展现出来的。我们所处的时代是一个喜欢用第一人称的时代，每个人都追求个性与自由，希望挣脱所有的枷锁。在一个社会的初始阶段，人类的理智在恐惧面前会产生消极的影响。致敬式的恐惧感可以让人类在早年免于犯罪或是堕落的行为。人类的分析行为会摧毁这种限制。这个世界也将会失去爱意与恐惧，最后一切都是以经济实用为标准。总的来说，分析能力取代了人类对更高本能的顺从：我们不希望为这些事情所控制，希望事情能够顺从我们。但是，人类一开始在这方面走向了极端，将人类本身的功能与他们所应该代表的劳动分离开来了，产生了占有且垄断的行为。要成为富人的念头迅速在世界各地的人们的心中扎下了根，这让人们不再看重国家或是教堂的存在。政府与教育存在的目的，只是为了保护每个人的私有财产，宗教则成为精神世界的一种杠杆，让我们可以更好地去追求这个目标。人类在虔诚方面的堕落直接带来了学识的堕落。当代的许多天才都对书籍抱着嗤之以鼻的态度，用蔑视的眼光看待所有语言方面的知识，不去理会这是古代的还是当代的。我们看到了许多"白手起家的人"，他们都没有将自己的成功归结为大学或是学校给他们灌输的教育。当然，在宗教领域里，这种最高层次情感的表现是最为明显的，也是最让人觉得可悲的。

每个人在阅读圣奥古斯丁、弥尔顿、杰瑞米·泰勒与托马斯·肯皮斯等人的作品时，都必然会产生一种深刻且丰富的情感——即便这不是一种代表更高级生命的文化——将这视为某种永不停息且宏伟的激励情感，或是从来不将他们不朽的热量与我们最近感受到的冰冷智慧进行对比。与这种分析相对应的是残存下来的传统，比如教会、国家、大学与社会形势等方面的古老状态，还包括许多控制智慧的众多情感、控制品格的才华等。这些人都需要根据所处的全新立场去发挥自身的能力。最后，那些在古老体制的阴影下依然获得利益的人，必然会痛恨任何的变革。

在与这种传统的情感失去联系之后，这些人就与吸引年轻人去追求真理没有任何关系了，他们也不再反对这种认知中存在任何分裂的活动。另一方面，这个运动思潮虽然以这些思想为基础，却受到了这个时代存在的恶习的影响——即存在着夸大有形或无形事实的重要性倾向。他们过分夸大某些特定行为与可以避免的东西，想要将一些碎片拼凑起来，将原则聚拢起来，让心灵法则拥有一种机械式的力量。他们依赖于这些全新的环境，依赖于选票、命令以及联合。他们承诺要建立一个代表着天国的世界，最后却落得咀嚼尚未发酵的面包或是为生存奋斗的境地。但是，我们千万不要因此而不相信所处的这个时代。人类天生就喜欢夸张渲染，让我们认真地审视这样一种倾向。分析是人类获得力量的基础，当这样的认知加上忙碌的实验，就能让人类的双手拥有能量。光芒的射线会穿越时空中无形的障碍，最后在照射到物体时才会被世人所看到。同样，精神世界的活动只有在指向某些外在行为之后，才能被我们所认知。这个国家的宗教状况与商业情形是相差无几的，需要我们不断去纠正其中存在的各种问题。只要这场游戏能够最终取得好的结果，没有人注意游戏所使用的是什么筹码。人类依赖于这样的工具与机构，但改革者表现出来的热情以及遭遇的阻力，形成了公众良知中的自律与教育。无论在哪个方面，都需要我们捍卫其价值。这种重要的思想让我们对人类的心灵充满了希望，而这样的希望就像清晨的曙光那样悄然来临。它们就像那些守夜者一样，宣布着全新的一天终于到来了。

我们对待改革的态度，应该是接受现有的方式，并加以利用，而不是被它们所利用。我们要始终远离任何党派之争所带来的恶习，保持自己的神圣。与此同时，当我们看到了一条清晰的前进道路时，不要畏惧任何考验，不能为退缩找寻任何借口。因此，我们不应该在这个问题上急于做出决定。耐心才是与真理为伍的。我们必须要忍受这个过程中遭遇的各种挫折，必须要忍受各种各样的妥协，有时甚至需要说一些话才能达到自己预期的效果。我们可能会发现自己的主张无法在文学、科学、父辈所信仰的宗教，或是无法从教义问答书中得到体现，这都是没有关系的。因为，巴黎人或是纽约人的祖辈生活与犹太、摩西或是保罗又有什么关系呢？当代真正意义上的宗教，就是指对品格的尊敬。在很多人看来，这可能是一种比较抽象的概念，但这不是一种细微或是内在的情感，只会让我们去实现某个目标。一些人可能会说，一些人受到庇佑的灵魂表现出来的谦卑与犹太是一样的，最终让那片土地变成了永远神圣的地方。全新的观点也会如此——这是每个人都能做到的，每个拥有灵魂的人都可以做到的——这让每个人的身体与形式都获得一种神性，让他们在面对宗教机构的时候展现自己的神性。我们可以去看看社会改革所结出来的果实——和平、自由、劳动、财富、爱意、安抚穷人心灵的教堂、妇女的权益等。这些改革家也许看不到他们真正想追求的目标，但最终却实现了他们不敢想象的目标，而很多狂热分子在看到这些改革之后都会表示反对。但是，我们的心灵与双手能够协同起来，朝着一个比他们所知的更好天堂前进。

这样的希望并不总会以失望落空的。人类的生活应该是纯洁且诚实的，人类的目标应该是明确的。当一个人感受到了自身的无限性之后，那么他应该拥有无限的信念，这个社会也应该有无限的信念。

爱默生选择离开布道讲台，因为他希望能完全自由地表达内心的信念，不愿意接受教会方面强加的各种假定。但是，这种自由是有其代价的，因为他无法让自己想要说出的事实变得更有权威，只能寄希望于信念慢慢成为教众们的普遍想法。但是，教会的存在却对这种普遍思想产生了破坏的影响。因为爱默生始终不愿意以争辩的态度去面对，也不愿意就此专门进行一番论述，因此他发现只能以低效的方式进行演说。在一段时间里，他对发表演说的做法非常反感。他在日记中是这样说的：

1839 年 10 月 18 日

在过去五年的每个冬天，我都在波士顿发表全新的演说，每一篇演说都代表着我的信念，阐明了我的信念。我的每一篇演说都表明了我对过去、现在以及未来的思考。我想，我必须要以相同的方式才能继续这样的工作。虽然，我知道那些认为最后一次做某事的人以后再也不应该这样做了。但是，我之所以不愿意继续发表演说，并不是因为反对演说本身，而是反对这样的形式。这个社会出现的各种错误是我想要鞭挞的，但我只能等到自己的羽翼丰满之后才能这样做，因此我现在只能对此做出让步。于是，我只能再次选择出售演说门票。但是，这样的形式并不是关于这些的。我忏悔的实际内容是什么呢？当我回想起伊甸园里的亚当，认为自己应该对田野里的所有野兽以及天国中的众神重新命名。我希望人们能够感受这样的失控，重新发现他们自己，然后走出这样的限制，重新感受属于他们自己的那种不朽的精神。我只是想凭借自身的能力，点燃民众的怜悯心与情感的火焰。我总是不断地给他们讲授理想与神圣生活的思想，谈论最高的人生，谈论那些被遗忘的美好，那些需要我们去追寻的未知事业，但这些演说都收效甚微。我尝试过以真诚的方式去做，但这样的方式只有国王与诗人才能真正感受到。我希望他们感受到那种精神力量，让自身的无限性与机械能量以及机械哲学进行对比。我希望安慰那些遭受邪恶打击的勇敢之人，告诉他们如果要追求一个看不到的目标，只能通过祈求伟大的上帝去肯定他们所追求的事业。

当这些演说结束之后，他感觉没有达到自己预想的目标。
给威廉·爱默生的一封信：

1840年2月25日，康科德

上个周三，我准时地结束了我的演说。无论从哪方面看，我都无法对这次演说有什么好的评价。在演讲之前，我安慰自己说，我会再次尝试一下，因为我还没有将自己的全部能力都展现出来。我，作为一个指责社会礼节与束缚的人，为什么就不能谈论那些不受限制或是具有巨大力量的真理呢？但是，这些演说最后都不欢而散。我发表了10篇得体的演说，听众们没有为此感到狂喜、兴奋甚至是愤怒。因此，我的这些演说根本没有传递出什么真正的思想。不过，虽然听众们不能理解我的想法与希望，但他们不会抱怨我所面临的失败。尽管如此，支持我的人在过去两年还是越来越多了。

爱默生的日记：

我似乎缺乏足够的身体活力去尝试我所谈论的每个主题。我应该全身心地投入到每一周演说稿子的准备当中，谈论一些更为宏大的主题。但是，一些讨厌的经验告诉我，我需要投入21个小时去准备每一篇演说，因为只有这样，我才有时间去准备下一篇演说。当然，我在时间的利用方面是非常谨慎的。我小心谨慎地利用着时间，最后也没有准备出任何具有新思想的演讲稿子。要是我能耗费60个小时去准备一篇稿子，要是身体允许我用20个小时就能做完60个小时才能做到的事情，那么我肯定不会那么恨自己的。因为如果那样，我就能帮助我的朋友了。

F. B. 桑伯恩

如果在爱默生看来，这些演说是比较温顺或是高雅的，具有更多文学性，而不是有效的思想宣传的话，那么西奥多·帕克写给康维斯·弗朗西斯的一封信（后来 F. B. 桑伯恩先生非常友善地将这封信转交给我），就表明了爱默生的演说没有给听众留下他所想的那种印象。

1839 年 12 月 6 日，西罗克斯伯里

今年冬天，你没有去听爱默生的演说吗？他的第一篇演说非常精彩——在我听过的他的演说中，这是思想最深刻、逻辑最严密的一篇演说了。当你聆听他的演说时，双眼不会因为一连串金色思想而出现晕眩——你肯定会从他的演说中感受到思想的火花。在他的通篇演说中，充斥着民主的思想，呼应着布朗森在上个季刊中谈到的"民主与改革"的问题……班克罗夫特听得入神——他为爱默生在演说中所谈论的民主思想而着迷。他在第二天晚上对我说："在任何听众面前，说出这些事实都是非常好的，无论听众的人数是多是少，因为这会在他们的心中扎下这些思想之根，但是，如果他跟我们来到海湾之州（马萨诸塞州的别称），肯定会有超过三千名听众到场。"……另一个晚上，一位表情严肃、看上去像辉格党成员的绅士在听了爱默生的演说之后，说他对爱默生发表这样的演说只有一个解释，就是假定爱默生能

在乔治·班克罗夫特领导的海关谋求一个职位。

尊敬您的
西奥多·帕克

桑伯恩接着说:

我认为"海湾之州"是一个具有民主精神的俱乐部。在这一年(1839年),马库斯·莫顿以多一票的优势击败了爱德华·埃弗里特,当选为这个俱乐部的主席。

在第二年冬天(1840—1841年),爱默生只是发表了一篇名为《改革家》的演说。他正忙于创作自己的著作(他的第一个系列随笔),再加上他准备创办一本期刊作为发表全新观点的想法也越来越明确。在写给哥哥威廉的信中,他是这样说的:

康科德,1839年9月26日

在这个时候,乔治·里普利与其他人重新谈起了要创办一本全新期刊,用来表达绝对的真理。但是,我对这一天能否到来是持怀疑态度的。我是不会担任编辑的,但我可能会成为撰稿人。我的朋友亨利·梭罗会是一位非常优秀的诗人,他的作品应该会受到欢迎的。

给玛格丽特·富勒女士的一封信:

1839年12月12日,康科德

我认为,我们对这份期刊都有着相同的看法。我们都希望这本期刊能够面世,但每个人却都不愿意对此承担起个人的责任。为了这份期刊能有光明的未来,我会承诺每年撰写一些稿子,投给这本期刊。但我真心希望能够置身于期刊的任何其他工作之外,因为我厌恶这样的工作方式。但是,如果你的工作能够引领一个全新的时代,这肯定也会改变我的观点。我们都会有着与你一样的想法。但是,我今天并不适合写文章。因此,请珍重。

拉尔夫·沃尔多·爱默生

从1836年开始,创办期刊的计划悄然发生了改变。他们认为,这本期刊应该兼具杂志与评论方面的功能,而最重要的宗旨就是为这个时代提供不受任何限制的声音。爱默生对这本期刊的主要兴趣,在于希望这本期刊能向大众推荐他的朋友阿尔柯特、梭罗、威廉·艾勒里·钱宁、笔名为"多伦"的人等。1840年3月30日,在写给富勒女士的一封信里,爱默生说:"要是我担任这本期刊的编辑,我完全信任这八九个人在诗歌创作方面的能力与才华,我认为他们的诗歌要比八九十名所谓著名的撰稿人所写的都还要优秀。"

在经过了多次会议讨论与通信商谈后,《日晷》杂志的创刊号在 7 月出版了。乔治·里普利与玛格丽特·富勒是最积极的推广者。里普利负责杂志的商业管理方面事宜，富勒女士则负责文学编辑方面的工作。这是一项充满了活力与慷慨精神的事业，因为当时订阅这本杂志的人很少，大多数投稿者都是当时不知名的人。因此，当时的学界对此表现的冷漠也就不足为奇了。富勒女士本人非常清楚地看到了这一切。她写道："我们不能只是展现出一些高雅的艺术，我对一些充满活力的思想也产生了怀疑。"不过，她的目标并不是为了要创办一本成功的杂志，而是要为每个具有自由主义精神的人提供一个发声的平台，填补某些个人的精神需求。①

这是一次值得尝试的实验。即便这次实验只能让少数人获得更清晰的意识，这本身就能让《日晷》杂志在美国的文学历史上占有一席之地。《日晷》杂志在对待所有议题上，都采取了高瞻远瞩的

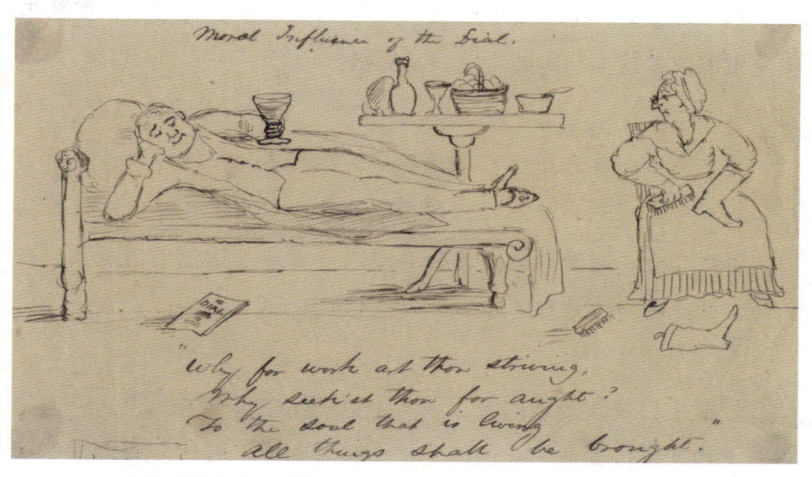

《日晷》杂志的影响力，美国艺术家克里斯托弗·克兰奇作品

---

① 引自库克的一封信，出自他所写的《爱默生的一生》一书的第 78 页。

视野，无论人们对这份杂志有什么样的评价，都必然会给予赞美之情。

若是按照"成功"一词的一般含义去看，这份杂志要想取得成功根本是不可能的——暂且不说其他原因，最大的问题就在于创办这本杂志的人本身就缺乏一致的目标。他们中每一个人都对这本杂志所要实现的目标没有共同的立场。其中一些人不愿意追求明确的目标，甚至是避免谈论这些目标。其他一些人很快就抱怨说，这样的杂志依然是在过去的基础之上开展的。实用主义的改革者则从杂志的内容中嗅到了极佳的理想主义气息。对爱默生来说，他是希望追求最大限度的自由以及看似最夸张的理想，但他却在杂志违背了文学形式这个问题上让步了。他后来坦承，若是按照严格意义去看的话，杂志的一些内容是没有可读性的。两年后，爱默生接替富勒女士担任编辑，富勒女士在给爱默生写的一封信里就表示，更换编辑并不能改变这本杂志的宗旨以及品格：

> 有时，你会拒绝一些我担任编辑时不会拒绝的稿子。因为你始终希望做出一本优秀的杂志，让这本杂志可以代表你的品位。但是，我会让读者看到每个人自由地表达他们的观点，而不管这些观点是好是坏。

爱默生只关注诗歌内容，或者说只关注以诗性方式表达出来的观点。按照他的说法，应该用"宽广的视野"去看待所有事情。在这方面上，他是极为宽容的。他对于这本杂志创刊号的批评（在他写给富勒女士的一封信里），就谈到杂志里的诗歌内容太不明显了，并且表示若是他担任排字工人,肯定会用粗字体来显示诗歌的内容。但是,爱默生最后发现,公众的想法与他并不一样。

1840年7月8日,爱默生在写给富勒女士的一封信里抱怨:

> 我发现《日晷》杂志的读者根本不喜欢诗歌,而这是我想要创办这本杂志的唯一目标。我曾询问亨利·梭罗以及其他"新的撰稿人"是什么情况,但都无功而返。他们只能等到我完成工作,之后才能询问帕克相关的事情。我认为,阿尔柯特的文章对于这本杂志是非常重要的,就我所知,这些文章根本不会出现在其他杂志上。

在之后的1840年8月4日,在给富勒女士的一封信里,他表示:

> 想要看到与我一开始想象不一样的《日晷》杂志。我不再希望这本杂志是纯文学的。我希望我们能够让杂志的主题变得更宽广,就一些问题进行更加深刻的讨论,引领新一代年轻人的思想。他们可以在这本杂志上读到有关财产、管理、教育、艺术、写作以及宗教等方面的内容。……对我们来说,若是追求其他与此无关的目标,这是毫无意义的。因此,我希望我们能够找到一些优秀的狂热者,然后在杂志每次出版时都刊登一些有关生活艺术等方面的内容。现在,我已经开始着手就劳动、农场、改革、家庭生活等方面的议题进行创作了。我也会问自己,为什么《日晷》杂志就不能将这些朴素而又重要的问题与这片土地上的男女一起分享呢?……我深知,每一本优

秀的杂志都必须要经受这种转变所带来的风险。这本杂志将会以友好的方式对待某些类型的改革，放弃对党派斗争、顽固或是反复无常斗争的支持，也不去追求普遍存在的诗意。但我认为，我们首先要面对的迫在眉睫的危险，就是一些人的偏见与顽固。我们不应该通过冲突的方式去打击彼此的想法。

同一天，他在日记中写道：

> 我认为，《日晷》杂志不应该成为单纯的文学杂志，而应该拥有符合这个时代精神的更高目标。这本杂志应该在诸如政府管理、戒酒、废奴、贸易与家庭生活等重要方面提供良好的建议，应该为读者带来诗意与情感，展现出其最好的价值。同时，这本杂志应该深入生活，同时将这片土地上的优秀男女所具有的智慧都展现出来。难道不应该这样吗？杂志应该更关注发生在当代的一些事情。我希望写出一些有关数学方面的文章，而不是有关厨艺年鉴或是将科学运用到艺术领域当中的文章。

但是，爱默生在这方面做得并不顺利——比方说，西奥多·帕克就持不同的意见。当然爱默生知道帕克的认真态度以及他想要让杂志影响更多人的目标。当爱默生担任杂志编辑时，《日晷》杂志正面临着严重的经济困境。帕克写了一篇很长的文章，谈论约翰·皮尔庞特牧师与他所在教区的居民在戒酒问题上的不同观点。爱默生一开始拒绝发表这篇文章，但最后必须承认，正如他所说的，这是为了杂志的生存。当这期杂志出版之后，时任出版人的伊丽莎白·皮博迪女士写信告诉爱默生说，帕克的文章让出版的杂志都卖光了，还需要继续印刷。

富勒女士也勇敢地面对当时杂志所面临的困境。在长达两年的时间里，她在没有任何报酬的情况下非常努力。最后，爱默生虽然很不愿意，但他认为有必要接替富勒女士担任编辑。

爱默生在日记中写道：

> 《日晷》杂志要么生存下去，要么就停办了。我必须要想办法解决这个问题，这是一个关乎杂志生死的问题。我不希望让这本杂志落入那些追求人性或是改革之人的手中，因为他们会践踏诗歌与文章。我也不希望这本杂志落入那些学者手中，因为他们是死读书的人。我不喜欢《优秀演说家》与《爱丁堡评论》那样的杂志风格，后者的风格是传统且矫揉造作的，但前者同样散发出粗野、贫瘠的气息，就像长期在地下室的厨房里生活，简直让人想要自杀。

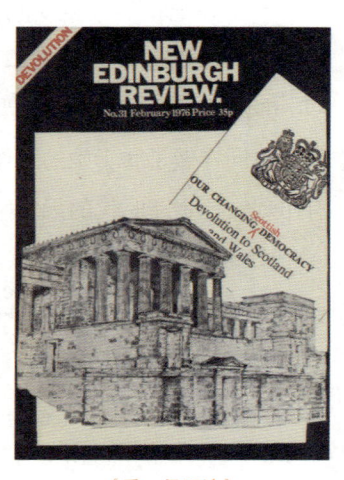

《爱丁堡评论》

爱默生在写给海奇博士的信件里说：

> 可怜的《日晷》杂志！——没有取悦任何人。没有人为此

感到伤悲！这本杂志的内容非常好，但如果可能的话，我希望将这些内容当成一个作品集珍藏起来，将其拿给那些想要看这些内容的人。这主要是创办人差一些奉献精神，使它不可能变成标本馆里面的干花，只可能变成感染人们心灵的媒介。但是，没有人会认为自己人生的目标仅仅在于此。

正如爱默生所说的，在他担任《日晷》杂志编辑的两年时间里，该杂志以其"晦涩朦胧"而闻名，直到爱默生在1844年4月[①]不再担任编辑位置。卸去编辑一职，让爱默生深深地松了一口气。我认为，在他担任编辑期间，不仅耗费了一些金钱，而且还给他带来了持久的忧虑。

爱默生已经完成了他想要在美国文学界里宣扬的全新精神，富勒女士也同样做了属于她的工作。但是，他们共同努力的成果却始终没有出现。这个新时代的天才始终没有与他们所处的时代友好地相处。

大约在《日晷》杂志兴办的同一个时期，另一个预示着日后康科德哲学学派的计划，则可以从爱默生写给富勒女士的一封信里看出端倪：

1840年8月16日，康科德

某天，阿尔柯特与我计划从零开始去成立一所大学。难道你不希望我在《日晷》杂志上对此做宣传吗？里普利、海奇、

[①] 乔治·威利斯·库克牧师在《思想哲学》期刊（1885年7月）里就详细地阐述了《日晷》杂志及其撰稿人。要想了解爱默生当时的撰稿情况，可以参看附录C。

帕克、阿尔柯特与我可以到一些乡村城镇——比如康科德或是海恩尼斯——宣布我们将会举办一个为期一个学期的学习班,专门面向年轻人,时间定在每年10月到第二年4月。他们每个人都可以宣布他们要讲授的学科或是主题,可以讲授他们感兴趣的内容,每周举行两次演说或是对话。我们可以安排一些时间,让每个感兴趣的学生可以参加这些活动。在一些晚上,我们可以全身心地投入对话当中。在周六的时候,我们聚在一起进行祈祷活动,让安息日成为让每个人都能感受到美感的日子。这些人都可以按照自己的想法去解决这些问题。每个学生都应该知道,他们的老师应该得到一些报酬,并且他们应该按照自己的经济能力或是所学到的知识进行支付。假设,里普利教授历史、神学、当代文学或是其他学科,海奇教授诗歌与形而上学以及历史哲学,帕克则教授异教信仰的历史、天主教教会历史以及当代所面临的信仰危机问题——简而言之,他可以教授宗教历史,阿尔柯特教授心理学、伦理学以及理想生活等学科,我、贝蒙特、弗莱切以及波西则可以教授修辞学与纯文学等学科。难道你没有看到,只需要通过增加一两个人,我们就能形成一个强大的教授团队,就能在没有任何执照、企业赞助或是管理的情况下去面对这个世界吗?难道你没有看到,如果这项工作一开始只面对20或是30名学生,那么这会成为新英格兰地区教育界所期待的事情吗?难道你不希望来到这里,加入我们这个团队吗?我们这里有着各种优秀的人才!我们会将每个周六变成真正的安息日!我们将不再需要睡觉,我们会努力创造一个之前从未有过的和谐经济与社会模式。

对当时新英格兰地区的意见领袖而言,即便是那些本身对此不持反对意见的人,他们都会认为这些将来的老师会以相当尖刻的声音去表达观点。正如约翰·昆西·亚当斯在当时的日记里所说的:

> 在那个时候,新英格兰地区的宗教情感也许要比基督世界的任何地方都要更加具有力量与更加普遍。自从安多弗成立神学院以来,加尔文教派与一神论教派一直就赎罪、耶稣基督的神性以及三位一体等问题进行争论。现在,这些争论基本上已经消停了,但很多人依然保持着过去的观点,很有可能会让以前的那些思想死灰复燃。一位名叫拉尔夫·沃尔多·爱默生的

安多弗镇政厅

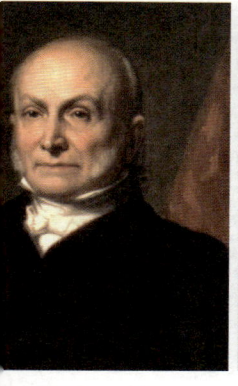

约翰·昆西·亚当斯 　　　　加里森 　　　　皮尔斯·克兰奇

年轻人,他是我当年非常敬重的一位朋友威廉·爱默生的儿子,也是我儿子乔治的同学。在他当初担任兼职牧师以及后来担任校长的努力都失败之后,他创办了所谓的超验主义教条,宣称过去所有的宗教启示都必须要遭到淘汰。因为按照他的说法,这些宗教启示早已经过时了,我们要以全新的方式去感知上帝的启示以及预言。加里森与主张不抵抗废奴主义者布朗森、民主党人马拉特,还有一些骨相专家都在谈论着一些动物的磁性问题——这些人聚在一起,给出了一些似是而非的邪恶理论,宣称这是宗教与政治理论泡沫中必不可少的元素。皮尔斯·克兰奇上周就在这里发表布道演说,竟出人意料地阐述了一大段关于超验主义的思想。

爱默生认为,从担任布道牧师到现在,他在宗教方面的立场始终都没有发生过根本的转变。1844年3月10日,他在第二教堂面

向他过去的老朋友发表了一篇演说,他的这些朋友在汉诺威大街重建了一所教堂。在这次演说中,爱默生说:

> 我认为,人们的思想观念不会经常发生较大的改变。就我所知,他们在没有看到全新的光芒之前,会选择朝着黑暗的角落前进。一般来说,在20年或是50年之后,你可能会发现,每个人都会倾向于早年的思想观念。这样的改变通常是如此的,即每个人都能拥有更加鲜明的品格,都能将自身的羞涩情感或是对于别人隐藏过深的面具都抛掉。我从来没有想过要去证明自己的言行是始终如一的。在这个过程中,我的人生视野不断得到拓展,我发现了自己存在的许多错误,并努力去加以改正。因为只有这样做,才能让我感到开心。事实上,从我过去站在这里阐述一些新思想到现在,我觉得自己其实并没有什么变化,而只是不断将某些具体的经验累积起来,或者我可以说,我只是用更好的方式阐述我年轻时的一些核心思想而已。

在约翰·昆西·亚当斯与其他人看来,爱默生就是超验主义运动的代表性人物。但在1841年的一次演说里,当爱默生在超验主义运动中走得最远时,他将超验主义定义为"精神的狂欢与信念的过度表现"。爱默生没有将超验主义定义为一种信仰,或是对绝对真理的唯一视野,而是将之视为我们对抗单纯的功用或是习惯倾向的工具,从而避免沉湎于琐碎的忧愁或是无聊的乐趣当中——在爱默生看来,超验主义不能包括许多东西,而只是"常识以某种节制的方式呈现出来……这与绝对真理没有任何关系，只是按照事物呈现出来的现象去对其进行描述"。爱默生从来不缺乏这样的节制。他认为自己应该想办法去躲避"神性的不满"所带来的各种危险，而这样的情感让他对许多极端的表现形式怀着仁慈的心态。与每个人一样，他深刻地认识到这样一种极端的表现形式是生命力的表现，因为他之前已经了解到了这点。但在爱默生看来，我们所面临的危险就在于没有朝这个方向前进。

爱默生在日记中写道：

> 佛教与超验主义会告诉我们，生命可以在缩减到一个荒谬地步时感受到一种愉悦。每个孩子与婴儿都是一名超验主义者，每个人都被他们所散发出来的魅力所吸引。当我们想要往这方面进行尝试的时候，却又立即发现自己陷入了债务、谎言、偷窃、通奸、疯狂或是死亡的境地。
>
> 我们很快会发现，每个人在谈话中所表现出来的技巧。我们可以从佛教里感受到没有任何后悔的情感，因为我们时刻都要面临着死亡与黑暗的阴影。我们可以在小木屋里点燃柴火，却不敢走出外面那个充满杀气的黑暗世界一步。每一种思想、每一个行为或是每一种情感，都在这个恐怖的无限世界里有其毁灭的证据，而这些思想在包围着我们，等待着我们跳进去。如果说杀死所有的佛教徒能带来什么好处的话，那只能代表我们杀害那些平白无辜之人。
>
> 我们必须要承认一点，人类文明的发展需要付出昂贵的代价——要想保持文明的发展，有时需要付出可怕的成本。要是

人类不去追求文明，那么我们与印第安人就没有什么区别了。但是，我们为什么要说印第安人没有文明呢？这同样是我们需要付出的另一个昂贵的代价。那种捕捉淡水龟与鲑鱼的生活是简单且成本较低的，而牡蛎的价格更低。好好地玩这个游戏，做好我们的本分。即使众神犯下错误的话，我们也要确保自己不要犯错。

尊重人类的这些事实是非常有必要的。如果你不为他们预留任何位置，那么他们也肯定不会为你预留任何位置。对他来说，无论说什么话，做什么事，政治、航海、铁路、金钱、书籍，甚至是男人与女人都是毫无意义的。也许，这样的人可以在另一个星球上生活了，因为他在这个世界上没有任何所求。这个地球上的海洋与空气，万物的构成以及所有我们称之为命运的东西，都站在人类这一边。这样的理智思维能力是绝对不会陷入谬误的境地的。

——这并没有将劳动的价值充分展现出来。整个人类将他们的生命投入到劳动当中，只是出于一些简单或是必需的动机。在这个过程中，他们能够感受到自己的良知得到了认同，他们会在大门口见到这位谈话者。就他们所了解，这位谈话者本身并没有去劳动，反而用权威的口气去指责他们。要想让民众成为禁欲主义者，单纯说一些好听的话是不够的，还需要日复一日地进行思想的灌输。

让这些人憎恨旋涡吧，憎恨河流的两岸，始终站在河流的中央吧。英雄不会做出任何古怪稀奇的事情，而只会沿着艰难的道路继续前进，与所有人一样来到同一个酒馆，为自己最终来到这里感到心满意足。他们绝对不是一个过分讲究或是控制欲较强的人。

爱默生说他是作为一名理想主义者这样说的——但是，他的这种理想主义没有让他忽视已有的事实，也没有让他产生要忽视这些事实的念头。比方说，当时的民众都非常渴望得到金钱，而金钱也是一个人自身价值或是他个人地位的一种象征。在更高级的社会状态下，"现金交易关系"也许会被正义与爱意的纽带所取代。但在这个阶段尚未到来之前，让我们不要假装还有比金钱更好的交换媒介。

很多人说了许多关于金钱的伪善之言，指责那些拥有金钱的人就必定是灵魂卑鄙的人。金钱的确是人类一项了不起的发明。金钱所带来的交易方便，让我们在商店或是农场里都能感受到。古埃及的一句话可以证明这点：你做得很好，你做得过度了，你做得还不够——关于自然，我无法说出比这更好的话语了。

不要试图去掩饰、瞎扯或是将其神秘化。我的某位亲密的朋友说，你应该在我的田野里挖土一天，当你完工之后，我会给你一美元，那就不算一种商业交易。此人这样的说法让我感到恶心。虽然金钱是我们每个人用来衡量物质价值的标准，但不能这样矫揉造作地贬低金钱，或是神化我们与别人。让我们不要说"不要"，然后再拿钱。我们可能是友善诚实之人，在理论与实用两方面都反对这样做。如果这会给金钱的使用与买卖带来致命打击，那我们还是不要使用金钱为好。如果金钱带来的麻烦要远远低于废除交通工具所带来的不便，那么我们就不要假装说金钱没用，因为我们的衣食住行都是需要金钱。

但我倾向于认为，金钱或是金钱的价值体系可能会带来一些重要的便利——这不是我胡乱编造的满足感，而是我认为花销没有超过自己的收入，没有透支账户带来的那种满足感。

按照爱默生的说法，一个心智健全、真诚且宽宏大量的人必然会遵循个人理想、心灵法则与命运，或者说遵循自然法则。因为真正的智慧并不是要追寻字面上的诚实，而是追求真正有用的东西——正如人的身体功能以器官的构成而产生作用。虽然爱默生具有很强烈的理想主义，但他没有像那些迂腐之人那样忽视真正的情况，或是忽视理想能够变成现实的存在动机。要是别人的想法与我们的想法完全不一样，那就完全是另外一回事了。比方说，在我们谈论教育的时候，爱默生就谈到了当时教育界普遍存在的竞争式教育方法，将之称为"文明的毒药"，虽然这样的方法见效比较快，却完全是"庸医的治疗方法"。当他发现新英格兰地区的许多学院都不太认同他这样的说法时，就改口将之称为"过去的保姆式教育制度"。某某校长反对这种竞争式的教育方式，认为这会对培养学生的品格产生不利的影响。因此，他禁止按照学生在文学方面的表现去进行评定，而是让学生们按照姓名首个字母的顺序进行分配，比如将一个学生分入 A 等，另一个学生分入 B 等，依次类推。"每个班级都会有一名优秀的学生，难道他就一定会在毕业典礼时发表演说吗？""哦，不是的，这些学生都是随机进行分配的。"对此进行解释的学生表示，这会让许多社团免去诸多不必要的纷争。我回答说，当然，如果这个国家没有大学的话，那会少更多的纷争。我希望一般高校能采用这种充满自由主义精神的方式去做。当我再次来到这里的时候,我得知那位校长已经辞职了。这是我听到有关这位校长最好的消息了。

当爱默生的一位年轻的崇拜者在内心感受到了一种精神生活的感召,认为一个人可以吃掉天使的食物,认为"一个人应该相信自己的情感,发现人生就是由各种奇迹组成的。人应该为一个普遍的目标去努力,想办法养活自己。他应该想办法在衣食住行等方面做好,但他却不知道怎么做"——此人将乔治·穆勒这位英国人的自传寄给了爱默生。穆勒在书中表达了这样的观点,即很多人都是受到他的管理,而这完全是通过某种不可思议的奇迹来完成的。爱默生收到这本书之后感到非常惊讶。当他将这本书寄回的时候,附带了这样的文字:

> 我怀着谢意将这本书返还给你。我对你所感兴趣的内容感到惊讶。有时,我会认为你与你同时代的年轻人未能了解我与我同时代的人所感受到的事情。因为

乔治·穆勒

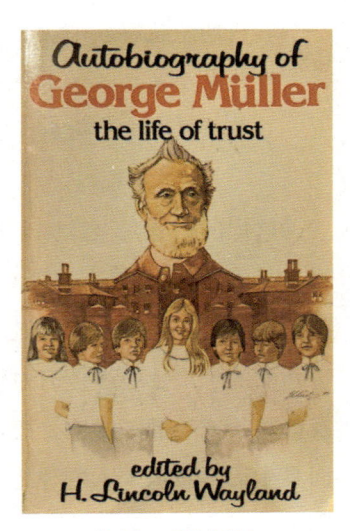

《乔治·穆勒自传》

加尔文教派现在依然在影响民众的生活与品格方面具有强大的影响力，而与我从小长大的人都深受这样的影响。因此，我们的行为举止以及言谈都必然会受到这种教派的深沉影响。我不认为我们这一批人已经死光了。当然，加尔文教派对于年轻一代人也许没有什么影响力——至少不再是一种普遍流行或是具有控制力的宗教了。但是，这些教派代表着一种悲剧的影响，可以从古希腊的神秘主义、复仇女神、命运之神以及欧墨尼得斯等人身上找到一些特征。我可以肯定，这会让罗伯特·亨廷顿以及现在的乔治·穆勒皱起眉头。当然，这个教派依然还有很多信仰者，但其影响力正在慢慢式微，直到我们最终希望打破这样的沉闷空气，呼吸清新的空气。谁敢年复一年地拒绝这个教派所带来的影响呢？当然，这个过程产生的哲学兴趣与一些问题是值得我们去关注的——这些人在挑战权威的过程中取得的成功是应该认真进行观察的。上帝会以他的子民呼唤他的方式呈现出来。但是，这种论述却经不起任何的推敲。

这样的幻觉甚至欺骗了那些所谓上帝的选民。这种理想主义也许是其中的一种表现形式。尽管追求完美的理想，对现有成就不满的念头，是人类不断取得进步的源泉，但人类却不能在这方面有过分强烈的想法，也不能有过低的欲望。事实上，任何形式的过犹不及都会带来负面的影响。意志薄弱之人是不可能认识到，在每天的面具生活下看清个人的理想。我们会谨小慎微地保证，树木不要长到天空那么高。如果一个人不缺乏精力与元气的话，那么即便当他们需要的时候，这样的限制依然会套在他们身上。

下面是爱默生在 1839—1843 年的日记摘录：

对我来说，这些类型的格言始终不会与限制的力量产生不和。我们每个人最不需要的就是关于限制或是阻碍方面的建议，这说的好像新英格兰地区的民众似乎不属于人类一样。

对很多优秀之人来说，他们的确应该追求更多。这有点像雷内国王统治的国家。这期间没有任何的作为，却能经常听到一些相互竞争的游吟诗人吟唱的一些关于预言的尖刻话语。

我们浪费了自身多才多艺的能力，总是急切地想要抓住每个方面。美国的天才们都跑去研究树叶、树根、卷须以及各种事物。空气中似乎都弥漫着罂粟花的味道，让人变得无能与懒惰。

奥尔斯顿①所创作的画描述了一片美丽、安静、祥和却又不真实的乐土世界。我将这段话送给美国所有的天才们：欧文、布莱恩特、格里诺、埃弗里特、钱宁——甚至是韦伯斯特。在韦伯斯特有记录的演说稿子里——我们可以看到这些内容是缺乏毅力与力量的。

我们的美德沿着一条狭

奥尔斯顿

---

① 奥尔斯顿（Washington Allston，1779—1843），美国画家、诗人，美国浪漫主义运动的先锋，以风景画著称。

窄的小溪流淌，看不到溪水暴涨的情景。我们想要看到波士顿或是马萨诸塞州的民众像汹涌的海洋那样，拥有更加宽广的心胸，为知识、音乐、慈善、合作、自由与艺术而痴狂。只要我们拥有健康的身体，就能拥有足够强大的感知能力与洞察力。但是，正如一位医生在我童年时对我说的那样："你缺乏活力。"但是，我所见到的这些年轻人都是非常优秀的，他们的未来是那么的光明灿烂！这些年轻人都是非常优秀的，却也不够优秀。

但是，我们自身狭隘的经验与时空方面的限制，都不能阻止我们重申灵魂的法则。虽然，历史上还从未有人以恰当的方式表示出来，但是，如果我们能够遵循神性法则，就能让我们通过自身的每一个正确或是错误的行为去展现自己。虽然我们可能还远远没有达到内在健康的标准，但这会让真正的秩序变成我们生活的秩序。

第十二章
改　革

　　爱默生在写给玛格丽特·富勒女士的一封信里表示，当他希望《日晷》能成为一本引领时代思想潮流，敢于就大家都关心的一些问题提出观点的杂志时，他已经不自觉地借用了不属于他的观点。他从来没有想过要扮演传播神谕的预言家角色，也没有想过要就任何一个议题提出任何法则。对他来说，超验主义并不能代表一种特定的信条，而只是一种心灵状态，一种健康且正常的心灵状态，让我们可以打破常规的思维，按照自身的想法去行事，而不是受制于环境的影响。

　　爱默生在日记里写道：

　　　　我对某某先生说，他不需要在超验主义思想方面咨询任何德国人。无论在任何时候，如果他想要了解超验主义者所相信的东西，只需从脑海里将德国那些超验主义传统全部抹去，那么剩下的其他想法就是我所提倡的超验主义思想了。

在那个不断革新的时代，爱默生对那些自信要消除社会弊端的改革者充满了同情心，他与那些宣扬戒酒、解放黑奴的人以及那些不断改良社会的人站在一起。但是"废奴、戒掉朗姆酒，或是任何其他外在表现出来的美德，都不应该让人们从涵盖一切的美德中转移注意力，因为我们在这个过程中总是想办法去逃避或是延迟这方面的改革"。爱默生认为，我们应该强调不断改善社会环境的重要性，帮助别人远离肉体或是精神层面上的束缚。这样的观念让爱默生更加强烈地认识到，人类有必要不断实现自我提升。在这些提升实现之前，就要想办法去为这个目标奋斗。

爱默生在写给一位朋友的一封信里说：

> 如果人们都接受民主思想，保持友善与忠诚的信念，那么美好的结果就会自然地形成，这会让我们知道一个全新的世界是什么样子的。我们也不应该始终将改革的斧头用在解决这方面或是那些邪恶的机构之上。

在爱默生的哲学观念里，"所有我们称之为命运的东西"或是外在的表现状况，都是需要我们去进行认真思考的，因为这是与我们的内在想法相吻合的。只要我们的内在想法没有发生改变，这样的外在状况就会一直持续下去。下面是爱默生在1840年的一篇日记里的节选内容：

> 我对某某人说，他应该是一个非常年轻的人，或者说他所处的时代给他施加了沉重的负担，他可以去进行深入的思考，

第十二章
改 革

去谈论邻居们存在的许多缺点。或是用他的话来说就是"谴责"或是对他们大发雷霆。我一直以来都是这样的,不过我对他的行为是抱有同情心的。我们都想将自己的观点表达出来。但是,你在战争中将这种言论自由剥夺了。这样一个良机可以让电流从正极与负极通过。现在,你从我们的手上拿了一杯酒,正如你之前拿走了我们的一杯愤怒之酒。我们成为追求和平的伪善蛀虫,我们的钢盔类似于平底锅。现在,我们必须要成为一个温和的懦弱之人。你拿走了一切,但是,你带来了什么?杰福特斯之前就在布道演说中表示,应该将装载着朗姆酒的酒桶都倒在河流里面。但在三天之后,当他在寒冷与贫穷中醒过来的时候,难道他会觉得自己之前的做法是正确的吗?如果我能够通过一些宗教祝福来给他的内心带来一些温暖,或是让他感觉自己仿佛置身于天堂,那么我会认为自己为所得的东西做出了更多的牺牲。我不应该拿走一切,他应该去忍受一切——或者从他所处的垃圾堆或是猪圈里爬出来,洗干净身体,穿上衣服,然后参加集会,与别人进行交流。

在这些障碍嘲笑我们的时候,我们总是以冷淡的口吻去谈论着改革。事实上,这是一个人不该说出口的话题,因为如果他真的在心底里珍视这个想法的话,那么他就应该在黑暗中真正将这个想法灌入自己的灵魂深处,正如印第安人与他们的新娘,或是僧侣秘密地走到另一个僧侣旁边,然后说,你看,我们的观点完全一致。只有在这个时候,我们才会发现一盏全新的灯火在我们的心底亮起来了,让我们敢于去遵循这样的法则。

我还没有征服自己的家庭，这让我感到烦恼与后悔。我应该对这个鸡笼进行包围，然后疑惑地走开，假装这是对巴比伦的围攻吗？在我看来，倘若我们真的这样做，这就是躲避我所要谈到的需要解决的问题，也会在茫茫人海中将我的无能隐藏起来。

　　难道那些每天在果园里辛勤工作的人，不是要比那些每天参加废奴集会或是发表演说的人，对废奴运动做出的贡献更大吗？每一个做好自己工作的人，其实就是等于让一个奴隶获得了自由。那些不认真去做好自己本职工作的人，其实就是一位奴隶主。当我们坐在这里满脸微笑地进行讨论时，一些人正在田野、商店或是厨房里辛勤地工作着，他们没有说话，脸上也没有微笑。世人会这样问，那些废奴主义者要吃糖吗？他们要穿棉质衣服吗？他们抽烟草吗？他们是自己的奴仆吗？他们是否已经将奴隶劳动视为某种理所当然的事情，然后将这看成是一种明智的思想基础呢？每个家都有两张桌子，一张桌子是为废奴主义者准备的，一张则是为佣人准备的！这就是你们所说的诽谤。有人对我说，从没有人像他们这样做到禁欲主义，没有人像他们那样不断地重申他们的誓言。种植园主并不想要奴隶。是的，他们想要的是奢侈的生活，他们甚至愿意为奴隶的劳动支付金钱。那些废奴主义者是不可能为自身过上的豪华生活而去进行攻击的，正如他们不可能真正为废奴运动做出多少贡献一样。

　　1837年11月，爱默生受邀到康科德发表一篇有关奴隶制的演

第十二章
改革

说。要想在演说厅里讨论这个话题,是存在一定困难的,因为一切关于奴隶制的问题在当时都是遭到贬斥的。最后,第二教堂同意爱默生在法衣室里进行演说。在演说中,爱默生特别强调了要抵制任何反对就这个问题进行讨论的倾向。他说,新英格兰地区的人民有这个特权,也有这样的神圣责任去敞开他们的教堂,就涉及人的权利的一切问题进行讨论。下面是爱默生的演讲:

如果宫殿大门上的座右铭是"嘘,不要出声",那么市政厅的大门口就应该挂着让人感到骄傲的徽章——"你们可以自由发表观点"。我认为这是极为重要的,因为过分谨慎的行为,其实就表明我们每个人都不愿意发出自己的声音。我很遗憾地得知,在整个波士顿,只有这样一所教堂愿意为我敞开大门,其他的教堂都不愿意对这个问题进行任何形式的讨论。即便是在演讲厅这样最为自由的平台上,很多人在表达自己的思想时都受到了诸多束缚,无法真正地发声,或是受到了要保持缄默的威胁。但是,当我们在这个问题的对与错上亮出自己的态度,其实就是与自己签订了一份契约,保证这样的思想处于一种开放的状态,每个人都可以有自己的观点。我认为,这对绝大多数人来说都是有益的。我们可能会为卡罗来纳州或是古巴那里贫穷奴隶的遭遇而感到痛心,我们每个人都背负着这样一种责任……让每个人都不要过分夸大自己的怜悯之心,然后谴责发生在乔治亚州、弗吉尼亚州等地发生的暴行,从而忘记了发生在自己所在城镇、邻居乃至自己身上的恶行。让我们自身的怜悯之心去控制我们对兄弟同胞的遭遇所感受到的痛苦之情吧,让我们坚持以正确的名字去呼唤他们。让我们不要去指责那些种植园主，而将他们的不幸归结为他们自身的罪过。

对于废奴主义者来说，爱默生在演说中使用的这种口吻是相当冷酷且具有哲学性质的。爱默生的一些朋友试图让他明白当时整个的局势。他们对爱默生说，他并没有真正意识到这是关于人性的利益，希望他不要对慈善家们的方法或是方式不满，导致他无法看清楚他们的工作所具有的重要意义。爱默生也准备承认他们这样的说法也是有一定道理的：

> 某天，在一个场合下，我对伊丽莎白·霍尔说，我最欣赏那些具有价值的强大之人，就比如她的父亲，因为他在没有任何犹豫或是顾虑的情况下支持社会秩序的改革。我欣赏这些人，他们从来不会通过激起民众的痛苦情感、怜悯或是任何形式的不满给我们增加任何麻烦。但是，现在这些所谓的慈善家们却显得那么古怪与可怕。总的来说，他们是一群让人讨厌的人，我们应该像躲避讨厌鬼或是流浪汉那样远离他们。相比于反对保守主义中的教条主义，我更加反对改革过程中出现的教条主义与缺乏自律性——在我们尚未参与的时候就急于想要领导，在我们尚未说出祈祷或是听到我们内心的爱意与和平思想之前，就想要为我们的国家与人们制定法律——这些都是不可以接受的堕落行为。他们的做法让很多伟大人物的名字受到了亵渎，我们的美德变得一团糟，有时只是以愤怒的形式表现出来。但是，我的良知，我那个愤懑的良知，却非常尊重那些看

到我们社会中存在缺陷与不足地方的倒霉之人，这些人每时每刻都在进行祈祷与不断努力，想要改正这些错误。这些看似让人讨厌的男女阶层，经常联合起来去做超越他们能力范围的事情，所取得的结果也是让人欣慰的。但是，他们用偏颇的眼光看问题，很容易渲染自己的能力。是的，那些沮丧的忏悔者也会这样——他们不是有着宽广眼光的人，在面对这些眼泪或是抱怨的时候也没有任何哲学层面上的思考。但是，我可以感受到他们的排他做法，知道他们认为地球、海洋与一切都是以他们为中心的，认为整个宇宙都是以他们所站立的位置为中心来转动的。

真正让爱默生反感参与这些慈善计划的原因，不是他一丝不苟的精神或是惰性，而是他的本性。他的本性始终让他找寻一个相对公正的立场去看待对立双方。无论在任何情况下，正如他所说的，他都不会去垂涎一个所谓治安官的官位。当我们对自己进行评价的时候，很容易会给出一个绝对意义上的标准。而当我们去评判别人的时候，则更应该去思考当时的背景，不要用一个人所持的立场去代替他整个人。

对我们来说，维持奴隶制就等于容忍邪恶的行为继续存在。但在种植园里，这可能只是表明了某种程度的自我放纵，这样的放纵程度也许与我们在家里的行为一致。当我们对那些蓄奴者进行攻击的时候，需要将自己摆在一个道德高点，但我们事实上却没有站在这个高点之上。当然，那些蓄奴者是应该遭受谴责的，但奴隶也应该为自己允许别人将他们当成奴隶而遭受谴责。

黑人种族的堕落状况，虽然现在已经遗失在过去没有星光的时空里，但他们却也不是不带任何罪恶的。对于他们目前所处的境地，他们也需要负上一定的责任，因为只有他们自己才能真正去救赎自己。要是他们不想办法去挣脱这样的奴隶制，那么无论废奴主义者做出怎样的努力，这都将是白费的。在南方的奴隶应该像在北方地区的黑人一样，首先实现自我解放。

一个仅在废奴运动圈子里流行开来的秘密就是——也许这正是废奴主义者们的一个秘密——即黑奴与蓄奴者其实就是一伙的。当自由的福音慢慢传过来，要求废除黑人法律，他们就会发现，自由的黑奴其实就是动物法则的典型代表，认为黑奴根本没有任何思想，只是如同植物或是动物一样的存在。而人类就应该遵守自然法则，弱肉强食。

废奴主义者（理论上的）希望废除奴隶制，这是因为他们想要废除黑奴。这是一股充满暴力与野蛮的力量，这与人类的文明统治是相违背的。但是，废奴主义者又认为，黑奴本身就是野蛮力量的代表，认为只有白人才能拥有奴隶。这些废奴主义者攻击勒格雷、麦克达菲以

勒格雷，斯陀夫人代表作《汤姆叔叔的小屋》中的残暴的农场主

第十二章 改革

及北方与南方的蓄奴者,给出的原因是他们是世界上最著名的黑奴,并且要为黑奴的自由进行斗争。当他们消失之后,法律,代表智慧的法律则会成为主旋律,这将会让黑人内心的野蛮力量逐渐消失。他们认为,黑人是上帝创造出的比白人更低劣的人类,认为黑人会吃人,每当有机会就会绑架或是折磨白人。他们认为,这些黑人具有很强的模仿性,并且会为自己成功做了某事而产生叛逆心理。他们还认为,黑人根本没有任何心灵与道德可言。

麦克达菲,美国国会议员,反对废奴法案

很多学者都认为,应该坚持这种稳健的观点,不能只是肤浅地应用。我要求实现绝对的正义,肯定这样的正义,并且按照这样的正义去行事。但是,千万不要因此认为波士顿民众有着错误、炫耀性或是戏剧性的态度,想让他们认为自己要比想象中更加具有美德。

与此同时,爱默生非常欣赏那些毫无顾虑地投身到这项运动当中的人。用他的话来说,这些人可能是固执己见的人,但他们是朝着正确方向前进的固执之人。

仇恨加里森的人都为这个世界性运动的发展而感到开心。每当我说起加里森的时候,都会心怀敬意。某天,我发现他坐在他那个昏暗的办公室里。

也许,爱默生去加里森的办公室,是为了参加康科德的废奴主义者于1844年8月1日在法院大楼[1]举行的会议，庆祝英国控制的西印度群岛的奴隶获得了自由。爱默生在会议上发表了演说，这次演说的稿子收录在他的作品里。（许多废奴主义者说）爱默生的这次演说让在场的废奴主义者感到非常满意。在这次演说以及一年后的一次演说里，爱默生的观点变得更加激进，他认为黑奴有过上文明生活的能力。在大赦年的庆祝活动上，他说："要为发现黑人有能力与白人进行竞争这一事实感到自豪，在我们称之为历史的伟大圣歌里——黑人是众多部分的一部分，虽然他们在过去很长的历史中扮演着屈从低等的角色，但他们已经认识到自身能够参与到人类文明的历史进程，并能在音乐方面占有一席之地。世界的礼仪已经达到了这样一种程度，因此黑人发挥自身的道德天赋也将变得不可或缺。黑人们应该为他们的种族感到自豪。"

在第二年的同一个庆祝活动上，关于爱默生发表的演说，我只能从《纽约先锋报》上找到相关的报道，因为这篇演说从来没有出

《纽约先锋报》

---

[1] 当时，没有一所教堂愿意敞开大门，为这次会议提供场所。最后，梭罗想到要利用法院大楼来开会，他本人也敲响了大楼的钟声。

版，而爱默生似乎也没有保存手稿。在这次演说中，爱默生说那些为奴隶制辩护的人，其实根本不会质疑解放黑奴事业的公正性，不会出于严格意义上的自我利益或是因为黑奴这个种族的低劣而进行反对。爱默生表示，他们应该反对那些为己谋利的废奴主义者或是所谓的慈善家。这样的话，那些对解放黑奴事业感兴趣的善意之人给予的帮助，仿佛给了黑奴们一把桨，让他们可以顺势驶向尼亚加拉河。

新英格兰地区的民众会默认多少这样的结论呢？正是创造出黑奴的造物主给了他作为受害者站出来的勇气。正如在一幅漫画里，白人站在一个黑奴旁边，而黑奴则弯腰背着东西，在奴隶主的鞭子下流血。如果这就是所谓的信条的话，那么我要说，如果上帝已经放弃了他的事业，那么他肯定也要放弃对我的期望，因为我觉得他这样做是错误的。但事实并非如此。整个宇宙的秩序没有变得混乱，宇宙的法则依然在每个人的心灵深处牢牢扎下了根。无论我们有怎样的想法，正义始终是存在的。关于这种重要的陈述应该做出什么样的回应呢？我认为，无论是从美国还是西印度群岛所获知的事实可知，我们完全有理由相信，这种关于黑奴是劣等民族的说法是完全站不住脚的。但是，我不愿意就这个话题展开来说。现在，我只关注这个体制是否符合道德，因为这个体制目前似乎对于诸如此类简单的问题都没有做出一个明确的回应。正义的情感是人类文明的原则，代表着无尽的理智，必然会让我们去与该死的无神论进行斗争。波斯人有一句谚语：小心孤儿。因为，当这个孤儿正在哭泣的时候，那么拥有无尽权力的国王都要颤抖一下。无论此时此刻白人与黑人的命运相差多大，现在的种植园主已经处于一种不安全且不幸的境地。自然界有物极必反的原则，每当一件事走向了极端，就会朝着另一个方向发展。同理，权力也会悄悄地从目前那些游手好闲之人手中渐渐转移到那些勤劳之人的手中。按照目前的形势来看，一场全新的革命正在酝酿着，在不久的将来，这场革命必然会将这些杂乱的事情全部解决掉。

相比于暴风雨所具有的摧毁力量，爱默生更喜欢阳光给人类文明所带来的作用。当他感觉自己处于某种受制于别人审查的情形时，内心总会经历一番痛苦的挣扎。几年前，当另一个给整个国家带来耻辱的犯罪出现的时候，即乔治亚州在联邦政府军队的支持下，将切罗基族人暴力驱赶出他们原先的家园。这让爱默生感到无比的愤怒，于是他给当时的总统范布伦[①]写了一封信，而圆滑的范布伦总统可能始终都没有阅读爱默生的这封信。[②]

1838年4月19日。我的一位朋友用悲伤的口吻告诉了我有关切罗基族人的悲惨遭遇，这让我那段时间的生活都笼罩在一片黑暗当中：我对此能做些什么呢，为什么我们的政府要这样做？为什么要对那些人做出那样的行为？我反复思考着这样做背后可

范布伦

[①] 范布伦（Martin Van Buren，1782—1862），美国第八任副总统（1833—1837）及第八任总统（1837—1841）。
[②] 参看附录D。

能隐藏的任何合理的原因，但是我找不到任何合理的原因。可以肯定的是，这样做会让很多切罗基族人流血，会让妇女与儿童失声尖叫。但是，有时尖叫要比任何一篇论文的观点都更加具有说服力。

昨天，我给范布伦总统写了一封信——我在信中表达抗议，我没有将内心深处的想法完全表达出来。我写了日记，怀着愉悦的心情发表演说。但是，深陷在这些所谓慈善家的泥潭里，却无法给我的内心带来任何平和的感觉。在这个共和国找到我之前，我还是最好不去惹他们。我认同自己在写作时表达出来的观点，但我更宁愿从我的朋友那里获得这样的观点。我没有说出这些话的冲动，因此我的天赋似乎也舍弃了我。我感觉自己没有了灵感，思想不再像以前那样充满音乐，我也没有得到任何人的安慰。

改革家们表现出来的同一种情感或是对目标的认同，并没有让他试图去做超过恰当范围之外的事情。当有人希望他在 1840 年参加布鲁克农场实验的时候，他在犹豫一番之后，决定参加。

爱默生在写给富勒女士的一封信里说：

里普利做了一件多么勇敢的事情啊！他现在是与邪恶作战的基督教徒首领了。他做出的每个行动都会产生重要的影响。关于这个"社区"，我给予了许多关注，并且发表了自己的想法，现在都还没有决定是否要去那里。但是，我讨厌在做决定的时候显得犹豫不决——我觉得自己在任何社团里都是一个毫

布鲁克农场

无希望的候选人。每当我听到社团这个名字的时候,内心就会产生反感的情绪,我的笔调就会变得更加锐利。我应该很快就会过去,或是将自己关于这方面的想法告诉乔治·里普利。

下面是爱默生的日记:

1840年10月17日

昨天,乔治·里普利、苏菲·里普利、玛格丽特·富勒与阿尔柯特过来这里讨论一些全新的社会计划。我希望他们能够让我感受到全新的虔诚情感,融化我内心的冷漠情感。但是,他们所讨论的计划是周密且详尽的。他们决定租用特雷蒙特酒店或是美国酒店。对于我们这些过着贫穷生活且在政治上没有地位的人来说,这是不可思议的。大家似乎不顾一切地想要这样做。他们的讨论根本没有让我产生兴趣,我只是冷漠地坐着,大脑没有做任何的思考。当别人问起我的意见,我只是支支吾吾地回答。这不是一个迫害别人的做法,而是充满精神力量的宫殿。但是,他们只能租用阿斯特酒店的一个房间作为超验主义者的活动场所。我不希望从我目前这个"监狱"转移到一所更大的"监狱"。我希望挣脱所有监狱的限制。

阿尔柯特

在这年年末的时候,爱默生写信给里普利,表示他在深思熟虑之后,只能带着赎罪的心情去表示自己不能加入他们的实验。他给出的理由是,认为自己根本不适合,并且引用了埃德蒙德·霍斯默给予的一些建议,"我的这位邻居是一位非常聪明的农民与正直的人",并谈到了有关干农活的细节,表明自己不适合参加他们的实验。

爱默生在日记中写道:

> 我认同这些实验者做出的每一个狂野的行动。他们所说的

话语将我的想法表达出来了，关于没有参加他们的实验，我唯一感到抱歉的理由是，我没有这样的精力。我有自己的工作，我能在这方面取得一些成绩。如果我参加了他们的实验，那么我就没办法完成这些工作了。我从不认为自己是一个精力十分旺盛的人，因此无法将精力分散出来去做其他的事情。因此，我决定还是做之前所做的事情。即便很多人说我贬低了自己的追求，没有与他们一起进行实验，那也没关系。这些人纷纷希望我能够扮演殉道者或是救赎者的角色，这些实验会严重损耗我的精力，这就是我的想法。因为，当一个人顺从自己的天赋，那么他就是顺从了某种特定的信仰。只有这样，他才能真正找到宇宙的信仰。

接下来一封信的日期标注着"1840年12月12日"，是已故的威廉·亨利·钱宁牧师寄给我的，这是富勒女士从爱默生寄给她的一些信件或是爱默生本人日记里复印过来的：

我经常会产生这种想法，即我们这个社会的基础——包括国家、学校、宗教、婚姻、贸易、科学——都切断了我们与灵魂之根的联系。而这种被切断的联系会让我们只能过上肤浅的生活，只是盲目地活在这个世界上。要是我能恢复到原先的本真，不去接受任何教会、学校与国家灌输给我的观念，或是整个社会没有以其方式去影响我的话，我肯定会感到非常高兴的。如果我不能消除这些东西，那么我至少希望能够消除一切本身不属于我的优点，敢于面对世界上那些持着愚蠢观点的人，敢于展现出信念的各个部分，宣布放弃所有我的财产，因为这与我的品格或是教养没有任何关系，因为这些都没有遵循任何美好或是庄严的法则。我对这些事物的依赖会让我变得虚弱，也会给我带来伤害。我应该将我的身份变成自身信念的一个记录，而不是作为一个对我来说可有可无的事实。我应该在别人都相信这些道理的时候，选择相信这些道理。我知道，人的本性会直接发散出某种属性，而且这样的属性与植物的生长、潮水的涨落或是星球的移动都是处于和谐状态的。但是，正如你们所看到的，当我们选择相信这些神性模式之后，并没有成为思想的英雄，而我们的精神也会向那些敢于对此发问之人进行回应。在过去的生活环境里，我允许母亲、妻子、孩子与兄弟姐妹们不断给我灌输一些关于绝对真理的做法。我还允许自己像寄生虫那样依附在这个腐败系统里。当然，这只是一个例子而已。饮食、医药、交通、书籍、社交活动，以及我们所有其他方面的活动，都代表着错误的经验主义。我应该将我所有的行为都放在它们一开始出现的思想里，然后什么都不做。因为，我没有从这个世界上找到可以为此证明的理由。如果这会带来诸多不便，或是遭到一些破坏，这是因为我们本身变得虚弱，做了一些伤害自身的行为。不过，这就好比香水的香气慢慢渗透进来，让我们每天的行为都变得神圣，让我们的人生可以获得神秘的力量。

但是，里普利的这个计划怎么会给予我一些帮助呢？这是一条相当迂回曲折的道路。对少数人来说，这难道不是我想要的一些简单状况吗？我希望付出诚实的劳动，而不是受雇于人——或者说，受雇双方都应该获得各自的尊重。里普利的计划给我提供了这点，还会给我带来另一个巨大的好处，就是为我的劳动提供了方向。但是，我宁愿自己买一个农场，与两三名朋友或是雇用一名农民，来获得同样的结果。关于里普利提出的学校建议，我不是很关心。我可以肯定，我应该更高效地将精力投入到几英亩地的劳作上，因为我从中获得的知识与我在正规学校获得的知识是一样的。要是情况允许的话，难道放弃这些，选择一些更为复杂的做法是明智的吗？我只是希望能够让我的家人与我的工作一样简单。我不希望通过你这个计划来寻求任何的影响力。每当我想到你的工作会给别人留下深刻的印象，却不会改变这个社会环境，我就觉得无趣。我希望能与一些拥有禁欲主义精神的人生活在一起，在某个与世隔绝的地方一起生活，保持着彼此的仁义与创造力。这样的话，我们每天都可以想出许多创新的方法。我们就不会认为自己的影响力受到了任何隔绝，这就代表着自然之光的闪耀。

爱默生也看不到自己加入果园公社所带来的任何好处。这个果园公社要比布鲁克农场成立晚一年多，是阿尔柯特与一些英国朋友——莱恩与赖特等人——在距离康科德不远的哈佛地区成立的。下面是爱默生在1842年11月19日的日记：

我恳求阿尔柯特将他的计划讲清楚。他只说这个农场占地面积为100英亩，那里有齐全的设施，还有一些不错的建筑物，有一座果园以及一片非常美丽的草地。我说，你们应该想办法

第十二章
改 革

1915 年时的果园公社

现在的果园公社

首先购买这个地方。阿尔柯特却说，你问得太多了。因此，这样的态度根本无法解决任何问题。如果你想要成立这个公社，让一百多名纯真的年轻人跟着你一起，给予他们一些保护，那么要想保持他们的纯真思想应该不是一件难事。在这一切都妥当之后，看到那些整洁干净的房子，肯定会给我带来一些心灵的震撼。但是，阿尔柯特却对我说，他不需要任何人的帮忙，他们会在贫穷、劳累与繁忙中生活，因为他不愿意让自己陷入任何可能的腐败问题，只希望能够在这片土地上建造一个和平的地方，让每个人都拥有良好的行为，都有自由的思

果园公社博物馆外的雕塑

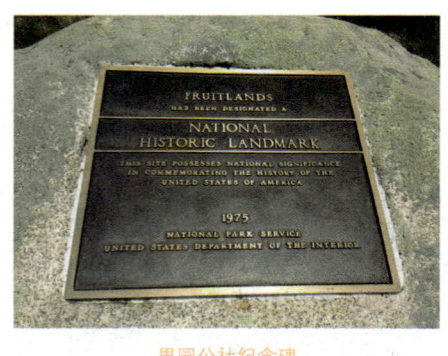

果园公社纪念碑

想。阿尔柯特说，但这该怎么做到呢？我该怎么做到呢？对于那些有妻子儿女的人来说该怎么做到呢？我回答说，他不是这样做的适合人选，或者他不应该提出这些问题。当他真正变成了适合这样做的人，那么他不仅会看到现实的东西，还能对生

第十二章
改 革

命有全新的认知，了解生活的方式以及去实现目标的途径。你向我展示出来的方式本身并不是实现伟大的方法。这样的精神态度并不能让我们获得这片土地，或是可以免除税收，只会让我们处于贫穷匮乏的生活状态，甚至是根本没有土地的境地。在没有土地的情况下，谈什么享受生活的乐趣呢？因为，按照上帝的法则，土地的存在是有其原因的，这会让人类在土地上不断繁衍生息。如果你询问有关这种精神方式的细节，我会说，你所找寻的合作方式与学院或是所有世俗机构所要找寻的合作是完全一样的——那就是金钱。真正的合作是以另外一种方式来进行的。某人出其不意地向我展示了我与所有人都应该找寻的东西。我大声说："就是这个了，拿走我的吧。我会以此来衡量我所做事情的价值。"这才是真正的合作，这才是不可估量且无限的合作。这样的精神不像你所想的那样缓慢，需要沉思，或是需要必要的条件。在我的人生里，少数人在我看来并没有5英尺5英寸或是5英尺10英寸，而是变成了更庞大与模糊的形象。但是，这些人并不是庞大的财富拥有者，也不是这个社会的带头人。与此相反，没有比这更加私人化的了。他们处于某种匮乏或是处于苦难当中，或是与我们所称之为精神的东西存在着某种联系。在我看来，这些事物似乎因此而改变了之前的形象，变得更加壮美了。善意的精神会在我们所处的环境、我们劳累的工作、摆脱社会不良影响的努力中出现，正如一堆冒着烟的灰烬，最后还是亮起了火光。但是，你的朋友所说的观点在逻辑方面上出现了致命的缺陷。他们的整个信条都是关于精神领域的，但他们最后会说，尽可能给我们多些土地与金钱吧。如果我能够给他们任何东西的话，这肯定是出于某种功利目的，而不是任何的慈善行为。除非有人说，让他们深刻领悟自己的错误吧，否则他们就找不到最好的出路。

我想说的不是这些，而是与此相似的话。在演说过程中，我经常谈论品格的问题。我会说，我说的话都具有一定道理，而且也有实质的内容。但是，他们所说的话只具有一定道理，却没有任何实质内容作为支撑，这与很多学者以及研究精神生活的人一样。如果他们是这样的话——如果他们的生命核心本身是吻合的话——那么我肯定要跪地礼拜。我会对他们所说的话没有一丝质疑，全盘接受他们的话——正如我们的圣人（虽然有点病态）约翰·韦利向我们展现出了他最好的一面——但我认为他所展现出的东西却让这些思想变得混乱，这就让他可以在一旁袖手旁观，有意识地阐述这些事实。因此，我可以自由地看着他们，不去审视他们所提到的绝对事实，而是将之视为许多事实中的一个事实而已。他们不喜欢图画、大理石、森林或是诗歌，但我却喜欢这些东西。莱恩与阿尔柯特也都喜欢。

我之前说过，在我离开之前，难道你不想通过解释的方式，给我一些打击，好让我忘却处于孤独的状态是一种幸福吗？阿尔柯特不断谈论着我对品位的专制看法给他带来了诸多伤害，从而让他得到一些安慰。当然，阿尔柯特只是用柔和的方式来说我。因此，我离开了这棵具有神性的"忘忧树"。

不过，爱默生在心里始终惦记着这些计划带来的结果，他建议阿尔柯特与他一道以更加简单的方式去做。爱默生看到当时的环境乃至整个新英格兰地区出现的不平等现象，这些都深深刺痛着他的心灵——事实上，这些不平等的现象始终都是存在的。之后，每当他看到那些他所热爱与尊敬之人拥有了大量财富，就认为这些人与财富之间有着正确的关系，会想办法以最好的方式利用这些财富，他以这样的心理来安慰自己。他说，除了那些懂得如何利用财富的人应该致富之外，任何其他人都不应该致富。对他而言，他强烈地感觉到需要舍弃多余的东西或是摆脱各种不自然的关系。1841年，爱默生写了一篇关于劳动的文章，他后来又重新进行了一番修改，命名为《改革家》。在这篇文章里，爱默生这样说：

> 有时，生活要比可怜之人搬动沉重的行李车更加沉闷。还是让我们切断这些联系吧。小鸟与狐狸可以在不做出任何堕落的行为，不成为任何人的奴隶或是没有任何束缚的情况下找寻它们的食物与栖息地，为什么我们就不能呢？我更愿意在没有这些羁绊、不需要付出太多代价的情况下去获得我想要的东西。当有人在桌前等待着我的时候，我会变得非常不安。我宁愿在椅子上伸张手臂或是站起来，也不愿意接受一个不是出于爱意之人提供的服务。为什么哲学家在日常的工作中，就没有意识到这种自我信任的信条呢？还是让他在温暖的阳光下去耕种肥沃的土地，扛着锄头与铁铲在大地上书写自己的思想吧。让他去直面许多急切需要解决的问题，直到他通过那双充满力量的手与冷静的大脑去面对冷酷的幽灵，并取得最后的胜利。让他从此以后成为穷人们的朋友，通过实验向他们展示出贫穷

的状态不一定会永远持续下去的。让他们的行为表明,相比于奢侈的生活,劳动并不会奴役一个人,劳动的行为可以深藏在我们的思想当中。这个时代,在伦敦、巴黎与纽约等地方,人们都可以过上这种英雄般的生活。当然,这是不容易的。如果这是容易的话,那就不是什么英雄般的生活了。但是,那些能首先解决自身问题的人,其实并不是解决一个派系或是集团的问题,而是解决了全人类所面对的问题。数千年来,这样的人不断向每个时代的年轻人表明一点,人们应该如何过上独立、优雅与恰当的生活。在我看来,宗教不一定就会导致狂热的崇拜。到目前为止,宗教也可以帮助我们过上一种英雄般的生活。当我们在思考任何教会、礼拜仪式或是习俗的时候,都会感到非常困难,而这样的感受是非常真诚的。但是,所有问题都指向了每个人的房子与火炉边。让我们学会真正地生活。对于那些只是希望去改变某一方面问题的改革家们,我不抱任何积极的希望。在饮食、财产、战争或是赞美乡村生活等方面不公平的改革,始终会带来偏颇的影响。在一般人看来,农场是一个糟糕的生活场所。但是,那些怀着慷慨精神、抱着要过上真正意义人生的人,将会发现没有比农场生活更加恰当的生活了。他必须要适应简单的饮食,消除心灵世界里任何嘈杂或是蠢蠢欲动的欲望。他必须要按照自己的想法去生活,抛弃脑海里那些根深蒂固的生活观念。他必须要将生活看得比单纯填饱肚子更加重要,从他遇到的每个人身上感受一个智慧的世界。他必须要从生活环境以及行为方式中感受到全新的一切。当我们怀抱着全新的人生信念,那么之前所有的懊悔或是疾病都将

第十二章
改 革

会沉入大海！每个家庭将不需要再雇用什么工人，奴隶制也会因此陷入泥潭。社会中存在的各种缺陷或是不足将会慢慢地消失，而属于农神的时代将会重新到来。

在写给哥哥威廉的一封信里，爱默生这样说：

1840 年 12 月 2 日，康科德

从某种程度来说，我很想尝试一些体力劳动的实验，这能减轻我家人在家务方面的负担。还有，每当我看到身边的人所遭遇的不公平待遇，都会感到不满。我的内心始终牵挂着土地，希望在未来的某个时候能拥有一座小房子，或是能够容纳更多人的房子。我认为在明年 4 月份的时候，我们将会建一间卧室，让阿尔柯特和他的家人与我们住在一起。当缺乏人手的时候，阿尔柯特的巨大作用是很难发挥出来的。但是，很少人会意识到这点。因此，我感觉有必要去帮助这几个人。阿尔柯特应该会成为一位受到民众爱戴的人，也许他在未来的某一天会成为这样的人……无论怎样，利迪安与我已经给他发去了邀请，希望他能够与我们在明年一起建造房屋，并且向他与

利迪安

他的妻子说明了我们对劳动与简单生活的看法。他们目前正在考虑我们的提议。

利迪安欣然同意了爱默生的建议,虽然在她看来,爱默生的这个计划是比较大胆的。幸运的是,阿尔柯特的妻子拒绝了爱默生的这个提议。

与此同时,他们又进行了一次实验,将家务活置于一种更加理想的状态。

下面是爱默生写给威廉·爱默生的一封信:

1841年3月30日,康科德

你知道,利迪安与我曾想过在乡村生活的时候,整个屋子只需要有一张桌子就可以了。某个晚上,利迪安出去外面,与两位女性朋友就这个问题进行了一番交谈。路易莎非常乐意地接受了利迪安的提议,但是,作为厨师的莉迪亚却坚决表示反对,她说了厨房不能只有桌子之类的话。第二天早上,我们叫小儿子沃尔多去告诉路易莎,早餐已经准

路易莎·梅·阿尔柯特,阿尔柯特之女,《小妇人》的作者

备好了，但她却已经与莉迪亚一起在吃东西了，拒绝让她一个人吃东西。我们所想的其他计划，也面临着同样的结果。正如之前阿尔柯特表示愿意过来我家，但他的妻子却强烈表示反对一样。

拿破仑说过："尊重你所背负的重担。"爱默生同样非常喜欢这句话的精髓，经常给自己的孩子灌输这样的精神。在对待仆人的时候，他是非常大度的。他基本上不责骂佣人，总是好言相劝，生怕自己说的一些话会让佣人觉得他是在贬低他们。他非常尊重佣人们的假期，有时甚至宁愿麻烦自己，也不愿意毫无必要地加重他们的负担。在他家举行的一次生日聚会上，孩子们在玩耍中打翻了一些杯子，这让佣人感到有些不满。在听到佣人说出的不满话语之后，爱默生迅速走上前，说："小伙子、小姑娘们！你们不需要做这些。你们已经忙活了一整天了，你们就早点回去休息吧，这些我待会儿收拾。"

关于体力劳动的另一个计划，对爱默生来说并不算什么新奇的事情：他早已养成了在花园里工作的习惯，并在给富勒女士的信件里谈到了自己亲自扛着锄头去种植玉米与马铃薯，虽然他坦白地承认，"我每天的工作只是具有一些象征性的意义，就好像中国的帝王那样象征性地劳作一下"。他的儿子小沃尔多恳求父亲在用锄头的时候不要伤到自己的脚。但是，他希望"通过诚实的劳动，出点汗，让装饰性的朴素生活变得更加自然与亲切"。因此，在1841年的春天，他邀请梭罗过来与他同住了一年，教他如何耕作。爱默生在写给哥哥威廉的信中这样说：

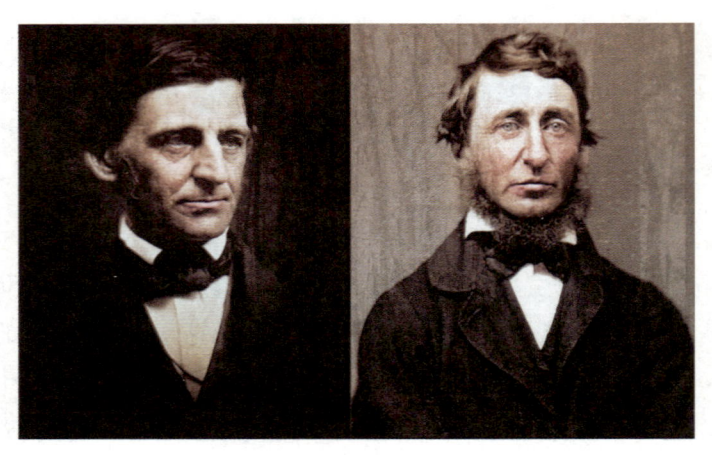

爱默生和梭罗同住了一年

　　他有住的地方，可以选择自己想要做的体力工作，因此，他对我来说就是一位很好的帮手与医生。因为，梭罗是一个具有不屈不挠精神且非常熟练的劳动者，我与他之间的合作非常融洽，我已经无法离开他了。我希望自己能通过劳动变得更加强壮，我这个春天都瘦成皮包骨了，这让我深感耻辱。梭罗是一位真正的学者与诗人，他就像一棵蓬勃发展的苹果树，日后必将结出累累硕果。

写给玛格丽特的信：

1841 年 4 月 22 日，康科德

亲爱的玛格丽特：

　　感谢你的好言安慰。虽然我现在的身体处于前所未有的虚

第十二章
改 革

弱状态,但我也没有任何要抱怨的话——我认为,只有我那些荒谬愚蠢的狭隘思想,才会最终让我付出代价。只要我的老朋友——温暖的南风——重新吹过来,那么这片树林、田野与花园将会重新让我充满生命力。亨利·梭罗过来与我住在一起了,与我一起在花园里劳作,并且教我如何嫁接苹果树。你想知道我早期的一些计划——其中一些与阿尔柯特以及一张普通桌子有关的事情吗?我不会在这里描述所谓的田园生活,因为我想将这些内容留在我的回忆录里……对于我们迅速触及剑桥地区的核心问题我感到遗憾,但我并不认为,美国生活是肤浅的。那些投机者与海关官员——不要说那些狂热主义者——他们更让我感兴趣。如果我的口袋里有钱,肯定会前去俄亥俄州,然后沿着密西西比河去找寻所谓的东方主义(因为这太具有地方特点了),我肯定能有所收获的。之后,我会将之发扬出去,我的意思是要将美国的激情传递给欧洲那边。我们对剑桥的崇拜,只是对伦敦崇拜的部分表现而已,这样的崇拜情感必须要跨越阿利根尼山脉。不过,我在阅读奥布莱所写的有关英国文人的奇闻逸事或是信件中得到极大的乐趣。接下来就是那些文化人,他们所展现出来的才华是最具有吸引力的一种东西,英国文学的生命力就在于,它是一种自成一体的文学世界,其中包括了许多

奥布莱

方法与结果……我们应该在下一期的《日晷》杂志里刊登更加优秀的诗歌,因为我们必须要有多变的风格才能弥补上一期杂志所提到的上帝一体论、雪莱、理想生活以及改革等方面的内容。利迪安也让我将她的爱意捎给你。她现在的身体状况不是很好,但她认为当你回来之后,她的身体就会自然好起来。我们阅读了波菲力、圣西蒙与纳皮尔所著的《半岛战争》以及卡莱尔的文章,度过了寒冷与多雨的季节,每天都在等待着你的来信。你知道在8月的时候,我要前往沃特维尔那里的一座洗礼学院,在那里面向一些年轻学生发表演说的事情吗?我身上的罪恶到底是什么呢?当最好的书籍都无法让我们感受到精神的兴奋与内心喜悦的时候,而一个在15年前曾在《爱丁堡》期刊上发表过诗歌或是演说稿的人就能做到呢?……尽管如此,在晚上或是下雨的时候,在我切断所有与欧洲相关的废话之

圣西蒙　　　　　　　波菲力　　　　　　　纳皮尔

前，我希望能前往柏林或是德累斯顿。

永远忠诚于您的
拉尔夫·沃尔多·爱默生

至于花园的事情，爱默生很快就发现在另一个花园里可以做得更好。爱默生在这年年终时的一篇日记里这样写道：

> 若从个人经验来看，我不会说关于文人从事体力劳动的好话。如果你想成为一名学者，就必须要处在学者所处的位置。告诉孩子们，用自己的双手去写文章或是去劳作吧！难道玻璃工人是通过闲暇时间去制造玻璃的吗？或是化学家在闲暇时间去研究土壤？或是领航员在闲暇时间沿着纽约湾海峡来航行？而最伟大的艺术、最精妙与最神奇的效果，就是你认为这可以通过一只手拿着笔或是另一只手拿着撬杠来完成的？作家不应该去挖洞。可以肯定的是，他可能会在花园里劳作，但他停留在花园里的时间不能太长，不能出于花园本身的需求，而应该出于思考的需求。当地球上的玉米、甜菜、洋葱与马铃薯不断生长的时候，天国的原型却没有在我们的脑海里渐渐成型。

在这个阶段，爱默生尝试的另一个较小的实验——这有可能是出于对阿尔柯特的仿效——就是成为素食主义者。但他很快就放弃了这样做，因为他觉得这样做没有特别的价值。

爱默生为找寻更好的生活方式做出了努力，但却没有从别人的创新中获得任何帮助。可以肯定的是，他的脑海里肯定存在着某些先入为主的想法，而这些想法是他并不习惯的。一旦他付诸行动，就会慢慢放弃全新的方式，怀着愉悦的心情回到原先的模式。这种趋向于变化的倾向，在人类历史与自然历史中都扮演着极为重要的角色，而爱默生也为此做出了自己的小小贡献。他喜欢听别人谈论一些全新的项目，因为这样做表明了心智的积极活动，至于是否采纳这些建议，则又是另外一回事了。这肯定是源于某个人发出的遥远呼唤，而不是源于别人说这样做适合一般人去做等之类的话。爱默生对于那些指责别人、拒绝投票与缴纳税款的人（即便其中一些人是他的朋友）都不抱任何同情心。爱默生在日记中写道：

不要像疯牛那样去对抗这个世界。理清自己的思路，然后试图去解决问题。只要国家为你提供了发展的机会，你就不能拒绝你应得的金钱。你所建立的事业正处于飘摇状态，你花费90%的钱财都是你认为会带来好处的，而另外10%则会带来不良影响：你不能只是着眼于那一小部分的不良影响。还是等你能真正分辨清楚之后再做出决定更好一些。

那些不抵抗主义者到处说服好人不要去投票，想要摧毁保守党所宣扬的美德，因此这个国家的爱国者所投的票数就会处于劣势。虽然，那些无表决权的人在进行这种不抵抗活动时是正确的，但这只能掩饰他们改变信仰的做法是多么的迂腐，这不在于他们的体质，也不在于他们是否能够准确地表达自己的内心想法。

阿尔柯特认为，他可以找到足够多反对国家征税的理由，

第十二章
改 革

正如苏格拉底当时有足够的理由反对法官的判决一样。我说，要想做到始终如一，就不应该将苹果与玉米同时放在你的嘴里。你会助长恶魔的滋生吗？我们要勇敢地说出自己的想法。思想这把无比锋利的剑会将我们的肉体与精神分离出来，我肯定会使用这把剑，不再像以前那样做双面人，不再躲闪一些东西，不在这个虚伪的世界里隐藏自己。废奴主义者应该对此表示反对，因为他们都是拘泥于字面解释的人。他们非常清楚他们所反对的东西，政府有可能会站出来反对他们的做法。若是将一些特定的悲伤情感抹去，那么目前这种联邦形式是适合他们的。他们是新一代的清教徒，很容易感到满足。但是，你却不会对此感到满意。任何包括国王与臣民的君主政体都不会让你感到满意。因此，你反对马萨诸塞州的行为其实是虚伪的。你真正反对的是这个州的人民。

乔克不能吃米饭，因为他要往西边出发；他也不能吃到糖浆，因为他要前往北方；他无法穿上皮鞋，因为他不懂制造皮鞋的方法；他也无法穿上毛料大衣。但是，迪克却给了一块金币，他可以用这块金币去购买小麦、黑麦、枫叶糖浆与橡木衣柜，并说："不快乐的乔克，这块金币就等同于糖浆、大米、马皮革与羊皮。"

果园公社的哲学家们都能看到这些美德的形象，而这是那些诗人或是探索自然的人所看不到的。在他们看来，人们生活中的事情代表着最贫瘠且滑稽的田园生活，而光明会照在每个人的帽子与孩子的汤勺上。但是，他们却看不到每粒尘埃的飘动。

爱默生对改革所持的立场可以通过他下面的这封信得到阐明。这封信没有标明日期或是地址，但我认为这封信应该是爱默生在1840年写的：

亲爱的朋友：

  我的缄默并不能表达你的来信与你的著作给我带来的内心喜悦，我感觉我的行为有可能会遭到你的误解……对我来说，你的来信是非常大度的，用纯粹的语言谈论着某些事情。我们应该多用这种语言去谈论事情，我愿意一辈子只听到这样的语言。这是我听到朋友们说出的最美好与悦耳的话语，虽然我们可能尚未找到这样的朋友。我所认识的几个朋友的确与社会大众的一般看法不大一样，他们认为大众是缺乏信仰且卑贱的：现实社会则逼迫他们成为梦想者或是狂热主义者。他们必须要经历了这些阶段，才能说出一些得体的话。他们只能通过个人的自负与追求感官刺激去感受他们所面临的问题。当然，美德本身是有其功用的，正如恶习也是如此。纯洁绝对不能沾上那些不纯洁的面包，但是每个人都必须要凭借自己的劳动与汗水去养活自己，只有这样才能让他们的哲学观点变得更加可信。否则，就会立即变成一种比他们之前所指责的情形更加严重的状态。那些认为心灵遭受上天启发之人的第一个冲动，就是谴责自己身边所出现的各种死亡。就他们的视野极限来说，他们只能看到坟墓、鬼魂或是类似于活死人之类的存在。战争，没有止境的战争似乎就是他们要面对的命运，这怎么能够证明真理与生命的意义呢？但他们却在每个地方都肯定一点，即死亡不仅在这里,也在那里,每个目前有名有姓活在世界上的人其实都是已经死去的了。但是,上帝拥有更高级更完善的方法。上帝说,从死亡中一劳永逸地走出来吧,不要通过对死亡的仇恨,而要通过更为宏大的新生命,让死亡迅速消失。你的心灵就代表着生命,你要遵循心灵的召唤。心灵具有创造性的能量,洋溢着生命的活力与美感。因此,英雄主义、美德、救赎、帮助、机遇都会降临到你身上。——如果你感觉自己置身于极端的贫穷状态之中,就要不断在内心反抗这个社会存在的罪恶,那么你在自己看来就会成为唯一的例外。如果你继承了无限的精神财富,那么你可以将这样的反抗行为抛在一边。

爱默生鼓励女性积极获得政治权利方面的观点,可以通过他回复一位恳求他参加专门讨论这个议题的女性的信件里得到展现:

1850 年 9 月 18 日,康科德

亲爱的女士:

收到你的信件后,我有好长一段时间都没有回信,因为我对你提出的问题也没有一个清晰的答案……我绝对不会否认女性在政治与公民权利方面所遭受到的不公平待遇。如果女性感到自己遭受了不平等的待遇,那么她们就的确是遭受了不平等的待遇。但是,女性同胞们那种通过公共集会的方式去争取权利的做法,在我看来却是不大好的。在我看来,任何煽动情绪的做法都不是最佳的选择。也许,我是一个迷信且传统的人,但我每次都会为女性的权利投下赞成票的……如果女性提出要获得与男性一样的政治权利,而男性对此表示拒绝的话,那么我认为女性就不应该继续寻求这方面的权利,即便男性对此表示同意,她们也不应该履行这样的权利。我可以想象,男性眼中最优秀的女性会觉得,即便她们获得了这样的权利,最好还是拒绝行使,并认为行使这些权利会影响她们发挥正确的影响力。我必须要坦承一点,我绝对没有很看重自己在这方面的观点……无论怎样,我都不会阻挡任何符合正义的事业。如果你想的话,完全可以将我的名字列入集会的受邀名单当中,虽然我本人不会出席。与此同时,我会遗憾地看到,一次应该是有思想之人的私人会议,却变成了一次公共集会——变成了一个喧嚣吵闹的地方。当这个会议结束之后,我们都会为此感到羞愧的。

永远尊敬您的

拉尔夫·沃尔多·爱默生

第十三章
演 说

1835—1845年这10年间，正是爱默生32岁至42岁的人生阶段，是波士顿地区超验主义思潮达到顶峰的时期，也是爱默生最高产的时期。爱默生在这段时间创作的许多文章，都是因为环境所迫，而不完全是出于他本人的意愿。在他看来，将自己的这些思想通过书籍的形式去影响民众的想法，即便不是让他反感的，至少也是让他觉得可疑的。爱默生在日记里写道："我感觉到自己的人生是无聊的且面向大众的。我感觉自己似乎过着一种室外生活，每天都住在阳台或是大街上。"爱默生每天都希望能改变这样的生活状态，想要过上一种远离公众关注的生活。但是，他的努力并没有取得什么成效。他的家庭开支不断攀升，要抚养两个女儿与一个儿子，有时还要帮助那些需要他救济的一些亲人。因此，爱默生只能过着拮据的生活，想办法去维持这一切，因为他的收入始终赶不上开销。在这个时期，他出版了两本书（第一卷的随笔与第二卷的随笔），这两本书后来的销量很不错，但刚开始出

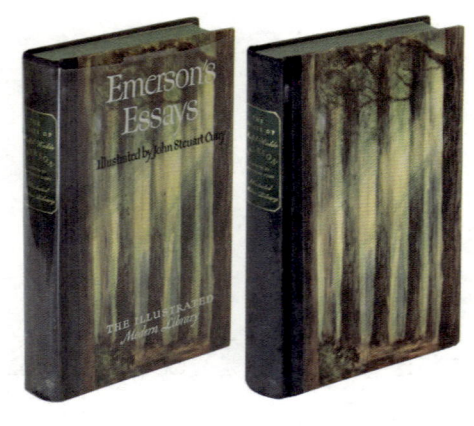

《爱默生随笔》

版的时候却没有给爱默生带来多少收入。爱默生始终关注着自己的开销。他对金钱没有任何鄙视的看法，不像那个时代的很多人轻蔑金钱。即便如此，爱默生却似乎没有赚到更多钱的本事。爱默生在发表主题为"财富"的演说时说："人类知识中有一个极为重要的元素，就是对财富的观点、实践以及成功方面的方法。"在这方面，爱默生所持的立场始终没有获得多少人的理解。在与出版商进行讨价还价以及有关卡莱尔在美国出版书籍的版税问题，他始终表现出具有常识的务实态度，这让他给别人留下了精明的商人的印象。事实上，在进行讨价还价的过程中，爱默生很容易被出版商误导，低估了他的所求，而对出版商的需求有着过分夸大的看法。因此，爱默生经常损失惨重。要是谈论这方面的事情有什么价值的话，我倒是可以列举几个有趣的例子。事实上，爱默生从一开始就在金钱方面得到了阿贝尔·亚当斯的帮忙。之后，他还得到了其他人在金钱上的帮助。不过，他认为每个人都应该想办法去解决金钱方面的问题。

众神非常严格地对待着我们，制造出了季度账单以及严格的硬币支付，不允许我们有合作伙伴，没有股票公司或是任何其他的安排,让我们每个人为每一分钱负责到最后。很多年轻人往往做着智慧层面上的美梦,从来不去思考这些问题:"在我父亲那一辈,他只需要关注土地与农作工具的改良就可以了,他看重草地与水闸的价值,他为什么要担心干草与草地,担心种植蔓越莓的田野,担心那些被烧毁的林木,那个坏了的水闸,那些乱七八糟的木材、我的庄稼与树木呢?难道我就不能拥有一个合作伙伴吗?为什么我不能将一些诗人或是热爱自然的人组织起来,让某些具有商业头脑的人去负责商业方面的事情——让一些人专门负责管理树木、草地、荞麦与蔓越莓——让我这样的人可以专心从事诗歌与哲学方面的研究与创作呢?"但是,不留情面的众神却说,你只能自己去收拾这个烂摊子,你只能靠自己去解决这些问题。一切租约或是契约都应该让双方签字,并且得到遵守。在印第安人的玉米与黑麦粉的计算以及相关因果关系的实用计算方面,这会让第二阶层的人说出准确的话语,或是让那些感知能力比较迟钝的人不会通过决斗的方式来解决,他们会想办法做出一些礼貌的行为。在某种程度上,每个个体都有责任对自己的家庭事务进行研究与管理。这是获取美德的一个重点,因为只有这样,他才能获得独立自由,才能不需要为体现男人气概的习惯去进行更多重要的培训。要是将我必须要依靠自己的想法拿走,觉得我可以有朋友或是其他人可以依靠的话,这肯定会让我放松自身的努力。当我遵循了慷慨大度的初始冲动,这不会给我带来任何损失。但是,某种程度的松懈却会影响到我的行为方式。

不过，爱默生的经营方式并没有帮他获得多少世俗的财物。他说："我始终小心翼翼，避免家庭陷进入不敷出的地步，我没有想办法去开源节流，也没有经商方面的能力，也不懂得通过怎样的方式去提升自己的经济能力。"对他而言，能够让钱包鼓起来的唯一方法，就是不断去进行演说。随着他的名声越来越大，新英格兰地区的演讲厅管理人以及西部一些人都希望邀请他。爱默生可以通过出差的方式，努力赚到一些钱，从而填补他家收入与支出紧张的局面。在那个时代，他每次演说的收入很少。也许，要是他能以更好的方式去做的话，或许能够获得更多的收入。1847年，他写信给亚历山大·爱尔兰，说连续发表10场演说的收入为570美元。在波士顿，这个场次的演说则只有50美元。在一些乡村讲台上，则是每场演说10美元，再加上差旅费的补贴。从他的家庭生活以及家庭管理方式来看，他给邻居一种过得不错的感觉，他的朋友也认为他为城镇税收做出了一定的贡献。因此，在爱默生四十来岁这个时期，始终处于一种精神焦虑的状态，他努力不让自己陷入债务的状态，这从他写给当时住在纽约的哥哥威廉的信中可以看出来：

1839年8月3日

卡莱尔的事情最近让我忙得不可开交，并让我这几个月都生活在拮据的状态中。如果我能活得足够长，那么终有一天能与这个世界无所拖欠，这对我的心灵自由是极为重要的。

第十三章
演 说

1839 年 8 月 17 日

我可以清楚地看到,今年冬天我除了出去外面发表演说,没有其他的选择。我必须要这样做。在康科德,税务部门给我送来这一年的税收账单,我要缴纳 161.73 美元的税款。

1840 年 4 月 4 日

昨天早上,我终于回到了家。我带着自己在普罗维登斯与纽约等地方辛辛苦苦赚到的 300 美元回家。这样的话,我就能偿还自己的债务了。但是,骄傲必然会让人栽跟头:阿特拉斯银行表示我的这笔钱没有任何红利,因此我发现自己处在与之前完全一样的境地。在普罗维登斯,当我预计的 6 场演说结束后,还可以通过继续发表演说来增加我的收入,但我却不愿意这样做。

1840 年 4 月 20 日

我认为自己目前陷入债务的谷底了,已经不可能处于更糟糕的境地了。但是,我又怎么可能出钱帮忙印刷有 103 页的《人民宪章主义》这本书,即便是书籍经销商鼓励我这样做,我也做不到。他们每卖出一本书,都会给托马斯·卡莱尔 15 美分的版税收入。

1840年5月11日

J. 门罗联合出版公司正在对卡莱尔的账户进行清算，发现他欠了我600至700美元，虽然他们支付给我的一些收入并没有进入这个账户。

1841年10月7日

这年冬天，我必须继续出去外面发表演说了，希望在共济会教堂里能够吸引更多的听众。要是这样的尝试失败了，那么我将会在纽约州的最西边、费城或是我最近刚刚去过的巴尔的摩等地进行尝试。

1843年10月6日

今年冬天，我决定不专门出去外面发表演说了，即便要去的话，也肯定是偶尔发表几篇演说。我希望能腾出时间创作一本新书（爱默生的第二卷随笔）。我每天都在为创作这本书收集素材。但是，我现在的生活很困苦，需要我不得不出去外面发表演说。

自从他搬到康科德居住之后，只有一个冬天是没有去外面发表演说的。只要他的身体允许，都出去赚钱了。因此，爱默生的演说地点每年都在逐渐向西部地区拓展。

在1839—1840年间，爱默生以"当代"为主题发表了一些演说，他后来在普罗维登斯、罗德岛、纽约以及波士顿等地区重复这些演说。在第二年的冬天，也就是1840—1841年间，爱默生渐渐减少了演说的次数，转而准备他的随笔录了。这本随笔录在1841年春天问世。在这年夏天，爱默生受邀前往缅因州的沃特维尔学院发表一篇演说，于是他顺便来到了南塔基特呼吸一下海洋空气。爱默生虽然出生在一个距离咸水很近的地方，但他对大海却一直感到陌生。因此，这一次的旅行让他对大海产生了深刻的印象。

1841年7月13日，南塔基特海滩的沃里克酒店

亲爱的利迪安：

我发现这个地方对我来说有诸多的好处，也许这与任何公共地方或是坐满了陌生人的房间一样。在这里，我可以阅读与写作，思考着演说的内容。我可以阅读柏拉图的著作，可以游泳。昨天，我甚至用鱼钩与渔线在这里钓到了两条黑线鳕鱼、一条比目鱼、一条绿青鳕鱼与一条鲈鱼……这片大海真的太壮美了，这里的大海总是让我想起马耳他、西西里与我的那次地中海之旅。那次旅行就是我对大海的全部认知了。因为在夏天的时候，每个地方的大海都是完全一样的。没有比大海更加温和或是美好的地方了。之前，我一直认为大海散发出简朴与荒凉的气息，还具有一丝的刚硬气息，对人类没有什么好处。我喜欢这里的可爱孩子，喜欢与他们闲聊……你在家也要好好保

重。收到来信后请立即给我回信,告知一切安好。无限仁慈的上帝始终都会保佑着你的。

永远爱你的
拉尔夫·沃尔多·爱默生

给玛格丽特·富勒女士的一封信:

亲爱的玛格丽特:

  我过来这里,是要与水神进行一番和解的。从童年开始,我每天不是在大街上走,就是被困在田野与森林里,我的内心其实是有一股怨恨之情的。直到最近,每个拥有水流的地方似乎让我觉得有些庸俗(我可以这样说吗?),无法给我带来喜悦的感觉。现在,这个牧场的橡子树与欧洲的越橘树,已经让我的双眼双耳重新恢复了之前那种平衡状态,这个海滩与壮美的海岸线似乎以一种父爱迎接着我……白天,我凝视着大海,聆听着海浪的声响。晚上,我凝视着大海,聆听着海浪的声响。在我的余生里,我将会与大海成为好朋友。我非常理解古希腊是如何成为古希腊的,古希腊人可以在洒满阳光的沙滩上展开双臂躺着晒太阳。要是我们将新英格兰地区那些尚未开垦的土地都开发了,那么我们或许也能像古希腊的天才们一样创造一段伟大的历史。难道是愚蠢的气候让英格兰(新英格兰与旧英格兰)变得如此坚硬或是充满力量,而不是变得优雅与敏感吗?这个夏天的海滩在阳光的照射下,在我眼前是那么的蔚蓝,是那么的具有神性。我不禁会想,当地身材魁梧与有着深褐色皮肤的居民只会提出这样一个问题:"这里的鱼怎么样?"在内陆,这样的问题也许会出现一些夸大或是表面上的变化,变成类似于华尔街或是道富银行等地方。但是,阿提卡与伯罗奔尼撒都并不是一个容易取悦的地方。我是怀着一个次要目标过来这里的,否则我就无法忠于我的新英格兰血统了。我希望在一些大圆石下面找到演说的素材,或是在这片沙滩的某些号角里面找到演说的精神思想。

在写给另一位朋友的信件里,爱默生这样说:

我喜欢大海。当海浪冲刷着海滩的时候,给人带来一种久远、愉悦又温馨的感觉啊:这似乎充分满足了一切的扩张——这是地球上唯一一样可以与天空进行相比的东西。但是,欣赏海浪冲刷海滩,则给人更加震撼的感觉。这些流畅顺滑的圆柱状的海浪让整个沙滩都充满了生命力,尽显美感。

1841 年 7 月 21 日

亲爱的利迪安:

我很高兴收到你的来信,得知你在家里一切安好,我感到非常开心。虽然当我听到你说,母亲在这么热的天气依然选择禁食或是过着疲倦的生活,还是感到很不开心。也许,现在是她的儿子要回家的时候了。我希望她的儿子会变得越来越好。

除此之外，伊丽莎白也会很快回来，她散发出来的积极影响是我们每个人都无法抵抗的。我已经读了三遍亨利所写的诗歌了，每次阅读都会增强我的喜悦感，他的诗歌写得太好了。我希望自己能够带点什么东西回去，但这片沙滩却没有给我提供任何东西。如果我没有记错，在我这漫长的一生里，我认为今天是毫无意义的，或是此时此刻的缪斯女神对我不公，我肯定会认为在7月21日这天受到了某些惩罚，让我无法说出任何悦耳的话语，或是无法表达睿智的思想。但是，海浪说出来的道理同样适合于人类："我摔倒的越多，我就能走得越快。"我们都是从过往的失败与挫折中不断成长起来的……我要再次感谢这个地方带给我的精神养分。每个男孩与女孩身上都有天使的影子，他们所说的话语或是行为都是具有价值的！我将在沙滩上找到的一块鹅卵石放在了口袋，准备送给小沃尔多……

爱默生返回家后，给哥哥威廉写了一封信：

1841年7月27日，康科德

在南塔斯基，我感受到了最清新、最凉爽的空气，也感受了最温暖的海水，这都让我想起了我的那次地中海之旅。因为我之前在家里生活的时候，还从未见过那样的大海。我希望在这里写一篇演说词，却发现要写的主题轮廓变得越来越宽广，直到最后根本没有完成的可能性。我不希望在国外取得成功，于是迅速回到了家。最后，我发现我只有在家里的案台上，用自己的墨水笔来写才行。

这年8月11日，从爱默生在沃特维尔发表的演说中，我们似乎感受到了一丝大海的味道，"是那么的宽松与无限"，但他在演说中的语调却是肯定的。当惠普尔后来赞美爱默生的这篇演说时，也不得不承认"我当时感受到了真正的精神力量，这让我充满了力量与幸福"。不过，爱默生当时的这篇演说却遭到了冷遇。当时的主持牧师在结束的祈祷里，驳斥了爱默生所说的异端邪说与许多狂野的思想。①

下面是爱默生给玛格丽特·富勒女士的一封信：

1841年9月8日，康科德

亲爱的玛格丽特：

在沃尔瑟姆的时候，我就说过，我在考虑是否在优秀大学生晚会之后的两周里为你写一些散文。在研究了许多个不同的主题之后，我认为我可能为你提供一篇关于兰道的短文。我现在也正在想办法去拓展这个话题。这个过程可能需要比较长的时间。但是，我最迟会在周五或是周六就给你寄过去……事实上，我在这个话题上没有什么可说的，整个过程仿佛连一只老

---

① 出自《著名人物的回忆录》，作者埃德温·波西·惠普尔，1887年在波士顿出版。4年后，爱默生在米德伯里发表演说时，也出现了类似的情形。也许，爱默生在对惠普尔的讲述里，他将这两者混在一起了。牧师之所以在祈祷时进行反驳，可能是因为他们认为再次听到爱默生在神圣的讲台上讲了许多有关超验主义的胡话。接下来，爱默生询问这位牧师的名字，并且说："他似乎是一个具有良知且敢于直言的人。"

鼠都没有在转动。我没有收到任何的来信，也没有收到一本新书，也没有从夜晚或是白天的天空中看到任何有用的启示。但是，我记得秋天已经到来了，我已经感觉到空气中弥漫着秋天的气息——这是一年四季中最为睿智且最为宝贵的季节。就目前来说，这可以说是我们的愤怒情绪不断消失的时候。在经历了早熟、漠不关心与精神的崩溃之后，我们预测有可能会出现一个自杀的时代。我们都会因为各种形式的热情而死去，书店里除了《少年维特之烦恼》或是普拉塔克所写的《卡托》之外，所有的书籍都没有任何影响力。睡觉要比醒来更好，死亡要比活着更好。金字塔里的毒蛇开始慢慢吞噬自己了，那些长有毒牙的蝎子只是唯一的解谜者与座右铭……

1841年11月9日

我读的很少，写的也很少。我平时就像那些吉卜赛人一样勤奋，努力将那些不成系统的形而上学思想变成一个密集的队形，变成一条线或是一个派系。但是，我所感受到的极力抵触以及每个人都为自己的原则，再加上社会的仇恨，都会让他们的主人充满生命力，让他们做出最具美感的挑战行为。这些都是永恒性的维护者，证实了我们每个人都是应该去工作的。因为在不到1000年的岁月里，我们人类建造出了多少塔楼，垒砌了多少砖头，克服了多少难以克服的困难！灰色的云层，短暂的日子，没有月亮的晚上，昏昏欲睡的感知却轻易地被引领到某个不断移动的命运当中，这是我们从来都没有见到的，但我们都可以感知得到。在11月的这些日子里,这就是我的感受。让我们怀抱着这样的希望,之前所诽谤的岁月现在已经成为美好的时光,不断用低沉的声音给我们倾诉着神谕,就像《摇篮曲》那样让我们安然入睡。因此,那些时光最终被证明是充满价值的。

这段时期是爱默生超验主义思想的顶峰,他渐渐萌生了要远离演说的想法,专心投入到孤独思考当中。不过,即便如此,他还是非常勤奋地发表演说。在1841—1842年的冬天,爱默生继续发表演说,他已经对"辉格党普遍性的原则"感到不满,认为这代表着一种志得意满的常规,因此需要通过对事物的真实秩序有更清晰的认知去进行平衡。在他看来,这不仅是必要的,而且是创造一个更加美好未来的开始。他的三篇演说《时代》《保守主义》与《超验主义》都刊登在《日晷》杂志上,收录在他的随笔录里。之后,爱默生又在普罗维登斯、纽约与其他地方重复了这样的演说。1843年,他在纽约、费城、巴尔的摩以及其他地方就"新英格兰"这个主题发表了五篇演说,在外面度过了整个冬天。

1843年1月7日,巴尔的摩

亲爱的玛格丽特:

我在波士顿收到了你送给威廉·钱宁的包裹。第二天早上,我就将这个包裹放在我在纽约的哥哥威廉那里。我与威廉在斯塔顿岛度过了一个晚上,之后我又在费城度过了两个晚上,接着准备参加明天早上在大教堂举行的大弥撒活动。在费城的时候，我与弗内斯进行了非常有意思的对话，因为我们在过去10年或是12年间都会进行思想交流——可以说，他是我认为最有趣的朋友了。这些都是我非常珍视的朋友。这种朋友间的友情是多么的美好啊。每个人都可以向对方给予这样的爱意与帮助。弗内斯是我最喜欢八卦的对象，但他始终不在意这些，仍然保持着他的尊严。他是一位英雄崇拜者，因此他收集了许多古代英雄的奇闻逸事，并且讲述巴特勒女士与钱宁等人的故事。我要稍微说一下，从小培养起来的情谊其实就是一种真正的氏族制度，这也是我们无法轻易与其他人形成的。昨晚，我在莫里森女士的家里听了克努普与德格尼夫人的谈话，这让我获益匪浅。当年轻的山姆·克拉克与人争吵的时候，克努普教授说："争论不能变成吵架。"我们都很乐意将吉他的弦线弄好，但这把吉他弹奏起来却只能发出非常微弱的声音。但是，吉他发出的声音却给人一种庄重感，加上其外在的形式才得以存在，否则大家肯定无法容忍这种乐器的。玩弄吉他真的不是一件轻松的事情。

周六早上，我怀着满意的心态前往大教堂聆听弥撒。当时的气氛极为庄重，牧师与民众都非常虔诚，每个人都将任何鲁莽的举动抛在脑后。诵经的牧师，挂着画像的墙壁，点燃蜡烛的祭台，穿着白袈裟的男孩，摇摆的香炉。每当我呼吸一口香气，都仿佛让我再次置身于罗马。看来，罗马可以在很远的地方都感受得到！这是一座古老而亲切的教堂——我是说罗马教会——今天，我反感任何一神论教堂、马丁·路德以及所有精神贫乏之人。我们都非常清楚，温克尔曼、迪克斯与施莱格尔等人感受到的欢乐情感是怎样的——正如我们能够感受到这种温馨的浪漫情感,然后将有学识的桎梏扔出窗外去。那些对这些浪漫情感发出了相同叹息的人是不幸的——"啊,他们说的一些话是真实的!"不过,全新观点的一些原则已经慢慢渗透到了美国的教会,可以体现在教堂内的靠背长凳。在弥撒仪式之后,我又发现了另一个特点,那是一条类似于铁路的东西从祭台的一边延伸到宽阔的走道,这是在有必要的时候搬动布道讲台用的。我们现在的做法与法国是差不多的,他们都是用断头台的锋利刀片来削苹果皮的……在巴尔的摩,虽然我像希律大帝那样忙着询问圣童的情况,却没有听到任何有关伟大众神的精神。毫无疑问的是,这样的情况出现在每条街道上。我认为旅行始终都能给人带来一些教益的,但这给予我们的教训却绝不是马上就可以去应用的。在不到 7 次轮回的过程中,我无法利用这些教训,因为这些教训都不是在今世可以用到的……

永远忠诚于你的朋友
拉尔夫·沃尔多·爱默生

下面是爱默生给妻子的一封信:

1843 年 1 月 8 日

今天,我在这里的大教堂聆听了大弥撒演说,内心感到非常愉悦。对于我这样一个不喜欢清教的人来说,康科德地区没有这样的大教堂也是一件好事。E.H 与我将会在两周之内回家。一神论教堂忘记了很多人都是诗人，就连某某先生本人也没有将此记在心上。

爱默生在日记中写道：

> 天主教的弥撒活动尊重教众与过去的宗教传统。这样的活动与自然是比较和谐的，表达了对人类整体的热爱，却不大注重个人的自主性发挥。当然，清教徒可以参加这样的活动，这本身就是教堂让每个人都能参与其中所做出的第一步。

1844—1845 年，爱默生在很多地方发表演说。1845—1846 年，爱默生则发表了更多的演说。在这年冬天，他就"代表性的人物"这一主题发表了系列演说。这段时间里，他经常在日记里抱怨说："经常要远离纽约与费城的旅程是那么的漫长与疲惫。我是一个不喜欢旅行的人，长时间住在酒店会扭曲我正常的感官，让我对自己的感觉非常糟糕。而那些与我一起旅行的人则表现出了他们强烈的男子气概，这让我感到很压抑。"要不是他身边有一些好朋友的陪伴，他肯定会受不了的。这些好朋友就像温柔的女性一样，将一片不毛之地变成了沙漠绿洲。亨利·詹姆斯在旅途中给他的心灵带来了许多安慰，他是一位睿智、柔和且圆滑的人，他有着得体的举止，有着如阳光般温暖的安静力量。爱默生在日记中写道：

> 我天生就该乖乖地待在家里，不应该到处乱逛的。我不应

该成为经常离开家的人。我这个人没有什么想法，也没有什么大的人生目标，我认为自己将来也不会有什么大的人生目标。现在，我就想退缩到自己原有的生活空间里，然后再次就这些问题咨询一下上天的安排。

一次演说旅途中，他在写给一位朋友的信件里这样说：

  人们对待我的方式，让我感到非常奇怪。我既不是一个木髓球，也不是一块生丝，但是，人与人交往的电流却始终让我非常敏感。如果喧嚣的大街让我感到荒凉的话，那么我就只能生活在安静的乡村里。但是，如果我与一位理智且友善的人进行交流的话，我会立即感觉自己仿佛置身于天堂一般。人类的心灵之光要是能够像人类的眼神以那么直接的方式呈现出来就好了，不然的话，当人们像关闭百叶窗那样将这扇窗户关闭之后，我们就很难真正地与人进行交流了。现在，我处在一种坦诚相待的情绪当中，你可以聆听到我内心的声音。在这个社会里，我感觉自己是一个不入群的人，因为每当一些人出现在我眼前的时候，就会立即让我变成像石头或是木头那样的人，让我变得木讷或是沉默，因为我没有从自己所处的社会环境中得到足够的教训。因此，我需要比别人去更多的地方，增强我观察别人的能力以及参加圣餐仪式的次数。因此，每当我陷入债务的时候——这样的情况每年都会出现一次——我只能再次投身到这一条让我感到疲惫不堪的旅行河流当中，遭受着酒店或是寄宿地方的旋涡——有时甚至会遭遇诈骗这样的危险行为——当然，我所说的是演说本身的行为。从这些不好的事情当中，我也许能够汲取一些积极的思想养分。每一次旅程都能让我修正之前一些错误的看法，让我感受到更多平实的事实，让我可以在烦躁的日子里更好地感受这个社会。让我可以与那些睿智且伟大的人进行交流。我讨厌讲述细节方面的内容，但每当我来到一座城市的时候，就能从中学到一些东西。

写给利迪安的信：

1843 年 1 月 20 日，费城

亲爱的利迪安：

与之前一样，我发现了远离家庭带来的一些不是好处的好处。我开始慢慢熟悉了所谓的"只有印第安人才拥有的精神"……自从我离开纽约以来，就再也没有在家度过冬天了，但我始终记得 10 月是美好的季节。这里的人发表着一些乏味的演说，做出比较有礼貌的举止，这与我们做出的一些更为自私的行为形成了鲜明的对比。如果我在大街上向人问路，那么我可以肯定路人会优雅地向我指明方向。每当我来到酒店，黑人们的服务始终是那么得体周到的。看来，我还要过一段时间才能回家，我已经对这么长时间的外出演说感到疲倦不堪了。一直以来，我都在不断地学习着某些东西，却没有怎么进行写作。我可以向你保证，我再也不会玩布里亚先生这个游戏了。因此，我亲爱的妻子，你也必须要学会如何以优雅的方式去面对饥饿——你与我以及所有人都肯定可以熬过明年的。对我来说,每当在疲乏困顿的时候,想到我还有一个温馨的家在等待着我回来,我的内心就会感到非常知足。愿你一切安好祥和!

拉尔夫·沃尔多·爱默生

写给哥哥威廉·爱默生的一封信:

1843 年 1 月 8 日,费城

在乘坐泽西渡轮来到这里的过程中,我感到非常舒适。接着,我在受过严格训练的长老会牧师的帮助下,迅速安顿下来了。某某人也在这里,但我没有按照他的要求去品尝某些食物。我更喜欢吃一些我在家里吃不到的熊肉。能够获得这样的待遇,我真感觉自己就像中了彩票一样。虽然我现在过着非常拮据的生活,非常希望能够赚到钱,但我总是希望能在一路上获得更多的人生经验。有时,一次诚实的失败也代表着一次良好的经验。对我来说,这些失败的经验就是创作诗歌或是散文的最好素材。

写给玛格丽特·富勒女士的一封信:

波特兰,1842 年 12 月 21 日

我们已经走了很远很远的路了,眼前还是只有白雪与松

树。除此之外，苍茫的大地没有任何其他的景象。有时，在旅途过程中，人们很容易会看到过多这样的景物。沿途几乎没有什么村落，这里的气温就像西伯利亚的托波尔斯克与伊尔库斯科那样寒冷。当我双眼凝视着白茫茫的黑夜时，有时会想，我是否做了一些冒犯沙皇的事情呢？当我想着缅因州的时候，我认为这里距离北极圈还有一千多俄里路呢……一路上，除了一些人之外，我还看到某某法官——他最近被委派为专员，专门前往缅因州某个地区，就艾士伯顿问题进行谈判。他是一位非常理性的人。在这里，他被称为一名优秀的民主党人，而他在说话时，总是谈论着共和党人在这个国家里犯下的种种错误，说共和党人既不重视人才与美德，也从来没有任何伟大或是合理的目标——有的只是一些低俗的人以及一些最低俗的人，而政府的官员每年都从一些越来越低等的阶层里选拔人才。按照他的说法，解决整个政府所有弊端的根本性办法就是让所有人都能获得普选权……每个人都应该得到一个回答，但现在只有少数人的要求才能得到回应。言语之争只是一场华丽的游戏，但经验就像是数学家，却可以帮助我们去解决问题。我一路上饶有趣味地聆听着他的话语，不时还插话进来，说我认为无政府状态代表着一种神权政体，而我们所有人都正在慢慢朝着这个方向前进。在他看来，我的观点只是一个美丽的肥皂泡，只是美丽而又短暂虚幻的东西而已。我从未见过他这样一个不需要观察别人的优点或是缺点就直接得出结论的人：如果一个人与某个主题产生联系，他宁愿以旁观者去表达自己的观点。如果不是的话，他就会变成一个傻瓜——与理智或是真理的关系存在着相互独立的关系。简单地说,当我们感受不到这种关系的时候,那么我们就只是在咯咯叫的鹅而已。因此,让时间与空间去说明一切吧。无论是人们在教堂这样的地方,还是在华盛顿、巴黎等地方,无论是骨相术还是催眠术,还是《圣经》中魔王巴力西卜,都是如此。因为人与人之间的关系最终都会占据控制地位,而现实中发生的一切则只能投降。

真正让爱默生对"兜售文学概念"的做法感到反感的,并不是他偶然感到的不满或是一些破坏他个人习惯的行为,而是在他看来,这样的行为是使一种非常宝贵与神圣事物遭受玷污却选择回避的做法。"难道演说是皮特·帕利讲述有关柏拉图叔叔的故事,还是古希腊的伊洛西城神秘故事所上演的木偶剧呢?"

有时,即便是在与一些人的对话中,他也会表达这样的情感。写给玛格丽特·富勒女士的一封信:

1841年3月14日,康科德

年轻人想要知道,我到底是怎么想出那么多诗歌来与你交流的,并通过这样的方式让原本有趣的谈话蒙上了一层阴影。我只能回答说,这并不是对周一晚上最恰当的描述。但对我来说,这是一种慢性身体疾病的呈现方式。我反过来问他们,他们什么时候听我说过其他方面的话呢?我的这个提问让他们全部沉默了。但是,我该怎么用花岗岩的沙石去回答你那些代表着东方韵味的问题呢?我只能向你表达自己崇高的敬意,如果我们能够支付的话,那么你是应该说出这些真理的。我与很多人都是非常尊重诗歌的，正如很多人都会以尴尬的方式去崇拜着真理。这就好比一个想要学习游泳的人，肯定要在水面上不断地挣扎，溅起许多水花。我只知道这是解决我的本性与关系之间的唯一一种方法，我还记得自己在童年从贝克莱主义哲学中感受到了一丝智慧的乐趣。从那之后，我就再也无法忘记了。有一个愚蠢之人在我国各地来回进行关于电力方面的演说：他掌握着这个秘密，声称可以通过电流去吸引某个物体，包括吸引桌子、煤油灯、木材以及农民所穿的蓝色上衣。此人就是靠这样的把戏来谋生计的。好吧，我不是一位电力学家，而是一位理想主义者。我能看到即便是一个树桩与一块泥土的存在背后都有一个因果关系，能让每一辆老旧的马车、木柴堆与石墙出现振动的情况，并有可能倒下来。给我一片开阔的田野，几个来自康科德的优秀男性，以及那位想要打击我的牧师，这样的组合会显得那么的不稳定与不切实际。你看到过我之前所做的事情，这也变成了你研究的对象。你应该能够给予我在这方面的一些思想成果。此时，这位电力学家的观点与之前的观点不一样了——也许，这位电力学家名字就叫昆比——我从未见过他——对于理想主义者来说，火花在哲学家眼中代表着一种玩具，但是舞蹈对理想主义者来说则代表着一种惊恐与美感、生命力与光明。一切都应该做如此思考的，但有时一些罪恶的经验主义者则喜欢过分地进行炫耀。这样深刻的洞见对整个社会都是非常宝贵的，因此只要这样的思想光芒一出现，那么所有人都会与之成为朋友，出于个人的利益需求声称对此进行保护。你不应该像我这样以隐居或是不友好的方式去生活，而应该站出来捍卫我的观点。你与其他对我来说非常重要的人一样，都应该站在我这一边，而不应该让我承受哪怕成为智慧游戏或是时尚主义者的后果——即便对于那些你称为朋友的人来说，也不该这样做。你们希望我能够说出一首关于法律与因由的歌曲，认为这会让我变得高尚，并有助于你们变得高尚……

在进行巡回演说的过程中，他只能不断安慰自己，有时甚至通过从中找到一些积极的东西来安慰自己。对他来说，这一切毕竟都只是权宜之计，不是他真正想要表达自己思想的方式。我认为，爱默生希望通过诗歌或者散文的方式去表达自己的思想，而这直接源于他想以富于韵律的语句去表达自己更为自由的思想。因为，按照爱默生的说法，我们可以通过诗歌去表达最理想的真理，但我们却不能通过散文去这样做。真正吸引爱默生的，并不是语言的韵律或是图画的视觉，而是一种"万事万物所处的和谐状态"。在他看来，那种纯粹的诗性冲动沉重地压在他的思想世界里，让他感觉自己是那么的脆弱。他曾抱怨自己命运多舛，只能成为"半个游吟诗人"，或是正如他在写给卡莱尔的信件里所说的："我不是一个诗人，而是一个喜欢诗歌与诗人的人，我只是尝试去创作诗歌而已。在这片精神贫瘠的美国大地上，等待着诗人的到来。"

尽管如此，爱默生所创作的诗歌仍然在他的一些亲密朋友间流传。他的一些朋友发现他的这些诗歌具有某种强烈的吸引力。詹姆斯·弗里曼·克拉克[①]就曾得到爱默生的许可，在《西部信使报》

[①] 詹姆斯·弗里曼·克拉克（James Freeman Clarke，1810—1888），美国作家、神学家。

上刊登了爱默生的三首诗歌。当时,克拉克担任该报的编辑。之后,波士顿的一些出版商也恳求爱默生出版自己的诗歌集。

1843年12月3日,爱默生在写给哥哥威廉的信件里说:

詹姆斯·弗里曼·克拉克

昨天,我第二次收到了书商们的邀请,希望能够出版我的诗歌集。书商的这些要求不禁让我陷入了思考。我坐在案桌前,不敢确定自己是否真的具有创作诗歌方面的天赋与才华。当这样的邀请摆在我前面,我一般都会选择摆脱之前习惯性的生活方式,跑到森林或是沙漠里,来到伯克郡或是缅因州,独自一个人生活,想知道我是否已经屈服于某种更高或是更好的影响,而忘记了自己原本在这个青灰色的世界里所处的位置了。但是,几个月与几年过去了,这位对诗歌充满热爱的人发现他过去所处的世界根本没有发生任何变化。

两年之后,他在写给哥哥威廉的另一封信里这样说:

至于你之前曾问过我的那些诗歌,我的一位好朋友在这些诗歌里发现了许多需要进行修改或是补充的地方,这需要他拥有闲暇的时间与最诗性的情绪。我已经让他帮我修改两个月了。

在将近两年之后,爱默生的诗歌集才最终出版。这本诗歌集的最后一首诗歌的主题是"挽歌",这是爱默生表达对他长子的思念之情。小爱默生是一个面容英俊的男孩,只在这个世上活了5年(1842年1月27日)就去世了。在去世前,他已经有4天处于猩红热疾病的折磨当中了。一位经常前往爱默生家做客的朋友这样描述小爱默生:"他给这个家带来了一缕温暖的阳光,他的声音跟父亲基本一致,但要比父亲更加柔和,他有着一双漂亮的深蓝色眼睛,有着长长的睫毛。他经常陪伴着他父亲,有时当他父亲在案桌前工作的时候,他也会安静地坐在一旁,从不会打扰父亲的工作。"

在丧子之痛的无限哀伤过去之后,爱默生似乎变成另一个人,在很长一段时间内都无法表达自己的情感。

下面是爱默生写给一位朋友的信件:

他是一个纯真与可爱的孩子。我不应该以这样阴郁或是忧伤的口气去回忆他,他与我嬉戏玩耍的美好回忆才是我要去追忆的。呜呼!我之所以感到悲伤,是因为我无法对此感到悲伤。我亲爱的儿子,对我来说实在是太宝贵与太独特的存在了,我无法忍受他就这样离我远去的事实。但是,他的音容笑貌依然在我的脑海里长存着,他依然是那么可爱,依然是那么充满希望,依然陪伴着我度过每一个快乐的时刻,始终是我最美好的回忆。我始终都会珍藏与他一起形成的美好友情。他是那么的聪明睿智,伟大的造物主肯定会在另一个世界里好好地照顾他的，肯定会让他过上没有喧嚣与打扰的生活。所谓太阳与月亮、玫瑰与橡子的存在意义，不正与这个纯真男孩的生命存在的意义是一样的吗？他那双蓝色的眼睛与清脆的声音，足以融化世间的一切！

几个月后，爱默生这样写道：

与此同时，人生显然给你与我带来了许多难以磨灭的教训，让我们感受到了人生那种无法控制且无尽的诗意，感受到了人生短暂而空洞的怀疑主义论调——这就像夜晚森林里吹来的冰冷空气，迅速将六月温暖的气息全部吞没了——这能让我们幼稚的判断力得到持续的修正，改掉了之前的那种轻率与短视，让我们能在原先看似废墟的环境下进行一番修复。虽然我们都喜欢这份上帝赐给我们的礼物，认为如果最终不得不面对毁灭的话，那么也只能安然去面对。我们只能认为，如果全新的景象会出现的话，那么我们也愿意去等待。但是，这些全新的景象就像一颗星星出现在我们的背后，我们会愉悦地感受到这颗星星发出的光亮，知道它给你、我以及所有人带来好处。

两年后，在给富勒女士的一封信里，爱默生这样写道：

1844年1月30日，康科德

在上个周六晚上，利迪安对我说，"就是在两年前的今天"，我只听到了再次敲响的钟声。在这段时间里，我没有获得任何全新的人生经验，没有任何进步，智慧层面没有得到任何的提升，一切感觉还是与两年前一样的。最近，我阅读了来自霍桑顿的德鲁蒙德的著作与本·琼森描述他儿子去世时的文章，他的儿子在伦敦死于瘟疫。本·琼森那时在乡村地区，他仿佛从幻象中看到了自己的儿子，"他是一个具有男人气概的孩子，拥有着不断成长的力量"。他认为儿子肯定能够复活的。在我的儿子去世之后，我也产生了相同的超自然感受，并且这样的感受经常进入我的心灵，让我感觉到自己身边的世界是那么的虚无。但是，上帝的至高力量以含糊其词的方式表现出来，让我们这些听众与观察者都无法感到满足，无法让我们的内心得到释怀。这样一种幻觉只能满足那些低水平之人的念想。难道上帝会像人类这样，始终都在找寻着无法达到完美的东西，始终都在以另一种东西去补偿业已失去的东西吗？在我的神性殿堂里，原本是所有的天使都愿意去建造的，却在一夜之间全部坍塌了，我再也无法重建起来了：这种源于思想与友情的心灵感受，难道还可以进行修复吗？这就像索莫纳斯（睡眠之神）与莫默思（冷笑与非难之神）端起来的酒杯。但是，事情的本质是超越所有表面现象以及任何特殊性的存在，最后肯定会给我们带来永恒的幸福。但是，这些心灵的肯定是不言而喻且世俗的。要是我们说出来的话，肯定会显得空洞或是伪善。因此，我亲爱的朋友，我们的存在始终都会处于一种延期的状态。我们需要的是耐心，耐心，持续的耐心！既然你问起我来，我也会尽己所能将我所写的一首挽歌寄给你看看。

爱默生将很多时间与精力都投入到了教育孩子方面。在40多年前的新英格兰地区，很多忙碌的父亲通常都不会这样做。爱默生在日记中写道：

没有比与孩子们在一起，更让我充满兴趣的了。孩子们流下的每滴泪水与绽放出来的每一个笑容，都是值得我们去记录的历史，更别说孩子们在着急时候的跺脚或是尖叫了。

爱默生在日记中记录着孩子们平时的行为与话语。他按照普鲁塔克将奇闻逸事记录下来的方式，也将孩子们所说的"美妙的神谕"记录下来了。孩子们的玩耍，孩子们做的事情，他们的小伙伴以及他们在家忙活的事情，这些都是他时常关心的。他从来不会忽视家庭自律方面的教育，虽然他总是以最柔和的方式去做。孩子们之间的争吵，表现出暴躁或是做出愚蠢的行为，他都会马上要求他们立即进行学习，或是让他们看看炉火门是否已经关上了，或是让他们走到前门的位置，对着天上的云层看一分钟。爱默生的一个孩子后来说："他对孩子们在学校里遇到的事情、学校制度或是在学校里感受乐趣的事情都非常感兴趣。总之，他所感兴趣的事情似乎是无穷无尽的。我们会跟他说所有我们与小伙伴说的事情。我认为他在听这些事情的时候与我们一样都非常享受。他认为，我们有责任去照顾在学校里遇到的每一位陌生的同学。在他看来，我们应该每年都举行一次茶话会，邀请所有不在城镇居住的男生与女生都过来

第十三章
演 说

我家。当我跟他说起某位老师的时候,他经常会问我:'你有跟他说过话吗?''还没有呢,我什么也没有跟他说过。''你要勇敢地跟他说啊。如果你实在没有什么可说的,那么你可以问他,你是否喜欢我的这条鞋带呢?'当其他同学过来喝茶的时候,他始终是那么友善与和蔼,想办法让他们无拘无束地说话,并且参与其中。在周六下午的时候,他会在四点钟来到前门,吹着口哨说:'四点钟了。'我们都会跟着他一起走出房门,接着走上 4 至 8 英里路,沿途欣赏到很多鲜花,有时还会看到一些很罕见的花朵。我们有时会在贝基·斯托的一个洞里找到这些花朵,有时会在莱顿的沼泽地、科盆地区、科伦拜恩岩石或是科那图姆等地发现这样的花朵。钱宁博士经常告诉我们这些地方的名字,向孩子们讲述充满荣光的天父。接着,他会带着我们去看表演,或是带着我们去他在这周里发现的

爱默生与女儿伊迪斯和儿子爱德华共读,1858 年摄

爱默生与儿子爱德华、孙子查尔斯合影

爱默生与孙女合影

美丽地方。我们所看到的地方都充满了无限的诗意，这让一切都具有浓重的神秘感。要是我真的表达出了自己的恐惧情感，他可能就会砍掉瓦尔登的果树，或是将这个果园卖掉。他回答说：'不，这个果园就像是我的驼峰。当骆驼在沙漠中处于极度口渴且无法找到任何水源的时候，它就会消化驼峰里积蓄的能量。在我失去一切东西之前，都不会放弃这片森林的。'某天，当他看到烟雾从果园方向吹过来，他用充满怜爱且恐惧的声音大声说：'我的树林啊！我美丽的树林啊！'接着，他马上跑过去救火。对他来说，无论孩子多么小，他都会一把抱在怀里的。只要他还有力气去抱着孩子，都不会放过这样的机会。即便在他年老的时候，他仍然会抱着孙子认真地端详着。"

下面这段节选是来自爱默生写给他妻子的一封信。这表明即便在那个时候，当他小心翼翼地避免任何打扰，专心进行研究的时候，也没有将照顾孩子排除在外：

1838 年 2 月 19 日

小沃尔多就坐在我的身旁，旁边是一个板球，他的手上拿着他妈妈那个深红色的玻璃水瓶，正在进行着某些实验。当时，我从托儿所那边得到消息，知道希尔曼已经教他如何分辨字母卡上的字母 A 与 E 了。以前，他经常将这些字母说成是 T 的。他专心致志地做着自己的工作，似乎根本对任何文学作品都不感兴趣，不过他的身体处于很健康的状态，一直在哼唱着歌，这让我感到很高兴。我想你也知道这样的情况。

在新年到来的时候，他与孩子们计划着送什么礼物给在纽约的堂哥。在写给威廉的一封信里，爱默生这样说：

1845年2月3日，康科德

堂弟堂妹送给堂哥们的礼物应该已经安全送达了，这是一个代表着吉祥的包裹，这是所有热爱孩子们的天使将这些礼物送到了目的地。你与我的孩子都拥有着一个快乐的童年，我们不应该对孩子们的天性进行粗暴的干涉，而应该让他们的心灵世界储藏着许多快乐的时光！我们不能将目光看得太远，而应该让他们感受眼前这些在他们看来是极为自然的小小快乐与幸福，他们应该从中得到快乐与满足，不应该陷入任何恐惧与阴影当中。我们必须要想办法让他们与我们一样具有良好的常识，让他们习惯性地进行道德层面上的思考。

我想，你与苏珊肯定也会为你们的孩子感到自豪的。我在自己的小屋里度过了很长一段时间——这让我的内心感到无比愉悦——但我们不能将孩子们从中分割出去。不过，幸运的是，这些兴趣是我们难以割舍的，而我们对于孩子们所有让人迷惑的行为或是品格的真诚研究，其实只是对自我了解的另一种有趣的研究方式而已。这个过程可以帮助我们对早期经历的记忆进行一定的修复。

在他的第一个孙子出生的时候，爱默生这样写道：

我亲爱的：

你们都是幸福的父亲与母亲啊！孩子的诞生必然会让这座老房子与附近的邻居都感受到了无与伦比的欢乐。我希望孩子父母的天赋与优雅将会遗传到孩子身上，让他能够成长为一个身体健康且具有完美心智的人。在这个世界上，没有比一个孩子的诞生更加重要的事情。新生的婴儿具有一切的潜能，遗传了父母的智慧与心灵。祝愿这个小男孩一切安好！他从一出生就会遇到许多好人。我不会对你表现出来的过分喜悦或是幸福感到不满的。对这个婴儿来说，这就好比是为他准备的一个柔软的枕头。他要长大成人还需要很长的一段时间，但我相信，他在未来肯定不会辜负这个国家所处的时代，他绝不会成为一个无聊轻佻之人，他会成为一个高尚且真诚的人，将会知道什么东西是神圣不可侵犯的。

在与孩子们打交道的时候，爱默生始终怀着认真的心态，但他从来不会与孩子们进行嬉戏，不允许他们将早晨的时间——即便是假日的早晨时间——投入到娱乐活动当中。爱默生的孩子们回忆道："他教育我们，在吃早餐的时候，我们必须要安静下来，做一个乖孩子，不能有任何的吵闹。我们绝对不能以无聊的阅读或是游戏作为一天的开始，我们应该将一天最好的时光都用于去做某些真正有意义的事情。"

在孩子们到了13岁或是14岁的时候，他认为他们应该开始要规范个人的行为了。他会给孩子们讲述一些事例，然后让他们对此进行思考，并说出要采取的相应行为。即便当孩子们处于这个年龄段了，他也从来不会忌讳使用谆谆教诲的方式，给他们讲述自力更生的人生信条。在给他一个在外面读书的女儿的一封信里，爱默生这样说：

> 今日事，今日毕。千万不要拖延到第二天。你必须要养成良好的举止与健康的生活方式，这才是最重要的。你可以去做自己认为有能力去做的事情，当然你在这个过程中可能会犯下一些错误或是做出一些荒唐的事情。你要做的就是尽快忘记这些错误。毕竟，明天又是全新的一天，你应该怀着认真严肃而又愉悦的心情去面对全新的一天，你应该怀着崇高的心智去面对，不要让过去那些陈旧的胡说八道阻挡你前进的道路。这个时代是美好的。对你来说，每一天都是非常宝贵的，每一天都充满了希望与前进的潜能。因此，你千万不要将眼前的宝贵时间浪费在对昨日的悔恨当中。

在爱默生的儿子去世没多久，他就开始了前往普罗维登斯与纽约的演说之旅，并拜访了当时住在纽约的哥哥威廉。

1842 年 3 月 1 日，斯塔顿岛

亲爱的利迪安：

昨天，我与贺拉斯·格里利[①]、社会主义者布里斯班[②]在格

[①] 贺拉斯·格里利（Horace Greeley, 1811—1872），美国著名报人，编辑，《纽约论坛报》的创办者，自由共和党的资助人之一，政治改革家。
[②] 布里斯班（Albert Brisbane, 1809—1890），美国作家、空想社会主义者。

贺拉斯·格里利　　　　　布里斯班

拉汉姆的公寓里共进晚餐。布里斯班向我承诺，一旦我在环球酒店住下来，就会跟我详细讲述傅里叶主义的原则以及联盟。当时，我就知道当我在此地遇上这两位朋友，我只能对他们的做法表示顺从。他们很善于做一些受到大众欢迎的事情。无论从我的思想、伦理道德或是政治倾向去看，我都只是一名诗人。我在纽约的作用，就好比雨后的彩虹或是萤火虫，是非常短暂的。与此同时，他们还将我死死地钉在了"超验主义"的世界里，你也知道我其实对所谓的超验主义思潮的兴起是毫无贡献的。他们在谈到超验主义的时候，总是将这视为一种已知与固定的元素，就好比盐与一顿饭一样。因此，我只能不断地说明自己与此是毫无关系的："我并不是你们说的那种人。"在这个时代，难道我们不应该制定一些全新的法律，禁止一些人独处，或是对所有独立派与不合群的思想家进行重罚吗？……告诉母亲，苏珊与威廉在今年冬天希望过来看她，但他们也知道，一路上的旅程对母亲的身体是不好的，因此他们决定还是不将母亲接到纽约去住了。他们说，当你与我在夏天的时候过来时,应该将母亲一道带过来。苏珊与威廉都是毫无瑕疵且充满爱意的人。在他们充满爱意与崇敬的殿堂里,伊丽莎白(霍尔)始终是不容争议的代表性例子。威廉不再是我之前所认为的那种孤独的人了,他现在拥有了"法官"的头衔,这似乎成为他在斯塔顿岛这座岛上每天生活很重要的组成部分……在回信的时候,请给我讲述家里发生的一些有趣的事情,包括伊丽莎白的一些事情。无论对我还是对其他人来说,你始终是那么的祥和与美好。请将我的爱意传递给亨利,替我亲吻每一个孩子。

永远忠诚于你的

拉尔夫·沃尔多·爱默生

1842年3月,纽约

亲爱的利迪安:

你的信件在今天早上送到了,我非常感谢你在信中告诉了我最想要知道的事情……我们在演讲厅里遇到一些非常友好的人,虽然这个演讲厅比较小,我也不知道这个演讲厅是如何能够容纳那么多人去反驳我那些世俗的思想。你与我在这个时候都肯定会明白这点的——我们知道在一个房间里,只能容纳两名听众,我谦虚的妻子,难道我所说的不正是你的信条吗?……这天下午,布里斯班跟我讲了许多关于有吸引力行业的神秘之处,我希望你也能在场聆听他所说的话。他表示"衷心希望"我能够直接加入他的团体。这是多么雄伟的宫殿，多么美妙的音乐会，多么优秀的画作、演说，能感受到诗意与鲜花啊！看来，傅里叶展现出来的君士坦丁堡是这个世界的天然资本。当地球上的民众在种植庄稼、花园或是以2000人在6000英亩地里形成一个"团体"或是"社区"的时候，君士坦丁堡会变成一座大都市。我们这些诗人与形形色色的超验主义者都不应该待在康科德或是纽约，而应该转向当代人所无法描述出来的音乐、建筑或是社交活动。明天，我将会聆听他讲述剩下的故事内容，我到时会告诉你的。我对自己是否能从这次纽约之行获得任何好处表示怀疑，不过，这次旅行打破了我之前沉闷的生活轨迹，这还是值得的。我已经想出了一个更好的方法，让我可以继续在家里生活一两年。不过，3月15日还没有过去呢。感谢你给我捎来了关于伊丽莎白的消息。也许，她也想给我写信，虽然以我目前这种空虚、烦躁的情绪，即便她给我写信，我也没有时间进行回复。还是说点别的吧。威廉与苏珊是世界上最优秀的丈夫与妻子，哥哥与嫂子，主人与朋友，他们始终都走在正确的道路上，祝愿他们永远过着幸福快乐的生活。

拉尔夫·沃尔多·爱默生

正如我之前所说的，对爱默生一家来说，这些年是经济比较拮据的时期。之所以陷入拮据的生活状态，部分原因在于过大的家庭开支，一些是不可避免的开支，一些则是爱默生不愿意去避免的开支。比方说，他购买了一片土地，就是为了保住他最喜欢的一片林地，避免别人砍伐这片林地的树木。

给威廉·爱默生的一封信：

1844年10月4日，康科德

最近，我又增加了一两项没必要的开支，我想告诉你发生的事情。某天，我独自一人在瓦尔登湖附近的树丛里散步，遇到了两三个人，他们对我说，他们准备卖掉这片林地，并且准备买一片土地。他们希望我能够成为买家。这片林地就在瓦尔登湖的旁边，我多年来每天都会在这里散步的。我最后出价购买了这片土地。这片土地一共有11英亩，每英亩的价格为8.1美元。第二天，我就将自己积攒下来的钱拿给他们。他们表示如果哈特维尔·毕格罗不砍掉这些松树的话，那么他们认为这片土地是毫无用处的。我又花了125美元购买了他这片面积有3到4英亩的松树林。因此，我现在成了这14英亩土地的地主与河流主人了。我可以在这里种植黑莓了。

爱默生从这片树林中获得了极大的满足感。他曾说："每当我走进这片树林，精神就会为之一振。要是我拿上短柄斧头与修枝剪，可以在树林里待上一天。我可以在树丛里开辟一条小路，不会因为浪费时间而感到任何懊悔。我甚至认为，这里的小鸟都认识我，即便是这里的树木都似乎在跟我窃窃私语或是向我暗示着什么。"

爱默生对于购买与他家东边相邻的那片土地是存在疑惑的。但

1846年时的爱默生

是，购买这片土地，是保全他家门前那一片美丽的风景不遭受破坏的唯一方式。不过，这是一片可耕种的土地，可以种植果树或是建成果菜园。对他来说，建立一个果园的过程是充满愉悦的，但他在农业方面投入的精力必然给他带来额外的责任与忧虑，而他也只能通过不断去进行演说来弥补这方面的开销。爱默生在《财富》这篇演说里，谈到一位学者拆掉了自家的墙壁，在家门前增加一片土地的事情，其实只是想表明他个人的一些经历而已。

也许，爱默生此时觉得自己需要更多演说的素材，而这样的考量可能是他想要前往英国的一个重要原因。

1846年12月29日，爱默生在写给哥哥威廉·爱默生的信件里这样说：

> 最近，我收到了英国不同地区的人发来的邀请，他们都邀请我前往那里发表演说，并且表示要是我愿意的话，可以在很多著名城镇发表演说。我知道奎妮（不是维多利亚，而是利迪安）肯定会说我应该去的。

这份邀请来得恰是时候，因为爱默生当时也真的需要休息，换一个环境，所以他可以通过做一些全新的工作来实现这点。之前的工作方法已经让他失去了往日的热情,他感觉自己的人生似乎陷入了一个死地。他渴望一种定期的职业来带动自己,而这样的冲动则只能完全源于他内在的心灵。

此时,爱默生已经来到了人生的一个重要瓶颈。用他的话来说,就是"当所有的星星都达到了至高点,在无垠的天空中处于停顿状态。此时就需要一种外在的力量,需要一些转变或是变化,才能防止这种停滞状态持续下去"。他在写给富勒女士的信件里说:"正如我现在所做的一样,我从未做过任何不该做的事情。"在写给他另一位当时在欧洲的朋友的信件里,爱默生这样说:

> 国外没有传来任何消息或是音讯,听不到狮子的吼叫,听不到老鼠的吱吱叫声。我们没有发现任何新出版的书籍,依然像过去那样陷入一种空虚、死气沉沉且空洞的状态,并且以加速的方式不断朝着这个深渊前进。在任何猛烈的狂风将我们吹入这个深渊之前,必须要加快逃离的脚步。

爱默生在日记中写道:

> 除非我能够重新焕发精神,否则我感觉自己与别人没有任何区别。我以前希望能够获得教授职位,正如我以前希望成为布道牧师一样。我也许可以通过完成某项固定工作去调动自己。里普利在向我推荐废奴运动的时候,他也许说的比他本身知道的还要多。我不认为一群暴徒能够给我带来多大的好处。

爱默生认为:"英国听众也许能够给我带来某种精神层面上的刺激,让我那反复无常、倦怠且奢拉的精神重新焕发起来。美国这边的听众是很容易取悦的。我们所接受的教育也仅仅局限于这个国家而已。当我们学会了如何阅读、书写或是认识了我们从学校里没有学到的东西,并且进行自我学习的时候,才能真正拥有属于自己的观点。我们才能不受任何限制地进行创作,才可以随便地开玩笑,发泄自己的不满情绪,做一些我们想做的事情,甚至还能感受到我们的志得意满,明白我们的才华其实并不能带来什么。我们的才华都是受到局限的,正如置身于阿登森林里的恺撒,也能想到当时所想到的一切办法,但他的办法却不一定是最理想的。我们没有看到任何人要我们去负责,于是就选择了安逸。即便当卡西乌斯①失败之后,一脸苍白,也不能表明我们是低劣的。当我知道我的文章得到了这个时代很多有识之士的赏识之后,我不得不认为他们的阅读面是狭隘的。如果他们像我那样阅读书籍,那就肯定不会有那么夸张的赞美之情了。"

他想要找寻那些真正具有力量的人,那些学识渊博的学者,那些能让他远远欣赏的人。他想要走近他们身旁,亲身感受他们所散发出来的魅力。当然,他不是想要变成他们。他

卡西乌斯

---

① 卡西乌斯(Gaius Cassius Longinus,约于公元前85—公元前42),罗马元老院议员,谋杀恺撒的主谋,也是马尔库斯·尤尼乌斯·布鲁图的妻舅。

第十三章
简 说

愿意接受这样的挑战,却没有任何可给予的。他无法为卡莱尔提供任何有深度的思想,也不希望听众在聆听他的演说中感到任何的不愉快。在这年冬天,他通过亚历山大·爱尔兰的办公室,收到了来自兰开夏郡与约克郡等地机械协会的演讲邀请。他在第二年(1847年)秋天接受了这样的提议。卡莱尔在得知了他的想法之后,也写信向他承诺,为他在伦敦找到一帮"贵族听众"。

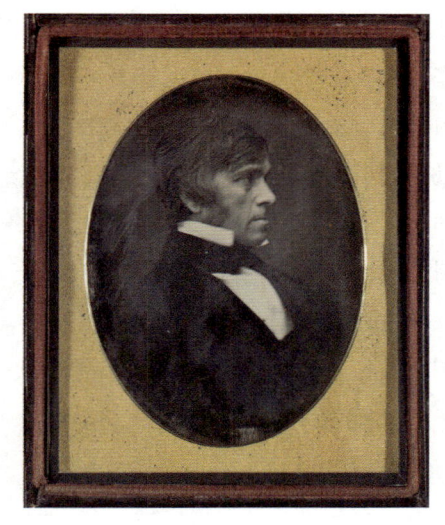

1846年时的卡莱尔

第二年春天,在他乘船前往英国之前,他在家里举行了多次会议,大家一起讨论《季刊评论》是否要比《北美评论》能更好地探讨当时所存在的问题。西奥多·帕克、萨缪尔·格里德利·霍伊等人都非常积极地参与进来。萨姆纳也站出来,对这样做表示赞同,但他同时对目前这样做的时机是否成熟表达质疑。梭罗也在场,他提出的问题是,在场的每个人是否发现了现有的期刊所存在的问题。总的来说,在场的人都没有展现出太高的热情,都没有明确表示一定要投稿。但是,大家都想当然地认为,他们应该创办一份全新的评论,主要讨论的问题则是关于编辑方面的。帕克希望爱默生能够担任编辑,但爱默生表示拒绝。其他人也就此进行了一番讨论,但都没有得出一致的结论。我记得,在一个由爱默生、帕克与霍利组成的小型委员会里，他们负责起草一份向公众声明的宣言。爱默生负责起草，他似乎认为完成这项工作之后，也就卸下了自己的职责。但是，当《马萨诸塞州季刊评论》的创刊号送到了当时身在英国的他的手上，他发现这份季刊的编辑上有自己与帕克的名字，还有"其他给予我们帮助的先生们"。爱默生不愿看到这些，但也只能忍受自己的名字挂在封面的事实。当他回国之后，也就是这一季刊出版到第四季的时候，他才"理所当然"地定期投稿。接着，他坚持表示要撤去自己的编辑头衔。因此，帕克实际上成为这本季刊的唯一编辑。爱默生除了偶尔写一两篇编辑语之外，就再也没有参与其中了。

这年春天，他前往南塔基特岛发表演说。到那里之后，在当地牧师的要求下，他在布道讲台上发表了一篇演说（我认为，这是他最后一次在这样的场合发表演说）。他演说的主题是"崇拜"。他说，自己不是一位牧师了，已经很久没有参与过教堂的事务了，并表示自己私底下也不愿意继续站在布道讲台上发表演说。但是，他不愿意拒绝就这个主题发表演说，因为这个主题不仅关系到每一个神职人员，而且关系到每个人——这是一个关系道德本性的核心问题。

在这年早些时候，他在新贝德福德发表了一篇演说。显然，他在这里遇到了他的一些教友派信徒朋友。其中一位朋友（有可能是玛丽·罗奇女士）给他写了一封信。爱默生在回信时这样说：

第十三章
演 说

1847年3月28日，康科德

我亲爱的朋友：

 收到你的来信，不胜欣慰。你给我提出了一些哲学方面的问题。即便当我想到这个可能让人感到恐惧的艰深的问题时，也不会阻挡我给你回信的念头。不过，我可以非常肯定一点，我从未就你从格里斯沃尔德那里听说我的情况进行过评论。我认为，格里斯沃尔德可能认为自己可以对此进行解释，如果他能够做到的话，那么他就能表明对我的看法是正确的。事实上，我从未谈论过任何学术性的问题。当我听到他们这样说的时候，根本不知道自己该站在哪一边。我从未以冷漠的口吻去谈论与"上帝"相关的话题，虽然我认为当我们谈论祖辈所说的"置身于高山之上"时，应该拥有正确的视野。有时，在谈论关于谦卑或是节制的问题时，这样的云层似乎就会散开，让我们知道上帝的光芒所指的方向。我们可以看到真理就存在于人们对此做出的每一个肯定的回答之上。与此同时，我们也能认识到他们的言论存在的狭隘与不公。就上帝的科学而言，我们根本无法使用语言去进行表达或是描述，我们的任何话语都只是一种只能触及表面的东西：我们需要一种更为简单普遍的信号，正如代数与算数之间的对比。只有这样，我才能轻易地理解这两者存在的差异，而我们那位格里斯沃尔德先生也能够更好地看清楚事实的全貌。我的意思是，他能够更好地了解泛神论与其他主义。

人格性或是非人格性，都有可能以各自的方式去证明上帝的存在。在我们的心智世界里，有什么是无法去确认的呢？当我们不断用语言去进行堆积的时候，只是刚刚迈出了第一步而已，根本没有表达出这个不能改变的简单事实。

因此，我今天不会以所谓教授的身份去做些什么，而愿意等待1000年，一直等到我能理解文学长久以来无法进行的定义。千万不要认为过去那些庄严的思想已经对我失去了巨大的吸引力。

我衷心地希望——或者说，我小心翼翼地希望——与你谈论我们对一些重要体验的看法。我永远都不会忘记那些让我感到有趣的话语。你给我说了你多年来一直所持的信仰以及你的朋友。难道我们不正是这些激情与希望所创造出来的伟大生物吗？

永远尊敬您的

拉尔夫·沃尔多·爱默生

第十四章
再赴英法

1847年10月5日,爱默生搭乘华盛顿·欧文号定期邮轮从波士顿出发,在同月22日抵达英国的利物浦,之后很快就出发前往伦敦。

给利迪安的信:

1847年10月27日,伦敦

亲爱的利迪安:

我在利物浦等了几天之后,才最终等到了一封寄给我的信件(在这封信送到我的手里之前,还曾被送到了曼彻斯特地区)。这封信是卡莱尔写给我的,他在信封上写着:"R.W.E,一旦他在英国上岸,请将这封信转交给他。"卡莱尔在信中对我再次来到英国表达了热情的欢迎,并邀请我前往他家做客,我根本无法拒绝卡莱尔表现出来的巨大热情。我也觉得在接下来的一个星期里都没有什么演说安排,因此就在周一前去那里。在晚

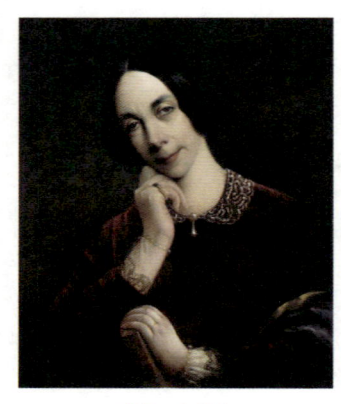

珍妮·卡莱尔

上10点钟的时候，珍妮·卡莱尔为我敞开了大门，而站在她身后的正是手里提着一盏煤油灯的卡莱尔。相比于14年前我在克雷甘帕托离别他们的时候，他们都没有发生什么变化。卡莱尔对我说："我的老朋友，你终于来了，我们终于再次见面了！"卡莱尔的话匣子迅速打开了，就像一条汹涌的河流那样不断地奔腾。那天晚上，我们进行了长时间的交谈，一直聊到了凌晨1点钟。在第二天吃早餐的时候，我们继续进行交流。在下午的时候，卡莱尔与我一起前往海德公园与宫殿（距离他家只有2英里路），接着又

海德公园

前往英国伦敦国家美术馆,接着前往河岸街——卡莱尔充当我的导游,不断给我讲述威斯敏斯特大教堂与伦敦城。我们在下午5点钟的时候回来吃晚饭。吃完晚饭,卡莱尔又与我进行了交流,并一直持续到深夜。第二天早上,我们大约在9点钟吃早饭。卡莱尔夫人说,卡莱尔平时如果没有朋友来访的话,一般都会睡到早上10点或是11点才起床。卡莱尔是一位非常健谈的人,正如他非常擅长写作一样——我认为他的口才甚至要比他的作品还要好。要是你没有亲自见过他,与他进行交流的话,你永远都无法知道他所展现出来的热情以及知识广度,也不知道他真正做了哪些事情。14年前,我在苏格兰与他进行过几个小时的交流,但那次交流根本无法让我对他有足够深入的了解,因此我对自己现在所了解到的事实感到震惊……卡莱尔

英国伦敦国家美术馆

威斯敏斯特大教堂

与他的夫人都是非常友好善良的人。可以说,他们是世界上最恩爱的夫妻了。在卡莱尔夫人的书架上,卡莱尔创作的每一本书都是献给妻子的,每一本书上都写着感激妻子的话语。

不过,你肯定更想听我说有趣的见闻,我也只能匆匆地记录一番了。周三,在英国伦敦国家美术馆里,班克罗夫特非常热情地接待了我,并坚持要将我介绍给罗杰斯先生,当时罗杰斯先生刚好与几位女士一起前来这里。罗杰斯先生邀请我与B女士在周五前往他家吃早餐……伦敦这座城市上空的烟雾遮蔽着整个天空,阳光根本无法穿透,因此伦敦西部的每栋建筑都似乎笼罩在一片黯淡的壮美景色当中,让我仿佛走在梦境里面。马丁创作的关于巴比伦的画作,都是关于伦

第十四章
再赴英法

班克罗夫特

马丁,英国画家

《巴比伦的衰落》,马丁作品

敦西部城区的忠实描述,画作中的光线与黑暗阴影,乃至建筑的描述,都是恰到好处的。在周五早上九点半的时候,我来到了班克罗夫特在伊顿广场90号的家门口,按了门铃之后,出来开门的竟然是班克罗夫特本人!虽然他家里有很多佣人,但他还是出于对我的尊重,亲自为我开门。他是一位非常友善且健谈的绅士……班克罗夫特夫人也出来了,我们一起乘坐她的马车前往罗杰斯的家……罗杰斯先生非常友善地接待了我们,给我们讲了许多让我稍感兴趣之人的奇闻逸事,班克罗夫特女士也识趣地走开了。当我们坐下来吃早餐的时候,谈论着司各特、华兹华斯、拜伦、威灵顿、塔列朗、德斯塔尔、拉菲特、福克斯、伯克以及很多著名的人物。罗杰斯家里的客厅挂着许多珍贵的画作……我认为这简直就是伦敦的一场私人展览会。好了,我不会再向你说太多这样无聊的细节。离开罗杰斯家之后,班克罗夫特夫人带我参观了威斯敏斯特大教堂的回廊与修道院,接着坚持要用马车将我送到卡莱尔在伦敦切尔西地区的家门口。要知道,这可是一段很长的路啊……大约在昨天下午5点钟,在与我的朋友一起度过了4天之后,我乘坐一班快速火车前往利物浦。这列火车在6小时内行进了212英里路,火车的速度几乎是我国火车速度的两倍之多。上周六晚上,我在利物浦与詹姆斯·马蒂诺[①]一起喝茶,并在礼拜日聆听他发表布道演说。马蒂诺先生是一位真诚、善良且理智之人,虽然世人只看到他作为牧师所具有的

[①] 詹姆斯·马蒂诺(James Martineau,1805—1900),英国哲学家、神学家。

价值,但我认为,他的才华与能力要远远超过他所写的书籍或是他的布道演说。在出发前往伦敦的路上,我在曼彻斯特遇到了爱尔兰与他的朋友。看来,在接下来的3周时间里,我要在这座城镇发表6篇演说,并在每周的某个晚上在曼彻斯特发表3篇演说。当这项工作完成之后,我可能还会接受一些我喜欢做的工作,他们到时候也会告诉我的。从下个周二晚上开始,我就在曼彻斯特发表演说了。

11月1日,周二晚上,我已经对利物浦这座城市感到厌倦了。我所看到的人都让我的内心感到无比压抑:这里大街上的路人都显得非常强壮,当地人的体格很健硕,每个男人都像接受过严格训练的士兵。无论是男人还是女人,都显得那么健壮结实,同时每个人都散发出坚定与决心的力量。美国人无论是走路的姿势还是徘徊的眼神,都与这些人形成了鲜明的对比。在美国,我们会直接看着别人的眼睛。但在这里,人们却没有直接进行眼神交流。英国人的眼睛似乎都集中于他们的脊椎上了……昨天早上,我收到了你的来信(爱尔兰先生给我送来的)。我很高兴知道你们在家一切安好。

永远爱你的
拉尔夫·沃尔多·爱默生

下面这段话,是爱默生在这个时期写的一封信的部分手稿:

昨晚,我与卡莱尔进行了非常深入的交流。这么多年来,他一直都在谈论着相同的事情。不过，指引他前进的才华其实就是他的道德感，他对真理与正义具有的重要性的感知是非常深刻的。他还说，英国这个国家没有真正意义上的宗教。他对于德国、英国或是美国那些所谓的孔斯特（德语 Kunst，英语为"艺术"之意）都非常鄙视……他几乎对所有人都表达出鄙视或是轻蔑的态度。他总是会用嘲笑般的笑声去插话——使用诸如"饶舌之人""猴子""说个不停的人"去进行描述。让他描述任何一个人，他都会用"可怜的家伙"一词作为开头的。我说："那你肯定是一个非常优秀的人了，因为你总是用这样尖刻的话语去诋毁世界上的其他人。""不是的，先生。"卡莱尔回答说。"请跟我说实话，"我说，"你可以看到很多朋友都聆听你的话语，并且非常崇拜你啊。""是的，他们的确会过来听我说一些道理。他们会阅读我写的书，但他们中没有一个人想着要去做这些事情。"

1847 年 12 月 1 日，曼彻斯特

亲爱的利迪安：

刚刚到港的这艘"加勒多尼亚"号轮船，怎么没有给我送来你的来信呢？我认为，你的来信有可能是送到了伦敦，接着又送到了利物浦，并可能在今晚送到我手上。你要记住，收信人仍是曼彻斯特的海关检查员亚历山大·爱尔兰先生。你也不要过于频繁地给我写信，或是寄来太厚的信件，从明年 1 月 1 日开始，每周都会有一班蒸汽船出发的，如果你将需要寄送

第十四章
再赴英法

的东西都装好拿给阿贝尔·亚当斯,他肯定会帮你找到适合的邮件袋。我相信你与孩子们都一切安好——你很好,孩子们也很好——这是两个事实,而不是简单的一件事。对于我这样一个身在国外的人来说,这两件事都极为重要,你必须要相信这点。啊!也许你应该看看这里街道的悲惨景象——无论在曼彻斯特还是利物浦的街道,无论是白天还是晚上——那些最美妙的地方,那些安全感、尊严感以及机会都是属于我们这些人的,但这些东西其实都是从广大民众身上剥夺过来的。英国这里的女人显得那么低贱与卑微,看到这些情景真是让人心生凉意。这里的孩子也是过着悲惨的生活。我经常在大街上看到许多食不果腹、衣衫褴褛的乞丐。我最亲爱的小艾迪,告诉你实情吧,我有时为了给这些乞丐一些钱,每天都损失了一些钱。我真的不愿意在大街上看到这样的情景,不愿意看到那些衣衫褴褛的女人,还有一些与小艾迪身高一样、年龄相仿的孩子,他们都穿着破烂的衣服,赤脚走路,走在他们的母亲身后。我有时会好奇地看着这些孩子的脸,内心竟然产生了一种恐惧心理,生怕这些孩子中有一个是我的孩子。这些穷苦的孩子最终还是让我掏出了半便士。感谢上帝,艾迪与艾伦幸好是出生在新英格兰地区,希望他们永远敢于说出真理,永远去做正确的正义之事。我希望他们永远都不要像这些乞丐孩子一样,在整天下雨的时候,赤脚走在泥泞的路上。不过,我所见到的这些乞丐,只是这里隐藏的邪恶冰山的一角而已。

我要告诉你一个好消息,来到这里之后,我的健康状况与工作情况都处于良好状况。在上两周,我已经发表了两场演说，这是我主要做的工作。一场演说是关于书籍的，或者说有关阅读的。另一场演说则是关于最高级的精神问题，我在演说中谈到了哈菲兹与我的波斯阅读情况。在接下来的一场演说里，我会谈论天然的贵族，或是类似的话题。

我在利物浦附近的锡福斯岛拜访了保莱特女士，我住在一座城堡中属于坎宁的房间里。我还前往格林班克拜访了拉斯波恩先生。

拉斯波恩，英国实业家、慈善家

1847 年 12 月 16 日，伯明翰

亲爱的利迪安：

我在这里认识了许多友善的朋友。我甚至放弃了之前要去拜访别人的念头，现在几乎没有这样做了。在诺丁汉，我在四位朋友那里分别住了一晚。在德比郡的时候，我与阿尔柯特的朋友伯奇先生一起度过了两个晚上。我受到了他们热情的招待。在一些城镇，我收到了来自我不认识的人的邀请，希望我能过去拜访他们……这里的报纸报道了我的演说情况（伦敦的一些报纸也对此进行转载），因此这些报纸也不再对我的演说进

行重复的报道了。我必须要从过去积累的素材里继续找寻演说的内容,要么创作一篇全新的演说稿,要么就停止继续演说的活动。对我来说,这样的旅行方式还带来了一个很大的好处。我可以看到许多不同的房子、工厂、教堂、美丽的风景以及不同的人。当然,这样的旅行有时也给我带来了许多苦恼。一有机会的话,我就要返回伦敦。如果现在不是冬天的话,我可能就搭乘轮船回家了。你要记得将我的爱意传递给母亲——你一定要将我寄给你的信件拿给母亲看,因为我一直没有给母亲写信——我现在对于是否要前往法国都不敢确定。记得将我的爱意传递给家里每个孩子,我每天每夜都在思念着他们。我对运送信件的蒸汽船没有将我的信件及时送到你手上感到失望。这可能已经迟到了一天、两天或是三天了。我不想在这里将我所想念的朋友的名字都列举出来,因为这个名单实在太长了。不过,我还没有收到伊丽莎白·霍尔的来信,也没有收到乔治·布拉德福德的来信。请你帮我转告乔治,我非常尊重英国人,告诉他我认为英国人是一个强大、理性且友善的民族,这个国家有很多领主,要是国王万一死了,那么大街上也有上千人可以接替他的位置。不过,我相信明天就能收到你的来信了。亲爱的,晚安。

拉尔夫·沃尔多·爱默生

亚历山大·爱尔兰与所有人都能成为朋友,并总是给予别人一些帮助。同时,他是一个充满活力、永不疲惫且冷静的人……英国是一个伟大的国家，这个国家在机械领域展现出来的威力与组织能力让世界其他国家都为之汗颜。爱默生表示"无论去什么地方，我都感觉自己像是坐在一颗加农炮弹（虽然这颗'炮弹'上还有软垫，比较舒适）上前进，让我可以穿越河流与城镇、高山与低谷。火车每小时的速度是美国的两倍之多。我们可以在火车上安静地阅读《泰晤士报》。在我看来，整个世界似乎都已经被机械化取代了"。

《泰晤士报》

1847 年 12 月 25 日，曼彻斯特

亲爱的利迪安：

上一班轮船到来之后，我没有收到你的来信，我知道你肯定已经给我回信了。因此，我不能给里普利夫人或是你写一些较短的信件。我会给她写一封信，连同这封信一起寄出去。[①] 里

[①] 萨缪尔·里普利牧师在搬到康科德居住没多久，就突然去世了。

第十四章
再赴英法

普利先生的突然去世，给我的内心带来极大的痛苦，也击碎了许多之前设想好的计划。但在我们的眼中，他始终是一位身体健康、充满阳光气息与活力的人，因此任何痛苦或是悲伤的记忆都绝不会与他的名字联系在一起。我们肯定会怀念这位服务他人、做出过许多贡献的人。我为自己此时此刻没有在家而感到遗憾。对里普利这样的人来说，前来悼念他的队伍应该是排成长龙的。我有时会想，他的去世会对母亲造成多大的打击呢？每当我想起母亲，就会想起他。从我小时候父亲去世以来，他始终是母亲的重要朋友与弟弟。你知道吗，在我与我的兄弟年轻的时候，他是多么慷慨地帮助我们，让我们能够读完大学，并在之后的生活中给予了我们许多关照。他总是力所能及地给予别人一些帮助。无论是在我们眼中，还是在别人眼中，他都是一位值得尊重的朋友。我认为我们并没有给予他足够的敬意。对他来说，关注别人的需求，给予他们一些帮助，这是他的天性。无论何时何地，每当我们想起他的时候，就应该学习他那样做……你应该立即过去安慰里普利夫人。我们绝不能对此不闻不问……我是这个岛屿国家上的一个流浪者，每天都因为有演说的任务而感到焦虑烦躁——如果我选择接受这样的任务，就不应该有这样的负面情绪——在接下来两周或三周里，我不会有时间去写任何无聊八卦的事情了，这点你是知道的。在每天喧嚣且无聊的生活中，唯一让我内心有所安慰的是，我有很好的机会去感受英国这个国家。我可以用一种亲密且家常的方式去了解每个城镇的人们与一些事情。我可以看到这些民众最好的一面（至今为止，我没有看到所谓的贵族，也没有看到这个社会阶层。在日常生活中也没有这样的概念）——我认识了许多商人、制造商、学者、思想家、男人与女人——与他们进行了真诚而坦率的对话。无论我去到哪里，都受到了他们热情的招待。因此，请不要将我说成是孤独人士或是放逐者。一开始，我是拒绝他们邀请我前去他们的私人住宅的，但我现在每到一座城镇，就能收到这样的邀请，我也很乐意接受他们这样的邀请。从诺丁汉与德比郡回来给你写信到现在，我已经参观了普雷斯顿、莱斯特、切斯特菲尔德、伯明翰等城市。无论在哪个城市，我都受到当地人的热情款待。我对英国民众的感激之情与爱意与日俱增。我还收到了许多人的来信，他们在信中表示要是我到之前从未到过的地方参观，他们愿意为我提供住所。你绝不能认为我因此发生了改变，认为英国这边的空气会改变我一直以来笨拙的行为。但是，英国这边的礼节很容易欺骗到作家，因为这已经欺骗了许多前来旅行的年轻人。当这些人回到家之后，他们还认为自己能够做到这样……今天是圣诞节，我昨天下午刚刚从一次长途旅行回来，我准备待在住处度过圣诞节了。爱尔兰与卡梅伦也将会过来与我一起吃晚餐。在周三，我又再次回到了伍斯特，接着前往约克郡参加一些聚会，我还是第一次听说这些聚会。此时，英国议会正处于休假期，要到明年2月才开会，因此整个伦敦城似乎都空荡荡的。不过，我觉得在3月之前，我不应该回到这里找寻任何住所。在这里，我时常受到一些让我脱离本职工作的诱惑，因此我总是希望能够用最为简单的方法离开伦敦，让内心处于一种平和状态……在莱切斯特，我刚好看到了加德纳①先生，他是《自然的音乐》一书的作者。在切斯特菲尔德，我与斯蒂文森一起共进午餐，斯蒂文森是一位享誉世界的工程师，发明了世界上第一台火车引擎。无论从哪个方面来看，他都是我在英国见到的最杰出人物。我不知道是否应该接受他之前多次邀请我"前往他家做客，待上几天，然后到查特斯沃思庄园去看看"的建议，我最后还是同意了……你在来信里谈到有关孩子们的消息真是太好了。我们那个既勇敢又充满仁爱之心的亨利简直就是我这个做父亲的骄傲。当我想到他现在每天与你在一起的时候，我的内心就感到无比欣慰……你问我要这边的报纸，但你肯定不想看到有关我发表演说的报道，因为这里的报纸几乎都在对这件事进行大幅

加德纳

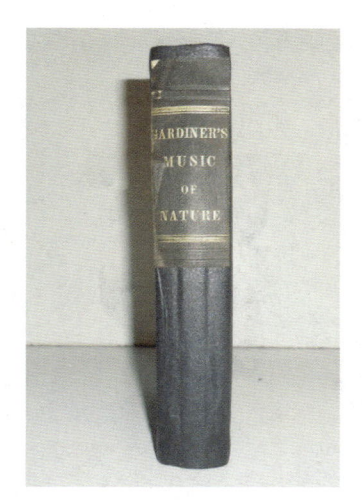

加德纳的《自然的音乐》

---

① 加德纳（William Gardiner，1770—1853），英国作曲家，以赞美诗闻名。

斯蒂文森

斯蒂文森雕像，位于英国约克市国家铁路博物馆内

渲染。他们没有对牧师进行任何攻击，我的一些朋友也勇敢地站出来，为我的演说进行辩护：报纸上的确有这方面的报道，但我从来不去阅读这些新闻。如果我真的在报纸上发现了不错的报道，我会寄给你看的。但是，我首先要通过自身的演说去建立名声。唉，我在这方面可能做得还不够啊！伊丽莎白给我寄了一些不错的来信，我不敢说自己给她写的信件能赶在这班货轮出发前送出去。告诉艾伦，我可能不会去拜会丁尼生了，虽然约翰·卡莱尔博士昨天给我带来书信，说他刚好在哥哥托马斯·卡莱尔的家里见到了丁尼生。但是，丁尼生已经出发前往罗马了，我不认为自己应该追随他的脚步前往罗马。丁尼生没有三个小孩，而我还想要让我妻子给我讲三个孩子的有趣事情呢……伊丽莎白说，玛丽姑姑打算回到康科德居住。无论怎样，你都要想办法让她回到家里来住，尽可能让她忘记她那些荒唐的决心以及嫉妒之情……虽然这里已经进入11月了，但还没有任

第十四章
再赴芙法

查特斯沃思庄园

何冬天的迹象。我的身体状况很好，精神状态与我在家的时候没有什么区别。不过，只要是凡人，肯定都有很多不如意的事，我必须要顺从我的命运。

给伊丽莎白·霍尔的一封信：

> 1847 年 12 月 28 日，曼彻斯特

亲爱的伊丽莎白：

你始终表现得那么温和，不会激怒任何人……你始终给予我无限期的信任，实在是太慷慨了！你要知道，我非常感谢你表现出来的宽宏大量，虽然刻意表现出这样的情感是非

常沉重的。最终,我们都会以之前从未有过的方式去看待与评价自己,我们都会成为真正的兄妹……当我看到身边那些身强体壮的邻居,就会对自己说,要是我出生在英国,那么我孱弱的体质应该也不会好到多少!……我在这里认识了许多善良、杰出与有权势的人,但没有热爱上任何男人或是女人。不过,我与一些来自英国不同地区的年轻人进行通信,你也知道我其实并不擅长这样做。我保留着他们的来信,有机会的话我会拿给你看。在爱丁堡,我受到了萨缪尔·布朗①博士的热情邀请,我觉得你对他应该也有所耳闻。布朗博士在纽卡斯尔见到了玛格丽特·富勒女士。而克劳塞先生在阅读了我的文章之后,拒绝参加在剑桥大学进行的考试!这些都是克劳塞写信跟我说的事情。看来,虽然这个世界在不断

萨缪尔·布朗　　　　　　克劳塞

---

① 萨缪尔·布朗(Samuel Brown,? —1849),英国工程师、发明家,内燃机最早的发明者。

地转动,但人的智慧还是像以往一样啊!因为每天都要处理很多烦琐的事情,因此我没有给卡莱尔写信了,也没有收到他的任何来信。你可以在《弗雷泽》①里读到他的信件吗?当我在他家做客的时候,卡莱尔跟我讲了相同的故事,但是阅读他写的文章却是另一番不可思议的感受,每个人都能感受到那种神秘感——一些人认为卡莱尔正在尝试那样创作。但卡莱尔在内心却对克伦威尔有一种悲悯的情怀。当我对他说,不能期望我这样年龄的人像他那样去看待克伦威尔的时候,他用安静的口吻对我进行了反驳……如果我找不到时间继续给你写信,难道我还能称得上是你的哥哥吗?

拉尔夫·沃尔多·爱默生

1848年1月8日,曼彻斯特

亲爱的利迪安:

我有足够的机会继续发表那些过时落伍的演说。当我面对一群全新的听众时,要是我继续发表那些刊登在许多报纸上的演说内容,这就是一种粗野的行为。让我讲一些英国媒体从没有发表过的内容吧。但是,一些负责人却始终对此表示反对。"我们已经听你说过这些了,并且为此做了广告,因此不能换成其他的内容。"他们的做法有点像中国与日本。但

---

① 1847年12月,奥利弗·克伦威尔出版了《三十五封未出版的信件》,这些信件都是他与托马斯·卡莱尔之间的通信内容。

是，吟游诗人与叙事诗人这一职业的神秘性质，在我身上的确是遭受了一些损害。我担心，如果我继续这样做，伦敦那些体面人士会都不愿意与我进行交流，更别说我的创作会因为这种按部就班陷入停顿所带来的严重后果了。因此，无论付出多大的代价，我必须要结束这样的局面。我收到了乔治·布拉德福德寄来的一封信件，但我从未收到帕克或是《马萨诸塞州季刊评论》那边任何人的来信。他们的期刊代表着一种正直的精神，有一种阿加西式的味道。要是没有比其他杂志更高趣味的定位，那么这本期刊很快会沦落到与《北美评论》一样的地位。再过一两天，我应该就能再次收到你的来信，收到来自托儿所或是学校那边的来信，我始终满心欢喜地等待着这样的来信……我希望你——你必须要——在这个冬天将客厅的壁炉点燃，并在之后的每个冬天都这样做，因为我们去年就没有做。我可能会让一位来自利兹的商人斯坦斯菲尔德给你捎去我的这封信，此人是哈利菲克斯地区斯坦斯菲尔德的侄子，他在这里非常热情地招待了我。要是我在冬天回到新英格兰地区的家里，壁炉却没有生火的话，这会让我冷得浑身发抖的，因为这些英国人的生活习惯根本不适应美国那边的气候。也许，我要对斯坦斯菲尔德先生说，如果他想去乡村地区看看，你要大度地为他提供晚上睡觉的地方。如果他过来——或是任何英国人——前来拜访，都要在他们上床睡觉之前，为他们提供面包与酒水，因为这些英国人通常都是在晚上九点或是十点钟才吃晚饭的。因此，要是他们到了康科德，肯定会在入睡的时候觉得非常饥饿。他们在这边非常周到地照顾了我，我们也应该有所回报。先说到这里吧，再见！

拉尔夫·沃尔多·爱默生

1848 年 1 月 26 日，曼彻斯特

亲爱的利迪安：

从上次给你写信到现在，我已经去了约克与弗兰伯勒角等地。关于这些地方的风景以及所见到的人，我没有特别要说的。这里的人都像天空的星星，似乎始终与你保持着一定的距离。在我的生活圈子里，没有任何天使的降临——但我

弗兰伯勒角

始终等待着天使的到来。不过，我要告诉你的是，我准备回曼彻斯特过几天平静的日子，因为我上几个星期在约克郡的生活真是太疲惫了。我厌倦了发表演说，已经写信给各个邀请方，表示我不再发表演说了，但收效甚微。一些机构的负责人可能误解了我的意思，纷纷表示要继续邀请我，说我之前没有反对发表演说，并说我忘记了之前做出过的承诺之类的话。最后，我只得同意在这平静的两周之后，继续这样疲惫的工作。我会在2月7日到爱丁堡，在25日结束我在英国北部的旅程。接着，我会返回伦敦，度过3月与4月，（如果我不去巴黎的话）还会在这里待到5月。在这段时间，我创作了一篇关于贵族的演说稿子，准备在爱丁堡发表。在谢菲尔德的某个晚上，我只能尽力从一些老旧的报纸或是阿加西教授的报告中收集一些有用的科学素材。昨晚，我聆听了卡梅伦发表的一篇演说，演说的主题是关于诗歌与文学的。在演说过程中，他没有使用任何笔记或是提词的辅助工具，非常流畅地谈论着有关读者与阅读的事情。他的演说给人一种轻松愉悦的感觉，但缺乏足够的思想深度——不过，他这样的演说没必要追求深度——为什么要难为自己去找寻这样一种能力呢？"做好自己就行了。"发挥自己的全部能力，追求自己热爱的事业，这就是英国人展现自身天才的方式。我认为，他们没有以美国人那种特殊的敏感度去做某些工作，但这里的每个人都具有个人的气度。无论是在他或是其他人看来，这都是非常昂贵且值得尊重的创作。明天晚上，我要出席一个所谓的"自由贸易晚宴"，科布登、布莱特、福克斯与

第十四章
再赴英法

一些主张自由贸易的商人届时都会发表演说……愿你在家里一切安好，家里的孩子们都一切平安。请将我的爱意与亲吻传递给孩子们。我很高兴看到孩子们在波士顿与罗克斯伯里的旅程中感到了开心快乐，但我还是希望他们在冬天的时候乖乖地待在家里。你谈论了艾伦的信件，我肯定也会给艾迪写一封信的，前提是艾迪愿意等待的话，或是他已经学会阅读自己的名字，那么他肯定会收到我寄给他的一封信，或是我寄给他的一张照片。祝愿你们一切安好！

科布登

永远爱你的

拉尔夫·沃尔多·爱默生

1848年2月10日，盖茨黑德炼铁厂

我写了一篇主题为"天然的贵族"的演说稿，明天准备在爱丁堡发表。在这篇演说里，除了一些与古老制度相悖的新思想之外，还加入了一些过去的思想。在离开曼彻斯特的前一天，我的一些朋友聚集在霍奇森博士家里与我所在的地方。其中，纽伯格与萨顿来自诺丁汉，吉尔来自伯明翰，一人来自胡德斯菲尔德,还有来自曼彻斯特的爱尔兰、卡梅伦、埃斯皮纳斯与巴兰坦等人。在周末,我邀请他们过来吃晚餐。这些都是具有才华的人,每个人都有属于自己的天赋与能力。我再次来到了哈利法克斯地区斯坦斯菲尔德家里。就在昨天,我来到了巴纳德城堡,发现自己仿佛置身于司各特所说的伦敦地区……我在纽卡斯尔发现了一位最有成就的人,他就是克劳塞先生。现在,我就坐在他的炼铁厂的账房里,与他谈论着关于艺术方面的话题……在这里,我经常是以著名作家的身份受到热情招待的。如果亨利(梭罗)想要在某一天来英国旅行的话,记得让他快点出版自己的书。或者如果他没有钱,也要想办法去印刷出来。

1848 年 2 月 21 日,珀斯

亲爱的利迪安:

你跟我说的关于孩子们的有趣事情,以及他们寄给我的一些图画与信件都收到了。这给我带来了极大的乐趣。我真的很想向你们详细地介绍这里的情况,但因为时间所限,我无法一一说清楚。不过,我肯定会在接下来的旅程中详细跟你们慢慢说的。我从纽卡斯尔去到了爱丁堡(遭遇了一些阻滞之后,耽误了一些时间,最后到达演讲厅的时候迟到了 15 分钟)。在场的人都非常友好。我后来发现,他们都是非常优秀的男女。在演说结束之后,我与萨缪尔·布朗博士回到了他的家。我在爱丁堡这段时间里,他都非常热情地招待我。在这里,我认识了画家大卫·司各特①，他是那种面对画架，手拿着画笔的画家，他是一个真诚杰出的人。有时，他的表情比较严肃、安静，有时则是陷入了沉思状态……第二天，我受人引荐认识了威尔逊②（即克里斯托弗·诺斯）、杰弗里夫人以及克劳夫人，克劳夫人是一位非常优秀的人……我欣赏了这座城市美丽的风光。在晚上，我与罗伯特·钱伯斯③会面（他是《创造的遗迹》一书的作者），接着又在爱尔兰先生的邀请下共进晚餐。第二天中午12点时，我见到了杰弗里勋爵……在下午5点半的时候，我与克劳夫人、德·昆西④、大卫·司各特及布朗博士会面。德·昆西是一位年近七旬的瘦小老人，有着一副英俊的面容，脸上散发出最高雅的气质。他是一位柔和的老人，说话时比较温和与沉稳，说话的方式与语气都非常优雅。他根本不在乎自己过着朴素的生活或是穿着朴素的衣服。在周六晚上，克劳夫人召集我们一起共进晚餐，他就在泥泞的路上走了10英里，从拉斯韦德过来。因为他就住在这个村庄，而当时的道路还没有干燥。克劳夫人充分展现了好客之情，但她家里却没有男式马裤。在一群朋友中，我发现德·昆西始终保持着安静愉悦的神色。多年来，他遭受了许多痛苦，过着凄苦的生活。但是，萨缪尔·布朗与克劳女士以及一两个朋友都会给予他一些帮助，为他在地方长官那里求情。德·昆西不愿意回想这些痛苦的回

---

① 大卫·司各特（David Scott，1806—1849），苏格兰画家，以历史题材作品而闻名。
② 约翰·威尔逊（John Wilson，1785—1854），苏格兰作家、哲学家、文艺评论家。
③ 罗伯特·钱伯斯（Robert Chambers，1802—1871），苏格兰作家、出版家、地理学家、思想家、编辑。
④ 德·昆西（Thomas De Quincey，1785—1859），英国散文家、文学批评家，代表作有《一个英国鸦片服用者的自白》《论康德》《贞女》《来自深处的叹息》《英国邮车》等。

拉尔夫·爱默生传

大卫·司各特 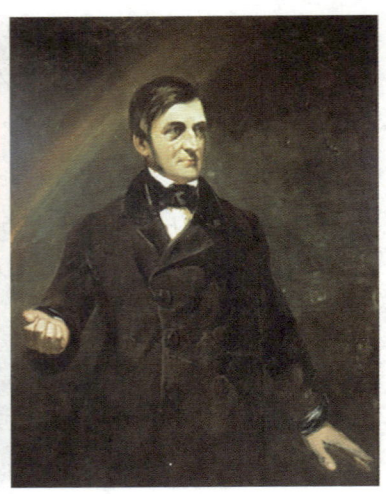　　　　　　　　大卫·司各特笔下的《爱默生肖像》

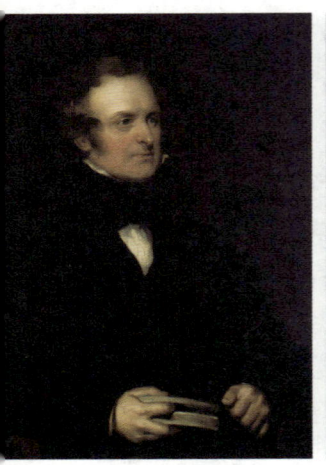

威尔逊 　　　　　罗伯特·钱伯斯 　　　　　德·昆西

第十四章
再赴英法

忆，也不愿意回想起之前抽鸦片成瘾的生活状态。现在，他已经戒掉了抽鸦片，有着良好的心智状态……他非常从容地谈论着许多事情，主要还是关于社交与文学方面的，并没有谈论任何关于音乐方面的事情。在我的要求下，他们第一次同意邀请他前来共进晚餐，我还认为他会以类似于约克地区的牧师形象出现。在面谈的时候，有人跟我说，他喜欢独自一人生活，并不经常与人来往。他邀请我在下个周六前往拉斯韦德村庄共进晚餐，他与3个女儿住在那里。对此，我欣然应允。第二天，我与大卫·司各特共进早餐，大卫坚持要求我坐下来，要帮我画一幅肖像。我也只能连续一动不动地坐了一两个小时……大卫是一位具有坚忍精神的人，虽然他有时会说一些寓意深刻的话，但还是会保持自己的独立性，因此他受到了上层人士的尊敬。关于他，我还有很多要说的话。在下午1点的时候，我出发前往格拉斯哥，在那里面对两三千名听众发表了演说……第二天，我在爱丁堡与罗伯特·钱伯斯共进晚餐，还认识了他的哥哥威廉……这一天，我去这里的大学拜会威尔逊教授，聆听他面对学生发表关于道德哲学方面的演说。班克罗夫特博士带我去了他的私人休息室，然后我与他进行了长时间的交流。威尔逊教授是一个身材魁梧的人，面容与某人一样粗犷。他留着长发，蓄着胡子，穿着宽松的衣服，有点驼背。说实在的，他的演说没有什么深刻的思想，只是将许多思想串联起来而已。可以说，这是一篇非常沉闷的演说，没有任何实质性的内容，但他在演说中展现出了充沛的身体能量，讲到激动处甚至会满嘴唾液。他一边说，学生们一边做笔记。最后，我等得有点不

耐烦了，希望这场演说快点结束。我没有看到克里斯托弗·诺斯身上展现出的任何一个特点。之后，我们前去聆听威廉·汉密尔顿①发表的关于逻辑方面的演说。汉密尔顿是这所大学的著名教授，也是一名科学家，在每个方面都值得人们的尊敬……这天晚上，在斯塔达特的家里，我看到了乔治·库姆②。他过来拜访我，并邀请我第二天与他共进早餐……第二天早上，我与库姆共进早餐。库姆夫人是西登斯的女儿，她们母女俩很相像。库姆非常健谈，他对美国的评价非常中肯。不过，我感觉他在说话的时候，总是缺乏苏格兰人那种真正意义上的灵活性。他的说话方式显然是经过计算的，显得非常精确，却没有透露出任何关于未来的想法。之后，我出发前往格拉斯哥，并在尼克尔博士的观测台度过了一个晚上。这个观测台的装备非常齐全。不过，这天晚上比较多云，因此没有看到月亮与星星。第二天早上，我来到了萨特市场。啊！这里有很多女人（主要是卖鱼妇女与其

威廉·汉密尔顿爵士

乔治·库姆

---

① 威廉·汉密尔顿爵士（Sir William Hamilton, 9th Baronet, 1788—1856），苏格兰哲学家。
② 乔治·库姆（George Combe, 1788—1858），苏格兰律师、颅相学运动的先驱。

他人）以及赤脚露腿的孩子，此时还是天气非常寒冷的2月18日，孩子们就光着脚在大街上走来走去……在爱丁堡，我再次与尼克尔教授一起吃饭。晚上，我受邀与克劳夫人一起去拜访杰弗里爵士……杰弗里爵士始终是那么健谈，喜欢争辩，身上散发出法国人的气息。杰弗里爵士说的每一句话，都会夹杂着一些法国语句，用自己特有的口音来说，而这样的口音既不像英国口音，也不像是苏格兰口音。有些人可能会说，他这样的说话方式显得比较小气，或是带有明显矫揉造作的虚伪。我喜欢看到他同年龄的朋友——诸如威尔逊、哈勒姆或是麦考利等人——与他斗嘴的时候。但不管怎么说，他都是一个卓有成就的人，有自己独特的行为方式……第二天，我与德·昆西以及他几个有趣的女儿一起共进晚餐。我们进行了深入的交谈，谈论了许多事情。在此，我无法一一详细地跟你描述。我们与主人一起回到了爱丁堡，到了克劳夫人的家里，然后一起聆听我的演说。想象一下德·昆西前来聆听我的演说！在这里，有人引荐我认识海伦·福西特女士①，她是一位美丽的女演员，接着我认识了威廉·艾伦爵士，他是一位画家，也是沃尔特·司各特的朋友。我还认识了辛普森教授，他是一名著名的医生。我还认识了其他人。第二

海伦·福西特女士

---

① 海伦·福西特女士（Helena Faucit, 1817—1898），英国著名女演员。

天,我与司各特在一起交谈,再次与克劳女士共进晚餐,德·昆西与海伦·福西特过来喝茶。我们可以看到安提戈涅处于一种休闲状态。在爱丁堡停留期间,让我感到遗憾的一件事,就是没有与安提戈涅好好地进行交流。罗伯特·钱伯斯是当地的一名古文物研究者,比其他人都更加了解"古代城镇"的历史。他腾出了一个小时,专门给我讲解这座城镇的一些历史遗迹。但是,因为我有演说任务在身,需要回去进行写作,只能抱歉地对他说自己没有时间了……真正让我感到遗憾的是,我无法对这里的帕拉塞尔苏斯进行详细的编年史记录。萨缪尔·布朗是最让我感兴趣的人之一,每个人都对他充满了期望[1]……周六,我离开了苏格兰。我想,我会在安布鲁塞德停留一天。如果可能的话,我会与哈利艾特·马蒂诺在前往曼彻斯特的路上,一道拜访华兹华斯。之后,我会再次收拾行李,从曼彻斯特出发,前往伦敦……请原谅我没有给许多关心我的人回信,这一切只是因为我没有时间!唉!请原谅我没有给家里的小孩回信……告诉他们,爸爸永远将他们记在心里,每时每刻都盼望着能够见到他们,并希望现在就立马离开英国或是法国,回到家里好好地拥抱他们……记得将我的爱意传递给所有爱我的人。也希望你始终能包容待我。

永远爱你的

拉尔夫·沃尔多·爱默生

---

[1] 布朗博士希望将多种不同的化学元素(也许是所有的物质)都变成一种物质。这样一种实验始终让爱默生感到惊奇。

第十四章
再赴英法

在前往伦敦的路上,他在一封写给富勒女士的信中这样说:

> 我与哈利艾特·马蒂诺一起度过了两天,并与华兹华斯聊了一个半小时。华兹华斯总是在谈论法国那边的新闻。他看上去是一位言语锋利的英国老人。他对苏格兰人似乎怀有一种鄙视的态度;关于吉本,他认为吉本根本就不知道如何用英文去进行创作;关于卡莱尔,他认为卡莱尔是英国文学的害虫;他认为丁尼生是一位充满才华的诗歌天才,虽然丁尼生带有某种程度的矫揉造作;他认为托马斯·泰勒代表着英国这个国家的国民品格。我们还谈论了诗歌与其他的话题。虽然华兹华斯不断谈论着一些事情,我认为我可以轻易地为报纸创作任何关于他的席间谈话。这不会给我带来任何的不便,每个人都会认为我写的内容正是出自他。不过,华兹华斯是一个友善健康的老人,有着一张饱经风霜的脸。我认为,当我们说英国人的教养如此之高,反而显得华兹华斯的教养不是那么突出的时候,这绝对是赞美之词……在今天听了这么多人所讨论的法国新闻之后,我在明天会前往伦敦。

返回伦敦之后,爱默生收到了许多要他在这里发表演说的邀请,但邀请方指定的演说主题显然不能让他感到满意。在他的内心深处,他不愿意接受这些邀请,虽然他收到家里那边的来信,得知家里的经济状况吃紧。因此如果他有机会的话,还是要想办法多赚点钱。在他回到伦敦的 6 周里,他依然对是否发表演说一事没有下定决心。与此同时,他非常善于利用自己在社交活动中所获得的机

会。在回到伦敦之后的一两天,他给妻子写了一封信:

1848年3月8日,伦敦,河岸街142号

亲爱的利迪安:

你还在问我为什么没有及时给你回信。这么多年来,看来我给你写的回信似乎都没有及时送到。我担心你所指责我的并不止这些——我给每个兄弟姐妹写的信件都没有送到。我只能说,我每天都为追求同一个目标而感到悲哀。我无法写出这封信,我没有充沛的活力与体能,可以同时去照顾"六翼天使"或是"小天使"这两件事——哦,我真的做不到啊!还是让我不要使用这么感伤的词语吧。我应该说,自己目前的状态就像一个光度计无法变成一个火炉。好吧。过不了多久,我就要回家了,拿出自己的最好表现。只是,我依然明白,孤独的情感没有离我远去。我的个人追求与目标就像那些皇家天文学家——他们的职责就是要准确地记录天体的运行,记录着宇宙在天空上的痕迹——但是,在我们这一辈子里,这样的努力似乎显得无足轻重。

我与卡莱尔吃过一次晚餐,再次感受到了班克罗夫特对我表现出来的善意。班克罗夫特先生为我提供了接触国会议员的机会。班克罗夫特夫人则给我送来了一张卡片,邀请我参加摩根女士举办的社交晚会。班克罗夫特女士向我保证,我能在这次社交晚会上遇到很多著名人士。当然,班克罗夫特在对法国那边发生的事情表现出了极大的热情。卡莱尔在这方面也是如此,并在

第十四章
再赴英法

人生中第一次阅读了《泰晤士报》……我同样每天都在阅读《泰晤士报》上的内容。一天晚上,我前往上议院,聆听了整个开会的过程,还看到了威灵顿。我还去了下议院、英国博物馆,看到了一个长久以来让我充满兴趣的东西……昨天晚上,在卡莱尔的建议下,我参加了宪章运动者举办的会议,他们聚集在一起,收到了委任代表的报告,对法国共和国的形势表示祝贺。当时参加的人很多,每个人都显得非常热情。正如我们在废奴会议上会歌唱一样,他们也在歌唱《马赛曲》。在那些天,整个伦敦城遭到一群暴徒的侵扰,这让当地的许多商店老板都感到非常不安,因为这些暴徒会打破窗户,进商店偷窃。不过,伦敦有太多这样的玻璃门了,暴徒永远都砸不完。……不过,虽然整个英国有很多饥饿的工人,但和平的环境不会因为他们而受到影响。在接下来的几个月里,他们会屈服于科布登与布莱特斯所煽动的中产阶级。当这些势力的要求得到满足之后,关于普选权与共和国的讨论就会出现。但是,我说的这些可能都不是你想要听的。我在伦敦看到的最让我感到惊奇的,就是这座城市被视为中心,有很多拥有权势与财富的人,他们每天都在为这台庞大机器的正常运转而奔走。他们每天都过着紧张而安静的生活,每个人都在想办法做好自己的事情。我可以向你保证,这些情景是非常有趣的。有时,我会认为自己应该在这里待一段时间,好好地研究伦敦这座城市。这座城市里的许多阶层就像很多处于不同发展阶段的国家,但身在不同阶层的人们却能在这座城市里共处……

卡莱尔伦敦故居

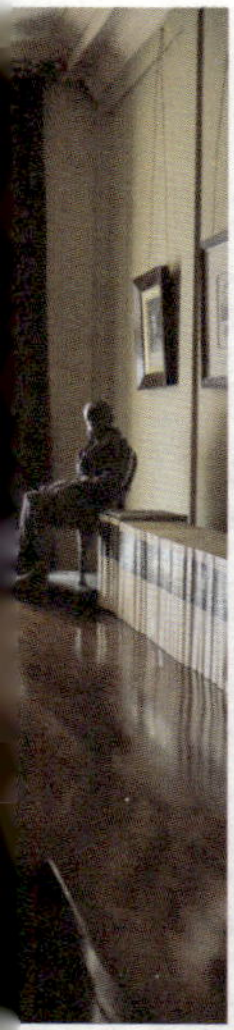
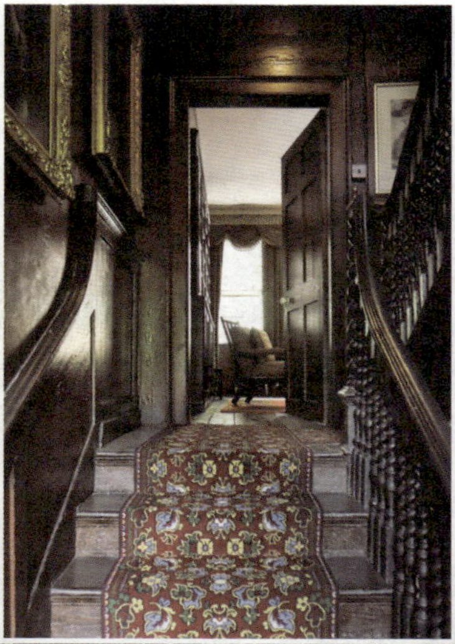
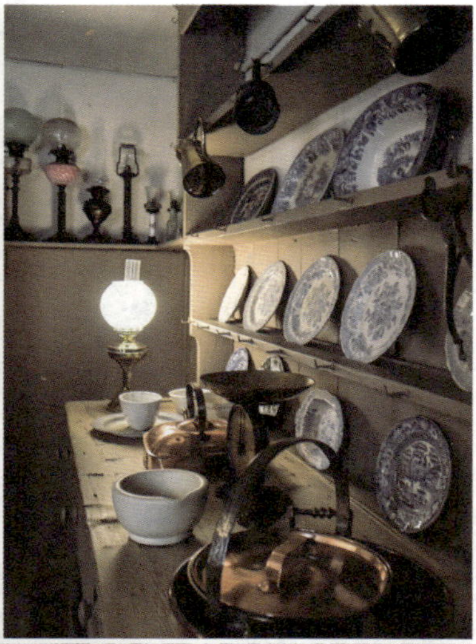
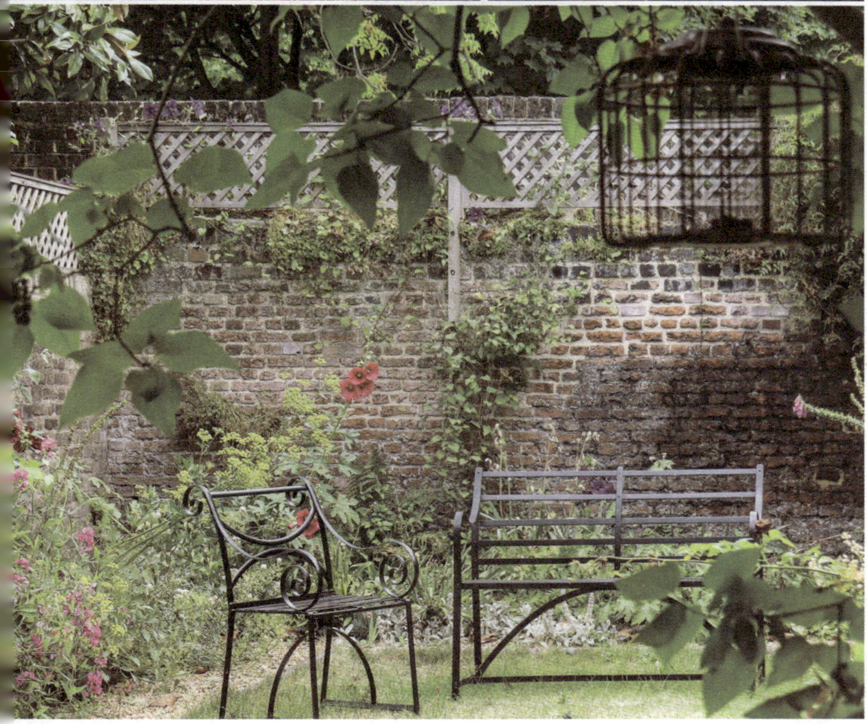

卡莱尔伦敦故居前的卡莱尔雕像

第十四章
再赴英法

3月23日

我已经认识了许多人,其中很多都是优秀之人,其中就包括班克罗夫特夫妇、卡莱尔与米尔纳斯,他们都非常友善地向别人介绍我。在班克罗夫特家里,我与麦考利、本生、莫佩思爵士、密尔曼、米尔内斯以及其他人共进晚餐。卡莱尔、莱伊尔夫妇、巴特勒女士以及其他人也在晚上过来。在密尔曼家里,我与麦考利①、哈勒姆②、莫佩思爵士③以及著名的查尔斯·奥斯汀④一起共进早餐……在普罗科特⑤(巴里·康沃尔)家里,我与福斯特⑥、金莱克⑦以及其他人共进晚餐……卡莱尔引荐我认识哈利艾特·巴林女士⑧,巴林女士是一位非常杰出的女性。第二天,我认识了艾士伯顿女士以及她的母亲。之后,我与她们共进晚餐……我经常见到詹姆士女士。除此之外,我还认识了科学界的一些重要人物。在当时的英国,欧文在科学界的地位就相当于阿加西在美国的地位。欧文给了我一张卡片,邀请我前往医科大学聆听他的演说,并带领我参观了亨特博物馆。他的演说让我获益匪浅。因为,他与阿加西一样,在生理学方面也同样是一位理想主

---

① 麦考利(Thomas Babington Macaulay, 1800—1859),英国诗人、历史学家,辉格党政治家,曾担任陆军大臣(1839—1841)和财政部主计长(1846—1848)。
② 哈勒姆(Henry Hallam, 1777—1859),英国历史学家。
③ 莫佩思爵士(Lord Morpeth, 1802—1864),英国政治家、演说家、作家。
④ 查尔斯·奥斯汀(Charles Austen, 1779—1852),英国海军将领,著名小说家简·奥斯汀的弟弟。
⑤ 普罗科特(Bryan Procter, 1787—1874),英国诗人。
⑥ 福斯特(John Forster, 1812—1876),英国传记作家、文艺评论家,查理·狄更斯的挚友。
⑦ 金莱克(Alexander William Kinglake, 1809—1891),英国旅行作家、历史学家。
⑧ 哈利艾特·巴林女士(Lady Harriet Mary Montagu, 1805—1857),英国社交名媛。

麦考利 　　　　　　哈勒姆 　　　　　　普罗科特

福斯特 　　　　　　金莱克

义者。哈利艾特·马蒂诺引荐我认识了赫顿先生，赫顿先生带着我前去地理协会。在这里，我聆听了来到英国之后最好的一场辩论，即便是英国国会辩论以及曼彻斯特宴会上的交流都无法与之相比。巴克兰是一个具有伟大智慧与科学精神的人。卡朋特、福布斯、莱伊尔与多贝尼都是当时的发言人。之后，别人引荐我认识北安普顿侯爵。这位侯爵邀请我参加他举办的社交晚会。这些人都是他们所研究的科学领域的创新者，都有着渊博的科学知识。因此，新闻报道上一些沉闷的科学术语，在他们口中则变成了流畅与美妙的语言。我在上面所提到的这

第十四章
再赴英法

些朋友都想办法以最好的方式给我讲解一些科学知识，让我能够在伦敦短暂的停留期间，选举我加入文学协会，这是我感到骄傲的一项殊荣……米尔内斯与其他好朋友也都属于这个协会。可以说，米尔内斯是整个英国性情最温和的人，他似乎就是糖果做成的，说的话总是让人感到那么舒适。他似乎是无处不在，也无所不晓。某天，他一时激动，谈到了关于兰道的事情，说兰道将他的厨师扔出了窗外，接着大声地

哈利艾特·巴林女士

说："我的上帝啊，我从未想过这个世界上还有这么可怜的羞涩之人！"在他最后看到兰道的时候，他发现兰道正在详细地讲述大家在一起吃饭时应该要注意的礼节，而兰道认为这是非常粗鲁的。兰道总是一个人吃东西的，吃饭时窗户半关着，因为他认为光线会影响他的味觉。最近，他听说克里米亚汗国的一些部落也实行单独吃东西的行为，他马上称赞这些部落要比英国更加文明……麦考利可以说是一个应酬最多的人。我之前从未见过一个如此精力充沛的人。麦考利似乎拥有十个人的能量，有着强大的记忆力，为人风趣，充满激情，学识渊博，有着敏锐的政治洞察力，为人骄傲，在说话的时候口若悬河。你要是认识他，可能也会认为他是最为典型的英国人……

3月24日

　　昨天，或者说是昨晚，我与巴林先生在八点钟的时候共进晚餐。当时在场的人还有艾士伯顿爵士与夫人、奥克兰爵士、卡莱尔、米尔内斯、萨克雷、卡斯尔雷爵士与夫人、牛津地区大主教（威尔伯福斯）。晚上，查尔斯·布勒也过来了，大家都向我介绍他："在他尝试成为一名商人之前，他是英国最聪明的人。"……大家都在讨论着法国政局的问题，这次晚餐也不例外。除了这些人本身对政治事件的兴趣以及他们认识的一些好朋友都是法国的著名人士，他们显然对于他们在伦敦这里的好日子是否已经到头了感到焦虑……卡莱尔以那些掠夺者的口吻大声地说："耶路撒冷实在太悲伤了！"不过，卡莱尔还是得到了这些人的包容，其中很多人都是他的好朋友。他所提到的犯法行为就包括杀戮，但他也不清楚自己到底应该怎么做。一些贵族会说："将他放到下议院去，那么你就再也听不到他了。"这是一种非常有效的策略，能让所有的争端或是议论都平息下来。在那里，他只能被允许发表一次演说，只有一次而已。如果他想要提出什么措施，都需要遭受审议的。如果他没有什么要说的，就只能乖乖地坐在那里。有一件事是可以肯定的：如果英国目前的和平状况被打破的话，那么这里的贵族阶层——或者我应该说，这里的富人阶层——都是非常坚毅的，他们与那些穷人一样愿意投身到战斗当中，他们不可能因此而逃跑……你肯定想知道我接下来的计划，唉，但我其实没有什么计划。只要我在这里还能够获得一些机会，那么我还是愿意去抓住这些机会，并留在这里。就目前来说，我没有前去法国的渠道，所有热爱和平的人都不愿意去那里。因此，我可能不会去那里。但是，如果我还留在这里的话，那么我就要花光所有的钱了。在伦敦这段时间里，我还没有想到其他办法去赚钱。我该怎么做呢？我必须要尽快做出一些决定。我已经拒绝了别人邀请我发表演说的机会，你也不希望我在一些早早关门的机构里发表演说吧？某天晚上，我将麦克雷迪当成了李尔，将巴特勒女士当成了科迪莉亚。班克罗夫特女士是一位快乐的女性，深受大家的喜爱。她认识每个圈子里那些最优秀的人，她身上所具有的美德与优雅气质，让她更适合待在伦敦而不是波士顿。她显然爱着自己过去的朋友，但她以这里为家的想法是显而易见的。她的朋友穆雷小姐与詹姆森女士都准备将我引荐给拜伦女士，她过着隐居的生活！不过，毋庸置疑的是，我仍记得自己在家里附近的森林中所感受到的那种巴比伦梦想具有的特点与色彩。

4月2日

昨天晚上，我前去参加北安普顿侯爵的社交晚会。在这次社交晚会上，我见到了伦敦这座城市几乎所有的学者。在这里，我看到了阿尔贝特王子，巴克兰为他讲述了一些通过显微镜所看到的现象。阿尔贝特王子是一个容貌英俊且非常有礼貌的人，我在餐桌对面观察了他几分钟，将他看成一位具有历史

查尔斯·菲罗斯爵士

象征意义的人物。我还看到了曼特尔、萨宾上校、著名植物学家布朗、克拉布·罗宾逊（他认识所有文学界的名人，包括兰姆、骚塞、华兹华斯、德斯塔尔女士与歌德）、查尔斯·菲罗斯爵士（他讲解了有关利西亚地区大理石等情况），在场还有其他很多名人。接着，我接到米尔内斯发来的邀请，来到帕尔马斯顿女士的家里，看到了丰富的藏书。如此丰富的藏书应该只有在伦敦这样的地方，并且像帕尔马斯顿爵士这样的人物才能拥有。也许，只有王子公孙或是非常富有的外国人才能拥有。之后，别人引荐我认识了本生、"传说中"的罗斯柴尔德与德斯莱利。其中，我与德斯莱利进行了一番交流。我还见到了麦考利与考珀，考珀是一位非常得体的绅士，是帕尔马斯顿女士的儿子，我与他进行了一番交流。在场还有很多著名的夫人，其中一些夫人非常美丽……帕尔马斯顿爵士是一位坦率可亲的人，给人一种力量感，笑脸待人，在说话的时候声音洪亮。不过，我应该告诉你，在这天早上，当我见到这些人的时候，我其实已经从牛津回来了，我之前在那里过了几天快乐的生活。我收到了克拉夫的邀请，他是奥瑞尔的朋友。上周，植物学教授多贝尼引荐我认识了一些朋友。在周四的时候，我也认识了一些朋友。我所

第十四章
再赴英法

住的地方与奥瑞尔很近,每天都受到这些大学教授的热情招待。第二天,我与帕尔格雷夫人及弗鲁德以及其他人在埃克塞特学院共进午餐,而在之后一天早上则与克拉夫与多贝尼一起在奥瑞尔家里共进早餐。他们都非常友善地对待我……不过,更重要的是,他们都非常真诚地对待我,其中很多人是认真、忠诚且重视感情的人,其中一些人是非常具有天赋的,还有一些人则愿意为了内心的良知去做出牺牲。弗鲁德是一位高尚的年轻人,他的言行时常让我的内心感到温暖。我很快应该就能见到他。说实话,我已经喜欢上了牛津大学这里的师生了。上个周日,我与摩根夫人及詹姆斯女士在班克罗夫特家里共进晚餐,之后接受摩根夫人的邀请在第二天晚上前去她家一起喝茶。在她的家里,我发现除了她之外(她有点类似于追求时尚或是伦敦版本的玛丽姑姑,充满了活力、智慧与优雅的社交能力,但她的道德天赋似乎被遗忘了),还有戈尔夫人,她是一位追求时尚的人,还有漂亮的莫尔斯沃斯女士、美丽且通情达理的路易莎·丁尼生夫人、金莱克先生、科宁厄姆先生(他是约翰·斯特林的朋友)以及其他人。

在跟你介绍了这么多我所认识的时尚之人之后,请千万不要认为我的乡村气息已经被抹去了。事实上,这根本没有抹去我对田园生活的渴望。我始终都学不来这些人,我也不愿意这样做。但是,我不愿意拒绝这样的机会,因为他们对我来说都是比较重要的人。至少,通过这样的接触,我可以了解到"地球另一半"的人的生活方式,虽然我不会长久地与他们在一起生活。在这些人身上,我感觉到他们的说话与行为方式是非常简练的。不过，我认为你同样可以在波士顿的时尚圈子里发现这些说话直接的人，但他们都缺乏深刻的思想。不过，我知道这些人都是比较肤浅的。我还没有跟你说，我在艾士伯顿爵士那里吃晚餐的情况。当时，我坐在哈勒姆先生与北安普顿爵士之间，看到了洛克哈特、巴克兰、克罗克、戴维女士、蒙特格尔爵士等人。在另一天，我前去艾士伯顿的家里拜访，他向我展示了他收藏的图画，这些都是最为珍贵与著名的画作。哈勒姆是一位非常有礼貌且健谈的人，他也会过来拜访我。明天，我要与莱伊尔共进晚餐，后天我要与地理俱乐部的人一起吃饭，这是受查尔斯·T.杰克逊的邀请。杰克逊是一位地理学家与从事科学研究的人——亨利·德拉贝奇是这个俱乐部的负责人……我通常都是在案桌前度过自己的早晨时光，准备一些全新的演说稿子，替换之前那些过时的演讲稿子。至于是否要前往法国，我现在还没有做出决定；我想，一切还是谨慎为好。虽然我现在身上没有什么钱，也没有赚取金钱的明确途径。

1848 年 4 月 20 日，伦敦

亲爱的利迪安：

　　蒸汽船到了，每个人都拿到了别人寄给他们的信件，但我却没有，没有收到你与亲爱的小艾伦寄来的信件。希望他一切安好！这可能是因为人用手所写的信件要比轮船走的速度更快的原因所导致的吧……在上两周里，我一直都非常忙碌，但没有什么著名人物要去见的。我的很多时间都浪费在他们的政治

第十四章
再赴英法

斗争上了。我每天都阅读报纸，了解到这场变革。在10日的报纸上，我看到宪章派人士的诉求已经被送到了议会，每个人都在等待接下来的结果。还有，这里每天几乎都在下雨——我只能徒步走过几英里长的大街，或是乘坐公共汽车或是出租马车出行。你也知道，每当我勉为其难地参加社交活动时，其实是比较心虚的。某天，我与莱伊尔夫妇共进晚餐，之后还与福布斯博士共进晚餐，他带我前往皇家学院聆听法拉第的演说。当时，法拉第被称为整个伦敦最优秀的演说家。我对自己是否继续发表演说表示怀疑。不过，查普曼似乎为此张罗得非常忙碌，还有一些人也认为我有非常好的机会。不过，我认为自己还没有准备好，而且认为这简直是看运气的事情，因此我倾向于拒绝——关于其中的理由，我只能在回到家之后跟你说——之后，我可能要去巴黎待几个星期，去上几堂法语课，然后身无分文地回家，继续为我的研究去努力赚钱。在这里，我每天都在用书籍与钢笔等古老的工具来工作，最后应该也能做出一点成绩来。

我最近看到最壮美的地方就是大英博物馆。我是与班克罗夫特在某天一起去欣赏的，当时查尔斯·菲罗斯爵士[①]担任我们的导游。菲罗斯爵士给我们讲解了利西亚地区的大理石，对古希腊时代的遗迹进行了深入透彻的讲解与叙述，很多内容都是我第一次听到的……接着，我们去了国王图书馆，图书管理员帕尼兹[②]担任我们的讲解员，他本人也是一名诗人，当时担任的职务是助理馆长。某天晚上，我听到格里希在科芬园的戏

[①] 查尔斯·菲罗斯爵士（Sir Charles Fellows，1799—1860），英国考古学家、探险家。
[②] 帕尼兹（Anthony Panizzi，1797—1879），英国诗人、图书馆员，曾任大英博物馆图书馆馆长。

帕尼兹

院歌唱——格里希与阿尔博尼当时是歌剧舞台上的竞争对手。我准备成为改革俱乐部的荣誉成员，我与菲尔德先生一起来到这座雄伟的建筑，经过了这里的厨房。我认为这里的厨艺是整个欧洲最好的，因为即便他们在深平底锅与煲汤方面都能显得那么具有文学色彩。另一天，我来到英国国会参观……很多英国人都为他们所花的钱能带来的快乐感到高兴。最近，卡莱尔因为患上了咽喉痛，身体不适，坐在椅子上都没有怎么说话。卡莱尔是一位很难伺候的病人，不过，他的妻子与兄弟们让他躺在床上或是待在家里却没有任何问题。当我去拜访他的时候，当然有机会与他聊些事情。在最近这段紧张的日子里，他显得比较严肃，因为他认为英国正面临着一些危险的状况。

我得知查普曼急着要创办一份在英国与新英格兰地区都广受欢迎的期刊，因为他早就有这样的想法了。弗鲁德、克拉夫、牛津大学的一些学生以及一些人都愿意对此进行讨论。让《马萨诸塞州季刊评论》退出历史舞台吧。这样的话，我们就仿佛拥有两条腿，能迅速地跨越宽阔的大西洋了。但是，我与我那些在美国的朋友们，又怎么会在乎他们去创办一份期刊的事情呢？我所担心的是，他们没有足够的精力投入到这方面的事情上……可以肯定的是，如果亨利·梭罗、阿尔柯特、钱宁、查尔斯·纽科姆等人不去帮忙的话，那么《马萨诸塞州季刊评

第十四章
再赴英法

论》肯定会失败的。我很遗憾地发现,能够取代阿尔柯特担任编辑的那些人,比如边沁或是耶米利等人都还没有出生呢……年轻的帕尔格雷夫在牛津的时候交给我一封信,让我转交给威廉·胡克爵士,胡克爵士当时负责管理英国皇家植物馆的工作。班克罗夫特夫妇都想去那里参观一番,并且与胡克爵士很熟了。于是,就在昨天,我就乘坐他们的马车,与他们一道前去参观皇家植物馆。这一天可以说是一年中最美好的一天了,花园里的花朵与植物正处于一年中最美好的季节,显得非常美丽。我当时就想,亚当应该可以在这里找到他心爱的夏娃。我在伦敦停留期间,没有赚到一分钱。这里的民众因政治或是社会危险等问题具有一种普遍不安的情绪,因此他们不愿意再花钱去聆听什么演说。那些可怜的书商在上个月几乎一本书都卖不出去。我眼下没有写好的演说稿子可以去发表。不过,所有这些问题必然会在短时间内得到解决的。我要么在伦敦做些其他工作,要么就前往利物浦或是布里斯托尔,或是完全放弃这样的想法,只是想着在回国之后通过出版我的全新文集来赚钱。我最近创作的文章(除了每天不断变厚的日记之外),就是《智慧的自然历史》。这不是一个很能吸引人的书名吧?你可能会说,书名起得越好,卖得就越差。昨天,

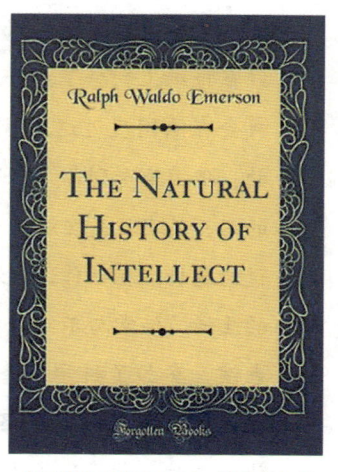

《智慧的自然历史》,爱默生作品

我与地理俱乐部的成员一起用餐。在晚上的时候,我参加了文学协会的聚会,有机会听到塞奇威克、拉姆塞、朱克斯、福布斯、巴克兰以及其他人的演说。今天,我聆听了卡朋特博士在皇家学院里发表的演说……请将我的爱意传递给家里的三个孩子,我不敢在此专门表达我亲爱的朋友们的祝福,生怕我会遗漏某个朋友。每当我想要这样做的时候,都会担心自己做得不够公平,因为我需要感谢的人实在太多了。我现在是一个既快乐又不是很快乐的人。祝愿你们在家里一切安好!

永远爱你的
拉尔夫·沃尔多·爱默生

1848年5月4日,周六

我就要出发前往巴黎了。我想在伦敦发表六场演说,并已经在报纸上刊登了广告。演说将会在下周二之后的三周里进行,我会在法国度过这段时间。我原本决定不在伦敦发表这些演说的,但因为受到各方面的压力,最后还是认为,倘若我不这样做的话,其实就是在逃避责任。直到现在,我都还没有想到每场演说的题目。在创作这些演说稿子的时候,我在伦敦过着丰富多彩的生活,经常与不同的人物一起用餐,观看过门票只需一先令的表演,参加了科学协会或是其他团体,参观了画廊、歌剧院以及戏院。某天,我在福尔斯特家里遇到了狄更斯,我非常喜欢他。当时,卡莱尔也过来用餐。这样的生活习惯似乎让卡莱尔感到非常满意，大家一起聊得非常开心。这些私人收藏的画作许多都是价值连城的。就在前天，我与古文物研究协会的人一起共进晚餐，坐在了著名的科利尔旁边（他是一位莎士比亚文学的批判者），与他谈论起了十四行诗。在大家祝敬酒词的时候，该协会的主席马洪爵士让大家为我的健康干杯，我对此也进行相应的回复。不过，这件事还是让我感到相当

考文垂·帕特莫尔

惊讶。明天，我要在考文垂·帕特莫尔①家里与丁尼生共进晚餐。正如我所想的，马蒂诺女士在辛勤劳作之后，不会想着嬉戏玩耍的，而是在接下来的一年时间里，继续为价格一便士的期刊《民众之音》进行撰稿。在这个不稳定的时代，政府已经决定收购这些期刊，用来控制舆论。不过，在我看来，这就好比将一颗小糖果扔向一头疯狂的公牛，是徒劳无益的。

爱默生在日记中写道：

在考文垂·帕特莫尔的家里，我第一次见到了丁尼生，我们一起共进晚餐。我马上就感觉与他聊得非常投机。丁尼生个

---

① 考文垂·帕特莫尔（Coventry Patmore，1823—1896），英国诗人、文艺评论家。

子很高，长着一副学者应有的脸庞，他没有任何纨绔子弟的举止，散发出一种普通寻常的力量。虽然他是一个接受过良好教育的人，却没有显露出任何矫揉造作。他的性情比较安静，给人一种懒散的感觉，但是他的思想却非常深刻。与所有英国人一样，他是一个非常具有幽默感的人。他身上散发出一种不卑不亢的优越感，这让每个与他相处的人都感到非常自在。他与他的大学师生们生活在一起……他已经习惯了所处的生活环境，习惯了沉浸在自己的生活天地里。要是我们将霍桑身上的羞涩腼腆去掉的话，并让他从容自在地进行交流，那么你就能看到一个真正意义上的丁尼生了。我对他说，他的朋友与我都认识到一点，前往巴黎旅行，这对他的健康来说是很重要的，并表示如果他准备好的话，我可以在周一与他一道前往巴黎。丁尼生对此进行了幽默的回答，他认为我可能无法活着离开巴黎，认为这次前往巴黎是死路一条。不过，在过去两年里，他一直找人与他一道前往意大利，并准备马上动身，如果我愿意去的话，可以与他一道前往……他真诚地邀请我前往他的住所（在白金汉宫附近），我答应他，在出发前往巴黎之前一定会去拜访他的……我来到他的住所，发现他在家里。不过，当时他家还来了一位牧师，这位牧师的名字我不记得了，大家也没有进行多少交流。丁尼生再次向我表达了要与我说道别的意思，因为他认为我此次前往巴黎会挨子弹的，但他向我保证，如果我能够活着离开巴黎的话，就会为我提供住所……卡莱尔认为他是整个英国抽烟管最优秀的人，我也经常看到他抽烟。在丁尼生家里后面的小花园的一堵墙壁上，他的烟管就放在那里。

第十四章
再赴英法

给妻子的一封信:

1848 年 5 月 17 日，巴黎

亲爱的利迪安:

  5月6日晚上，我经过法国北部城市布伦来到了巴黎。之后，就住在巴黎奥古斯丁大街的一所房子里。在这里，我过着相对舒适的生活。在周一（也就是前天），你可能也从美国那边的报纸上得知，巴黎发生了一场叛乱，不过很快就被平息了。我们都认为，在当时的一两个小时之内，一个新政府宣告成立，而之前的政府则遭到了解散。当时，巴黎的民众都处于恐慌状态，大家似乎也只能默认这样的结果。但是，巴黎国民警卫队——这支全部由巴黎的男性公民组成的武装力量——最后找到了某位领袖，并在这位领袖的带领下，迅速平息了叛乱。据我所知，布朗基与巴贝斯就是当时警卫队的两名首领，因为在周六与周日晚上，我来到了布朗基俱乐部，听到了他给山岳党人下达的命令。在上周，我也在巴贝斯俱乐部听到了巴贝斯下达了命令。我由衷地为这两位老板的胜利而感到高兴。叛乱平息之后，我看到大街上出现了军队阅兵的盛况。当时大街上全是持枪的士兵，还有一些士兵鞭打着拉着加农炮的马匹前去国民大会。他们准备宣布成立新政府，并在每条大街的每个角落的墙壁上张贴告示，民众则迅速围上去阅读。那些张贴告示的人的手脚也非常灵活，张贴得非常快，很快就在一条街上张贴完了。太阳下山了，月亮爬上来了，河面上的大桥来了很多人，显得非常拥挤，他们都在码头上等待着。在杜伊勒里宫，法国的三色旗正在飘扬。这似乎给民众发出了不容置疑的信号，即新政府已经成立了。但在入夜之前，每个人都是安全的。这个新政府的内阁成员在15分钟前还手握大权，但此时此刻却已经被送到监狱了……我在费尔德看到了莱切尔，听着她歌唱《马赛曲》。她的歌声的确对得起她的名声，她也是我在这里认识的唯一法国歌手。之后，我前往索邦大学，聆听了勒韦里耶就数学问题发表的演说。当时，他主要是在黑板上写下代数方程式，但我却感受到了他的学识。我也聆听了米舍莱教授就印度哲学发表的演说。虽然我去过了很多地方，但我发现这里的俱乐部是最有趣的地方。这里的俱乐部成员都是非常严肃的。当他们在说话时被人打断或是反驳时，表现出来的激情或是愤怒，是习惯了新英格兰地区生活的人们所无法想象的。这里的人非常注重衣着。所有的法国男人几乎都留着像山羊或是狮子那样的胡须，大部分巴黎人似乎都穿着同样的衣服——戴着红色的帽子，佩戴着一条红色的饰带，用红色饰带绑起来的宽松上衣，还戴有铜盔，佩着宝剑，每个人的口袋里可能都放着一把手枪。但是，面对民众发表演说的人却非常真诚，他在演说中就一些社会问题煽动民众的情绪，没有谈论任何政治问题。在演说中，他谈到了要如何才能确保每个人都能够获得面包，都能够在这片土地上享受到上帝赐给每个人的公平。总之，他的演说让在场的民众做出了非常热烈的反应……我在牛津大学认识的朋友克拉夫也在这里，我们经常在这里共进晚餐……我刚刚将我的演说稿子寄回伦敦了，只能在6月6日之后才能开始演说。因此，我还有几个星期的空闲时间。我可能在7月1日才会返程回到波士顿。到那个时候，你必须要狠下决心，一定要让我回家啊！我已经好几个月没有见到我最亲爱的孩子了，这是我每天都感到无比遗憾的事情。当我回家时，已经在许多方面获得了足够多的经验，我应该对自己的余生都感到知足了。事实上，我到欧洲大陆这边，并不是为了要获得这些经验的，因为我始终都没有觉得有什么不习惯的地方。但是，在拜访了这么多当代名人之后，这证实了我的观点。

我认为，我们已经陷入了肤浅的状态。难道你的一位医生不是将所有的疾病都当成皮肤疾病来医治吗？所有身穿宽松上衣或是绒面呢服装的演说者，在我看来都会以文学的角度去看待这些事情，最后才会对此指手画脚。他们都是一些充满激情的认真之人，但他们对全新的方法或是充满创新精神的机械却没有足够的热情。

巴黎是文明世界里最自由的城市。我为此心存感激，因为我感觉自己每时每刻都置身于一种被麻醉的状态，正如那些可怕的手术医生要麻醉我一样。因此，处于紧张状态下的巴黎，依然能够为我的消遣以及独立的生活提供一个不错的环境。这座城市可以说是我最好的"备用大锚"。过去整个冬天，我一直在赞美英国，贬低法国。但通过这几周的观察，我认识到需要修正之前的成见，法国人在很多方面都要比英国人做得更好。几乎每个法国人都具有良好的教养，因此与他们打交道是非常愉悦的事情。英国人与美国人对于绒面呢衣服的迷信似乎正在慢慢消失，但在这里却还没有消失。你可以在大街的每个地方看到人们在聊天，人们穿着宽松的上衣或是带有袖子的衬衫，这很容易成为大家讨论的话题。那些之前从不认识的人，也会因为别人所穿的优质衣服而进行聊天，并且他们是以一种认真且恭敬的态度去做的。这样的情况是不可能发生在英国的。法国人是一个最为欢愉的民族，喜欢展现出最好的一面。可以肯定的是，巴黎这座城市就是他们展现这种精神的主要地方。不过，也可以说这里的人们比较虚荣或是骄傲，但谁也不能否认这是一座相当美好的城市。塞纳河环绕着巴黎，伦敦人却对泰晤士河视而不见。塞纳河的沿岸都设有码头，还有许多美观的大桥，桥上有很多装饰品，每当阳光或是月亮的光线照在桥上，都会反射着光。在伦敦，我不记得是否见过一条河。这里还有许多极为美丽的花园，花园的面积既不是很大，也不是很小，适合所有人过来欣赏，每个人都可以在晚上过来这里欣赏。这里的宫殿充满了皇家气息。如果说之前的人们为建造这些宫殿耗费了许多钱财，那么他们现在至少可以拿出来炫耀一下。还有，这里的巴黎圣母院教堂也是极其雄伟的。但是，英国人虽然耗费了许多钱，却没有建造出这样的宫殿。在上个周日，我亲眼看到了民众庆祝国家节日。当时，有12万人聚集在巴黎的战神广场，这些人就像一个大家庭，每个人似乎都习惯了这样一种亲善与友好的状态……你肯定想知道，我今天在俱乐部聆听了拉马丁发表的演说。但是，报纸上却说他是在波兰发表演说的。拉什将他的票给了我。拉马丁在演说中没有展现出过多的身体能量，却展现出了男人气概。他是一位面容英俊、一头白发的绅士，没有展现出任何迟钝的迹象，以相当从容的方式发表了这篇演说……克拉夫还在这里。在晚餐以及晚餐后的时光里,我都是与他一起度过的。今晚,我要前往德托克维尔家里参加一个社交晚会。我的法语远远没有德斯塔尔女士那么好。

1848年6月8日,伦敦

在巴黎逗留了25天,了解了当地的风土人情之后,我在上周六回到了伦敦。我与德阿古特女士相处得很融洽……一位名叫莱曼的艺术家热情地向别人介绍我,我见到了基内[①]、拉蒙内斯[②]以及其他人,但我还是拒绝了他们的挽留,选择回到伦敦。不过,要是对伦敦与巴黎这两座城市进行比较的话,我认为巴

基内　　　　　　　　　拉蒙内斯

---

① 基内(Edgar Quinet, 1803—1875),法国历史学家。
② 拉蒙内斯(Hugues Felicité Robert de Lamennais, 1782—1854),法国哲学家、神学家、政治理论学家。

黎要更具吸引力，因为巴黎这座城市完全符合我本人的气质与性情。我完全忘记了之前已经给你介绍过关于巴黎的事情了，因此我没有必要继续重复自己的观点，因为我现在的观点还是与之前的一样，因此我肯定会说出同样的话来。除此之外，我亲爱的妻子，我现在每天都在写作，因此我其实没有时间给你写信的。今天，我已经发表第二篇演说了，明天晚上准备在周六要发表演说的稿子。过来聆听演说的听众并不多，这也只是证实了我一开始不愿意这样做的原因。因为我不得不要在很短的时间内完成这些演说稿子，这严重影响到了稿子的质量。对我来说，失去这个夏天是非常失望的。在伦敦这座城市，每天与每个季节都是相似的，我从没有看到比较正常的一天……卡莱尔谈论着一份报纸，他对于邪恶的时代有太多的说法。你可能已经读过了他所写的文章。我已经将卡莱尔为《观察者报》所写的两篇文章寄给你了……没有时间给孩子们写信，这实在让我感到非常悲伤：艾迪给我写的那封信，我时刻收藏着。至于艾伦，她简直可以当我的小秘书啊！我没有听说铁路桥要修建的消息。在我从波士顿到康科德之前，难道你不愿意让我回家吗？难道我这些信件没有告诉你一个让人悲伤的秘密，即我现在的大脑比较混沌，无法做好明日的工作吗？

我最后一次演说定在明天，但我还没有准备好演说稿子。千万不要认为我会在两周之后离开英国，因为我还要在爱德华大街那里，对我那些贵族朋友发表演说。我必须要远离所有的公众人物，在埃克塞特大厅面向一些人发表我之前说的三篇演说。在马里波恩，我们的听众每天都在不断增长，他们都是非常

第十四章
再赴英法

优秀的听众,我可以从中找到一些非常杰出的男女……卡莱尔对我的演说非常感兴趣,特别对第三篇演说(主题是"人类思想的倾向与责任"),他是一位具有洞察力的听众,这是显而易见的。萨瑟兰郡公爵夫人是一位非常优雅的女性,她也过来聆听我的演说。艾士伯顿夫人与洛夫莱斯爵士也过来了。詹姆森女士与斯宾塞、巴里·康维尔、莱伊尔以及很多其他人也过来了。但是,最让我感到欢喜的听众还是珍·卡莱尔与班克罗夫特女士,他们也来了。祝愿我家里的小天使们都一切安好……

1848 年 6 月 21 日,伦敦

上周六下午,我结束了在马里波恩的演说。我的演说让各方都感到非常满意。很多好奇的听众都过来聆听我这位来自马萨诸塞州的人演说。用卡莱尔的话来说,许多听众是每场演说都过来聆听的。其中一些听众可能是过来聆听其他人的演说,因为除了萨瑟兰郡公爵夫人以及他的妹妹过来之外,莫佩思爵士与阿盖尔公爵也过来了,还有其他贵族阶层的人也过来了。大家对于我要演说的内容都无法预测,即便是卡莱尔与米尔内斯,他们也只有听了我的演说之后,才知道我要表达的思想。卡莱尔让很多苏格兰的契约者们都发出了赞美之声,或是至少让他们去思考我的演说内容。不管怎样,最后没有造成任何伤害,大家都没有话里藏刀,整个过程是比较正规的,这实在是有点遗憾。很多问题——一些人认为是非常重要的问题——却因为他们的判断出现了偏差没有提出来,而整个大会最后也没有提出任何具有变革的思想。莫佩思爵士给我送来了一张表达祝贺的卡片，我与他在 28 日共进晚餐。萨瑟兰郡公爵夫人也邀请我在周一与她共进午餐，带着我参观她的房子。洛夫莱斯爵士在周六过来拜访我，我将与他在明天共进晚餐，同时去探望拜伦的女儿。上周某个晚上，我在詹姆森女士家里见到了拜伦女士，她是一位恬静且通情达理的女士，她从不提起拜伦爵士或是自己与他之间的关系，而是让世人在沉默中去感受她所经历的悲伤或是欢乐。昨晚，我拜访了利·亨特，他是一位非常友善的健谈之人，总有很多奇闻逸事可以与你分享。总之，我似乎总有数不完的伦敦人要去拜访。我有没有告诉你，卡莱尔曾用严肃的口吻说要为一份报纸撰稿，或是至少写一些临时的传单，专门讨论当代的一些政治问题？在周日晚上，我与他进行了详谈，更多的只是专注于他想要实现的目标。他是一位孤独且缺乏耐心的人，是一位没有什么缺点的人，值得所有人的尊重，同时也是一个贫穷的人。我也想不出自己该怎么帮助他……我之前因为前往伦敦西区发表演说，忽视了这里的中产阶级，现在必须要在埃克塞特大厅发表演说，而且还是发表三篇演说。

给霍尔女士的一封信：

1848 年 6 月 21 日，伦敦

亲爱的伊丽莎白：

　　自从上次收到你的来信，我已经让两三班邮轮离开了这

第十四章
再赴英法

里,都没有给你写信,我对此表示抱歉。不过,我也是没有办法。现在,我在伦敦这边的演说任务已经结束了,我才终于有时间给我这位妹妹写信,因此我马上就给你写信了。我认为,你肯定对我这么久迟迟没有回家感到不耐烦了,但与所有人一样,我的乐趣就在于我的工作之上。我在康科德所度过的快乐时光要比我在伦敦这里的更多。这些年来,我已经逐渐积累了一些创作方面的工具,让我可以在创作时稍微轻松一些。但是,我在英国这里却缺乏这样的条件。是的,即便是这里藏书丰富的图书馆或是大英博物馆的收藏品,都无法给我带来任何的便利。如果说我的这段旅程给我带来了什么全新的创作素材,我只能希望这有助于增加我的素材。可以肯定的是,我们每个人都有一些缺点——我的意思是,只有我——从来都没有处于一种良好的状态,总是让自己在不舒服的状态下去展现自己。因此,你肯定不会觉得我所经历的这些困苦都是一些无关痛痒的事情。但是,你必须要知道,我希望尽快回到家,见到你与其他人。我非常感谢你的来信给我带来的真挚的问候。要是我能像你那样用如此丰富的人生感受去影响别人,那该多好啊!有时,我真的希望自己能拥有像你那样的洞察力与流畅的演说能力,但我却始终都无法做到。萨瑟兰郡公爵夫人前天邀请我在下午两点与她一起共进午餐。之后,她带我参观了她在斯塔福郡的房子。你肯定知道,这位著名的夫人住在整个英国最好的房子里,即便是大英帝国的女王也无法与她相比。我欣然赴约,受到了公爵夫人热情的接待,她以最友善的方式迎接我。她向我介绍了其他人,其中就包括阿盖尔公爵——她的女婿，介绍了她的姐妹们，还有霍华德女士。在离开餐桌之后，我们来到了这座雄伟壮观的宫殿里。年轻且友善的阿盖尔公爵则作为我的向导。他对我说，他之前从未见过如此雄伟的宴会厅。这里的画廊、大厅与前厅都散发出一种皇家气派，到处都有雕塑与绘画。我们在画廊里发现了公爵夫人，她向我介绍了她最珍贵的画作……我问她是否会在阳光明媚的早上独自一人过来欣赏这么美丽的图画时，她表示经常会这样做。她小心翼翼地向我指出一些最著名的画作，并且在我提出疑问的时候，耐心地向我解答。我可以向你保证，通过这次参观可以发现，公爵夫人与这座宫殿的搭配实在是相得益彰……我之前还从来没有见过如此豪华的地方。在参观这个豪华的地方之后，一个人很容易忘记他在英国是否还见到过类似豪华的内庭或是如此优雅的人物！希望革命的形势仍然在这些人掌控的范围之内吧——如果革命肯定要爆发的话，就让它迟点波及斯塔福郡的这座房子吧，并以温柔的方式对待住在这里面的人吧！……

永远忠于你的哥哥
拉尔夫·沃尔多·爱默生

给妻子的一封信：

1848年6月28日，伦敦

周五晚上，在埃克塞特大厅发表完最后一场演说，我在伦敦这里的任务全部结束了。之后，我想在英国看看之前从未看过的景观。我还没有看过巨石阵，没有到过查特斯沃思庄园、坎特伯雷与剑桥等地方——我也没有去过伊顿与温莎，这些地方距离伦敦都不是很远。我的一些好朋友都写信表示希望我能够过去看看，但我不愿意继续认识更多人或是去更多地方。正如伯克所说的："我终于有属于自己的一天了！我可以将我的书合上。"在接下来的一年时间里，我真的不愿意再认识什么人了——除非这些人能让我对事物的看法发生改观。这次英国与法国之旅让我认识到自己还有许多知识是需要学习的。这两个国家有很多相似之处，却又那么的不同。要想对这两个国家的民族、行为方式以及特点进行分析，我们就需要像对动物或是化学物质进行详细分析那样去研究，然后用瑞典人的眼睛进行详细的端详。我在这里经常遇到一些充满智慧的人，这些人似乎无所不知，尝试过很多事情，并拥有一切，他们在文学与科学方面都处于领先地位。如果他们想要做某些事情的话，难道他们不能去做吗？就在昨天，我就看到了这样一个人，此人有着一个古怪的名字——亚瑟·赫尔普斯。在周日的时候，我与菲尔德先生在汉普斯特德一起用餐，认识了埃及学者夏普、洛兰·希尔，画家斯坦菲尔德以及其他优秀人物。第二天早上，我与斯坦菲尔德共进早餐，然后与他一起前往托特纳姆，欣赏特恩纳的著名画展。在那天，我与斯宾塞一起用餐，认识了解剖学家理查德·欧文。明天，欧文要带我去参观他的博物馆。我认为他是整个英国最有智慧的人物之一。昨晚，我与莫佩思爵士共进晚餐，见到了优雅的萨瑟兰郡公爵夫人、阿盖尔公爵夫妇、霍华德夫人、格拉汉姆夫人以及赫尔普斯先生，正如我所说的，他就是无所不知的赫尔普斯先生……今天早上，我与赫尔普斯以及洛夫莱斯女士共进早餐。洛夫莱斯公爵希望我能够朗读他在凯特勒创作的一本书上写的序言。总之，我们一起探讨了关于科学的问题，我也了解了一些有关科学的知识。明天晚上，我还要再次去那里，与萨默维尔女士见面。

爱默生在伦敦期间，每天都有这样的应酬。我详细地列举了爱默生平时的生活细节（虽然这还远远不够），其中包括早餐、晚餐与宴会的情况，只是为了表明爱默生要为他在伦敦学到的教训付出一定的代价。在这里，他有很多需要学习的知识，他不愿意浪费这样的机会。但对他来说，整个过程却不是那么让他感到开心的。在写给玛格丽特·富勒女士的一封信里，他说道："我认为，无论是在城市还是乡村，只要一提到'聚会'一词，我就感觉自己似乎缺乏了氧气，无法呼吸。"不过，爱默生喜欢看到任何事物最好的一面。"看到这个成功的国家（爱默生在日记里写道），我也希望自己能够带着成功的想法离开这里。"在给一位朋友的信件里，爱默生写道：

1848 年 3 月 20 日，伦敦

我该怎么跟你讲述巴比伦的事情呢？我认真观察所见到的事物，留神别人所说的话。每当我去到一处地方，就能长一些见识。在某些时候，我更愿意像莲花那样出污泥而不染，忘记自己的家与充满自私情感的孤独，渐渐地认识英国这边的人。

第十四章
再赴英法

世界上很难找到第二个像英国这样的国家了,因为这个国家拥有太多具有才华、品格与社会成就的人,每个人的成就都有可能被另一个成就更大的人发出的光芒所掩盖,你每次总能看到一些人闪耀出更加强烈的光芒。我认为,我已经在这里见到了一些很优秀的人物,他们主要是文学界方面的,而不是时尚界方面的……他们将让人愉悦的情感提升到一个全新的高度,他们无所不知,无所不有,他们是富有的、简朴的、礼貌的、骄傲的且受人尊重的。虽然他们拥有这一切,但最终还是要利用这些方面体现自身的价值。要是我能更早了解这些东西就好了。有时,刺激你灵感或是影响思维的种子就在其他地方……也许,这不是英国的错——毋庸置疑,这是因为我的年龄逐渐增大,对很多事情都以一种冷漠的态度去看待——但这里的每个人都似乎激发着你的想象力。我认为即便如此,我仍然可以从英国人身上获得更多的智慧与信息。但是,我希望能够从这些给我带来恩惠的人身上获得更多——拥有更为宽广的人生视野,可以用另一种方式去对待人生。

爱默生在给玛格丽特·富勒女士的一封信里写道:

在离开英国时,我对英国人怀着更高的敬意。英国人所拥有的物质财富或是生活条件应该是世界上最好的。我原谅英国人展现出来的所有骄傲之情。我的这种尊重更多的是出于一种宽容大度,因为我对英国人没有任何同情心,有的只是尊敬。

回国之后，爱默生在一篇演说中说，英国人在面对事实的时候，总是会表现得非常敬畏，似乎这是不可逆转的东西，然后将他们的思想与希望全都专注于使这个事实更好地为他们所用上面。他们不会试图去了解其中的原理，只是想办法去加以利用，使之能够给他们带来欢乐或是展示炫耀，英国人在面对一些事实的时候，会想办法去适应。他们只重视那些让他们能这样做的能力，他们非常重视才能，比较轻视思想。在英国人看来，最高的天堂就是命运，即便是他们目前在世的最有能力的作家，一个通过自身洞察力获得目前位置的人，在政治层面上都是不可救药的宿命主义者。在他们年轻的时候，会宣称自己是理论上的无套裤汉（对大革命时期共和党人的蔑称），之后很快就会变成一位务实主义者。此时，他们会以务实的态度去看待英国的政治体制，这类似于梵蒂冈的统治，并私底下表示自己更加喜欢那些具有天才的人。挪威人所处的自然环境，让他们觉得必须要充分调动自己的双手、双脚、声音、眼睛、耳朵或是身体每个器官的功能。英国人也是如此。每一个英国人都像下议院的议员，他们都希望在结束演说的时候提出一项解决问题的方案。他们对《自然之歌》之类的演说没有什么兴趣，他们并不看重智慧活动带来的广泛陶冶情操的影响，不愿意专心去找寻真理，而是想着得出一个轻率的结论。

也许，正是因为怀着这样的情感，爱默生之前去英国发表演说时才会感到犹豫不决。当他完成之后，又觉得自己的工作没有取得什么成效。他在马里波恩的演说并没有吸引多少人的关注。伦敦那边的文学报纸也根本没有对此有任何报道。爱默生在信件里的措辞非常谨慎，小心翼翼地避免谈到他的英国朋友是懒散的，或是他们对自己所相信的事情过分自信等事情。不过，在一封写给哥哥威廉的信中，爱默生表达了自己的看法，他原本以为在6场演说结束之后，自己能够攒下200英镑，但在支付所有开销之后，他只剩下80英镑。

在演说行将结束的时候，他在一封信里表示，因为他即将要离开，因此他感受到自己的演说缺乏听众的共鸣。根据长久以来制订的计划，他原本希望就哲学的初始原则发表一系列的演说。在给玛格丽特·富勒女士的一封信里，他这样说：

> 这些天的早上，我都在认真创作一些演说稿子。如果我在这里演说不准备稿子的话，肯定会让我创作出一本有关形而上学思想的书籍，等回家之后就可以出版了。难道詹姆斯·沃克（哈佛学院的道德哲学教授）不希望卸下沉重的包袱，让我担任他一个学期的助手吗？

就一般意义的形而上学来说，他感觉到了一种对非教条主义的近乎鄙视之情。在他的一篇介绍性演说里，他问："谁没有认真读过一本形而上学的书籍呢？又有哪一个理智的人会读第二遍呢？"他认为，这样一种排斥的厌恶感不在于主题本身，而是在于人们对待这个主题的方式。"为什么这要与生命或是自然联系在一起呢？为什么心智的法则与能量就不能像物质法则那样，像欧文或是法拉第等人那样以简明扼要的方式阐述出来呢？这些只是代表着事实而已，需要人们像记录雄蕊与椎骨那样去进行记录。但是，他们对探寻万物创造这一神秘的主题有着更强烈的兴趣。当这超越了其特定的物体，并转变成为一种普遍的密码之后，我们这些理智之人可以对此进行理解与道德实践的时候，那么这种物理科学的最高价值，才能为人们感受到。正是这种不断超越且普遍的部分才是吸引我们的东西，因为这能让我们在一天之内仿佛看到一个王国在千年间所经历的真正历史。智慧的自然历史，将会变成对世界法则的一种阐述——这些法则适用于化学、解剖学、几何学、道德与社会科学。在人类的大脑里，宇宙可以在所有这些纷繁复杂的关系中不断产生。因此，我们有必要以大众都能接受的人性方式呈现出来，将智慧的《摩西十诫》写下来。"爱默生说，他并不认为每一个孤独的观察者能够完成这个使命，他也无法做到。但是，他希望能为此贡献自己的一点微薄力量。

如果任何人针对这个主题想说真实的话，那么所有人都会愿意找他的。去问问任何具有人生经验的严肃之人，他的最好经验是什么。他都会说：与睿智之人进行简单的交流。我要向我的朋友提出的问题是：你知道你崇拜什么吗？1848年的宗教是什么？1848年的神话集是什么？虽然这些问题会让人们产生兴趣，但是能够对此进行回答的人却少之又少！当然，我们有牧师与长老会的信徒，但当我见到他们的时候，这些问题会浮现在我的脑海里吗？这些都是学术问题，他们无论如何都不会提出这些问题的。去找寻文学圈里的人，那些拥有名声的人，那些具有荣誉的人——难道他们能够给你带来满意的答案吗？即便是将所有最具智慧的人都聚集在一起，他们也会对彼此的存在感到不耐烦，都会展现出庸俗的一面。除了他们拥有的智慧之外，其实还有很多方面的。一个简朴之人会觉得这些人是毫无生趣、沉闷且让人压抑的，因为这些人会用他们那些无聊的笑话、自负展现出让人目瞪口呆的自我主义。远离那些认为身边的人都不如自己的人吧。这样的研究要么让学者变成自我主义者，要么就让他们变得世俗或是诙谐。哦，杰出的瑟赛蒂兹（《伊利亚特》一书中的一名希腊士兵，喜欢骂人）！当你过来看我的时候，请将你的狗留在门外！是否存在一位预言家，身上背负着要传递给民众的话，却因为个人的愚蠢对公众的智慧造成的困惑，从而让我们对他失去感激之心的情况呢？虽然其他人不需要遭受这些久坐之人所感受到的困扰，但他们却可以通过适应这样的方式对世界进行评估，从而逃避这一切。因为他们可以打台球度过休闲时间。谁能抵抗才华所带来的魅力呢？对真理的热爱同样会让人喜欢权力。在那些拥有智慧与学识的人中，他无法放弃对快乐的追求，无法放弃回忆的力量、运气或是壮观的场景。这些就是很多人在演说中谈论的丰功伟绩，就是他们在社会上炫耀的业绩！这代表着一种全新的力量，也是全新的财富之源。但是，当他们回家之后，他们身上闪光的亮片却已经变成了干燥的叶子。一些人有着强烈的自我主义，另一些人则有着轻浮的态度，我们不应该去谈论什么天国。不过，英国人的确有着深刻的洞察力。英国人的思维是非常务实的，能将所有带有个人情感的思想都排除在外。但是，星星与宇宙给我们带来的印象，肯定要比地面上的水桶或是桌子给我们的印象更加深刻。

爱默生在《英国人特征》一书里，就谈到了英国的贵族。他

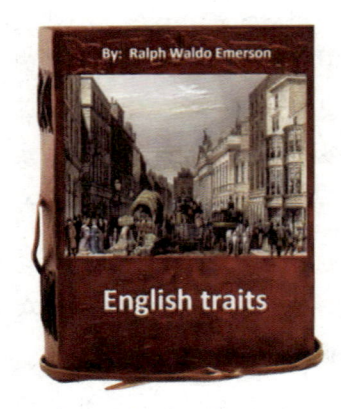

《英国人特征》，爱默生作品

卡拉布·罗宾森

说，英国的贵族阶层始终没有沉浸于任何沉思里。因此，爱默生以唐突方式表达出来的理想主义，并不能让他们对此进行思考。在他的《智慧的自然历史》一文里，形而上学的概念被视为一种诗意的形象，而对这些形象进行解释是毫无意义且不恰当的。我应该回到这个话题，因为爱默生多年后也同样谈到了这个话题。显然，这是因为英国人看待这些问题的看法与我们的不一样。我们只能埋怨说，英国人对精神功能的影响视而不见，只是利用他们的感觉去进行判断。英国那边的人肯定会认为我们是在做梦。爱默生在伦敦的那些听众肯定也不怎么关心他所要表达的思想，真正吸引他们的，并不是爱默生所表达的思想，而是他这个人。卡拉布·罗宾森[①]这样写道：

  正是怀着这种先入为主的不满情绪，我在两周前满怀兴趣地聆听着爱默生在北安普顿爵士那里的演说情况。与他见面之

[①] 卡拉布·罗宾森（Henry Crabb Robinson，1775—1867），英国律师、日记作家。

后，我的不满情绪立即消失了。他的容貌散发出某种魅力——糅合着智慧与友善——一下子让我卸下了心防。在此，我只能引用哈利艾特·马蒂诺对爱默生的评价，我认为他的评价充分展示了爱默生的品格："他是一位自成一格的人，难怪人们只有在与他见面之后，才能真正地了解他。他所散发出来的影响力是比较难以捕捉的。他身上散发出某种朦胧的高贵气质与友善的亲切感，能让身边的人无法进行任何解释。很多逻辑学家都能在逻辑层面战胜他，但他们的胜利却没有任何作用。无论他前去哪里，都能征服人们的心灵，而不需要与他们讲述任何事情的道理，仿佛就能提升他们的理智，让他们比之前拥有更加宽广的心灵。"

爱默生似乎没有热情继续《自然之歌》的创作。在他的6篇演说里，有3篇是关于智慧的自然历史，其余3篇主题不同的演说都是他在英国北部地区发表的。在埃克塞特演说大厅，他重复了这3篇演说。之后，他似乎在马里波恩又发表了一篇演说。

爱默生在写给妻子的信里说：

> 在埃克塞特演说大厅，卡莱尔在周二晚上过来，坐在一帮欢乐的听众当中。当我演说的时候，他的位置就背对着我，这让我感觉挺不满的。也许，他下周还会跟我一起去巨石阵那里看看吧，因为我们之前已经商量过这件事了。

卡莱尔在这个时候所处的情绪状态，用爱默生的话来说就是，面对所有事情与人都"说着尖酸刻薄的话"。他们没有经常见面,即便见面也没有给对方带来多少欢愉。但是,他们对彼此的尊重与情感却没有消失。当爱默生离开英国的日期渐渐临近,他同意一起到爱默生之前从未去过的一些名胜古迹去看看。他们最终选择参观巨石阵。爱默生在《英国人特征》一文里详细记录了这次旅行。

7月15日,爱默生从利物浦搭乘邮轮回国,在月底回到家。

第十五章
前往西部

1848—1865

回到美国之后,爱默生就"英国"这一议题发表了一系列演说——并在7年后将这些演说集结起来,出版了《英国人特征》一书——同时,他还在很多地方谈论有关"法国"的议题,渐渐将自己的演说向西部拓展。到了1850年,他去到最西的地方是圣路易斯与加里纳。从那时开始,在接下来将近20年的时间里,爱默生每年冬天都会前往西部发表演说。有时,在西部演说甚至占据了他大部分时间。在某年冬季演说期间,他这样写道:

> 这里的气候与民众对从事文学创作的人来说,是一个不小的考验。这里几乎所有温和的物质都冻结起来了,而最好的东西要数酒精了。在演说讲台上,一位身体结实的伊利诺伊州人走出了演说大厅。组织演说的人对你说,听众希望从演说

中感受到快乐，希望能发出笑声。萨克斯与帕克·本杰明以这样的方式进行演说，得到了听众们的笑声。我认为，雷诺兹州长与这里的民众在某种程度上是对的，每一位站在讲台上发表演说的人都应该如此。这是我必须要正视的一些全新状况。那些原本建造房子的建筑师却出海航行了，因此他是不可能建造出帕台农神殿这样的建筑的，而只能建造船只。而诸如莎士比亚、富兰克林或是易索普等人在来到伊利诺伊州之后，肯定也会说，我应该以滑稽的方式去表达自己的智慧，清楚怎样才能做好。那些不懂得灵活变通或是在最不利情况下无法取得胜利的人，绝对不能称得上是大师。

爱默生根本没有尝试以滑稽的方式去表现自己的智慧，虽然他不得不用一些奇闻逸事或是有趣的讲解，让听众更好地理解他想要表达的思想。不过，若是我们将爱默生在这个时期的演说，与他在《自然》系列的演说以及早期的演说进行比较，就会发现爱默生不再像以往那样用极为肯定的语气去发表演说了。当然，爱默生在10年前所怀抱的那种理想主义依然存在，但他对现实情况有了更加清晰的认知。1850年，爱默生在《时代的精神》这篇演说里，谈到"理想主义"时这样说："我将理想主义视为我们生活的这个时代的一种影响，这与其他很多重要的事实都是一致的，这是某个时期开花结果呈现出来的最终形态。这代表着成熟的果实，而不是他们所相信的那种造物主。兄弟之间爱意的契约是比较荒唐的，虽然它们代表着情感对重要性或是倾向性的反抗。最终，这会渐渐地摧毁你所想象的空中楼阁。我相信一个平等的未来，但我们对不平等现象缺乏了解的状况依然会存在。这样的希望是重要的，但未来的岁月是遥远的。正如岛屿与大陆都是由珊瑚藻建成的，因此更公正的国家也只能建立在文化的基础之上。我们必须要努力工作，确保没有任何一丝光亮或是任何一个脉搏就这样会消失。"

总的来说，爱默生在西部还是受欢迎的，有时他甚至能在这样一片荒凉的地方找到与他思想以及情感都有共鸣的人。这里的民众是非常有趣的，他可以看到他们休闲的生活。这就是一个英雄时代再次来临的阶段："这是渐渐成形的美国，是一个处于雏形状态的美国。但这个地方的民众对于聆听演说不是太感兴趣，要是逼迫他们这样做的话，这是非常不好的。我们可以发现年轻人往往是最友好的人。"在这里，爱默生受到了许多人的邀请，他也愿意这样做。无论怎么说，他当时的生活状况都需要他去赚钱，而他当时出版的书籍并没有给他带来多少收入。与他的朋友阿加西一样，他无法专门腾出时间去赚钱，但他又无法承担经济拮据所带来的后果。如果他需要付出合理的努力就能赚到钱，那么他是乐意的。在某年冬季演说回来之后，他在日记中这样写道：

> 这是一次非常无聊、沉闷、充满阻碍与悲惨的旅行。邀请我前去演说的人给予我报酬，这让我不得不这样做。简而言之，这就好比将一位有礼貌的年老绅士从他的家里赶出去了，离开了原先的地方，然后让他去做一些幼稚的事情——这就等同于："我每天打赌50块，你在接下来的3周时间内不会离开图书馆，不要在西部地区跋涉，不需要骑马或是奔走，不需要忍受各种轻蔑的举止，而只是需要在每天晚上花一个小时去阅

卡拉马祖市西密歇根大学内的爱默生图书馆

读书籍。"我回答说："我认为我可以做到。"我最终做到了,并赚到了 900 美元。

给妻子的信:

1851 年 3 月 21 日,匹兹堡

亲爱的利迪安:

从费城出发,经过铁路与河道,我度过了一段无聊且苦闷的旅程之后,终于在昨晚来到了这里,身上只带有少量食物,我也没有怎么睡觉。我已经连续在轨道车上度过了两个晚上,还在运河船上度过了第三个晚上。船上的软垫让我可以在床上睡一晚,但我无法伸开四肢,只能蜷着双脚来睡觉。晚上的时候,我们真的十分疲倦了,即便是站着,我们都能马上入睡。邀请我前去演说的人表示,如果有可能的话,我可以在晚上发表演说。而只想上床睡觉的我则回答说,我必须要做一些初期的准备,才能开始第一场演说,而我需要时间进行一些思考才能做好准备,但我现在却没有这样的准备时间。不过,如果他们让我发表过去讲过的演说,我肯定会马上去演讲大厅发表的。最后,我们决定,我可以再讲一次"英国"主题的演说,我也照做了。因为委员会成员与所有邀请我前去演说的人一样,都认为我是一个古怪的人,因此只希望我就一些保险的话题发表演说。

1853年1月11日,伊利诺伊州斯普林菲尔德

亲爱的利迪安:

此时,我深陷荒原的泥泞里。我认为我们是误进了沼泽地带。引领我们进入这个地方的,不是鬼火,而是新罕布什尔州一位年轻的编辑,他过分高估了我们所具有的能力,认为我在荒原里也可以发光发亮,然后将这里的小鸟与其他跋涉者都赶走。天不停地下着雨。如果我们想要走出去离开这里,就必须要相互拉扯。我住在一个客舱里,与我同行的人都是立法议员……两三名州长或是前州长住在房子里。但在荒原里,我们都是第一次来到这的人,因此不能计较一些琐碎的事情。就我

而言，要是夸大我的遭遇，这是毫无必要的。但是，我无法延长白天的时间，也无法真正地投入到写作的状态，只能草草地写下自己的想法。我认为我在这里停留的时间无法让我获得什么有用的东西。

1856 年 1 月 3 日

亲爱的利迪安：

　　这是一个寒冷且偏僻的乡村。这里有很多夜行的旅客，他们在凌晨四点钟来到这里，然后在一所环境恶劣的旅店里住下来。此时，我感到了上天还是眷顾我的，但我无法入睡……目前的气温是零下 15 摄氏度。不过，在我出发之前，我还是收集了一些材料，准备创作有关英美两国主题的文章，我真希望能尽快完成这篇文章。我希望你在家里不会像我现在感受到的这么寒冷，也不会像我现在这样处于如此困顿的状态。在这些肌肉发达的北方农民身上，我遇到了很多友善的人。当然，若是按照所谓的教养标准去评判的话，他们可能也只有 10 岁小孩的水平。因此，要想提高他们的水平，弥补他们与东部民众在知识水平上的鸿沟，单纯通过演说是不可能实现的。这里的民众真正感兴趣的是商品的价格，是每个人能分到多少沼泽地。

1860 年，爱默生在日记中这样写道：

1860年2月13日

昨天，我一直在威斯康星州乘坐马车前行，无法找到可以让马匹喝水的地方。这里的水井一点水都没有了，这里的民众也说他们现在缺水。但是，他们的屋顶上却覆盖着大雪。这里的牲畜都被赶到一英里之外的湖泊那里喝水去了。

1860年2月17日，马歇尔

我在卡拉马祖市的旅行非常有趣，认识了一位朋友。通过这位朋友，我发现很多人虽然不认识我，但他们都认为我是一位学界的权威，甚至一两位教授也跟随我前去马歇尔，聆听我发表的一场演说。我乘坐双轮轻马车，走了48英里路，终于来到了大激流市。演说结束之后，再走20多英里路回来。第二天早上，我再次回到卡拉马祖市，刚好可以赶上12点钟出发的火车。因此，我欣赏了沿途的密歇根州森林风景，看到了密歇根狼獾。

爱默生在1867年写的日记中说：

早上，天气非常寒冷，我有幸与某某先生乘坐小艇穿越密西西比河。小艇上除了我们两人，还有一个男人与一位男孩作为我们的划桨手。我可以肯定，他们划船的水平要超越哈佛大学划艇六人组的水平。他们几乎就是在坚硬的冰面上航行，不愿意让小艇接触到水面。但是，我们平安地渡过了。接下来，我们又走了很长一段路才来到特普菲·豪斯地区，这里主人与其他人都热情地欢迎我们到来。在屋内坐下之后，壁炉的熊熊烈火让我们重新恢复了生气。

在这个时期，爱默生发表了一些新演说，内容是关于"生活的准则"，这些演说文章都收录在1860年出版的前6篇文章里面。这些文章主要包括爱默生在这个时间段的演说稿子，特别是关于一些奇闻逸事与引述内容的文章。很多之前从未公布的内容都首次公开了。在重复这些演说的时候，爱默生习惯用一个比较特别的题目，去表明在某些特定场合下的用意。即便是完全一样的演说稿子，在内容上也会出现一些出入。爱默生会加入一些他想要表达某种思想的内容。这样一来再加上他反对新闻报纸的报道，以及他不愿意保存这些印刷文字的想法，都很难将他在1848年回国后所写文章的精确日期定下来。

爱默生开始抱怨自己的作品越来越少了。他在写给卡莱尔的信件里这样写道："我总是潦草地写下一些文字——不再像之前那样文思泉涌了。"① 不过，他当时正在创作《命运的篇章》一文以及《生活的准则》等其他文章。卡莱尔认为，这些文章是爱默生最优秀的作品。此时，爱默生作为演说家的名声达到了顶峰。即便是N.P.威利斯也说："爱默生从来不会因为别人将他视为预言家而感到烦恼。

---

① 出自《卡莱尔与爱默生的通信录》。

第十五章
前往西部

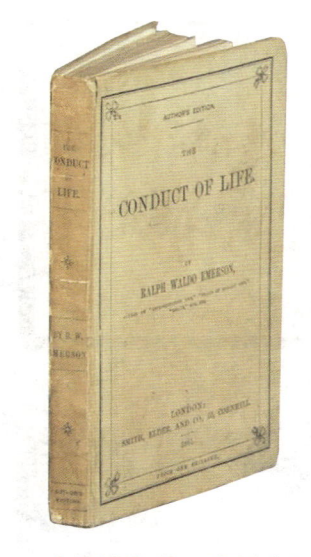

《生活的准则》，爱默生作品

N.P. 威利斯，美国编辑、作家

他为当时波士顿的文学圈子注入了活力。"他就是慕名前来聆听爱默生发表的《英国》演说，并对爱默生的演说声音以及形象进行了一番描述。我们有必要节选他的这一段描述："爱默生的声音与他的名声是相符的。他的演说具有某种奇妙的反差，这是我们无法去进行解释的。但是，他给人一种高尚的感觉。真正有趣的是，这样的声音竟然出于这样一个人身上。他的声音是充满力量的，但他本人看上去似乎没有这样的力量。他的肺部功能似乎要比他更具力量，他走路的方式也是公众之前从未见过的。他的拳头似乎根本就不属于他的身体。他表现出来的绅士风度，根本不像一个心灵狭隘或是'单纯为了生计'之人能够做出来的。我们只能想象（这看上去符合所有的特征）爱默生给听众的是一种视觉感受，而不是一种听觉的刺激……他就像一株释放出芳香的木兰花，在整个旷野里散发出香气，一阵狂风吹过去，最后落到了山杨树的树枝上，消失得无影无踪了，仿佛爱默生的声音根本就不属于他的这个身体一样。事实上（就他的某个相似之处来看），他的身体似乎'永远都无法切断与波士顿之间的脐带，而他的灵魂则像成熟的宇宙之子，他的声音只是他灵魂的一种回音而已'。"

1849年，爱默生将他的多篇文章以及《自然》等文章收录在一卷里。1850年7月，爱默生的《代表性人物》出版了。同月，玛格丽特·富勒女士在从意大利返航的途中，遭遇海难罹难了，她的丈夫与孩子都葬身于火烧岛附近海域。

无论他与富勒女士之间有什么"隔阂"，她都算得上超验主义思潮

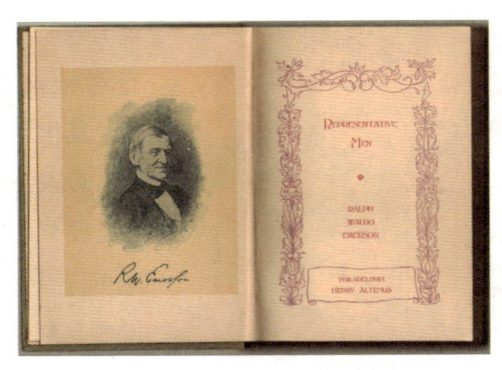

《代表性人物》，爱默生作品

玛格丽特·富勒墓碑，位于美国马萨诸塞州剑桥的奥本山公墓

第十五章 前往西部

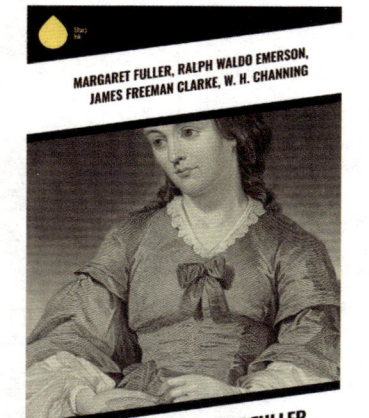

最鼎盛时期表现出无限希望与乐观精神的人。爱默生为能与她成为朋友而感到高兴。威廉·亨利·钱宁与詹姆斯·弗里曼·克拉克在1852年出版了一本关于富勒女士的回忆录,爱默生也为此撰写了稿子。他在日记里这样写道:

《玛格丽特·富勒自传》,爱默生、钱宁及克拉克作序

> 很多人都说她是美国文学界一位非常有趣的人物,代表着她所处的那个时代。她是一位非常优雅、充满激励精神的谈话者,从来不会想着个人的影响力。她展现出来的正义感值得我们每一个人学习,虽然很多庸俗之人都嘲笑她没有获得任何地位。

富勒女士许多亲密的朋友都为她鸣不平,这让爱默生感到欣慰。

1853年,爱默生的母亲在家里溘然长逝。爱默生在写给哥哥威廉的信中说:

> 1853年11月19日,康科德
>
> 她最后离世的时候是那么的平静安详,所有加在她身上的痛苦都消失了。她是一位友善亲切之人,这让她成为许多人的

朋友。即便在她人生的最后阶段，所有关于死亡的阴郁思想都没有让她感到沮丧。可以肯定的是，母亲的离世会给这个家庭带来永远无法弥补的损失，我们这座房子可能不再是一个完整的家了。我会在她的葬礼仪式上进行诵读，不知道这是否是可行的办法。因为她一辈子都是乔治国王的臣民，从她的童年时期开始就已经熟悉了这套流程。虽然她一辈子都生活在这个国家，但这样的意识对她来说似乎是极为自然的。她平时使用的祈祷书就放在她的桌面上。

在创作完《生活的准则》一书之后，爱默生将主要精力都投入到了《英国的特征》一书上。这本书也在1856年出版了。而收录在《社交与孤独》一书里的文章都是他在1860年前完成的，虽然这本书直到1870年才出版。

在我从事写作的时候，爱默生也没有展现出任何老年的迹象。但他很早就开始以老人来自居了。因为按照他的说法，在早上学习的时候，他无法再像年轻时期那样文思泉涌了。1847年（当时他只有44岁），他在写给卡莱尔的一封信里这样说："在我年老的时候，我就过去看你。"就在10年前，他在日记里写道："过了30岁之后，人就开始感觉到身体机能对自身的限制了，这就好比一条小溪能触

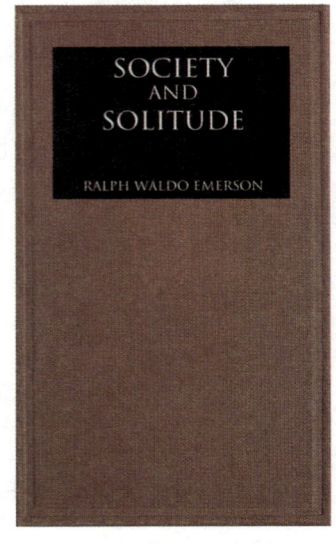

《社交与孤独》，爱默生作品

第十五章
前往西部

碰到河岸，忘记了要继续奔流或是流向牧场。"1850年，爱默生在日记里这样写道："除非我有什么任务需要完成，否则我没有任何思想。"至于做一些固定的工作是否可以给他带来更好的结果，这个问题依然没有得到解决。有时，他似乎也有这样的打算。我认为，爱默生的英国之行就有这样的考量。平时注重收集素材的习惯，让他在某种程度能在接下来6到7年的工作里获得许多便利。

与此同时，爱默生对自己感兴趣的主题进行安静思考时，经常会受到外部事务的喧嚣的影响。一直以来，他都在认真思考着一个重要的问题，但在那时，这个问题似乎没有特别引起他的关注——这个问题就是奴隶制的侵蚀问题。在南方地区，奴隶制问题所引发的风暴早就像沉闷的雷声那样不时响起，并有可能会在未来的某个阶段，对新英格兰地区的和平与尊严带来严重的威胁。他没有立即意识到这场危机的到来。在1845年1月，爱默生作为康科德的一名演说家，就已经在温德尔·菲利普斯的敦促下，允许发表关于奴隶制的演说，主要有两个原因：

第一个原因，因为演说讲台没有吸引多少听众，因此应该通过各种方式调动听众的情绪，特别是如果有最优秀的演说家自愿去做的话。第二个原因，我认为，就目前的国家状态来看，奴隶制这个特定话题在新英格兰

温德尔·菲利普斯

每个地区都能吸引民众的关注。民众的内心都对这个问题充满了困惑，希望能采取一些措施去解决这个问题。

1845年1月26日，一场公共会议在康科德法院大楼举行，大家都在讨论来自康科德的萨缪尔·霍尔提出的问题。霍尔之前去了南卡罗来纳州，在马萨诸塞州经纪人的要求下，保护那些黑人的权利，却遭到了一些暴徒的驱赶。他们还要谈论关于兼并德克萨斯州的问题。爱默生是商业委员会的成员（约翰·戈勒姆·帕尔弗里是该委员会的主席）。根据该委员会的报告，《解放报》的一名撰稿人曾说，应该采取相当温和的方式去解决这些问题，拒绝支持任何有可能会导致联邦分裂的事情。9月22日，他们在康科德举行了一次会议，与会人员都反对兼并德克萨斯州。我认为，爱默生当时也在场，并发表了一篇演说。至少，我在他的文稿里找到了一篇似乎就是他那个时候的演说稿子。虽然爱默生在稿子里没有提到《解放报》的报道，也许是因为他认为那篇报道实在是太温和了。之后，也许是在他的朋友威廉·亨利·钱宁的说服下，他最终决定反对兼并德克萨斯州。1844年，他在日记里写道：

兼并德克萨斯州的问题，是属于那些只有在几个世纪后才能做出真实评判的问题。可以肯定的是，强大的英国民族目前拥有着许多殖民地，他们必须要想办法去管理好这些土地。随着时代的变迁，在某个特定时期采用什么办法，最终会变得没有那么重要。

第十五章
前往西部

在 1845 年的日记里,爱默生这样写道:

> 马萨诸塞州大多数民众都是持反对兼并立场的,但他们却任由自己的声音被压制,因此他们的民意无法得到表现。这就造成了我们现在所面临的境地——我们做出了胆怯且愚蠢的行为,根本没有顾及公众的想法。这个事件没有任何重要性,马萨诸塞州的民众在这个过程中根本没有发出任何声音。将德克萨斯兼并到联邦里,这不是一件小事情。同样多的人口必然会带来同样的问题。事实上,一个正直的社会必须要坚守正直的道德——这才是最为重要的事情。我希望这个社区、这个城镇与这个州的每一个民众,都能够在这件事上发出自己的声音。如果马萨诸塞州的民众重视我们国家与墨西哥之前签订的协议,那么我们就不要违背这样的协议。如果民众赞成兼并,但又不喜欢政府这样做的话,那么他们也应该说出来。如果民众认同这样的行为,却不愿意与一个野蛮国家合作,因为这个野蛮国家里的某些人甚至会吃人或是偷人。如果在思考了这些理由之后,民众仍然反对这样的兼并行为,那么他们就应该理直气壮地表示反对,而不是像现在这样不知所措,或是不敢说出自己的想法。

1851 年,危机已经越来越迫近了,每个走在大街上的人,每个站在家门口的人都可以感受得到。美国国会在 1850 年通过的《逃奴追缉法》①,让马萨诸塞州的每一个公民都有责任帮助政府去逮捕那

---

① 《逃奴追缉法》规定各州司法机构及地方政府必须竭力协助奴隶主追捕逃亡奴隶;任何白人通过宣誓即可确定某个黑人为其逃亡奴隶;凡以任何方式阻挠追缉或庇护逃奴者可处以 1000 美元以下的罚金,或 6 个月以下的徒刑。

些逃跑出来的黑奴。在国会的投票中，马萨诸塞州的国会议员也投了赞成票，马萨诸塞州的一些著名人士宣扬这样做是对的。韦伯斯特先生甚至到处宣扬通过这部法律的正当性，宣称他认为北方地区的民众不会反对这部法律的通过。事实上，这部法律当时并没有遭到许多北方民众的憎恶或是抵抗，即便他们也没有站出来表示赞同，但该州许多有地位有影响力的人都默认了这个事实。此时，爱默生感觉到，他无法继续逃避这个话题了。在1851年5月3日，周日晚上，他向康科德的民众发表了一篇演说《在我们这个时代所面临的重要问题》，他演说的口吻肯定会让他那些宣扬废奴主义的朋友们感到满意。他接受了发表演说的邀请。按照他的想法，解决这个问题没有其他选择：

韦伯斯特

　　去年发生的事情，让我们每个人都不得不参与到政治事务当中。这是一部声名狼藉的法案。我每天早上醒来的时候，都会痛苦地意识到，这是我不得不背起的沉重负担。不过，我也意识到，马萨诸塞州的每一位公民也同样承受着这样的痛苦。我一辈子都生活在这个州，在此之前从未体验过一部法律会给我带来如此多的不便。我之前也从未意识到一部法律的通过会给我的身心带来如此之多的困扰。但是，1850年9月18

日，国会通过的这部法律却让每个人都不得不要面临这样的困境——这部法律会让每一个遵守的人都失去他们的自尊，或是放弃他们的绅士名声。

爱默生公开表达对这部"肮脏法律"的反感，曾一度让他遭到许多人的谴责，但他也成为很多人尊敬的对象。从他的童年时期开始，他就是韦伯斯特忠实的听众，他羡慕韦伯斯特所展现出来的气质，希望能拥有像他一样的嗓音。在1843年，韦伯斯特来到康科德商讨一个重要的问题，就曾来到爱默生家里做客，当时还有很多人都等着要见到他呢。

爱默生在日记中写道：

> 韦伯斯特是萨福克律师学会里最好的律师，他就像一位面对着学生的校长。他充分理解语言所带来的功能，知道如何更好地加以使用。他既能表现出自己很渺小，也能让自己显得很伟大。当他展现出愤怒情感时，他的双眼似乎着了火一样，每个人都能感受到他的智慧——他所阐明的事实以及他所支持的事业，都是他内心支持的。人们会认为，他每时每刻都在关注着现实世界，从来不会在乎什么理想。也许，事实就是如此，也许这就是我不回首过去那些单纯乐趣的原因。今天下午，我不愿意回到法庭大楼。韦伯斯特在社交场合上表现得非常从容，这些村庄聚会对于他来说肯定是规模太小了，但他依然表现得非常友善，虽然我一眼就能看出他的冷漠态度。但是他拥有自己的行事方式，不希望冒犯任何人或是失去自己的立场。

他以安静的方式影响我们这座小城镇,我认为在他离开这个地方之前,我无法静下心来进行写作。他天生就是一位具有魅力的人。人们评价他在精确记录每个人的问题上,拥有着无与伦比的天赋。在我看来,要是与韦伯斯特进行争吵,这简直是不切实际的想法,因为他并不愿意与别人争吵。他不是一位圣人,而像一棵野生棕榈树,有一种天然的优雅,成为一个真正意义上值得尊重的人。他为人见多识广。倘若他作为一个美国人显得谨小慎微的话,这肯定会严重影响他的气度。我只是希望他不要做出任何屈从讨好的行为,我不在乎他为此要付出多大代价。

在1851年,这样的屈从谄媚已经达到了让人无法容忍的地步。韦伯斯特的表态似乎让爱默生所在城镇民众的良知都陷入了一种堕落的境地。他心爱的波士顿地区"已经被富足的生活所宠坏,因此必须要向过去那些尘埃低头"。这样的说法是毫无道理的。每个人都卷入了这样一场充满恐惧的状态当中——无论是大学校长还是教授,无论是牧师还是经纪人,律师还是制造商,每个人都似乎不再像以往那样歌唱着自由之歌,每个人都不愿意对此反抗,只是无可奈何地顺服着。某天,我遇到了一位圣公会牧师,提到了韦伯斯特的背叛行为。他立即对我说:"为什么你要这样说?我认为这是他这一辈子做得最伟大的事情。"我本人与其他人一样,对韦伯斯特先生都是充满了敬意。谁能不去赞美他呢?他是我们这个时代最伟大的美国人之一,也是自然界所能创造出来最完美的产物。我们为他的身材与脸庞而感到自豪,为他的声音与演说能力而感到骄傲,为他那些堂而皇之的声明发出赞美之声。但是，这位我们曾经引以为豪的人，却将自己与南方庄园主捆绑在一起。韦伯斯特对总统说，他来到北方，没有发现哪一个重要人物对这部法律的通过表达任何不满之情。唉！总统先生，请千万不要相信他所说的话！这种所谓的"最终解决方案"，这种所谓"为了实现和平与联盟稳定的手段"已经让每个家庭的餐桌变成了一个辩论俱乐部，让奴隶制的话题成为人们讨论的唯一话题。韦伯斯特先生肯定会发现，那些曾经尊重且敬佩他的人已经疏远他了。这位曾经为新英格兰地区的高山与森林增添光彩的人物，已经变成了众矢之的。也许，韦伯斯特只是在遵循着自身系统与本能的法则吧。他是一个活在记忆里的人物，是一个沉湎于过去的人，而不是一个拥有坚强信念与希望的人。他身上流淌的血液具有一种后退的倾向，他的理解能力已经与那些本能的思维处于同一起跑线上，唯一关心的只是财产问题。他将整个联邦看成是一份资产，是一座大农场，而他认为自己的做法就是在保证这样的财产免遭伤害。他之前说过什么，就会想办法去捍卫。幸运的是，他之前说过不少正确的话语。但是，他对于民众的自我管理能力是没有任何信心的。即便是最简单的市政规定，只要这样的规定是刚刚制定的，都不可能得到他的认同。在1776年的马萨诸塞州，他肯定会成为一名难民。他赞美亚当斯与杰弗逊，但这是属于过去时代的亚当斯与杰弗逊了，而他还在谴责当代的亚当斯与杰弗逊等人物。这个国家的前途是伟大且自由的，能够得到最完善的管理。这一切都应该根据这个时代的发展与需求，而不是根据已经过去的成规或是已经做过的事情。在韦伯斯特的想象世界里，美国联邦就好比鲁伯特王子所说的，如果整个联盟的某个部分出现问题，

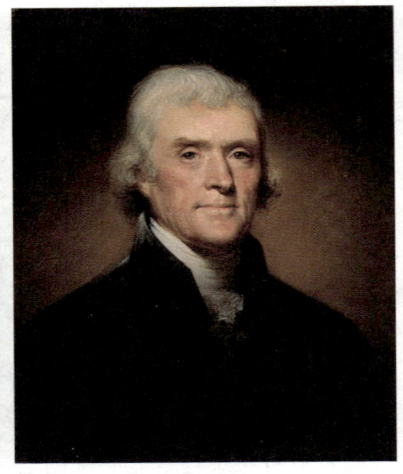

亚当斯　　　　　　　　　　　　　杰弗逊

那么整个联盟都会陷入分裂状态。但是，现在的状况与以前是完全不同的。现在的人民更加忠诚与遵纪守法。由民众组成的联邦是真实存在的。这里的人民都分享着同样的血统，诉说着同一种语言，信仰着同一种宗教，有着他们的行为方式与思想。因此，这其实是不需要有任何顾虑的。我国法律也表达了对联邦制国家的要求。至于出现反对联邦制的声音，我国法律也有着专门的规定。关于北方与南方之间的问题——我愿意用事实去说话。如果双方都有着一致的利益，那么他们就能够找到一致的利益共同点。如果他们不能找到一致的利益点，那么他们至少会想办法维持和平的现状。在我看来，有一件事是可以肯定的，只要类似于《逃奴追缉法》这样不道德的法律得到国会的通过，那么这个联邦制国家就肯定会走向尽头。那些在立法工作上犯下罪行的人，其实就是在严重动摇我国的建国基础，我们必然要为这样的行为付出代价。即便是在阳光猛烈的大白天,我们都能看到这些不道德法律所发出的刺眼光芒。这展现出了每个人都能了解的事实。无论在 4 月 19 日、6 月 17 日,还是 7 月 4 日的活动里,我们都明白很多支持这部法律的人其实就是胡说八道。这表明了我们的社会结构存在着不稳定的因素……要是党派纷争与基于金钱方面利益的动机大于一切的话,那么无论多么好的法律形式或是政治体制,又有什么用处呢?……那些可怜的黑人男孩,在历经千辛万苦来到了北方的水稻田或是萨凡纳的小巷里,想要好好地休息一下的时候,却发现等待他的全是准备逮捕他的人。波士顿这座著名城市则像他那些残暴的庄园主的猎犬一样……30 年前,约翰·兰多夫所说的话不幸言中了:"我们并不是通过黑奴来管理北方的民众,而是让他们的白人奴隶来做……"这些话语就像不可逃避的命运一样出现了。

我们该怎么做呢?首先,我们应该想尽一切办法废除这部法律,然后将奴隶制局限在允许蓄奴的州,然后帮助这些州有效地解决蓄奴问题。两党内每一个有理智的人都一致认同一点,即奴隶制是邪恶的,为什么南部各州从来就没有想过要解决这个问题呢?在过去 20 年里,除了克雷对此进行过一番努力之外,我没有听说过任何人这样做过。让我们怀着坦率与尊敬的态度来讨论这个问题。这是我们国家必须要深入思考且努力去解决的问题。根据一些人的估算,要为这些奴隶赎身,至少需要 10 亿美元,这看上去是一个天文数字。但是如果这些价格合理的话,那么我认为这个数字绝不是像 10 亿美元那样不可控制的。对这个国家来说,倘若我们真的想要解决某些问题的话，一定没有什么事情是做不到的。难道我们的民众不是有智慧的民族，难道我们不是处于一个正义的位置或是拥有武装的国家吗？民众的能量就在于每个人都做好各自的工作。通过创造的全新艺术以及改变世界的能力，我们正处于面对全新奇迹时代的边缘。阳光洒落在每个角落，我们应该远离阴影，积极回应每一种积极的回音。联邦的三十多个州都应该以平等的方式相处，但它们只有在联合起来之后才能变得更加强大。在未来的25年里，这个国家的人口将会达到5000万人，难道现在不是我们去做除了开沟与排水之外的其他工作吗？让我们勇敢地面对横亘在面前的高山，将高山夷为平地吧。就我们的民众所具有的潜能而言，10亿美元也只是一个小数目。

不过，如果那些金融家在看到这个庞大数目之后为之一惊，认为这必然会让问题变得更加复杂，那么这些邪恶就只能通过上帝赐给我们每个人的智慧在时代的进程中慢慢解决。至于使用哪一种方式去解决，谁都不知道。但是，有一件事是可以肯定的，我们不能确保联邦其他州怎么做，但我们必须要确保马萨诸塞州坚持站在事实的一边。我们必须要让马萨诸塞州保持坚定的立场。马萨诸塞州是一个面积不大的州，但一个州是否具有影响力，从来都不是看那个州是否面积较大，而是看那个州是否具有更强大的思想。若是与非洲或是亚洲相比，欧洲的面积是很小的。而古希腊的面积则是欧洲各国里最小的。阿提卡是其中的一部分，其面积只有马萨诸塞州的十分之一，但这个地区的民众却在智慧领域中统治着比其领土大得多的地方。尤迪亚是一个很小的地方，但是希腊与尤迪亚却在过去数千年里为全世界的文明发展提供了巨大的智慧动力。马萨诸塞州的面积也很小,因此我们必须要通过每个人都坚持事实与真理,让这个州变得伟大起来,让我们尊重联邦政府努力去实现每一个诚实的目标,但我们同样要尊重一个古老且更加庞大的联邦,这就是自然与正直的法则。当马萨诸塞州的人民能做到这点,那么他们就与宇宙一样强大。我们绝对不会掺和到奴隶制的问题,但你们也绝对不能让其影响到科德角或是伯克郡。这部法律必须要失去法律效应。这部法律必须要遭到废除,必须要从法令全书里消失。即便这部法律现在依然在生效,但我们必须要反抗这部法律。让我们不要因此去说谎或是偷窃,也不要帮助别人去这样做,我们不要在诸如捍卫联邦统一或是爱国主义的口号下,做一些助纣为虐的事情。

帕尔弗里博士是爱默生所在选区的议员候选人。爱默生在米德尔塞克斯县的多个地方重复自己的这篇演说。按照他的说法,他希望这样做能为他的朋友多争取一些选票。在诸如剑桥等地方,他经常会听到一些"年轻的大学生"发出的喧闹声或是起哄声。按照当时的报道,这些都是来自南方的学生,但一位来自南方的学生却否认了这个事实。这位学生在一篇文章中表示,南方的学生们对自身有着很高的要求,对于其他人反对南方的蓄奴制也有着宽容之心,并说这些闹事者其实就是那些北方人,这些人想要表明对联邦的忠诚,从而迎合了南方人的利益。惠普尔在他所撰写的《爱默生回忆录》里表示,爱默生并没有因为人群发出的嘲笑声或是起哄声而受到任何影响;相反,他非常享受这些人做出的举动。相比于冲突所带来的乐趣，爱默生更乐意看到这种直观的表达方式。他不会因此受到影响，但他肯定对看到这些国家的未来——这一群年轻人，这些他希望施加影响的年轻人——竟然有着如此错误的观点而感到无比痛心。詹姆斯·B. 泰勒当时也在场，他就曾这样对我说："当时人群发出的喊叫声、嘘声让爱默生无法继续演说下去。面临这样的情况，他展现出了强大的尊严与冷静。他依然面不改色地站在讲台上，直到人群的喧哗停止下来，才接着继续说。爱默生的应对方式，仿佛这一切都没有发生过：他没有对之前说过的话进行重复，也没有暗示当时发生了什么。总之，他没有表现出任何他似乎受到影响的信号。我认为，他在这之后说出的每一句话都具有额外的分量。"

大学权威似乎也站在南方那一边。在另一个场合下，贺拉斯·曼在剑桥地区发表演说时，也同样因为人群发出的阵阵喧嚣声而打断。听众大声叫着"某某教授与乔治亚州的波特先生"，这些人的说话方式虽然没有清楚地表达出什么意思，却同样饱含着某种南方人的情感。事实上，几乎所有的"大学权威"都是当时重要的学者与牧师，还有一些著名商人，他们都站在南方人一边，或是他们对南方人的做法没

詹姆斯·B. 泰勒，美国著名教育家、法律专家

有怎么反对。对爱默生来说，这是最让他感到压抑的事情了。按照他的说法，这似乎表明我们的文明在尚未开花结果之前就已经枯萎凋谢了。他不会积极地煽动这个问题，但他毫不隐藏自己的观点。《波士顿每日广告报》就曾发表社评，说当爱默生参加反蓄奴集会时，所有人都将他视为一名坚定的废奴主义者时，他看上去感到更加悲伤而不是愤怒。

1854年3月7日，也就是韦伯斯特在1850年发表那篇著名演说的4周年纪念日，爱默生在纽约发表了关于《逃奴追缉法》的演说，这篇演说后来也收录在他的文稿里。1855年1月，他在波士顿特里蒙特大厅发表了一篇关于奴隶制的演说，当时来自全国各地、对此有着不同观点的人都参加了这次集会。在写给哥哥威廉的信中，他这样说：

1855年1月17日，康科德

在这段时间，我努力地向民众讲述有关奴隶制的黑暗历史，希望能让他们对此有更多的了解。我准备下周继续在波士顿发表相关演说。不过，无论对我还是对很多人来说，这就像当年哈姆雷特所面对的使命一样，哈姆雷特根本不是完成这个使命的合适人选。棉花与糖果累积起来的利益集团，是根本无法用任何言语去打破的。但是，如果我们只能去击鼓的话，那么我们就必须要击得更好。

爱默生在他的演说里这样说：

这个话题似乎已经说得够多了。也许，我们最好还是将关于奴隶制的讨论完全留给这些赞助人或是他们自然的领主。但是，他们中一两位受人尊重的人，却拒绝出席，也许他们认为关于这方面没有什么可说的。即便是对我们而言，关于奴隶制也是没有更多要说的。一个诚实之人很快就会对经常说出"小偷"的事感到厌倦。我们不能将这仅仅当成一件事来对待，而是应该坚持我们的体系。任何一个健康发展的国家都不可能与任何一个存在致命疾病的部分共存的。蓄奴制是邪恶的，正如疟疾与伤寒一样致命。因此，我们这个国家的机体要想保持健康，就必须要铲除这些病根。我们知道奴隶制不符合自然规律且违背国家的发展方向，我们知道奴隶制最终会遭到废除的，因为奴隶制与人吃人的野蛮社会以及秘密镇压的恐怖行为是相伴的。正如我们无法拒绝与新西兰人共享这个世界，那么我们必须要与南方这些庄园主和平相处。比方说，你是你，我是我，上帝则让你们过早地改变了信仰。但是，在我们这片土地上，在光天化日之下，在这个讲究清教徒传统的地方，在这一片居住着世界上最为勤劳且努力的民众的土地上，我们的信仰却因为奴隶制问题陷入了停滞，这表明我们是缺乏信仰、缺乏目标的人民，只能在袖手旁观中死去。贫穷的怀疑主义会通过我们的思想，传播出贫穷、疾病还有阴谋诡计，然后通过我们的行为加以证实。年轻人希望拥有目标与基础，他们很愿意去做某些事情，从而感受到自身拥有的力量，去做一些充满爱意的事情，从而感受到一种超乎自身的伟大。他们不应该感觉自己屈居人后，应该努力在账房、铁路或是其他有用的职位上勇敢地争取，而不是将自己的追求隐藏起来。在那些充满智慧的人当中，你肯定能够找到属于自己的位置，找到自己的追求以及让你感到满意的知识。人们一般认为，心智会随着身体的成熟而不断成熟，正是思想驱动着我们做出具有力量的行为。无论是在个人还是国家层面上，展现出来的外在能力都是自身内在心智的表现。但在美国这个国度里，很多充满想象力的人，与很多具有包容心的人，却没有在那些具有思想之人与读者、缺乏信仰或是宣称具有信仰之人身上找到这样一种勤勉的力量。每个人都似乎对肤浅的表面现象着迷，大家都成为批判家而不是思考者，成为爱说俏皮话的人，而不是成为诗人。是的，很多严肃之人甚至认为，基督教以及宗教本身已经变得非常虚弱了，而原本属于人类的形式与情感已经变得脆弱不堪。

我只谈到了那些具有智慧的人，难道就只有他们吗？你可以在休息室里看到很多优秀的年轻人，与优秀的男女进行交流。他们都是我们这个国家的栋梁之材，未来的成就或是创造都必然是出自他们手上。你能在这些优秀的男女身上发现具有才华与勇气的人吗？或者说，他们的美丽只是掩盖他们世故圆滑的面具吗？我们千万不要对年轻人有太多的幻想。一些人会珍视他们早年的梦想，反抗这个社会强加给他们的一些东西。但是，他们可能已经厌倦了这样的抵抗与他人的嘲笑，他们成为芸芸众生中普通的一员，早已经对社会上一些看似合理的观念或是行为采取了默认的态度。上帝通过人的想象力教导人类。思想的匮乏会让这片土地上的法律、宗教与教育陷入困境。看看我们所面临的政治局面吧——现在的主要政党依然拥抱着过去的思想，他们能以更加崇高的希望去激励我们吗？难道民主制度真的给我们中的多数人带来了好处吗？给穷人带来了好处吗？给全人类做出了良好的示范吗？那些口口声声说要捍卫私人财产权与公民教育权的政党，却在时刻反对着每一项进步的政策。他们想着将星星死死地钉在天空上。他们总是向后看，赞美着他们的祖先，赞美着创造宪法的人。这种总是抓住过去不放的行为到底意味着什么呢？这意味着他们的耐心没有任何行为法则，没有原则，没有希望，也没有对自身未来的思考。我们必须要坚持其中的一些基础，如果我们看不到前方的任何希望，那就会拼命地抓住我们自己所相信的东西。

当心灵的光芒慢慢从国家与个人身上消失的时候，就陷入了一个停滞的状态。法国大革命时期，巴黎人某天从大街上找到了一名妓女，然后让她坐在二轮战车上，带着她参加游行，大声地说："这就是理智的女神！"1850年，美国国会通过了一部法律，让每一个追求正义与仁慈的人都会因此遭受惩罚与监禁。在这个宇宙里，没有哪一部法律像这部法律这样，严重动摇了国民的正直本性，否认了上帝的存在。这部法律的通过就好比遮蔽了光芒。即便目前本应照在我们身上的光线被遮挡，但终究还是会照在我们身上的。这个邪恶政府会带来什么后果呢？让政府失去公信力。当国家无法履行自身的职责，那么个人就会取而代之。我们必须要感谢那些勇敢忠诚的人，他们在这个充满邪恶行为的时代，勇敢地站出来反抗，用自身的行为与言论捍卫这个国家的自由。当美国政府与法院都违背了他们的信任，那么他们必然会反抗政府的行为，将其斥之为错误。

虽然爱国主义与舆论在很多时候就像国内外出现的假币一样，但还是具有许多真正的意义。让大众为了一个重要的目标一起努力，这是非常美好的一件事。国家代表着一个事实，社会有其存在的真正功能，而我们的种族最终也必然要朝着自由的方向前进。这是一项高尚的事业，因为对自由的追求是对一个政府最为严苛的考验。过往的历史表明，这才是一个伟大国家的标志。让人感到万分遗憾的是，这种普遍为世人所接受的责任以及情感却因为南部的蓄奴制带来的恶果遭受到了破坏。我必须要说，南方人民凭借着他们坚强的个性以及对政治事务的热忱，已经熟练地掌握让他们与联邦政府联合起来的本领，阻碍与扭曲了民众对于法律与法令的天然情感。但终有一天，我们一定能让政府与每一位公民联合起来，共同消灭奴隶制。为什么常识与人类和平等话题是一个可以谈判或是妥协的问题呢？为什么不在对一方进行公平补偿的情况下，消除这种危险的争端，让南方各州的民众也能感到满意，同时也让自由州民众的良知得到宽慰呢？对我们的国家而言，这是一项极其艰巨的使命，购买庄园主的财产，正如英国当年购买新印度群岛的奴隶一样。我说的是购买——这样说绝对不是向庄园主的利益妥协，而是我们认识到他们所处的位置会带来灾难，因为整个国家的国民都要为他们的行为付出代价，还因为这是唯一可行的办法。这是一种正确的社会或是公众功能，不是一个人能够做到的,而是所有人都必须去做的。有人说,这需要花费20亿美元。是否有人会满怀热情地站出来支付这一笔钱呢?看来,我们只能通过征收烟囱税才能筹集那么多钱。我们需要放弃马车、美酒以及各种娱乐表演活动。教堂需要将他们的银盘熔化掉,乡村的农民需要满心欢喜地等待别人过来征税。富兰克林愿意为此做出牺牲,朝圣的神父愿意为此做出牺牲,耐心的哥伦布也愿意做出牺牲,商人也愿意做出牺牲,从事缝纫工作的女性要做出牺牲,孩子们只能过上一种有上顿没下顿的生活。这片土地的每个人都必须要将一周的收入贡献出来,用来支付给庄园主,从而一劳永逸地解决这个世界存在的毒瘤。

从1850年的《逃奴追缉法》通过到1861年矛盾最终激化的这些年里,政治形势在爱默生的日记里占据着不同寻常的地位,有时甚至影响到他的许多重要思想。他在一篇关于艺术的演说里,还特别提到了这个国家所处的状况。在发表关于道德方面的演说时,他对北方民众就南方各州的蓄奴情况所持的温和态度感到不满。

> 我想要听到充满力量的演说。只要他们谈论斯威夫特表现出来恶意,我们就会竖起耳朵来听。我认为,美国民众没有展现出足够的力量去应对这种扑面而来的恶意。我认为美国人民缺乏激情!唉!他们有的只是欲望!

显然,爱默生从来没有怀疑过正义终将取得胜利,但他从没有天真地认为胜利会来得轻松容易。

第十五章
前往西部

我们取得最终的胜利,这是毫无疑问的。胜利的根基在于我们的贫穷、我们的加尔文教派、我们的学校、我们节约的生活习惯,在于我们这边的大雪、东风与农场生活。但是,任何人都不需要像布朗或是其他人那样告诉我,南方人打起仗来不如北方人。我亲眼看到少数南方人在国会里取得了胜利,并通过了这部臭名昭著的法律。为什么会这样呢?因为南方人是充满战斗精神的人,难道我们北方人就没有这样的战斗精神吗?

在大学阶段,南方学生表现出来的刚强个性就给他留下了深刻印象。他说自己总会轻易相信南方人所说的话,他看到不少北方人也会这样。在1843年发表的一篇名为《新英格兰》的演说里,爱默生这样说:

> 南方人活在当下,自力更生,凭借自身的方式去征服别人。他们固守自己的观点,不愿意做出任何改变。北方人则喜欢思考未来,不愿意自力更生,却喜欢使用各种方法去实现自己的观点。当北方人亲自做某事的时候,往往没有用尽全力,而是将一大部分能量储备起来。因此,他们的行为方式也与此类似。南方人则傲慢、任性且做事不考虑后果,喜欢按照自身的方式去做,不会考虑别人的感受。北方人则会思前想后,良知与常识会让他们认为与自己的目标之间存在着许多障碍,这让他们在做决定的时候感到困惑,无法当机立断。但是,若在10年后对他们进行比较的话,北方人往往会有非常大的优势,而南方人则只在当下有一定的优势。

北方民众这种反思性的脾性以及习惯思考另一方的思维方式，与南方人那种不需要计较后果的冲动性习惯以及选择立即采取行动的做法，在很大程度上可以从北方民众在20年后的行为得到体现。爱默生本人就是其中的典型例子。他不希望民众认为南方蓄奴制的存在是一种暴行，而是认为蓄奴制应该遭到反抗以及在不需要任何谈判的情况下加以废除。与此同时，爱默生也会为奴隶主的一些行为找寻一些相对合理的理由。正是这样一种情感让他始终没有完全认同许多废奴主义者的观点。他赞赏这些废奴主义者表现出来的勇气与坚韧不拔的精神，但他却不能与他们一起采取相关的行动——正如这些废奴主义者也不赞同他提出要用钱为这些奴隶赎身的想法，或是当他谈论到庄园主所处的"灾难性"位置时，他们所表现出来的轻蔑态度。爱默生在日记里就谈到了当时一位非常著名的废奴主义者：

> 某人所处的立场与塔特·路德一样，都是受人尊敬的，但他却无法理解你说的任何话语。当你向他提出一项全新的建议，他就会像马匹那样发出嘶声。当我跟他谈到黑奴问题时，他从来都不会对此进行任何考量。

但随着南北双方的矛盾逐渐加剧，危机爆发的时刻已经逐渐临近了。爱默生最终认识到，必须要采取武力的方式去消灭奴隶制。1856年5月，爱默生在康科德发表了一篇演说，就谈到了萨姆纳参议员在参议员办公室遭受袭击的事情。他说："我认为，我们必须要废除奴隶制，否则我们就要永远失去我们所珍视的自由！"同年9月，在剑桥地区举行的堪萨斯州救济集会上，爱默生热情洋溢地表示，希望联邦政府能够派兵保护堪萨斯州的定居者，保护他们免于来自密苏里州的亲奴隶制武装力量的攻击。他认为，马萨诸塞州的立法院应该通过相关法律给予帮助。1857年，约翰·布朗来到康科德，用爱默生的话来说，就是"昨天晚上，在城镇会议上，向民众好好地介绍了自己一番。他所谈到的重点，其实就代表着堪萨斯州和平集会的愚蠢之处，他认为他们所具有的力量就在于他们的缺点，因此不支持抵抗的活动。他想要知道，他们所犯的错误是否要比黑奴的更大，并谈到了要给予黑奴什么样的力量"。

1859年11月，在一篇名为《勇气》的演说里，爱默生引用了布朗的话语，谈论"堪萨斯州的和平集会发出虚假的伪善之言"，并呼吁马萨诸塞州的民众站出来大声地说："我们是最为坚定的废奴主义者，我们每个人都是坚定的废奴主义者！只有那些霍屯督人、那些野蛮人或是半野蛮人不是坚定的废奴主义者。我们并没有试图去修改亚拉巴马州的法律，也不是修改日本或是斐济岛上的法律，但我们不承认这些法律，也不承认任何赞同蓄奴合法性的法律。我们绝对不会允许暗杀的暴行变成一种恐怖的行径，无论这些行为是出自北方人、南方人、东方人还是西方人的行为。在那些受到'感染'的地区，我们要设置一条防疫封锁线，绝不能放任蓄奴制这样的瘟疫继续蔓延开来。"在谈到不同类型的勇气与不同层次的文明相关的问题时，爱默生这样说："当每

约翰·布朗

个人都无所畏惧,像生活在温带气候的眼镜蛇与蝎子一样,战争反而是最安全的选择。如果其他生物越过了它们的警戒线,它们就会用毒牙去击败对手。"

我们没有发现爱默生提前得知布朗的弗吉尼亚计划的证据。不过,当布朗被关在监狱里,准备接受死刑的时候,爱默生在发表演说时这样评价他:"他是一位新时代的圣人,没有一个比他更加纯粹与更加勇敢的人,他出于内心的爱意,敢于去面对冲突与死亡——这位圣人正在等待着殉道。如果他因此遭受折磨,那么绞死他的绞架台也会像十字架那样光芒万丈。"当这些文稿在10年后出版的时候,这些段落被删除了。时间的流逝已经能让人们可以用更加公正客观的方式去看待这个问题。

但是,爱默生与生俱来的那种平衡沉稳的心智遭受影响的最明显特征,就是他公开谴责法官与政府官员没有牢牢地将法律掌握在他们手上。爱默生说,法律是普遍意志的表现形式。不道德的法律是缺乏法律效力的,因为这违背了人性的意愿。他还立即得出自己的结论,那些认为《逃奴追缉法》这部法律是不道德的人不应该遵守这部法律,而且解释法律的官员以及行政人员也应该按照自己的良知去执行正义的法律,不要去做任何违背他们内心原则的事情。爱默生在1855年1月26日的演说中曾说:"正义之流的源头已经遭到污染。在我们北方各州,没有一位法官以强大的品格与智慧站出来,质问这部《逃奴追缉法》是否符合宪法,是否符合正义的原则。法官的第一责任就是以公正的方式去解释法律。如果他们认为一部法律没有体现公平正义,就应该废除这部法律。"不过,爱默生同时认为,任何人都不应该为他人决定什么是正义的,或者说什么才是人性的意愿。他一辈子都在反对这样的假设。

爱默生发表的关于约翰·布朗的演说，让他在费城失去了欢迎，原本邀请他前去演说的计划也被取消了。显然，因为这件事，爱默生在波士顿也不像之前那么受欢迎了，虽然他依然在新英格兰以及西部的一些地方继续发表演说。在这个时候，他没有继续发表反奴隶制演说。同时，他接受了温德尔·菲利普斯的邀请，在1861年参加马萨诸塞州反奴隶制协会的年度聚会，并发表了演说（时间是1月24日，地点是特里蒙特大厅）。爱默生在讲台上占据了一个位置，当轮到他发表演说的时候，他努力让台下的听众了解自己的观点，但这一切都是徒劳的。①

爱默生在日记中这样写道：

> 我将这次邀请视为一次良机，虽然接受邀请违背了我内心的想法与习惯，但我还是去了。虽然我没有什么新的观点要说，但我必须要表明自己的态度。如果我是一个傻瓜，我也要前去那里咕哝几句，做出自己的姿态。每当我想要发表演说的时候，许多暴徒就会起哄。在尝试了几次之后，我决定离场。

南北战争的爆发反而让压在爱默生心头上的大石头落下来了，因为他预想的最糟糕情形终于出现了。战争的爆发表明，任何修补的办法都无法让一个真正的联邦政府存在下去。在1859年与1861年这两年的冬天，他没有在波士顿发表演说，虽然他经常在西奥

---

① 1861年2月1日出版的《解放报》对这次聚会有详细介绍。

多·帕克不在的时候，接替他面对教众发表演说，或是在教区的牧师去世后顶替他发表演说。但在1861年4月，他正在准备《生活与文学》的演说稿子时，就听到了南方同盟军对萨姆特城堡发动攻击的消息。虽然爱默生对这一天的到来有所预估，但公众对这个消息所做出的反应还是让他与其他人都大吃一惊。听到这个消息之后，原本准备发表"最少的原则"主题的爱默生，决定将他的演说题目改为《处于紧要关头的人类文明》。在演说里他坦承自己此时感到了轻松，因为之前那条一直蛰伏在我们身边的恶龙终于不再沉默了，而是选择直接攻击。当人类文明处于危急关头，上天会怎么帮助我们呢？通过旋风般的爱国主义情怀，将所有持不同意见的民众都团结起来。这是一件关乎本能的事情。在这之前，我们不知道自己还拥有这样一种能力。我们将自己视为冷静的分析者，我们拥有学识与教养，我们所掌握的科学知识是没有边界的，我们信仰的是和平的宗教——现在，情感要比逻辑更加重要，就像光线那么强烈，就像地心引力那么强大。这股力量进入了大学、银行、农场以及教堂。这是一个属于平民大众的时代。普通百姓要比他们的老师更加聪明。每一座教堂都成为新兵招募站，教堂的每次钟声都代表着警报。请你们到人群拥挤的城镇大厅吧，好好地感受一下这场狂风暴雨般的汹涌情感吧。那些平时看上去面容安详的民众，此时突然迸发出巨大的能量，这是我之前从来不知道的。一个人到底能够将这些秘密保持多久呢？从此以后，我再也不会轻视大众了。我们已经陷入了一场战争的旋涡里，乍看起来，这是人类面临的一场灾难，但是，我们却发现这里的每个人都拥有着善意的目标，有着无所畏惧的勇气，有着对彼此的关怀与爱国的情怀。从1850年开始，

第十五章
前往西部

我们这个国家已经开始四分五裂了,但现在我们有机会让这个国家变成一个真正的整体。截至 1861 年 3 月 4 日,在这个讲究法律的地方,我们却遭遇了战争。现在,我们只能无所畏惧地击败这样的战争阴谋。法律站在我们这边,战争则站在那一边。过去,我们经历过战争,现在,我们也同样对战争无所畏惧。宣战要比不宣而战的战争更加安全一些。南方同盟对人类常识的公然挑衅,这种对敌人与朋友的公然反抗与诅咒行为,已经有意无意地站在了我们的对立面。那些想要这个国家四分五裂的分离主义者肯定要感激南方同盟,正是他们的行为让北方各州民众众志成城,团结起来。

面临这样一个大是大非的原则性问题,战争是最好的解决办法。爱默生请求一位朋友让他去参观查尔斯镇的海军工厂。在看到这里的每名士兵都在为战争做好充分的准备时,他说:"啊!有时火药的味道闻起来也不错啊!"在这年 4 月 19 日,也就是康科德战斗的纪念日,他所在城镇的许多年轻人离家加入了军队。在第二天给某人的一封信里,他这样写道:

亲爱的某某:

你已经听说了,我们村昨天因为送别勇敢的士兵出征而热闹非凡。法官霍尔在仓库边面向入伍士兵发表了一篇演说。雷诺兹在钟声敲响时发表了祈祷词。加农炮就在我们附近,在祈祷词念完之后发出音乐般的轰鸣。当火车的汽笛响起的时候,乔治·普雷司各特(当时的民兵指挥官)——这样一位充满了男人气概的勇敢之人——命令他的士兵出发。他的妻子拦住了他,放下了他的宝剑,然后亲吻他。那个时刻弥漫着悲伤与壮

乔治·普雷司各特

烈的情感。当时，每家每户都出来送别。康科德一共有55人参加了部队。一路上，又有很多年轻人恳求加入他们的部队。因此，当他们抵达波士顿的时候，这支部队已经有64人了。

爱默生慢慢地认为（谁不这样认为呢？），联邦内部原本持不同意见的各州会在短时间内，在彼此的友善意愿下达成政治联盟。这是一场"礼节战争"，是两种不同状态文明之间的冲突。在目前的情况下，双方都不可能容纳对方，因此只能通过武力战争去解决。任何和平协议或是宪法规定，都无法避免战争的爆发。任何想要避免战争的做法，就像用纸去封住火山口下面滚烫的熔浆。只有当这个国家的每个地方都在平等与道德的基础之上，承诺以人性与诚实的方式去相互保护——只有那时，这个联邦国家才能真正地联合起来。只有当正义的一方取得了胜利，美利坚合众国才能真正成为一个自由的国度，我们也会认识到，之前我们所吹嘘的一切所谓的自由都是虚假的自由。对于南方叛乱各州，这次战争也会带来积极的影响。我认为，从他们第一次开始庄园种植以来，他们从未感受过这样的优势。他们终于可以激发自身的能量，做到独立自主，过着节约的生活，更好地了解自己，取得更大的进步。他们第一次让整天困乏且懒洋洋的四肢动起来，真正感受到他们身体的血液在流动，感受到全新的生命力进入了垂死的身体机能里。这些"穷苦白人"会说:"我们也是人啊!"

在萨姆特城堡遭受袭击3天后,也就是4月9日,爱默生发表了一篇演说,他用平静的语气谈到了"我们这个自我毁灭文明的坍塌"。几天后,爱默生甚至讲到了这种坍塌所带来的好处:"一种伟大的政治制度被打破,原本看上去是无比坚固的关系突然变得松散,这样的结果对我们是具有教育意义的。那些看上去轻浮狂热之人也许要比他们想象中更加聪明,或是表明这样的时刻早已经被预测了。当变成世界宗教的文明机器分解为尘埃,散发出烟雾之后,成熟的个人主义才有机会出现。每个人都会认为个人就代表着一个国家,一群生活在相同气候环境,有着相同种族、情感与职业的人,就能在政府的管理机构里免除许多惩罚。他们只需要让每个人都拥有这样的权利与能力,因为这一切都不需要任何法律的管理,有的只是他们对邻居的权利与能力的敬佩或是恐惧。"

事实证明,财产权对人类来说是极为重要的。现在,很多从事科学研究、艺术、思想层面研究的人,已经堕落成了自私的管家,依赖于酒精、咖啡、壁炉、煤气灯以及豪华的家具。我们发现,人类文明在过早的时候报废了,我们所获得的胜利只是代表着一种背叛。我们已经打开了错误的大门,让敌人进入了这座城堡。此时,文明就代表着一种错误,而最好的智慧则是一场烈火。因为狐狸与小鸟都有这样的权利,需要一个温暖的巢穴或是隐藏处来躲避恶劣的天气。就是如此简单。

萨姆特城堡的大炮回音终结了这样的幻想。正如爱默生后来所说的,这场战争"让每个人都大开眼界,让各方持不同观点的人都认识,所有政治行为背后都隐藏着一种原始的力量。每一个人都对此感到无比震惊"。当爱默生对此了解得越深入，他就越感到惊讶。"我们已经明确反对奴隶制，做出过妥协，颁布过法律，修建过铁路。我们做得还不够。反对的行为始终与我们的行动并驾齐驱。最后，我们采取的方式没有取得成功，但还可以采取其他方法。另一种方法则对奴隶制非常强硬，政治党派与社会团体都马上处于一种防御状态。也就是说，在事情的运行中，突然出现了意想不到的矛盾冲突。当我们做了最大努力之后，仍然没有出现任何进展。加州与堪萨斯州不愿意参与其中，甚至连德克萨斯州都对此心怀疑虑。最后，那些奴隶主则被愤怒的情感蒙蔽了眼睛，亲手摧毁他们的偶像。这是上天的旨意，我们则有幸看到这样神奇的一幕。"

国民最后为终于有了一个政府而欢喜鼓舞。之前投入战争当中的能量，此时终于可以用于去做正确的事情了！这是整个共和国历史上最黑暗的时刻，整个国家似乎都要分崩离析，恢复到建国前的样子。南方同盟军对萨姆特城堡的攻击让北方各州团结起来，让人类文明的希望得到拯救。如果林肯总统像一个害羞的求婚者那样迟迟不愿意发布《解放黑奴宣言》，只能证明他在这个过程中面临着许多障碍。我们必须要记住一点，林肯总统不能像诗人那样自由地表达他内心的真正想法或是意愿，而只能对整件事进行深思熟虑，做出一些他能够兑现的承诺。否则，他所签署的《解放黑奴宣言》就是缺乏任何力量的虚张声势，没有任何价值，也无法得到任何人的尊重。

此时，爱默生依然为这个国家的未来感到担忧。奴隶制所引发的矛盾对整个国家的前途命运造成了重要的影响。1862年1月，他有机会在华盛顿将北方民众的情感表达出来。他在史密森协会发表

第十五章
前往西部

了一篇名为《美国文明》的演说：

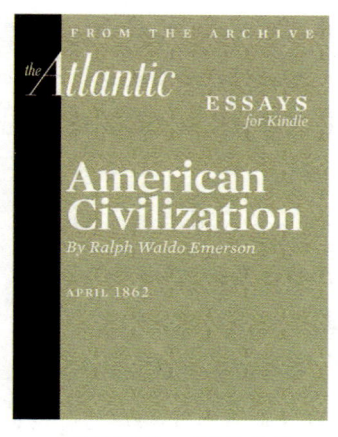

《美国文明》，爱默生作品

> 一个国家并不单纯是选民的集合，不是那些对利益充满渴望的政客希望利用官职来分赃的地方，而是有着共同意愿的民众，为了一个共同目标而奋斗的国家。美国的命运就在于每个人都做出属于自己的贡献。劳动是我们民族的基石——每个人都应该做出自己的贡献。当一个人变得文明之后，就会意识到这点，发现自己感受到的幸福源于他激发自身潜能所完成的工作。他会通过诚实的劳动去赚钱，将自己的时间、精力、想法以及情感投入某些目标当中，让实现的目标成为他自身能力最为明显的标志。保护民众这样的权利，保证每个民众无论在过去或是未来都有这样的机会，这才是政府应该追求的目标。但是，南方各州的民众则对此有不同的意见，这让他们产生了劳动是耻辱的观念，认为一个人的幸福在于每天游手好闲，吃着别人劳动的成果。我们一直希望在同一种法律下，将这两种状态的文明结合起来，但这样的努力最终是徒劳无功的。要么一种文明存在，要么另一种文明消失。现在，美国就意味着机遇，是人类所能追求的最广泛的事业。难道我们应该继续允许奴隶制的威胁存在下去，威胁我们的后代吗？为什么更高层次的文明就不能拓展到这个国家的每个角落呢？联邦政府在废除奴隶制方面始终没有表现出

坚定的立场，但之前那些无法实现的愿望，此时也终于让联军跨越了波托马克河。解放黑奴是人类文明的必然要求，这是符合逻辑思想的一个必然结果。这场战争会按照其本身的规律持续下去，一方的军队支持继续保留奴隶制，另一方军队则追求人人自由，胜利最终会属于从一开始就应该获得胜利的一方。这些自由的思想潮流是不可阻挡的，那些遮蔽阳光的荒谬言论将会被一扫而光。这是任何人都无法阻挡的。但是，思想必然要通过那些善良勇敢的民众的大脑与双手才能实现，否则那只不过是美好的梦想而已。只有当我们采取了相应的行动，才有可能获得最终的安全。

9月22日，林肯总统在认真思考最强烈的反对意见，顶住重重压力之后，在最后时刻做出了正确的决定。他签署了《解放黑奴宣言》，明文规定从1863年1月1日开始，南方叛乱各州的黑奴都成为自由人。在之后不久的波士顿举行的一场聚会上，爱默生对林肯总统的做法表达了由衷的感谢（当时波士顿一些报纸都强烈谴责林肯总统的做法，还有一些人认为林肯总统发布的法令是没有任何效力的），他深刻地认识到林肯总统做出这个决定是多么的艰难，相信迈出的这一步是不可扭转的。

在《解放黑奴宣言》生效的那一天，一场"纪念音乐会"在音乐厅里举行。爱默生在音乐厅以开场白的形式朗读了他的《波士顿颂歌》。

如果华盛顿所在的地理位置以及南方各州的传统，让政客们无法真正理解美国的精神，那么新英格兰地区民众的爱国之情则同样，对一项不同的事业表现得漠不关心——殖民时代的精神依然在很多成功人士身上残存着，很多人依然模仿着英国贵族的思想。1863年，也正是南北战争处于最胶着的时候，爱默生在波士顿发表了一篇名为《共和国的命运》的演说。在演说中，爱默生对联邦政府坚持通过战争的方式解决矛盾的做法表现出了极大的同情。他担心的是，我们无法理解这次战争其实就是上天赐给我们的救赎的事实，我们有可能因为唤醒了自我主义者、怀疑主义者、时尚主义者以及那些追求安逸享乐者而遭受惩罚。这些人都从英国那边学来了这一套，模仿英国某些阶层的生活方式。

说实在的，英国所带来的影响依然是存在的，虽然没有人直接说出来，但每个人都能感受得到。他们认为英国人的梦想都能成真。当然，真正能够美梦成真的，不是中产阶级的英国人，而是那些腰缠万贯且具有权势与头衔的上层名流。我们的政治制度威胁着英国，英国那边的行为举止则威胁着我们。正如很多人所想的，一个人的价值在于他能够购买什么。

我们发现，英国这些阶层的人不仅对发生在我国的内战缺乏怜悯之心，而且还公开或以无意隐藏的方式表达他们对我国陷入困境的幸灾乐祸。这些人都是宿命、物质财富与特权的崇拜者，他们无法看到比商业优势或是阶层成见更高的利益。他们从未有过任何高尚的情感，没有对人类文明的使命感，也从未表现出宽容大度。现在，我们国家的许多人也深受这种物质主义的侵害。不过，爱默生认为，这场战争能让美国人民找回他们的民族性与观点。"自然告诉美国人民，我赐给你们土地与大海、森林与矿山，赐给你们各种强大的能量。每当我给你们增加前进的难度时，都让你们变得更加具有智慧。你们应该好好管理这片大陆，为人类文明的进步做出贡献。让美国人民的激情影响欧洲大陆的民众吧！我们要为真正具有价值的原则去努力，哪怕献出生命或是财富都在所不惜，坚持要完成你们的工作。"

一年后，也就是 1864 年 11 月，总统选举中林肯连任。爱默生在写给当时身在欧洲的一位朋友的信件里这样说：

> 我为这次总统选举的结果感到非常高兴！在我国历史上，从未有哪一次选举像这次选举如此的重要。我认为，这是人类历史上最为重要的一次公民选举！我们到处都可以看到民众说着过去的一些事情，为过去他们犯下的一些错误而感到懊悔。他们认为这次选举是他们表达反对奴隶制的最好方式。

在波士顿发表系列演说时，他表示祝贺：

> 生活在美国的同胞们已经以不容置疑的方式表明了他们的决定，他们希望恢复社会秩序与法律的权威。他们认为，一个国家就是一个国家，拒绝这个国家出现四分五裂的情况。他们知道，一个国家不应该执着于一些小事，而应该专注于整个国家的团结统一，在面临任何分裂势力的时候，如有必要必须要使用武力加以镇压。民众在这次选举中做出如此清晰的决定，是因为战争带来的灾难让他们完全清醒了，他们看到许多人在战斗中牺牲了，看到了财富遭到毁灭，看到了税收的增加，看不到一个稳定的未来。他们支持政府以武装方式去反对少数人

以偷窃或是暴力的方式分裂这个国家。他们认为，这个国家的任何一个部分都不能以地理因素、生产或是贸易之间存在着不可调和的因素作为借口，选择分裂。这样的分裂行为是绝对不能容忍的。显然，因为这些分裂活动符合某些人的利益，但这会严重损害整个国家的利益。但无论怎样，这样的行为都绝不能在某个角落偷偷地做，也不能通过暴力的方式去做，而应该以一种庄严的方式去做，按照所有民众的意志与观点去做，并且获得双方的保证与足够的补偿才能实现。

无论从哪个层面去看，整个联邦都应该是一个真正意义上的团结整体，而绝对不应该是应对某些紧急情况而组成的临时结构。

爱默生说，这场战争让我们每个人都有诸多的收获！这场战争造成了许多宝贵生命的消失，但这让很多之前毫不值钱的生命变得具有价值。这就是这场战争的重要意义。这场战争的影响波及每个家庭与每个人的心灵。在数以百万计的人当中，有很多都是小本经营的商店老板、农民、机械工人或是学者，要是别人没有损害到他们的利益，他们会与别人平安相处。他们不愿意阅读所谓的报纸，因为这些报纸的内容让他们变得低俗，或是让他们变得更加自私。但是，美国的每个家庭门口都悬挂着美国国旗：这是整个国家的民众都拥有更多思想的一个标志。"我经常会想，当我们被诸如英国这样领土较小的国家的民众用吹嘘的方式去指责的时候，我们就像一个个子高的男孩迈着轻盈的步伐不断前进。在美国这边，广阔的大海激发着美国人愿意采取更加强大的行动。美国意味着自由与力量。很自然的，当这样的本能在没有得到道德与心灵训练的支持下，就会变得更加炫目，给人一种夸张或是炫耀的印象。当然，这是让人讨厌的，但我们应该用正确的名称去称呼不好的行为举止。"

我认为，这个国家的天才已经为这个国家制定了一条真正的政策——热情大方。在这片美好的土地上，法律面前人人平等。在这片每个人都是亚当的子孙的土地上，每个人都是平等的。每个人都可以过着富足的生活，每个人都有平等的公民权，每个人都有让自己的孩子接受教育的权利。

在内战初期，爱默生在各方面几乎都没有了收入，这让他的家庭陷入了经济上的困境。1862年，在写给哥哥威廉的信中，他这样说：

1月1日，我发现自己与其他美国人一样，都处在一种极为贫穷的生活状态当中。从去年6月到现在，我的书没有给我带来一分钱的收入，在往年，这些书每年都会给我带来500到600美元的收入。我在银行那边也没有得到任何分红，利迪安在普利茅斯那边的房产也没有任何租金的收入。我通过演说获得收入的渠道几乎堵死了。因此，当你的来信寄到我这里的时候，我正在想办法如何还清300到450美元的债务……我想过要出售林地，只要有人愿意出合适的价格，我就会卖掉。这笔交易若是成功的话，会给我带来超过300美元的收入，但直到现在，买家都还没有出现。与此同时，我们就像一根面对着灭火器的蜡烛，时刻都有可能熄灭的。每当想起还有很多人像我

第十五章
前往西部

们一样过着拮据的困难生活，就让人觉得可怕。但不管怎样，我们现在所面临的艰难困苦再怎么糟糕，也要比我们为了保护和平现状与南方各州进行媾和，从而延续南方各州那些野蛮的制度来得好。

1863 年，爱默生再次开始发表演说。这一年，他获得了西点军校校长（也许是在查尔斯·萨姆纳的建议下）的邀请，来到了西点军校的陆军军官学校发表演说。约翰·博勒斯在当年 6 月见到了爱默生。在写给我的一封信里，博勒斯这样说：

> 我的注意力被这位双眼有神、行动灵敏且充满好奇心的农民所吸引。我认为，这对他来说显然是一件全新的事情。他感到别人给予了他这样的关注，他想要履行好自己的职责，不让任何事实、言语或是事情逃过他的眼睛。当台上其他人看上去比较疲惫或是敷衍的时候，他始终保持着高度的专注力。当然，他展现出了某种质朴的好奇心与简朴心境。某天晚上，在回家的路上，我听说爱默生是陆军军官学校的监事会成员，我立即明白我曾经见过他。这样的想法让我那天晚上无法入睡。第二天，我早早地去找我的那位曾经见过爱默生的朋友，通过他的引荐，

查尔斯·萨姆纳，美国政治家、废奴主义者

认识了爱默生，并与他进行了交流。在这天下午，当他看到我与我的朋友走路的时候，他离开了他的同事，径直走到我们身旁，与我们进行交流。他说话的方式非常独特。我永远不会忘记他那张平静且坚定的脸庞。当他说完话之后，上唇与下唇合在一起的时候，这表明他是一位非常坚强与勇敢的人。

约翰·博勒斯，美国著名博物学家

第十六章
哈佛大学

1864—1872

1864年，爱默生在一篇演说里谈到了他对公共教育机构、普通学校以及大学的看法。他在演说里提出了许多富于建设性的建议，他当年就读的哈佛大学没过多久就针对于此进行了改革。爱默生说，大学应该是一个洋溢着活力与朝气的地方，是一个应该为公众服务的机构。大学所代表的力量是不能被垄断或是局限的，不能只是有选择地招收一些学生，而拒绝其他学生。

我毫不怀疑大学所具有的力量。对我来说，唯一的问题就是这种力量是否源于大学本身。如果大学在办学教育方面做得很好，真的拥有这样的能力，那就应该制定相关规定，让适龄的学生有秩序地进入。难道在长岛湾的造船业主会忘记乔治·斯蒂尔斯[①]以及他的"美国号"游艇吗？还是海军人员会忘记前去埃里克森的全新观测台呢？但我们看到，很多大学的教学方式与管理制度破坏了学生学习知识的天然热情，强迫学生去学习他们不感兴趣或是没有能力去学习的东西。当然，学校在一开始应该教育学生一些常识，但不能强迫那些没有音乐天赋的人去学习音乐，不能强迫那些没有绘画天赋的人去学习绘画。大学应该是一个能让学生从学习中感受到乐趣的地方，现在却因很多年轻大学生所做的一些琐碎的消遣活动，或是整天无精打采的精神面貌而饱受质疑。人们要求的是，大学要有规范的秩序，不允许任何人的癖好或是个人主义破坏一般的规章制度。要是没有在入学方面的条件限制，那么这座城市的每个适龄学生都会进入大学。财富的习惯与精神会压抑学生的学习热情。金钱与庸俗化的追求会逐渐占据上风。大学与教堂应该成为贸易精神与物质繁荣的一种平衡力量，正确地引导学生对这方面的看法。我希望，这个国家具有民主精神的天才们能给这些教育机构带

乔治·斯蒂尔斯

[①] 乔治·斯蒂尔斯（George Steers，1819—1856），美国帆船设计师，乔治·斯蒂尔斯联合公司创始人。

来一股新风。我希望大学校园是一个追求艺术与科学的地方，而不是一个受到世俗与政治干预的地方。我们应该将所有干预的因素都清扫干净，只留下优秀的学者与学生。我会允许大学生参加选修课，让大学的管理者像政府的文职人员那样进行管理。学生们应该根据自身的能力，为争取奖学金付出努力，对自己感兴趣的学科进行更加深入的学习。学生在教授的评比方面应该要具有一定的发言权，只有这样才能激发教师做到更好。还有，大学必须要激发学生的想象力。为什么我们始终要满足于许多问题的表象，而不去研究自然的内在缘由呢？这在很大程度上不是通过科学完成的，而是通过诗歌完成的。大学应该开设与莎士比亚相关的课程，正如薄伽丘在佛罗伦萨时讲授有关但丁的课程。学生不仅该在智趣层面上对此有所了解，还应该对这些伟大诗人的思想有更加深入的了解。让我们的大学生既能学习对数，又能学习著名诗人的作品。

将高等教育局限于一种严苛的学习系统，并强行推广到所有人身上，不考虑每个学生的特殊天赋，这是极为错误的。一些教授说："数学的练习是一种思维训练。相比于修辞学或是道德哲学的课程，我们最好还是教育他们如何学习算术与拉丁语

但丁

法，因为他们需要严格按照某种方式去做某事，而培养这些事情的能力要比知识更加重要。"接着，他们认为，必须要教育学生掌握这些数字因素，因为掌握这些数字是日后研究基础科学的基本。但是，很多优秀的学生对此可能并不感兴趣。他们可能不喜欢掌握这样的能力。在上大学的第一年里，他们每天要投入三分之一的时间用于学习这样的知识——这对他们的心智与心灵来说是一种沉重的负担，让他们根本无法更好地学习喜欢的课程。欧洲那边的大学曾经也非常重视逻辑学与神学。在前一个时期，欧洲的很多大学都没有开设与自然科学有关的课程。现在，自然科学在大学的课程设置里占据了优势，反过来又威胁到其他的课程。一个具有敏锐观察能力和宏观思维的人，肯定能看到大学教育发展的基本方向。对很多从事教育管理的人来说，这是一个可怕的错误。在选举大学校长的时候，真正需要受到管理的不单是学生，还有教授。每个人按照自身的职权去做事，任何越权的行为都应该遭到反对。

爱默生的部分演说内容进入了阿加西的耳朵。阿加西凭借着他三寸不烂之舌的演说，排除了许多障碍，从

阿加西，美国动物学家，在哈佛大学任教期间，创建了比较动物学博物馆

马萨诸塞州的议会那里争取了许多用于自然历史与博物馆研究的专款。他很自然地对爱默生所说的话语进行了思考，于是他给爱默生写了一封信，用幽默的口吻谈论爱默生所谈论到的问题，因为他将爱默生视为自己的朋友。

爱默生在回信里说，自己绝不是反对阿加西从事的工作，并希望他与他所宣传的博物馆能一帆风顺。事实上，爱默生对于系统性科学没有什么特殊的偏好，但自然历史始终都是他所感兴趣的。除此之外，他根本无意对不同的学科进行不公平的比较：他只是表达反对大学排外性的做法，而在这方面上，没有人有权利去指责阿加西。

我认为，爱默生与阿加西两人的真诚关系始于几年前的周六俱乐部。当时，这个俱乐部办得很成功，每月的俱乐部聚会交流都给他带来了许多新颖的思想与观念。其他人展现出来的包容心态，散发出热情洋溢的精神，以及他随时准备与其他人讨论任何话题的想法，再加上他的举止比较简朴得体，都让他们彼此产生了强烈的认同感，这给爱默生带来了一种很难找寻的社交乐趣。在谈到阿加西时，爱默生说他的举止与他本人似乎是分离的，而且从没有见到有人在这方面做得更好的了。

他们与法官霍尔、罗威尔、杰弗里·韦曼以及周六俱乐部的其他成员，组成了艾迪朗科达俱乐部（这是周六俱乐部的分支），他们曾一起前往纽约州北部苍茫森林里远足。1858 年，爱默生对这次远足进行了富于诗意的描述。爱默生还专门为这样的远足活动购买了一支步枪，但我认为他从来没有用这支步枪猎杀过任何动物。某天晚上，当他提着南瓜灯笼走在森林里的时候，看到了一头鹿，但他并没有进行射击。他喜欢与向导们进行交流，让向导们的神奇探险故事满足他的想象力。

霍尔姆斯博士说，爱默生是周六俱乐部的初创成员，也是这个俱乐部的核心成员。正如霍尔姆斯博士所说的，我们应该可以从爱默生的日记里找到相关的描述。我就在爱默生的日记里找到了以下段落：

罗威尔

1862年2月28日，因为俱乐部聚会的关系，在匆匆吃完晚饭之后，还要等待第二天返程的火车。如此紧迫的时间通常让他们无法进行更加深入的交流。如果你想要从中获得好运，就需要耗费一些努力，让自己左右两边都坐着正确的人。如果你做好了这一点，那么这会让你在俱乐部的时间变得更加有趣——这是毫无疑问的。

杰弗里·韦曼，美国博物学家

爱默生喜欢参加这些聚会，并定期参与这样的聚会，与别人聊到他的一些想法。我经常听他赞美俱乐部一些著名成员的谈话能力。但是，他却将自己定义为一名聆听者，总是希望听到其他聪明人表达的意见，而不是主动表达自己的想法。霍尔姆斯博士就曾说："爱默生与朗费罗通常坐在桌子的另一边，用低沉的声音进行着交谈，他似乎在说话的时候显得很谨慎，都是聆听着别人说话，将一些值得记录的只言片语记录在脑海里。"在马萨诸塞州历史学会上，霍尔姆斯博士这样说："爱默生是一个惜字如金的人，每当他说话时，总是显得那么准确得体。如果他身边有一位像包斯威尔那样擅长速记的人，那么他说的每一句话都将会保存下来。聆听他说话，就好比看着一个人踩着石头慢慢渡过一条小溪。他总是在完全想好该说什么之后，才会将这句话说出来。他总是用他所能想到的最好词语去表达自己的意思，即便是像伍斯特或是韦伯斯特这样学识渊博的人都无法修改第二个字。他总是显得那么有礼貌，那么随和。特伦斯通过绘画的形式将他的笑容记录了下来。但是，当某些事情激发了他特别的兴趣，他的身子会倾向于对方，流露出一副别人永远不会忘记的认真神色。他的头部会微微向前，肩膀则像老鹰的翅膀那样高高耸立起来，双眼似乎观察着别人的思想流动，仿佛

朗费罗（左）、霍桑（中）和爱默生（右）

正在慢慢捕捉这样的思想,希望能像老鹰那样在半空中捕捉到猎物,然后将这个猎物送到自己的雏鹰那里。最后这个思想过程是很重要的。"爱默生随时准备加入这样的对话,与他们谈论文学历史或进行一般性的评论名单时,别人说的一些震撼的思想或是新奇的表达方式,总是会让他陷入沉思,无法及时做出回复。正如卡莱尔

伍斯特,美国词典学家

所说的,在这样的场合下,爱默生似乎在努力用一把耙子将这些思想收集起来,而不是用铁铲将这些思想铲出去。我认为,爱默生表现出的沉默寡言并不单纯是因为孤独的习惯所导致的,也不是因为他不喜欢参与这样的讨论,而是因为霍尔姆斯所说的,他希望使用的词语能更加准确。正是出于这样的考量,他才会在阐述一些事情或是思想的时候显得犹豫不决,无法立即将闪过脑海的一些想法说出来。在早年的一篇日记里,他这样写道:"长久以来,我已经认识到一点,就是有必要用正确且全面的方式去表达自己的思想,我绝不能用一种死板固定的方式这样做。因为这就好比让弹簧过快地压缩。"正因如此,他的这条"弹簧"似乎始终都处于压缩弯曲的状态,最终失去了突然迸发能量的力量。虽然他一辈子都是一位公众演说家,但他几乎从来不进行即兴演说。我认为,如果让他进行即兴演说的话,他也不会取得成功。我还记得,在1864年,周六

俱乐部举行纪念莎士比亚的晚餐会上,一些来客看着他安静地站在餐桌前,然后坐下来,他的面容是那么的安静,没有任何害羞的表情,但他却无法就他从童年时就已经非常熟悉的一个话题说出一些话来。这些少数的例子可以说明,他在没有准备就进行公开演说时的表现多么糟糕。正如罗威尔所说的,他必须要事先做好充分的准备,才能流畅地发表演说。爱默生在写重要信件时,都会打一个草稿。但我认为,即便他在与人对话的时候,也未能摆脱炫耀的本能,他在选择恰当词语时会感到很难,因此他抱怨自己出现的这种"神经短路"的状态。

(如果我在描述这个事实上没有任何夸大的话)在他的晚年,他在遣词造句方面需要克服更多困难,这种耗费心神的习惯让他甚至在日常生活中都不知道该选择什么词语来与人交流。

不过,他也知道自己缺乏流畅的交流能力所带来的一些补偿。按照他的说法,美国的天才们总是喜欢过分炫耀自己,绝大多数人都喜欢过分地表现自己,喜欢就一些事情进行肤浅的交谈,根本没有足够的洞察力去了解更为实质的东西。

对那些在我们心智世界里游荡的思想,我们无法马上进行吸收或是使其变成我们的一部分,但是我们却将这些想法称为思想。我们将这些想法表达出来,似乎这些想法能给我们的爱人或是所有的雅典人带来精神的愉悦。当我们玩这样的思想游戏时,会遭遇可怕的损失。

但如果我们认为,爱默生是一个沉默寡言或是倾向于自我的人,甚至认为他是一个羞涩之人,是一个像霍桑一样的人,只对亲密的朋友才敢完全卸下心防来交流的人,这是非常错误的印象。在交流过程中，没有人比爱默生更加友善或是善于鼓励别人，也没有人比他更愿意与别人成为朋友。他这样做并不是为了某些目的，而是他发自内心的天然热情，每个遇到他的人都会有这样的感想。每个遇到他的人，哪怕是只与他有过一面之缘的人，都能从他那双洋溢着热情的眼睛里感受到他的宽容与友善，无论是人们在大街上碰巧见到他，还是在他接待陌生人时所表现出来的谦恭的举止。当然，他有时的确比较抗拒这样的介绍。"（当某人希望他能写一封介绍信的时候，他对霍尔女士说）哦，伊丽莎白，为什么一些人要这样做呢？难道上帝抛弃他们了吗？"显然，在他的思想与情感深处，有些东西是别人永远都无法穿透的，他也是不可能对其他人展现出来的。但是，他并不想成为道德主义者，高高地站在哲学高度以冷漠的态度远远观看着其他人的做法，而是以一位深谙世事之人的形象去深入了解生活。他是一个了解世界与民众的人，既能够接待别人，又能与别人进行深入的交流，正如柏拉图或是蒙田那样。

爱默生在写给霍尔女士的一封信里这样说：

当柏拉图来到帕纳赛斯山的悬崖边与峰顶时，到底是怎样一种安全感或是常识让他感觉自己仿佛走在大街上，淡然地走下去，仿佛自己就是往大街上走，并认为这就是一个属于自己的地方！在我那些喜欢炫耀的新柏拉图学派的朋友们中，没有一个人能了解这样的事实，或是有这样一种精神。

关于自己，爱默生认为"缺乏足够的忍耐与刚毅的精神"，或者说一种拟物的敏感情感让他走在大街上会感到很不自在。爱默生在早年的一篇日记中写道：

> 拿破仑的性情中有一个优点，就是能对别人的想法或是观念表现得非常冷漠与无动于衷，这是一种显著的优势。因为只有这样，任何人的八卦或是嘲笑的行为都不会让你感到气馁。可以肯定的是，这样一种软弱的行为是非常肤浅的，而那些饱受痛苦的人则可以通过增强自己的洞察力，来一雪前耻。

总的来说，爱默生显然是夸大了自己在社交场合下的缺点。我也期望听到别人说，当我记录爱默生的时候，也同样夸大了他的这些所谓缺点。

罗威尔在周六俱乐部的一次聚会上，就在一篇关于阿加西的诗歌里，对爱默生的另一种性情进行了描述，这就是他不喜欢被别人嘲笑：

> 我看着他双眼有神地聆听着，
> 他有着法官的智慧，却坐在那里忍受着苹果酒的刺痛
> （这是用成熟的苹果自酿而成的，非常好的美酒），
> 虽然这位智者的鼻子如鹰钩，
> 却始终保持着引而不发的克制状态。
> 那些任性之人发出的笑声，
> 仿佛穿过了安静的松树林，
> 最终变成沉闷的回响。

爱默生的一些朋友都是喜欢大笑之人，其中比较著名的就是卡莱尔与阿加西。爱默生从不认为他们的笑声是毫无节制的。就他本人而言，"我们将某种愉悦的身体痉挛称为笑声"。当他的一些行为让他们感到惊讶的时候，这总是让他的内心感到些许痛苦。

爱默生在英国写给霍尔女士的一封信里说：

> 人类终将会处于这样一个时代，即我们能心平气和地以某种方式去描述自己，而这是我们现在所无法做到的。但在那个时代到来之前，我们必须要接受这样的现状，即便我们有时的做法会给别人带来不佳的印象。

爱默生尝试过记录，选择接受自己。我们可能会说，他接受自己真实的自我，即便别人并不看重他的文章或是言论。也许，这些人还认为他的言行是非常愚蠢的。

詹姆斯说："爱默生的一大人格魅力，就是在他与你面对面交谈的时候，会在你毫不察觉的时候仿佛让你感受到无限的人性。"这并没有给爱默生带来什么帮助或是阻碍。他的演说没有吸引很多人聆听，前来聆听他演说的人几乎都是同一批人，他的演说也没有产生很大的影响。在某些地区，爱默生当年在神学院发表的演说依然给一些人留下了不良的印象。后来他的一些与超验主义相关的演说，在更多人看来只是一种滑稽的表现方式而已。我们很难说，爱默生所持的信条赢得了很多改变宗教信仰者的支持。他从不以自我的感知来认同自己，而是始终愿意根据事情的发展以及自身的感悟去加以改变，即便这样的改变是无条件的，他也会以冷静的方式去加以接受。他不想去编译一些东西，只是想在真理摆在面前的时候能够以真理为准，相信其他人也会像他这样去做。

爱默生在1859年的一篇日记中写道：

在过去25年或是30年里，我一直从事着人们所说的小说创作或是相关演说，但我却没有任何一个门徒。为什么会这样呢？这并不是因为我所说的是不真实的，也并不是因为我的演说没有找到任何具有智慧的共鸣者，而是因为我本人并不希望让别人去追随我，而是希望他们能够追随自己的内心。如果他们前来追随我的话，我该怎么办呢？他们反过来会影响与干扰我的工作。我没有创立任何学派，也没有任何追随者，这是我敢保证的。如果我无法始终保持独立自主的话，那么我认为这必然会让我的人生视野变得不纯洁，无法以更加公平公正的方式去看待事情。

当我看自己的书时，仿佛就在看我最喜欢的书籍——不会有任何激动或是震惊的想法，也不会感到来势汹汹的情感，而只是感觉到一种友善且可亲的影响，仿佛就像花朵的芳香或是旅行者在沿途中看到的全新的风景，慢慢地潜入脑海里面。对于那些阅读我书籍的年轻读者，倘若他们对我所传递的思想感到不可思议，我不希望他们产生憎恨或是反对的思想；若是他们从这本书里感到了共鸣的话，我也不希望他们亲吻或是拥抱我。

他希望能够在一旁袖手旁观，让自己的作品或是演说留给别人

去评判。当一些报纸对他进行批评的时候,他在写给身在远方的一位记者的信件里说道:

> 现在仍然有很多人对我的作品是否健康与安全存在顾虑,我感到非常遗憾。但是,只要人们还有这样的疑虑,或是只要你还这样认为,那就请你继续保持这样的警惕吧。我只是站在一个旁观者的角度去看待你的想法以及我自身的想法,我无法继续以其他方式去客观地看待这些事情了。因此,我们现在不会肯定或是否认我的精神是否正常,但是我会让天地对此进行评判。

在这个阶段,爱默生的作品销量不断上升,这表明更多读者读到了他的作品,但他所产生的影响并不单纯局限于他创作的著作上。真正让爱默生成为一个有影响力的人,并不是他说过什么,或是他以怎样的方式去说,而是在于到底是什么驱动着他说出这样的话——他总能在精神的高度,以开放的视野去看待现实社会中存在的缺陷以及各种矛盾;他所阐述的思想就像阳光那样清晰无误。此时,当他的创作高峰期过去之后,他的作品仿佛成为太阳下山之后,冬日的天空上仍然残存的晚霞,为更多人所能了解与欣赏。

1866年之后,爱默生很少创作什么新的作品了。在很久之前,他就已经几乎耗尽所有的心智能量了。他仍然像过去那样发表演说,多数都是在远离家乡,前往西部发表演说。在很多时候,他都是每天发表一篇演说(有时甚至一天发表两篇演说),这样的情况持续整个冬天,几乎每天都在不同的地方发表演说。

第十六章 哈佛大学

1865年7月，在南北战争结束之后，一些士兵返乡的情况下，爱默生受邀在哈佛大学的纪念日发表演说。罗威尔在谈到这些哈佛大学生时说："对爱默生来说，这样做就是向那些在内战中牺牲的年轻人最好的敬意。他认为，正是有着像这些具有英雄主义的年轻人表现出来的勇敢力量，才让他们的人生更能打动每一个人。"在爱默生看来，他应该前去那里欢迎那些凯旋的英雄。他面向这些英雄们发表了一篇简短的演说，演说的文稿收录在他的文集里。

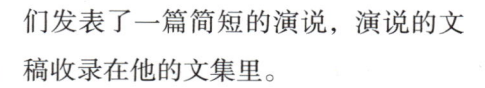

内战结束的时候，爱默生的家庭又发生了一件喜事——他最小的女儿与威廉·H.福布斯上校结婚了。在给他的一位老朋友阿贝尔·亚当斯的一封信里，他这样说：

威廉·H.福布斯上校

少女时代的伊迪斯

1865年10月1日，康科德

伊迪斯的请柬会告诉你婚礼举行的具体日期与时间，但我特别希望跟你说，我真的非常希望你与你的家人到时候前来……我恳求你，千万不要让任何可以征服的障碍阻挡你前来的脚步。我的家人圈子已经变得很小了，因此我真心盼望着你及时到来，因为在过去将近40年的时间里，你一直就

像大哥那样支持着我。你知道我以前的生活困境,爱德华①的人生也有赖你的帮助。除非你能够到来,否则我不会期待周二的到来……

永远忠诚于你的
拉尔夫·沃尔多·爱默生

1867年,爱默生再次被选为剑桥地区优秀大学生集会的演讲人,正如他在30年前那样。只是,他不再是30年前那位人生刚刚起步的年轻人了,人们不再期望他发表充满诗意的演说。现在,他是以新英格兰地区最负盛名的作家的身份来发表演说。1866年,他接受了哈佛大学颁发的法学博士荣誉学位,并由校友们选为校监委员会成员。

他并没有因此而变得更加"正统",他的思想观念依然沿着既定的方向前进。在宗教问题上,虽然他在这些年里,在自由宗教协会(1867年5月30日)、园艺大厅(1871年)以及帕克联谊会发表演说,但依然与他当年在神学院发表的演说一样,遭到了许多反对的声音,但是,爱默生此时开始慢慢看到自己的演说方式存在着一些错误,并想办法加以改正。当一些报道传到了爱默生的耳朵,爱默生立即授权他的儿子进行反驳。按照爱默生的说法,自从他离开教会之后,就从未否定任何他在作品中表达的观点。我认为,爱默生当时的思想事实上已经处于一种沉寂状态,

---

① 爱德华是爱默生的儿子,他的大学学费是亚当斯支付的。

第十六章
哈佛大学

任何发生的事情都不可能激发他去反思，他的情感似乎已经回复到了年轻时那种志得意满的状态当中。他希望看到每个人能在周六前往教堂礼拜，但他却不愿意这样做。正如他的姑姑玛丽·爱默生希望别人信仰加尔文教派，但她却不愿意这样做。诸如自由宗教协会这种不怎么受欢迎的团体反而是他亲自前来的，这能够让他继续站在革新的道路上。关于这方面的一个很好的例子，就是爱默生在担任哈佛大学校监委员会成员期间，遇到了废除强制性要求大学生参加晨祷的问题。倘若当时没有爱默生的强烈坚持，这个提议就通过了。据说，爱默生当时表示，他不愿意看到年轻人失去这样的机会，让他们每天都能通过祈祷获得最高尚的态度。

园艺大厅，位于美国波士顿市

总的来说，爱默生反对这样的改变，也许并不怎么让人感到意外。但是，一些人很自然地对此表示惊讶，认为晨祷的做法并不会让学生们得到什么。事实上，爱默生这样做只是沉湎于自己年轻时候的一些思想而已。

1867—1879年，爱默生担任了两届校监委员会成员。在他的第二届任期行将结束之前，虽然他很想辞职，但最后还是坚持下来了。他认为自己当时的身体已经无法承受这份工作所带来的责任。尽管他依然定期参加会议，但他总是安静地坐在那里，就像一个生怕打扰了别人的人一样。他偶尔会皱着眉头或是微微地张开嘴巴，似乎想要抓住别人说出的某些特别重要的话语，但他很少参加其中的辩论了。他会聆听学校的一些课程，并不时担任校监委员会的主席。在爱默生的文稿里，我找到了一些不完全的草稿，其中的内容基本上都是说一些笼统概括的事情，比如学校必须要坚持培养学者的目标，必须要给予教授与学生合适的荣誉或是津贴，给予学生们恰当的奖学金等，还有就是不能通过强制性的方式来教育学生，而要通过唤醒学生对知识的纯粹兴趣去引导他们。聪明的教育者知道如何引导学生，让学生们从某些学科中了解让他当年感兴趣的点。他还会向学生们展示如何从荷马、贺拉斯、但丁等人的作品中获得乐趣，并不会以严苛的方式看待学生们的表现，不会在分数上对学生有过分严格的要求。分数只是适用于低年级的学校，并不适用于大学，只是适用于男孩，并不适用于成年人。因此，倘若让教授去这样做，这其实是吃力不讨好的。

我还发现，爱默生特别推荐将演说能力视为一门学科，他希望在康科德的学校里推广这样的学习。他还曾给图书馆馆长一些相

第十六章
哈佛大学

荷马　　　　　　　　　贺拉斯

关的建议，更好地引导那些有这方面能力的学生，并且为这些学生提供相应的书籍。爱默生不可能在这方面进行详细的后续跟踪，也不可能因此参加辩论。正如我所说的，他只是安静地坐在那里。不过，他始终对别人的谈话保持着兴趣，也为自己置身于大学的氛围里感到高兴。虽然，他早年在大学里曾有过不好的回忆，比如他曾经指责过大学里践行的辉格党原则，但他始终对自己的大学保持着忠诚，一般都会前来参加全美优秀大学生联谊会，或是发表一些演说。当建立纪念堂的建议提出之后，他忙着联络当年的同学，希望能让他们捐款。我认为，爱默生也从自己的收入里捐出了一笔钱用于建设纪念堂。

在他的日记里，我发现他在纪念堂奠基典礼那天写下了这样的文字：

1870年10月6日

今天是剑桥地区纪念堂的奠基仪式。大家都怀着愉悦的心情参加了这个活动。大家都停止了争论，来的人很多。最优秀的男女都过来了，只有少数一些人没有过来。这样简单的安排是非常好的，每一位上台演说的人都做得非常好。亨利·李作为管理者，散发出勇敢无畏的精神。菲利普斯·布鲁克斯牧师的祈祷词也非常简洁，没有任何多余的话。亨利·罗杰斯、威廉·格雷与帕尔弗里博士也都上台发表了简短的演说。唱诗班则唱着海奇博士翻译的路德的赞美歌。奠基仪式之后，洛克伍德·霍尔则发表了一篇充满常识、情感、美德的演说。在这之后，唱诗班又唱了温德尔·霍尔姆斯原创的一首歌。这些表演的每个部分都表达了民众的真实情感，我们中很多人都流下了骄傲的泪水。那些来自哈佛大学的士兵们穿着整齐的军装，接受着大家的欢呼以及对死去战友的缅怀。米德将军也在现场，按照法官霍尔的说法，他显然也"深深受到当时气氛的感染"。克拉夫林州长当时坐在埃利奥特校长旁边。我们来自英国的客人休斯、罗林斯、戴西以及布莱斯也坐在台上认真地聆听着。

1870年，爱默生为自己受邀在剑桥地区的大学发表演说而感到高兴（按照计划，参与演说的人不能是教职人员）。爱默生欣然接受了这次邀请，他将这视为完成《智慧的自然历史》一书的好机会。此时，他已经将完成这本书视为自己晚年的主要任务了。早在

第十六章
哈佛大学

剑桥地区纪念堂

亨利·李，哈佛大学赞助人

洛克伍德·霍尔，美国政治家

1837 年,他就曾想过要写一本关于"理智的自然历史"的书。在此期间,他曾多次想要开始这个项目。1848 年,他在伦敦发表演说,以及之后在波士顿与纽约的两年时间里,还有在 1858 年,他在发表《心灵哲学的自然方法》的时候,以及在 1866 年发表《人民的哲学》系列演说时,他都准备要完成这项工作,但他始终无法超越自身原则的限制范围。现在,在做出了巨大努力之后,他终于能够将自己想说的话都说出来。在开始这些演说之前,他认真地工作了几个月。但是,正如他在写给卡莱尔的信件[①]里所说的,最后的结果依然无法让他感到满意。

没有人期望爱默生形成一套属于自己的哲学理论,他一直都只是宣称这些思想是属于形而上学的体系,只是表达自己的一些想法而已。因此,他现在不可能就想着尝试去创造一套自己的理论。但是,他一直希望能够找到一套研究心灵的务实方法,根据心灵的法则与外在自然法则的规律去做,然后通过对形而上学的事实以及它们之间的类比进行简单的观察,之后再进行反思与分析从而得出结论:

> 我们对于内省性的研究始终怀着厌恶感,总是专注于研究眼睛本身而不是眼睛所看到的东西。这样的尝试是违背自然规律的,必然会遭受自身功能无法释放所带来的惩罚。这是一条错误的道路。无论是为了好的结果,还是为了更好地发挥智慧、能量以及智力,我们都应该以明确的方式去做,而不应该

[①] 这是 1870 年 7 月 17 日所写的信件,出自《卡莱尔与爱默生的通信录》。

以暗中侦查的方式去做。我想要找寻的并不是逻辑，而是力量，只有这样才能让我们对科学与文学进行更深入的研究。那些内行人只是重视纯粹的几何学，认为地球与天国之间可以有一条凭空想出来的桥梁，并可以用纯粹的理智去修建连接的拱门。如果你能告诉我这两者的目的地在哪里，我肯定会感到非常满意的。我的形而上学纯粹是一种对未来的设想，甚至连尝试性质都算不上。我没有那样的创造力去创立所谓的实验性方法，从而更好地窥探自然的秘密或是潜藏的法则。我没有那么高远的目标，只是将自己的追求局限于真实的记录。我的贡献只是局限于简单的历史记录。我会将智慧方面有趣的事情写下来，做成类似于《农夫年鉴》的书，只是其中的内容记录着人的心灵情绪。

与以往一样，他总是以优雅的方式谈论那些创造思想系统的人与创立了某种思想体系的人。他也非常尊重那些能够按照人生经验去对事物一般性的规律进行定义与总结的人。但是，他有时却无法隐藏对这些人的吹嘘做法流露出来的反感态度。"这就像一只困扰着全世界的小昆虫，我们在很多方面都没有做到更好。我们只是处于刚刚起步与对事物进行初始了解的阶段。"但是，很多站在他们这一边的形而上学者可能会问："难道知识没有包括对普遍关系的认知吗？或者说，所谓的事实真相，难道不就是关于自然法则的例子，让每个人都能在某种特性的环境下受到一定的影响吗？这是关于知识的一种悖论。我们称之为约翰或是彼得的这些小昆虫，能够掌握一些关于宇宙的规律。还有，这已经涉及我们经验的初始部分，与我们一些虚幻的想象与梦想存在着明显的区别。所谓的真理，难道不就是代表着一个系统，从不同的事件里看到一种秩序吗？"爱默生本人也曾对此表达过自己的看法："如果某人没有以傲慢自大的方式这样说，那么我可能会建议他满足于记录事物发展的一些断断续续的曲线，只是将他所看到的一些事实记录下来，而不要尝试按照某个轮廓去做。同时，他可以遵循一个思想系统，这样的思想系统应该与其他的思想系统一样宏大，同时在条件不成熟的时候强迫它们变成一个圆形或是椭圆形。但是，他只需要将他清楚地看到的事实记录下来，然后等待全新的机会去加以验证。只有这样，他才能确信这些所观察到的圆弧才是包括彼此的。"

爱默生所反对的不是形而上学，也不是思想系统的观念，他反对的是教条主义。他反对任何急于以某种最终解决方案去实现想法的做法，反对在超过我们对事物定义的范畴之外，将更多事物更多的含义排除在外。在他的第一篇演说里，他这样说：

> 我认为哲学课程的作用就在于，学生应该学会了解心智所创造出来的奇迹……他们应该将心智看成是所有传统的源泉，看到每个人都会根据得到的启示而产生更好或是更坏的想法，他们应该完全相信心灵发出来的指示，在心灵深处紧紧地拥抱着上帝去对抗其他人以上帝之名所做的事情。如果他一开始惊恐地发现自己无法接受这样的事实，那么很多激烈或是温和的宗派观念会让他坚持这样的想法。他会以自身的洞察力与无所畏惧的想法去武装自己，更好地应对各种给他造成阻力的障碍与挫折。

特别地,爱默生还回忆起了当年神学院权威与自由派基督徒的一些做法,其中一些人是公正且具有洞察力的人,这些人都是具有成熟心智的人。这些人得出的结论是,因为他们是站在正确的位置,因此爱默生肯定是站在错误的位置,并认为他的宗教见解是没有任何现实基础的。因为按照这些人的看法,爱默生提出的所谓见解,使他不相信任何通过系统的理智思考去证明我们的信念。不过,正如许多德国人所说的,这样的情感让他在这条道路上走得更远。他全身心地投入其中,不仅反对任何强制我们所要信仰的规定,而且还想办法尝试将信仰与短暂的心灵印象区分开来:

> 我对所有科学领域与事情的评判标准,都是根据心灵对它们所留下的印象。每一种思想都会占据属于它们的位置。在一些具有创造性灵感的夜晚,这样的思想就会在心灵的世界里打下烙印。这些思想就好比创造世界的安静之人正在慢慢前行——这些思想的行为方式以及它们的排列顺序是多么的神奇啊!它们有着各自的生命以及各自的行为方式,整个过程是独立于意志之外的。它们不可能遭受意志的干预或是窥探,而只能通过遵循的方式来实现。千万不要强迫你的思想变成一种固定的安排,那么你会发现它们会按照自身的属性进行排列,而这样的排列是具有神性的。
>
> 思想的伦理就是源泉表达出来的一种敬意,这样的源泉发源于某个未知的领域。当我们无法想出用什么恰当的词语去进行描述的时候,就只能将之称为本能。我们应该对隐藏起来的

上帝表达一种含蓄的顺从。本能与认知之间的比较，就好比天然磁石与路标之间的关系。

可以肯定的是，一个人的全部潜能都在于他对所看到物体产生的习惯性第一印象。给我的心灵留下深刻印象的事物应该也能让我印象深刻。

在讲了以上内容之后，我们应该看到哲学占有一席之地的原因。心灵对我们所说的第一句话其实就是最后一句话，因为如果我们能够遵循我们的心灵印象，那就不需要继续向心灵进行任何追问。在爱默生看来，倘若我们的情感始终能对人生经验保持高度的敏感，那就几乎不需要什么哲学了。事实上，我们的每一个印象都代表着自然的一个事实，正如水的结冰与苹果从树上掉下来，其实都是在遵循着自然的规律。在那些心灵健全或是顺从心灵的人身上，创造性思想能够通过表现出来的形象来进行自我实现，这个过程不会出现任何中断，也不需要任何理由将它们连接起来。那些鼓舞人心的人、诗人、预言家都是正确的哲学家，而理智之人则不是。

哲学依然处在初级阶段。终有一天，诗人会教授有关哲学的课程。诗人能够看到事物的整体，避免进行任何心灵分析。然而，形而上学者则是用一种数学思维去进行看待，然后让自己远离任何心灵的涌动，因此他们失去了感受心灵奇迹的机会，而这样的机会正是创造崇拜的基础。诗人会选择相信，哲学家在经过一番挣扎之后，却只能找到选择相信的一些理由。

但是，因为缺乏某些明确的人生视野，当我们处于冷漠的情绪状态下，可能就会认为，我们的思想以及通过对自然事物进行反省，得出修正之后的结论是正确的。事物之所以会与我们的思想处于相符状态，就是因为它们处在相同的一个位置。知识是对这种认同的感知。首先，我们了解了事物，然后我们才会谈论这些事物或是将这些事物写下来——将它们转变成天空的语言，我们将之称为思想。这是一种符合自然的逻辑，而不属于任何推论。这能帮助我们更好地了解与证实我们的人生经验。

爱默生的第二篇演说是《物理的超验主义》。在这篇演说里，他这样说：

> 这个世界可能就像一个纱线球那样，能从任何的法则中抽离出来。化学家可以通过类比的方法去对事物进行分析，继而引申到智慧的过程。动物学家同样可以通过自身的观察得出相应的结论。几何学家与机械工程师都能够得出各自的结论。在无法穿透的神秘世界里，隐藏着（通过绝对意义上的透明事物）心灵的本质。我等待着我们对自然法则的更多了解所带来的更深刻的洞察力。

爱默生在伦敦逗留期间发表的一篇演说里这样说：

> 如果我们认真参观大英博物馆或是法国巴黎植物公园，或是任何能够代表自然界事物的地方，就会为感受到的那种神秘的怜悯心而感到惊讶。难道那些捕捉这些猎物或是钓上这些鱼的人不让我们感到震惊吗——他们到底是通过什么样的方式对

他们所捕捉的猎物有所了解的呢？我在每个地方都能看到同样的事实。化学家对身体结构隐藏的秘密有着一种近乎病态的感觉。当渔民想要了解鱼群的时候，就必须要去观察鱼的生活情况，正如化学家们能够找到中和碱性物质的办法，是因为他们对碱性物质有着深入的了解。

爱默生从没想过要创立一套哲学体系，他甚至没有制定出任何方法，他只是以自己的方式去说出一些哲学问题，然后指出解决这些问题应该遵循的方向。问题就在于，我们的许多思想以及事物都会聚集起来，在经过我们的同意之后，在脑海里变成一个事实。一个事实就代表着一种想法，代表着心灵的一种印象。但这同时代表着自然的一部分，这是独立于我们自身以及思想世界的：哲学的功能就是将这样的联系解释清楚，从而将知识与一些所谓的思想区分开来。现在，如果我们可以肯定一点，即任何事物都以它们应有的方式给我们留下印象，那么我们就不需要在心灵图像的世界之外去进行找寻。只有这样，我们才能以正确的方式去看待事物。正如爱默生在他的《经验》一文里所说的，让人遗憾的是，我们却发现自己无法以直接的方式去进行发现，只能通过沉思冥想的方式进行。我们无法通过任何方式去修改那些扭曲的图像。我们发现，真实的世界并不是我们所想象的世界。但是，如果我们能够摆脱这样一种前后矛盾的想法，根据思想与物体之间各自的终极定义去进行区分，那么我们就能区分出思想与物体之间的区别——但是，这样做并不是解决问题，而是在忽视问题。问题就在于，我们了解任何事物的方式，都与我们无法理解的事物是一样的。知识只是我们的心灵对自身以及对任何外在事物的不现实性的一种感知。爱默生曾在他的文章里谈到这个问题,并以诗意的方式去阐述智慧以"无法抗拒的溶剂"去消融自然的能力。但是,这些思想不能称之为信条,因为这样的论述会立即变成一种无谓的重复。按照这样的观点,任何人都无法对任何事物谈论任何印象,除非这些事物是存在或是可以感知的。若是从这个角度去看,所有的印象都是相同的。在爱默生看来,心理、本能、感知、想象、理智甚至是记忆,都会回归到一种容纳接受的状态,"按照心智的法则或是与自身处于认同的法则去溶解事实"。思想的这种运转方式,就是要将所有多样性都仅仅视为一种显然的现象——这些不同的称谓其实指代着同一个事实。智慧的自然历史会按照自身的过程演变成一种对幻觉的更高了解,这会让我们对事实有着更加深入的了解,让我们能够在全新的面具下找到自己的老朋友。

爱默生的这些演说似乎受到了 30 多名学生的热烈欢迎。其中一名学生在给《大西洋月刊》(1883 年 6 月版)写的一篇文章里说,爱默生的演说充满了"诗意与音乐"。但是,爱默生在当时却希望能够传递出更多的信息。在这些演说里,他不可能想着去解释"色诺芬尼"的诗性悖论,或是将这些想法以信条的方式灌输给别人。

> 就像一只生命永恒的长尾小鹦鹉,
> 始终在重复着同一个调调。

如果我理解得没错,爱默生希望学生们传递的思想,并不是关于真理认同方面,而是关于真理的无限性方面。他希望让学生们明白，在我们所感知的事实里都残存着现实的影子，这超越了我们所能定义的范畴。因此，任何定义都不能被视为最终的，就好比任何最终的定义都是有其局限的，也只是对事物一些关系的描述而已。因此，我们不能就此设定任何限制。按照这样的观点，自然是心智所观察到的事物的对照物，并能够在我们有能力进行感知时迅速了解全新的意义。这就是爱默生所说的特色原则。不过，按照爱默生的阐述，他会谈到一个理想的统一体，对事物关系的感知就是基于这样的统一体之上，这样的关系是如此强烈且具有排外性，已经没有任何实现多样性的空间，或是除了认同之外的任何其他关系。

我认为，爱默生从一开始肯定就遇到了诸多的困难。在讲完第一场演说回家之后，他显得很沮丧。"我感觉自己加入了过去那些吟游诗人的唱诗班队伍当中。"当然，这只是他的一种短暂情感。很快，他就恢复了斗志，在演说里加入了东方的神秘主义哲学与柏拉图主义思想，然后满足于"这些关于智慧的奇闻逸事"，不试图归纳出任何结论，在结束演说的时候怀着愉悦的心情（他的演说场数要比预期的少了两场），相信明年能够遇到更好的事情。在最后一场演说结束的时候，他感谢前来聆听的学生们都非常守时，并认真聆听了他的演说，表示虽然这次演说"结束时间比较快，在很多地方都不是很完美，但却在很多方面具有一定的意义"。但是，他的演说还是对他形成自己的观点起到很大的帮助。他认为，这可以让他的中心思想变得更加完整。

第二年，他重复了这次演说（在局部做了一些修改），但他没有感到任何成功的喜悦。在写给卡莱尔的信件里，他表示，这是一次"沉闷的折磨"①。演说结束之后，他需要获得全新的灵感，而他的朋友约翰·福布斯则给他提供了这样的机会。他们在前往加州的六周旅行情况，都记录在泰勒教授②所创作的一本书里。

对爱默生来说，一次旅行要想变得非常有趣，需要许多前提条件——比如一些亲密的朋友同行，不需要承担任何责任，一辆私人普尔曼车，还有许多充足的日常用品。他似乎完全享受这次旅程。他可以自由地表达自己的想法，每天都处于积极的精神状态。他给泰勒留下了这样的印象，即他似乎"有着无限的时间与休闲的乐趣"。在旅途中，爱默生将所有的忧虑都抛在脑后，享受旅行中的每一个小时，这让他的同伴们都感到惊讶，因为他"似乎每时每刻都处在兴奋的状态，不会感到疲惫"。

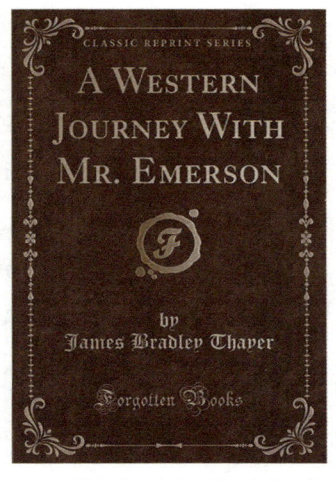

泰勒的《与爱默生的一次西部旅行》

1871 年 4 月 27 日，加州卡利斯托加

亲爱的利迪安：

无论是今天还是之前的每一天，我们都在一个气候极为宜人的地方。今天，我们从旧金山出发，通过水路与铁路，来

---

① 出自《卡莱尔与爱默生的通信录》。
② 出自詹姆斯·布拉德利·泰勒的《与爱默生的一次西部旅行》，1884 年在波士顿出版。

到了一座散发出硫黄味道泉水的村庄,并在这里游泳。这里的泉水可以直接喝下去,据说对身体还具有药用功效。你可能会认为,当我使用这样的特权时,是一个多么具有宗教信仰的人——正如习惯一词有着双重意思一样。昨晚,我在旧金山发表了一场演说。后天,我还要发表第二场演说。也许,在这之后还要继续发表一场演说。即便在恩纳的山谷与奥林匹亚的山脉上,每一种生物都坚持着各自的习惯。你也知道,与我同行的人都是新英格兰地区最优秀的人,这里的气候非常好,我们每天都感到悠闲自在。这座城市拥有宽敞明亮的图书馆与证券交易所,这里的图书馆藏书非常丰富,还有许多报纸。这里的道路与旅游景点可以说是自然界创造出来最美丽的杰作。如果我们都是年轻人的话——因为我们中一些人已经不是年轻人了——可能每个人都会在这里购买四分之一平方英里的土地,然后在这些土地上种植葡萄与橙子,然后再也不回到东部地区了,不需要感受东部的寒冷。偶尔记得的时候,就给家里寄去几张乘坐太平洋铁路的火车票,让在家乡的人可以过来,而且未成年人都是半价票的……当然,在我们目前所处的气候环境与生活环境下,即便是最瘦弱的人都会变得容光焕发与增加体重。在迪尔伯恩家里,我们进行了一番称重。泰勒与我的体重相当,其他人的体重几乎都在140.5磅左右。我没有继续称重,但我的体重应该会不断增加……在前往约塞米蒂之前,我们主要停留在旧金山。因为按照目前的情况来看,马上出发的时机显然不是很成熟,附近有不少面积庞大的果园……但是,开始的时候,我没有说自己内心的想法,我们三个人在周二的时候前往圣拉斐尔,来到巴伯先生家里做客,并在那里度过了一天一夜。巴伯的家是非常美丽的,其中的美感就在于他的家在这片美丽的土地之上。这里的一切在充足阳光的照射下都显得那么热情与健康。他们非常友善地接待了我们。这座房子是新建的,非常牢固,地理位置也极佳。巴伯拥有71英亩地,其中包括一些树林与山丘。巴伯是一个具有品位的人,知道这些山丘与树林具有的价值。三四只野鹿会在他的土地上觅食,有时这些野鹿也会走到房子附近。他树林里的一些树是我之前从未见过的,比如槲树、野草莓树、红杉以及其他松树。这里的花园则长满了许多野生的花朵。

1871年5月20日,特拉基(距离旧金山以东254英里)

亲爱的利迪安:

　　昨天早上,我们开始从旧金山出发返程了,重新看一遍我们四周前所看到的风景。当我们看到了更加宏伟壮观的森林之后,沿途的树林失去了一开始的色彩。但是,这里的乡村到处都有树木与一眼看不到尽头的花朵。与这里的景色相比,新英格兰地区的风景简直逊色不少。这里的另一个优点,就是每天的天气都很好,虽然在下午有时会刮一阵比较凉的大风。

　　这片土地似乎在大声疾呼:给我们一些水源吧。随着地表变得干燥,一大群的马匹、绵羊以及牲畜都被驱赶到山上。当地政府已经采取措施,为农田与城市提供干净的水源做好准备。塞拉斯山脉的峰顶上终年积雪,在夏季时能提供源源不断的水源。对我这样一个来自新英格兰地区的人来说，这里的生活环境非常优美，生活成本比较低，虽然现在开始有很多挥霍之人来到这个地方居住。我认识的一个熟人，皮尔斯先生就是一位大地主，他为人聪明，非常喜欢旅行。他认为加州民众需要的是艰难的生活环境以及一些自然的惩罚，只有这样才能让民众变得更加谨慎，真正过上富足的生活。在皮尔斯看来，现在很多年轻人都以不当的方式使用金钱，这对于他们的未来是有害的。

这个地区在未来的发展中占据着许多的优势，再加上现在新开通的铁路，让很多东部人可以过来这里大开眼界。而且这是美洲距离亚洲与南美洲最近的地方，这里的港口与君士坦丁堡的港口一样繁忙，日后必然会成为类似于伦敦那样的中心。在我看来，生活在这片全新的土地上，会给人带来敬畏与恐惧的心理。这片土地代表着美国的未来，这里的气候与物产的丰富程度都是其他地方所无法比拟的。相比于这个地区的富足繁华，芝加哥与圣路易斯都只是小打小闹而已。我认为，每个年轻人都应该前往这里看看。

塔霍湖——我们乘坐马车走了12英里路，穿越了森林，终于来到了这个美丽的湖泊。这个湖泊的直径大约在20英里，湖泊的边缘有散发出硫黄味道的泉水，四周还有高山作为守护神。我想，这里的银鲑鱼应该会对我们的带头人有着很强的吸引力……要是这附近没有什么绕道，不急着朝着东北方向前进的话，这肯定是更好的，否则我们只能折返回到特拉基。周五晚上，我前往奥克兰（相当于旧金山的布鲁克林地区）发表了一篇演说……乘坐马车与轮船,终于在晚上 11 点钟回到了旧金山。伊迪斯已经将我的行李都打包好了。我们在第二天早上 8 点钟乘坐火车离开了这里。

爱默生在归途的路上停下来欣赏了尼亚加拉大瀑布,这让他的精神为之一振。在这年秋天,他再次出发前往西部地区发表演说。但是,之前在剑桥地区的系列演说让他的精神遭受了巨大的压力,让他无法真正地恢复过来。或许,这只是表明他的身心机能已经开始走下坡路了。不管怎么说,爱默生这种功能的下滑趋势是随着年龄的增长而渐渐出现的。1868 年,他在波士顿发表了一系列演说。

尼亚加拉大瀑布

罗威尔就说，爱默生过去的那些听众也许在感受到他的演说中的特有魅力时，没有感受到他的精力已经出现了衰退。1869年，爱默生在波士顿的齐克林大厅发表了10场演说，主要内容是关于英国诗歌与散文。爱默生的第二场演说是在自由宗教协会那里发表的。他还发表了其他演说，就我所知，爱默生在这些演说过程中都没有展现出任何精力衰退的迹象。但在1870年之后，这样的情况就不能同日而语了。

爱默生永远都不会变老。在他的内心深处，他始终像年轻人那样拥抱着青春，他的情感始终是那么热烈，他的信念与他年轻时的信念一样是那么的强烈。他所看到的很多人生现象都转瞬即逝了，但是其中的意义却依然留存在他的内心深处，继续地深化与拓展他的人生视野。即便是身体机能方面的衰老也没有很明显地降临在他身上。他的头发依然很浓密，他那头灰色的头发一直在他很老的时候才慢慢变白。他在早年与年轻时候的视力有时不是很好，但在他之后的人生里却变得越来越好。在64岁之前，他在读书或是发表演说的时候都不需要配戴眼镜。但在1867年的优秀大学生联谊会上，他在发表演说的时候却突然需要配戴眼镜，这让当时的人们感到困惑。当时的听众只是认为爱默生的手稿可能出现了一些顺序混乱的问题。

海奇博士在回忆1828年的爱默生时，就说过爱默生的行动比较缓慢。但我认为，大多数在之后几十年里见到他的人，都会惊讶地发现爱默生在波士顿大街上走路的步频很快，双眼炯炯有神地盯着远方。我自认为是一位优秀的步行者，但是当我与他在康科德的树林里散步的时候，我几乎与他并肩齐行，当时他已经超过70岁了。

第十六章
哈佛大学

伊丽莎白·霍尔女士与另外几位还记得爱默生童年生活的人告诉我，爱默生晚年时的身板似乎挺得更直了，整个人的健康状况也处于更好的状态。毫无疑问，爱默生长年呼吸着室外空气，这肯定会让他原先孱弱的体质变得健壮起来。爱默生从不愿意承认自己的身体出现任何衰老或是虚弱的情况。

爱默生在给他的一个孩子的信件里这样说：

> 你们天生注定要过着健康快乐的生活。当然，我对你有着很高的期望，绝不要让任何关于身体不佳的想法影响到你，也千万不要相信自己的身体状况不行的观念。我希望你们千万不要认为自己的身体遭受到了一些妖怪的侵袭。只要你们能在室外生活，多去海边游泳，或是驾驶帆船出海，或是骑马与跑步，那么你们的身体就自然会好起来。因为，伟大的自然母亲不会将它的秘密告诉那些喜欢乘坐马车与蒸汽船的人，而会告诉那些遵循自然规律的人。我始终保持着信仰，我始终相信真诚的爱意是最为重要的。

当然，我们还是不时可以看到晚年爱默生的健康状况其实已经出现了一些问题。

爱默生喜欢温暖的气候，对他来说，康科德地区的夏天永远都不够热。他喜欢在"温热的河流"里游泳。但是，他似乎对于寒冷也没有什么特别的感觉。当其他人觉得有必要穿上一件外套的时候，他依然穿着短袖衬衫。因为他不愿意穿太多衣服，这让他感觉很累赘。

在这个时期，爱默生的一些重要身体机能开始出现衰退了，慢慢地在很多方面呈现出来了，这让衰老的迹象变得不容否认了。他开始发现自己在回忆别人的名字或是在谈话中使用正确词语时变得越来越困难。随着这样的情况越来越严重，他不得不用其他方式来表达自己的想法，用更加普通的事物——比如刀叉或是雨伞——或是通过手势来进行表达。某天，当他在一棵树的阴影下躲避正午猛烈的阳光，他就用随和的方式对那位在太阳底下晒的朋友说："难道你那里不是有太多的天堂吗？"某天，我在波士顿大街上遇到他，他似乎茫然地找寻着什么东西，我询问他要去哪里。爱默生说："与一位多年的好友共进午餐。我知道她住在那里，我希望她不要让我说出她叫什么名字。"接着，爱默生将她说成是"一个年轻人妻子的母亲——是一个很高的女人——口才不错"。此时，我依然在猜想他到底想要表达什么意思。不过，爱默生始终对这些事情保持着乐观幽默的心态。有一次，当他想要一把雨伞的时候，他说："我说不出我要的东西叫什么名字，但我能够讲出这样东西的历史，那就是陌生人喜欢顺手拿走它。"不过，这种语言能力的衰减让他最后避免与不是很熟的人进行交流，因为他认为这样做对他们是很不公平的。他在谈论自己的时候，将自己称为一个失去了智慧的人，因此他不应该再像以前那样承担那么多责任了，他必须要将自己局限于研究当中，"只有那样，我才能依然用智慧去进行阅读"。虽然他的身体机能出现了明显的衰退，但他依然能够清晰地表达自己的想法。这样的情景在1870年夏天，他就古德温教授对普鲁塔克的《道德论》的翻译版本的修改时得到了论证。当时，爱默生连续勤奋地工作了一个多月，购买了希腊语版本的普鲁塔克的书籍，与过去的

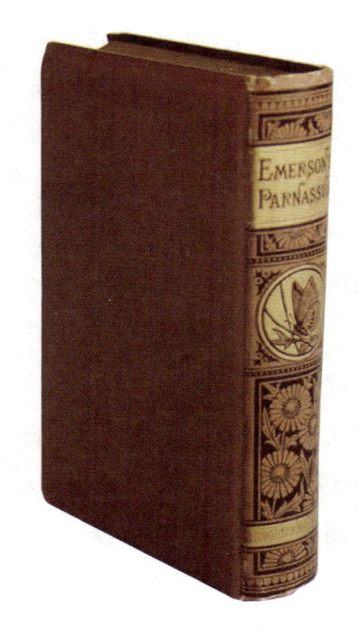

爱默生的《帕纳赛斯山》

旧版本进行对比（这似乎是爱默生最喜欢的一个版本）。我认为，这是爱默生最后一次尝试这样做了，对书籍长久以来的热情又再次给他的人生带来了动力。

1874 年，爱默生一本名为《帕纳赛斯山》的书出版了，这是一本关于英国诗歌的选集，这本书在当时与之后都增加了一些内容，其中增加的可能是他早年会放弃的一些内容。早在 1855 年，他就开始将自己喜欢的一些文章发表出版，而这样的遴选过程在 1865 年前才基本完成。但在 1870 年后的那几年里，爱默生又加入了几篇文章（可能是在那些最亲近他的人的建议下），强调了有技巧的阅读以及其他一些对事物价值进行判断的方法。这本书的前言是爱默生早些年所写的。

1872 年春天，爱默生在波士顿发表了 6 场演说。这年 7 月，当他结束了安默斯特学院的演说后回家，却遭遇了一场巨大的灾难，他的房子被大火烧毁了。7 月 24 日清晨五点半，他被大火烧着的木头发出的碎裂声所惊醒，然后看到橱柜发出一道火光，接着就是烟囱冒出了火苗。爱默生立即从床上跳起来，因为他没有能力去扑灭这样的大火，只能迅速裹着一两件衣服，走到前门大声呼唤救命。附近的邻居马上过来帮忙。邻居们从四面八方赶过来，最后还是来迟了一步，未能拯救出房子里的许多东西。他们只能将一些被大火烧剩的书籍、手稿以及家具抬出来，将任何可以移动的物体都搬离着火的房子。最后，爱默生发现，真正重要的东西都没有被大火毁灭或是破坏，只是他放在阁楼里的一些手稿被大火烧毁了。前来救火的一位友善民众在屋顶倒塌的时候差点无法逃离。在早上八点半的时候，大火终于被扑灭了，房子的四堵墙依然挺立着，屋顶已经倒下来，房子的上半部分也遭受了严重的损毁。当晚，天又下起了雨，房子里的一切都被雨水淋湿了。不过，大雨让爱默生在房子四周种植的树木免于大火的侵袭，同时也让爱默生患上了感冒，让他的风湿病再次发作。爱默生因为穿着很薄的衣服在雨中走来走去，最终发烧了。此时，他依然担心着放在阁楼里的信件与文稿是否能保存下来，事实上这些信件与文稿都被大风吹到很远的地方了。

很多人立即提出要接爱默生到家里居住。爱默生当年的同学与朋友科伯特·罗威尔很快就从沃尔瑟姆返回来，将爱默生的行李都搬到他的家里。最后，爱默生决定接受里普利女士的邀请，前去牧师教区住宅居住。一两天后，罗威尔再次找到爱默生，给爱默生留下了一个装着5000美元的信封，说这是他的几个朋友筹集的，用于帮助他渡过现在的难关。爱默生说："罗威尔先生以非常绅士的方式这样做，没有谈及其他的事情。"爱默生的另一位老朋友勒巴龙·罗素博士，一直希望爱默生能从

勒巴龙·罗素博士

演说的讲台上退下来,就希望他能借此机会去度假,还列举了一些理由,说有人愿意出资 1100 到 1200 美元帮助他这样做。这笔钱由法官霍尔[①]交到爱默生的手上。

爱默生一开始是拒绝的。按照他的说法,他认为自己到目前为止的人生,一直都是靠自己的努力来生存的。他感受到了朋友们给予他的巨大善意,但他无法真正顺从朋友们的好意。不过,在经过一番思考之后,他认为没有拒绝的必要,因为他已经没有什么办法再赚到什么钱了。

与此同时,爱默生的书籍与手稿都被小心翼翼地搬到了法院大楼(当时,这栋大楼已经没有使用了),这个地方也是他临时学习的不错选择。

人们都认为,这样一次打击会给爱默生带来严重的后果。除了身体方面的影响之外,爱默生不得不要离开熟悉的家、图书馆以及他所熟悉的环境,当时的恐惧心理的确会造成较大的心灵冲击——特别是对于像他这样一位一辈子都在从事研究的人来说,更是如此。显然,爱默生之后表现出来的记忆不佳以及心灵功能衰退,都可以说是从这个时候开始的。之前,他已经在安默斯特学院的演说里表现出了这样的征兆。在大火之前,他在对一卷全新的论文进行校对,准备交给伦敦一位出版商的时候,就已经感觉对持续地投入精力从事某项工作感到力不从心了。在前言里,我已经谈到了爱默生当时的状态已经不足以让他继续做什么了。这样的状态无疑给他的心灵增加了巨大的负担。

[①] 参看附录 E。

总的来说，这次大火带给爱默生的冲击并没有人们想象中那么严重。爱默生的一个孩子说："虽然他之后从未说过这个话题，我们也很难知道他的真实想法，但他看上去非常快乐。"在那次大火当中，爱默生患上了感冒，出现了低烧的情况，但他很快就痊愈了，之后又前往海滨地区呼吸清新空气与欣赏美景。与此同时，爱默生又将再次前往欧洲旅行的事情提上了议程，这一次的旅程包括希腊与尼罗河，这些都是他做梦都想要去的地方。一开始，他认为这是不可能实现的，因为他已经答应了出版商要完成一本书。但他显然知道在目前的情况下，要完成这本书几乎是不可能的。最后，出版商也做出了让步，允许他延迟一年。此时，爱默生接受了前往国外旅行的计划，并在当年 10 月 28 日乘坐客轮从纽约出发前往英国，同行的还有他的大女儿。

第十七章
三赴欧洲

1872—1882

  与年轻时一样,大海的空气依然提振着他的精神。在出发前的几天,爱默生在纽约欢迎弗鲁德先生到来的晚宴上发表演说时似乎比较吃力。但在他抵达英国的当天,就受邀参加在切斯特举行的考古学会会议,他的到来让在场的人都希望他能在当晚发表演说,爱默生欣然应允。他的儿子当时也在英国,看到父亲的身体依然健康,不禁松了一口气。

  爱默生非常享受这种强制性休息与免于忧虑的自由时光。在伦敦停留期间,他再次受到了许多朋友的欢迎。他再次拜访了卡莱尔。在写给妻子的信件里,他这样说:

1872 年 11 月 8 日,伦敦

  昨天,我到达了切尔西,在卡莱尔的书房与

他交谈了两三个小时。卡莱尔张开双臂拥抱我,之后用认真的眼神看着我,说:"我很高兴能再次看到你还活着。"——我们坐下来,尽情地谈论了两个多小时,谈论了许多人、事与各自的想法……因为我想知道他对我的祖国以及我国作家的看法。当然,我再次从这位苏格兰人身上获得一些智慧与见解。卡莱尔是一个身体健康的人,举止非常得体——虽然他比之前苍老了许多,但他依然有着良好的记忆力。

爱默生在英国逗留了10天,为自己在这段时间里什么事情都不用做而感到非常满意。爱默生的女儿这样写道,"当我找寻一些乐趣或是事情来做的时候,父亲就会说:'老人都是喜欢休闲的时光。我喜欢在早上睡懒觉。在这样的乡村地区,我每天都睡得很饱。'"之后,爱默生出发前往巴黎,他在这里与罗威尔与约翰·霍尔姆斯相聚了。之后,爱默生又前往马赛、尼斯、意大利,并在12月底抵达尼罗河沿岸,其间他在罗马停留了一段时间。

爱默生欣赏着沿途的美丽风景,但他不再刻意地想去找寻什么景点来看了,他为中途的停顿感到开心。他最感兴趣的还是人,包括埋葬在圣十字教堂的死人,以及在罗马与那不勒斯还在世的朋友们。

尼罗河的景色可能让爱默生感到失望了:"没有比离开美国这样的国家,沿途跋涉来到这样一个到处都是泥沼且没有人烟的地方更加疯狂的事情了。是的,这里的确有一些居民,他们是过来淹死自己的。"

在开罗,他受到了乔治·班克罗夫特的热情接待——"他就像一位有着骑士精神的天使那样接待着艾伦与我"。——班克罗夫特带着爱默生前去与埃及总督共进早餐,并带他去参观一些景点。在1月上旬,他们就一起乘坐小船沿着尼罗河参观,最远去到了菲莱岛。"这里的坟墓埋葬着过去的许多人",但是,他并没有看到他想象中的尼罗河。当他骑在驴子的后背上沿着河岸边行走的时候,他总是感到非常高兴。他为自己能在开罗酒店前面看到莲花、枣椰树与庞大的榕树感到高兴。他非常敬佩这里的农民,认为"他们就像古代那些雅典学派的哲学家"。爱默生还赞美了这里的柑橘:"我认为,这些柑橘要比梨子更好吃,味道能够满足你的所有期望。一些人可能会将这种水果称为苹果树上的基督教,是阿拉伯人对人类堕落的一种报复。"不过,爱默生的女儿在日记里这样写道:

>父亲说了一些思乡的话语。如果他的内心继续怀着这样的想法,显然是要直接乘坐轮船回家了。父亲说,他很高兴在巴黎与罗威尔共度了两周时间。在英国,他也想要去拜访丁尼生①、罗斯金②与布朗宁③。他从未谈到这里的美丽景色,只是谈到这里的树木。不过,父亲的身体依然处于健康状态。

爱默生在日记中有类似的描述:

---

① 丁尼生(Alfred Tennyson, 1809—1892),英国维多利亚时代最受欢迎及最具特色的诗人,代表作有组诗《悼念》《尤利西斯》《伊诺克·阿登》《过沙洲》《悼念集》等。
② 罗斯金(John Ruskin,1819—1900),英国作家、艺术家、艺术评论家与哲学家,代表作有《现代画家》《时至今日》《芝麻与百合》《野橄榄花冠》《劳动者的力量》和《经济学释义》等。
③ 布朗宁(Robert Browning, 1812—1889),维多利亚时代的诗人,代表作有《男男女女》《剧中人物》等。

丁尼生 　　　　　罗斯金 　　　　　布朗宁

狮身人面像

　　这次旅行就是一个不断让我们感到羞愧的过程，因为我们所看到的许多事物都在不断地讽刺与鞭打着我们的无知。这里的人们之所以鄙视我们，是因为我们就像无助的婴儿，无法像他们那样说话或是理解任何词语。狮身人面像似乎也在嘲笑那些傻瓜，这里的殿墙似乎也在以它们具有我们所不能理解的历史来鄙视我们。这里的人们，无论是坐在小船还是在走路，都

在研究着如何让他们的行为与形象变得更加优雅。

爱默生的健康状况越来越好,他的头发也越来越浓密了,甚至连之前的白发也变成了棕色的头发。但是,爱默生不愿意再劳费心神去思考一些事情了,更"没有能力再从事写作了"。

在远离了书籍之后,爱默生主要的心灵乐趣源于与别人进行有趣的对话,但他在尼罗河这里却几乎找不到这样的机会。他在旅途中遇到了一两名年轻英国人,这简直是上天赐给他的一份礼物。回到开罗之后,他遇到了理查德·欧文教授与斯通将军。在写给他在亚历山大港的女婿的一封信里,他这样说:

理查德·欧文教授,英国著名解剖学家

1873年2月19日，亚历山大港

亲爱的威尔：

我应该在一两天前就给你回信的。对于我这样一位从事了一辈子写作的人来说，这是我首次对写作心存畏惧。艾伦每天都在我的身边，她在想尽一切办法让我迟钝的心智变得灵活，让我重新拾起手上的笔。但是，埃及这边的空气似乎弥漫着莲花的味道，我讨厌任何让我从这个梦境中惊醒的人。但在今天，我们已经登上了"路巴蒂诺号"轮船，前往墨西拿与那不勒斯。在轮船尚未抛锚的时候，我认为这是我给你写信的好时机——当时的海面汹涌，显得非常不平静，因此驾驶员不得不要延迟轮船进入港口的时间——我认为，自己之前怀抱的梦想正在慢慢消逝，我应该回到那些更让我感觉舒适自在的习惯当中。埃及人民是那么的善良与好客，似乎用某种催眠术让我们置身于梦境里。我们的生活方式、习惯以及自身的感觉，都不可避免地受到这里环境的影响……

但是，我没有对这些情况视而不见或是过分依赖于此。相反，我能感受到这片神奇土地的一切，与我们一道前来这里的朋友也能感受到其中的魅力。这里的庞大神庙似乎分散在数百英里的区域内，就像希腊的建筑与哥特式的建筑。作为一个19世纪的人，我除了深深的敬畏之外，别无其他想法。这之所以变得更加神奇，是因为过去生活在这片土地上的人都已经消失不见了，那些曾经创造出这些建筑的人都已经远去了。这里的神奇之处就在于,这些庞大的建筑与雕刻是如此的精美,这里的狮身人面像与雕像在底比斯地区还有50到100座左右。这个国家领土面积非常小,给人一种局限的感觉,只有尼罗河两岸的地区。请原谅我给你讲了这些过去的故事。但我认为自己其实并没有就此深入谈论了什么,这就是我们所想到的一切。希望你能继续像天使那样对待我,请将我的爱意传递给伊迪斯与你们的孩子。

拉尔夫·沃尔多·爱默生

在罗马期间,他的朋友都认为他在容貌上反而变得更加帅气了。在佛罗伦萨的时候,赫尔曼·格林就对爱默生说,他似乎是由钢铁做成的,因为他的容貌经受住了岁月的摧残。在这个时候,爱默生开始对自己之前的诗歌进行一番选择与修改,为新一卷的诗集做好准备。

在3月的时候,爱默生与罗威尔夫妇在巴黎停留了两周时间,这两周时间让爱默生感到相当满意。他说:"我在一天晚上见到了詹姆斯·科特·莫里森先生。在罗格尔先生的家里,我有幸见到了恩内斯特·勒南、亨利·泰纳、艾利·德·博蒙特、吐尔根纳福以及其他著名人士。泰纳在第二天给我送来他的著作《英国文学》。"

在即将返程的时候,他拒绝了在英国所有公开演说的邀请,除了在他的朋友托马斯·休斯的邀请下,前往工人学院发表了一次演说。两名工人给他送去了慰问金,希望帮助他重建家园。虽然爱默生拒绝了所有的演说与正式演说的邀请,但他还是欣然接受与很多

詹姆斯·科特·莫里森，英国历史学家、随笔作家

恩内斯特·勒南，法国哲学家、作家

亨利·泰纳，法国史学家、评论家

艾利·德·博蒙特，法国地质学家

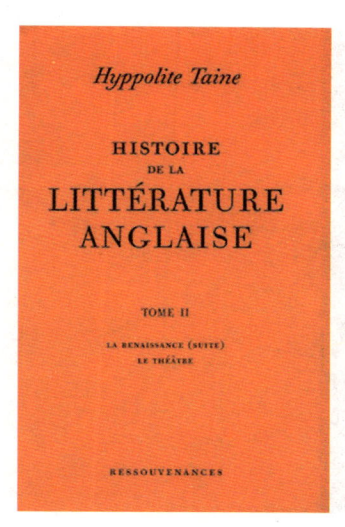

《英国文学》，泰纳作品

人共进早餐、午餐与晚餐的邀请。他与格拉斯通两次共进早餐，还见到了很多他想要认识的人，其中就包括布朗宁先生。他再次拜会了卡莱尔，但因为种种原因，他见到卡莱尔的次数并不多。在伦敦停留了三周之后，他向北出发前往利物浦。爱默生在日记中写道：

> 在牛津的时候，我来到马克思·穆勒教授家里做客，认识了乔伊特、罗斯金、多德森，其中道奇森是《爱丽丝梦游仙境》①一书的作者，还见到了很多大学教授。利奥波德王子是一位学生，在听完了马克思·穆勒教授的演说之后回到家里，与我们共进午餐。接着，他们邀请艾伦与我前去他家里，向我展示他家的照片与相册，之后在他家喝了茶。第二天，我聆听了罗斯金发表的演说。接着，我们又与罗斯金回到了他的家。罗斯金向我们展示了他收藏的图画，告诉我们他对当代社会的悲观看法。晚上，我们与副教授里德尔以及一帮人共进晚餐。

爱默生认为，罗斯金的演说是行为举止与演说内容方面的楷

---

① 《爱丽丝梦游仙境》（Alice's Adventures in Wonderland）是英国作家查尔斯·路德维希·道奇森以笔名路易斯·卡罗尔于1865年出版的儿童文学作品。

马克思·穆勒教授，德国语言学家、东方学家

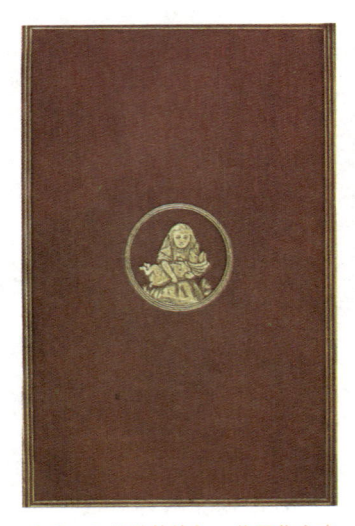

《爱丽丝梦游仙境》，英国作家查尔斯·路德维希·道奇森以笔名路易斯·卡罗尔于1865年出版的儿童文学作品

利奥波德王子，维多利亚女王和阿尔伯特亲王的第八个孩子

模，是真正意义上的演说。不过，罗斯金对当代文明所持的悲观态度，是爱默生所不能认同的。他说，正如卡莱尔所说的，这会变得更加糟糕。因为，卡莱尔在说完一些观点之后总是会哈哈大笑，让整个气氛变得轻松起来，但罗斯金却始终保持着阴郁的表情。

爱默生前往牛津的旅程非常愉快，只是有一点小遗憾，他没有找到奥克兰教授与普西教授，不过，普西教授之后给他送来了一本带有诗歌铭文的书籍，这让他感到非常高兴。他们一行人从牛津出发前往弗劳尔先生在埃文河畔斯特拉特福的家里住了3天，之后前往达拉谟（英格兰一郡及其首府名）。迪恩·莱克让他感到非常有趣与愉悦。之后，他们一行人又前往爱丁堡，他在这里与弗雷泽教授、威廉·史密斯教授、哈奇森·斯特林以及其他朋友共进晚餐。之后，他们从爱丁堡出发（当时有一些人前去送别他们，其中一人甚至亲吻了他的手），乘坐轮船渡过湖泊，来到了亚历山大·爱尔兰的家里。爱尔兰非常热情地招待他住了两天。之后，爱默生乘船出发，继续拜访他在1847—1848年访问英国时所遇到的朋友。

5月的时候，他回到了美国。在康科德的码头上，他受到了城镇民众的热情欢迎。民众精心安排了欢迎仪式，就是当蒸汽船靠岸的时候，教堂的钟声就要敲响。当爱默生所在的轮船最终靠岸的时候，教堂的钟声已经连续响了一个小时了。这个城镇的全部民众几乎都聚集在码头上，还有一些人在马车上抱着婴儿等候着。在康科德火车站，当火车从瓦尔登湖边出现的时候，人群发出了一阵欢呼声，欢呼声与火车的轰鸣声融合在一起。爱默生走下火车的时候感到非常意外与感动。在月台上，一些满脸笑容的孩子欢迎他，人们甚至还专门为他摆放了几盆花。爱默生走下火车，向人群表达自己的谢意，然后怀着愉悦的心情朝着家的方向前进了。此时，他之前的家已经修好了，在建筑师克耶斯与爱默生儿子的认真监督下，房子修葺得比以前更加漂亮——爱默生的书房位置没有发生变化，他的书籍以及手稿、图画以及小纪念品都摆放得非常整齐。

这次旅程让爱默生的精神为之一振，似乎又恢复了之前的活力。爱默生夫人这样写道："他现在的身体状况很好。我不知道世界上还有谁比他心情更加愉悦的了。"10月1日，爱默生在一间公共图书馆的开幕典礼上发表了一篇演说，这间图书馆是由威廉·门罗出资建造的。爱默生一开始的演说显得没有什么条理，但他还是迅速地从之前的演说中汲取一些教训，最终非常好地完成了这次演说。12月16日，这是波士顿民众倾倒英国茶叶的纪念日，他在法尼尔厅朗诵了他的一首诗歌《波士顿》，这是他多年前在反对奴隶制运动的高潮时期有感而作的。不过，此时他做了一些修改，删除了一些章节，增加了与倒茶事件相关的内容。

第二年（也就是1874年），他完成了《帕尔纳赛斯山》这本书，并于当年的12月出版了。

让爱默生感到惊讶的是，在这一年的上半年，他收到格拉斯哥大学独立俱乐部的邀请，成为牧区主教的候选人。格拉斯哥的许多年轻人纷纷给他写信，也有一些纽约的毕业生，他们都纷纷敦促他

威廉·门罗

接受这个提名。爱默生最终接受了提名,获得了 500 张票,输给了成功当选的本杰明·德斯莱利,后者赢得了 700 张选票。

1875 年 2 月,爱默生受邀在费城发表演说,还收到了他的老朋友弗内斯的亲切邀请。爱默生在下面一封信里对此进行了回复:

1875 年 2 月 10 日,康科德

亲爱的朋友:

  我们可以说是交情最久的朋友了,这段友谊持续的时间甚至与惠特韦尔学校存在的时间一样长。我们都记得当年那些红白色的手帕,让我们对史前艺术的猫与狗有了初步的印象。之后,你充分发挥自己在文学创作方面的能力,上了拉丁学校与韦伯的中午写作课程,之后再回到哈佛——你是我的米西纳斯(对文学艺术事业的慷慨资助者)。有幸成为你所欣赏的评论家,我感到非常高兴。我们之间相互欣赏,这样的情感似乎始于当年的夏日大街,之后我们就彼此再也无法忘记了。虽然我们相距 300 英里——这段遥远的旅程就是费城与康科德之间的距离。但是,我怎么可能会对你所提及的事情保持沉默呢?我唯一想到的解释就是:我认为,虽然你比我年长几个月,但你已经提前给我准备好了汇票。过去两年,我认为自己并没有每日在日记里写下什么文字,也没有再给其他人写过什么信件了。但是,这并不包括你在内。现在,你给我寄来了这封信,并且谈到了你的深刻记忆与生动的描述,给我带来无比亲切的感觉。我必须要同意你的请求。我的女儿艾伦一直在跟我谈到过去的事情，并且邀请我们应该……因此，你与弗内斯女士都收到了来自我们的真诚感谢。如果你遇到山姆·布拉德福德，请将我的爱意传递给他。

我的妻子，现在行动已经不方便了，但她也让我给你送去最真挚的问候。

永远忠诚于你的
拉尔夫·沃尔多·爱默生

因此，爱默生在3月的时候，与萨缪尔·布拉德福德每天都待在一起，这让爱默生感到愉快，他们甚至还拍了一张合照来庆祝彼此的重逢。

4月19日，康科德战役的100周年纪念活动在当年爆发战斗的大桥举行，乔治·威廉·柯蒂斯朗诵了一篇文章，罗威尔也朗读了一首诗歌，还有许多群众聚集在附近。丹尼尔·法兰奇的"一分钟人"民兵雕像显得神采奕奕，此时也被摆放在当年民兵守卫北部大桥的位置上，此时这尊雕像揭幕了。埃比尼泽·哈伯德是一位地地道道的康科德农民，他继承了村里一块当年被英国军队掠夺过的土地，他永远都不会忘记在4月19日与7月4日升起星条旗时的那种心情。爱默生认为，在1836年的庆祝活动，应该将英军当年的位置标注出来，而不是将这场战斗的守军位置标明出来。爱默生愿意捐献一笔钱给城镇，前提是要在当年士兵与民兵战斗过的地方树立一尊雕像。他还将另一笔钱用于在1775年那条老桥旁边建造一条全新的人行桥。斯特德曼·巴特里克是巴特里克上校的儿子，正是他

第十七章
三赴欧洲

"一分钟人"民兵雕像，丹尼尔·法兰奇作品，雕像原型也是爱默生诗歌歌颂的民兵战士，坐落在马萨诸塞州康科德

当年下达了回击英军的命令，斯特德曼指出了这个位置。揭幕的雕像是康科德一位年轻男子的形象，爱默生也到场并发表了热烈的演说。这是寒冷的一天，刮着刺骨的寒风，但等待的民众都像1775年时的民兵们一样感受到了热烈的情感。爱默生在简短演说里提到这一反差，这也是他写的最后一篇演说稿子了。

在这次活动结束之后，爱默生开始重新为伦敦出版商霍顿先生的约稿而努力。爱默生认为，因为霍顿的离世，这件事已经拖延了许久，现在无法再拖延下去了。他得知查托与温达斯已经顶替了霍顿的位置。当交稿的时间到来之后，他们就要求爱默生交稿。每当想到这件事，爱默生就忧心忡忡。他感觉自己没有能力继续去对过去一些文章进行挑选，希望这本书在不需要他付出任何努力的情况下出版。他需要熟悉他过去所出版文章的人给予他一些帮助，希望这些人能够腾出必要的时间来做这项工作。最后，他让女儿找到我去做这项工作。因此，在这年9月，我来到康科德，之后经常过来这里帮忙，直到《信件与社交目的》这本书完成，并在12月正式出版。我在给河畔出版社寄去的一封信里，说明我对选录其中文章的一些理由。我只是在其中增加了一两篇文章，其他的文章都是在爱默生的允许之下增加的。倘若不是爱默生的积极参与，时不时地增加一个文字或是一句话，我的努力也是毫无意义的。

在之后的五六年里，我经常会去

《信件与社交目的》，爱默生作品

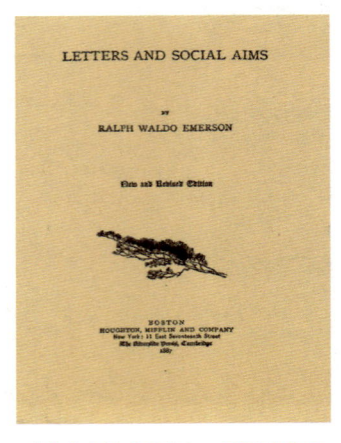

拜访爱默生——只要他还在阅读文章——他这样做只是为了对他的手稿与摘录进行选编，然后按照他的习惯安排在一起。这样做不会打乱原先的顺序，因为当时的许多文稿已经无法恢复到原先的面貌。正如爱默生以前习惯的那样，他将在不同时期的演说文稿进行编排，最后将这些内容有机地结合起来，给这些文章起一个不同的题目。当然，他这样做会让很多没有明显联系的段落结合在一起，我就需要将这些段落回归到原先的样子。不过，我的努力只取得了部分成功。困难之处就在于，爱默生反对照搬他的许多演说稿子，而是想要加入一些个人的看法与评论。

当别人要求他朗读一些文章的时候，他依然会照做，并能以过去那种娴熟的技巧与强大的力量去阅读，虽然他已经不是很记得这是过去什么时候所写的了，但他还是会对这些文章进行一番评论，似乎这些文章是别人所写的一样。1878年，爱默生在康科德讲台上阅读一篇文章时说："这是一个奇怪的时刻——一名阅读者竟然不知道他正在阅读着什么内容，台下的听众也不知道他到底想要表达什么意思。"

因此，爱默生的最后两卷随笔最终由河畔出版社出版的事情，终于定下来了。随笔的内容，除一些直接从他的日记里摘录下来的之外，基本上都是他早年发表的一些演说内容。但是，每篇随笔文章的名称并不一定能表明这些文章原先所属的演说稿子。

每当我前去帮他做一些事情的时候，爱默生总是显得非常高兴。当我帮他做了一些事情之后，他会流露出极为感激的神色。有时，他也会因为占用了我的时间而感到不安，但我却对此浑然不觉。当我在他的家里帮忙的时候，他会从书房里走出来，跟我说，我已经给予了他许多帮助,希望能与我在瓦尔登树林里一起散步,到沉睡谷或是彼得的田野走走。有时,我们也会乘船来到河的另一边。晚上的时候,他会在十点钟到外面走走,然后带我到他的书房,抽完一根雪茄烟之后再上床睡觉。

对我来说,他当时所处的状况是没有任何悲伤情愫可言的。显然,他已经走到了人生的阴影阶段,但是他的学识与才华依然还在,只是不再像以前那样敏锐了。他过去的那种敏锐迅捷的行动与深刻的洞察力已经不见了,但他对许多思想依然不会感到困惑,他还像年轻时那样对许多事情充满了兴趣。他经常会不知道选择什么词语来表达自己的意思,但他似乎没有意识到自己已经缺失了这种能力,因此这也没有给他带来多大的困扰。他不需要像之前那几年,还要努力地坚持与别人进行交流。也许,他更加喜欢聆听别人说话,而不是自己说了。他"会微笑地聆听着别人说话",正如一个人正从疾病中慢慢恢复过来,感觉自己已经脱离了之前的生活轨迹,但他依然能够自由自在地说话。我始终无法让他去谈论自己、他早年的生活或是他对波士顿这座城市的初始印象。他似乎对这样的问题并不反感,但总会转移到其他的话题上。他经常谈论的话题是老年的美好以及个人与国家的关系所能创造出来的奇迹——比如蒸汽船、铁路、电报、用于研究天文学的分光镜的应用,还有照片,等等。他认识许多当时著名的人物——包括钱宁博士、埃弗雷以及其他仍然健在的朋友。关于欧洲的政治议题上,他会谈到格拉斯通,说格拉斯通作为一个普通人是如何成为一名伟大的政治家的。在谈到大学议题时,他谈到埃利奥特校长简直就是上天派来的一名优秀校长,说他是一个卓有成就的人。他还会谈论康科德地区

第十七章
三赴欧洲

许多具有美德的人。一般来说，他对人的记忆还是不错的，即便是他最近认识的一些人也是如此。有时，他在谈论这些事情的时候，会突然出现停顿。正如有一次，当我问起他关于约翰·斯特林的事情——因为他与斯特林一直保持通信，直到斯特林的去世——但他却已经记不起约翰·斯特林是谁了。

他不会经常谈论有关文学方面的话题，除非有人跟他谈论起一些刚刚出版的新书，他

哈佛大学的埃利奥特校长

才会说起。他所阅读的书，几乎都是别人送给他的，或是他在桌面上方便够到的。我看见过他阅读斯特林博士的《黑格尔的秘密》，也见过他用称赞的口气谈论凯尔德教授评论康德的书。但是，吸引他的并不是这些书的主题，而是这些书流露出来的思想。他喜欢那种置身于书海世界的感觉。当他的心灵不再沉湎于所阅读到的内容之后，会非常享受用消极方式去单纯享受文字的乐趣。但是，他在与人谈话时，总是能够说出一些发人深省的话语，这些话是他从过往的人生经验凝结出来的。他不需要刻意地远离那些阴郁的东西、那些有关他的不好的评论，或是任何关于他在这个地球上的人生轨迹的狭隘观点，因为他的人生视野已经超越了这些。无论是在40年前还是在40年后，他始终都在表明一个观点，即清教主义所带来的

高尚灵魂是不会随着身体的衰退而死去的。

我们可以稍微往回看一下。1876年春天，爱默生收到弗吉尼亚州大学华盛顿与杰弗逊文学协会的邀请，在6月28日的校庆发表演说。爱默生欣然接受了这个邀请，认为那里的听众应该会欢迎来自马萨诸塞州的演说者。在回应的时候，爱默生表示自己已经放弃了演说事业，但他无法拒绝来自弗吉尼亚方面的邀请。因此，爱默生与他的女儿艾伦一起前往。这是一段疲惫的旅程，他们忍受着沿途的炎热与沙尘，最后受到了一位教授的热情接待，住宿方面也得到周到安排。不过，爱默生很快就发现，这个地区的民众似乎在情感方面依然没有发生多大的转变，仍然对内战时期北方政府军的"入侵"表现出比较强烈的敌意。当然，前来这里旅行的人不会受到任何差别的对待，很多南方人表现的行为本意也绝对不是无礼，但是南方人特有的自尊让他们始终记得一点，即他们生活在一个备受压迫以及遭受虐待的国家里。第二天，在爱默生发表演说的时候，台下的听众——绝大多数都是年轻的女性，还有她们的孩子，还有一些年纪较大的人——这些人似乎认为这个场合主要是用于社交活动的，因此他们发出了阵阵的喧闹声，让爱默生的演说无法继续进行

艾伦·爱默生，爱默生的大女儿，爱默生旅欧期间，一直陪同在父亲身边

下去。其中一些学生（也许是邀请爱默生前来演说的人）就走到前排，装出认真聆听的样子。但台下的大部分听众都没有听到爱默生的演说内容。最后，这些听众放弃了聆听爱默生演说的努力，开始低声说话，甚至有些人在大声地笑着。爱默生在台上絮絮叨叨地说了半个小时之后，最后找了一个合适的机会，结束了这次演说。

任何一个有血有肉的人遇到这样的情况都会感到愤怒的。但是，不论爱默生对此有怎样的感受，他都没有跟别人说。没有人听到爱默生对此说出任何抱怨的话语。当我后来询问他对这次演说的感受，他只是说："台下的听众都是一些勇敢之人，他们敢于说出自己的想法。"也许，相比于他在讲台上所遭受的冷遇，他的真性情在与几位阅读过他的书籍并见到他表达愉悦心情的人时流露出来。第二天，爱默生乘坐火车返回北方，他成为许多同行旅行者关注的目标。其中一些人恳求别人介绍认识他，或是直接向他进行自我介绍。这些旅客表示他们是来自阿肯萨斯州、路易斯安那州、亚拉巴马州，要前往费城参加博览会。

事实上，在当时的美国，爱默生的作品对很多人来说都具有一种特殊的魅力，很多来自远方各州的读者都给他寄来了信件，表达对他的感谢之情。在他所居住的地方，无论去到哪里，他都能得到民众以安静方式所表达的敬意。下面这件小事可能就是他在生命的最后几年经常遇到的：

一位作家（也许是海伦·亨特·杰克逊[①]）在1882年9月出版

[①] 海伦·亨特·杰克逊（Helen Hunt Jackson，1830—1885），美国作家、诗人。

海伦·亨特·杰克逊

的《大西洋月刊》杂志上发表了一篇文章：

很多年前的某天，我独自乘车从伯瑞特波罗前往波士顿。当火车经过多个站点之后，车上渐渐没有了空座位，只有我所在的那边还有一个空座位。当火车抵达康科德车站的时候，火车大门打开了，爱默生走上了火车。他往车厢内走了几步，往过道上看了几眼，认为火车上已经没有空座位了，转过身准备下车。在这个时刻，车上很多人似乎突然感受到了某种冲动，我立即站起身，说："哦，爱默生先生，这里还有一个空座位！"当他朝我这边走来的时候，他那张安静的脸庞慢慢绽放出笑容，我似乎突然失去了勇气。我仿佛看到了他似乎很久以来就想要认识我一样。当他用关切与犹豫的目光看着我的时候，我立即回答说："爱默生先生，你并不认识我。我之前从未有机会认识你。但我知道你的脸庞，我无法拒绝这个与你说话的机会。你知道，很多虽然不认识你的人都非常了解你。""也许，在我们的字典里，就不应该有陌生人这个字眼。"爱默生缓慢地说，他说话的语气与愉悦的面容让我的羞涩感完全消失了。我也不知道这到底是为什么。

在他所居住的地方，总会有一些人在默默地关注着他，其中一些人愿意为他提供座位、马车或是其他帮助。

1876年11月8日是波士顿拉丁学校联合会的百年纪念日，这个纪念日是庆祝独立战争时期英国军队从这座城镇上撤离之后，这所学校重新开放的日子。爱默生在演说里，谈到了他之前在学生时期的记录：

> （在演说一开始的时候）我不敢对你们说什么话，因为我现在老了，我可能会忘记我所说过的话。我已经记不得每个人的名字了，甚至忘记了我对拉丁学校的记忆了。因此，我只能将我过去所写的关于这所学校的回忆与你们分享一下。我认为这是最为稳妥的方式。

1878年，有人邀请他对南北战争之后的国家地位进行一番总结，谈论新一代人的精神需求以及未来的前景。爱默生在波士顿的老南教堂里朗读了他的《共和国的命运》的部分内容，这篇文章是他在南北战争时期所创作的。在演说过程中，爱默生添加了个人日记里的一些内容。9月，爱默生与他的女儿一起前往萨拉托加参加一神教的会议，并游览了尼亚加拉大瀑布。之后，他们又出去探险了几天，远离了火车的轨道，在纽约州的西部游览。因为，一位年轻的机械师在几年前给爱默生写了一封感谢信，在信中表达他志得意满的自信。爱默生始终没有放弃找寻这位年轻人，但他最终得知这位年轻人已经离开了纽约州。爱默生不喜欢与人争论，但他喜欢了解别人所持的观点。因为他知道别人与自己一样，都有发表观点

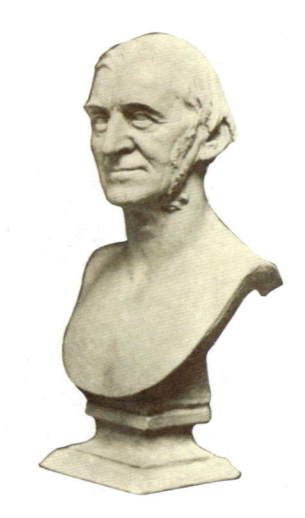

爱默生半身雕像，法兰奇作品

的权利。在他看来，别人对事情的一些全新观点，正如一些经验丰富之人或是年轻的艺术家对事情的观点，对他来说始终都具有强烈的吸引力。

1879年5月，在剑桥神学院学生的要求下，爱默生阅读了一篇以"布道牧师"为题目的文章。对某些读过这篇文章的人而言，爱默生在他40年前发表过演说的地方朗读这篇演说，这实在是最好的场合了。但是，他的朋友认为，爱默生应该结束在公共场合发表演说了。

这年春天，之前曾雕刻战斗士兵雕像的雕刻家法兰奇先生为爱默生雕刻了半身雕像。我认为，在所有艺术家所雕刻的半身雕像里，法兰奇的雕像与爱默生本人是最为神似的。法兰奇曾经给我写过一封信：

> 我认为，我们几乎无法见到一位像爱默生先生这样的人，他的脸庞散发出活力、力量以及对细节的极端敏感与深刻的洞察力。亨利·詹姆斯曾经谈到过"过分重塑的美国脸庞"，可以说没有任何人的脸庞要比爱默生的脸庞更能代表美国的精神了。他的脸庞没有任何模糊与意外的因素，而像一个极为注重细节的伟大雕像。他不会干预任何庞大的计划，也不会组织人们像孩子那样，以无限自由的方式去表达他们的想法。只有

那些非常了解他的人，才能感受到他的脸庞所具有的那种"启迪"的光芒。我总是想尽办法去捕捉爱默生脸上那种充满荣光的神色，历经一番努力之后才最终做成了他的半身雕像。你也知道，在我进行创作的时候，爱默生先生并不配合。因此，我只能抓住一两个瞬间才能捕捉到我想要的表情。爱默生脸庞的一边要比另一边有着更加丰富的肌肉活动，他的左右脸庞的肌肉构成有着许多的不同。也许，我创作这尊雕像的时间早了一些。当这尊半身雕像接近完成的时候，爱默生看到这尊雕像后说："问题就在于，这尊雕像越是像我，就证明这看上去越糟糕。"

9月，他收到新罕布什尔州一所教堂的邀请，参加这所教堂落成50周年庆典。他曾在这里担任过首席布道牧师。庆典的日期在30日，他在29日下午抵达。他当年就是在这里与埃伦·塔克结婚的。他立即前去看她与她母亲曾经居住的地方，但却已经无法分辨出来了。第二天早上，他还记得昨天晚上就是他结婚50年的纪念日。在几乎相同的一个时刻，他的思绪不自觉回到了半个世纪前的那一天。接着，他从肯特上校（埃伦·塔克的异父同母弟弟）那里得知，这座房子已经没有人住了。在肯特上校的指引下，他看到了过去那依然熟悉的房间。接着，他参加了教堂的纪念仪式，满怀深情地朗读了赞歌，似乎在阅读的过程中没有遇到任何困难。

爱默生最后的一次公开演说——如果这称得上是演说的话——是他在1881年2月10日谈论有关卡莱尔的文集，并在这一年的7月在康科德的哲学学院发表了一篇名为《贵族》的演说。此时，他需要别人不时给予帮助，才能认清楚每个段落里的文字。但是，他的脸庞似乎没有发生什么变化，依然散发出优雅的气质，虽然他已经记不得尘世的许多事情了。

爱默生最后几年的生活是非常平静与快乐的。他的经济状况已经大大好转了。在他那位擅长理财的女婿的帮助下，他已经不需要为金钱方面的事情担忧了。他也再没有牵挂的人了。他感觉自己已经慢慢接近人生最后的港口了，但即便是最后一丝的海浪仍然保持着特有的美丽。1881年，当我在康科德见到他的时候，我注意到他已经不愿意到外面长时间走路了，他认为在下午走半英里路或是走到他家附近的一个邮政局就可以了。这年夏天，在他女儿位于努森的家里，他非常享受在洒满阳光的地方走上一两英里路，然后到大海浸泡一下，也乐意前往美丽的树林里走上一段路。不过，他的主要乐趣在于安详地坐在门廊上，看着孙子们玩耍嬉戏，为现在的孩子可以自由地做他们想做的事情而感到心满意足。

他怀着淡然的心情看待人生的终点。不过，一想到持续的疾病就让他感到恐惧。他也希望能尽快摆脱这些折磨。在1882年的早春，寒冷的天气让他感染了肺炎，在79岁生日之前几周一直卧病在床。4月16日，他在早晨与晚上都去了教堂，在下午则出去散步，这已经成为他晚年生活的重要组成部分了。第二天，他的声音变得嘶哑，在接下来的一周时间里都步履艰难，但这样的情况并没有让他的儿子小爱默生感到惊慌。直到周六，爱默生出现了致命的症状。这是一次不是很严重的疾病，部分原因是他的肺部遭受感染，但他的身体此时已经没有了任何免疫力。4月27日，星期四，爱默生去世了。直到他人生的最后时刻，他都没有感受到任何痛苦。在

第十七章
三走欧洲

卡莱尔与爱默生的孙子拉尔夫·爱默生·福布斯

爱默生

他身患疾病的最初几天里,他都曾不以为意,说他没有患感冒,还走下楼到外面散步,甚至比平时多走了一些路。按照他的说法,他坐在椅子上的感觉并不好。但在患病的第四天,当他下楼吃早餐的时候,他停下了脚步,可能是感受到了身体的疼痛或是某种身体压力,他大声地说:"我不希望死神以这样的方式到来;我宁愿死神当我去到地下室里的时候再来。"即便如此,爱默生还是在接下来的两天里,坚持自己穿衣服,回到自己的书房,心情愉悦地聆听他的儿子在当地的医学协会上发表的演说。在他人生的最后几天时间里,他的思想已经失去了连贯性,对一些平时熟悉的物体都感到困惑。但是,当他的双眼落在挂在墙上的卡莱尔画像上,他会露出深情的微笑:"就是他了,我的好朋友!"周六是他在书房待的最后一天,他在晚上睡觉的时候坚持要拆下壁炉旁的商标,然后为入睡做好准备,拒绝别人扶他上楼梯。

在他去世前的一两天,他感觉自己已经远离了家园,为自己因为疾病被困在一些朋友家的想法所困扰。他想过要努力远离这样的情形,摆脱这样的痛苦局面。不过,直到他人生的最后时刻,都没有出现精神失常的情况。他依然能认出每个人,知道别人跟他说的话，虽然他有时无法做出合适的回答。在弥留之际，他感谢自己的家人与前来看望他的朋友。他握着妻子的手，感谢妻子多年来给予自己的照顾与爱意。现在，他们不得不要分离了，他们会在未来相聚，再也不会分离了。接着，爱默生微笑地说："哦，那个好看的男孩！"

一位在爱默生生命最后几个晚上照顾他的朋友说："（在醒来的时候）他会不停地用响亮的声音说话，声音没有变得衰弱，但他只是在背诵着某些零碎的话语。在晚上，我单独与他在一起，聆听他努力想要说出某些话语，这给我一种奇怪与庄重的感觉。他的声音与过去一样，还是那么深沉、悦耳。"

在他弥留之际，我得到他家人的允许，前去见他最后一面。他立即认出了我，露出熟悉的笑容来问候我，想从病床上爬起来，跟我说些话，但我听不清他到底要说什么。

4月30日，他被埋在沉睡谷的墓地里。这是村庄一端的一座美丽果园，在1855年成为墓地。爱默生当时还曾就此发表过演说。在这片地势最高的松树林下面的土地埋葬着他。在他的坟墓不远处，就是霍桑与梭罗的坟墓，那些当年与他亲近之人也埋在这附近。

10年前，在他的房子被大火烧毁时，身染疾病的爱默生怀着忧郁的心境，在日记里写下这段话：

　　如果我能再活一年，我认为要学会背诵我创作的一首诗歌《世界灵魂》的最后一节。

我认为，爱默生所说的这首诗歌，表达了那些关心他到人生最

爱默生墓地，位于美国马萨诸塞州康科德沉睡谷墓地

后时刻的人的情感：

> 春拨动思绪之弦，
> 人生已迈过六旬。
> 爱唤醒驿动的心，
> 让我们青春永驻。
> 携手跨冬之冰川，
> 去感受夏之容光。
> 冲破旷野之堆雪，
> 见玫瑰含苞待放。

附录

附录 A　爱默生在波士顿第二教堂写给教众们的一封信

1832年12月22日，波士顿

亲爱的基督教信众们：

　　自从9月我正式辞去教职到现在，我一直希望有机会能再次站在布道讲台上对你们发表演说。让我们以和平的心态以及对上帝共同的爱意来告别吧。我的健康状况让我无法继续从事之前的工作，在日后可以预见的时日里也让我无法做到更好。现在，医生建议我最好出海航行，说这样对我的健康是有利的。在没有对那些关心我的朋友们说几句话之前，我不愿意就这样离开。

　　我担任布道牧师的时间不长，与你们还没有建立起深厚的情感，因为我其实只是刚刚开始这项工作。现在，这项工作就因为我的健康问题要突然中断了。

当我回过头去看的时候，我深刻地感到自己的脆弱，深知自己没有做出多大的贡献。在有限的时间里，我遭受着疾病的折磨，这让我无法在布道牧师一职上做得更久，也让我的工作无法取得更好的结果。

只要我还继续留在那个位置上，每个人都会赞美我，无论我在内心里是如何深深地为自己的失败与无能而自责，因为我未能在这个职位上取得更大的成就。不过，未来肯定能够弥补过去的一些过失，我所犯下的错误将会成为指引我前进的老师——我们所怀抱的希望怎么会有极限呢？但若是我离开了这个职位，放下了这项工作所带来的特殊责任，将书本合上，那么我就会感觉自己失去了希望，只能哀叹自己所做的工作是那样的渺小。

但是，我的朋友们，我们的信仰始终在《圣经·新约》的坚定信念之上，这让我们无论在任何职位或是环境下，都能始终坚持自我，因为我们所追求的目标是不可动摇的。每当我想到辞去目前的职位之后，不会给自己带来多大的改变时，我的内心就会感到无比宽慰。我再也不是你们的牧师了，但我与你们一样，始终都希望能为同一个永恒的事业做出努力，让更多人发自内心地接受上帝所创造的天国。让我们每个人都牢牢坚持这个事业的纽带，这不是因为我们彼此间的联系而产生的，也不可能因为我们的分别而出现断裂。对我这样一位信徒来说，即便作为牧师，我也只会宣扬上帝的真理。我只愿意生活在仁慈的上帝所赐予我的地方——努力去追求自由以及言论自由。

除此之外，我很高兴地看到，我不再担任你们的牧师，并不会让我们彼此之间的精神纽带出现任何真正意义上的改变。我们彼此之间最美好、最纯真的东西依然还在。事实上，每一个让我做出正确行为或是产生正确思想的人，都让我走在追求美德的道路上。我们每个人都依然在追求着彼此共同的事业。因此，我要对每一个曾经给予我建议或是帮助我的基督教朋友们说，我希望在彼此关爱与合作中看到你们的身影。如果我们每周都以怜悯的方式去表达我们真诚的情感，如果我们感受到了上帝赐予的那种不可言喻的礼物，如果我们一起研究任何神性语言所具有的意义，或是一起试图进行任何慈善活动，或是向我们的兄弟姐妹们提供力所能及的帮助；如果我们能一起怀着虔诚的希望送别死者，最重要的是，如果我们能够分享仁慈的上帝所带给我们的智慧，让无所不能的上帝不断提升我们所处的卑微职位或是低等的能力，让每一个崇拜他的人都能在心灵中感受到他所创造的天国——那么我们就能团结起来。我们会相互感激对方所持的信仰与希望，会坚持肯定上帝带给我们的种种好处。我们不会感受到任何名义上的变化，或是认为我们与这个世界出现脱节，不会认为我们彼此间强大的精神纽带出现了裂痕。我恳求你们认真思考彼此之间的强大纽带，通过你们的行为与记忆，让我们能以更加严谨的方式去践行应当履行的义务。

我还要感谢你们对我展现出来的极大善意，感谢你们对我之前工作的谅解与包容，感谢你们给予我的耐心与理解，感谢你们为我的日常生活提供的帮助，感谢你们向我展现出来的善意以及提供许多的帮助。

我必须要特别感谢第二教堂委员会，他们在最近一次投票里，慷慨地决定继续给我发放薪水。在此，我恳求他们只需将薪水发到这个月结束就行了。

我的兄弟姐妹与朋友们，重新回到你们的怀抱，这让我感到无限荣幸——你们都在公共或私人宗教事务中做出了许多努力——我祈祷上帝，只要我们播下了真理与美德的种子，并经常浇水的话，那么我们就能创造出永恒生命的果实。我希望你们聆听上帝发出的旨意。在你们的至圣所里，我希望上帝能够允许你们这些有能力且忠诚的老师们继续传播他的思想。我希望上帝能给予你们的家人以及你们每个人真诚的祝福。无论你们在这个世界上要遵循什么规律，这都代表着一种复苏的无限希望，都是上帝放在每个人灵魂深处的种子，耶稣基督的存在与思想正是这一事实的最好体现。这会让你们在离开这个尘世之后依然能够传播善意。我正是怀着这样的信仰与希望，向你们道别。

你们永远忠诚的仆人

拉尔夫·沃尔多·爱默生

附录B　爱默生与亨利·韦尔牧师就爱默生在神学院演说的信件往来

1838年7月16日，剑桥

亲爱的先生：

你给我送来《卡莱尔文集》，我不知道该怎样感谢你。这本书让我学到了许多有用的知识，弥补了我的不足。我很高兴发现这样一本能让我产生强烈阅读冲动的书,我必须要认真仔细阅读的书。到目前为止,我认为,我仍不会因为他做出一些矫揉造作的行为或是特性而对他有不同的看法,也不会因此认为他不是一个具有男人气概的人。如有可能,我愿意在不受任何人打扰的情况下去完成这项工作。事实上,我已经从卡莱尔的作品中看到了许多优点,我希望以后还能看到更多。我衷心感谢你给我这样一个机会。

我认识到,自从昨天晚上跟你谈论了一些事情之后——如果我能够认可你的观点——那么我也应该认可你说出的一些未经证实的话。我认为,出于公平起见,你说的话只是适用于少数人,而不是所有人。就你在演说中所说的一些话,我必须要坦承一点,即我认为这些话是值得怀疑的。要是这些话语不断传播下去,必然会对整个基督教的权威带来不良的影响。出于这方面的考虑,我对你现在所宣扬的理论与所持的观点感到焦虑。你必须要原谅我这样说,你也知道倘若我不是以坦诚的方式与你进行交流,我也不会这样麻烦你。我非常欣赏你在演说里提到的有关高尚理想与精神生活的美好愿景。这样的愿景激荡着许多教众的心灵,也给我的心灵带来了诸多的愉悦。我认为,每个人都从你描绘出来的美好世界里感受到了乐趣。如果可以的话,我不会让你知道,我对于我所提到的责任的不断减轻感到多么高兴。

永远尊敬您的
亨利·韦尔

1838年7月28日，康科德

亲爱的先生：

　　你对我在神学院发表的演说的看法，正是我对你追求真理、仁慈以及你所认知的事实的真实期望。正如古代的某位哲人所说，"我不是一头牲畜或是一块石头"。在那个地方，我发表了那篇演说，我预料到肯定会有人表达反对意见。我必须要说，即便是我一些比较亲密的朋友或是资助我的一些人都表达了反对意见，但我深信，我在演说里引用的大量关于基督教信条的实质性内容，这些内容都不是新颖的内容。你马上会意识到，对我来说，说出这些内容是很重要的。我不会因为朋友反对我的意见，就选择压抑自己的观点与想法，不会因为恐惧而选择放弃自己的观点。这才是我对他们最大的尊重。我愿意对那些关心我的朋友说：在我看来，这些事情就是这样的。在你们看来，事情则是那样的。但是，请让我说出自己内心的真实想法，让无处不在的真理作为判官来进行评判。我认为，我们每个人都不会在得知自己犯下了错误后还感到高兴。与此同时，根据你的建议，我应该在演说的措辞方面更加谨慎，然后再印刷演说（给神学院的学生们阅读）。我衷心感谢你给予我的包容与爱意。

　　　　　　　　　　　　　　　　　　　　　永远尊敬您的

　　　　　　　　　　　　　　　　　　　　　拉尔夫·沃尔多·爱默生

附录 C 韦尔与爱默生的一封信

1838年10月3日，剑桥

亲爱的先生：

　　在给你寄去的这封信里，我会附带寄上一份我刚印刷出来的布道演说稿子。在给你寄去这份稿子的时候，我想表达一下自己的观点。我的这份布道演说对你在不同时期表达的观点进行了反驳，并对你的观点进行评判。但是，我急切地希望你能明白一点，因为我对你在演说中谈论的观点并不是完全了解，我也对你为这些观点所找寻的依据不是很了解，因此我不会特别将这些情况列举出来，而是就这个问题表达自己的一些观点。我认为反对目前约定俗成的一些观点会带来诸多的害处。我希望我没有以不公平的方式与你进行交流。如果我攻击你的立场，或是对任何争论进行回复，这些都是与你无关的。我热切期望任何人都不要尝试说服你，因为我认为这些观点都是属于你的。我不知道有什么理论可以证明你所提出的"灵魂不属于任何人"的观点。

　　说明我的想法，是我写这封信的主要目的。我还想说明一点，这么久以来，我一直努力地说服教众，人类一直忍受着无法充分认识到神性之人这一事实所带来的痛苦。正如我所想的，在波士顿担任牧师的时候，我在与民众进行交流的时候感到这点，将这视为宗教品格缺乏生命力的重要原因。自从我来到剑桥地区，就已经看到很多年轻人犯下了同样的错误。我不得不对此进行思考，该怎样才能让他们摆脱这样的错误。因此，当我有机会就神性存在这一主题发表演说时，我很自然地就会特别强调这一点，而不是想故意吸引大家的注意力。这样做只是因为我认为有必要强调这一点。

我必须要坦承一点，我认为公开地反对你的意见，这是一件让我特别不愉快的事情，因为我在内心是非常仰慕你的，但我的职位以及我的处境让我不可避免地要这样做。你与我都明白，我们只是按照同一个原则去做。我们依然会愉悦地同意我们朋友的一些观点。但要想从他们之中找寻一个与我们有不同意见的人，这是很难做到的。我们必须要顺从大多数思考者的想法，然后在内心里怀着爱意去实现一致的想法。我已经表达了自己的想法，就此搁笔。

永远尊敬您的

亨利·韦尔

1838年10月8日，康科德

亲爱的先生：

上周收到你友善的来信以及附带寄来的布道演说稿子，我应该早点给你回信的。你的来信充满了友好与高尚的气息，你的演说稿子也是如此。我非常认真地阅读了你的信件。如果要说你在演说稿子中对我的观点进行了什么攻击的话，也许其他人比我更加清楚，我倒是没有看到你对我的观点进行的反驳。当然，我不愿意放弃一贯的原则，就是你有权表达你的观点，我也有权表达我的观点。

我必须要告诉你我对自己所持的新立场的看法。当我看到剑桥与波士顿地区很多睿智之人站出来反对我的时候，我感到非常吃惊。因为我缺乏条理性写作的能力，因此我是一位"特许的自由思想家"，可以自由地进行崇拜或是自由地进行批判。别人理解我的观点，这是我的幸运。但是，我从不认为我的观点就值得文学界或宗教界的重要人物的特别关注。我非常清楚自己所持观点的好处，因为我知道没有哪一位学者愿意成为一个争论者。即便有人以这样的方式挑战我，我也无法很好地表达自己的观点。我无法按照你所提到的那样，与你进行任何形式的"争论"。因为我认为，对任何一种思想的表达，争论都是毫无意义的。我很乐意告诉你我的想法，但如果你问我怎么敢这样说或是我为什么要那样说，我根本无法进行回答。我甚至认为这两个问题根本就是没有答案的。因此，有关我的立场已经出现了滑稽的情形，当我突然看到自己上升到异教徒的重要地位，提到每个人都应该肩负的责任时，我感到非常焦虑，因为每个人都有责任以清晰无误的方式表达自己的观点。

当然，我不会这样做。我会阅读你与其他善良之人所写的文章，正如我过去一直这样做——当你谈论我的思想或是跳过与我无关的内容时，我都感到很高兴。与之前一样，我会继续观察我所能观察到的事情，说出我所看到的事情。我认为自己应该有幸去感受——我的那些更有能力且更优秀的兄弟们，那些对社会怀着怜悯之心的人——肯定会在某些场合认可我的观点，知道我所谓的胡说八道，不过正是他们内心遮掩的真实想法而已。

永远尊重您的

拉尔夫·沃尔多·爱默生

附录 D　爱默生给美国总统马丁·范布伦的一封信

1838 年 4 月 23 日，马萨诸塞州，康科德

尊敬的总统先生：

你所担任的职位需要你具有极为可信的信用，亲近每一位民众。因为你所拥有的权力以及所处的职位，每一位公民都可以说是你的朋友。在联邦政府的任何举措没有违背每个人的判断力或是利益的情况下，每个人都会对你的政府怀着信任与期望心理。每个人都有权利希望你们关注事关公众利益的事情。优秀的管理者应该怀着自信与民众进行交流。正是怀着这样的想法以及我身边一些朋友与邻居的要求，我恳求你能够耐心地聆听他们与我的一些想法：你不知道我的名字的这一事实，只会让你以更加客观的方式去看待我所说的每一句话。

总统先生，我想要说的是，这个国家某个地区的切罗基民族所处的恐怖境地的传言。这片土地上原住民的利益始终都应该去维护的——这是属于他们的一种天然权利——因此，我们应该高度重视他们作为一个部落得到的权利。即便是在我们这些遥远的州，关于他们的积极生活方式以及文明行为的消息也传过来了。我们为他们在社会艺术方面取得的进步感到高兴。我们也读到了有关他们的报道，在学校里也看到了他们的身影。与绝大多数美国民众一样，我们都怀着怜悯之心看待这些红皮肤民族所遭受的痛苦，知道他们被视为低等种族所感受到的屈辱，或是错误地认

为这些民族是按照高加索民族的艺术与风俗来生活的。尽管很多人对之前的印第安人所遭受的灾难表现出来极大的冷漠，但我们不能否认，在我们这个共和国里，必须要以人道的方式对待每一个种族的民众，让每个男人与女人都能过上自力更生的生活，都能得到他们应该享有的权利。他们应该像我们一样，感受到正义与公平，感受到政府给予他们的爱意。

1835年，报纸上出来了一条新闻，某个代表美国政府的机构与切罗基部落达成了协议，说要换取切罗基部落的土地。之后，这则消息被证明是虚假的，那些从事相关谈判的人根本就不能代表美国政府。在18000名切罗基人当中，有15368人反对这项所谓的协议。现在，我们知道，美国政府选择要求切罗基部落遵守这项虚假的协议，并准备按照这份虚假协议的内容去进行执行。几乎所有的切罗基民众都会站起来大声反抗："这违背了我们的意愿。请认真聆听我们的心声吧，我们是反对这项所谓协议的。千万不要因为少数人而背叛我们！"美国总统、内阁成员、参议员以及众议员都没有亲眼看到他们，也没有亲耳聆听他们的声音，就决定给这些充满活力的切罗基部落送上了手推车或是轮船，然后将他们送到了远离高山与河流的地方，去到密西西比河流域一片荒蛮之地。根据一份报纸的消息，从这个撤离切罗基部落的悲伤消息发布一个月内，联邦军队就在接下来的一个月内完成这项强制的搬迁工作。

总统先生，以上帝的名义，我们要向你发出质问，事情是否真是如此？这些报纸所说的内容是否真实呢？很多男人与女人在大街上与教堂里见面的时候都一脸苍白，他们都打听这个消息是否真实。我们已经询问过，这是否是某些政府部门的严重失职，还是某些想要分裂民众之人的阴谋把戏。我们阅读了不同党派的报纸，发现了这个恐怖的消息。我们开始慢慢相信这件事是真的。我们过去因为错误的信息指引，对印第安人产生了错误的印象，而印第安人的抗议行为也显得不成熟。但是，现在这样的行径简直就是无端制造恐慌。

要是说美国还残存着什么虔诚或是原则的话——即便是以最粗糙的形式展现出来，对于每个有常识的人来说——都会要求我们禁止采取这样的行动。这样的行径简直是对我们所有信仰与美德的一种违背，这是对公平正义的违背，也是对那些追求和平之人发出的尖叫与呼声充耳不闻的表现。这会让我们这个国家变成一个恐怖的国家。因此，总统先生，难道美国政府希望他的民众变成疯狂的野蛮人吗？难道在他们的心中，爱意与善良的天性已经彻底泯灭了吗？人类的灵魂、公平正义以及每个人心中的良知，无论从缅因州到乔治亚州，都必然会反对政府做出这种粗暴疯狂的行径。

在谈到我的邻居以及我对此的看法时，也许我已经越过礼节的界限了。但是，倘若我们不以这样的方式去谈论这样一种粗暴的行径，难道不是一种更没有礼节的行为吗？我们只是阐述了一个事实，即这样一种犯罪行径以如此宏大的形式呈现出来，必然会彻底混淆我们对良知与正义的认知——这样一种犯罪会让这个国家的切罗基部落与我们都失去应该有的权利。因为我们该找寻什么样的借口，才能说出那些可怜的印第安人是在阴谋推翻我们的政府，或是占有那些原本就不属于我们的土地呢？总统先生，如果你以背信弃义的方式这样做，就必然会让总统职位应该有的尊重荡然无存。同时，我们这个国家的名声，我们所倡导的宗教与自由的美名，也将会在世界上消失殆尽。

如果你将我们的这种抗议反对与任何宗派或是党派的情感联系起来的话，这都是不公平的做法。我们之所以站出来表达强烈的反对，完全是因为我们内心出于对兄弟同胞最简朴的爱意。我们不会在任何一个狭隘的党派利益下，同意这种以所谓国家名义去做任何违背人性良知与同胞情谊的事情。总统先生，在过去一年，政府与民众在这些问题上的争论，已经影响到了国内的货币以及商业状况。但是，这些影响与以强制性方式搬离切罗基部落民众生存地的恶劣行径相比，简直不值一提。大家都不会否认，现在是一个艰难时期，这样的讨论所产生的影响已经波及每一座农场与每个穷人的家庭。但是，相比于文明社会的人类是否以文明的方式对待野蛮人这个永恒的话题来说，目前的困境都是不足为道的——无论是理智、礼节、正义甚至是仁慈等特性，都应该在美国民众身上得到体现。但是，我们目前对切罗基部落以及对人性的摧残可以说到达了一个顶峰。

此时，我很不情愿地跟你谈论一下我的看法，希望能够引起你的注意。我认为，政府应该从过去的历史事实中汲取深刻的教训，即在这个问题已经公开的情况下，联邦政府目前的做法，会让大部分北方人对这个政府具有的道德品格持一种严重的怀疑态度。

在公开讨论这个问题的时候，很多北方人都表现了沮丧或是不敢相信的态度，他们不敢相信他们的政府竟然会做出这样一种诈骗或是抢劫的行为，这让很多善良之人为之感到羞耻。他们不禁会问，难道美国政府就是以偷窃的方式去执政吗？难道美国政府会对民众撒谎吗？难道美国政府会亲手杀死一部分的同胞吗？我们需要以无所畏惧、理直气壮的方式去提出这些问题。我们的许多议员与过去的政治家都会说，若是在10年前，他们肯定会将自己的身家性命都赌上，认为联邦政府不可能真的执行这样的印第安人政策，因为整个国家的民众不会同意这样的行为。现在，这种犯罪的行为以如此迅速的方式出现在每个人眼前，这让数以百万具有美德的民众都没有足够的时间发出自己的声音，表达自己的意志，只能为那些遭受政府洗劫的部落与同胞表达自己的哀叹与遗憾之情。

总统先生，我不会隐藏我对你所持的严重质疑态度。我希望这封信能让你对政府的行政权力对民众应当承担的义务有更好的认知，这也代表了我许多朋友的共同愿望。总统先生，我不会先入为主地以怀疑的态度去对待你。我只是希望能够向你阐明这个事实，让你明白我们是多么淳朴与具有人性的人民，我们每个人都尊重政府的管理，也知道政府管理者的不良行为会带来多大的伤害性。像你拥有如此丰富经验的人肯定也明白，对道德情感的反对是毫无意义的。无论遭受痛苦之人是多么的脆弱，无论压迫者看似多么强大，自然的法则就是任何压迫别人的人最终都会遭受报应的。因为上帝也认同这样的情感，这样的法则是不可能遭受压抑的。任何统治者与民众在这条法则面前，都必须要臣服。但是，只要我们能够遵循这条法则，我们的国家就会变得越来越强大。

总统先生，我给你写这封信，就是要告诉你这次印第安人事件所造成的风波。我希望你能够多聆听民众的声音，能认真履行1500

万民众授予你的权力,避免采取对切罗基部落民众生存造成威胁的任何行为。

尊重您的一位普通公民
拉尔夫·沃尔多·爱默生

附录 E 爱默生与 1872 年 7 月大火之后给他捐款重建房子的朋友的信件往来

1882 年 5 月 8 日,波士顿

爱默生的去世,让出版下面这些信件没有遭遇任何阻力。现在,我想要完成这项工作。每一位捐款者都收到了爱默生生前寄去的充满深情与爱意的信件,表达他对每一个帮助他重建家园的朋友的真切情义。

这种善意的行为会让一个人感受到人生的成功与圆满。朋友们在他的家园被大火烧毁之后,立即伸出援助之手给予帮助,这让他的内心感到了极大的满足感。他并没有向任何人提出要帮助的请求。爱默生的一些朋友提出的简单建议,就让他有机会重建家园。在大火烧毁房屋的第二天,很多朋友就寄来信件,并随信寄来了大额或是小额的支票。因此,在短短的三周时间里,我就能将这笔款项寄给法官霍尔,而他也在 8 月 13 日收到了这笔款项,之后他在第二天早上将这笔款项送到了当时住在老教区住宅的爱默生手上。

之后,还有一些朋友也捐款了,让我账本上的金钱数目高达

11620美元。部分款项直接送到了在康科德重建房屋的工人手上，剩下的钱则在10月7日送到了爱默生手上，他也在1872年寄来的一封信里确认了此事。

每一位帮助爱默生重建家园的朋友似乎都认为，他们有幸通过这样的方式表达对他的爱意与尊重，是他们对他表达感激之情的最好方式。事实上，如果重建爱默生的房子需要更多钱的话，他的朋友肯定也会帮他筹集到这笔款项的。

那些怀着愉悦心情加入这次友善"计划"的人都为这样的想法而感到开心：他们减轻了这次火灾给爱默生所带来的身心压力，让他能够腾出更多宝贵的时间过上一种高贵的生活，而这是我们每个人都想要看到的。

我要感谢诸位朋友让我写这封充满善意的信件。

勒巴龙·罗素

1872年8月13日，波士顿

亲爱的爱默生先生：

当你的朋友们得知你的房子被大火烧毁了，他们都自发地伸出援手给予帮助，他们也为自己能够帮到你感到由衷的高兴。

你的一些朋友一直都在为实现这个目标而努力，现在他们恳求你接受我寄的这笔钱，按照你的要求存在康科德银行里。我们通过我们共同的朋友法官霍尔来表达我们的善意。他们相信，你会将这笔钱视为你的朋友们表达的真诚善意。你的每一位朋友都为他们能够帮助你重建家园感到由衷的高兴。

如果他们所捐赠的款项超过了重建房子所需的费用,他们真诚地希望你能够将剩下的钱用在你认为合适的地方。

您忠诚的朋友
勒巴龙·罗素

亲爱的勒巴龙·罗素:

我收到了你的来信,昨晚从巴雷特先生那里收到了寄来的1万美元支票。今天早上,我将这笔钱存入了爱默生在康科德国家银行的账户上,然后将银行存折拿给爱默生,并将你的信件一同拿给他看。我对爱默生说,他的一些朋友已经决定了,希望他能够前往英国,参观沃里克城堡以及其他著名的景点,认为这样有助于他恢复身体健康,等他旅行回来之后,房子应该也建好了。

当他明白了这是怎么一回事,读完了你的来信之后,他非常的感动。他说,他过去的人生都是依靠自己的,他真的不知道该说些什么——他的朋友们实在是对他太好了。我对他说了我认为是最好的回答,告诉他这是朋友们自发做出的举动,因为他们都希望借此机会表达对他的敬意与爱意,还说这样做也让他们感到由衷的高兴。我还按照你的要求,提到了希拉德与塔潘女士。我认为塔潘女士之前已经给他写信,表明要是他有什么需要的话,都可以直接开口,表示个人愿意捐5000美元给他。

我认为这一切都没有什么问题,但他表示一定要亲自看看捐款者的名单,然后再看看应该怎么感谢他们。他对我说,他当年的同学与老朋友F.C.罗威尔与班格思、格尼女士以及其他几位朋友已经给他寄来了5000美元的支票，他认为这些钱对他来说实在是太多了，大家所捐的钱都远远超过了实际所需的钱。也许，这也解释了其中一些捐款者的名字没有出现在名单上面的原因。

我很高兴地看到，目前身体羸弱的爱默生对他的朋友们都怀着深深的感激之情，发自肺腑地感谢你们所做的一切！

永远忠诚于您的
E. R. 霍尔

1872年8月16日，康科德

亲爱的勒巴龙先生：

你的来信以及你给予我的赞美，让我的内心充满了感动与感激之情。当我现在有时间而且身体允许的时候，就想着尽快给你回信。我在这个世界上已经活了许多年了，从未直接向你们这些给我的人生带来无限欢乐的优秀男女恳求过什么，但你们还是给了我如此之多的帮助。无论这次火灾给我带来了多大的损失与灾难，但是你们给予我的帮助要远远比烧毁的废墟让我感动。我真的不知该怎么感谢你以及通过你给予我如此慷慨帮助的朋友们。每当我阅读你的来信或是想到你们给予我的关怀，我的内心就感到无限喜悦。我的朋友们都表达了对我的善意，这让我这个老人的内心感到了无限温暖。到目前为止，法官霍尔还没有让我看到捐款者的名单，但你应该确信，无论早晚，我都要认真查看每一个给予我帮助的人。

> 永远感谢您的真诚朋友
> 拉尔夫·沃尔多·爱默生

1872年9月8日，康科德

亲爱的勒巴龙先生：

　　昨天晚上，我已经收到了你寄来的两封来信，其中一封信里包含着一张1020美元的支票。

　　难道我的朋友们都想用他们的善意来感动死我吗？你肯定会说，不是的，你们只是希望我能够长命百岁而已。我认为自己已经是一个非常有福之人，你们却给我增添了更多这样的福气。看来，你们要让我出国旅行一段时间，好让你们在此期间重建我的房子，也让我的精神状态变得更好一些。

　　一直以来，我都是一个相信人性的人。不过，我在最近一段时间里所感受到的爱意，还是让我每天都生活在惊喜与感动当中。现在，我感觉自己几乎拥有了一切，很多优秀的男女都想办法表达他们的善意（其中一些人还是与我素未谋面的），我希望能亲自对他们每个人表达感谢，然后向他们问一句，为什么我们之前还没有见面呢？为什么你没有告诉我，我们之间有着相同的想法呢？人的一生并不漫长，人与人之间的思想共鸣是很难寻觅的，因此我们最好与那些和我们趣味相投的人在一起。我之前习惯过着隐居的生活是错误的，也许这件事给我上了一课，幸好这还不是太晚。

要是你遇到他们，请帮我向他们传达我的谢意，告诉他们，虽然我还没有当面感谢他们，但我也不是一根木头或是一块石头，我始终铭记着他们的好意。

我的妻子坚决让我将她的感谢之情传递给你与他们。

永远感谢你的
拉尔夫·沃尔多·爱默生

1872 年 8 月 20 日

亲爱的法官大人：

这几天来，我一直在口袋里放着我在康科德写给你的一封信，但我迟迟都没有写完这封信。在大多数时候，我已经是一个愚蠢的人了，很多时候被一些琐碎的事情所影响。我还没有完成这封信，但这封信的主要目的是要询问关于捐款名单的事情。这些帮助我的人是如此的值得我去感谢与珍惜。每当我读到你或是他们寄来的信件，我这双干燥的眼睛都会湿润，我的声音也会充满情感。这些都是亲爱且高尚朋友的名字啊，这些都是让我充满敬意的名字。但是，我现在还不完全知道他们所有人的名字。很多名字是那么的熟悉，让我的记忆一下子回到了多年前，他们可能是我朋友的朋友，我真的非常感激他们。事实上，我应该保持身体健康，让心灵与心智处于愉悦的状态，不要像现在这样成为没有了思想的患病之人。因此，你必须要相信一点，我对你们以及其他有如天使的朋友们给予的帮助铭记在心，始终怀着深深的感激之情。

永远忠诚于你的

拉尔夫·沃尔多·爱默生

附录 F 爱默生公开演说目录

在下面这个名单里，我会将爱默生在公开场合发表的所有演说都列举出来（一些没有出版的布道演说除外），并按照这些演说稿子出版的年份顺序进行排列，删掉了其中一些重复或是有重叠的内容。如果这些文章出现在爱默生的精选录里，我也会在这些文章的后面标明这些文章所在的卷数以及页码。至于那些没有出版的文章，我也会尽可能按照爱默生所写的内容进行概括，并提及相关出版的内容。在列举有关演说稿子内容方面，所标明的日期都是演说第一次发表的日期，因为这些演说通常都是每周进行的。下面按照时间顺序对爱默生的演说与文章进行排列。

1830 年

2月17日，马萨诸塞州康科德，在成为 H.B. 古德温牧师的助手之后的演说。

1832 年

9月9日，在主的晚餐会上发表的布道演说。

11月4日，在波士顿自然历史协会上发表的引导性演说（地址在波士顿的共济会会堂）。这篇演说的主题是"人类进行学习的重要性"。这个地球就是一个庞大的博物馆，人类的五官就代表着一种完美的哲学工具，每个人都可以将自然界提供的自然信息进行对比。在演说里，爱默生谈到了在巴黎参观植物公园的感想：他感受到了动物与人类之间存在的那种超自然的神秘关系。他还谈到了个人追求所带来的多种好处：一是对人类健康的好处；二是在于发现经济层面上的好处；三是这种行为所激发出来的强烈热情；四是通过准确的思想习惯提升心智与品格；五是让人能够做到自我理解——或者说，这是我们与内在世界进行交流的一种方式，让我们能更好地理解我们的真实想法。

12月，爱默生发表了《人与地球之间关系》的演说。在演说里，爱默生谈到了人类以缓慢且世俗的方式去逐渐改变地球的表面形态：人类在地球表面上建造房子、铲平土地，或是建造地下室，等等。人类所改造的世界充分展现了人类的能量、力量与其所具有的力量之间的对比。人类迫于生存方面的压力不得不充分调动主观能动性，不断进行探险与从事商业活动。那些敏捷聪明的水手按照蝴蝶的形状去对船只进行改造，让船只在面对风浪时具有更强的抵抗性。人类始终在想办法修复这个世界，让这个地球的气候与空气更加适合人类的生存。在这篇演说里，爱默生不仅谈到地球的资源所带来的各种好处，还谈到了地球所具有的美感，谈到了人类与地球相互依存的关系，最终让人类形成了科学这门学科。其他生物会在某些特定的地方生存，但是人类所生活的范围则是遍布整个地球。

1834 年

1月17日，爱默生发表了主题为"水"的演说（在波士顿机械工人协会上发表的）。爱默生在这篇演说里谈到，在这个地球上，水是普遍存在的，对人类的生存与发展具有不可估量的重要作用：从阿尔卑斯山脉与安第斯山脉流下来的纯净水让人类拥有适合于居住的环境。水作为一种可流动的媒介，将地球的每个角落都连接起来了，让地球的气温变得更加恒定，让植物与动物得以在地球上存活。水在自然世界的外在循环活动，其实就是今天的人们经常谈到的气象学。关于水的特性，我们得出了有关水结冰的法则，知道了流体静力学方面的压力，也知道了毛状吸引与蒸汽等现象。

爱默生就"意大利"这个主题发表了两场演说。在演说里，他对意大利这个国家进行一番描述，谈到了意大利的自然风光以及历史古迹。"相比于我们在故乡感受到的某种出其不意的情感，我只是一个旁观者，没有任何特别的目的。我没有收集任何可以触碰、激发嗅觉或是品尝的东西——我也没有诋毁任何浮雕与画作之类的东西。当我们去到那里，却看到了一个积极投身社会生活的人所做出的表现。随着我对这个国家的认知更加深入，我更加感受到了这个国家所具有的历史，我对此满怀着敬意。"

5月7日，爱默生发表了一篇关于"自然主义者"的演说（这是他在波士顿自然历史协会第四次年度会议上发表的演说）。在演说里，他强调了自然历史在一般性教育中的重要性。他说，我们不可能每个人都成为自然主义者，但是我们能通过对自然的精确观察得到好处——成为我们这个时代的真正公民，同时也代表着科学的一个时代。目前的社会对自然科学有着强烈的需求，能与科学、艺术或是商业形成直接的联系——让我们对所生活的世界有一个更加深刻的认知。这能让人类了解世界的中心，知道人类与自然的关系有助于我们去创造出一些东西。但是，要想获得这样一种优势，我们绝不能在纷繁复杂的术语或是命名中迷失了研究的方向。那些从事这方面研究的人，必须要在最严谨的分析中抱着诗人的心态，或者说，他们必须要让自己所背负的自然主义者的头衔屈服于人性。

1835 年

1月29日，爱默生发表了6场关于生物学的演说（在波士顿共济会会堂，爱默生在传播有用知识协会组织的演说活动上发表了这几场演说）。在《对伟人的考验》的演说里，（1）爱默生提出了一个与人相关的问题：人的灵魂能够追求他所想到的目标吗？（2）他之所以工作就是为了炫耀自己吗？路德、华盛顿、拉菲特等人都坚定地相信他们所追求的目标。与那些在橱窗里展示商品的零售商相比，拿破仑其实也没有自信多少。（3）健康的心智才能让我们怀着友好积极的心态去工作。（4）人类有能力去激励其他人的心灵活动。（5）对超人类形象的信念。阿提拉，这位匈奴王认为自己是上帝派来的，认为自己具有超自然的能量。（6）无私的目标。（7）视野的宽度，人类应该摆脱偏见，用真实客观的眼光去看待事实。爱默生发表的第二篇演说是《米开朗基罗》（这篇文章发表在1837年1月的《北美评论》杂志上）。爱默生发表的第三篇演说是《马丁·路德》。在这篇演说里，爱默生谈到了伟大的成就，是每一个具有才华以及资源的人都能去实现的。他认为，任何抽象意义上的猜想都是毫无意义的，他对于科学真理持怀疑态度，他相信的是犹太人的宗教。如果他能够感受到最初阶段的基督教义，那么他会感到非常满足。他所阐述的伦理法则被视为神圣的信条，而不是作为一种哲学事实。但是，他深信着他所相信的东西。与此同时，他所具有的简朴人性让他避免陷入狂热的状态。他之所以如此伟大，是因为他的头脑与心灵都是健全的，并在遇到任何重大危机的时候，都能遵循自己的天才。爱默生的第四篇演说是《弥尔顿》（这篇演说稿子刊登在1838年7月出版的《北美评论》杂志上）。爱默生的第五篇演说是《乔治·福克斯》。在这篇演说里，爱默生谈到宗教热情就像自由主义的一种自律，为他敞开了心灵的大门。从本质上来说，福克斯是一位现实主义者，喜欢用某些名称来代替一些事物。但是，内在的光芒是不可能被局限或是传递的。当他那颗饱受摧残的灵魂逐渐远离教会的时候，他一开始感觉自己是非常孤独的，之后才感受到了内心的平静与安详。他与他的门徒都过分夸大了一些琐碎的东西，他们偏离了常规，遭受了许多非难与质疑，而这反过来让他们喜欢夸大自身的重要性。对教友派信徒的迫害让我们的城镇获得了"波士顿的血腥之镇"的称号。他们所遭受的残酷对待，只会让他们产生一种不屈不挠的精神。当主人的船只拒绝搭乘他们的时候，他们就自己想办法乘船前往弗吉尼亚州、巴巴多斯或是其他港口。他们历经千辛万苦，穿越了森林、沼泽地以及印第安人的出没点。即便最后迎接他们的可能是高高的监狱、鞭笞刑柱或是绞刑架，他们也无所畏惧。在爱默生的第六篇演说《埃德蒙德·伯克》里，他谈到了奥勒留①与培根都是采取实际行动的哲学家，在面对现实事务的时候都能做出相应的反应。在爱默生看来，伯克具有更加全面的智慧，他是一个具有科学精神的人，曾利用科学去平衡某些特定目标与整个社会的关系。他从来没有将自己的理论视为一种放之四海而皆准的标准，而是从事实出发，将一些经验总结成适用

---

① 奥勒留（Marcus Aurelius,121—180），古罗马皇帝兼斯多葛派哲学家，代表作有《沉思录》等。

的理论。他的品位、他的社交秉性、他那温和的性格，都让他始终努力地去追求自由，不会成为一名极端的改革家。他的演说方式与我们所看到的优秀演说家并不一样，他的演说会直通我们的心灵深处，不追求任何哗众取宠的目标。每当听众聆听了他的演说回家之后，都会沉醉其中，然后用夸大的话语来表达自己的情感，但他们不知道这到底是为什么，也不知道为什么他说的那些话让他们觉得非常好。伯克不像那些完全以现实眼光看待问题的人，因为这样的演说方式无法激起听众的任何情感，而只能获得他们的赞同。他总是会说出充满男人气概的观点，从宏观大局去看待问题。

8月，爱默生在美国教育协会上发表了演说《唤醒民众对英国文化正确品位的最佳模式》。在这篇演说里，爱默生将学者所产生的任何影响都分为两大类：一是天然的学者，二是那些有空闲时间去阅读的人。我们这个国家继承了英国的语言，我们从自然界里获得了通向世界最宝贵资产的钥匙。我们不能对自己所能遇到的这么多好书表达任何不满的情绪。书籍就像天空中的星星，要想找到真正闪亮的星星其实是很难的。如果我们忽略了其他的星星，只关注莎士比亚、弥尔顿或是培根等星星，然后专注于研究这些作家的作品，那么我们可能也没有多大的损失。但是，如果你能将自己每天阅读报纸的时间腾出来，用于阅读胡克、休谟、克拉伦登、哈林顿与伯克等人的作品，那么你在很短的时间内就可以对英国所有伟大作家的作品有一定的了解。对这个问题的研究要比宽泛阅读更好一些。乔叟、斯宾塞、莎士比亚、培根、弥尔顿以及泰勒等作家都是一个级别的。在同一时代的第二级别的作家则是本·琼森、赫伯特·哈利克、马维尔、考利、卡德华斯与德莱顿等人。第三个级别的作家则是蒲柏、艾迪生、斯威夫特、休谟、巴特勒、约翰逊、吉本与史密斯等人。不是每个人都有必要成为学者的,正如不是每个人都应该去当船员、编织工人或是歌手的。但是,我认为每个人都有能力对文学作品产生兴趣,这也是最有益身心与最有趣的娱乐消遣活动了。但是,我们在阅读过程中绝不能怀着被动消极的态度。学生必须要想办法跟上老师的节奏,想办法找到最好的学习方法。让更多人了解与阅读这些名著的办法,就是大量发行廉价的书籍版本。我们应该让这些名著像磁石一样,吸引着每一位喜欢阅读的人。

9月12日,爱默生在康科德发表了一篇历史方面的演说,主要谈论康科德这座城镇在融合之后200年里发生的事情。

11月5日,爱默生就"英国文学"发表了10篇演说(这是他在波士顿共济会会堂里,参加由传播有用知识协会组织的演说活动上发表的)。第一篇演说是"引言"。爱默生在演说里说,"文学"一词在很多人听上来是空洞的,被视为少数一些充满幻想之人无伤大雅的消遣活动而已。但事实上,文学对于自然以及人类所处的环境具有深刻的影响。一个人的脑海里有什么样的想法,他就会变成什么样的人。一个人在这个世界上所做出的全部行动以及努力,其实都是他的思想展现出的外在现象,让他通过创造出某种外在行为去展现自己的想法。在所有不同的表现形式里,最完美的方式就是语言。进行思考是每个人的本性,但是人类的历史与我们自身的生活实在是太紧密了,因此无法看得更加清楚,那些诗人与哲学家则希望能让我们站在旁观者的角度,以更加明晰的方式去看清楚他们的精神含义,让我们能够打破习俗所带来的陋习,让我们能够看到一切存在的东西。他们向人类表达的思想，证明了诗人的信念，即每个人都能感受到这样的信息，每个人都可以在某种程度上成为诗人。事实上，人类站在精神与物质的中间，身上展现出这两种关键的元素。真正的思考者能够看到一种元素代表着另一种元素，而这个世界正是灵魂的一面镜子，我们则想办法展现出最为美好的关系，而这正是文学所能带来的意义。爱默生的第二篇演说是《英国的国民天才的永恒性特征》。在这篇演说里，爱默生谈到了许多重要的心智活动都是与一种强大的意志以及强大的身体功能联系起来的，这就好比那些粗糙的树干能够让英国民族的智慧与人性像美丽的花朵那样绽放。关于英国民族的特性，这已经在每个不同的时代不断得到呈现。无论英国文明在哪一个国家扎根，都必然会带有一定程度的特征，比如幽默、恋家、追求功用性、精确的感知能力以及对事实的追求。可以说，英国民族追求公平竞争，尊重生命以及尊重女性。英国的诗人都喜欢田野与农场，喜欢乡村小道与炉底石。英国民众对绅士举止的热爱，本质上源于他们对生命与资历的尊重。这样的观念是英国人与美国人身上都共有的，现在正渐渐成为两国一个共同的基础。威尔士与撒克逊诗歌正是很好的代表。爱默生的第三篇演说是《寓言的时代》。在这篇演说里，爱默生谈到了诺曼语言的传播渠道。当战争让整个欧洲大陆的民众都回到了一种童真的状态，南方与西方一些国家充满韵律的语言为英国民众所熟悉。自然与常识、地理学、年代学以及化学开始渐渐流行，对很多容易轻信的国家来说，这些仿佛都是许多神奇的事物堆积在一起。与古希腊诗人创造出充满美感的语言不同的是，每一个寓言故事都以睿智的方式持续地展现出来，其中包括普罗米修斯与俄狄浦斯的故事，还有关于梅林与亚瑟的故事。不过，随着人类文明的进步，罗马时期的诗人与小说家都希望能够通过雕塑的方式来表达情感，并以冷漠的方式引入了道德观念。正如柏拉图所说的，就连他本人也无法理解一些伟大且睿智的东西。写作不仅会刺激人的心灵，让人感到愉悦，还会让他们利用写作的机会，将一些熟悉的意象传递给普通读者的心灵。渐渐地，诗歌开始成为表达诸如讽刺等强烈情感的工具，而诗歌的意象则是从自然与日常生活中汲取出来的。英国诗歌从一开始就鼓励某些具有文学天才的人迸发自己的潜能，这可以从最早期的诗歌的措辞中看出来。我们可以从这些诗歌中感受到牲畜发出的呼吸气味，感受到许多平凡物体所具有的美丽。我们可以从《格罗斯特的罗伯特》与《皮尔斯农妇的视野》等诗歌中看得出来。爱默生的第四篇演说是《乔叟》。阅读乔叟诗歌或是文章的读者，都会对他所描述的熟悉景象或是思想感到震惊，因为乔叟正是英国文学史上的重量级人物。乔叟是一个具有强烈个性同时又令人感觉亲切的天才，与每个人一样，他具有平衡的心智以及平衡的个性，这让他成为一个亲近普通人的诗人，让他能运用自己的智慧将他所在时代的品格都表达出来。但是，他始终保持着桂冠诗人的尊严，将英国的文学恢复到应有的荣耀。古人引述诗人的诗句，正如我们现在从《圣经》里引用句子一样。但是，英国诗人不得不放弃那种高高在上的感觉，不像过去吟游诗人那样以居高临下的态度去面对民众。他们只能从最原始最为持久的方向，找寻激发人类兴奋与愉悦的源泉，从而为全新的文学打下基础。正如良好的常识与不断增长的知识能够让他们拥有这样的能力，诗人也开始重新树立他们在过去所具有的威望。正如但丁、莎士比亚、斯宾塞以及弥尔顿等人在他们生前都没有获得任何优待。但是，随着法国学派传入到英国，就出现了诸如司各特、拜伦以及摩尔等诗人，他们根本没有为驱赶这样的流派做出任何努力。每一位阅读乔叟作品的人，都会为他的作品中所散发出来的尊严而感到震撼。他的作品同时散发出强烈的幽默感，他对绅士行为的热爱，他对女性优雅品格的欣赏，都在他的作品里打下了深深的烙印。爱默生的第五篇与第六篇演说都是关于莎士比亚的。在所有的诗人里，莎士比亚独自占有重要的地位。要想对莎士比亚进行分析，就需要我们具有对人性心灵的分析能力。可以说，莎士比亚拥有人类极限的想象力，拥有神乎其神的表达能力，能让他的语言以最好的形式服务于他的目的。他创作的十四行诗是那么的纯粹。他的那本小诗集所具有的文学价值甚至能让他的戏剧作品都为之失色。他的这些诗集饱含着他深入的思想以及对韵律具有的某种沉寂的美好，这是很难通过迅速完成的段落表达出来的，因此非常值得我们去进行深入的研究，正如意大利人对但丁与皮特拉克的作品进行的研究一样。不过，无论莎士比亚拥有多么神奇的创作能力，他还是无法给我们留下某些关于思想与思想之间进行评判的标准。每一种转瞬即逝的情感都会占据着诗人的心灵天空，而这些情感都没有经受过任何形式的淬炼，因此可能会变成诗人的一种通病。心智健康之人会对所有健康的情感都保持着一种开放的态度。如果这种大胆的猜想能将一种思想转向一种极端的话，那么这必然会反过来让我们走向另一个极端。莎士比亚在自身拥有的丰富想象力的基础上，增添了一种自我修复与自我采集的能量。他具有充满活力的反思性能量。他的脑海里不断浮现出许多问题，正如那些最坚定的怀疑主义者对生命、死亡、人类以及自然的看法。但是，莎士比亚并不是单纯的诗人或是哲学家，他至少还拥有对现实世界真实关系的清晰观感。他对自己在这个世界上所看到的事情以及尘世的生活感到愉快。正是这种愉快的情感才让他转向戏剧创作。无论从哪个角度去看，一般人的生活都会让他得到他想要得到的东西。他之所以具有某种超然优越性，秘密就在于他能将身体的每个感官机能都调动起来，并让这些机能很好地运转。莎士比亚通过对人类生活的三个重要领域——道德生活、智慧生活以及现实生活——直抵人类的灵魂深处。爱默生的第七篇演说是关于培根爵士的。在这篇演说里，爱默生认为，培根在所有文人中理应排在更加靠前的位置。因为他通过文字将人类内心的想法非常清晰地呈现出来，就好像这些想法是以某件事的形式呈现出来的。可以说，没有比这种能力更伟大与更渺小的了，但他想要知道其中的法则。在他的内心深处，他似乎知道应该以讥讽的方式去面对那些投机之人，认为这些人并不适合经商。他有时也会提高自己攻击别人的能力，给一些学者带来压力，甚至会通过作恶的能力去证明自己在现实生活中具有能力。他几乎对人类智慧的每个领域都进行了一番研究，并预测了当时仍然还不存在的文学体裁的出现。在学识渊博方面，他时常被后人拿来与莎士比亚进行对比，但他的作品是比较零碎的，缺乏一个整体性。他的作品仿佛一座尚未完工的城市，建筑材料依然撒落一地。莎士比亚的每一部戏剧作品都有着惊人的完整性。要想自己的作品变得更加完整，培根必须要长命千岁。这种缺乏整体性的特点，可以从培根一些幼稚的想法中看出，甚至可以从他表现出来的一些狭隘精神发现，这就像一条蛇在面对天使的演说时发出嘶嘶声。爱默生的第八篇演说是《本·琼森、哈利克、赫伯特与沃顿》。爱默生认为，本·琼森是英国文学界的领军人物，在伊丽莎白时代与詹姆斯时代的文坛中占据着重要的地位。本·琼森有着强大的心智能力，虽然他的作品本身在戏剧层面上不具有多大的价值，但他却能保持自己的名声。他的措辞是那么的纯粹，他的句子是那么完美与具有力量，但他的戏剧作品却让人感到无比沉闷。当然，这不是一种庸俗的沉闷，而是学识与感官层面上的沉闷。首先，他的作品从一开始就设定了一个前提，即认为观众拥有着强大的智慧能力，但拥有这种智慧能力的人在伊丽莎白时代是不多的。虽然他的戏剧作品主题是沉重且平凡的，但他仍然用英文创作出了最优美的诗句。哈利克的文学价值就在于他用近乎完美的诗句让非常平凡的事物充满荣耀。他将诗人的特权推到了一个全新的高度，肆意地挥洒着自己的才华。他乐于向世人证明，灵感不是一样好的东西，也不是一种拘谨的东西，而要敢于迈着坚定且灵活的步伐走到一个充满险阻的地方，不要受到除了阳光之外任何事物的影响，因为阳光同样会照在发臭的尸体与紫罗兰上。乔治·赫伯特的作品可能会让一开始阅读的读者有些反感，因为他使用一种离奇有趣的讽刺性写作风格，这种风格在那个时代的英国是非常流行的。不过，现在的读者同样会认为他在作品中使用的措辞是一种无法效仿的天赋。这样的思想散发出强大的热量，甚至能够将语言本身融化掉。因此，在他的笔下，语言是非常灵活的，他所追求的韵律感始终不会阻挡我们对语言感知的追求。他的作品在激发出读者的道德庄严感方面做得最好。他的诗歌散发出忠诚灵魂的气息，能够让我们透过诗人的双眼去看待这个充满困惑的世界，同时还保留着圣人所应具有的情感。亨利·沃顿爵士可能更受世人重视的是他的财富而不是他的文学才华。可以说，我们很难找到一位与那么多著名人士有着私人交往的名人，他留下了一些文章以及他与那个时代一些名人的通信。但是，他的一些充满睿智且有趣的话语则更为世人所熟知。

在伊丽莎白与詹姆斯时代，英国文学成就最大的就是戏剧了。有时，我忍不住会想，英国肯定是有着很强的戏剧传统或是习俗，才能突然在那个时期出现一个戏剧创作大爆炸的时代。如果这些戏剧真的能够展现出当时那个时代时尚圈子的生活方式，那么我们就要感谢上帝，为他能让英国民族生活在东西半球，不断为推动谈话的纯洁性以及诚实的生活做出努力。爱默生的第九篇演说是《伦理作家》。我们也不能忘记这一类的作家，他们的作品不是通过他们的学识或是才华，或是通过满足某个时代的读者需求去实现的，而是通过他们的思想所具有的指引性。因为，他们表达出来的情感，与每个时代的每个人都是类似的。他们认为，道德的沉思是永恒的，能够表达出一种普世价值。培根、斯宾塞、西德尼、胡克、约翰·史密斯、亨利·摩尔、雷顿、哈林顿、弥尔顿、多内、托马斯·布朗爵士、约翰·班杨、克拉伦登、艾迪生、约翰逊、伯克等人，他们都有一些作品是具有永恒性的，能与任何语言文字创作出来的文章进行对抗，并在历史的潮流中显得那么充满生命力。爱默生的第十篇演说是《拜伦、司各特、斯图瓦特、麦金托什与柯勒律治：当代文人的方方面面》。爱默生认为，拜伦对语言有着一种神奇的天赋，但因为他出于自身的骄傲与自私，变成了一个冷漠的观察者，这让他的创作缺乏素材。我们的兴趣会因为找不到任何意义而失去生命力。以最娴熟的方式去咒骂，这可能是不错的方式。关于司各特，爱默生认为，我们只能谈论关于他积极的一面，我们必须要感谢他创作的一些充满真挚情感的哀婉文章。不过，总的来说，司各特的贡献不是源于心灵的深处，当然他的作品也没有那么深刻。对他来说，社会的常规已经足够了。他的品位与幽默似乎与过去的民谣相呼应，与古代那些身穿盔甲在角楼上进行守卫、皱着眉头看着苏格兰山脉的士兵一样。正如他所说的，我会让我的幻想变得伟大与有趣，这样的话，它们就能够像真理或是现实存在的事物那样受到关注了。他通过自身的才华，实现了这个目标。但是，他的作品缺乏自然与真诚，因此在一批新作家出现之后，他就迅速失去了关注。杜佳德·斯图尔特则是一名杰出的学者与优雅的作家，但称不上具有原创精神的思想家。那些还记得哲学思想内容的人，都会知道他所提出的视野在很多学生的想象世界里都曾出现过的，而这样的思想会让他们感到失望。我们还记得，他对莫斯科进行的一番描述，并在一定范围内表明了圆顶与尖塔所带来的有趣的事情。但是，当我们穿过大门之后，就会发现里面有的只是狭隘的街道与普通的住房。詹姆斯·麦金托什爵士作为作家，并不具有某种提升心智或是强大思想的能力，始终无法对他作品里的一些观点进行证明。但是，他的作品《伦理哲学的历史》则因为其具有精确的分辨性、建议以及对许多重要观念进行了严谨的定义而变得更有价值。他的《英国历史》的主要价值在于他表明了应该以怎样的方式去书写历史——不要单纯对宫廷的事情进行记录，而应该对所有关乎人类的方方面面进行描述。柯勒律治的真正价值并不是作为哲学家或是诗人呈现出来的，而是以批判家的身份展现的。他有着一种极为强大的分辨能力，超越了他同时的任何人。他对道德、智慧与社会世界进行了广泛深入的研究。他的作品《文学自传》是英国文学史上最优秀的一本批判性著作。事实上，我认为当代的每一位学者都应该因此对柯勒律治表达感激之情。柯勒律治的作品具有一种其他作家所无法比拟的魅力。在他看来，《文学自传》的一半内容、他的《朋友》第三卷的部分内容以及他的几首诗歌，才是他应该保存下来的。如果你将那本名为《教堂与国家》的小书加上去，我认为每一个批评家都会认同的。

接下来，就是目前英国仍然健在的两位作家（华兹华斯与卡莱尔）了——祝愿他们长命百岁！他们之所以值得我们的关注，是因为他们都是顺从了自身天赋！一般来说，我们肯定会认为，他们肯定会感觉到一种麻木的感觉正在慢慢地潜入他们的重要机能，让他们产生一种将形式放在比事情更重要的位置上，这是一种貌似合理的追求，是对现实的一种呈现，但现实并非如此。当美国学者对英国这些著名作家的作品进行审视时——从乔叟到现在——他们肯定会感到惭愧。因为这些伟大的英国作家已经拓展了我们的智慧层次，并让我们对英国这个国土面积较小的国家进行一番思考，明白了这个国家的领土面积虽然小，却有着自由的科学文化精神，而这才是它们强大的基础的道理。

1836 年

12月8日，"历史的哲学"（爱默生在波士顿共济会会堂发表了12篇演说）系列演说中的第一篇演说是"引言"。在引言里，爱默生说，人们之所以感觉历史是沉闷的，是因为书写历史的人是以糟糕的方式去进行书写。真实的历史必然要充分反映出真实的人性：可以说，人性贯穿于人类的所有技能。历史应该充分描述人类的愿望与人类所处的阶段与位置之间的反差，这就构成了悲剧的源泉。人类对落魄者的怜悯之心以及其想要隐藏这种怜悯之心的做法，就构成了喜剧的源泉。历史除了应该将人物的社会关系呈现出来之外，还应该将他们落井下石或是一些不齿的行为写出来。历史应该将人物在家里或社会的行为方式都展现出来。第二篇演说是《科学的人性》。爱默生认为，心智的第一个过程就是进行分类。一种强横专制的本能会强迫我们将所有的事实都缩减为一些法则，甚至是缩减为一条法则。牛顿在看到苹果从果树上掉下来的时候，大声地说："月亮的运动其实也不过是一个更大苹果掉了下来。"歌德将植物缩减为一片叶子，将动物缩减为椎骨。奇洛德尼将合音与夸大的声音形态之间的关系呈现出来了。拉马克发现了单细胞生物的有机生命与每一种动物都是相似的，发现这种单细胞生物会在历史的长河上逐渐演变成蠕虫、獒犬或是人类，这些生物会演变成什么形态，要取决于它们所处的环境。拉马克就曾对一只毛毛虫说：我的兄弟，你现在感觉如何？我的上帝呀，你可能还没有成为一位哲学家吧。人类的本能在面对任何事物的时候都不会遇到任何障碍。这些所谓的障碍对于我们的本能具有巨大的促进作用。所有媒介以及多元化的东西，都可以通过这种看似激进的类比去进行比较。而在出现偏差或是层次的问题时，我们可以知道，这些法则不仅有着坚实的事实基础，具有永恒性，而且还充满了生命力。也就是说，任何一种生物都不会变成任何其他一种生物，但在其可以承受的范围内可以出现畸形的情况。我们就是通过这种循序渐进的方式去慢慢地了解另一个事实，也就是说，对自然所创造的万物的精神有了更加深入的认知。我们可以知道，这一切都始于我们对这些事物的认知。第三篇演说与第四篇演说的主题分别是"艺术"与"文学"。艺术是人类想要创造出让自身激发出某种情感的永恒性方式。从艺术的最宽泛意义去看的话,文学就是艺术的一种形式而已。从大众的观点去看,这两者是相互协调的,呈现出有趣的反差。艺术思维会让人们乐于将思想变成行动,文学则是将人类的行为转变为思想。建筑师会将他的设计蓝图变成现实的建筑。诗人通过将人类的生活理想化,给我们带来美的享受。在这两个例子里,最高级的魅力都源于那些必须要去做的事情,源于一种超越了个人努力的神性需求,从而表达出超越时间与空间的永恒人性。荷马、莎士比亚与菲狄亚斯(古希腊雕刻家)与那些从事农业耕种或是作战的士兵一样,通过写作或是雕刻的方式表达他们对生命的看法。诗人或是演说家所表达出来的思想,都应该表达出一种他们认为同胞们应该接受的思想,虽然这些同胞现在可能还不敢说出来。他们应该在纯粹的心智与对人类的认知中占据一席之地。每一方要是出现了任何缺陷,都必然会影响到他们是否能够取得成功。第五篇演说的主题是"政治"。另一种表达人类同一种心灵状态的方式就是国家,这就像一张无形的网,将笼罩在所有民众头上的常识都聚拢在一起,然后共同去抵抗任何的入侵者。政府之所以能够出现,就是因为所有人都有着同样的想法,因此他们都有着共同的利益。这就需要政府必须是民主的,但这必然会因为民众拥有不同的财产而出现差异。从个人权利到个人财产的困惑就会出现,而关于奴隶制与专制政府的诡辩也同样会出现,另一方面也会出现平均地权的理论。这些不同的政治势力迟早会处于一种平衡状态。在任何时期,政治的标准都应该定得很高,让我们知道过去的标准到底是怎样的。但是,随着每个人接受的教育程度越来越高,政府的形式也变得越来越不那么重要了。在基于良好常识的基础之上,对政府的形式进行添加或是修补,这有助于实现正义。

第六篇演说是关于"宗教"问题的。正是人的责任感首先让我们对心智统一性的这一事实有了初始的认知。我想要牺牲邻居的利益来获得满足感,我发现他的追求与我的不一样,并试图干预我的个人行为,说服我采取某些行动。他的目的并不是为了自己或是其他人,因此这与每个个体的想法没有关系,而只与顺从一般人的想法有关。美德代表着一种顺从,宗教则是一种伴随而来的情感,让我们为感受普遍存在的灵魂而备受震撼。正确的行为都有一个明确的标志,就是能给我们带来好处。所有正确的行为都是有用的,而所有错误的行为都是有害的。但是,功用性只是其唯一的表象,从来都不是一种动机。如果拥有美德的高尚之人能够聆听深思熟虑的建议,不要过分地坚持自己的感知与认识,或是独自去聆听他们内心的声音,那么人类种族就必然会陷入破产的境地。耶稣基督就是代表纯粹理智的典型例子。在高山上发表的那篇布道演说所具有的美感,是我们的认知所无法去理解的。理智会重申这些不可更改的事实。这代表着真正意义上的启示,每个国家或多或少都能感受到其完美的文稿。通过外在形式去展现这一事实的最好例子就是教会的存在了。但是,所有这些想要通过规定或是仪式的方式去限制传输宗教情感的尝试,最后都证明必然会失败的。哪怕是最为真实的思想情感,一旦陷入停滞的状态,就必然会变成一种错误的东西。我们始终都要沿着正确的方向前进,不然就会陷入错误的状况。我们应该从最简单的事实出发,然后沿着逻辑的道路前进。即便是最纯粹的思想,若是受到了教会的限制,都必然会变得衰老或是缺乏生命力。信仰的时代会被一个缺乏信仰的时代所取代,而这也能将我们最好的才华转变成对现实生活的积极追求。要是我们无法做到这点,那么我们的许多重要功能仿佛就处于一种沉睡的状态,让我们对仪式或是言语产生羞涩的情感,对人类的精神本性表现得非常冷漠,无论这本身是否可以解决,都必然会占据崇拜的位置。但是,缺乏信仰会让人类走得很远。光明必然会在心灵的某个模糊的角落里亮起来,他们必然会谴责教会表现出来的死气沉沉的麻木状态,大声呼吁采取一种更加恰当的新方式去进行崇拜。只有全新的教会才是具有生命力的。不过,当这些教会都展现出生命力的时候,其实也是在传递出同样的东西。第七篇演说是关于"社会"。那些所谓的天才,就是那些能从人类的本性中获得最多理解的人。他们不仅赞美自身拥有的财富,还会赞美人类拥有的共同财富。社交、谈话、友情、爱意所具有的吸引力,正是在于能从其他人的思想与情感中得到一些东西,能超越我们自身的视野局限,让我们对不熟悉的东西有更好的了解。(1)社会的第一个本性就是婚姻,就是男女双方在智力与情感层面上的结合。这是任何婚姻大厦的基础,这不同于任何的海市蜃楼。(2)友情。一个人应该与那些能让他做出自然反应的人在一起,可以轻松自在地表达自己的思想与情感。不过,这个过程有时也会渐渐挫败任何想要破坏的某些友情,因为任何一个想要保持真我的人,都绝不能成为那些具有天赋或是才华之人的陪衬。相反,那些缺乏相同想法的人反而能够教给他更多东西。(3)国家。任何一个完美的社会在其形成的开始阶段都会出现问题或是在其过程中遭遇一些危机。任何一场重大的危机、强大的欲望、防御战争或是激发出来的热情,都会在任何时候将国民凝聚起来。(4)仁慈的联系,这能够通过组织的形式去提升个人的效率。但是,我们获得的能量可能看起来要小一些,因为每个人都只能给予一定的帮助。这并不适用于那些需要个人付出无限努力的事情。按照一定的比例,物质财富的增长就代表着一种精神上的堕落。(5)宗派或是党派。这样的组织乍一看充满着自私与主观的盲目性。但是,我们现在已经看到了这样做的必要性。如果人类历史上从没有出现过宗派,那么宗派也不会存在,但是每个人都想要修正其他人存在的一些偏颇的观点。正统的基督教徒出于对罪恶的恐惧而建立这样的系统,而自由派的基督徒则根据对善意的追求建造了另一个系统。这两派的观点虽然是对立的,但他们各自都代表着部分真理。(6)一个社会的瓦解可以从一群暴徒中看出来,很多人的行动都缺乏明确的个人动机。(7)这样的反差可以从话语的效果看出来,一个人的话语打动普通民众的心灵,从而将所有人团结起来:无论我们是采取忽视的态度,或是以自作主张的态度去面对,都会看到如果他们想追求错误,那么他们过去所激发出来的情感就会失去分量。这样的人也将无法继续领导民众,而只能受制于自身的欲望与激情。人类文明的进一步发展将会让我们陷入这种让人讨厌的模式当中,让整个社会的原则变成自身的法则,消除了所有正式的纽带。第八篇演说是关于"工作与职业"。一个人的工作与工具有点类似于《伊索寓言》中的故事,虽然以不同的形式呈现出来,但最后说的都是同一个道理。劳动是一个人想在这个世界上获得某些东西所做出的一种行为。为满足个人的一些私人愿望,他需要不断地努力,不断地提升自己。农民在田野上耕作,想要获得丰收，就需要成为自然的优秀学生，不断想办法去征服森林、高山与草地，成为季节的预言家，之后通过自身的努力，再加上雨、风与阳光等自然因素的作用，才能获得想要的结果。商人则扮演耕种的农民去交换他们商品的媒介与经纪人的角色。要是我们看看这些商人一月在大西洋两岸之间的奔波，就可以看到他们是如何从中掌握经商之道的。他们的财富建立在一种不稳固的基础上，有时就像来去无影的风那样来了又去，去了又来。他们必须要是一个手脚勤快、注意观察、有能力且有耐力的人。他们需要精打细算，并对产品质量比较挑剔。任何人都不知道他们到底有多少根手指，没有人知道小刀或是针头的作用，也没有人知道松木板的作用，直到他们看到了一种权宜之计以及那些水手们表现出两面讨好的做派。一个与自然关系不是那么密切的人群就是制造商了，他们可以说是每个领域的能工巧匠——我要说，每个男女都应该做得更好。不仅是工厂的钟或是城市的大钟，不断转动的太阳都会照在他们身上，询问你到底做了些什么。每一种工作都代表着一种能力的释放。行为与思想的所有模式都是美好与可以容忍的，这是沉闷且毫无作用的，就像蚂蚁堆上的幼虫，白天或是晚上都要外出去觅食。第九篇演说是关于"行为举止"，对品格的无意识感知就能够说明其自身。文明国家那些贫穷阶层与中产阶层的生活状态，对于培养品格是不利的，这也同样不利于培养我们的行为举止。权力与权威的习惯，强大意志的品格，这始终都会给人们留下深刻的印象。它们所传递出来的思想其实与英雄相差无几，或是在目前这个时代，代表着绅士或是富于尊严之人的行为。那些自力更生之人可以避免陷入恐惧与羞耻，他们能够感受到世界的美好，能按照自己心灵的真实想法去做事。这是野蛮人的生活与圣人的生活的一个重要区别。第十篇演说是关于"伦理"。事情的本质、灵魂的本质存在于世间万物的每一个原子里面。当我们上升到一定的高度，就能观察与预测在任何时代对人类来说是真实的东西。人类的心灵需要的是从沉睡的状态中苏醒过来，能够更好地在现实进行观察，这样的心灵与个人通过自身的本性去感知世界是一样的。第十一篇演说是关于"目前时代"。这是一个贸易时代，打开国门，与世界各国友好相处，维持这样的和平现状，摧毁狭隘的爱国主义，用世界大同的思想取而代之。每个人都能压制内心的狂人想法，每个人都能够放弃自我遗忘的伟大想法。我们将不会发现一个目光短浅的乡下人，也看不到那些衣衫褴褛的穷人，再也不会听到弥尔顿说出来的尖酸话语，听不到路德用粗俗的语言说出来的事实，或是像蒙田那样比较懒散了。我们应该不断地传播有用的知识，而不是将这些知识占为己有。我们能够摆脱迷信与胡说八道所带来的限制，但需要为此付出一定的代价。过去的信仰已经远走了，但全新的信仰依然在徘徊。这个世界看上去是那么的贫瘠与冷漠。我们已经失去了过去的崇敬之心，却依然表现得那么羞涩与腼腆。我们可以看看那些穿上长袍的牧师流露出来的沮丧表情，当他们需要进行指引的时候，所有的思想、智慧以及能量都会迅速消失。我们必然会渐渐形成反思、内省或是变态的观点。这是一个需要再三考虑的时代了。但总有人提出一个假定，反对这些阴郁观点的事实。这些赤裸裸的事实以及缺乏目标的行为，只能让我们感到犹豫不决，而人们能够看到过去的空洞，也不想知道灵魂所具有的资源。在另一个时代，这样的美好结果必然会出现。第十二篇演说是关于"个人主义"。反思的习惯是这个时代的一大特征，一旦这样的习惯上升到一定的高度，就必然能让我们的精神免于恐惧的困扰。哥白尼的天文学说对我们关于人类重要的肉体概念带来的毁灭性打击，最终让我们将理智摆在思维的中心位置。每个人都明白，处在这样的位置与处在其他任何位置都是一样好的。人类所拥有的运气是前所未有的好。当他欣赏天边的彩虹，就能感觉到人类是这道彩虹的中心。他身外的一切事物都与他的心灵状态相通，并在他感受到这样的思想之后，变成一种智慧。他能站在世界的顶端。如果他愿意的话，他也可以代表着神性。

1837 年

6 月 10 日。在罗德岛的普罗维登斯格林大街学校，爱默生发表了《教育演说》。在这篇演说里，爱默生表示，这个世界所面临的一大问题，就好比一个躺在病床上的病人，不愿调动自身强大的身体功能。人类需要顺从自然规律，人类知识财富只是某种组织的附属物而已。正因为如此，教育的目标应该让人类摆脱这样的屈服地位，让年轻人对人生充满了希望，相信自身创造未来的能力，更好地感受神性的启示。如果我们的教育无法实现这个目标，那只会让毕业的学生去追求比较低等的目标，会让他们更好地成为金钱的奴隶。

8 月 31 日，在剑桥地区举行的全美优秀大学生联谊会上，爱默生发表了一篇名为《美国学者》的演说。

11 月 8 日，爱默生受到几位先生的邀请，在康科德的第二教堂发表了一篇关于奴隶制的演说。

12 月 6 日，爱默生在波士顿共济会会堂发表了 10 篇关于"人类文化"的演说。第一篇演说是"引言"。在引言里，爱默生谈到了之前一个时期的主要目标是要实现社会的繁荣富足，要想实现这个过程，就需要个人在国家利益面前做出部分妥协。当代人的想法是，（在某些人的极端思想下）国家是为了个人而存在。加尔文教会与教友派都一直在宣扬这样的思想。我国的民主制度也不断地宣扬这样的思想。很多时候，个人已经不再被视为一个部分，而逐渐被视为一个整体了。个人仿佛就代表着一个世界。这种全新的观点有其存在的基础，每一种行为与目标都会与完美的状态进行比较。文化的作用就在于教化人们去感受自己真正的本性，展示人与生俱来的每一种功能都是有用的，需要人们去充分释放这些功能所具有的潜能。第二篇演说是《双手的信条》。大部分人都在从事机械方面的工作，出现的任何差池都会造成严重的后果。除非人们遵守大自然的规律，否则小麦不可能在田野里长出来，钢铁也不可能做成弯曲的形状。正是这种对未来工作的预期想法，才让我们的城市到处都有冒烟的工厂、喧嚣的街道，让人们感到无尽的疲惫，让我们的想象力变得贫瘠。自然本身是丰富的，人类应该怀着谦卑之心从自然世界里汲取养分。但是，自然本身不会将它的任何知识告诉我们，也不会召唤我们或是对我们露出微笑。如果我们在这个过程中犯下错误，导致了饥荒，那么自然仍不会对我们说半个字。自然会通过其自有的规律强迫我们做出恰当的行为，让我们通过顺从它的规律得到美好的结果。我必须要坦承一点，我经常听到很多人会对那些耸着肩膀的邻居说，他为生活在这个世界感到满足，别无他求了。这样的情景让我感到满足，因为他们没有希望上天给予他们一些建议或是希望，从而让他们从劳作的苦累中摆脱出来。追求选择的真正法则就是你可能什么事情都没做，就能获得比你应得更多的金钱。第三篇演说是关于"大脑"。在这篇演说里,爱默生谈到,低等动物只有一种简单的思维,无法让各种不同的思维各自运转。这些动物做出的行为与同类动物是没有差异的。但是,人类智慧却会让每个人都能够得到释放,可以去追求无限的善意或是无限的恶意。人类从自然世界里汲取了一切养分,这就是我们称之为因的东西。渐渐地,人类懂得应该进行自我肯定。这是我唯一能够说出来的因。但是,只要他已经说出了这句话,那么他就将这个"我"从原先的"我"摆脱出来了,进入了一种更高的思维境界,让他的身体与身体之外的其他东西处于一个不同的时间与空间。但是,他始终希望摆脱这样的影响,沉浸于这样的因当中,最后进入法则的领域里。很少有人希望能够进入到法则的领域里,但是每个人从本质上都属于那个层次。一个人取得进步的评判标准,就是他对于他的"我"所进行的总结:如果只是关注饮食问题,那么他就没有走得很远。我们对智力文化所能做的主要事情,就是要离开这样的道路,选择相信神性力量。两条权宜之计是我们可以选择的:一是独自坐着,在你所处的地方,需要好好地审视自己,虽然你可能没有外套,身上只裹着一条毛毯。二是写日记,留意你的心灵所感受到的事实,然后进行记录。第四篇演说是关于"眼睛与耳朵"。眼睛与耳朵构成了人类美感的外在元素。人的身体行为都是受到精神思考的影响,所有的美感都是真理所带来的影响。艺术品在其自身的范围内代表着所有的本性。对美感的感知属于每个人的本性。不过,若是从具有缺陷的组织结构去看,这在不同人身上的表现也是不同的。没有比缺乏这样的品质在现实的理想之人身上得到更明显的体现。真正的人生美感需要成为类似于我们的邻居。一个人应该利用自己的双眼双耳作为渠道，让我们的灵魂对各种不同形式的事情进行反思。他应该通过纯洁的思想与自我克制去清除所有不良的想法与动机。然后，这个世界的名字将会充满美感，至少从一开始来看是这样。在第五篇演说主题"心灵"里，爱默生谈到若是从严格意义上去看，灵魂与人们没有任何关系，它们只是人们的思想与情感通过诸如图表的形式展现出来，让我们去阅读其中的本性以及法则。与此同时，我们千万不能让任何绝对意义上的状态与相对的现实状况混淆起来。这种孤独的本质绝不能被错误地认为是我们的立场。我们的本质立场应该是与此相反的。我们不要因为过分坚持自我满足的冷漠或是骄傲的信条，导致我们以错误的方式去理解信条。我们都是带有偏见且具有社交需求的生物。我们与身边的许多人都分享着这样的事实。我们不能对情感的冲动进行分析，而应该顺从这样的冲动。我们应该欢迎这种情感的每一个部分，让这些情感按照自身的关系联系起来。如果我们相信严格意义上个人主义的存在，相信敌人所怀有的无限敌意，那么我们就永远都不敢参与战斗了。关于我们本性的行为法则，似乎就是清晰无误地遵从。那些接受过教育的心灵会对此有所了解，知道自己可以与别人成为朋友，因为他们都热爱着相同的事物。第六篇演说是关于"存在与貌似存在"。在这篇演说里，爱默生认为，我们经常会屈服于自然情感的驱动，神性的指引会让我们放下个人责任的重担。但是，过度的社交倾向与利他主义的存在，会让我们走向矫揉造作的状态。在面对他人的时候，我们的虚伪就会出现：他会将别人的存在视为一种表演。但是，倘若我们认为整个世界都充斥着这样的东西，那么这是非常肤浅的，因为社会的常规是有一个理想标准去进行衡量的,虽然这些常规本身没有什么价值可言。亚当与约翰、艾迪斯与玛丽,他们都是慷慨、心地善良且行为端正之人,但是他们有时也会以糟糕的方式表现出来。他们可能在对任何事实有足够了解之前,就认为自己已经获得了成长。第七篇演说是关于"谨慎"。我们的心灵在面对外在世界时需要表现出小心谨慎,才能更好地面对这个世界。天才们可能因为专注于自己的思想而嘲笑世俗的东西,但是他们所嘲笑的这个世界也会对他们进行报复。第八篇演说是关于"身心健康"。保持身心健康需要我们很好地将睡眠、斋戒、锻炼以及消遣娱乐结合起来。关于睡眠,即便是只有五分钟的睡眠,对于身体机能的恢复也是很重要的——在睡眠过程中,我们可以让意志放弃抵抗,接受超自然力量的帮助,让超自然的力量进入我们的体内。关于消遣娱乐,H.沃顿爵士就曾说,灵魂在"闲逛"的过程中变得丰富。正如某种特定的酒对某些人有害,但对某些病人可能是有益的。良好的举止会给他们带来诸多的便利,"他们会拥有冷静的平衡心理,展现出英国绅士般的优雅举止,避免遭遇许多麻烦"。第九篇演说是关于"神圣"。爱默生认为,英雄主义是个人主义的一种升华,将外在的邪恶与危险视为证明个人伟大的一种标准。那些从事伟大行为之人都有着高尚的灵魂,他们从来不会将个人主义与他们普遍的人性进行区分,而是往往将他们的个性放在英雄主义的角度,将这视为他们的个人能力。另一方面,圣人则会对这两者进行严格的区分:他们会将这两者人为地区分开来,然后让自己远离某一方面。我们可以将之称为上帝或是我们所崇拜的东西,也可以将其他东西宣称是自己的,然后对此进行一番嘲笑。我们会怀念那些具有英雄主义精神的人,怀念他们勇敢活泼的精神，不会感觉到自己的人生缺乏美感。迷信与无神论的这两个极端往往会让我们在自身的存在之间不断地摇摆：正确的宗教必然要在这两者中间有所发现。第十篇演说是"总的观点"。

1838 年

3月12日，爱默生在波士顿奥迪恩发表了一篇名为《战争》的演说，这是他第七次在这个地方发表演说。

7月15日，在剑桥神学院面对高年级学生发表的演说。

7月24日，在达特茅斯学院文学协会上发表了名为《文学的伦理》的演说。

从12月5日开始，爱默生在波士顿共济会会堂发表了10篇关于"人类生活"的演说，持续了几周时间。第一篇演说是《灵魂的信条》。在演说里，爱默生表示，人类通过自身的形态与他所处的世界进行接触，通过自身的灵魂去感知整个宇宙——从低俗的怜悯心到热情或是神迷的状态。当代历史有一种伦理方面的品格。即便是在爆发出惊人的激情之后，依然能肯定正义与自由的存在。这种普遍的联系通过这样的倾向展现出来，将各个隐秘不明的部分都联系起来了。地理学让人类对地球的表面多了一份理解，就像一种物质层面上的良知，让我们仿佛聆听到地球本身所说的寓言故事。在政治领域里，我们需要一种民主精神：人类都拥有这样一种信念，即人类并没有通过自身的努力为自身去证明。人类的许多活动与精力都只是一种全新思想的半意识呈现。但在文学领域里，一种更高层次的旋律会让所有人都能够明白，华兹华斯的名声就是其中最具教育意义的事实。当我们看到他对当时处于支配地位的品位进行攻击时，就会发现他所具有的天才诗意是多么的脆弱不堪。第二篇演说是《家庭》。在这篇演说中，爱默生谈到了心灵的本能与心灵的稳定性，都需要一种外在的形式——家庭——去呈现。只要我们与其他人能够对这些暂时的转移有足够的理解就会明白。对于婴儿与母亲来说，床、房子与家具都能实现这样的目标。就目前而言，这些情况已经过去了，男孩发现他与父母可以分离，而他依然是一个独立的整体。过去的那种纽带渐渐地褪去，被全新的纽带所吸引，而这种全新的纽带也会很快失去其原先的吸引力。如果一个男孩还没有明白家庭的法则，不知道什么是节约法则，或是不知道如何将爱意与人性统一起来的话，那么他就不是一个真正意义上的男人。智者能够通过在集市、庙宇、画廊或是图书馆的学习与观察，更好地理解世间的事情，他们知道这些事实正是破解许多谜团的基础。但是，文明的进步需要我们对家庭的法则有更加深入的理解，了解各种意外与改变表面之外的秩序与完美。虽然他是一个个体，但他却不一定能够拥有这样的永恒状态。少数人就像他们抓住一个不可移动的基础那样，感受到一种安全感。但是，通过有趣的思想撞击或是渐渐深入的人生经验，他知道无论去到哪里，他都会受到他想要追求目标的影响。他再也不会每天都希望与别人形成那种当地或是临时的关系，而是在神性灵魂里找到很多他想要找寻的类型，知道如何将他们视为一种可移动的东西，就好比是上帝城市里的家具一样。第三篇演说是《学校》。在这篇演说里，爱默生谈到了人类的老师是本能、环境、个人、书籍与执行能力。就其较高的意义去看，本能是我们最好的老师，这几乎将其他一切的外在因素都排除在外了，其中的手段与"武器"都是此等的本能，这样的功能是自身组织所需要的。庞大的规模与持久度会成为那些初学者的引路人，正如林奈的植物学对自然植物进行了一般性的分类。接下来，就是精神在个人身上的化身。每个人都必然会在自身上展现出某种程度的"我"，而我也同样如此。我们可以从许多好人与坏人身上学到同样多的东西。可以肯定的是，他是一个可怜的家伙，正如你与我一样可怜。这到底是什么呢？你该怎样去面对他的胡说八道呢？他没有散发出任何光芒，也没有做出善意的举动，因此我也不能散发出积极的能量。但是，如果一个人需要依靠别人，那么他就会对很多事情充耳不闻。每个人都需要他人给予的怜悯之心，而不是他人给予的指引。关于书籍：书籍不仅记录着过去的历史，还凝结着人类在过往与当代的智慧结晶。我的许多同胞都能看到我所看不到的东西。在我们阅读的时候，那条可开闭的吊桥似乎终于放下来了。没有任何东西能阻挡我们进入作者的内心世界与思想世界。无论在哪个地方或是以怎样的方式，我们都可以穿越这条吊桥。阅读书籍可以让我们的思维变得更具创造性，如果书籍不能带给我们这些的话，就必然会给我们带来伤害。另一个会让我们的意识感知到直觉的就是事实。自然会通过许多外在的事实逐一向我们展示它的法则，通过许许多多的事实让我们睁大双眼去看。除非我们能够在精神层面上对此有足够的认知，否则我们也很难对此有足够的理解。第四篇演说是《爱意》。第五篇演说是《天才》。在这篇演说里，爱默生认为，智力所带来的魅力就好比处于恋爱时期男女之间的相互吸引。那些天才是一种典型之人，他们有能力对灵魂的各种潜能进行更加深入的衡量。我们欣赏雄辩口才之人发表的演说，也可以到法尼尔厅聆听几篇演说，看看台下的听众是如何受到台上演说者的行为举止以及每一句话的影响。在演说者发表演说的时候,我们都会认为,他说的正是我们想说的。生命就是通过这样的方式激发我们的勇敢能量,进入一个无限的希望。这才是情感的本质。在这样的范围之内,我们可以感受到其中的鼓舞。而在过去的历史里,我们可以看到这种强大的力量。第六篇演说是《反抗》。在这篇演说里,爱默生谈到了那些天才是具有典型意义的人,因为他们首先是完全理智的人,正是通过这些人所具有的伟大智慧,人类才能以自由的方式去表达想法。人生的悲剧就在于,每个人都拥有着相同的能量,却因为不良环境的影响始终无法得到释放。可以说,这是现实与理想之间无法处于协调状态所带来的痛苦情感。每一个刚领悟的人都会发现,自己是一位不速之客,已经没有了他去实现抱负的一席之地。很少人会感受到,他们正在做的事情与他们所具有的能量是相对应的。但是,这样的阻碍必然也有他本人的一些过错,因为他肯定具有他所抱怨的那种惰性,如果他具有好战勇敢的态度,再加上他那种源于内心的全新冲动,那么他必然会看到一条清晰的道路就摆在他面前。在面对任何艰难险阻的时候,只有当我们选择放弃了克服的态度之后,那么这些障碍才是真实存在的。无论这些障碍看上去多么庞大且不可逾越,最终只有勇敢与自信之人才能够翻越。第七篇演说是《悲剧》。第八篇演说是《喜剧》。第九篇演说是《责任》。在这篇演说里,爱默生谈到,当我们认真地审视人生,就会发现在疯狂地带里,一些小小的思想或是善意的闪光,看上去就像处于沉睡状态当中的神。现实的生命与智慧的阻隔,就像一条平行线,永远都没有交汇的那一天。美德是意志以自发的形态散发出来的,就好比阳光似乎从初始的地方发射出来的一样。衡量一种力量的标准就是看它对诱惑的抵抗能力。品格则是一种不断累积的意志能量，可以通过对诱惑的不断抵抗来获得。第十篇演说是《恶魔》。

1839 年

12月4日，爱默生在波士顿共济会会堂发表了10篇主题为"当代"的演说。第一篇演说是"引言"。第二篇演说与第三篇演说是关于"文学"。文学领域不存在任何运气的成分，而是需要按照命运的方式来发展的。但是，任何文学作品都是一个时代的产物，这样的情形需要环境对人具有一种压迫感，才能让人的思想进行完美的转移，并允许思想的火花迸发出来。这个时代的特征如下：（1）每个人都能去阅读书籍。（2）形形色色的作家，有的是士兵、水手、上层人士、女性等等。我们可以看到一种坚定的现实主义。所有的事实都可以通过常识的批判进行收集与过滤。这个时代的另一个特征就是无限具有的情感。在育儿园里的孩子会对这个世界充满了疑问，以哲学家的眼光看待这个世界。能将自己与时代的发展趋势紧密联系起来的人是歌德，他知道如何利用所有物质。但是，这样的主观性与自我主义，包括时代所具有的一些弊端，同样深刻地影响着他。有时，歌德表现出的那种强烈自我满足情感会让我感到不满，因为他的作品缺乏坦诚的情愫，虽然他的作品让世人感到震惊。第四篇演说是《政治》。国家与教会都想用一种让人羡慕的礼节去守卫他们的势力范围。有时，我也会感到奇怪，他们所宣扬的书籍是否会有人去看呢？那些阅读这些书籍的人肯定会哈哈大笑或是笑得睡不着觉。但是，真正的政治应该建立在一个真实的基础之上，绝不能以轻浮的态度去面对。但是，政治的基础并不在于人数或是力量，而在于人的品格。人类还没有意识到，人的所有力量都源于人的品格，要是我们放弃这样一种力量，就好比教育人们丧失一种庞大的能力。品格是真正意义上的神权政体。终有一天，品格会成为世界上一个国家存在的基础。从绝对意义的层面去说，我只能为自己去工作。列奥尼达斯的战斗与苏格拉底的毒胡萝卜，耶稣基督的十字架，这些都不是他们为别人做出的个人牺牲，而是他们为了实现个人更高的品格所做出的必要牺牲，给别人带来好处，这只是附属的一种产物而已。第五篇演说是《私人生活》。一个事实是充满意义的，即人应该具有无限的自我信任。任何人都不可能像其他人那样表现出节制或是怀疑，除了自己能够做到。但在这个世界上，也只有上帝是自我独立的。人类只有通过与其他人的联系才能展现出自身的能量。我们的存在就是过去所有一切的重复。人类之所以会怀疑神性的力量，是因为当我们以最大的能量去进行沉思的时候，却发现无法找到这样一种神性的本性。他们认为上帝是缺乏任何神性的。当我们对这一切进行认真观察的时候，就会发现这一重要的事业与生命本身是一样充满着生命力的，物质似乎只是变成了他们受伤的蜡状物而已。我们在时间的田野里种植了许多农作物。我们知道不应该将那些有毒的东西撒落一地，我们也不愿意再聆听到任何类似的东西。但是，当这样的东西在地面上扎下了根，成长与成熟之后，当我们吃到诸如面包等食物，就会生病。当我们怀着不受尊敬的忠诚之心去做的时候，时间就会让我们感受到那些勇敢与正直之人所做出的忠诚行为，聆听到他们谦卑的祈祷，这最终会变成每个人都能去感知的一种力量，让每一个孤独的人都能去认知，让每一个目击者都能够感受到这永恒的赞许。一个人对神性正义的完美所具有的信念，就是他具有教养的最好证据。第六篇演说是《改革》。在这篇演说里，爱默生谈到，每一项改革都向我表明，即我在某些方面可以做得更好。因此，我是多么富有的一个人！让我们从那些拥有忠诚思想之人身上感受纯洁、节制与仁慈所散发出的金色光芒吧！其他的低等动物可以在毫无廉耻之心的情况下去吃东西，但我们的吃喝却不能像低等动物那样。因为自然会以各种方式反对我们这样的生活方式。在松树与铁杉面前，我们会感受到自身的劣势。与此同时，对饮食的改革也会因为对节欲的过度行为而让我们收获苦果。任何的改革都应该代表着美德与健康的信号，让我们摆脱自负的心态。我们对财产的追求同样会带来许多祸害。一个人要是不能在垄断、力量或是猜疑的体制面前卑躬屈膝，那么他是很难获得面包的，更别说要将面包分给别人吃了。当我说自己通过诚实的努力获得面包或是实现自身的价值时，你们不会认同我的话，反过来会问我是否获得多少财富。当然，劳动的成果在很多时候会落入那些不劳而获之人的手上。如果这代表着品格，那么金钱就是一切的主宰，任何人都可以不择手段地去获取金钱。但是，我们需要明白最高层次的奉献，这不一定是我们对朋友或是牧师所做出的工作。我们不应该对体力劳动的信条表达反对。当我们对这个社会的行为方式进行批判，就会发现必须要避免个人堕落到那个程度。但是，当属于他的时机到来之后，他就要认真地坚持自己的主张，不要因为遇到的挫折而退缩。只要你始终将理想的生活视为一个微不足道的梦想，那么人们始终都会相信你。但如果你提出一种让琐事变得微不足道而让品格占据主导地位的家庭生活模式，那么这是一个难以置信的建议。但是，自然在其最深沉的祈祷与希望当中,往往会在它表现出来的事实里昭示了答案,让我们不要再遇到初次尝试中遇到的尴尬或是挫折。任何原本属于一体却又出现分离的东西最后都会融合起来。任何有限的目标最后都会升华为一个无限的目标。第七篇演说是《宗教》。世界的岁月首先出现在人类的心智里。东方牧羊人的内心出现的某种情感冲动,会将我们所有谨慎的思考、所有习俗的惯例都被摧毁,让其以自然解释者的形象影响世界上一半的人。这些因果关系似乎没有任何比例可言。但是,谁能对那些深陷的火山口喷出炽热的岩浆的现象进行解释呢?在人类历史上,最神奇的一个事实就是基督教的出现。一群充满热情的年轻人,也许他们是天真腼腆之人,他们简朴的忠诚却在历史上比他们想象中回荡得更久。在目前这个时代,这种神圣的传统正慢慢失去其原先的力量。几乎所有的年轻人都能够感觉到,他们从小所学习的问答教义书与信条,正在因为失去原先的纯洁性而渐渐地被世人所遗忘。现在,这个宗教正处在一个危机的关头。宗教往往在一群仁慈之人通过私下的努力去实现改革的过程中慢慢出现的。在当代,时代的心智开始让人们看到了一种无限性,因此他们不会仅仅将目光停留在教区活动或是犹太人宣扬的预兆上。用全新的美德去拓展我的视野,那么我就能看到目前这一时刻所存在的奇迹。在目前这个时代,宗教并不会变成一种礼拜的形式,反而会变成一种倡导英雄主义的生活。那些想要通过宗教去面对腐败的社会,想要说出简朴真理的人,必然要时刻准备面对各种冲突或是痛苦的局面。第八篇演说是《期望与责任》。在这篇演说里,爱默生谈到了某些以悲伤或是不安形式表现出来的低俗或是无礼的行为,其实代表着我们对当下这个时代的一种典型思考。我们的内心充盈着善意，我们所犯的错误会让我们走上歧路。"我们跌倒得越多，就能站起来走得更快。"我们应该保持包容的态度，不断接受正面的信息。那些将道德情感所具有的力量表现出来的人，并不是正常意义上的权威之人，他们通过某种巨大的个人能量，让某些不明确的目标迅速挣脱出所有的局限。这个时代是极为丰富且无法定义的，就像地平线的深度那样让人无法去触碰，让我们不要过早适应自身固定的衰老思维。即便在一路前行的时候，我们的无知与我们所了解的知识一样多。如果我们不像天堂鸟拥有那么多羽毛，而是像麻雀或是普通的小鸟那样，那么我们也应该怀着谦卑之心去勇敢地接受。也许，所有这些看似普通的东西，其实正是我们应该做好的一些准备。在这个时代，难道我们自身的存在不正是神性能量在每个瞬间的展现吗？但是，教堂在表现这方面的思想上却做得非常糟糕。我在教堂所听到的内容，是我在其他地方都无法听到的。教堂所传播的思想具有一种高高在上的感觉，谈到了某些特定的经验与人士的狭隘圈子。第九篇演说是《教育》。在这篇演说里，爱默生谈到了现在所谓的教育之所以会出现失败的局面，就是因为教育的目标太低了。我们的教育应该给每个学生灌输成就与目标的思想，从而修复目前这种教育状况不理想的局面。之前的教育目标不是为了去修正一些东西，而是想要去尝试隐藏什么东西。但是，要想给学生灌输一些正确的思想，这其实也不是一件容易的事情。那些从来没有这方面思想的老师，还是让他们慢慢地钻进坟墓吧！教育不是一种游戏，不能将小孩子的未来作为试验品。太阳从不吝啬自己的阳光，空气也从不对某些人的呼吸进行限制，同理，那些真正意义上的人也绝对不应该在上帝所创办的伟大学校里束手旁观。

一个人要是不能培养包容与永恒的灵魂品质，那么他就不是一个真正意义上的人。第十篇演说是《倾向》。整个社会的思想可以分为两派：一些人始终想去进行管理、治理或是修复，希望采取各种手段去延续之前的制度，他们往往会面临着年轻人发出的挑战，直到世人认为理想主义的梦想可能会因为缺乏制度的约束而彻底破灭。所有的进步往往都需要平稳且庄严的宗教去实现，宗教衣裳的边缘是我们每个人都不敢去触碰的，但我们每个人都能预测到这些事实的出现。我们每个人都应该坐在家里的壁炉前，在火光下去做我们的能力允许我们去做的事情——我们应该放弃所有自私或是感官刺激的目标，最终实现自身的潜能。

1840 年

1月15日，在教会的庆典上，面对莱克星顿民众发表的演说。在这篇演说里，爱默生说一所教堂的建立也许与建造一所酒店一样，都是一件世俗的事情。这可能源于民众对礼拜仪式的热爱，对这种安静的社交仪式的参与感，对感受智趣层面上的乐趣的喜爱充满了热情。但是，他们依然还没有实现想要追求的天堂世界——他们依然怀着巨大的热情，那种巨大的热情会不时地迸发出来，让他们不断去追求更高的境界。他们之所以选择建造教堂，可能是因为想要重新唤起他们的情感，为了向他们的子女们证明，之前发生过这样一件事。因此，我们应该明白，当最后一张护墙板安装好了之后，你们的教堂其实并没有建好。只有当你们每个人的意识与最高灵魂的世界联合起来，那么你们的教堂才能算是真正意义上建好了。

1841 年

1月25日,爱默生在商人图书馆协会发表了名为《改革家》的演说。

8月11日,爱默生在沃特维尔学院发表了一篇名为《自然的方法》的演说。

12月2日,爱默生在波士顿共济会会堂发表了8篇关于"时代"的演说。这些演说稿后来大部分都出现在《日晷》杂志与他的精选集里。第一篇演说是"引言"。第二篇演说是《保守主义》。第三篇演说是《诗人》(这篇演说的题目有可能不是"诗人",但大部分内容是关于"诗歌与想象力"的)。第四篇演说是《超验主义者》。第五篇演说是《行为举止》。第六篇演说是《品格》。第七篇演说是《自然的关系》。第八篇演说是《未来的前景》。

1843 年

从2月7日开始,爱默生在纽约市发表了5篇关于"新英格兰"的演说(这些演说稿都在2月11日的《纽约先锋周报》上有刊登)。第一篇演说是《盎格鲁-撒克逊民族的天才》。第二篇演说是《贸易》。第三篇演说是《新英格兰地区的行为举止与习俗》。第四篇演说是《最近的文学作品与精神影响》。第五篇演说是《结果》。若按照历史的角度进行观察,就会发现英国这个民族的一大特点就是追求自由,宁愿屈服于固有的权威,也不愿意接受别人的直接指挥,还有就是他们对女性有着发自内心的尊重。当清教徒漂洋过海来到美洲大陆的时候,他们身上的一些明显特点是良知与常识。若是从他们所追求的目标来看,就是他们的宗教与商业贸易。(1)宗教情感的深度在很多时候都会被视为一种教育行为本身:这往往会让我们将一些极为琐碎的事情上升到充满尊严的层次。另一个结果就是对智慧的培养。新英格兰地区基础教育的普遍性在于他们实行鼓励教育。很多学校都有演说讲台,很多学院都为乡村地区的农民孩子提供接受教育的机会。新英格兰地区为全国培养了许多优秀的布道演说牧师与优秀的老师。除此之外,新英格兰地区还有许多销售书籍的人,他们虽然缺乏专业的训练,但他们的行为却能让当时的民众以更廉价的方式获得书籍。(2)在盎格鲁-撒克逊民族的心灵里,另一个极为明显的元素就是他们有着经商的传统。他们最喜欢的职业是从事商业活动,他们将农业视为商业的基础。农业在新英格兰地区是一门没有多少人愿意去做的生意。每年在农田上辛勤地劳作,却无法得到很好的回报,这让很多农民的人生视野变得狭隘,也让他们变得更加自私。农村里最优秀的人纷纷跑到了城市。请看看大西洋沿岸各个城市的发展状况吧,看看他们在这些城市传播出去的智慧吧。商业的发展让之前处于忧郁状态的民众处于健康与知足的状态。那些优秀的商人变成很有地位的人。他们不大看重劳动本身,而是将品格与野心放在商业世界里更加重要的位置。这往往会走向一个极端,最后控制了他们的情感。那种让人们的心智得到休息与成长的方式,在美国就会变得越来越少。在我们的文化里,我们很容易对一些事情感到满足。诸如面相学这样的学科都能上升到科学的境地,这就远远超越了自然的法则,让我们走到了一种超越自身能力所能解释的地步。对很多学者而言,他们往往都没有表现出足够的耐心,总希望迅速对一些知识进行分析,而不愿意在这个过程中接受任何训练。我们的书籍变成了报纸,我们的改革家变成了让人厌倦的谈话者。我们都在努力地拼自己的运气。我们的天才是温顺的；我们的诗歌是道德纯洁的，毫无瑕疵的，但同样缺乏特点。我们的艺术与演说同样面对这样的情况。我们的文化的确具有足够的包容性，却缺乏创造性。我们去欧洲那边读书，感受华兹华斯、柯勒律治与卡莱尔等人的影响，发现这些人在欧洲的时候要比在国内的时候更加具有包容心。一个明显的重要事实是，我们从英国继承了智慧文化方面的传统，而我们这个国家却有着不同的责任。对美国的年轻人来说，他们在教育与工作之间面临着一条越来越大的鸿沟。很多年轻人都被送到了封建意义上的学校去学习民主精神，这岂不是很好笑的事情吗？但是，在我们民众的心灵世界里有一种伦理因素，即只有在他们对某种思想进行深入思考之后，才会加以接受。因此，我们很快就会发现，无论是华兹华斯还是卡莱尔的思想都是远远不够的。现在，我们的教会渐渐受到了这方面的批评，就是因为教会已经缺乏了足够深度的思想，无法将人类心灵深处的想法表达出来。与此同时，这种缺乏信仰的行为往往会从那些原先拥有深层信念的人身上表现出来。我们正在从犹太人的思想转变过来，在时代的过程中就像是飘飞的雪花。欧洲大陆的文学对我们产生了深远的影响，而我们则要去追求一种更加符合人性与普遍性的思想。

7月4日，在马萨诸塞州哈佛地区面向戒酒协会发表演说。这是欢度国庆的一个很适宜的演说场合。对孩子与大人们来说，鼓声是很适合的。民兵们都很放松，开着一些无伤大雅的玩笑。独立战争已经结束了，但战争残存的因素依然保存了下来。之前那种敌对的状态已经上升到了一种更高的层次。一个人的敌人变成了他的家人，这是一场肉体与灵魂之间的战斗。这个话题与关于美好的自我控制主题是存在联系的,这本身就让一个人的生命值得保存与记录。无论我们对某些特定的规则有着怎样的想法,我们都必然会为这样一种有趣的想法而感到高兴,即所有人都会遇到疾病带来的负担。只有当我们成为一个节制的人,才能成为真正意义上的人。因此,我们怎能违背自己与生俱来的权利呢?在我看来,在接下来这个时代里,良知的管辖权必然会延伸到智力与道德情感方面,让人们能够明白愚蠢是一种犯罪,就好比他们犯下了诈骗罪一样。但是,我们并不能向每个人保证一点,即这样可以取得最终的胜利。但在每个人各自的意志与想法里,无论他们是否在假日里过上放纵的生活,都应该清楚地选择正确的生活方式,放弃错误的生活方式。

1844 年

2月7日,在波士顿艾莫利大厅的商人图书馆协会上,爱默生发表了一篇名为《年轻美国人》的演说。

3月10日,爱默生发表了一篇名为《在第二教堂》的演说。

8月1日,爱默生发表了一篇名为《就英国西印度群岛的黑奴获得解放》的演说。

爱默生还就萨缪尔·霍尔先生遭到教会开除一事发表过一篇演说(我不知道他是否发表过这篇演说,也找不到他写这篇文章的准确日期)。在爱默生看来,教育对每个人的最终影响,就是让个人从单纯的动物性摆脱出来,去掉任何野蛮的因素。在我看来,整个南卡罗来纳州只有一个人能够做到这点,其他人都在学习着他的思想:这样的人实在是太多了,因此很难将他们集合起来,进行一番统计。我希望,当那些冒犯者来到这里的时候,能够带上他们从奴隶身上所榨取的金钱，然后发现每个人都成为他的指控者与审判者，他会感觉到这个世界上没有人能够为他的行为进行正名。我的想法绝不是要进行任何报复。我们不能以报复的心态去看待这个问题。我们不能将新英格兰地区的文化与智慧放在一个与南卡罗来纳州一样的低标准状态。让南卡罗来纳州的民众接受你们的严厉指责，接受你们获得自由的事实吧。让他们好好地看看，马萨诸塞州绝对不是一群嗜血之人的集合，而是像空气那样弥漫在每个地方，不会对其他人进行防范，不需要隐藏什么秘密，更没有任何的恐惧感。只要不让我们去做错误的事情，我们可以什么事都不做。让我们以正确的名称去看待事情。让我们不要假装本身就不存在的一个联盟。让我们不要以错误的方式去对待那些之前从事偷窃行为的人。让我们从此刻开始小心翼翼地防范身边的每个人。如果这个国家将每一位绅士、每一个自由之人都赶走的话，那么这个国家还有什么可以损失的呢？谁会变得更加糟糕呢？

1845 年

1 月 22 日，爱默生在米德尔伯里学院发表了一篇演说。

8 月 1 日，在西印度群岛的黑奴获得解放一周年的纪念日上，爱默生在沃尔瑟姆的集会上发表了一篇演说（8 月 7 日的《纽约先锋报》曾对此进行了报道）。

9 月 22 日，爱默生发表了一篇名为《政治》的演说（爱默生的这篇演说显然是在康科德发表的，主要谈论关于兼并德克萨斯州的问题）。

12 月 11 日，在波士顿的讲台上，爱默生发表了 7 篇关于"代表性人物"的演说。

1847 年

2月10日，在波士顿特雷蒙特大厅的商人图书馆协会上，爱默生发表了一篇名为《演说》的演说。2月12日，《波士顿日报》对此进行了报道。

5月8日，爱默生在南塔基特岛发表了一篇演说。

11月，爱默生在英国曼彻斯特发表了两篇演说《书籍与阅读的过程》及《阅读的最高程度》。

1848 年

2月，爱默生在爱丁堡发表了一篇名为《天然的贵族》的演说。

6月7日，爱默生发表了一篇名为《19世纪的心智与行为方式》的演说（这篇演说出现在道格拉斯·杰罗德的报纸上，报纸上还有3篇关于"智力的自然历史"的演说）。在伦敦波特曼广场图书馆与科学机构里，爱默生发表的第一篇演说是《思想的能量与法则》。第二篇演说是《智力与自然科学之间的关系》。第三篇演说是《人类思想的倾向与责任》（这三篇演说都是爱默生当时新发表的演说，其一般性意义出现在其回忆录里。在之后的1849年到1850年，爱默生曾在波士顿与纽约等地重复了这篇演说，这与他在1858年发表的《心灵哲学的自然方法》以及在1866年发表的《民众的哲学》演说，在内容方面有很大的相似之处）。爱默生发表的第四篇演说是《政治与社会主义》（显然，第四篇演说出现在"当代"的演说系列当中）。爱默生发表的第五篇演说是《诗歌与演说》（这是他在1847年于波士顿发表的演说）。爱默生发表的第六篇演说是《天然的贵族》（也就是他在爱丁堡发表的那篇演说）。

6月，在埃克塞特大厅，爱默生发表了以下主题的演说："拿破仑""莎士比亚""家庭生活"（前两篇演说收录在"代表性的人物"里面。第三篇演说也许收录在他在1848年的"家庭"系列演说里面）。

12月27日，爱默生发表了一篇名为《英国》的演说。这是他在波士顿特雷蒙特大厅的商人图书馆协会上发表的。这方面的演说基本上都收录在《英国人的特性》一书里。

1851年

3月21日，爱默生在宾夕法尼亚州的匹兹堡发表了6篇关于"人生的行为"的演说（之后，他在波士顿与其他地方重复了这些演说，并收录在他的精选集里）。

5月3日，爱默生在周日晚上，发表了一篇名为《给康科德民众的一封信》的演说（主要谈到《逃奴追缉法》所带来的恶劣影响）。

1852年

5月11日，爱默生在科苏特县发表了一篇演说。

1853年

1月10日，爱默生在斯普林菲尔德发表了一篇名为《盎格鲁－撒克逊》的演说（这篇演说收录在《英国人的特性》一书里）。

2月27日，爱默生在费城发表了名为《盎格鲁－美国人》的演说。在演说里，爱默生表示，在欧洲人看来，"美国"一词意味着迅速的意思，代表着一切全新的事物。这就好比自然界所释放出来的一种无法抵抗的力量，是不带有任何良知性的。美国人的座右铭是"这个国家，只有对与错"。爱默生谈到了美国民众建造的木瓦房子、木瓦城市、到处都有人野餐的大学，还即兴谈到了有关国家的事情。爱默生表示，在这样的情况下，我们会看到许多丰硕的果实，但却很难在苹果树上找到一颗真正饱满且可以吃的苹果。自然与人类一样都处于一种赛跑状态，始终都无法抵达最后的终点。美国人所用的皮带不是鞣制的，需要面对各种恶劣的环境，需要他们具有开拓进取的精神。美国人在船只上安装了引擎——这样的事情没有发生在英国人身上。美国人会想尽一切办法利用自然资源。在密西西比河流域，任何关于西部浪漫情怀的想法都会变成一种与现实艰难环境进行搏斗的行为。那些"沿着河流前行"的人，那些在河边辛勤劳作的人，都必然是浑身带着泥土气息的。美国民族从一开始就培养了在野外生存的能力，拥有勇敢无畏的尤利西斯精神。美国人的思维要比英国人更加开放。这是一个充满机遇的国度，需要一个人将自身的潜能全部释放出来。每个人都需要将目标定在自身能力之上，每个人的心智在很小的时候就开始成熟了。美国人对投票不是很忠实，因为他们从来不认为自己的自由会遭受威胁。但是，我们必须要记住一点，开花的时间也会慢慢结束：我们应该为横空出世的英雄与诗人尚且没有出现而心存感激（这篇演说的大部分内容都收录在《共和国的命运》一书里）。

1854 年

1月3日，爱默生在费城发表了6篇演说，下面所提到的演说都是他之前从来没有发表过的：

第一篇演讲是《古代挪威人与英国对当代文明的影响》。在所有成为历史的事实或是朝着正确思想与行为前进的道路上，我们美国人遭遇了一种已经成型并具有巨大力量的文明，即来自英国方面的影响。现在，我们国家的文明、民众的思想乃至他们的目标，都与英国人的思想与目标相差无几。当代社会的实用性常识代表着英国人思想流露出来的自然天才。美国人只是在一片全新的土地上延续着这样的文明。第三篇演说是《诗歌与英国诗歌》。第五篇演说是《法国与礼貌》。在这篇演说里,爱默生谈到法国人是具有世界意识的人,他们所打造的首都巴黎可以说是全世界城市的典范,前来这里游玩的旅行者会沉浸其中,忘记了要回家。在地球上的每个角落,人们在赚到足够的钱之后,都希望在巴黎安度晚年。这里有着便利的生活设施,这里的民众具有强烈的幽默感与礼貌,每个人都有随和的性格,非常活泼,因此与他们很容易相处。据说,巴尔扎克就很不适应除了巴黎之外其他城市给予他的自由,而是为自己能在巴黎这座城市受到民众的欢迎与崇拜而感到高兴。法国有这样一句谚语,即上帝属于他们的部落。当我谈论法国的时候,绝不能表现出任何伪善之情。我认为,我一出生就遗传了撒克逊民族的特性。我必须要坦承一点,我观察过日耳曼民族的许多分支,认为法国这个民族是有其特性的,很难从附近其他国家找到同样的特性。法国人有着清晰的头脑、有条不紊的做事方式,还有着正确的品位。海涅就曾说,对任何哲学的一个考验,就看这种哲学是否能够翻译成法文。法国人在精确科学方面做得非常杰出。在他们看来,任何事物都是可以用几何学去进行解释的。法国人的灵感就好比算术。在文学领域,法国作家创作的作品是流畅且具有可读性的。如果人的生命足够长的话,那么我们可以在法国的图书馆阅读很多法国人的回忆录度过许多时间。但是,法国却几乎没有更高的一个阶层,也没有某一类特别具有想象力的人,更找不到一位著名的诗人。法国人的想法就是不断地让许多思想平民化,他们的目标就是要从中获得乐趣,将所有的事情都变成一种可以带来乐趣的东西,"享受乐趣是明智的,而为事务烦恼则是愚蠢的"。在法国民族那团巨大旋涡的表面,任何事物都会溅起水花,不断为全新的景象让步。法国人喜欢装腔作势,喜欢以戏剧化的态度面对自身的死亡。他们会写下一些文字,也会做出一些行为,只是为了能够产生某种影响。他们没有自己的私人家庭,更喜欢过着一种公众生活。我认为,没有比法国人这样的方式更能释放一个人的天赋、智慧与科学能力的了,法国的酒吧崇尚的享乐主义就是最好的证明。法国人是喜欢谈话交流的民族。我们迟早会看到,法国人在理智与讨论方面的能力,要远远超越其他国家的水平。接着,我认为法国人对"偷情"一词所赋予的含义,会对他们的文明造成严重的障碍。法国人对这方面的看法,在撒克逊民族看来是极具颠覆性且不可想象的。也许,这些影响法国民族的事情正是法国人的一个鲜明特点,任何对此进行观察的人都能感受到这点。事实上,这并不是法国人的最主要特性。费内隆就曾出生在这片土地上,孟德斯鸠[①]这位"为人类找回了失去了的声誉"之人也出生在这里。帕斯卡[②]、盖恩、德斯塔尔等人都出生在这里。除此之外,法国许多优秀的书籍,其实都代表着一种适度的文化,讲究务实的判断,追求最好的东西与智慧。

3月7日,爱默生在纽约市的塔伯纳克发表了一篇名为《3月7日》的演说。

[①] 孟德斯鸠(Montesquieu,1689—1755),法国启蒙时期思想家、社会学家,是西方国家学说和法学理论的奠基人。代表作有《论法的精神》等。
[②] 帕斯卡(Blaise Pascal,1623—1662),法国著名的数学家、物理学家、哲学家和散文家。代表作有《思想录》《且听心吟》等。

8月15日，爱默生发表了一篇演说，名为《在威廉斯敦的艾德菲尔联合会上的演说》。在这篇演说里，爱默生谈到，学者处于一种有组织的社会阶层或是国家阶层。普通大众通过辛勤的劳动与汗水赚到了辛苦钱，省吃俭用，最后不得不顺从政府的要求。因此，他们不得不为了生计而想办法去工作。这些人也是用这样的方式去教育他们的孩子，希望为自身的缺点去赎罪。艺术、图书、大学与教会都证明了未来的某些事情——无论是有神论还是其他思想都存在着一种相同的必要元素。我们这个盎格鲁-撒克逊社会就像一个伟大的企业，非常清楚与成功相关的每一条法则。你必须要用经商的眼光去看待任何事情。经商不是为了朋友、妻子、孩子或是国家。但是，最后的总账却会告诉他，他已经成为这个社会有地位的人，成为社会名流，这样的想法让他的内心得到安慰，让他为自己街头生活的卑鄙或是不正当的行为正名。他没有能力去隐藏自己对金钱的变态渴望，因为他认为这样做是为了生计，最后却将自己存在的价值都泯灭了。在这样的情况下，人很难保持理智的心态，或是分清事物的主次重要性，他们也必然为了眼前的一些小利益而损害长远的更大利益。正如他们所说的，这个社会需要学校、牧师、艺术、音乐、诗歌与大学，只要他们能够赚到钱就行。但是，如果年轻人看到大学的围墙以及创办大学之人的生活，就会犯下想要模仿他的错误行为。他们可能会说："我们供你读书，就是为了让你毕业之后不要成为商人。我们之所以进行买卖的活动，就是为了让你们日后不要跟着去做买卖的活动，而希望看到你们能够将贸易背后的本质显露出来。我们不希望培养那些人云亦云、缺乏远见之人，而是希望培养那些能够指引别人的人。"牧师持有无神论与诗人创作散文,这都是因为追求物质而屈服的懦弱表现。任何一个有理智之人都无法为这样的背叛找寻任何理由。让那些学者坚持自己的本质追求。我希望大学的教育不会让你们变得富有或是伟大,而要让你们明白一个道理,即物质的财富或是个人的财产,这些都是那些具有冷静头脑之人所创造出来的。老板的码尺都是通过最高点去进行衡量。一个人通过双手去释放出的最大能量,必然是他的智慧能量。正是人的思想才让人类变得伟大与强大。物质的财富到了最后就像泡沫,里面只是充填着空气而已。但是,在物质世界的海洋里,每个人都有着平等的机会,每个人都会遇到潮起潮落的情况。因此,对我们来说,目前的状况可能是退潮阶段。这是我们的国家表现出来的庸俗一面——这样的商业文化是从英国那边传过来的——我们的人民只相信赤裸裸的财富,认为只有看得见的财富才是真正意义上的财富。到底谁应该对这种物质主义的传播与发展负责任呢?除了学者之外,还有谁应该对此负责呢?当诗人不相信他们创作的诗歌的价值,那么又有谁能够相信他们呢?这个世界的糟糕程度总是与人类想法的糟糕程度成比例的。如果绝大多数人都是邪恶的话,这是因为少数人也不是善良的人。如果异教徒不断兴起壮大,这是因为基督徒对自身的信仰出现了怀疑。民众希望能够过上有意义的生活,他们会召集一位演讲者或是一位诗人对着他们发表一个小时的演说。他们也会要求牧师这样做。民众希望找寻一位指引他们的人:智慧就像是他们手上的线,他们正是用这些线将世俗的成功这张大网编织起来的。不过,如果我将自己局限在世俗或是外在利益的话,那么我就是对那些学者出言不逊了。圣人要求我们,要将信仰的优越性看得比工作还要重要,这才能让我们的智慧超越任何表面现象,看到事物的本质。当然,我是一位美国人,同样非常看重实用的能力。我很高兴看到那些有能力去做好事的人,我也欣赏那些具有才华的人——除了这些人之外,也许没有其他人值得我欣赏了。不过,我欣赏吹来的风,而不欣赏那些随风而倒的人。

1855 年

1月25日,在波士顿特雷蒙特大厅,爱默生发表了一篇关于奴隶制的演说(这篇演说稿子刊登在1月26日出版的《波士顿旅行报》上)。

3月,爱默生在马萨诸塞州康科德的讲台上发表了一篇名为《美感与行为方式》的演说。在这篇演说里,爱默生表示,人生绝不是平凡乏味的。人生应该是多姿多彩无比丰富的。人们之所以感到人生是平凡乏味的,是因为他们以错误的方式生活,违背了心灵的法则。每个人都能从生活中感受到美感。奇怪的是,我们在穿越这扇生活大门的时候,应该要小心谨慎,做到守时、节俭与深思熟虑。那些追求美感之人,比如音乐家,画家,拜伦、雪莱、济慈等这些诗人,都应该走出心灵的大门,从自身的怜悯心出发,超越自己的偏见去感知这个世界!

9月20日,爱默生在波士顿发表了一篇演说,名为《在女性权利大会上的演说》。

9月29日,爱默生发表了一篇演说,名为《在沉睡谷的献祭活动上对康科德居民的演说》。在这篇演说里,爱默生谈到,我们可以看到古人在保存尸体方面做出的任何努力都是徒劳无益的。我们可以看到过去的神学是漏洞百出的。我们知道了,人类的种族是永远都不会消亡的,而个人则终有一死。我们从地球上来,最终也回到地球去。我们不应该怀着嫉妒之心面对这样的事实,不能怀着自私之心,认为自己应该从庞大的自然循环中隔离出来,这是不可能做到的。不过,与此同时,我们也必须要承认一点,即我们的本性具有一种神性的希望与爱意,希望能让我们的后代在一个世纪之后读到他们祖先的生活时,能够有些感动。我们的民众接受了科学所带来的经验与教训,却依然为基督教所带来的美好而感动,他们在花园、美丽的树林或是河流里埋葬尸体的献祭行为中找到了一种方法。你们几乎能看到印第安人在暗处张弓搭箭,准备沿着过去的古道去探寻。我们的做法不能取代过去的做法。在上帝创造的地球上,我们心灵世界敏感的点会通过每一种甜美与友好的影响而渐渐得到修复。美丽的夜晚与美丽的日子最终将会降临到绿油油的草地上。那些可爱的小鸟将会像往常那样继续唱着歌,它们会发现巢穴变得更加安全了。沉睡谷——在这个安静的山谷里,仿佛置身于自然的手掌心里,当我们完成了一天的生活与工作之后,都能够在这里睡得安稳。当这里的橡子最终长成了参天的橡树之后,我们的后代就会发现这片绿色的土地充满了历史:那些善良、睿智且伟大之人都曾在这些树上留下他们的名字,他们的灵魂会让这里的空气变得更加清新,让一切变得更加和谐。我听说,死神能够让我们摆脱一切疾病所带来的痛苦,而不会带走此人生前的任何美德。任何人的存在都能够释放出一种庄严的思想与情感,这是不容否定的。在这些证明永恒存在的赤裸裸的证据下,我们会对任何其他的解释都感到不满。

1856 年

5月26日,爱默生发表了一篇《对萨姆纳先生的评论》的演说。

9月10日，爱默生在剑桥地区堪萨斯州救援集会上发表了一篇演说。

1857年

1月，爱默生在辛辛那提发表了《工作与日常》的演说。

4月，爱默生在康科德的讲台上发表了《记忆》的演说。

7月4日，爱默生在康科德市政厅发表了《颂歌》的演说。

12月，爱默生在康科德的讲台上发表了《乡村生活》的演说。在这篇演说里，爱默生谈到，当我进入一个美丽的花园后，就会认为如果这座花园属于我的话，我就永远都不离开这里。这需要我的大脑有相关的几何知识，从而让我以正确的方式去进行思考。这样做的话，我就能从这座花园里感受到许多乐趣。但是，一个具有思想之人在乡村地区感受到最大乐趣的地方，显然就是他的林地了。如果我遇到了一些挫折或是情绪低落的时候，那么当我走进树林的时候，心情会为之一振。在我的内心世界里，我无法指责那些花费了全部资产去购买一片橡木树林的人。我赞同这些人的品位，认为让树林变成通向家的一条道路的做法是非常美好的——无论这座房子是大是小——都需要有一片小树林。因为，当人走在树林里的时候，思想就会变得清澈，不受任何外在事物的干扰。我欣赏大自然创造出来的树木，认为这些树木能够让我们可以远离眼泪、犯罪或是烦恼。这些树木的成长不需要人们付出任何代价，却给每个人都带来愉悦的感受。当尼禄①不断地追求奢华的享受时，那么到树林里走一圈应该是一个不错的建议。树林会让人的心灵得到慰藉。我

---

① 尼禄（Nero，37—68），古罗马帝国皇帝，历史上著名的暴君。

认为，没有比这样的感受更能让人感知到永恒的存在。这也是我们逃避老年到来的一个秘密。因为无论在我们年轻还是年老的时候，自然总是会给我们留下同样的印象。我认为，去树林里走一圈，这能激发我们最好的人性。在快乐的时刻，把到树林里走走列为优先待办的事务，这是非常明智的做法。约翰逊博士曾说："很少有人真正知道如何去散步的。"可以肯定的是，约翰逊博士是知道如何散步的少数人之一。到林间散步代表着一种优雅的艺术，需要某种娴熟的能力。我们能够一眼看出熟手与新手的区别。这样的一个过程需要我们具有坚韧的精神，一件朴素的衣服，一双旧鞋，一双欣赏自然的眼睛，幽默的性情，强烈的好奇心，良好的谈话能力以及保持沉默的能力。优秀的观察者有着与树木或是动物一样的行为方式，如果他们想要多说一句话，那是因为说出的这句话要比沉默本身带来的效果更好。但是，一位喜欢夸夸其谈的人则会用他的话语亵渎河流与森林，因此没有比小狗更好的散步伙伴了。当这些条件齐全之后，那么我们就能在世界上气候最好的地方去散步了。如果我们在三伏天或是白色情人节去散步，那么同样可以在黄色情人节与水晶情人节去散步——在那些既不冷又不热的日子里，我们可以感受到完美的气候所带来的怡人感受。可以说，没有比10月更加适合到林间散步的月份了。此时，深秋的第一次霜冻已经过去了，黄色的叶子已经从树木上慢慢凋落了，枫树与山核桃木的缝隙中吹来了强劲的南风。所有的树叶都仿佛在风中弹奏着竖琴，让整个空气中都弥漫着美妙的音乐，让置身其中的每个人都成为诗人。在夏日的时候，当气温较热的时候，我们也会到林间散步好几天，感受生活的乐趣。在林间散步，你能感受到乡村的真正气息，因为这里不像荒原那样一望无际，也不像新罕布什尔州的地形那么险峻。因此，我们有更多理由为马萨诸塞州的地形感到知足，这里虽然有一些岩石层与断裂层，却没有像阿尔卑斯山脉那样险峻的高峰所带来的任何不便。

1858 年

3月3日，爱默生在波士顿的弗里曼教堂发表了6篇关于"心灵哲学的自然方法"的系列演说。第一篇演说是《乡村生活》（其中的部分内容包括了爱默生于1857年在康科德发表的演说）。第二篇演说是《工作与日常生活》（这篇演说也许是他在1857年1月在辛辛那提发表的演说）。第三篇演说是《心灵的能量》。爱默生认为，形而上学的出现其实与那些形而上学者没有多大的关系，而与世界各地那些思想深邃之人所说的一些言论有关，其中就包括诸如蒙田、帕斯卡、孟德斯鸠，甚至是莫里哀等人，而不是诸如达朗贝尔、孔狄亚克或是如弗鲁瓦等人。我们很难将这些碎片化的信息一一整理出来。因为这是每个人都容易获得的一种体验，而不是一种连续性或是系统性的东西。我们人类局限于脊椎动物身体结构的限制，在行动便利的同时，也必然会遇到许多狭隘的影响。当我们认为自己可以对大海或是太阳系进行了解或是描绘的时候，这未免有点矫揉造作了。自然一般都会嘲笑那些试图这样做的人，让他们栽几次跟头，让他们退回到原先的位置。但是，只要每个人都能够坚持个人的感受，每个人的感受都可以变得有趣且难以被反驳。每个人都能感受到柏拉图或是康德所宣扬的哲学思想。每个人在日常生活中已经感受到了那样的思想，甚至要比那些哲学家所宣扬的思想更加深刻。我们意识到智慧就像无垠的天空悬挂在我们的头顶上,并通过我们的感知以具体化的方式呈现出来。第四篇演说是《心灵哲学的自然方法》。在这篇演说里,爱默生谈到了智慧的游戏是我们对所看到的一切事物的感知。相反,任何一般性总结的话语都可以通过某种特定的事例或是模仿而变得具有诗意。心灵的功能超然于物理存在的世界,因此能够让我们获得感受躲藏在人类心灵意识洞穴里许多深邃思想的钥匙。当我们将一个事物或是同类事物都变成了一个形状,那么所有的事物都会具有相同的品味与质量。因此,我学习什么,这不是很重要,重要的是我找到了一条去感知所有存在的钥匙。自然每个部分的法则都可以在心灵的更高层次里得到重复——这就像地心引力、电池两极、化学现象或是动植物的生命那样不断重演。科学的进步,其实是将我们内心对自然的持续变形的一种现实化做法。一种物质过渡到另一种物质,这其实就是自然整个游戏的精髓,死亡则是对那些仍然具有生命力的事物的一种惩罚。这也是我们需要去认知的一个思想。要想在最佳状态去感知整个变形的过程,就需要我们让时间停滞下来。每一个总结都让我们找到了通向更宽广世界的道路。敏捷的思想出现跳跃的情况,能让我们衡量人类的最高层次与最低层次之间的差别。即便是最普通的话语,若是人类能将其稍微拓展一下,也会让自己变成一个天才。第五篇演说是《记忆》。在这篇演说里,爱默生认为,记忆就像一个矩阵,将心灵的其他功能都连接起来了,也像一条线将过去的所有经验都紧紧地黏在了一起。人与人之间的差别,其实就在于记忆在跳跃能力以及重新回忆事情能力方面的差别。或是,人们是否有能力一开始就牢牢记住某些事实,继而让这些事实无法逃脱出记忆的束缚。记忆就好比一种情感:我们会记得那些我们所热爱的事，也会记得那些我们所恨的事。这取决于我们对自我认同的这一重要事实，也取决于我们是否能对自然的看法进行更好的调整。之所以会出现短暂记忆，就是因为我们对此的思考不够深刻。一个深刻的思想会帮助我们在脑海里了解更多的事实。当我们获取了更多的信息时，就必然会失去某些信息。不过，记忆的缺陷并不总是因为我们缺乏某些天赋，有时是因为我们有着过多的天赋。很多心灵层面的记忆并不需要大脑去进行储存。牛顿会记得他在发现过程中的各个理由，却不记得自己做出了什么发现。第六篇演说是《冷静》。在这篇演说里，爱默生谈到，个人的灵魂就像断断续续的潮汐，某些科学与力量可以对此进行研究，但这仅仅局限于较小的范围。卓越代表着一种处于激情状态下的个性，每个人都是正确的，或者说每个人都应该让自己变得正确，这只需要我们拥有更多的个性。每个人都可以按照自身的方式变得卓越，不需要对别人的天赋有多少了解。人们在游泳的时候需要用双手去搏击海浪，而不需要在意他们的身体所具有的力量。要是这样的行为不顺从最高的理智，就必然会让我们变得沉闷单调，让我们的思想变得狭隘，此时就要想办法过上有趣的生活。与此相反的秉性是兴趣广泛，这些人不愿意对某些事物持续地投入关注，而想要通过对全新事物的追求来摆脱之前的状态。他们总是喜欢去做一些事情，而不愿意在任何一件事情上耗费太多时间。第二条法则是选择正面、积极与肯定的信息。不过，这种肯定其实就代表着爱意。善意才能让我们获得真正意义上的洞察力。我们所追求的是包容、冷静与自我忍让的态度。但是，这就像自由意志的各条线编织在一起，让我们难分难解，最后无法加以利用。意志会给我们带来奇迹，当契机出现的时候，形而上学就会出现纰漏，这让人类能够感受到上帝的存在。我们都生活在一个精神世界里，但谁也没有看到过天使或是这样一种精神。既然这样，我们的知识到底是从何而来的呢？能量的源泉到底是从何而来的呢？上帝的灵魂通过人类的思想传播到世界各地。思想会抵制更高法则带来强制性命运的后果，重新将自然视为人类的主人。

9月29日，爱默生在米德塞克农业协会上发表了一篇名为《扛着锄头的人》的演说。

12月14日，爱默生在康涅狄格州的哈特福德发表了一篇名为《成功》的演说。

1859年

1月25日，爱默生在彭斯去世百年的纪念日发表了一篇演说。

3月23日，爱默生在波士顿的弗里曼教堂发表了6篇演说。第一篇演说是《成功的法则》（可以说，这篇演说是他在1858年12月14日在哈特福德发表的演说的一个翻版）。第二篇演说是《原创力》。第三篇演说是《俱乐部》。第四篇演说是《艺术与批判》。在这篇演说里，爱默生谈到了第三等级的不断发展，之前单纯的劳动工人变成了读者与作家，强迫那些有学识的人以正确的方式发泄他们之前的不满情绪。人们所说的街头语言通常都是比较粗俗的。我羡慕现在的男孩有能力对此进行强烈的否定。我必须要坦承一点，当我听到别人说出一些活泼轻快的话语，我会感到非常愉快。几乎每一位前往法国旅行的游客，都能听到法国人谈论普斯提里翁，也会对英国那些运货马车车夫发出的诅咒很熟悉。蒙田的作品所描述的一些内容，肯定是现在我们在酒吧里听到的一些言论的源头。这些词语或段落显然是某位学者说出来的，因为这些句子的工整性让我们不得不做出这样的思考。赫里克就是趣味低俗的一位杰出代表。与蒙田一样，他也有自己的风格，但他不愿意谈论自己想要谈论的主题，而是将自己的一些想法写出来，通过一些优美的句子将感受表达出来。路德曾说："我用粗俗的语言发表布道演说，这让所有人都感到心满意足。"莎士比亚也曾研究过使用粗俗语言带来的好处。他从中得到的乐趣与他在认真研究智慧时获得的一样多。他知道，粗俗语言的源泉可以追溯到很久以前。但丁就是这方面的大师，既能够以粗俗风格去创作，又能用高雅的方式去做；既能描述出天堂的美好景象，也能够描述炼狱的无比恐怖景象。一位优秀的作家必须要能将自己内心丰富的情感表达出来，同时进行有选择的甄别。当他们处在创作能力最旺盛的时候，任何束缚都无法让他们用正当的语言去驾驭二轮战车与马匹。有时，我希望教育协会能在大学实行这样的教育计划，让我国的编辑、国会议员或是书籍作家都能修复或是学习我们在过去所说的一些最好的语言。在报纸上宣扬这样的美国主义，抵抗不良的文化影响。当我们这样做的时候，要注重平衡性。有些词语是只能作为副词的，有些则只能作为形容词，那些华丽的辞藻往往会吸引年轻作家们的关注。卡莱尔做出的最大贡献就是辞藻方面。在他创作的许多书籍里，我们都可以看到许多带来祸害的常规遭到了废弃，他就像一阵任何人都无法描述的风一样，来去无踪。当你大声阅读这些内容的时候，就会发现这些句子变得拖沓起来。将这些段落全部划掉，然后再读一遍，你将发现到底是什么词语显得拖沓。如果你想用一个词语表达意思的部分内容，这必然会出现拖沓的情况。这就好比将一块鹅卵石嵌入一块马赛克里面。将那些多余、负面、悲惨或是各种夸张的形容词都删掉,最后,你可以看看自己在一篇文章里到底还有多少内容是你所没有删除的。当然,你的文章需要具有良好的风格,用全新的内容去吸引读者的眼球,让读者没有时间停下来去思考文章本身所具有的风格。在古典与浪漫主义的艺术品方面,古典艺术代表着一种基于生存理念的艺术,是一种有机的艺术理念,浪漫的艺术则打下了反复无常的烙印。当我阅读普鲁塔克的作品或是欣赏古希腊的花瓶时,我倾向于认同许多学者的一般性观点,即古希腊民族要比其他民族更具清晰的智慧。但是,在我关于古代文物的思想里,我所思考的不过只有时间。清晰且自然的表达方式,应该是当我们表达对这些文物的爱意与赞美之情的时候,我们到底想要表达什么意思。大仲马与尤金·苏在创作一个故事时,也不知道这个故事的最后结局到底应该是怎样的。但是,司各特在他的作品《拉玛摩尔的新娘》里就知道自己最后想要的结果,莎士比亚在《麦克白》里也知道,自己对于最后的结局没有任何可以选择的余地。第五篇演说是《行为举止》。在这篇演说里,爱默生认为,不应该以直接的方式去培养一个人的行为举止,而应该将这视为一条指针,展现出我们真正自我。我们必须要查看每一个刻度,而不是看着箭头。到目前为止,常识之所以是真实的,是因为这要求我们在行为举止方面应该处于一个更高的自然状态。行为举止与我们的道德标准相关。第六篇演说是《道德》。

  5月22日,爱默生在波士顿音乐大厅发表了一篇名为《最高级的心灵状态》的演说。

  10月2日,爱默生在波士顿音乐大厅发表了一篇名为《艺术的美感》的演说。

11月8日，爱默生发表了一篇名为《勇气》的演说。

11月13日，爱默生在波士顿音乐大厅发表了一篇名为《家庭生活》的演说。

11月18日，爱默生在波士顿特雷蒙特大厅举办的一场为约翰·布朗家庭捐款的活动上发表了演说。

12月25日，爱默生在波士顿音乐大厅发表了一篇名为《谈话》的演说。

1860年

1月6日，爱默生在萨勒姆发表了一篇名为《约翰·布朗》的演说。

3月，爱默生发表了一篇名为《在蒙特利尔，关于诗歌与批判》的演说。在这篇演说里，爱默生认为，当代的批评已经将文学与艺术视为一种历史了，也就是说，将这视为一种可以不断成长的东西。那些置身其中的人无法猜到最后会是什么结果。那些过来观察的人也会将这视为人类历史的一个普通事件而已。基督教将我们每个人都视为具有无限可能性的存在，视为一种普遍存在的真理，我们却将除了基督徒之外的其他人都看成是异教徒。现在，精神主义已经让我们明白一点，即我们是怀疑主义者，只能通过现实的存在或是与人轻声细语的交流才能去相信某些东西。这些全新的信条让我们明白的启示没有变得更加宽广，而只是在进行批判的时候才变得有用。

3月18日，爱默生在波士顿音乐大厅发表了《道德感》的演说。在这篇演说里，爱默生说自然界的事物都是普遍联系的，彼此间形成了紧密的纽带，因此当我们进行观察的时候，很难发现哪里是开端，哪里是尽头，也无法弥补任何初始原因所导致的裂痕。当我们面对第二原因的时候，这样的认知也会不断地出现，让我们感到震惊，同时让我们去思考一些没有答案的问题：为什么我们会存在？我们到底代表着什么？当我们看到诸如人类这样的生物在地球上生活了70年，展现出各种自然的本性与人性，每天都要用嘴巴说出许多粗鲁的话语，从没有想过其本身的存在就是一件无比独特的事情。显然，这是非常滑稽的一件事。我认为，教育的一个主要目标就是要激发每个人心中的创意源泉。让我们到自然的世界里好好地看看，看看人类所拥有的这一切美好吧！但是，人类所拥有的财富存量，也让我们明白了那些拥有这些财富的人，其实是多么没有资格拥有这些东西！这些光彩夺目或是浮华的盛况，以及控制着所有一切存在的东西，都是人类继承下来的。但是，人类能够沉湎于力量的官殿里吗？不能，人类就像一个吉卜赛人或是抢劫犯那样逃避责任。当人们召集起来进行点名的时候，我们简直可以看到一个名利场，大家都吵闹地说话，在放爆竹或是喝着威士忌酒！但是，让我们审视一下最后的重点，人类的认同到底存在于什么地方！前去戏院，看看观众们在欣赏这些表演时自发鼓掌欢呼的场景吧！去大型群众集会的地方看看，看看群众潜藏的高尚情感是如何被激发出来的吧！千万不要被卑鄙或是邪恶的彬彬有礼的表象所欺骗。只有我们才能矮化自己，但上帝赐给我们的善良精神永远都不会从我们身上消失的。至于该如何去展现出这种善良的精神，这完全取决于我们自己。

6月17日，爱默生在波士顿音乐大厅举行的纪念集会上，发表了一篇名为《西奥多·帕克》的演说。

11月3日,爱默生在波士顿音乐大厅由帕克主持的群众大会上,发表了《改革》的演说。在这篇演说里,爱默生认为,改革并不像一种我们可以移动的古老激情,不是将石头扔向空中那么简单,而需要我们拥有一种像地心引力那样的持续激情。我们不能自我局限,而应在每一天的每个时刻都去创造一些全新的东西。改革家是我们的恩惠者,也是具有务实精神的诗人,阻止我们去做任何荒唐或是愚笨的事情。不过,我们应该把重点放在重要的改革上,将昏昏欲睡或是无神论者的状态展现出来。我们每个人的行为无论是多么的微不足道,都能产生一定的影响。更重要的是,你们处在正确的一方,处在大众与神性正义的一方。那些不断前进的民众,那些不断革新的人,之所以能够激发我们的热情,就是因为他们始终代表着一种正确的思想。人的一个重要组成部分就是不断前进,始终追求更美好的东西,而不是紧守着祖辈留下来的惯例。那群暴徒用粗暴的眼神看着你们的时候,其实就已经清楚地说明一点,他们知道你们即将要埋葬他们。只要你们能够将百分之六的潜能都激发出来,就能发挥出像枪炮那么强大的威力。那些阻挡改革步伐的人肯定是存在错误的,虽然他们不知道自己错在哪里。

11月20日,星期六,爱默生在波士顿音乐大厅发表了一篇关于"人类的阶层"的演说。在这篇演说里,爱默生谈到人就像一个分类器。对方法的热爱似乎出现在孩童时期,每个人都有属于自己的一套理论,只有让他感兴趣的事物才能激发起他的兴趣,因此他的爱好与追求能让他与其他人区别出来。一些人似乎天生就有公共事务的追求,他们希望去做帮助大众的事情,其他一些人则宁愿去坐牢，也不愿意去做这些事情。不同人具有的不同脾性会形成强烈的反差，就像犀牛的鼻子那样相互碰撞。那些胸怀国家抱负的人会实践他们的思想与天才，更好地为国民服务，因此这样的人很自然就会成为领袖。阿基米德、哥伦布、哥白尼、洪博特等人都是具有世界意识的人，他们都用自己的方式去改变了这个世界。另两个比较高尚的阶层就是那些具有行政能力与智慧的人。他们都有一种将手段与结果结合起来的能力，他们知道如何向数百万人表明自己的观点与思想。这一类人从一开始就对一切事情抱着强烈的期望，另一类人则对这些不抱有任何期望，将自己获得的任何好运都视为一种纯粹的收获而心存感激。他们都是具有强大意志的人。一个人的力量从出生的时候就表现出强烈的两极倾向，倘若这种倾向出现过犹不及，就很容易变得单调。但要是我们没有这种两极倾向，没有认真追求的利益，那么这就无法激发起我们内心最深处的怜悯之心。我从那些思想消极之人身上看不到积极的影响。

1861年

1月6日，波士顿音乐大厅，在西奥多·帕克的群众集会上，爱默生发表了一篇名为《因果》的演说。在这篇演说里，爱默生说：我认为南方在谈到自由演说所带来的危险时说得很对。如果限制言论自由的法令适用于人与人之间的窃窃私语、眼神或是不满的表情，那么我们其实就是已经处于一种完美的独裁专制状态了，我们的繁华的城市将会变成一座无比沉默的精神病院。但是，正如任何政体都无法影响地心引力的存在，无法影响时间、空间以及人的思想的存在。从最优秀的种族到最低劣的种族，人类的本性始终进行着一番战斗。这到底意味着什么呢？这包括了一个重要且有益的原则——独立自强，反抗一切压迫，实现永久性的自我安全的存在。战争是一场野蛮的游戏。但是，如果自身的使命需要我们这样做，那么我们绝不能退缩。人生就是一场认知因果关系的永恒过程。每一个善良之人都按照自身的天性，希望国家能够繁荣发展。这样的人也是忠诚的。请看看商业贸易在改变我们的政治结构方面所产生的影响吧。就在昨天，所有人都做出了让步与妥协：一些人说，如果你们喜欢继续保留奴隶制，那么你们可以保留。只要你们愿意购买我们的商品，偿还我们的债务，那么奴隶制就是可以带来好处的。是的，但现实却表明了另一个道理。现实的状况发现这样的状况会带来致命的影响。最后，从事贸易的人肯定会说，这样的情况必须要停止了，除非我们能完全解决这个问题，否则我们永远都没有稳定的经商环境。简而言之，当代的商业贸易需要自由的言论，需要的是坚定的废奴主义者。

1月24日，在波士顿特雷蒙特大厅的反蓄奴制协会的年度会议上，爱默生发表了一篇演说。

2月3日，爱默生在波士顿音乐大厅的帕克群众集会上，发表了一篇名为《自然宗教》的演说。在这篇演说里，爱默生认为，真正的信条不会有任何武断的内容，我们不能默认最野蛮的状况继续存在。这些信条应该教育我们每个人同样的道理：现实主义。这要求我们不要从事情的表象进行判断，而应发挥自己的独立思考能力，为保全每个人的自尊独立做出自己的牺牲与贡献。我们所持的信条应该让我们明白一点，即任何理智且有追求的人都应该认为，国家的法律应该适用于这个国家所有的民众，而不是服务少数一部分人的。我们不应该违背或是指责那些本意良好的要求，而应该认可他们要求中合理的部分。不同人群的宗派壁垒正在迅速消失，过去那面老旧的国旗依然在我们的城堡上高高飘扬，但是现在却有一部分人怀着骄傲自大的心，想要换掉这面旗帜。我们根据一种宗教所具有的文明力量去衡量一种宗教。任何违背平等原则的宗教最后都必然会走向灭亡。我们不担心正义无法得到伸张，而是担心我们活不到见到正义伸张的那一天。我们在对待奴隶制这个问题上也怀着同样的态度。我们必须要废除奴隶制，因为奴隶制的存在违背了人类的正义与公平，违背了一切常识与公理。我们需要永远坚持这样的原则，绝不能因为任何个人的信条而违背了这个永恒的原则。只有当对方同意履行我们的这一原则，我们才能点头认同。

4月9日，爱默生在波士顿梅奥那恩发表了6篇关于"人生与文学"的演说。第一篇演说是《天才与气质》。爱默生为再次面对熟悉的听众发表演说而感到开心。听众发现爱默生在演说中没有提出一些明确的方法，反而迅速察觉到他想要谈论的真正重要话题。爱默生说，我们现在处在一个关键时期，我们这个具有品格的文明正遭受着巨大的威胁。所谓的天才，就是那些能够安慰我们这些心灵脆弱的凡人的人，这不是因为他们具有的某种能力，而是因为他们具有一种超越凡人的精神。天才能洞察事物的内在本质。专业的科学知识让我们这些普通人只能看到事情的表面：我们要根据事情的需求，运用自身的天赋。但是，天才却是一种对宇宙法则所具有的强大感知能力。第二篇演说是《艺术》。任何国家的活动都是周期性的，就像潮起潮落的海浪那样。人应该是快乐且具有创造性的。之后，人慢慢失去了自己的气质，在战争的艺术中失去了自己的一切。文明具有的那种累积的内在运动，过往经验所积累的效能，都会渐渐地消失。那些言语粗俗且肮脏的野蛮人会站在被大火烧焦的荒原上，重新开始与野狼和毒蛇搏斗，在沙地上建造起肮脏不堪的棚屋。也许，我们美国人在此时此刻为整个世界呈现出了这样一幅悲惨的景象。这场危机的第一个层面，就像巴黎在1789年所经历的"蠢人的天堂"景象一样。那些怀着不正常虚荣心的卑鄙之人在发现自己无法带来任何影响之后，就通过作恶的方式展现自身的存在。但是，一个重要的政治结构被摧毁之后所带来的教训是很有启发性的，这表明了那些轻浮之人要比他们想象中更加睿智。在时机成熟的时候，这些人就会像人类哲学长久以来预言的那样，用他们所谓成年人的个人主义，将人类文明这台机器拆解得支离破碎。但是，人类的巅峰在于创造。人类应该成为艺术家。正义可以在荒野中得到伸张，人类则可以在谷仓里崇拜上帝——不过，我们不仅要有货摊与仓库，还要有大厅与宫殿。人类可以通过自身的行为去改变自身所处的环境，能给自己的品格与教养留下深刻的影响。在美国，美感所带来的影响是肤浅的。我们所谓的艺术不过是国民对削木头的兴趣。对某个主题的选择是让人非常着迷的。艺术并不在于让某个主题变得著名，而在于选择那些著名的东西。天才，其实就是指代那些能持续地释放出自身能量的人。自然给予的暗示告诉我们，当我们看到了自然发出的某个意图，我们就应该努力地加以实现。我们会感觉到形式的顺畅与颜色的美感。但是，原创且独立的代表形式需要艺术家用自己的才能去进行创作。这样的决心并不存在于我们的国家当中，或者说，我们在这方面缺乏足够的力量：我们现有的程度只是达到了品味的程度，根本无法进行任何创作。第三篇演说是《处于紧要关头的文明》。第四篇演说是

《一些好书》。在这篇演说里，爱默生认为，指责书籍给人们带来不良的影响，这是非常荒唐的。可以肯定的是，对一些人来说，书籍就如他们所穿的衣服。这是一个比较微妙的话题，而我们在这方面的态度也代表着人类文明的水平。人类就是通过书籍将所有人的个人历史结合起来，形成哲学或是普遍的经验。我们绝对不能过分好奇地探究文学的绝对价值。对我们来说，书籍就好比可以给我们乐趣、怜悯心与反省的天使。书籍就像是沉默的智者，那些容易被我们驾驭的预言家与歌手，时不时会用他们发出的月光照亮我们孤独的内心，驱赶我们内心的疲惫与不幸的遭遇。这就是书籍所具有的力量。我们所尊敬的《圣经》一书里的每个文字，就好比一粒创造与改变的种子。柏拉图学派的哲学多么具有生命的活力啊！我期望教众通过阅读杨布里科斯的作品去重振教会。我们也要阅读普鲁塔克的作品：如果这个世界上所有的书籍都要被焚毁了，我会想尽办法去拯救他的书。还有《圣经》、莎士比亚以及柏拉图的作品。我们要感谢柏拉图学派哲学的翻译家托马斯·泰勒所做出的贡献。正是他做出的努力，才让古希腊那个被人们忽视与遗忘的时代重新展现在我们每个人面前。第五篇演说是《英美两国的诗歌与批判》。在这篇演说里，爱默生认为，从每个角度去看，这两者都存在着某些疑虑与恐惧。在绘画或是故事创作方面，这样的元素被剔除了。你们能感受到事物纯洁的一面，不需要感受任何不安的情绪。诗歌代表着唯一的真理。人所说的话应该追寻真实的东西，而不是表面现象。乔叟、弥尔顿、莎士比亚等就像文学史上的一座座高峰，年轻的作家似乎已经看到这些文学高峰的影响。单纯聆听这些美妙的旋律，就让我们心驰神往！在柯林斯的《夜颂》里，我们发现了一位非常优秀的年轻人。在格雷写给伊顿学院的一首诗歌里，我们能感受到多么强烈的情感！大声地朗读诗歌，这是对一首诗歌是否优秀的一个重要衡量标准。我们都非常喜欢丁尼生在这方面表现出来的天才。他所创作的关于威灵顿的挽歌，不仅将他的名字与这位英雄联系起来了，还与英国的历史联系起来了。在最初一周的哀悼里，丁尼生的《回忆录》在众多教会人士所写的哀悼词中是非常普通的：人们所感受到的只是表面上的价值。请回想一下，我们在危险时刻所想起的一些诗句吧，你们将会发现，在关键时刻能够给我们带来力量的诗歌是多么的少！正如伯克与米拉博等人，他们所说的话要比他们所想的更好。音乐与诗歌是非常搭配的，但在一种高层次的音乐里，往往会出现不和谐的旋律，这反过来会给我们带来愉悦的情感。司各特就是一位娴熟掌握诗歌韵律的大师。在他的作品《迪纳斯·埃姆林》与《赫尔维林峰》等诗歌里，他展现了自己作为一名诗人所具有的洞察力。拜伦也有慷慨演说的能力，对音乐也有敏锐的洞察力，但他不知道到底是什么狂热的东西给予人们这种创造性的能力——在诗歌的领域里，批判有其存在的价值。批判的美德要通过良好的常识去修正单纯的才华所带来的影响。一个更具天赋的人其实就是自身创作的诗歌的受害者，而事实上，他根本就没有遭遇他所描述的那样东西。当阿纳克科曼德歌唱的时候，很多男孩都嘲笑他。面对这些嘲笑，他说："为了这些男孩，我们必须要想办法唱得更好一些。"我认为，现在很多期刊报道的肤浅内容都是我们应该以嘲笑态度去面对的。这些期刊的内容不是每一位优秀读者真正关心的内容。书籍的一个重要特点就是要具有可读性。如果一本书是沉闷的话，那么这本书在创作过程中必然是犯下了诸多的错误。第六篇演说是《波士顿》。过去的生理学家会观察气候给人类带来的影响。他们认为，清新健康的空气就是最佳的解药。高山与海边的空气往往会让人产生一种叛逆的心理。300年前，瓦萨里在佛罗伦萨所说的那句话同样适用于当代的波士顿："对荣耀与光荣的渴望，往往会受到这个地区空气的影响，影响着这里的每一个人。那些拥有才华的人不得不要为此做出抗争，他们可能不会与那些自认为与他们处在同一水平的人为伍，而是通过自己的努力成为最优秀的人。"在我们所居住的地方，我们发现这里的空气没有受任何刺激的影响。这座城镇本身就拥有一段美好的历史。这不是一次意外事件，不是一座铁路火车站、交叉路口、酒馆或是任何军营，这一切不是因为时间或是运气的成分而建立起来的，而是因为这里居住的民众是有原则的人，他们遵循着同一种情感。当我这样说的时候，我没有怀着任何特殊的情感，而是使用过去冰冷的历史语言去描述。当我说波士顿作为一座城镇之所以能够获得整个国家的关注，能引领北美地区的文明发展历史时，我只是用客观的口吻去说而已。这里的领袖都是接受过良好教育且有礼貌的人，他们都有着自己的财产，过着虔诚的生活。他们是英国地区的理想主义者，也是这个地区最具宗教情感的人。他们与自己选举的政府站在了一起。他们原本可以对自己说："好吧，至少那些主教或是朝臣套在我脖子上的枷锁已经卸下来了，我们与那些野狼或是饥荒之人不差多少，因此我们必须要为此做出努力。"正是强大的宗教情感让他们具有钢铁般意志与不可动摇的目标。当人们想起避难所、新和谐地带、布鲁克农场、奥克戴尔或是空想的共产村庄，会知道这最后都会在一场混乱中消失。我们对那些新移民过着精打细算的生活产生了更多的敬意，他们都在通过自己的努力慢慢地建立起自己的家园。当人们看到他们不计一切代价去支持彼此的时候，我们会发现道德价值观变成了金钱价值观。波士顿的一座房子与那些生活在其他城镇的腼腆之人的房子一样具有价值，因为房子本身的价值不是由人的精神与品格去进行评价的。在波士顿，他们都希望看到社会不断前进，因为只有这条不断前进的原则才能激励着大众不断前进。从罗杰·威廉姆斯、安·哈钦森到艾伯纳·尼兰再到威廉·加里森，我们都看到了创意与异端所进行的斗争。要是执行者没有一点儿狂热的精神，那么他们不可能做得更好一些，正是这些人不满足于单纯表达自己的观点。美国的思想与解放要面对强大的阻力，这在我们糟糕的政治局面上得到了充分的体现。但是，如果我们遵循这样的前进方向，就必然能让我们感受到天国的美好。这些人并没有在他们播种的地方聚集起来。他们除了自身真诚的劳动与工作之外，也没有想过要以其他的方式去获取这个世界的宝藏。他们接受这样一种神性的法则，即人类的存在本身就应该具有存在的价值，要是人类的生活单纯是为了享受或是表演，那么这样的生活是毫无意义的。当一些轻率的参议员希望通过称呼这些人"社会的底基"来嘲笑他们的时候，他们其实无意中是赞美了这些人。自然是一位节约的母亲，不会毫无节制地给予我们什么。当她有事要做的时候，就会让人类这样做。在美国，她还不希望看到什么史诗作品或是戏剧作品，但她首先让民众建立起了城镇，让农民在土地上播种玉米。但是，我们从父辈继承下来的文学天赋却始终没有丢失。本杰明·富兰克林知道如何去写作，乔纳森·爱德华兹知道如何思考。从1790年到1820年这30年间，除了极少数一些文学作品外，我们几乎没有看到真正意义上的作家。但是，布克敏斯特在剑桥地区优秀大学生联谊会上发表了那篇演说之后，这样的文学创作冲动似乎就以友善的方式进入了文学界，这是波士顿地区"文艺复兴"发端的标志。"伟人一般都没有伟大的儿子"，这句话似乎成为一句谚语。但在波士顿地区，自然似乎更加慷慨一些，出现了很多伟大的父子。我必须要承认一点，我不认为我们这些接受过教育的民众多么具有创造能力，也不具有很强的总结概括能力或是强大的想象能力。我知道，这座城镇的历史包括了许多不公平甚至是残暴的过往。毋庸置疑，正如每一座城市都有其缺陷一样，波士顿也不例外。这也是一座罪孽深重的城镇。但是，正如其他的每座城镇一样，这座城镇也设定了一个永恒的基调，就是大胆地前进，通过劳动与努力，通过奉献与工作不断进步。我认为，一个人应该让他所在社区的民众进行最公正的评判。在当代，这样的评判标准应该是每座城镇稳定发展的基础，我希望这成为北方民众拥有刚毅精神的一个重要基础。让我们勇敢地遵守这样的精神与原则。只有当我们不断努力去践行这样的信念，这种信念才会变得越发强大！让每个孩子在听到波士顿这个名字时，都能像感受到温暖阳光的照射一样！在遥远的时代，自然的座右铭应该成为这座城镇每座山丘上数百万人共同的祈祷：请赐给我们高尚的精神与强大的力量吧！

7月10日，爱默生在马萨诸塞州萨默维尔市发表了一篇演说《在塔夫茨学院的演说》。在那些日子里，加农炮爆炸时发出的巨响，成为整个地区上空最具诗意的回响，代表着最原始的人性。在这里的学院，我们可以充分感受到这种原则本身。这就像自然法则专门安排在这里的避难所。如果整个国家出现崩溃，这肯定是因为我们的大学没有充分发挥其职责。我们的能量会泄露出去，就像一座专门收养年老教师的医院，一间陈列发霉书籍的书店。健全的心智让我们不能屈服于这样的压力。正如我所说的，如果智慧层面的兴趣不存在任何虚伪，而只代表着现实的话，那么这肯定会牢牢控制我们的心灵。先生们，你们都是从众多人之中挑选出来的优秀人才，你们通过自身以及你们的朋友的学识与见解，有能力去学习更加深刻的思想。如果你们能在大学里培养自己的独立精神，那么你们就没有辜负大学教育。所有优越感都与自身的思想相关。因为，我认为道德与心智之间存在着一种永恒的纽带。一个人其实就是他有什么思想以及相信什么的外在呈现。某些特定的能量属于那些掌握某些特定事实真理的人。释放这种能量的过程是一种非常有趣的体验。在我们漫长的一生里，这都是非常值得铭记的记忆。不过，在神性的神谕里，这个世界是无法得到拯救的。在被称为智慧阶层的世界里，在教育机构的世界里，他们缺乏对自身事业的坚定信念。我们需要重新恢复我们的宗教。我希望看到人类心灵的不断重现，看到人的责任感延伸到重视与利用他们的智慧能力。我希望在文学阶层看到这种思想的复兴。我们要有追求伟大的远大志向，我们要敢于去追求诗歌与创意，追求艺术。那些怀着纯真希望与希望接受良好教育的年轻人，都应该在这个过程中发光发热，不应对这些事感到困惑，不应该让自己变成一个怀疑主义者或是孤独主义者。只有当我们让自身的才能与才华顺从于目标时，它们才能发挥最大的能量，才不会因为我们的碌碌无为而浪费掉。我们应该看到，一所大学所具有的思想，其实就是每一个顺从这种纯粹思想光芒的人集合起来的。大学不应该有任何卑鄙的目标，而应该让学生培养让人尊敬的自律与创新的灵魂。对天才来说，没有比大学更让他们舒适的地方了，因为他们的想象力能够得到支持，他们最高尚的想法能得到回应，他们也能得到最真诚的奖赏。追求自由与智慧必然能够滋生热情，让他们成为这个国家的英雄。

9月27日，爱默生在马萨诸塞州雅茅斯发表了一篇关于教育主题的演说。在这篇演说里，爱默生认为，这个世界是一个相互认知与教育的系统。每个人在某个时刻都可以成为我的老师。我要给自己提出的问题是，我能教给他什么呢？因为他肯定能教给我一些东西。我们要以友善真诚的方式去对待每个人，将他们变成对你来说极为重要的老师，教给你某方面的知识，因为每个人都是某方面的专家。当我想铺设炉子的时候，就需要30平方英寸的铁板。这就需要我去拜访村里那些懂得使用锡与铁的师傅，然后看看他们如何利用这些材料做出我想要的东西。我只是出钱买了一些铁与付出了一些劳动而已。如果我想要加固谷仓的结构，我就要去拜访那些对石头或是木头有研究的师傅。要是我想建一个花园，我就要去找寻那些植物学家或是正在流汗工作的地形测量学家。可以说，整个教育的艺术就包括了我们对所有人的一种尊敬，让我们对某些具有专业能力的人给予尊重。当我看到拉瑞对待马匹的方式，我忍不住怀疑他肯定在上学或是上大学时有过被人挖苦的经历。不过，他已经改过自新了。当他说"那些与马匹打交道的人，绝不能有任何恐惧或是愤怒之心"的时候，其实就已经是一种思想的升华了。在马匹眼中，他是一位健壮的家伙，要比那些不了解马匹的人更加有用。学校校长必须要忠诚于自己谈论的主题，学生必须要感觉校长不是一位老学究，而将他看成是一个具有知识的同伴（这部分内容基本上出自爱默生的"教育"演讲稿子里)。

11月12日,爱默生在波士顿音乐大厅举办的大学生联谊会上发表了有关"美国民族性"的演说(这篇演说刊登在11月13日的《波士顿晚报》上)。在这篇演说里,爱默生表示,因为一个国家没有任何敌人,这个国家就应该变成现在这个样子,或是因为这个国家拥有着伟大的未来,就应该以自杀的方式去结束这样的未来,这是非常屈辱的。但是,这种狂热的激情往往会遇到与其危险相当的阻力。我们经常会认为,我们的国家幅员辽阔,无法形成强大的民族性。但是,我们这样说的时候根本没有认真做过一番思考。是的,我们国家是幅员辽阔,但当我们在萨姆特城堡上的旗帜被南方军队降下来之后,我们每个人都会形成一股强大的力量。在我们看来,任何随之而来的邪恶行为都是不足为道的,因为我们的民众愿意齐心去战胜这样的邪恶,建立一个更公平的社会环境,更加有益于个人发展的国家。你们认为我们应该像以前那样在邪恶势力面前卑躬屈膝吗?我希望,这场战争能够愈合更多的伤口,而不是制造更多的伤口。这场战争应该能让某些人改变之前那种怀疑主义的思想,这些人其实就像物质富足情况下被宠坏的孩子。维持联邦政府的战争,要比任何州的政策或是地区利益都要更加重要。不过,归根结底,因为南方存在的奴隶制,我们联邦政府的群众基础还不够强大。我们必须要尽一切努力解放那些黑奴,同时对那些忠诚于联邦政府的州给予一定的补偿。这应该成为我们的原则。除此之外,任何其他的方法都只是阴谋。谁能在硫质喷气孔或是流沙上建造房子呢?聪明的建筑师会在土地平实的地方建造房子。联邦政府应该追求的目标,就是控制整个联邦的每一寸土地。在目前战争一触即发的状态下，我们需要考虑到国家出现分裂的紧急情况。鉴于这样的局势，我认为，我们宁愿与南方同盟开战，维持联邦政府的完整，也不能在目前南方保存奴隶制的状态下采取绥靖政策。现在，我们已经知道，两条铁路带来的好处与一条河流没有什么区别，我们开始思考我们应该前往密西西比河流。战争考验着我们每个人的品格，让那些无罪的人得到释放，让每个人的内心都遭受着诚实的检验。这需要我们拥有强大的力量。这不仅需要我们有真诚、坦率与勇敢的态度，还要有强烈的道德感。我不赞成一些人希望通过金钱或是发声的方式去追求自由，他们都是比较坚定的民主主义者，他们憎恨蓄奴制，反感南方那些背叛国家的恶人。在此，我希望听到一个词语，那就是"事件的逻辑"。无论是在民事还是军事上，我们最好都要坚定自己的立场，不要出现任何动摇。我们就像帕里上校率领的那支雪橇战斗队伍，花费数周时间在北方的冰雪上前进，之后到达了没有积雪的南方。

爱默生发表了一篇名为《真理》的演说（这篇演说是否在音乐大厅的帕克集会上发表，尚存疑问）。在这篇演说里，爱默生说，在战争引发的各种喧嚣的讨论中，我们到了这样一个可以表达我们情感的地方。我们从小就被灌输爱国的情怀，无所畏惧的思想，一定要将所有的盲目冲动的暴乱全部镇压下去，让我们呼吸的空气重新变得纯净与安静。和平安详的生活应该是我们这个地区的永恒法则。当我们在遭遇短暂与局部的痛苦时，就要有这样的坚定的信念：这一切都会过去的，这不仅会给我们带来各方面的好处，也会给那些遭受着痛苦的个人带来好处。因为邪恶时代是建立在谬误基础之上的。在我国历史的某个时期，我们会睁开心智的眼睛，开始意识到精神事实、权利、责任与思想——还能感受到本质的真理所形成的上千种不同的面孔。当我们了解这些道理之后，再也不会成为任由命运摆布的蠢人了，而会冷静下来进行思考，思考如何运用自然的规律。从一般意义来说，要想找到一位敢于说出真理的人是很难的。因为拥有敏锐感知能力，或是能以某种准确方式看待事物的人并不多。虽然政治经济学家不会认为人云亦云的人是真正的创造者，但也会认为他们可以带来许多的好处。首先，他们是社会主义者，能通过一些民主言论将左邻右里团结起来。然后，他们还会对真理进行一番微妙的考验。聆听见证过这些事实的人所说的故事吧。缺乏诚实内容的段落不会出现在演说当中，否则必然会迅速影响到我们的举止与行为。要是演说的内容缺乏坦诚的因素，必然会毁掉整个演说过程的美好！但是，真诚只是一种外在的美德，与我们称之为诚实的内在与更高的真理形成对比。这需要我们全身心地去做，而不是部分地去做。你可能会通过自身的才华、品格或是别人对你的需求去吸引别人，但是，想要通过直接的方式去吸引别人，这却是谬误的开端。你来到这个世界上，要平静地接受贫穷的事实，然后想办法去改变这样的局面，在这个过程中展现自己的独特性。如果一个人拥有这样稳定的思想，虽然他无法看到自己劳动的成果，但是他所播下的种子是绝对不会枯死的。他的儿子或是孙子必然会感谢他留下了这种庄严的信念，在他们三代人的时间里，渐渐地让这样的信念成熟起来。让我们坐下来，利用从青年时期到老年时期的这段时间去与贫穷或是匮乏做斗争吧，而不要用任何其他错误的方式去掩盖这些事实。我们应该追寻真理，这需要我们放弃某些自大的想法，而不是放弃想要帮助别人的念头。

12月29日，爱默生在音乐大厅帕克联谊会上发表了一篇名为《永恒性》的演说。

1862年

1月31日，爱默生在华盛顿史密森协会上发表了有关"美国文化"的演说。

3月16日，周六，爱默生在音乐大厅的帕克群众聚会上，发表了名为《宗教的重要原则》的演说（其中大部分都是关于"品格"与"伦理的主权"）。在这篇演说里，爱默生说，伟大的唯物论者已经表明了他们的信念，即我们的分析研究最后会达到庄严的简朴状态，找到两种简单的元素，或是带有两极的一个元素，因为这些元素是所有事物的构成基础。在道德层面上，我们会遭遇一些原则带给我们的持续影响：我们会发现，有必要将这些格言或是语言运用起来。

4月13日，在美国总统指定的斋戒日里，爱默生在音乐大厅举办的会议上发表了名为《道德力量》的演说。在这篇演说里，爱默生谈到，我们国家应该铭记许多事情更好的一面。总统顺从了普通民众的情感，我们应怀着感恩之心去帮助那些比我们弱小的人，应该怀着对上帝的虔诚之心，力所能及地帮助别人。让我们用这些善意的话语、感谢之词、赞美的话语，以小心、温柔的方式去表达我们的感激之情，让每个人都能感受到幸福与快乐。让我们为每一次的成功与每一次的胜利欢欣鼓舞吧。我们要有睿智善良的灵魂，无论在面对国内的敌人还是外敌，都应该看到正义、思想以及人性的善意。只要我们相信所信仰的事业的胜利会给全人类带来幸福与快乐，那么我们就完全有理由进行欢庆。是的，我们应该远离纯粹理智带给我们的那种稀薄空气，因为这让我们难以呼吸，而应该将大众的怜悯心视为一种正当且安全的保证。可以肯定的是，很多爱国主义者与慈善家都会怀着满足之情看待这一切。我们的事业正朝着正确的方向前进。美国政府应该处在正确的道德位置上——这是很重要的。我们的国会也应该支持联邦政府这样做。当我们将之前用于作恶的能量用去做善事，这将带来多大的好处啊！这个世界其实就是各种力量的相互影响，每一种力量都会对另一种力量产生影响。在人类的所有工作中，我们会面临着各种阻力，在相互的摩擦中失去许多力量。但是，树木在没有遭受外在压力的情况下成长为参天大树，它所依靠的就是不断释放自身的能量，让枝叶更好地吸收阳光与水分。我们的道德力量也适用于这样的道理。无论人们在智慧与美德方面存在着多大的差别，他们在很大程度上都是朋友。要是以任何错误的标准去对此进行衡量，都必然会出现故障。激励与怜悯心——这些就是让我们释放力量的绳索，而不是束缚我们迸发能量的阻碍。胜利的能量源于我们的想象。道德的力量每时每刻都希望能够迸发出来。我们可能会感到不安，为此道歉或是仿效别人，我们可能感觉自己就像稻草或是一文不值的人。之后，强大的思想就像一阵安静的风吹过来，让我们的内心充盈着美德。

6月29日，周六，爱默生在波士顿音乐大厅发表了名为《梭罗》的演说。

10月12日，爱默生发表了一篇名为《论〈解放黑奴宣言〉》的演说。

11月18日，爱默生在特雷蒙特大厅的联谊大会上发表了一篇名为《永恒的力量》的演说。

12月14日,爱默生发表了一篇名为《健康》的演说。在这篇演说里,爱默生认为,健康的状态,其实就是顺从自身的才华与品格的状态。只要身体的任何一个部分对此进行反抗,就必然会出现疾病。身体始终处于一种完美与不完美相互转换的状态。每一种智慧的行为都必然会带来治愈的价值。我们会不断更新自己的思想,更加自尊自爱。最具价值的东西通常是最为廉价的:纯净的水源、清新的空气、勤劳的双手、善意的眼睛、温柔的声音、安详的面容。

1863年

1月1日,爱默生在波士顿音乐大厅发表了《波士顿颂歌》的演说。

7月22日,爱默生在达特茅斯学院的文学协会上发表了一篇演说,并于8月11日在沃特维尔学院重复了这篇演说。

12月1日,爱默生在波士顿的帕克联谊会上发表了《共和国的命运》的演说。

1864年

8月9日,爱默生在米德尔堡学院的文学协会上发表了一篇演说。

11月27日,爱默生在波士顿梅罗迪恩的帕克联谊会上连续六周发表演说。第一篇演说是《教育》。第二篇演说是《社会目标》。第三篇演说是《资源》。第四篇演说是《桌上谈话》。在这篇演说里,爱默生认为,记录对话的书籍要比那些所谓正式的自传书籍好许多——事实上,这些记录对话的书才是后人进行研究的真正素材。孤独所带来的痛苦是很容易被察觉的,这点与牙痛没有什么区别。这样的痛苦之所以出现，不是为了折磨我们，而是作为一种友善的警醒。这提醒着我们应该多参加社会活动，修复与朋友们的关系，回答朋友们的来信，友善地对待每个人。与朋友进行交流，就好比翻开一本杂志，阅读里面许多有用的内容。有趣的对话就是一场不断拓展我们心智的游戏，就像男孩子在跳远的时候想要跳得最远一样。在交谈的时候，各方的对话会让你感受到自由以及视野的拓展。但是，你依然可以成为自己纯粹的主人。美国人从来没有将对话视为一种艺术，其他国家的民众早已经这样做了。事实上，我们的教育机构在这方面存在着诸多的弊端。在欧洲的许多城镇里，人们可以在一天的某个时候走进一家咖啡馆，点上一杯咖啡，聆听智者、艺术家与哲学家的谈论。我们的民众到俱乐部消遣通常要花费许多钱，无法从中得到任何有用的知识。我们这个国家的一个重要目标，就是将这些机构有机地整合起来，将这个国家的能量都激发出来，让每个人都能贡献自己的力量去取得最大的成就。所谓欧洲文明，不过是他们那里有更多具有教养的人而已（这些内容在《社会目标》与《俱乐部》这两篇演说里提到）。第五篇演说是《书籍》。在这篇演说里，爱默生认为，我们希望伟大人物都能成为优秀的读者。因为读书的多少，与我们吸收知识的自发能力是成正比例的。我们很容易贬低文学作品的价值，将阅读这些作品称为偷窥他人隐私，或是将之斥为无法给现实生活带来任何积极影响的东西，说文学类书籍会让我们看问题的眼光变得不那么务实。但是，我却在书籍的世界里找到了精神的港湾与庇护所。当我们在阅读这些书籍的时候，不会感到任何苦恼或是忧虑。我认为没有比阅读书籍更能让我们的心静下来，更能让我们内心感到宽慰的事情了。我们怎么能用贬损的口气去谈论书籍呢？书籍所代表的不是语法与字典。正如法语小说让我们懂得法语，德国小说让我们懂得德语一样。书籍所传递的激情冲破了语法与词汇的限制，直抵我们的心灵。当我们在旅行的时候，若是带上贺拉斯或是帕斯卡的一些书，就能让我们从乏味的旅途中抽离出来，进入一个美妙的精神世界里。真正重要的是，这些书籍是否是作者基于生活经验或是为了表达文学观点去创作的。最近，我怀着愉悦的心情，阅读了伦敦一本杂志上刊登的华兹华斯所写的文章。我从中看到了华兹华斯表现出来的泰然自若，他的文学才华再次得到了验证。可以说，他是自弥尔顿以来英国历史上最具才华的诗人。我在英国逗留了那么长时间，只找到了一个人（克拉夫）懂得欣赏华兹华斯的作品，虽然当时丁尼生的文学才华与天赋已经通过韵律诗歌得到了展现。这位面容沧桑的男人在乡村孤独地生活了几年，遭受着旁人的嘲笑与毁谤，始终保持着理智与灵感。他毫不怀疑一点，神谕就像阿波罗降临到赫尔维林峰那样降临到了他头上。几年之后，英国人才发现其所具有的天才。《独立宣言》里充满智慧的文字也曾遭到许多人讽刺，将之称为"过于笼统的概括"，现在里面的文字已经变成了人们普遍接受的基本原则，并将永远闪耀着智慧与人性的光芒。美国的文化就像一个催熟的果实，我们的学者总是希望从学生变成老师，不愿忍受慢慢成熟的过程所要经历的考验。他们就像卡托巴葡萄，希望在太阳照射两周之后就能成熟。但是，真正的成长与成熟是需要时间与过程的！要想进行良好的阅读，我们需要阅读名著。一些人不愿意在心灵层面做出任何妥协，只是希望"能够戴着钢铁手套去切割美味的肉片，然后用钢盔作为杯子去喝美酒"。当然，他们以这样的方式吃晚餐肯定不会有好的感受。第六篇演说是《品格》。

1865 年

4月19日，爱默生在康科德的葬礼仪式上发表了一篇关于亚伯拉罕·林肯的演说。

7月21日，爱默生在哈佛发表了一篇演说《毕业生演说》。

7月31日，爱默生在威廉斯敦威廉姆斯学院发表了系列演说，分别是关于艺术与批判的演说、关于书籍的演说与关于成功的演说。

1866 年

4月14日，爱默生在波士顿齐克林大厅发表了6篇关于"民众的哲学"主题系列演说。第一篇演说是《智慧的七个组成部分》。第一个组成部分是认同的感知。第二个组成部分是总结概括的能力。第三个组成部分是前进的步伐，或者说电流所能传递的震撼情感。第四个组成部分是步伐。第五个组成部分是适当地释放经典浪漫的情感。第六个组成部分是密切的关系。第七个组成部分是想象力。最高级的手段是我们的洞察力以及身体功能，能够让我们将日常的生活环境变成一种普遍的象征。无论是从整体还是细节的层面去看，自然始终都在按照人类的心智法则去运转。科学研究需要在适应宇宙规律的前提下进行。事物呈现出来的现实状态就是我们应该形成的思想。对于心智的第一个衡量标准是集中性。我们需要演说者、领袖、政治家具有一定的绝对性，如果他们没有展现出这样的绝对性，就需要假装这样的特性。正确的感知能力不会让我们以割裂的眼光看待问题，而会以整体的方式去看待每一个独立的个体。英国人认为，如果你能对100个事实去进行思考的话，那么你将会朝着一种理论迈出正确的一步。如果你能对1000个事实去进行思考的话，那么你将会无限接近这样的理论。但是，具有良好心智的人总能从两三个事实，或是一个事实里得出这样的结论，正如他们能从纷繁复杂的事情中总结出一套理论。开普勒与牛顿都是天生具有深刻洞察力的人，他们能以小见大，从某些单独的事实中感受到宇宙普遍存在的法则。从人群中总结出差异区别的能力，敏捷的思想能让我们做出连续的突变，让我们以习惯性的速度去进行组合。时间是精神力量的一种倒转的手段。爱默生发表的第二篇演说是《本能、认知与才智》。在这篇演说里，爱默生谈到，任何形而上学者都无法在描述一种构成理智的能量中持续取得成功，也无法对个人过犹不及或是错误的行为进行任何修正。这样的心灵激励代表着一种被激发出来的能量，能打破我们所处的平静状态。本能就像山洞里没有形状的巨人，没有双手或是发音清晰的嘴巴，没有接受过多少教育。这些仿佛巨兽一样的东西，鄙视人们的话语，不重视细节，不愿意去对某些事情进行解释，却要武断地指出你应该前进的方向。认知代表着一种概括的能力，每一种认知都代表着一种能量。要是我们将意志的能量加入其中的话，就必然能从本能中感受得到。洞察力会让我们吸收自己所看到的一切，不会以割裂的眼光看待一切，能以公平的眼光看待每一个细节，看到上帝所创造出来的一切事物。每一个拥有善良灵魂的人，都必然会假定每一个特定事实都是先于人类的存在就已经存在了，因此这需要我们必须想办法与这些事物处于一种和谐状态。才智是我们习惯性发挥身体机能的一种表现。才智能形成思想，能让我们找寻某些实用的东西，最终让我们有所收获。你们必须要形成自己的思想,否则你们只会看到无垠的天空,却看不到一颗星星。所有人都知道这个事实,但很少人知道该怎样说出这个事实。同样的情况也出现在我们做正确事情的能力上。要是没有了才智,人的正直会变得荒谬,人的身体机能也无法展现出真实的状态。人的不同才智都是有机地结合起来的,每一种才智都与其想要探寻及利用的本性是相连接的。爱默生发表的第三篇演说是《天才、想象力与品位》。才智是从人诸多的身体功能中衍生出来的,但天才却是源于人所具有的一种普遍性。目前,我们国家普遍存在的这种轻浮状态,让我们很容易原谅任何与才智相关的一切。我们似乎对聪明有着一种幼稚的热爱。但是,我们应该想办法给予这些力量一些奖赏,这一切都超越了个人化的思想或是个人化的念头。能量,一种全新的能量,才是我们的灵魂应该找寻的力量。它并不在乎这是否以才智的形式出现,似乎更喜欢它没有以才智的形式出现。所谓天才,就是我们对外在世界所有印象的一种感知能力。这代表着我们的灵魂的一种有机运动。这一切不会停留在沉思阶段,而会直接越过沉思状态,进入一种行动状态。因此,这始终代表着一种全新的创意。想象力会运用有机的分类方式去做,选择与上帝为伍。这代表着一种视野,让我们知道这样的象征所代表的含义,并对此进行深入的探索。第四篇演说是《心智的法则》。(1)个人主义。个人的心智就像一个随时会发生变化的涡流,痴迷于某些科学领域与能量。宇宙则是通过各条小路或是桥梁从中经过:对每一个人的灵魂来说,都会有一条无形的道路,让我们可以感知自身的存在。每个人都代表着一种全新的方法,让我们可以感受全新的事物。他们所感受到的每一种困扰,都表明了他们的思想对于其他人来说是多么的神圣与宝贵。(2)认同。我们之前所看到的东西,也必然会再次看到。之前存在过的东西,之后也必然会存在的。这与我们所了解到的事情没有什么区别。在我们的心智里,自然每一个领域的所有法则都在不断地重复,每一种功能都在周而复始地发挥着作用。记忆、想象力与理智都是一种相同能量的不同表现形式而已。正如灰尘与钻石其实是一种相同化学物质的不同形态而已。(3)主观性。太阳从你身上汲取了他所照耀出来的光线。欢乐与悲伤都是从我们身上传播出去的。从严格意义上来说,物质世界只是一个幻觉。感知能力可以让我们去认知这个世界。我们所有的欲望与念头都代表着一种错觉。我们是什么样的人,其实就是我们所看到的、所爱的以及所恨的事物的一个集合。一个人可以从他的朋友、敌人或是他所信仰的神等方面体现出自己。善意能让我们变成具有洞察力的人。所有美好的事物都只是因为我们的双眼感受到了事物的美感。(4)过渡与变迁。学者们所犯下的一个错误,就是认为科学是一种有结局的东西。但是,心智只关心事实,而不是关心是否有结局,只会将之变成一种可变换性的东西,进入其他的事实或是系统,从而让我们对第一原因有更好的认知。真正的智慧包括要让我们的灵魂处于一种流动状态,抵制让心灵迅速走向僵化的过程。(5)超然。一个人所具有的智慧,与他让自己的思想脱离自身的程度成正比,并且不允许任何事物影响到他去观察陌生的事物,让他不再以个人的视角,而是以普遍性的眼光看待这些事物。真正庸俗的做法就是过分强调个人与事实的存在,而不是专注于对事实质量的研究。但是,这样的特权通常会让我们付出昂贵的代价。这种超然的做法会让我们的意志能量陷入瘫痪的状态。人的思想存在着许多弊端，因此我们不能完全相信自己的思想。这些思想渴望获得某种天意的启发，然后借此找寻一些借口，将这些法则运用到自己身上。这种存在的间隔通常会在思想者与他们的谈话中出现，让他无法展现出自身的天才。第五篇演说是《智慧的行为》。在这篇演说里，爱默生认为，理智的状态就是要尊重智慧世界的秩序，将才智放在其应处的位置，而将本能摆在重要的位置上。智慧行为的首要法则，就是要在控制思想的时候，同时不要失去其自然的态度以及行动。这些都代表着一种神谕，我们不能对此进行刺探或是采取什么行动，只能遵循这样的法则。但是，这些预言家的精神其实就代表着预言家们所谈及的主题。一个真正掌控自己的人会控制自己的思想。有很多具有深刻洞察力的人都可以理解某些思想，但他们所了解的思想不是那么精细，让他们都无法完全理解。我们希望将这些思想封闭起来，然后强迫这些思想去做一些不断完美的工作。意志是能量的一种衡量手段，那些拥有意志的人本身就是强大与快乐的人。真正的天才会通过将意志转变成一种能够完美代表其自身的方式，从而掌控一种思想。但是，很多人会以自己是高尚情感的传播者的身份自居，让自己获得一定的安慰。我们的基本立场是，才智需要在遵循道德法则的情况下才能不断成长。第六篇演说是《才智与道德之间的关系》。在这篇演说里，爱默生认为，人的精神能量可以分为两个部分——才智与意志，心智与心灵。在每个人的思想似乎填满宇宙或是变成上帝的同义词之前，很多人都容易感觉自己的思想不断获得了提升。每个人都会遇到一些缺陷，当他们面对的阻碍元素不够强大的时候，这就会变得更加明显。才智代表着一种怀疑精神，最后必然会进入才华的领域。另一方面，我们的情感则是一位盲目的引路者。但是，所有具有伟大心灵与灵魂的人都会允许这两者的绝对存在。行动与思想就像男人与女人，这两者都是不可或缺的：为什么这两者要相互责备与排斥对方呢？

12月11日，爱默生在帕克联谊会上发表了一篇名为《世界之人》的演说。爱默生在演说里说，地球的面貌展现了自身所经历的历史以及历史所带来的好处。我们可以在这个世界上呼吸着清新的空气，证明这是一个更加美好的世界。这表明了人类的存在以及人类在地球上存在的时间。人类天生就有收藏的天性，这不是指收藏硬币或是图画等东西，而是指讲究艺术、行为方式、思想与成就等东西。在我看来，这位世界之人绝对不是一个只有某种思想的人，而是一个拥有丰富视野与强大演说能力的人。他能与学者进行谈话，也能与人在客厅聊天，还能在街头与别人说一些市井的话。这样的人有某种顺其自然的容忍性，有一种出世入世的淡然性，能包容别人的过错，同时严于律己。虽然他有着很多世俗的优点，但他却属于另一个世界。他能感受到想象力所带来的欢乐，他更愿意站在一个中间的位置。他为人谦卑，愿意做出牺牲。他是一个能提升别人的世俗之人，因为他知道金钱、文化、语言、艺术、科学以及宗教的价值。这个世界的一大邪恶就是那些笨蛋的存在，而这个世界的救赎就是那些拥有理智与能力之人。

1867年

3月4日，爱默生在芝加哥发表了一篇名为《雄辩术》的演说。

4月14日，在马萨诸塞州梅德福德，爱默生在乔治·L.斯特恩斯的葬礼上发表了一篇演说（这篇演说刊登在4月27日《共和国》

报纸上）。

4月19日，爱默生在马萨诸塞州康科德阵亡士兵纪念碑揭幕仪式上发表了演说。

5月12日，爱默生在园艺大厅的激进联合会上发表了名为《生活的法则》的演说。

5月30日，爱默生在波士顿园艺大厅发表了演说《在自由宗教协会上的演说》。

8月21日，爱默生在驻波士顿中国大使馆晚宴上发表了一篇演说（这篇演说刊登在8月27日出版的《波士顿广告报》上）。

9月16日，爱默生在J.T.萨金特牧师的聚会上发表了一篇名为《布道牧师》的演说。

1868年

10月12日，爱默生在波士顿梅奥那恩发表了6篇系列演说。第四篇演说是《最少的与最多的》（1861年4月，《处在紧要关头的文明》的演说出版了）。在这篇演说里，爱默生表示，亚里士多德曾说，万物的本性都可以透过最微小的部分展现出来。物质的形体大小是无关紧要的，雪花只是代表着微小的冰块，而冰块则代表着更大的冰块。我们到处可以看到伟大事物形成各种简约的方式。蚯蚓在地面下打滚，能形成适合蔬菜生长的土壤。珊瑚能形成大陆。在日常生活中，可以肯定的是，真正让我们记忆犹新的都是那些快乐的记忆。我们的生活本质有时就包括几天或是几个小时。同样的情况也出现在文学作品、奇闻逸事、几首诗歌或是一首诗歌的几行诗句里面，这些都是我们无法忘记的。其他的东西都摆放在图书馆里没有人动过。正是一些不起眼的诗句，才让我们对尴尬的行为与优雅的举止做出了区别。英国、法国与美国都代表着骄傲的民族，正如之前的古希腊与古罗马的时代。人类一开始所形成的社会关系，竟然慢慢变成了一种血缘关系，最后产生了深远的影响。人类就是在这个漫长的历史过程中不断地成长与发展。能量存在于微小事物当中，智慧始终都是以节欲、节制以及谦卑为主要的标志。崇拜的行为就是我们对构建出几个世纪以来伟大能量的一种感知能力。第五篇演说是《热情好客与家庭》。在这篇演说里，爱默生谈到，在司各特的诗歌里，陌生人来到了登山人的帐篷里，询问他想要什么。他回答说："充足的休息时间，一位引路人、食物与一堆火。"这似乎不是多高的要求，但是他所需要的这四样东西都可以有更宏大的解释。"休息"意味着我们心灵的平和；"指引"代表着我们的守卫天使；"食物"代表着我们人生的食粮；"火"则代表着爱意。任何家庭生活都需要这四样东西去维系，拥有了这四样东西，一个家庭才能展现出热情好客的态度。我还不知道有哪一座足够大的城市能够满足这样的需求。正如上帝创造国家、人类创造城镇一样，我认为我们一定要通过指引旅行者前往自然想要他们去的地方，才能弥补自身存在的不足。如果一个深思熟虑之人有选择的自由，那么他很容易选择乡村作为自己的居住地，因为在这里，没有人过着特别贫穷的生活，自然负责了给我们创造美感的工作。每户人家在某种程度都是热情好客的。可以肯定的是，每个人都能表现出自己的善意，同时还能表现出更高层次的好客精神——表现出极为简朴与良好的举止，以好客的心态去看待任何人。我们可以观察他们做得怎样，然后想办法给予他们一些帮助，让他们的想法与愿望都能为你们所感受。在每个家庭里，总会有一些人教育年轻人如何分辨真理与谬误，不要将愚蠢视为一种价值。也许，一些严肃的长者、某些未婚的女性，或是一些爱好孤独的人，他们会选择离开遥远的乡村与教堂，在与年轻人的交流中不断保持充满活力的精神状态，免于父辈们的控制。他们通过与孩子们的想象力进行交流，对孩子的感受有所了解，从而更好地了解自己的心灵。他们知道如何用难以忘怀的故事让孩子产生阅读的兴趣，激发他们的好奇心与稚嫩的梦想，让孩子感受到我们给予他们的怜悯心。也许，他们在大学校园里无法找到一位给他们带来真正好处的人。第六篇演说是《伟大》。

1869 年

1月2日，爱默生在波士顿齐克林大厅朗读了英国诗歌与散文。第一篇诗歌是《骑士精神》，这是从罗伯特·格罗斯特所著的编年史中节选出来的。第二篇诗歌是《乔叟》。第三篇诗歌的名字目前没有查到。第四篇诗歌则是《莎士比亚》。第五篇诗歌是《本·琼森与培根爵士》。第六篇演说是《赫里克、多恩、赫伯特、沃恩与马维尔》。第七篇演说是《弥尔顿》。第八篇演说的名字目前没有查到。第九篇诗歌是《约翰逊、吉本、伯克、考珀与华兹华斯》。第十篇演说的题目没有找到。

3月1日，爱默生在波士顿女性俱乐部发表了一篇名为《玛丽·穆迪·爱默生》的演说。

4月4日，爱默生在波士顿园艺大厅发表了一篇名为《自然宗教》的演说。

5月17日，爱默生在J.T.萨金特举办的聚会上发表了一篇名为《宗教》的演说。

5月28日，在波士顿特雷蒙特大厅举办的第二次自由宗教协会的年度会议上，爱默生发表了一篇演说。

9月14日，爱默生在亚历山大·冯·洪博特的百年诞辰纪念日晚宴上发表演说（这篇演说刊登在波士顿自然历史协会的刊物上）。

1870年

4月26日，爱默生在哈佛学院发表了16篇系列演说，核心主题是"智力的自然历史"。第一篇演说是"引言"，赞美知识存在的价值。第二篇演说是《物理现象的超然主义》。第三篇与第四篇演说是《感知》。第五篇与第六篇演说是《记忆》。第七篇演说是《想象力》。第八篇演说是《激励》。第九篇演说是《天才》。第十篇演说是《常识》。第十一篇演说是《身份认同》。第十二篇与第十三篇演说是《心智的准则》。第十四篇演说是《柏拉图主义哲学派》。第十五篇演说是《智力的行为方式》。第十六篇演说是《智力与道德之间的关系》。1871年爱默生重复了这个系列的演说，但演说的次序出现了不同，删除了第十一篇与第十四篇演说，增加了"智慧""幽默"与"鬼神学"等演说内容，还有另一篇关于"智慧行为"的演说。从内容层面上看，这些演说大部分都是与他在1848年发表的《19世纪的心智与行为方式》的演说是类似的，他还谈到了在1858年发表的《心灵哲学的自然方法》以及1866年发表的《民众的哲学》的部分内容，其中大多数新内容都出现在《诗歌与想象力》的演说稿子里。

12月22日，爱默生在纽约德尔莫尔科的新英格兰协会发表了一篇演说（这篇演说后来由该协会刊登）。

12月23日，在纽约的斯坦韦新英格兰协会上，爱默生发表了演说，名为《从普利茅斯前往新大陆的朝圣之路纪念日演说》(《纽约先锋报》在12月24日刊登了这篇演说，《波士顿每日广告报》在12月26日刊登了这篇演说)。

1871年

2月3日，爱默生在波士顿艺术博物馆组织大会上发表了一篇演说(2月4日，《波士顿每日广告报》刊登了这篇演说)。

8月15日，爱默生在马萨诸塞州历史协会举办的司各特百年诞辰日纪念会上发表了名为《沃尔特·司各特》的演说。

1872年

1月4日，爱默生在巴尔的摩皮博迪学院发表了一篇名为《激励》的演说，这是他在该学院发表的四篇演说之一。

1月7日，爱默生在华盛顿霍华德学院发表了一篇名为《书籍与阅读》的演说(《波士顿晚报》刊登了其中的演说内容)。

4月15日，爱默生在波士顿机械大厅发表了6篇演说。第一篇演说是《书籍》。在这篇演说里，爱默生认为人们应该多阅读梭罗所著的《激励》一书以及H.亨特所著的《思想》一书。第二篇演说是《诗歌与想象力》。在这篇演说里，爱默生认为就创作而言，人们应该多阅读华兹华斯的一些诗歌与拜伦的《灵魂》、司各特的《不要从你身上找寻美感》，以及本·琼森的《歌颂自己》。第三篇演说还是《诗歌与想象力》，其中包括《迪纳斯·埃姆林》。第四篇演说是《批判》，其中包括克莱夫特歌谣、洛辛瓦尔的诗歌与蒂姆罗德的诗歌。第五篇演说是《文化》，在这篇演说里，爱默生谈到了歌德、帕斯卡、蒲柏、波林布罗克、莱昂纳多·达·芬奇与哈根等人。第六篇演说是《道德与宗教》。

8月2日，爱默生在波士顿举办的接待日本使者的晚宴上发表了演说。

10月15日，爱默生在纽约为弗鲁德先生举办的晚宴上发表演说。

1873 年

10月1日，爱默生在马萨诸塞州康科德门罗公共图书馆的开幕仪式上发表演说。

12月16日，爱默生在法尼尔大厅朗读了诗歌《波士顿》。

1875 年

爱默生在康科德大桥士兵雕像揭幕仪式上发表了一篇演说。

1876 年

6月28日，爱默生在弗吉尼亚大学的毕业生典礼上发表演说。

11月8日，爱默生在波士顿拉丁学校联合会庆祝英军撤离一百周年的纪念大会上发表演说。

1877 年

4月20日，爱默生在波士顿老南教堂发表了一篇名为《波士顿》的演说（这篇演说在爱默生于1861年发表《生命与文学》这篇演说的基础上增加了部分内容）。

1878 年

3月30日，爱默生在波士顿老南教堂发表了名为《共和国的命运》的演说（这篇演说在爱默生于1863年发表的同名演说的基础上增加了部分内容）。

1879 年

5月5日，爱默生在剑桥地区的神学院讲台上发表了名为《布道牧师》的演说。

1881年

2月10日,爱默生在马萨诸塞州历史协会上发表了名为《卡莱尔》的演说。